Adam Smith and the Virtues of Enlightenment ■
Charles L. Griswold, Jr.

This is a simplified Chinese edition of the following title published
by Cambridge University Press:

Adam Smith and the Virtues of Enlightenment
ISBN: 978-0-521-62891-4
© Charles L. Griswold, Jr. 1999

This simplified Chinese edition for the People's Republic of China (excluding Hong Kong,
Macau and Taiwan) is published by arrangement with the Press Syndicate of the University of Cambridge,
Cambridge, United Kingdom.

© SDX Joint Publishing Company, 2021

This simplified Chinese edition is authorized for sale in the People's Republic of China
(excluding Hong Kong, Macau and Taiwan) only. Unauthorised export of this simplified
Chinese edition is a violation of the Copyright Act.
No part of this publication may be reproduced or distributed by any means,
or stored in a database or retrieval system,
without the prior written permission of Cambridge University Press
and SDX Joint Publishing Company.

Copies of this book sold without a Cambridge University Press sticker on the cover are unauthorized and illegal.

西学

源流

亚当·斯密与启蒙德性

〔美〕查尔斯·格瑞斯沃德 著
康子兴 译

Simplified Chinese Copyright © 2021 by SDX Joint Publishing Company.
All Rights Reserved.

本作品简体中文版权由生活·读书·新知三联书店所有。
未经许可，不得翻印。

图书在版编目（CIP）数据

亚当·斯密与启蒙德性／（美）查尔斯·格瑞斯沃德著；康子兴译．—北京：生活·读书·新知三联书店，2021.11
（西学源流）
ISBN 978 − 7 − 108 − 07200 − 9

Ⅰ．①亚⋯　Ⅱ．①查⋯②康⋯　Ⅲ．①亚当·斯密（Adam Smith 1723-1790）−政治哲学−研究　Ⅳ．① B561.49

中国版本图书馆 CIP 数据核字（2021）第 140306 号

特邀编辑	宋林鞠
责任编辑	冯金红
装帧设计	薛　宇
责任印制	宋　家
出版发行	生活·讀書·新知 三联书店
	（北京市东城区美术馆东街 22 号 100010）
网　　址	www.sdxjpc.com
图　　字	01-2018-7182
经　　销	新华书店
印　　刷	北京隆昌伟业印刷有限公司
版　　次	2021 年 11 月北京第 1 版
	2021 年 11 月北京第 1 次印刷
开　　本	880 毫米 × 1230 毫米　1/32　印张 16.75
字　　数	375 千字
印　　数	0,001 − 5,000 册
定　　价	69.00 元

（印装查询：01064002715；邮购查询：01084010542）

总序：重新阅读西方

甘　阳　刘小枫

上世纪初，中国学人曾提出中国史是层累地造成的说法，但他们当时似乎没有想过，西方史何尝不是层累地造成的？究其原因，当时的中国人之所以提出这一"层累说"，其实是认为中国史多是迷信、神话、错误，同时又道听途说以为西方史体现了科学、理性、真理。用顾颉刚的话说，由于胡适博士"带了西洋的史学方法回来"，使他们那一代学人顿悟中国的古书多是"伪书"，而中国的古史也就是用"伪书"伪造出来的"伪史"。当时的人好像从来没有想过，这胡博士等带回来的所谓西洋史学是否同样可能是由"西洋伪书"伪造成的"西洋伪史"？

不太夸张地说，近百年来中国人之阅读西方，有一种病态心理，因为这种阅读方式首先把中国当成病灶，而把西方当成了药铺，阅读西方因此成了到西方去收罗专治中国病的药方药丸，"留学"号称是要到西方去寻找真理来批判中国的错误。以这种病夫心态和病夫头脑去看西方，首先造就的是中国的病态知识分子，其次形成的是中国的种种病态言论和病态学术，其特点是一方面不断把西方学术浅薄化、工具化、万金油化，而另一方面则又不断把中国文明简单化、歪曲化、妖魔化。这种病态阅读西方的习性，方是现代中国种种问题的真正病灶之一。

新世纪的新一代中国学人需要摆脱这种病态心理，开始重新阅读西方。所谓"重新"，不是要到西方再去收罗什么新的偏方秘方，而是要端正心态，首先确立自我，以一个健康人的心态和健康人的头脑去阅读西方。健康阅读西方的方式首先是按西方本身的脉络去阅读西方。健康阅读者知道，西方如有什么药方秘诀，首先医治的是西方本身的病，例如柏拉图哲学要治的是古希腊民主的病，奥古斯丁神学要治的是古罗马公民的病，而马基雅维里史学要治的是基督教的病，罗尔斯的正义论要治的是英美功利主义的病，尼采、海德格尔要治的是欧洲形而上学的病，唯有按照这种西方本身的脉络去阅读西方，方能真正了解西方思想学术所为何事。简言之，健康阅读西方之道不同于以往的病态阅读西方者，在于这种阅读关注的首先是西方本身的问题及其展开，而不是要到西方去找中国问题的现成答案。

健康阅读西方的人因此将根本拒绝泛泛的中西文明比较。健康阅读西方的人更感兴趣的首先是比较西方文明内部的种种差异、矛盾、冲突，例如西方文明两大源头（希腊与希伯来）的冲突，西方古典思想与西方现代思想的冲突，英国体制与美国体制的差异，美国内部自由主义与保守主义的消长，等等。健康阅读者认为，不先梳理西方文明内部的这些差异、矛盾、冲突，那么，无论是架构二元对立的中西文明比较，还是鼓吹什么"东海西海，心理攸同"的中西文化调和，都只能是不知所谓。

健康阅读西方的中国人对西方的思想制度首先抱持的是存疑的态度，而对当代西方学院内的种种新潮异说更首先抱持警惕的态度。因为健康阅读西方者有理由怀疑,西方学术现在有一代不如一代的趋势,流行名词翻新越快,时髦异说更替越频,只能越表明这类学术的泡沫化。健康阅读西方的中国人尤其对西方学院内虚张声势的所谓"反西方中心论"抱善意的嘲笑态度,因为健康阅读者知道这类论调虽然原始动机善良,但其结果往往只不过是走向更狭隘的西方中心论,所谓太阳底下没有新东西是也。

希望以健康人的心态和健康人的头脑去重新阅读西方的中国人正在多起来,因此有这套"西学源流"丛书。这套丛书的选题大体比较偏重于以下几个方面:一是西方学界对西方经典著作和经典作家的细读诠释,二是西方学界对西方文明史上某些重要问题之历史演变的辨析梳理,三是所谓"学科史"方面的研究,即对当代各种学科形成过程及其问题的考察和反思。这套丛书没有一本会提供中国问题的现成答案,因为这些作者关注讨论的是西方本身的问题。但我们以为,中国学人之研究西方,需要避免急功近利、浅尝辄止的心态,那种急于用简便方式把西方思想制度"移植"到中国来的做法,都是注定不成功的。事实上西方的种种流行观念例如民主自由等本身都是歧义丛生的概念。新一代中国学人首先应该力求进入西方本身的脉络去阅读西方,深入考察西方内部的种种辩论以及各种相互矛盾的观念和主张,方能知其利弊得失所在,形成自己权衡取舍的广阔视野。

二十年前,我们曾为三联书店主编"现代西方学术文库"和"新知文库"两种,当时我们的工作曾得到诸多学术前辈的鼎力支持。如今这些前辈学者大多都已仙逝,令人不胜感慨。

学术的生长端赖于传承和积累，我们少年时即曾深受朱生豪、罗念生等翻译作品的滋润，青年时代又曾有幸得遇我国西学研究前辈洪谦、宗白华、熊伟、贺麟、王玖兴、杨一之、王太庆等师长，谆谆教导，终生难忘。正是这些前辈学人使我们明白，以健康的心态和健康的头脑去阅读西方，是中国思想和中国学术健康成长的必要条件。我们愿以这套"西学源流"丛书纪念这些师长，以表我们的感激之情，同时亦愿这套丛书与中国新一代的健康阅读者同步成长！

2006 年元旦

目 录

译者前言　斯密的道德哲学戏剧　i
文本与致谢　xix

引　言　1
　　一　启蒙的阴影　1
　　二　亚当·斯密作品中的启蒙与反启蒙　8
　　三　哲学、修辞与启蒙　26
　　四　阅读斯密：解释性的假设　31
　　五　斯密思想的统一性，以及计划中的文集　36

第一章　《道德情感论》中的修辞、方法与体系　48
　　一　伦理探研的起点　52
　　二　修辞，规劝性的"我们"，以及理论的危险　57
　　三　修辞、例证与叙述　70
　　四　批评、语法与剧场　75
　　五　方法、体系，以及对话　84

第二章 同情与自私,想象与自我 90
　一　最初起源:自私、冲突与同情 92
　二　同情、独立、自爱,以及旁观者的想象 99
　三　离题:同情、可靠性与社会碎片 114
　四　从爱到死:同情的边界与理想的统一 118
　五　旁观者、镜照与自我的延续 125
　六　孤独的悲怆与同情之美 130

第三章 激情、快乐与无偏旁观者 135
　一　激情、想象与快乐之腐败 136
　二　无偏旁观者与德性之爱 154

第四章 哲学与怀疑主义 176
　一　世界剧院中的爱与哲学 177
　二　斯密与怀疑主义 185
　三　修辞,以及理论与实践的分离 208

第五章 德性理论 214
　一　德性情感 217
　二　判断、法则与道德批评 221
　三　品格之卓越:自我控制、审慎与仁慈 242
　四　道德教育 251
　五　德性、追求幸福与斯多葛圣人的宁静 260

第六章　正　义　273
　　一　高贵的愤怒与交互正义　276
　　二　道德情感的"失规"与道德运气　287
　　三　正义与哲学　292
　　四　分配正义　299
　　五　自然法理学：未竟的事务　307

第七章　道德情感与《国富论》　311
　　一　道德情感的"腐败"与想象的"欺骗"　314
　　二　宗教与自由德性　319
　　三　道德资本、腐败与商业　350
　　四　政治与政治哲学中的不完美和乌托邦主义　361

第八章　哲学、想象与美的脆弱性：论与自然的
　　　　协调　373
　　一　自然的本性　373
　　二　遵照自然生活：斯密对斯多葛主义的批评　380
　　三　自然冲突与人为干预　389
　　四　斯密的反柏拉图美学：和谐、美与目的　396
　　五　想象、创育以及自我授权　404
　　六　哲学与和谐难以捉摸的宁静　413
　　七　习俗与历史　420

后　记　426
文献目录　451
索　引　474

谨以此书纪念我的父亲
Charles L. Griswold, Sr.

全族为一诗人,他写下命运的诗行,离奇又跌宕。

　　　　　　　　　华莱士·史蒂文斯(Wallace Stevens)

译者前言　斯密的道德哲学戏剧

全世界乃一舞台。

——莎士比亚

如果要用一个关键词来概括格瑞斯沃德（Charles L. Griswold, Jr.）对斯密道德哲学的解读，这个词应该是"戏剧"。他不仅用戏剧来概括斯密的修辞风格，也用"剧场比喻"来分析同情，理解其道德学说，甚至，他也认为，斯密的著作本身就是呈现给读者的"思想戏剧"[1]。

格瑞斯沃德就像是一个剧作评论家，不仅沉浸到斯密创作的哲学戏剧里，走进由文字搭建起来的剧场，近距离感受剧作给他带来的感动，聆听其道德规劝，体验其力量；还能够走出剧作，从一个高于剧场的位置审视这部剧作，与戏剧和读者保持相对的"疏离"，分析戏剧的主旨、结构，以及作者的修辞技巧，分析剧作的效果以及产生这些效果的原因。读其书，不知其人，可乎？格瑞斯沃德并不满足于梳理斯密道德哲学的义理，而是要与之展开深入对话，透过著述去认知著述背后的哲人，思考其对道德、

---

[1] Charles L. Griswold, Jr., *Adam Smith and the Virtues of Enlightenment*, Cambridge: Cambridge University Press, 1999, p. 70.

自然、政治的理解，与之一起反思哲学与道德、自然、政治之间的关系。亦言之，格瑞斯沃德不仅着力还原斯密哲学的面貌，揭示其学说内在的统一性，还致力于向读者呈现学理背后的伟大心灵，呈现哲人的忧与思。甚至，他对"哲人"斯密的用力更甚于斯密的哲学。或许，在他看来，唯有如此，那些在人类文明史夜空熠熠闪光的学说才能重焕生机。在一个更换了演员的世界剧院里，在不朽的人世舞台之上，我们需要优秀的导演方能演好属于自己的道德戏剧。亚当·斯密正是这样的导演，他深谙戏剧之道，把自然与人世当成剧本，也把自己对编剧意图的理解写成剧作，传诸后世。哲人就像桥梁，他们将人世与自然连接起来：一面是受习俗主宰的不完美的"囚家"，另一面是永恒的秩序。在这人世之中，怎样才能既获得幸福又摆脱狂热？哲人的启蒙便需要具备充分的审慎，既要带来智慧的火种，又必须深刻认识到人类与此世的缺陷。哲学阐述了我们对自然和永恒秩序的追问。但是，哲学与人世应该是一种怎样的关系？或者，不完美的人类需要什么样的哲学？只有透过哲人的学说，进一步叩问哲人对哲学的反思，我们才能对这两个问题做出解答。这正是格瑞斯沃德努力的方向。

一 世界剧院：戏剧与道德

《道德情感论》具有浓厚的文学色彩，引得格瑞斯沃德反复咏叹。他提醒读者注意，斯密一反学术著作通常采用的论述方式，在论述的主体部分，有意直接诉诸读者的日常经验与思考，"以相对文学的方式推进"。[2] 直到全书末尾，他才对道德哲学致力于

---

[2] Ibid., p. 47.

回答的问题与结构进行讨论。不仅如此,"在这部作品前六部分中,他甚少(或从未)提及霍布斯、曼德维尔、沙夫茨伯里、洛克、卢梭、哈奇森、贝克莱、休谟等哲人。相反,他更加频繁地提起剧作家、诗人、为纯文学做出贡献者,以及历史学家"。[3]而且,"《道德情感论》中弥漫着例证、故事、文学引用、典故,以及各种形象,它不时呈现出小说的品质;叙述与分析在全书中彼此交缠"。[4]所以,与其他伟大的哲学著作相比,《道德情感论》独具风格。格瑞斯沃德将之与斯宾诺莎的《伦理学》进行比较,进一步凸显其文学性和戏剧性。"就像斯宾诺莎的《伦理学》是在仿效几何推演,斯密的书则是在模仿文学,确切地说是戏剧表达。"[5]

对斯宾诺莎而言,几何推演不只是修辞风格,更是伦理学的实质,也是他理解伦理与道德的基本原则。斯密著作的文学色彩促使格瑞斯沃德进一步追问,在斯密的道德学说与戏剧之间,是否具有内在的一致性?

答案是肯定的。

斯密区分了两种处理和实践道德法则的方式——语法学家路径与批评家路径,认为它们分别与两类德性对应,"正义法则堪比语法法则,其他德性法则则堪比批评家为获得优雅高贵写作定下的法则"(《道德情感论》[*The Theory of Moral Sentiments*,以下简称 *TMS*]Ⅲ.6.11)。斯密把"所有古代道德学家"(例如亚里士多德与西塞罗)都归入"批评家"范畴,肯定了他们的努力,"以此方式对道德法则的处理,就构成了可被适当地称为伦理学的那种科学"(*TMS* Ⅶ.4.6)。与此同时,斯密也批评了"基督教会中晚世纪所有决疑论者,以及本

---

[3] Ibid., p. 47.
[4] Ibid., pp. 59-60.
[5] Ibid., p. 40.

世纪和上世纪所有处理过所谓自然法理学的人"，把他们归入"语法学家"范畴，认为他们把正义当作诸德性之范式。格瑞斯沃德从中找到线索，认为斯密与古代道德学家共进退，在《道德情感论》这部伦理学著作中，他自觉地作为批评家写作，并以剧场批评为模型。[6]

"同情"（sympathy）是斯密的核心概念，同情发生在行为人与旁观者之间。行为人—旁观者的二元结构是其道德哲学的根基。在斯密看来，行为人与旁观者之间的关系是最根本、最基础的社会、道德关系，体现了人的自然社会性。唯有通过这组关系，人才能获得"道德自我"。所以，为了理解人性与人类命运图景，它也至关紧要。同情在人类生活中占据了最为核心的地位。

格瑞斯沃德一再强调，在斯密呈现出来的理论结构里，"同情"是一组不对称的关系——在做与看之间，在行为人与旁观者之间，看和旁观者具有内在的优越性。旁观者是道德评价的尺度，这就好像，在剧场里，掌声来自观众与批评者。"同情"具有一种类剧场结构，也就是说，斯密描述并规定了道德情感的戏剧风格。当旁观者想象自己处在行为人的境地，扮演其角色、体验其情感，并对之做出判断与评价时，他就是在向自己模拟戏剧。

"全世界乃一舞台"，格瑞斯沃德引用了莎士比亚的这句箴言，将之作为《亚当·斯密与启蒙德性》第二章第二节的题记。既然世界是一个舞台，那么所有生活在世间的人便都是演员。行走天地间，我们为何需要表演？这个问题涉及斯密与卢梭关于"自然状态"的争论。卢梭认为，只有通过构想一个前社会的自然状态，我们才能理解不平等的起源、文明社会的奴役，也才能够想象真正自由的道德与政治。对此，斯密做出了理论上的回应和批评。

---

[6] Ibid., pp. 65-66.

斯密认为,一个人如果生来就是社会的陌生人,处在卢梭式的自然状态中,那么,他不仅看不到自己脸孔的美丑,也无法获得任何道德美丑的感受。他只是一个"人类生物"(human creature),还不是完全意义上的人(*TMS* III.1.4)。只有在社会中,以旁观者的赞美或谴责为镜,我们才能获得反思性情感,才能获得道德能动性,也才能成为真正的人类个体(human individual)。所以,我们的自然状态是在社会当中,旁观者是使道德能动性可能的条件,也因此具有了规范意义上的优先性。

人是社会的动物,我们要通过他人的眼睛来观照自己,反思自己的情感与行为,才能认知合宜与德性,才能得到旁观者的同情与嘉许。然而,身体把我们从根本上分离开来,旁观者不能直接感受行为人的苦乐,只能借助"同情"的心理机制,想象自己身处对方的境地,从而获得某种共通感受。相比起行为人的原初感受,这种共通情感绝不可能同样生动和强烈。所以,行为人要获得道德认可,就必须隐藏某些激情,以合宜的方式表达自己的情感。既然公正无偏的旁观者决定了合宜的标准,那么,每一个行为者都必须成为演员,戴上面具,按照社会舞台规范来表演。实际上,这种戏剧关系还可能进一步延伸。当行为人能够想象,一个无偏旁观者洞晓其处境,观看着他的行为,他就获得了自我反思的能力,也获得了"道德自我意识"。亦即,他在想象中把自己分成两个人,内在的或理想的法官仍为一旁观者。我们变成了自己的观众,戏剧关系也因此内在化了。[7]

斯密在以剧场批评为模型来分析道德判断时,也将我们的日常生活视为一个舞台。斯密无疑认为戏剧与道德具有内在的同构

---

[7] Ibid., p. 108.

性：在看戏的时候，我们对戏剧角色的理解与评价有赖于同情，在日常生活中，我们对他人的道德评价也有赖于同情，这两者是"同一种心理过程或经验"。所以，斯密才持续引用文学与戏剧，用以阐释道德情感的活动，并将之视为道德教育的重要手段，认为"莱辛与伏尔泰、理查森（Richardson）、马里沃（Marivaux）以及瑞珂博尼（Riccoboni）是比芝诺、克律西波斯（Chrysippus）或艾比克泰德（Epictetus）更好的训导者"（TMS Ⅲ.3.14）。

"没有了社会赋予我们的面具，我们就不再是我们自己，但是，那张面具既有所揭示也有所隐藏。没有面具，我们就不能是面向自己或他人的演员，也不能作为人或道德自我存在。在此意义上，人类生活在根本上是戏剧性的。"[8] 格瑞斯沃德对斯密的道德哲学做出了戏剧化的解释，他也在有意让我们回想起柏拉图对戏剧的批评，并提醒我们注意斯密与柏拉图之间的对话，以及斯密对柏拉图理论模型做出的重大调整。柏拉图认为，无论悲剧还是喜剧，它们都只是模仿的技艺，也只能刺激、鼓动我们心灵中非理性的激情，从而扰乱灵魂秩序、败坏德性。柏拉图认为戏剧与激情都是盲目的，无法引领我们认知"好的理念"和世界的真实形式。它们会将我们绑缚在不真实的阴影和洞穴里，也只能让我们在好生活的谎言里跋涉、挣扎。但是，"斯密悄悄地排除了这样一种可能：灵魂对神或好的形式之理解能够实现一个'更高的自我'，以取代对同情的迫切需要。他也排除了这样一种可能：我们能够被理解为'不完整的'，或是有缺陷的，或是某种更高存在的影像；而是说，我们相对其他每个人都是不完整的"。[9] 斯密抛

---

[8] Ibid., p. 110.
[9] Ibid., p. 111.

弃了柏拉图或亚里士多德意义上的目的论，为日常生活辩护，认为我们的日常生活具有戏剧一般的完整性与理性，我们的社会生活受着"自然智慧"的引导，好可以是坏的意外结果，我们也只能在社会舞台上实现自己的道德角色，获得自己的幸福。

二 怀疑主义：戏剧与哲学

在道德与人生的戏剧里，我们每个人既是观众也是演员，我们在评价他人的同时也被他人评价。正是在世界剧院里，我们才获得了道德自我，变得正义、富有德性。"合宜"是社会赋予我们的面具，它规定了我们的角色，也授予我们规范。合宜概念糅合了伦理学与美学。按照斯密的论述，我们对合宜的追求源自于对美的爱。合宜意味着秩序，但它更像是对秩序的描述，而非对秩序之实体或终极因的阐发与追问。斯密将一切德性都归纳为"合宜"。在不同的境况下，合宜之要求亦有所差异，于是才产生了德性的分化。在这个世界剧院中，演员与观众依照同一个剧本进行表演和批评，剧本也预先规定好了合宜之要求。然而，对普通行为人与旁观者而言，剧本并不可见。他们只能通过道德情感与想象，借助同情来认知具体生活场景中的合宜要求。亦即，合宜具有很强的模糊性，并无确切统一的法则。但是，斯密满足于较为模糊的合宜性描述，没有要求，也拒绝要求我们经历"一条更加漫长的、环绕弯曲的途径"[10]，引领我们认知"好的理念"。

斯密对世界剧场的坚守与辩护表明了一种针对柏拉图哲学的怀疑主义。格瑞斯沃德注意到，在《道德情感论》的第七部分，

---

[10] 柏拉图，《理想国》，顾寿观译，岳麓书社，2010年，第302页。

斯密的"道德哲学史"有一些重要的省略："精确地说,斯密几乎完全忽视了柏拉图的形而上学,尽管在《理想国》中,其形式理论也与伦理学具有内在联系。他在处理亚里士多德与斯多葛派时也采用了一个相似的模式。"与之相应,斯密从未出版一部论形而上学或认识论的著作,《道德情感论》也不是一个得到清晰阐述的形而上学或认识论体系的构成部分。[11]

我们不难发现怀疑主义对斯密哲学的影响。例如,他的论述限制了理性在伦理评价中的影响。斯密强调,尽管理性能够构想出道德的普遍法则,并思考某一目标的手段,但它不能提供给我们"关于是非的首要认知"(TMS Ⅵ.iii.2.7)。也就是说,理性必须以道德情感的认知为前提,在伦理判断上,道德情感的作用是第一位的。在社会秩序的生成演化方面,他同样限制了理性的作用。劳动分工可谓财富与文明的枢轴,但它不是人类智慧的产物,而是交易倾向"缓慢而逐渐造成的结果"。[12] 就其本质,交易倾向的基础正是同情的道德本能。自16至18世纪,欧洲经历了由封建社会向商业社会的转型。斯密将之称为于公众幸福"极重要的革命",但它不是出于理性的设计,而是领主及商人工匠为了竞逐虚荣和钱财导致的意外结果。在《国富论》的其他大历史叙事中,例如在关于宗教自由史的讨论中,他也清楚表明,"人类理性的微弱努力"只发挥了有限的作用。至于国家依据总体规划,深度干预经济的行为,他更是对其展露出深刻的怀疑。

格瑞斯沃德把斯密称为非教条式的怀疑主义者。与皮洛主义者(Pyrrhonist)相比,他的怀疑主义颇为节制,他承认道德之客

---

[11] Charles L. Griswold, Jr., *Adam Smith and the Virtues of Enlightenment*, pp. 155-156.
[12] 亚当·斯密,《国富论》,郭大力、王亚南译,商务印书馆,2015年,第11页。

观真实性，认为道德品质统治着个人和共同体的生活。正因为如此，他才致力于继承并完善由格老秀斯开创的自然法理学传统，决心研究"一切国家法律之基础"（TMS Ⅶ.iv.3.7）。依据斯密的理论立场，一方面，我们可以说在一定程度上创造了道德，"因为我们在自然之书中读不到它们，上帝也没有把它们交到我们手里"；但另一方面，道德品质又并非由孤立的个人创造，也并非凭空产生。格瑞斯沃德提醒我们注意道德与自然社会性之间的内在关联：我们只有在共同体中才能成长为道德个体，但"这个共同体的道德法则外在于任何个体"。[13] 所以，斯密的怀疑主义也具有其伦理意图：它讲述了柏拉图式哲学有限的实践意义，认为我们没有能力也没有必要沉思最根本终极的形而上学真理，促使我们把哲学视野转向世界剧院内部，关心自己、家人、朋友与国家的幸福。斯密的意图与马可·奥勒留受到的指控遥相呼应："当他致力于哲学沉思，冥想宇宙之繁荣时，他就忽视了罗马帝国的繁荣。"所以，斯密在《道德情感论》中重述这一指控，并评论说，"玄思哲人最高贵的沉思也难以弥补对最细微积极义务的忽视"（TMS Ⅵ.ii.3.6）。

　　斯密的哲学在形而上学真理与社会共同体之间做出了抉择。人类理性无力超越道德情感，认知"好的理念"。如果沉湎于形而上的玄思，步入一种神圣的疯狂，哲学将忽视它对共同体的义务，甚至对共同体造成伤害。相反，共同体本身承载了道德，在具体的生活场景中，我们可以借助同情认知合宜的具体要求。这就好像一个剧院，排练好的戏剧正在上演，每个演员未必完全理解整个戏剧的内涵，但他们熟知具体场景下的台词与细节。众多具体

---

[13] Charles L. Griswold, Jr., *Adam Smith and the Virtues of Enlightenment*, p. 173.

而细小的场景、演员与观众的互动、舞台与剧场工作人员的配合才造就了一出完整的戏剧，也使剧场承载的目的、法则得到呈现。

哲学是对智慧的爱。柏拉图在《会饮》中探讨了哲学的爱欲，它必须在爱的阶梯上不断爬升，直至达到那"统一的美"，即唯一的以美本身为对象的知识。"同情"在《道德情感论》中的核心地位指向了爱在这本书中的核心地位：对赞美与值得赞美的爱是"同情"的根本动力。格瑞斯沃德把《会饮》当成坐标，两相对照，凸显出斯密对爱与哲学的审慎思考。苏格拉底推崇对智慧与美本身的爱，斯密则从中看到了潜在的危险。

浪漫的爱情将两人融合为一，使之不再处在与旁观者的同情关系里。在旁观者眼里，情人之间热切的爱恋显得荒谬可笑。不仅如此，这种丧失同情结构的激情之爱甚至会酿成悲剧。为了说明激情之爱导致的狂热与荒谬，斯密引用了伏尔泰的悲剧《穆罕默德》。在这个故事里，两个年轻人彼此爱恋，但错误地认为，他们全心爱着的神要求他们去杀死一个他们极为敬重的人（TMS Ⅲ.6.12）。这个悲剧融合了两种狂热：对爱人的狂热与对宗教的狂热。由于对宗教的狂热，他们无视老人的德性，也无视老人的关爱，犯下可怕的罪孽。由于对爱人的狂热，他们看不到对方的过错。当情人受到欺骗，误入歧途时，他们非但不能加以劝诫或制止，反而相互鼓舞，携手奔赴罪的深渊。在斯密看来，这两种狂热具有同样的根源与结构："同情"的剧场结构瓦解了，他们失去了旁观者的审视与批评，站在完全失去反思能力的行为人立场上。

由于沉思"好的理念""美的知识"，爱智慧者也可能走向狂热，从而具有内在的危险。爱智慧者可能会有如下观点：当我们以某种抽象、哲学化的方式来沉思"人类社会"时，它显得好像是一架巨大的、无边无际的机器，其规范、和谐的运动产生了一千种令人适意的效果（TMS Ⅶ.iii.1.2）。这架机器"美丽且高贵"，就像爱人沉湎于被爱者的美丽，爱智慧者也有被一种概念体系之美征服的危险。[14]当哲学的狂热与政治权力结合在一起，热爱体系的当权者从理想政府计划中看到一种虚假的美，受其引诱，最终"毁灭自由与每一个反对它的人"。

《道德情感论》是斯密的爱欲之书，却是教导人们节制爱欲的著作。对爱之迷狂，斯密深怀警惕之心，令其在哲学上表现出怀疑主义特征。对智慧、美与好之理念的爱会破坏同情的剧场结构，摧毁旁观者在道德判断中的优先性，从而瓦解德性之爱。为了保卫爱与友谊，斯密限定了对智慧的爱欲。所以，在其对道德哲学史的梳理中，斯密用"合宜"来解释柏拉图的伦理学，避而不提理念论与形而上学。"对斯密来说，他认识到世界剧院（theatrum mundi）就是家园，这意味着从狂热与冲突的黑暗中获得解放。"[15]

三 不完美的乌托邦：戏剧与政治

借助道德的戏剧结构，斯密已经告诉我们：人是情感的动物，只具有不完美的理性，无法仅凭沉思认知"好的理念"或美的知识。在"同情"的道德戏剧里，我们在想象中扮演他人的角色，理解其处境，体会其情感，做出道德判断，或用公众的眼睛来审视自己，戴上社会赋予的面具，自我控制，合宜地行动、表达情感。人生如戏，戏剧似乎是人的本质属性。就其实质而言，世界剧院表达了人类的自然社会性。它也表明，道德是一个实践

---

[14] Ibid., p. 155.
[15] Ibid.

理性问题，我们只有在行动中，在社会生活实践中才能理解、认知、获得德性。因为，道德不是对知识、理念的抽象思考，它涉及复杂而具体的生活情境。倘若我们只是遵照某种抽象原则生活，我们将不可避免地走向狂热，对社会的复杂性视而不见。人生于戏中，我们唯有通过表演与反思来理解自己的角色，进而思考戏剧与剧场的结构。我们没有能力跳出舞台，读到原始剧本，因而无法完整而确切地认知我们正在演出的戏剧。这是我们的自然处境，也是我们的命运。我们都是剧中人，也必须与他人一起演出，才能呈现、诠释出戏剧的普遍精神。我们都是道德演员，在世界剧院中，我们因分工的差异而扮演不同的角色。在斯密看来，无论是对个人德性还是对国家智慧而言，这种戏剧意识都至为关键。在某种意义上，"剧场"也成为沟通《道德情感论》与《国富论》的桥梁。

格瑞斯沃德曾谈及从"世界剧院"视角解读斯密的原因，并阐明了它与《国富论》的关系。"斯密为何认为，这一世界剧院视角引人入胜？原因众多，其中之一便是这个比喻的灵活性。关于'景观'，一个批评家可能会问不同的问题……实际上，他可能想要知道，使训练有素之批评家能够存在的经济与社会条件（e.g.,《国富论》[*An Inquiry into the Nature and Causes of the Wealth of Nations*，以下简称 *WN*] V.i.f.51; I.ii.4）。易言之，剧院批评的比喻也会拓展至《国富论》的理论构建。"[16]

这段评论揭示了《国富论》与斯密之道德哲学间的关联。在格瑞斯沃德看来，《国富论》的论题内含于斯密的道德哲学中，亦即，《国富论》致力于探讨健康道德的"经济与社会条件"。实际

---

[16] Ibid., p. 70.

上，当戏剧批评家思考"训练有素之批评家能够存在的经济与社会条件"时，他就在努力跳出"表演—批评"的框架，或者跳出他在剧院中的角色，思考剧院与戏剧的总体结构，思考道德戏剧能够顺利演出、得到精彩呈现的条件。不过，值得注意的是，这位批评家没有，也不能真正跳出剧院，他仍在剧院之中，也仍在扮演其角色。所以，他的思考是一种自我反思：通过反思自己正在观看、表演和批评的戏剧，在剧院当中理解戏剧的主旨、效果与条件。

《国富论》的作者无疑是这样的批评家。既然《国富论》致力于阐述"立法者科学"，那么，斯密心中理想的立法者必然也是这样一位批评家。这位立法者当然不是柏拉图心心念念的哲人王。按照格瑞斯沃德的解释，世界剧院相当于柏拉图构想的洞穴。但是，在斯密看来，朝向洞外太阳的爬升艰难而没有希望，以此方式进行的启蒙努力不过是哲学的狂热罢了。相反，只要我们聚集起必要的勇气，就可以打破捆绑着我们的链条，在洞穴里点燃火焰，把洞穴改造成温暖而光明的家。这样，我们就获得了双重解放，既摆脱了原本束缚着我们的成见，也摆脱了光明在洞外的神话。[17]

那么，斯密的"立法者"应当如何在洞穴中点燃火堆呢？在社会生活中，在对他人与自我的观看中，我们逐渐获得了无偏旁观者的立场与视野，认知了德性与道德机制，也认知了正义与社会秩序的内在法则。由于人的道德本能，分工不断发展，社会逐渐演化，哲学与哲学家也随之产生。哲学家不再从事生产，把"观察一切事物"当作自己的任务，"能够结合利用各种完全没有关系而且极不类似的物力"。[18]正如斯密在其著作中所做的那样，

---

[17] Ibid., p. 15.
[18] 亚当·斯密，《国富论》，第 8 页。

哲人参与并观察生活，反思自己的道德经验，理解社会的结构与变化，并深入思索世界的变迁与分化。哲人在现实与历史中找到了稳定的、富有解释力的秩序框架，建构起自己的道德与政治理论。哲人相信，他的理论能够指导我们的道德与政治实践，帮助我们获得不偏不倚的道德立场，避免走向冷漠与狂热，也能够帮助我们认识社会的自然秩序，克服偏见与欺骗。哲人会建构起自己的理论体系，但是，它的体系不是基于抽象的理念原则，而是对健康道德、社会秩序的描摹，是对稳定持存经验结构的呈现。斯密的道德情感理论与政治经济学的"自然自由体系"便是如此：前者向我们呈现认知健康德性的正确方式，展示"同情"的内在结构与机制；后者则揭示一个健康有序的文明社会的结构与基础，揭橥社会演化的原因、历程与法则。在这个过程中，维持健康道德、社会秩序的条件随之浮现，国家职能亦由此得以阐明。亦言之，通过对生活的观察、对历史的反思，斯密认识到，社会秩序受一只"无形之手"的操纵。这只"无形之手"超越了个人与阶层的意志，但绝不任意发挥，而是彰显着自然的智慧，具有内在的法度。所以，斯密的理论便是着力刻画它的工作，展示它对历史与现实的影响，令我们理解其机制与法则，进而指导国家的有形之手。

斯密与柏拉图一样，主张权力与智慧（哲学）应当合而为一。但是，他笔下的国家智慧不是对洞外太阳的认知，而是在世界剧院内部对"无形之手"的理解。在《国富论》中，斯密也勾勒了他的政治理想，并力图教化君主，使之能够深入理解政治经济的"自然自由体系"，使国家扮演"无偏旁观者"的角色。所以，在为不列颠的现实困境献策时，他才评论称，对"自然自由体系"的贯彻是一个"乌托邦"或"大洋国"（*WN* IV.ii.43; V.iii.68）。但是，与柏拉图勾勒的贵族政体相比，"考虑到公民最高贵的德性与最真实的幸福,这个'乌托邦'显然不完美"。[19]

在斯密心中,梭伦是理想立法者的代表。他不是柏拉图意义上的哲人,却最具审慎的智慧。他的立法尽管不是最好的,却是"利益、偏见、时代性情所能承认的"最好的法律(*WN* Ⅳ.v.b.53)。斯密为哲学与哲人赋予了不同于古典的、具有启蒙色彩的定义。在这种启蒙的意义上,我们可以将其心目中的理想立法者称为"哲学王"。这位哲学王既要对道德与社会秩序具有整全的理解,又要对自然正义的法则具有清晰的认知。但是,他的目光也没有完全超脱于世界剧院,他对现实社会弊病、症结、改良的方式,乃至其限度都有清晰的认知。他深知,面对社会的不义与缺陷,他只能给出一副并非完美的药方。他清醒地认识到了人性的限度,并且承认:"与人类专注于私人追求的时候相比,当他们在集体能力与政治剧场中行动的时候,我们对他们的期待较少一些,这样做是审慎的。"[20]

四 一场戏剧的相遇

面对尼采、海德格尔、麦金泰尔等人对现代性的批判,格瑞斯沃德意识到,我们是启蒙之子,却又生活在一个自我怀疑的时代。在这样一个特殊时刻,在古今之争的视野中进行自我反思就变得意义非常。亚当·斯密对现代世界产生了巨大影响,而他自身具有极高的古典学素养,因此他的哲学也内在地包含了古今之争的视野。在一定程度上,斯密与格瑞斯沃德具有共同的问题意

---

[19] Charles L. Griswold, Jr., *Adam Smith and the Virtues of Enlightenment*, p. 302.
[20] Ibid., p. 305.

识,从而导致两人在理论思考上的共鸣。"一个自我怀疑的时代拥有这样的优势:它是哲学的沃土……对于启蒙自身的批判与证成,那里是否还有遭到忽视或误解的资源,尤其是为了保存古代思想可欲求诸方面而提供的资源?如果有,我们就需要细致地予以考察。亚当·斯密就是这样的一种资源。"[21]

"戏剧"为格瑞斯沃德提供了一个场域,使之能够勾连起古今哲学的两位代表,在道德、自然、政治等问题上比较柏拉图与斯密的哲思,并融入自己对时代与哲学的思索。或许,在格瑞斯沃德看来,在有所彷徨与怀疑的时刻,他与斯密的相遇也是戏剧的安排。不然,在整部著作之前,他为何要引用华莱士·史蒂文斯对命运的咏叹呢?

格瑞斯沃德执教于美国波士顿大学哲学系,担任波登·帕克·鲍恩教授(Borden Parker Bowne Professor of Philosophy),具有非常广阔的理论视野,其教学与研究涉及诸多论题、人物与历史时期。他已经出版了四部著作:《柏拉图〈斐德若篇〉中的自我认知》《亚当·斯密与启蒙德性》《宽恕:一个哲学的考察》《让-雅克·卢梭与亚当·斯密:一场哲学的相遇》。《亚当·斯密与启蒙德性》是他的第二部专著,出版于 1999 年。很明显,这部作品延续了他的柏拉图的研究,尤其是他对修辞的关注。2007 年,他开始在研究生课堂上讲解卢梭,将之与休谟和斯密进行对比,着力梳理法国启蒙与苏格兰启蒙之间的理论对话。2018 年,他出版了《让-雅克·卢梭与亚当·斯密:一场哲学的相遇》,对这一理论课题做了阶段性总结。

2008 年夏天,我与导师商定好博士论文选题,决定研究斯

---

[21] Ibid., p. 7.

密的政治哲学。此后不久，伦敦政治经济学院的库卡修斯（C. Kukathus）教授就向我推荐《亚当·斯密与启蒙德性》，称它是最好的斯密研究著作。自那时起，这本书就一直陪伴着我，不时给我带来启发。也是在那时候，我注意到，"西学源流"译丛将之列入了出版计划，于是一心等待中译本出版。

九年之后，在2017年初秋，我去大理旅游。正当我徜徉于苍山感通寺内时，收到了三联书店冯金红老师发来的信息，她问我是否愿意翻译格瑞斯沃德教授的这部著作。在那一刻，我感到自己与斯密也有了戏剧般的相遇。君不见，一百多年以前，严复正是将"同情"译作感通。

我在2019年年初译出初稿，冯金红老师和童可依编辑均给出了许多中肯的修改意见。一番校订后，宋林鞠小姐认真审读了文稿，指出了不少疏漏和表达不够晓畅的地方。我们一起推敲译法，润色文字。冯老师的严谨练达、宋小姐的细致敏锐都令我印象深刻，也让我受益匪浅。三联图书馆落地窗前的阳光、福叁咖啡馆里的香气也都已存入记忆。在我的思想剧场里，它们有如舞台上的布景，既帮助烘托氛围、呈现主题，也共同参与戏剧的制作。所以，这部译稿凝聚了译者和编辑的共同努力，也是"演员与批评家"共同呈现的一幕戏剧。当然，译文仍有诸多不完善处，恳请读者朋友们批评，让我们一起在斯密的道德哲学戏剧中相遇。

2020年12月28日

文本与致谢

当援引斯密时，我言及的是所引用著作的格拉斯哥版本。文本及其缩写为：

CAS *Correspondence of Adam Smith.* Ed. E. C. Mossner and I. S. Ross. Indianapolis: Liberty Press, 1987.

EPS *Essays on Philosophical Subjects.* Ed. W. P. D. Wightman and J. C. Bryce. Indianapolis: Liberty Press, 1982.

LJ *Lectures on Jurisprudence.* Ed. R. L. Meek and D. D. Raphael. Indianapolis: Liberty Press, 1982. (2 sets, designated A or B)

LRBL *Lectures on Rhetoric and Belles Letters.* Ed. J. C. Bryce. Indianapolis: Liberty Press, 1985.

TMS *The Theory of Moral Sentiments.* Ed. A. L. Macfie and D. D. Raphael. Indianapolis: Liberty Press, 1982.

WN *An Inquiry into the Nature and Causes of the Wealth of Nations.* 2 vols. Ed. R. H. Campbell and A. S. Skinner. Indianapolis: Liberty Press, 1976.

当引用斯密著作及页码时，若不另作说明，我指的便是《道德情感论》(*The Theory of Moral Sentiments*)。为了简洁起见，我时常省略"TMS",只提供相关引文。在本书题献页上,我引用了华莱士·史蒂文斯的诗句。这一诗行出自《华莱士·史蒂文斯诗集》(New York: Knopf, 1989)第356页的诗篇《语词造就的人》("Men Made out of Words")。在诸章节的开头,我时常会提供一些题记。这些题记并非必然用于概括所论问题的主要观点。有时候,针对我不得不言说的内容,它们提供了一种有益的对应物或问题,意在以此种或其他方式丰富讨论。请注意,在大部分情况下,通过使用"他"(He)及同源词,我处理了常见的性别和代词问题。但是,通过使用"她"(She)及同源词,我也偶尔提醒读者,我通常是在性别中立的意义上使用代词。对于读者来说,关于代词的不同选择简直不胜其烦。

第一章和第四章(第二节)的早期草稿原本以《修辞与伦理:亚当·斯密论关于道德情感的理论化》("Rhetoric and Ethics: Adam Smith on Theorizing about the Moral Sentiments")为题发表在《哲学与修辞》第24卷(Philosophy and Rhetoric 24, 1991)第213—237页。我与邓·乌尔(D. Den Uyl)合著的《亚当·斯密论友谊与爱》("Adam Smith on Friendship and Love")刊发在《形而上学评论》第49卷(Review of Metaphysics 49, 1996)第609—637页,第四章第一节便抽取自该文的部分内容。我在那篇文章中注明,对爱的讨论主要由我原创,对友谊的论述则由邓·乌尔原创(我将之大篇幅地从本书中删略了)。我们的合作始终在令研究变得更加完善,我对此深为感怀。第五章第五节抽取自我的《幸福、平静与哲学》("Happiness, Tranquillity, and Philosophy")。这篇文章发表在由波士顿大学哲学宗教研究所 L. 让纳(L. Rouner)主编的《追寻幸福》(In Pursuit of Happiness)一书中,排序第16(Notre Dame, Ind.: University of Notre Dame Press, 1995)第13—37页。

在做出重大修订后，此文重刊于《批判评论》第10卷（*Critical Review* 10, 1996）第1—32页。第七章（第二节）的一个版本曾刊于《哲学史杂志》第35卷（*Journal of the History of Philosophy* 35, 1997）第395—419页。第八章的部分内容抽取自文章《自然与哲学：亚当·斯密论斯多葛主义、美学和谐与想象》（"Nature and Philosophy: Adam Smith on Stoicism, Aesthetic Reconciliation, and Imagination"），曾刊于《人与世界》第29卷（*Man and World* 29, 1996）第187—213页。感谢这些期刊和出版社的编辑、出版人，感谢他们准许我使用此前发表的材料。

感谢埃尔哈特基金（Earhart Foundation）、国家人文基金（National Endowment for the Humanities）、伍德罗·威尔逊国际学者中心支持我与此书相关的工作，感谢它们提供的资金和研究职位。威尔逊中心在一年多的时间里为我提供了一个适意的"家"。中心的图书馆工作人员和研究助理卓越非凡，他们高效、爽快地满足了我对来自议会图书馆资料的广泛需要。在中心勤勉工作的诸位研究助理中，我尤其要感谢本杰明·欧努·亚拉（Benjamin Onu Arah）。

在我准备这部著作的过程中，与如下人员的交谈、通信令我获益匪浅：克劳斯·布灵克曼（Klaus Brinkmann）、查尔斯·巴特沃斯（Charles Butterworth）、劳伦斯·卡洪（Lawrence Kahoone）、哈维·柯米尔（Harvey Cormier）、约瑟夫·克罗普西（Joseph Cropsey）、斯蒂芬·达沃尔（Stephen Darwall）、埃德温·德拉特（Edwin Delattre）、约尔格·加西亚（Jorge Garcia）、埃德·亨德特（Ed Hundert）、德鲁·海兰（Drew Hyland）、克里斯汀·科斯嘉德（Christine Korsgaard）、阿耶·科斯曼（Aryeh Kosman）、大卫·拉奇特曼（David Lachterman）、大卫·列维（David Levy）、格冷·洛丽（Glenn Loury）、阿拉斯戴尔·麦金泰尔（Alasdair

MacIntyre)、鲁多夫·马克瑞（Rudolf Makkree）、杰瑞·穆勒（Jerry Muller）、大卫·诺顿（David F. Norton）、泰瑞·平卡德（Terry Pinkard）、罗伯特·皮平（Robert Pippin）、亨利·理查森（Henry Richardson）、克里斯托弗·里克斯（Christopher Ricks）、伊安·罗斯（Ian Ross）、李·茹纳（Lee Rouner）、杰瑞·施尼温德（Jerry Schneewind）、罗格·斯克如顿（Roger Scruton）、阿兰·西尔弗曼（Allan Silverman）、威尔弗雷德·维·艾克（Wilfried Ver Eecke）、司徒尔特·瓦讷（Stuart Warner）。斯坦利·罗森（Stanley Rosen）在数不清的场合里耐心倾听我的讲述，并富有技巧地提出疑问。他和其他同事也友善地评论了部分书稿，我对他们全都心怀感激。对于我刊发在《哲学与修辞》上的文章，D. D. 拉斐尔（D. D. Raphael）的评论富有批判性，也颇有助益。我把一篇文章修改发展成为第二章，威廉·加尔斯顿（William Galston）为这篇文章提供了一系列极富价值的评论。萨缪尔·弗莱什艾克（Samuel Fleischacker）颇为慷慨，细致点评了许多章节，并与我就斯密相关的问题进行通信。感谢他提出的诸多卓越的建议。唐纳德·温奇（Donald Winch）对许多章节都给出了详细的评论，令我获益匪浅。在我反复修改、几易其稿的过程中，道格拉斯·邓·乌尔（Douglas Den Uyl）、努德·哈康森（Knud Haakonssen）和大卫·鲁奇尼克（David Roochnik）也劳作不息，他们就一个又一个主题向我发问，我永远受惠于他们。感谢出版社的匿名评审人提出了许多有益的问题和批评。当然，至于本书可能存在的不足，我负全责。

剑桥大学出版社执行主编泰瑞·莫尔（Terry Moore），耐心地追踪我在此项目上的进度，给我鼓励，并向我提供良好的咨议。我从他那儿受惠甚多。我也感谢桑顿·洛克伍德（Thornton

Lockwood）悉心准备索引，感谢克里斯提·勒奇（Christie Lerch）作为文字编辑所做的工作。

18世纪苏格兰研究协会曾以"格拉斯哥与启蒙"为题召开会议，在这次会议中，我宣读了第一章和第四章部分内容的草稿。在美国政治哲学协会（东部分会）主办的一个研讨会，以及国际休谟协会的一次会议中，我宣读了第二章部分内容的草稿。在博林·格林州立大学（Bowling Green State University）的斯特阿那汉讲座（Stranahan Lecture）、波士顿学院的布拉德利讲座（Bradley Lecture），在布莱恩·玛尔学院（Bryn Mawr College）、维也纳的人文科学研究所，以及在由美国18世纪研究协会、18世纪苏格兰研究协会联合举办的会议上，我宣读了第七章第二节的草稿。在波士顿大学"自然哲学"论坛（由波士顿大学科学哲学与历史中心支持，旨在纪念伊拉齐姆·柯哈克［Erazim Kohak］）的部分单元里，在三一学院（哈特福德）的敏思讲座（Means Lecture）上，在耶鲁大学的奥姆斯泰德讲座（Olmsted Lecture）中，我宣读了第八章部分内容的草稿。许多听众提出了批评与评论，我感谢他们。

波士顿大学的休假让我有时间把手稿整合起来。我以奥姆斯泰德访问教授的身份在耶鲁度过了一个学期，这也很有帮助。当我在纽黑文的时候，诺瑞·汤普森（Nori Thompson）和查理·希尔（Charlie Hill）非常热情，我们之间有很好的交谈，感谢他们。我在波士顿和耶鲁大学斯密研讨班上的学生们也提出了许多优秀的问题，向他们表示感谢。

我的家人给了我最多帮助。在办公室笔耕时，我便缺席于家庭。凯蒂、丽莎和卡罗琳·格瑞斯沃德鼓励我对于斯密的沉思，并耐心忍受我的缺席。史蒂文·格瑞斯沃德（Steven Griswold）是我一贯的哲学对话伙伴,并对引言和后记给出了无价的评论。在本书致力于探讨的那些核心问题上,我与父亲在许多年前的广泛争论碰撞出火花,激发起我的终生兴趣。他的思想诘难令我受益匪浅。对这些爱与友情,这本书不过是一点微小的补偿,谨以此表达我的感激之情。

引 言

现代人意识到他必须生活在一种历史化与暮色昏茫的氛围中,就好像,他害怕未来不能保存年轻的希望与活力。现代人的傲慢与他的自我反讽、他的上述意识直接联系在一起。在此处或别处,有些人走得更远一点,他们就变成犬儒,为了现代人的便利,根据犬儒主义原理论证历史进程(实际上是论证整个世界的演化)。这条犬儒主义原理就是,一切事物都被确切地设计成它现在的样子。人必须成为他们现在的样子,而非某种别的东西。再说一次,没有人可以违反这一"必然性"。谁若不能承受反讽的人生,他就向这种犬儒主义提供的舒适寻求庇护。

弗里德里希·尼采[1]

一 启蒙的阴影

我们发现自己处在一种奇怪的情境当中。在历史上,从来没有这么多人享受如此高水平的物质繁荣、政治经济自由,以及和平与安全。艺术、科学与人文学科空前繁荣,此前从未有如此多

---

[1] "History in the Service and Disservice of Life," trans. G. Brown, in *Unmodern Observations,* ed. W. Arrowsmith, New Haven: Yale University Press, 1990, p. 130.

人从中获益。我们可能会赞美古代斯巴达诸多严格的德性，或者赞美古代雅典高度的艺术、哲学成就。但是，在我们当中，谁会自愿回到古代的斯巴达、雅典，或是任何一个伟大的中世纪城市呢？遑论稍次一些的城邦了。我们是启蒙之子，我们中很少有人会乐于认领另一种遗产。我们认为，前现代社会的生活彻底不可欲求。人们如此广泛地分享了这一信念，在地球上，数量众多的民族用脚投了赞成票。自由启蒙的征程看起来不可阻挡。它几乎摧毁了它那关系密切的敌人——以马克思为父的不自由的启蒙。随着它的行进，前现代文化也以令人惊讶的速度瓦解。[2]

然而，若不严格限定，几乎没有人还在保卫我们的遗产。在学院内外，关于我们的智识与精神生活，一个主题就是批评现代与造就现代的启蒙。前一个半世纪的"危机"文学仍然是当代修辞的一个重要成分，尤其是在那些看似最不需要它们的人当中。在此期间，那些最伟大的哲人（胡塞尔、海德格尔、尼采位居其列）以及数量众多的其他人都在某种程度上通过宣布和诊断我们的疾患，以彰显自己独具慧眼。[3]或许，未来总是如此晦暗不明，

---

[2] 当谈到"自由主义"（liberalism）时，我指的是那类由此传统的奠基人普遍享有的"古典自由主义"，而非目前与"保守主义"相对的当代美国信条。我使用术语"自由的"（liberal）来描述一种政体之特征，其制度之构建，旨在以合宜的尺度保护宗教、言论、集会、财产之积累与占有，以及移民的自由（我并不是说这个清单就齐备了）。所以，"自由政体"是这样一种政体，它束缚在正义的界限之内，公民能相对自由地追求其好生活视野。

[3] 霍克海默（M. Horkheimer）与阿多诺（T. Adorno）合著的 *Dialectic of Enlightenment* 毫无疑问是这一主题的重要成果，尤其是在他们对技术、统治、客观化，以及启蒙的自我摧毁的关注上。写作这本书的历史语境有助于弄清楚这一点（即第二次世界大战的恐怖阴霾）。当然，关于"启蒙"能产生何种结果的辩论已不新鲜。就像詹姆士·施米特（James Schmit）提醒我们的那样，它在 18 世纪的语境中得到了很好的呈现。参见他为编著 *What Is Enlightenment? Eighteenth-Century Answers and Twentieth-Century Questions* 写的导言（Berkeley and Los Angeles: University of California Press, 1996, pp. 1-44）。

人们又如此强烈地惧怕损失，以至于只要有半点机会，想象力就会陷入高度的焦虑，对当下（present）耿耿于怀。然而，在我们的"富足"中，我们是谁？关于这个问题，我们一再失去信心，我们的普遍绝望并不会因为一种心理学观察而消失。

我们的确发现，自己面临着不可解决的问题，有些是我们时代的典型问题，另一些则是**长久以来的问题**（*quaestiones perennes*），现在却用特别的力量压迫着我们。我以代词"我们"来开启这些引导性的评论。它常常在哲学中，尤其是在伦理学中使用，就像在政治学中的情况一样。但是，当我使用这个词语时，以下问题会被立即提出：眼界之狭小（parochialism）是否不只潜伏在表面之下。的确，"我们"享受着高水平的物质繁荣、自由，以及其他珍贵的善好，但是，就在宫门之外，我们的同胞中多少人在痛苦地挣扎？是否有人会认为，我们的幸福必然要以他们的痛苦为代价？

让我们以另一种方式提出潜伏在这些问题下的恼人的疑虑：给我们带来多重烦恼的种子也同样孕育出我们享用的果实吗？这不前后矛盾吗？世界是以这样的方式构建起来的吗：由于某只残酷无情的"无形之手"恰似古代悲剧家召唤的神明，把福颠倒为祸，甚至又将祸转变成福，于是这世界的繁荣就成了衰朽的自然原因？或者，让我们概要地提及一些得到广泛讨论的当代发展：自由明显蜕化为自发；多元主义蜕化成相对主义；知识蜕化为技术，并因此变成自我破坏的自然的主人；科学蜕化为由给定历史环境产生的"世界观"；文化教养蜕化为粗俗；理性蜕化为想象，然后就变成了幻想——简而言之，启蒙蜕化为大众口中的"后现代主义"。这些蜕化自身是启蒙前提的自然结果吗？[4] 如果这种思想令人不安又令人信服，那么我们要从这儿到哪儿去呢？

这最后一个问题的答案部分依赖于我们如何分析启蒙之德与恶。关于现代启蒙运动之兴衰的论述通常认为，培根与笛卡尔促成了这一运动产生，尼采则导致其死亡。通过持有如下观点，一个稳固确立起来的阵营提供了对启蒙的批评：这一时期被认为在根本上错误地拒绝了古代和中世纪哲学。这一阵营的成员通过重新发掘西方传统更早的表达，使我们确保未来的安全。阿拉斯戴尔·麦金泰尔和列奥·施特劳斯（Leo Strauss）是这一路径最著名的支持者。我们也可以认为，他们以传统的"古今之争"作为参照。正如麦金泰尔《谁之正义？何种理性？》的标题所示，无论如何，有些艰难的问题有待我们付出努力，使之回归。[5] 那些人在某种程度上想回到古希腊。他们之间有一个明显的共识：启蒙的政治结果，至少其好的部分，是值得保存的（我指的是自由机制与政治安排）。然而，启蒙自由主义难以建立在亚里士多德道德哲学之基础上，更不用说柏拉图式的道德哲学了。更古老的，以德性为中心的传统如何才能与现代政治、法律和经济实践相适

---

[4] 利奥塔（J.-F. Lyotard）评论说：哲学是否有能力为自我奠基或为自我立法，从而提供利奥塔所谓的"元叙述"，或用当下"行话"来说，提供解释或证成相关计划的"故事"呢？关于这一哲学能力的怀疑论位于"后现代主义"的核心。所以，利奥塔评论说，"我把后现代定义为对元叙述的怀疑。这种怀疑无疑是科学进步的结果：但是那种进步又反过来预设了这种怀疑"。这恰恰是说，科学进步是自我破坏的。*The Postmodern Condition: A Report on Knowledge,* trans. G. Bennington and B. Massumi, Minneapolis: University of Minnesota Press, 1989, pp. xxv, xxiv.

[5] A. MacIntyre, *Whose Justice? Which Rationality?* Notre Dame, Ind.: University of Notre Dame Press, 1988.

应呢？[6]

但凡想要回到古人那儿，另一亟待解决的难题就是（对亚里士多德尤为如此），谈论人的卓越或德性似乎与一种目的论生物学绑定在一起，而实际上，今天没有人会反对现代科学的论题，为此种生物学辩护。所以，例如麦金泰尔支持借用古典"德性"，在他锚定一种目的论生物学之处，他的论证就出现了断裂。[7] 由此就产生了某种结果，好像一边保存亚里士多德，一边却用"文化"，或最终用"历史"替代其"自然"观念。我们通常认为，复兴任何类似柏拉图派、亚里士多德派，乃至斯多葛派形而上学的事物都接近于不可能。考虑到那些通常被认为近似于不可能的事物，类似的结果就会出现。然后，我们便会怀疑，一种古代思想的现代复兴能否依赖任何前现代的（确切地说，任何前休谟或前康德的）"形而上学"。这又表明，我们无法复兴古代**哲学**。针对这种现代性批判，目前有人提出了一种经典的批评，即他们要么接受了太多古人的学说，超过了有可能被当代标准认可的程度；要么接受古人学说如此之少，以至于不管是否愿意，他都倡导彻底反对古代的现代

---

[6] 请考虑麦金泰尔的意见："从真正拥护德性传统这一立场，现代体系政治学，无论自由的、保守的、激进的、还是社会主义的，都必须被拒绝。因为现代政治学自身就在其制度形式中表达了对那一传统的系统拒绝。" *After Virtue,* 2nd ed., Notre Dame, Ind.: University of Notre Dame Press, 1984, pp. 254-255.

[7] 参见 *After Virtue* 第 196 页及其上下文，以及第 148 页。另请见 B. Williams, *Ethics and the Limits of Philosophy*, Cambridge, Mass.: Harvard University Press, 1985, pp. 44, 120。关于启蒙批评目的论的一个很好的讨论，请参见 S. Salkever, *Finding the Mean: Theory and Practice in Aristotelian Political Philosophy*, Princeton: Princeton University Press, 1990, pp. 21-36。关于回归古人之困难的讨论，请考虑 P. Simpson, "Comtemporary Virtue Ethics and Aristotle," *Review of Metaphysics* 45 (1992): pp. 503-524；威廉姆斯评论说，"在许多实质性方面……没有一种现代伦理讨论能够分享古代作家的视野"，*Ethics*, p. 45。S. Hampshire, *Two Theories of Morality*, Oxford: Oxford University Press, 1977, pp. 54-57; and J. Gasey's remarks on pp. viii-ix of *Pagan Virtue*, Oxford: Clarendon Press, 1990.

主义。[8] 复兴古人的任何努力开始看起来都像是一场怀旧运动。

第二个同等稳固确立起来的阵营采用了一条不同的轨道。与开启古今之争的启蒙批评相反，更富有影响力的批评版本——比如由尼采、海德格尔、理查德·罗蒂做出的批评——认为基督教贯彻了柏拉图主义的基本原则，进而将启蒙视为柏拉图主义在某种程度上的延伸。这个故事有不同的讲法，一位思想家强调主体"自我授权""报复时间"的连贯性；另一位思想家则强调存在（Sein）消逝至极时"主体性"的统治地位；还有思想家强调作为"自然之镜"的心灵之主题的持续改变。启蒙这个词意指一种表明"事物真实如何"的努力，至少在此限度内，这些具有世界性影响的启蒙批判最终接近（也常常明确地强调）于一种对"哲学"的拒绝。[9] 如果古人与今人在根本上是同一的，如果启蒙是另一种

---

[8] C. 拉莫尔（C. Larmore）论辩说，麦金泰尔"是一个不自觉的多元主义者，*malgré lui*"。在这里，"多元主义"意味着，承认"存在理性上难以解决的道德冲突"，此为现代性之特征。*Patterns of Moral Complexity*, Cambridge: Cambridge University Press, 1987, pp. 39, 38. 在其文章"Toward *Fin de siècle* Ethics: Some Trends"中，达沃尔（S. Darwall）、吉巴德（A. Gibbard）、雷尔顿（P. Railton）注意到了麦金泰尔、威廉姆斯等道德理论家面对的自我反思问题，并认为他们是"不顾他人的理论家"。*Moral Discourse and Practice*, ed. Darwall, Gibbard, and Railton, New York: Oxford University Press, 1997, p. 32. 类似地，在寻求批评列奥·施特劳斯的过程中，S. 罗森（S. Rosen）评论说，施特劳斯"古典哲学的（自然）概念是不充分的，因为在其底层是尼采式或现代的，因而是后现代的"。*Hermeneutics as Politics*, Oxford: Oxford University Press, 1987, p. 123（在其源头便遭篡改）。

[9] 在此著述里，对启蒙最晚近的具有世界性影响的批评是 J. 格雷（J. Gray）的 *Enlightenment's Wake: Politics and Culture at the Close of the Modern Age*, London: Routledge, 1995。在前言里，格雷写道，启蒙的工程"是自我破坏的，现在则已被消耗干净"（p. viii）。在第 151—152 页，格雷拒绝了麦金泰尔返回前现代传统的努力："在我看来，我们不能把现代性的核心工程，即启蒙的工程推滚回去，它所有的结果都是祛魅的，并且是彻底无根的。尽管启蒙的现代主义工程在许多点上打断了前现代、古典和中世纪思想，但是，就其普世主义，以及根本主义者、表象主义者的理性主义而言，它也是持续的。"（p. 152）

形式上的柏拉图主义,那么,返回后苏格拉底时代的古人就是无意义的,就好像满足于现代性是没有根据的一样。

对启蒙这一影响深远的批评面临着它自己的窘困。它破坏了关键的启蒙道德、政治观念,比如"自然权利"(natural rights)观念。"自然权利"这个短语与对现代自由政体的政治、哲学辩护密切地绑缚在一起。今天,"权利"语汇仍然无所不在,但没有了"自然"这个听起来很奇怪的限定词。[10](再问一遍)我们如何获得启蒙值得赞赏的政治成果,却同时拒绝它们从中成长起来的哲学原理呢?这一艰巨的问题关系到宣告"西方传统"已死的立足点。这个问题在尼采那里得到了精彩的阐发。他宣称,自柏拉图以来的整个传统都消逝了。这一关于"哲学之死"的宣告使它们自己倾向于在正被拒绝的传统话语中进行阐释——这个事实产生了自我反思的悖论。尼采的宣告便是要与此自我反思悖论斗争。[11] 由于自他们脚下砍断了根基,对现代性具有世界性影响的批评似乎无处立足。让我们换一个比喻吧,我们被告知,既不能往回走,也不能维持在原地,向前的征途似乎导向无尽的黑暗。

---

[10] 为了考察近期关于权利的辩论,请参看 W. A. Galston, "Practical Philosophy and the Bill of Rights: Perspectives on Some Contemporary Issues," in *A Culture of Rights*, ed. M. Lacey and K. Haakonssen, Cambridge: Cambridge University Press, 1991, pp. 215-265。自然权利观念的消失,请查阅 R. Rorty, *Constingency, Irony, and Solidarity*, Cambridge: Cambridge University Press, 1989, p. 84, 以及 MacIntyre, *After Virtue*, p. 69。

[11] 麦金泰尔在 *Three Rival Versions of Moral Enquiry: Encyclopaedia, Genealogy, and Tradition* (Notre Dame, Ind.: University of Notre Dame Press, 1990), ch. 2 ("Genealogies and Subversions") 中讨论了这个问题。在 *After Virtue* (p. 239) 中,麦金泰尔注意到,尽管尼采是"亚里士多德传统最大的敌人",但"最终,尼采的立场不过是此道德文化一个新的面向;尼采也使自己成为此道德文化一个无可替代的批评者"。在效果上,这是另一个 *malgré lui* 对象(参见本章注[8])。

关于启蒙问题确切地由何者构成，这两个批评阵营间有着剧烈的分歧。然而，我们可以保险地说，这两个阵营推进了关于现代世纪的博学而富有激情的讣告，给我们留下了迫切的挑战：我们要决定下一步该做什么，是否应该拯救前现代思想的**某种**版本，或是否应该放弃证成一个时代（an epoch）之假设与谋划的所有努力。无论在辩论中采取何种方向，我们似乎都被不可避免的困难阻挠。相应地，启蒙自由主义之基础的问题（如果关于"根基"的讨论被完全接受）现在得以广泛开启，它也当然是激烈辩论的主题。最终结果是产生一种对保存启蒙时代的广泛反感。我们意识到，我们已经用尽了道德与智识遗产，并且缺乏使之重新生成的手段。

一个自我怀疑的时代拥有这样的优势：它是哲学的沃土。当我们感到脚下的场所像是坚硬的陆地（terra firma），哲学便倾向于蜕化为墨守成规之学；当它摇晃之时，不仅会随之出现许多疯狂，也会为真正的哲学式狂热提供许多机会。自我检查不需要指出一个时代的终结，实际上，它可能预示着革新。正如黑格尔所言，密涅瓦的猫头鹰只在黄昏起飞，但事实上，黄昏之后便是新的一天，至少能够为同一片土地提供新的光亮。

我们必须确定，在宣告其衰竭之前，我们已经充分地开采了那片土地。对于启蒙自身的批判与证成，那里是否还有遭到忽视或误解的资源，尤其是为了保存古代思想可欲求诸方面而提供的资源？如果有，我们就需要细致地予以考察。亚当·斯密就是这样的一种资源。

二 亚当·斯密作品中的启蒙与反启蒙

我们现在享用并质疑着亚当·斯密的部分遗产。他是苏格兰启蒙运动的关键人物，也与法国和美国启蒙运动绑定在一起。在现代性故事中，这些启蒙运动是关键篇章。斯密很早就获得了声望与影响。《道德情感论》在1759年出版，让他迅速成名，不久之后，这部作品就被翻译为法语和德语。在斯密生前，《道德情感论》有过六个英文版本。这部作品让他从名声卓著的思想家休谟（Hume）、伯克（Burke）、康德（Kant）那里获得了赞扬与尊敬。在《道德情感论》之外，斯密只出版了一部著作，即《国富论》（首版于1776年）。《国富论》也同样赢得了认同，边沁、黑格尔、马克思等人都细致阅读过这部作品。[12]吉本（Gibbon）对斯密论述社会演化的作品表达了敬意。博斯韦尔（Boswell）、亚当·弗格森（Adam Ferguson）、威廉·罗伯森（William Robertson）、约翰·米拉（John Millar）、凯姆斯勋爵（Lord Kames，即亨利·霍姆［Henry Home］）、休·布莱尔（Hugh Blair）、杜加尔德·司徒尔特（Dugald Stewart）以及伏尔泰从他那里学到了许多。这个崇拜者名单还可以

---

［12］《道德情感论》（*TMS*）的六个版本分别出版于1759年、1761年、1767年、1774年、1781年与1790年。这部书在其生命中的重版次数体现了它的受欢迎程度。关于《道德情感论》的接受度，可再次参读编者的引言，第25—34页。关于我的引用和注释中，*TMS*以及斯密著作的其他缩写形式，请参看本书卷首的"文本与致谢"。关于边沁对斯密的回应，参见《亚当·斯密通信集》（*CAS*, app. C），第386—404页。关于进一步的总体讨论，参见 J. H. Holander, "The Founder of a School," in J. M. Clark et al., *Adam Smith*, 1776-1926 [1928] rpt., New Yok: Kelley, 1966, pp. 22-52; 以及 M. Palyi, "The Introduction of Adam Smith on the Continent," in ibid., pp. 180-233. 关于斯密在德国、法国、美国、意大利、俄国、印度、日本以及中国之接受状况的讨论，请参看 H. Mizuta 和 C. Sugiyama 合编的文集 *Adam Smith: International Perspectives*, New York: St. Martin's, 1993. 关于斯密与黑格尔之间的关系，参见 N. Waszek, *The Scottish Enlightenment and Hegel's Account of "Civil Society"*, Dordrecht: Kluwer, 1988。

不断列举下去。[13]《国富论》无疑影响了美国建国者中的思想家，并且在关于如何运行和保卫自由经济组织的学术讨论中扮演了试金石的角色。[14] 科学家和科学哲学家注意到斯密作品的贡献，社会学家也同样如此。[15]

尽管深具影响，负有盛名，但在一段时期，斯密的命运与伊壁鸠鲁（Epicurus）相类。伊壁鸠鲁以"伊壁鸠鲁派"和作为享乐主义的提倡者为人所知，但这却与其真实教诲相违。今天，斯密的名字也广为人知，并被郑重引用，以支持某种经济或政治方案；但是，那些在论述中列举他的人却很少细心研读其教诲。他只被认为是一个经济学家，他的伦理学、道德哲学、法理学、修辞、纯文学，以及政治、经济和思想史作品被排除在外。更糟糕的是，他被视作具有特定意识形态倾向的经济学家。简言之，人

---

[13] 参见斯密在 1788 年 12 月 10 日写给吉本的信，*CAS*, p. 317（以及编者的注释）；C. R. Fay, *Adam Smith and the Scotland of His Day*, Cambridge: Cambridge University Press, 1956, ch. 10 ("Smith and Gibbon")。斯密的影响出现在某些出人意料的角落。例如，关于斯密对爱默生（Emerson）的影响，参见 J. C. Gerbert, "Emerson and the Political Economists," *New England Quarterly* 22 (1940, pp. 336-357。在第 345—346 页，盖博（Gerbert）注意到，爱默生赞美《国富论》，称其为"智慧之书"；这表明，"总体上，爱默生认为亚当·斯密是其时代的伟人之一，他的控制原则是通过直觉认识到的"。罗斯（I. Ross）评论称，"随着他在 1759 年编撰出版其伦理学讲座，亚当·斯密获得了他作为文人的首次成功，并因其对欧洲启蒙运动的贡献闻名遐迩"。*The Life of Adam Smith*, Oxford: Oxford University Press, 1995, p. xxi.

[14] 托马斯·杰弗逊（Thomas Jefferson）在其 1807 年 6 月 14 日致诺维尔（J. Norvell）的信中高度赞扬了斯密的《国富论》。参见 *Thomas Jefferson: Writings*, ed. M. D. Peterson, New York: Viking (Library of America), 1984, p. 1176。

[15] 赫胥黎（T. H. Huxley）对斯密的高度评价被布朗（K. L. Brown）引用。K. L. Brown, "Dating Adam Smith's Essay 'Of the External Senses,'" *Journal of the History of Ideas* 53 (1992), p. 337, n. 22. Cf. C. 达尔文 在 *The Descent of Man* (London: J. Murray, 1871, vol. 1, p. 81) 中引用了亚当·斯密。亦参见 A. Swingewood, "Origins of Sociology: The Case of the Scottish Enlightenment," *British Journal of Sociology* 21 (1970), pp. 164-180。

们现在倾向于认为，斯密倡导粗鲁的放任自由资本主义（crude laissez-faire capitalism）。说得不客气点，他所倡导的便是一种与帝国主义和殖民主义不可分割的资本主义。[16]

斯密的著作含括甚广。他感兴趣的是政治经济学而不只是经济学。关于不受约束的自由市场运作，他在道德上坚持有所保留。他批评帝国主义、殖民主义和包括奴隶制在内的各种形式的压迫。考虑到这些，那么对斯密的上述误读就令人震惊了。[17]斯密非常熟悉西方的哲学传统。他也精通古典与现代语言、历史、修辞理论、科学、法理学、宗教、文学，他的学识也明显贯通在其著作里。任何渴求一种自由教育的人都会为之感到嫉妒。总而言之，这些熟悉的误读遮蔽了事实：斯密首先是一位哲学家，他在哲学上受到了伟大哲人的教育（弗兰西斯·哈奇森），是西方哲学史上最卓越哲人之一（大卫·休谟）的挚友，也受到众多哲人的广泛阅读和推崇。在法国期间，他也与一干哲人（*philosophes*）相熟。

许多启发了现代世纪的伟大的启蒙主题都是斯密提出来的。可以确定，如果有人只谈及单数的"启蒙"，那么他实际上指的是一个富有争议的家族。从一开始，这个运动的批评者就是它的一

---

[16] "资本主义"（capitalism）并非斯密使用的单词，并且在文本中，当讨论其观点时，我将使用更少有歧义、更少具有时代错误、与其自身视野更相适应的表达。

[17] 研究斯密的学者已经消除了大部分误解。在过去的二十年中，我们见证了大量斯密研究著作的出版，其中包括越来越多出自哲学家研究的作品。哈曼（G. Harman）评论说，*TMS* 是"道德哲学中最伟大的作品之一"，并进而注释说："令人疑惑的是，相比起休谟的伦理学作品，斯密的伦理学却如此少地得到阅读，尽管它富有价值。"参见 "Moral Agent and Impartial Spectator," the Lindley Lecture, published by the Department of Philosophy, University of Kansas (1986), pp. 13-14. 努斯鲍姆在近期出版的著作中提及 *TMS* 时，称之为"其计划的核心启示"。*Poetic Justice: The Literary Imagination and Public Life*, Boston: Beacon, 1995, p. xvi.

部分，就某些方面而言，斯密自己就是其中之一。从我在这些导论中采取的普遍视角来看，我们就可以十足自信地说，在这段时期的许多个世纪里，斯密是一位启蒙运动的支持者。[18]

在起点上，斯密就力图使我们从战争与派系中解脱出来。至少从霍布斯开始，这便成了不证自明的公理：分歧、冲突、战争是人类政治生活的基本特点，任何可行的政治理论必须以此为参照。与许多古代政治理论相对，现代人通常把"没有约定俗成的'好生活'法则"认作是根本的。对于现代人而言，我们的起点是潜在的不和谐，而非共识。[19] 冲突的优先性致使正义在许多现代政治理论中（包括在斯密那里）具有特殊地位。冲突被认为是"自然"在我们生活的世界中的最终反映。其背景故事是宇宙论哲学，它使冲突成为人类生活中根深蒂固的特点。道德感受灾难性的崩解，以及随之而来的我们时代的屠杀都让我们相信这种世界

---

[18] 尽管斯密在不同的意义上使用"启蒙"（enlighten）及其同源衍生词，但他并未使用过"启蒙运动"（the enlightenment）这一术语（尽管在 *LRBL* 第146页、在 *TMS* II.ii.3.5 中有关于"更为开明之时代"的评论）。这不应阻止我们去理解他的思想构成了启蒙运动之一部分的那些重要方式。参看杜加尔德·司徒尔特对《国富论》的引用，认为它包含了"其时代最根本和开明的哲学"（most profound and enlightened philosophy of the age）。*Biographical Memoirs of Adam Smith, William Robertson, Thomas Reid*, ed. W. Hamilton ([1858] rpt. New York: Kelley, 1966), p. 320. 此后再引用此书，我们便标注为 *Memoirs*。

[19] 当然，认为冲突具有关键的分析重要性这一视野在霍布斯、洛克的"自然状态"理论中有其根源；并且，在康德论历史的文章中，在其关于冲突的讨论中，在黑格尔《精神现象学》关于主奴辩证法的讨论中，以及在马克思的阶级斗争理论中，它又有了更深的推进。近期对这一主题的讨论时常表现为对人性中善好观念的强烈质疑，相关抽样调查参见 C. Larmore, *Pattterns of Moral Complexity*, pp. 38-39; J. Rawls, *Political Liberalism*, New York: Columbia University Press, 1993, pp. xvi-xviii; S. Darwall, *The British Moralists and the Internal "Ought": 1640-1740*, Cambridge: Cambridge University Press, 1995, p. 4; 以及 R. A. Putnam, "Reciprocity and Virtue Ethics," *Ethics* 98 (1988), p. 381。

观,这也使斯密对道德情感的细致关注更值得研究。

斯密也认为,他的任务是让我们摆脱压迫性制度,尤其是压迫性的宗教制度。他频繁开启论战,攻击那些他称之为"迷信"的东西。他也把宗教当成政治问题,给予了丝丝入扣的分析——亦即,它是宗教斗争与压迫——因此预示了詹姆斯·麦迪逊(James Madison)在《联邦党人文集》中为政治派系问题给出的解决方案。斯密的道德、政治和经济原理彼此相合,致力于解释,尽管有潜在的冲突,个人与国家如何能够和谐生活在一起。这样的论题遍布在斯密的著作中:以道德来规范宗教,以及他相信,没有国家对宗教纷争的干预,公共领域能变得更好。

斯密对宗教自由信念与实践的支持伴随着对神学以及相关学科的讥讽,如本体论、形而上学、"pneumaticks"(灵魂与精神学说),以及具有某些传统形象的哲学。在《国富论》与《道德情感论》中,许多长篇大段嘲讽了制度化的宗教以及学院哲学,揭露它们的真相。斯密用这些段落使我们领会到,通过适度启蒙的理性,我们可以理解一切事物,包括人性。"科学是狂热与迷信的解毒剂。"相应地,斯密主张国家提出一项要求,在获允从事"任何自由职业"之前,每个人都要通过科学上的测试(*WN* V.i.g.14)。与古老的哲学相对,新的自然科学,即牛顿的自然科学,是真正有助于改善人类生活的。新科学拒绝目的论解释,也对把宗教当作目的论解释的可信基础予以排斥。更重要的是,它也与著名的"主宰自然"(mastery of nature)密不可分——在理论术语(例如,自然因为人类理智才变得可以理解)和实践术语(比如,物理性自然是满足我们需求的材料)上都有一种主人性的理解。

启蒙的修辞也将自然科学与方法的范式推进得更远:没什么仅凭表面价值就能被接受。未经考察的信念就是偏见;在获得理性的重新审视之前,传统便是教条;公共生活应该是富有活力的、开放辩论的领域。此种批判态度展现出一种深刻的伦理承诺,要求人们独立、自足、勇敢,以及摆脱习俗、自然、命运之束缚,获得自由。其要点由康德优雅地叙述出来,真正的"成熟"或"独裁"(autarchy)便是自治(autonomy)。当我们成为自我引导、自我立法的存在时,我们才是一个完全的人,才获得了完全的自由。前现代思想是前批判的,是不自由的,在情感上也是不成熟的。[20] 休谟小心地将"人的科学"奠基于经验之上,康德批判知识或道德可能性的超越性,黑格尔精巧辩证地论述那些使人类行为变得可能的社会、历史条件。无论是像休谟那样,或是像康德那样,还是如黑格尔那般,通向启蒙的道路都要有彻底进行自我审查的勇气。没有什么东西仅仅因为它已经得到接受,我们便要接受它。所以,达朗贝尔(d'Alembert)称这段时期为"哲学的世纪",托马斯·潘恩亦将他的一部著作冠名为《理性时代》。[21]

自由——能够被所有人而非选定的少数人实现——是一伟大的道德、政治理想。[22] 它伴随着一种人类基本道德平等学说的承

---

[20] 康德在1784年写作的论文《何谓启蒙》的第一段便是:"启蒙就是人类脱离自我招致的不成熟。不成熟就是不经别人的引导就不能运用自己的理智。如果不成熟的原因不在于缺乏理智,而在于不经别人引导就缺乏运用自己理智的决心和勇气,那么这种不成熟就是自我招致的。敢于知道!要有勇气运用你自己的理智!这就是启蒙的座右铭。" "What Is Enlightenment," in Kant, *On History,* ed. L. W. Beck, trans. Beck, R. E. Anchor, and E. L. Fackenheim, Indianapolis: Bobbs-Merrill, 1963, p. 3.

[21] Jean le Rond D'Alembert, "Le siècle de la philosophie," in *Essai sur les elements de philosophie*, vol. 2 of d'Alembert, *Oeuvres philosophique historiques et littéraires*, ed. R. N. Schwab ([1759] Hildesheim: Olms, 1965), p. 9.

[22] R. 皮平(R. Pippin)细致论述说,现代性的统一主题是自由的主题,或者用康德的术语来说,是自治的主题。参见他的 *Modernism as a Philosophical Problem*, Oxford: Blackwell Publisher, 1991, esp. p. 40。

诺。"启蒙"（to be enlightened）就是要理解自由在道德与政治主题中的核心地位。斯密支持他所谓的"明显且简单的自然自由体系"（*WN* IV. Ix.51），将其视为阐述"建立完全正义、完全自由，以及完全平等"原则的部分任务（*WN* IV. Ix. 17）。他是一个道德平等主义者，其情感受良心或"无偏旁观者"统治的斯多葛原理当然要捕获某些意为"自治"（autonomy）的东西。通过展示它最好地掌握了自由平等之类的原则，每一个现代伦理或政治体系都力图说服我们。当试图复兴古典德性原则的每一次努力成功地将现代原则融合进它们的框架时，它都能产生影响。奴隶制——在现代以前，它被哲学家和非哲学家们广泛接受——受到谴责，斯密也的确谴责了它。像休谟一样，斯密指出，奴隶制是古典德性原则的一部分，也是诉诸这些原则的社会体系的一部分（此外，这些诉求受到如下观点的支持，即劳动与卓越对闲暇的运用相对立）。在特定的条件下，人们要付出奴隶制的代价才能换来自由。斯密与休谟认为，现代市场社会能够消灭这些条件。[23] 斯密的《国富论》表明，现代商业能够通过发展劳动与服务、工作与从属（subservience）之间的区分，解放普通工人。针对古人的批评（包括异教与基督教），为商业所做的辩护是斯密拥护的另一个启蒙主题。斯密政治经济学的许多道德推力存在于改善普通人状况的要求里。

斯密阐明并守护了一种"中产"道德德性（"middling" moral virtue）的观念，即便他承认，在某些方面，"中产"道德德性不如

---

[23] 参见 Hume, "Of the Populousness of Ancient Nations," in D. Hume, *Essays Moral, Political, and Literary*, rev., ed. E. F. Miller, Indianapolis: Liberty, 1987, pp. 383-398。斯密对奴隶制与柏拉图《法律篇》的评论见 *WN* III.ii.9（《国富论》第三部分）。许多启蒙思想家关于美洲道德状态和奴役的话语与行动仍有许多不足之处。相反，斯密在这一点上无可指摘（参见 *TMS* V.2.9）。

古人赞扬的贵族式卓越。人们认为,这种更可实现的德性观念与追求如下这些根本善好相协调:健康、快乐、"改善我们的境况"、良好的声誉,以及"尘世的善好"(worldly goods)。它几乎对每一世代的成人来说都是可行的,也比古代理想更为民主和平等。柏拉图可能会拒绝所谓的"通俗德性"(demotic virtue)。但是,对它们的辩护却是启蒙道德视野的一部分,并且它认可了普通人在太阳下的位置。斯密是日常生活立场热忱且资源丰富的辩护者,本书的一个核心任务就是分析并评价这一辩护。[24] 这一道德视野具有如此浓厚的启蒙特色,展现了其思想的每一方面,包括他对情感、德性、自由市场,以及法理学的分析。我将要证明,斯密赋予"同情"以核心位置,这本身就反映了他的道德视野。其政治哲学强调中道、不完美,以及错置乌托邦主义的危险,这种强调也必须据此得到理解。

因为现代自由要求道德德性而非智慧,它频繁地立足于道德情感原则而非哲学理性原理。[25]《道德情感论》旨在表明:"情感"(sentiments)(也被冠名为"激情"或"情绪")足以让我们获得道德、德性、自由,以及总体而言,足以让我们获得和谐的社会秩序。我们是激情的动物。斯密力求将激情当作正直伦理生活的

---

[24] 泰勒(C. Taylor)正确地评论说,"对普通生活的肯定"("生产与家庭生活")是"在现代早期获得新的、前所未有之重要性"的基督教主题之一,"它也成为了现代文化的核心","成为现代文明中最有力量的观念"。其他观念包括自治与"受苦的重要性"。*Sources of the Self: The Making of the Modern Identity*, Cambridge, Mass.: Harvard University Press, 1989, pp. 14-15.

[25] 笛卡尔写道:"我们从古人那里获得的不完美的科学本性,都不会比他们关于灵魂的论述更加清楚。" *The Passions of the Soul,* vol. 1 in *The Philosophical Works of Descartes*, ed. and trans. E. S. Haldane and G. R. T. Ross, Cambridge: Cambridge University Press, 1972, art. I, p. 331. 并不是对激情的每一种现代处理都能够做出那种指控,但是,当然,每一种对激情的现代处理——比如斯密的处理——都使自己在古人的基础上有极大提升。参见他在 *TMS* VII. iii.2.5 中对"抽象的人性科学"近期进展的评论。

基础来理解,并予以证成。激情并不排除理性,他们却错误地将哲学这样的"理论"求索当作人类生活的基础。理论与实践之间的断裂是一个弥漫在斯密论述中的主题,正如它弥漫于其他关键启蒙人物(比如康德)的作品中一样。德性并非建立在哲学知识的基础上,这一反柏拉图原则引导了启蒙的道德理论。

在"启蒙"这一术语中,起作用的隐喻当然是一个古老的隐喻。其最著名最经典的处理出现在柏拉图《理想国》第七卷开篇。[26] 在那里,我们注意到,在政治生活"洞穴"的内外都有光。除非在顶部挖开一个大洞,否则太阳光就不能照亮洞穴内部。我们想,既然洞穴不是不可改变的自然物,人类可凭许多方法予以加工,那么为什么不这样做呢?苏格拉底称之为"囚家"(prison home)(*Rep* 517b2)。作为一个囚室,它可能是一种我们制造的结构吗?在某种意义上,照亮囚室的火光是自然的,与太阳是同一个种类。但在另一种意义上,这火是人为的产物,是普罗米修斯从诸神那儿盗来的。它在一个特定地点被点亮、看管、维持,并用来制造由各类木偶般手工艺品投射的影像。一条路、一道墙区分了木偶操作者和洞穴的其他部分;这些也是属人的造物。然而,很少有洞穴居民能够直接去看这半人为的光源,看起来,无人拥有自己的火种。他们是"囚徒",他们的脖子、胳膊都被链条捆绑着。我们很容易误以为,这就是对我们自然境况的描述。但是,链条不会长在树上,它们是被编造了加在我们身上的。苏格拉底说,我们"自孩童时候起"就受到束缚(*Rep* 514a5),但这并不是说,我们生而就

---

[26] 在这整本书里,我不会在柏拉图的观点与苏格拉底的观点之间进行区分,只会涉及柏拉图对话中的"苏格拉底"。我对《理想国》的引用均来自布鲁姆(A. Bloom)译本(New York: Basic Books, 1968)。此后,我在引用《理想国》时,将把它简写为 *Rep*。

遭链条绑缚。这整个比喻表明，缺乏启蒙是人为的结果，所以是一种不自然的处境，为之给出一种历史论述便颇为合宜。

现代启蒙的建筑师们推断，只要聚集起必要的勇气，我们就可以使那些已经制成的东西恢复原状。他们也表明，一旦链条被打破，我们将无须离开洞穴，因为囚室可以转变成一个家。对于日常的、前哲学的人类生活，斯密以自己的方式赞成它，并提供给我们一种独特而持久的拯救。启蒙并不需要朝向洞外的太阳艰难以至毫无希望地爬升；在一个适当组织起来的洞穴中，点起一堆火就足够好了。我们甚至能把自己从光明在洞外的神话中解放出来，使境况得到改善，因此，我们也能够摆脱那些要求上升，然后满怀"启蒙"从另一个世界回归的狂热者（cf. *Rep* 516e-517a）。我们的命运就在我们完全可见的双手中，等待我们把它紧紧握住。

经过如此制作或建构，我们的自由就不是对自然，或洞外某种自立真实（self-standing reality）的回归——这种自立真实的模型是一种能使灵魂和谐的范式。柏拉图洞穴的人为或"诗性"品质统治着启蒙的现代观点，正如上一段所勾勒的那样，即便与真实启蒙内容有关的柏拉图观念也遭到了拒绝。如果自由意味着，在我们的理论、道德、实践追求中的独立与自我立法，那么，理性便倾向于具有一建构性面向，而非为柏拉图赞许的被动理解或吸收性品质。[27] 令人惊讶的是，想象通常支持建构的理性启蒙原理，至少与之在密切合作中发挥作用。想象不仅对于理

---

[27] 大卫·拉波特·拉奇特曼（David Rapport Lachterman）认为，现代性的主控论题是"建构性'观念'，或者更宽泛地说，这个'观念'认为，心灵在本质上是制造、塑造、打磨、生产的力量；简而言之，心灵首先是也最终是创育性的，其次才是实践性的和理论性的"。参见 *The Ethics of Geometry: A Genealogy of Modernity*, New York: Routledge, 1989, p. 4。希腊语名词 *poiesis*（与英语单词"poet"的词根有关）意为"制作""编织""创造""生产"。

解世界，而且对于实践理性也显得是根本性的。在斯密看来，道德要求我们能够从他人的观点来看事物。"同情"对其道德体系颇为关键，就像它在我们的道德语汇中是一关键术语一样。但是，正如他在细致、迷人的讨论中解释的那般，"同情"也是一种想象行为。情感自身也由想象塑造。我们的欲望和值得赞美（praiseworthy）的"观念"，以及此种或彼种特殊情感便从同情之中（尽管不只有同情）发源出来。既然想象对道德和理性的构成来说是实质性的，我们就不只是激情的造物，也是想象的造物。就像在别处一样，在此处，斯密也行走在休谟和众多同行者的陪伴中。

按照上一段的评述，在具有广泛瓜葛的诸多方面，斯密无疑是一个启蒙党人。所以，如果认识到他也面临着我们现在关于这段时期的诸多怀疑，那会令我们感到惊讶。在一些关键的方面，我们将他采取的立场与对启蒙的批评联系起来。斯密自己提出了许多现代性后期批评者所坚持的问题。为了首先忆起这一导论的起始主题（opening theme），他确切地意识到无意后果（unintended consquences）的现象，意识到"道德运气"的重要性，以及偶然性、界限（finitude）在人类生活中扮演的总体作用。"无形之手"（invisible hand）是通常伴随斯密的短语。在他涉及的那类斯多葛语言中，我们就像是一出戏剧的演员，戏剧情节不为我们所理解，其结局也未展示给我们，但是，其反讽倾向却很好地确立起来。

请简要考虑嵌入我们每一种成功境遇中的许多悖论。斯密对它们的讨论预示了当代的批评。让我们从追求财富开始，这是《国富论》致力于促进、提高的目标。这本书无疑是关于这个主题最著名、最持久的启蒙贡献。很明显，我们追求的财富与满足我们的基本需要没有多少关系；在很大程度上，我们受由想象培育的恐惧和需求推动。在每个时代，这都是道德哲人的抱怨，斯密不仅意识到了这些抱怨，还坚持其真实。他当然理解，"消费是一切生产的唯一结果和目的"（*WN* IV.viii.49），一个成功的商业社会将会是我们所谓的"消费主义者"（consumerist）。他的一条重要教诲是，对财富的追求因想象的"欺骗"或"偏见"才成为可能。多亏了我们的自我欺骗，我们才把财富（以及权力）与幸福或宁静联系起来。对财富的追求和占有都不能真正产生宁静；相反，两者都会对之造成损害（*TMS* I.iii.2.1-3; IV.1.8-10）。斯密清晰地描述了这幅图画，它注定要对我们造成干扰：当追求财富受到如此深刻的误导，我们如何认可致力于使"国家财富"最大化的社会安排呢？正如我们自己可能去做的那样，斯密看似在论证，我们的物质繁荣条件与我们精神贫乏的条件联系在一起。

问题由这一事实得到强调：追求财富通常付出的代价不仅有高度贵族化的德性，还有全体德性。斯密称其为"道德情感的腐化"，并视之为商业社会中的自然危险，尽管他拥护商业社会（*TMS* I.iii.3）。当我们和斯密将诸种邪恶与提升物质福利，或他所谓的"改善我们的境遇"（bettering our condition）联系起来时，贪婪、不诚实、意图利用他人、虚荣便处在这诸恶之中。他同古老的财富与德性之关系问题直接交锋；我们将在第五至第七章探查一下他的分析。部分由于卢梭的《论人与人之间不平等的起源与基础》（他对这本书了然于胸），当他写作时，这个问题便高悬心中。[28] 今天，关于物质至上的西方文化的道德堕落，我们的抱怨

---

[28] 斯密原本就阅读了这篇论文，并且在致《爱丁堡评论》（1756）的一封信中，他给出了评论，加以引用。斯密论称，《爱丁堡评论》应放宽其视野，囊括百科全书派的讨论以及卢梭的著作（参见 *EPS*, pp. 242-256）。

持久不休，说明这个问题仍然与我们在一起。

财富生产不可避免地与劳动分工联系在一起，这一关键的斯密式论题（*WN* I.i-ii）现在得到了普遍接受。我们选择职业时，积极争取某些专业领域中的任职资格，即可让我们自己变得有用，并获得尊荣。然而，尽管我们的繁荣取决于劳动分工，我们也意识到，这一收获需要付出代价。似乎，它允许一个群体剥削另一个群体——也就是说，让管理者剥削那些组装器物的工人——但是，或许更为重要的是，它能够使专门从事某项工作的人心灵和精神扭曲、荒芜。也许除了马克思，没有哲学家比斯密更为直率、严厉地刻画了这些劳动分工的人类代价。对于"在一文明社会中"折磨工人的"巨大无知和愚蠢"，他为之叹息（*WN* V.i.f.61）。谁若"在一些简单操作中"耗尽一生，他将可能变得"像人类最可能达到的那般愚蠢和无知"，不能从事"任何理性对话"，也不能"认识任何大度、高贵，或温和的情感，因此不能对任何私人生活的日常义务做出正当评价"。因此，专业化"是以其理智、社会及尚武德性为代价获得的"。这似乎是，"每一个进步的文明化社会中"，"人民大众"的命运（*WN* V.i.f.50）。

斯密继续告诉我们，拥有"闲暇和倾向"从事哲学研究的少数人能够逃脱这一可怕的卑贱命运，在智识的改良上达到极高的程度。但是，除非他们有幸"处在特殊的境地"（比如，掌握着政治与经济权力），他们将"很难对好政府或对社会幸福有所贡献"，亦即他们将会成为大学教授，而非哲学王或哲学女王。相反，"野蛮社会"生产出的个人更值得我们嘉许，他们不是哲学家（*WN* V.i.f.51）。但是，哲学的壮丽并非存在于真空当中，由劳动分工引起的非人化（dehumanization）也将危及哲学可能得以繁荣的自由社会之基础，就像斯密接下来讨论的那样，"在自由国家中，政府安全很大程度上有赖于人民对其行为做出的有利评价；他们不应对之做出急躁、变化无常的判断，这确实极为重要"（*WN* V.i.f.61）。财富与自由、财富与德性、商业与人的卓越，看似毫无希望地彼此对立。甚至，自由显得要破坏社会的凝聚力，包括通过公共教育得到传播的凝聚力。

考虑到宗教自由的关键例证，我将在第七章把许多精力投放于此，部分重构他对这一问题的分析，斯密以此回应柏拉图《法律篇》第十卷针对国家施行公民宗教（state-enforced civic religion）的经典论述。众多宗教派别和平的增殖是一项我们引以为傲的成就。然而，我们受到许多问题困扰。首先，是共同目的的问题：如果我们的宗教信念在根本上不同，如果它们表达了我们最深刻的价值与信念，那么在一个共同政体中（in a common polity），将我们绑在一起的是什么呢？一旦宗教自由得以制度化——更不必说斯密为之辩护的其他自由，比如商业或贸易自由、发展劳动与资本的自由、表达哲学与政治观念的自由、集会与行动自由——社会分裂就会隐约出现。社会内聚力的问题是我们现在面临的许多迫切问题之一。此刻，许多最富影响的哲人也对之予以极大关注。[29] 在此辩论中，斯密是一被忽视的资源。

宗教自由的启蒙框架要求，宗教教说（religious teaching）无须国家实施的政治权力；启蒙对迷信的攻击也表明，自然现象有必要成为科学的领地。宗教在根本上应为一私人事务——它是一个社会问题，但必不是一个政治问题。如果所有这些没有被轮流肢解，或至少被稀释（宗教教说），那么一种真正的宗教教说中包

---

[29] 例如，参见查尔斯·泰勒（C. Taylor）和其他人编著的文集 *Multiculturalism: Examining the Politics of Recognition*, ed. A. Gutmann, Princeton: Princeton University Press, 1994。

含了什么呢？斯密表达了自己的希望：宗教自由信念将最终产生"纯洁、理性的宗教，摆脱荒谬、欺诈或幻想的每一类混合，正如明智之士在每个时代希望见到它们的确立一样"（*WN* V.i.g.8）。真正的宗教是私人化的，是被启蒙思想家热爱的道德与良心的宗教。我们可能想要知道，这是否仍然还是宗教呢？所以，它是否仍会支持斯密期待的有益的社会结果，尤其是那些强化道德义务感、巩固责任纽带，以及关心同伴的社会效果？难道"纯粹理性的宗教"（pure and rational religion），或康德所谓"理性限度内的宗教"（religion within the limits of reason）或"纯粹的理性宗教"（the pure religion of reason）不会导致宗教的死亡？如果会，那么，对于麦金泰尔将现代世纪之特征归纳为"自由个人主义"，斯密对宗教自由的声援就为之提供了更多素材。[30]"无形之手"的幽灵隐约闪现，误解的根基或许由此动摇。

我们可能认为，"同情"是将我们结合在一起的东西。斯密对同情的处理位于其道德哲学的中心，也是以休谟的分析为基础加以提高，写得最好的作品之一。斯密论称，有了适当的道德教育、抚育和制度的支持，我们形成了确切理解他人处境、从他人观点看事物的习惯。[31]然而，尽管同情能将人聚合在一起，它不也能令其分开吗？人们能够"理解"和"认同"一个群体，所以也会忽视或嫌恶某个其他群体——为何同情应该是普世的呢？——一

---

[30] *After Virtue*, p. 195. 参见引用 "modern liberal, individualist politics" in MacIntyre, *Whose Justice? Which Rationality?*, Notre Dame, Ind.: University of Notre Dame Press, 1988, p. 355。

[31] 阿马蒂亚·森（A. Sen）评论说，"关于如何将自己放到他人的位置上，斯密提供了一个杰出的论述——现代福利经济学家和社会选择理论学者可从中学到许多"。参见他的 "Adam Smith's Prudence," in *Theory and Reality in Development*, ed. S. Lall and F. Stewart, New York: St. Martin's, 1986, p. 30。

个人或一个群体可能总会要求，由于某种信念，只有处在类似情况下的他人能够"理解"。既然同情是相互理解的基础，我们就可以公开声明，如果不属于他人的圈子，我们就不可能想象他人的环境；既然我们不属于它，相互理解就不可能。正如我在第二章详细讨论的那样，"身份政治"（identity politics）以及相应的社会破裂可能是同情原则无意的结果，同情原本意图产生社会凝聚力。斯密关于同情、想象、情感（emotion）的分析有助于我们理解同情内在的不稳定性，以及如何避免这种不稳定性。

由于他自己对启蒙之反讽与阴影的敏锐意识，斯密就处在这样一个视野位置：为何自由启蒙的社会制度安排与理想并非总与德性和基于德性的共同体传统抵触？对其诸多原因，他能够为我们提供许多富有价值的洞见。他关于这个问题的矫正方法（antidote）在前面的段落已得到勾勒，引人注目的内容包括商业、宗教、教育，以及其他的"调解制度"（就像我们现在对它们的称谓一样）。关于德性，包括公民美德（civic virtue），以及关于它如何赋予我们努力改善命运的伦理形态，无论是哲学的还是其他形式的努力，他都有许多话说。人们所谓的自由"机制"——自由的社会、政治安排——能够得到滋养，并反过来能被诚实、节制、审慎、明断（judgment）诸德维持。这本书的一个主要任务就是探查和评价斯密在面对他自己（后来也变成了我们自己）的怀疑时为提升关键的启蒙主题做出的精妙、辩证的努力。他的努力通过对现代性诸德诸恶的深刻理解，及其对古典竞争者的深刻理解传递出来。

如果不对斯密关于德性（尤其是正义德性）的分析，及其情感理论给予足够关注，我们就不能掌握斯密对现代世纪的诊断与治疗。自私与非个人（impersonal）或无偏私（impartial）观点之间的关系问题需要引起我们的关注，就像德性与幸福之关系问题一样。所以，这些都是随后论述的核心话题。数个章节中的主要议题都关注着斯密与两种道德模式之间的关系，一种建立在德性之基础上，另一种则建立在法则和法律之基础。这些模式通常被认为彼此冲突，因为德性道德（morality of the virtues）强调品格、判断、洞见，而法则道德（morality of rules）则强调义务、职责，以及行为对原则的遵从。斯密努力将其结合在一起，让第一种模式成为第二种的基础。[32] 所以，他以适合其"无偏旁观者"（impartial spectator）理论的方式，对判断和语境（context）加以强调。

我们也要关注道德理论与政治经济学如何啮合的老问题。斯密认为，一个自由的商业社会的诸种德性是有防御力的——恰恰是因为（而不是尽管存在着）他对国家干预经济、社会事务总体上的怀疑主义，他的反乌托邦主义，及其无意结果和"无形之手"原则。尽管他认为，理想且正义的社会是一个"乌托邦"，但我们却发现，他的这种理想版本是反乌托邦的。我反思了斯密的有细微差别的"言辞中的城邦"（city in speech）版本（我们正是生活在它的仿造物中），并以此总结第七章关于道德和政治经济学的讨论。

---

[32] 奥尼尔（O. O'Neill）指出，在过去，"几乎所有讨论该如何行事的作者同时也会论述如何过好的生活。然而，这在最近发生了改变。许多在过去二十多年里用英语写作的哲学家明确设想了我们走进道德生活的两条路径：接近道德生活，**要么**恪守各类义务、职责和正当行为（他们认为，正义在此间最为重要），**要么**养成好品格和德性。这两条路径并不是互补的，而是互不相容的"。"Duties and Virtues," in *Ethics,* ed. A. P. Griffiths, Royal Institute of Philosophy Supplements, no. 35, Cambridge: Cambridge University Press, 1993, p. 108.

斯密思想的一个关键目标是，寻求与不完美间的和谐。在这里，以及在别的时刻，我们需要考察他的调和主义战略（reconciliationist strategies）。有人可能努力从一超然的、概要的、外在的视角，在关于自我和世界的沉思中获得宁静。尽管这是来自"无偏旁观者"视角的自然一步，但斯密判断，它是具有潜在破坏性的一步。我们将反复反思这个"旁观者"（spectatorship）或"超然"（detachment）的标准问题，思考"主观"立场的相对功用（merit）的问题，因为它们引起了斯密太多的关注。问题是古老的，并将在当代伦理学中持续激烈地被争辩。它也与我已经触及的一个事件有密切联系，即，"自然"的内涵与是否可能"依据自然生活"的问题，以及自然在规范探究中的角色问题。在自然的观念史上，斯密定义了一个决定性的时刻。因为对斯多葛教说的挪用与批评是他讨论这些事物的载体，我们将对其反复探究。

三 哲学、修辞与启蒙

正如我对柏拉图洞穴喻的评论所表明的，我们可以看到，一种关于"启蒙"真实含义的古老争论处在斯密计划的中心。这个争论部分地关注哲学的意义，及其与普通生活之间的关系。我已将斯密描述为普通生活的辩护者。在斯密看来，在部分普通生活需要防卫的诸多事物中，哲学自身就是其中之一；因为哲学——比如，像柏拉图那样理解的哲学——可能将错误的需要加诸人类生活。所以，"哲学"的含义以及哲学与普通生活之间的关系也是这本书的核心主题。我把斯密当作一个哲人来对待，他参与了一场与这些问题有关的漫长对话。当论及"道德哲学"——

《道德情感论》第七部分的主题——或作为学科的"哲学"（*WN* V.i.f.25-33）时，斯密经常在完全为我们今天所熟悉的意义上使用"哲学"这个术语。在这里，哲学意味着把事物当作整体，对之所做的比较论述，意味着提供一种解释"系统"的努力。他清楚地知道，这一特殊学科已经分裂了，并将进一步分裂为许多细微的专业领域，由"专门的哲人部落（tribe）或阶层（class）"进行劳作（*WN* I.i.9）。他也至少在我们今天较不熟悉的意义上使用这个术语。在一些情况下，他谈论"自然哲学"。有时候，我们很难确认，他是否意指我们今天所谓的"科学"，或者也希望囊括哲学探究的其他分支。[33] 在其他情况下，"哲学"包括了理解事物结构的能力，或致力于提升改良它的能力，比如，当他言及"哲人"时，便认为他们思考致力于改善在工业中使用的机器的方法（*WN* I.i.9）。关于"哲学"与普通生活之间的关系，其观念为何？当提出这一问题时，我在脑中持有着这个术语更为人熟悉的意义，当它的意义发生改变时，我将依靠上下文语境尝试给出明确的评述，从而使其意义得到清晰呈现。

在启蒙运动时期对神学与自然宗教或道德宗教的区分中，以及反对神学的辩论中，关于自然与哲学视界的古老问题清晰可见。总体而言，我们如何有力地论述对宗教"启蒙"的拒绝与对人文主义和科学"启蒙"的支持呢？对辩论中提供的"论辩"进行检阅并不可靠；它们常常由嘲弄、批驳、揭露和漫骂构成。对此，

---

[33] 例如，参见论文 "Ancient Logics and Metaphysis"（*EPS*, p. 119）的开头。继而产生的讨论清楚阐释了，文中的"哲学"包括了自然哲学与"形而上学"。在其他地方，斯密提及"牛顿式哲学"，意为牛顿科学（"History of Astronomy" IV.75; *EPS*, p. 103）。

斯密也平等地贡献了他的一份力。我们很容易推断，那些控诉这攻击的人只是不相信宗教，而是相信他们拥有的另一组观念；老生常谈谓之，用"理性信仰"取代宗教信仰。[34]这样说虽然粗糙，却合乎我早先的观察，即建构性的启蒙理性观频繁地依据想象加以阐释。这就倾向于成为诸启蒙理性原则之基础，并因此"合理地"攻击其他想象世界的模式。今天，"建构理性"演化为"创造性"（creativity），被理解为受到历史的定位，或许还受到种族、阶层、性别的影响，或单纯地受到个人天才偶然性的影响。科学曾经是客观知识的大范式，它正慢慢接近依据社会学和美学做出的理解，这每一种解释方式都将其状态视为一种人类产品。所有这些都最终揭示，我们支持一种启蒙观念的论述只会导致对我们特殊说服力的表达，即，这意味着，它们将产生修辞上的启发与争辩，这不仅会破坏我们对选择的批判理性，也将破坏我们自身立场的理性。[35]

我早先描述为对启蒙的"具有世界影响的"批判恰恰指向了

---

[34] 比如，参见 Hegel, *Faith and Knowledge*, trans. W. Gerf and H. S. Harris, Albany: State University of New York Press, 1977, pp. 55-56, 94; G. L. Becker, *The Heavenly City of the Eighteenth-Century Philosophers*, New Haven: Yale University Press, 1966, pp. 42-46, 以及 L. Strauss, *Philosophy and Law: Contributions to the Understanding of Maimonides and His Predecessors*, trans. E. Adler, Albany: State University of New York, Press, 1985, p. 30, "启蒙对宗教传统教说的嘲弄并没有继承此前对这些教说的拒绝；关于明显荒谬之偏见所具有的力量，它没有表达不怀偏见之人对它所具有的惊讶；但它是这样的批驳……所以，关于启蒙对宗教的批判，讽刺的重要性是正统不容批驳的间接证据"。

[35] 我们似乎能够确证伽达默尔（H.-G. Gadamer）的观点，"**尽管历史主义批判了理性主义和自然法哲学，但它以现代启蒙为基础，也不知不觉地分享了它的偏见。并且，有一种启蒙的偏见定义了历史主义的本质：启蒙的根本偏见就是对偏见自身的偏见，它也否定传统的力量**"。*Truth and Method*, 2nd rev. ed., trans. J. Weinsheimer and D. G. Marshall, New York: Continuum, 1994, p. 270. 着重标记是原本就有的。

这一结果，也因此指向了"哲学"视野的一个重要限制。再一次，在这里，斯密的立场是复杂的，因为尽管他维护了现代启蒙与普通生活，他也拒绝了经常与此时期联系在一起的确切的理性主义。我要说的是，斯密是一个哲学上的特殊类型的怀疑主义者，他在人类生活的一切方面都理解了想象的生产性工作。根据他对人性的论述，哲学与科学自身都是想象之综合的创造性活动。想象的工作部分地由他根据美、合宜、和谐的观念加以解释。令人惊讶的是，他把人类生活中一个普遍的角色归于对美的爱。然而，尽管有明显的柏拉图主义色彩，斯密强烈的美学世界观宣告了与古典哲学的深度决裂，正如我们在结论部分将会看到的那样。当我们关注"哲学"的本性、其理解"世界"的能力，以及想象时，斯密甚至看起来像是一个后启蒙时代的思想家。

哲学与诗歌之间著名的柏拉图争论仍然与我们相伴，并且从柏拉图的视角来看，斯密倾向于诗人这一方。从此视角出发，我们可能会担心，一旦倾向于那条道路，我们将会不可避免地滑向自我破坏的怀疑主义。对于柏拉图式的怀疑，斯密提供了有力且多层次的回应。他对现代性的根本问题了然于胸，使他为拯救这一时期所做的努力变得更深刻、更有趣。他努力将我们现在认为是不可避免的观点（比如对直觉柏拉图主义的拒绝）与其他我们乐于辩护的观点（比如自由经济政治结构的优先性，以及德性与"同情"针对伦理的核心地位）综合起来。在后记中，我将会用这段可敬的思想辩论史，来评价斯密富有野心之计划的成功与缺陷。

在当代伦理学中，一些最有趣的作品关注哲学理论之限度。因此，它们必然包含对如下内容的反思：哲学本性为何、哲学与日常生活具有何种关系，以及人们能够为一种伦理劝说或观点提供何种"正当性"。[36] 人们关于这些问题的承诺具体表现在人们如何"做"伦理学中。斯密对这些问题念念不忘,他引人入胜的写作方式也使其相关立场变得具体化。在我的研究中,第一章献给斯密道德理论的修辞,以及"形式""内容"与读者间的关系问题。《道德情感论》是一部方法论上的自我意识之作,它包括了对哲学解释的阐述,也展示了关于"做伦理学"有何意义的一种深思熟虑的态度。斯密著作的修辞或方法与道德心理学和伦理学有关的根本命题捆绑在一起,我将在第二、三、五、六章对它们进行分析。第四章考察了他的怀疑主义,其伦理与理论动机,以及针对其修辞的结果。

我的研究将联系哲学史上的不同人物,尤其是许多经典人物与学派,对斯密予以强调并做出评价。柏拉图从始至终都尤为重要,因为即便在要阐释的问题上斯密与他共享一个概念时,他也与斯密不同,这种不同颇有助益。尽管在许多情况下,斯密自己都邀请我们进行比较和对照,但我的主要动机还是阐述其思想具有哲学重要性的特征。

让我加以明确,我并不试图写作一则考镜源流式的研究(*Quellenforschung*),或对斯密之诸种影响的研究,或者处理古今之争,或一种对斯密与另一哲人之关系的分析。[37] 目前的探究并非一

---

[36] 达沃尔评论说,"辩论现在甚至拓展到形而上学层面,就像哲人用日渐增强的力度与紧迫感提问的那样,理论化是否或以何种方式与道德相宜"。"Toward *Fin de siècle* Ethics," p. 32. 考虑到斯密与休谟的亲密关系,斯密心中存有此类问题,我们不应感到惊讶。斯密当然会认可当代伦理学中朝向"对道德之本性、历史或功能更细致、更经验化地展示"的相关运动;这是"Toward *Fin de siècle* Ethics"(p. 34)中的评论。
[37] 许多富有价值的工作仍有待我们完成,比如 K. 哈康森(K. Haakonssen)著作基础上建立起来的关于斯密与休谟之关系的综合讨论。对任何研究兰谟的人来说,前进到斯密都是合乎逻辑的一步。关于斯密与哈奇森以及苏格兰〔转下页〕

对"启蒙运动"(the Enlightenment)的研究。启蒙运动是一极为复杂的巨幅油画。我并不是说,它的所有主题都可以简化为亚当·斯密的主题,或者斯密提供了一把解开启蒙谜团的魔法钥匙,更不是说,他在某种程度上解决了许多可以追溯到这一时期的当代困境。斯密是我们反思现代性的资源,但不能等同于一种解决方案。

尽管他并未使用过"启蒙运动"这一术语,但我的确相信,他囊括了启蒙论断,以及一种对相关反讽、不满的意义深远的欣赏。并且,在其德性与缺陷中,他对我们理解现代性和自身都非常重要。我在启蒙的背景下对亚当·斯密进行研究,并且指出,合宜(appropriate)在何处与古典和当下的关照相连。他的哲学丰富且复杂,我的首要目的是理解并评价其哲学中的关键主题。

四 阅读斯密:解释性的假设

接下来,我会做出一个富有争议的方法论假设,相比起对历史学家,它对哲人更为自然。[38] 我接受一条解释原则,通常作为

[接上页]启蒙运动中通过里德下延到其他人物之间的关系,更进一步的哲学研究将会受到欢迎,比如沿着由达沃尔近期铺设出的路径。一部对斯密与卢梭进行比较的作品引起了巨大的兴趣。并且,我们也必须对斯密与德国理念论之间的关系,尤其是与黑格尔之间的关系,进行全方位的哲学化处理。对此,我们不仅要追溯斯密"政治经济学"的命运,还应该追溯,斯密的想象与自由学说在康德的"自发性"及自治理论、后续的"主体性"哲学中得到转化的方式。这样一种处理可以富有成效地建立在最近的黑格尔学术浪潮之上,比如R. 皮平与T. 平卡德(T. Pinkard)、S. 弗莱什艾克(S. Fleischacker)的 *A Third Concept of Liberty: Judgment and Freedom in Kant and Adam Smith*(Princeton: Princeton University Press, 1999)将会做出重要贡献。

[38] 关于这两个视角的有益评论,参见 K. Haakonssen, *Natural Law and Moral Philosophy* 的导论, Cambridge: Cambridge University Press, 1996, esp. pp. 1-14。

"慈善原则"（principle of charity）加以提及。因为这条原则，我一开始便假设，在已经出版的著作中，斯密知道他在做什么，并且确切地写出了他想要写作的内容。我认为，他的作品深思熟虑且富有自我意识，旨在努力讲述与他所处理之主题有关的真理。我们可以把这一诠释原则理解为一种掌握作者之含义与意图的努力。尽管如此，一种相对的、更具有历史倾向的路径会认为，斯密的论述在某种意义上由其历史语境决定，或至少反映了历史语境。我们可能认为，对作者意图的诉求就是对作者的思想状态和语境的诉求，亦即，它是一种根本的历史诉求。然而，当涉及作者的意图时，我首先想要提及如下假设：我们讨论的文本是具有统一性的精心设计的产品。我预设，一个文本是内在一致的，拥有统一的含义，除非它表现出相反的特征。在我看来，"作者的意图"主要不是作者写作时那些穿越其思想的内容，也不是那些可能影响他或她思想的决定因素。

所以，当考虑到斯密文本中或文本之间存在的疑问、遗漏或可能的矛盾时，我首先努力做出解释：假设斯密有意让讨论中的段落确切地按照他所写作的那样得到阅读。在回溯至柏拉图的传统语汇中，我假设斯密的著作，无论是单行本还是合集，都拥有有机的统一性。这并不是说，他的作品神奇地脱离了历史。我的解释原则不是循环的；它在特定情境下可被检验，并与如下观察兼容：在特定节点上，斯密不加批判地回应了某些社会或历史传统，他或者犯了错误，或只是尚未形成他的思想。尽管我将论证，此类节点确实存在，我的路径也会打开这样一种可能性：实际上，看似错误，或是一种历史映像，或是模棱两可的内容，在斯密这一边却是一种有趣的概念性或论辩性的运动。我们应当首先发掘更具承诺性的选择，并且仅在此选择失灵时再考虑其他选项。如果我们假设一种原则，它否认解释上的宽容，那么，我们就不可挽回地从一开始就关闭了作者意涵的诸多可能维度，因此从我们自己身上剥除了他所能教授内容的完整性。相应地，那便与我们阅读伟大思想家的目的相抵触。

关于解释学"慈善原则"下的哲学假设，我有很多内容可以讲，并且，我还要向感兴趣的读者推荐，我已在别处提供了一种关于这个问题的讨论。[39]值得注意的是，当斯密在阅读其他哲学家时，他自己的解释实践便展示了"慈善原则"。在《道德情感论》第七部分，当讨论道德哲学的历史时，他按照诸前辈的话来对待他们，并努力以一种哲学精神与他们正面交锋。在修辞学讲义中，其交流理论及其诠释其他哲人的要旨表明，他接受了作者意图的原则。

与我自己的路径相反的另一路径否认，作者意图是某种一致的观念；也因此否认了我们有资格假设**文集**（corpus）或任何单一部分在用一种统一的声音言说。照此观点，比如，就像由米可哈伊尔·巴赫金（Mikhail Bakhtin）发展出来的观点，重要的是声音之多元性、互文性（intertextuality），以及如下观念：在解释一部作品时，人们便在意义的生产中合作。[40]简要言之，我反对此路径的理由是：它使我们不能习得一部真正的好作品能够教给我们的所有教益；既然解释者不可避免地要对文本（或其诸部分）、时

---

[39]　见 *Self-knowledge in Plato's "Phaedrus"* ([1986] rpt. University Park: Pennsylvania State University Press, 1996) 一书的导论，pp. 1-16。

[40]　关于斯密接受作者意图原则观点的证明，参见 V. Brown, *Adam Smith's Discourse*, London: Routledge, 1994, ch. 1, sec. 2。在这几页以及接下来的几页中，布朗拥护了巴赫金的立场。正如她注明的，"此路径的一项意义是，亚当·斯密全集的统一性和一致性问题尚有待对这些文本的解释，而不能被当作是阅读这些文本的预设"（p. 20）。布朗提到"互文"、"对话"，以及"声音的互动"（p. 21）。参见我在《时代文学增刊》中对其令人鼓舞的作品的评论（*Times Literary Supplement*, July 14, 1995, p. 30）。

期,或构成"互文"部分的其他文本之统一性做出假设,那它就不能被一致地应用在实践中;观念的流动性(比如互文)会招致解释上过分的武断;巴赫金式的"对话"观念(Bakhtinian notion of "dialogism")尤其妨碍而非鼓励了真正的对话;最后,在形而上学的层面上,如果不对与对话相抵触的意义统一性做出假设,对话就不能得到清晰的表达。对作者意图的否定妨碍了真正理解彼此意义的努力,因为"彼此意义"的完整观念遭到拒绝,并被"声音的互动"取代。但是,对话不只是声音的互动,而且是通过理解每一种声音试图表达之内容的持久努力,对真理的相互寻求。对话最好被认为具有"多向性"或"多义性";对作者意图的否认将破坏对话的可能。我的路径绝不会排除这样一种可能,即作者写作了一本具有诸种竞争性"声音"的文本;事实上,我将要论证,斯密确实有意那样做。对作者意图的假设——设计与统一性的假设——也允许我们寻求在此书那种特征下的统一含义。

通过提及一些我的其他解释假设,我对这段讨论加以总结。斯密出版的两部著作都历经许多版本,有时候还做出了重要的修改。每本书各版本中的修改是否展现了实质性的变化?人们对这个问题展开了辩论。我自己的立场是,在《道德情感论》中,各版本之间的修改要比《国富论》中的更大;但在不同版本间,斯密的观念并未发生根本改变。[41] 然而,斯密却做了大量的扩展、细致阐述、润色,并增加了此前空缺的点与面。

我们似乎可以同意,斯密的著作源自他在格拉斯哥大学的讲

---

[41] 对于不同的观点,参见 L.Dickey, "Historicizing the 'Adam Smith Problem': Conceptual, Historiographical, and Textual Issues," *Journal of Modern History* 58 (1986), pp. 579-609。

座。[42]这包括了他对科学史以及认知"美学"的反思（现在收录在《哲学主题论文》[*Essays on Philosophical Subjects*]中）。斯密是这样一类思想家，他在很早的时候就勾勒出其理论的基本框架。进而，他必然已经想到，《道德情感论》第六版将会流行，因为它包括了重要的新增章节与修改。《国富论》第四、第五版几乎没有任何斯密的修改。[43]除非特别说明，我将采用两本书的格拉斯哥版本，即《道德情感论》第六版，《国富论》第三版。这样就能安全地呈现斯密对这些主题做出完整处理的观念。

最后要说明，我会首先关注斯密已经发表的作品。那些未发表的材料，包括关于修辞学和法理学的学生笔记，有助于我们理解作者，从而富有价值。但是，这些学生笔记并未得到斯密的认可，因此必然会因学生的记录而有失精确。斯密认为，他的未发表的大部分作品都不值得发表，并在临死之时坚持销毁许多他认为不值得发表的手稿。他是一个认真的作者，不辞辛劳（借用哈利卡纳苏斯的迪奥尼索斯用于柏拉图的话），通过数个版本来"梳理和卷曲"自己的著作。[44]他有许多机会来匡正其理论建构中的不当和错误，他也的确这样做了。由于这些原因，出于意图之公

---

[42] 参见 Stewart, *Account of the Life and Writings of Adam Smith LL. D.*, in *Memoirs*, pp. 10, 66; D. D. Raphael, *Adam Smith*, Oxford: Oxford University Press, 1985, pp. 11-15。有可能，斯密也在其爱丁堡讲座中开始形成他的主要论题（不只是关于修辞学）。关于斯密基础计划的早期概念，也可参见本章的注[57]。

[43] 关于《国富论》第三版，请见斯密在 1783 年 5 月 22 日写给 W. 斯扎汉（W. Strahan）的信（*CAS*, p. 266），以及斯密在 1782 年 12 月 7 日写给 T. 伽戴尔（T. Gadell）的信（*CAS*, p. 263）。

[44] Dionysius of Halicarnassus, *On Literary Composition* ch. 25, ed. and trans. W. R. Roberts, London: Macmillan, 1910, pp. 264-265. 就像斯密自己说的（他提到在为第六版做准备时，对 *TMS* 所做的修改），"我是一个很慢很慢的工作者，我写下所有内容，然后又废弃所有，在我能够对它感到完全满意之前，我至少写作了十二次之多……"。Letter to T. Gadell, Mar. 15, 1788（*CAS*, p. 311）。

正，我便将我的大部分注意力限定在他已经发表，或有意发表的作品上。[45]

五　斯密思想的统一性，以及计划中的文集

我阅读斯密的路径促使我假设，不仅《道德情感论》和《国富论》各自"有机统一"，而且它们也共同形成了一个一致的整体。斯密学术史内的一种古旧观点认为，这两本书在实质上相互冲突。特别在第六、七章，我将表明，这个"亚当·斯密问题"应当如何解决；甚至我也同意，如果得到适当构建，这个问题会很深刻。

除了在《道德情感论》第六版正文之前的"告读者书"("Advertisement")中斯密提到了《国富论》之外，《道德情感论》与《国富论》并无相互引用，这一点显而易见，并无可疑之处。在别的地方，他并没有在任何一部发表的作品里引用自己，或提及，甚至——用某种批评——暗指自己另一部发表的作品。[46]这就使伦理学显得独立于政治经济学、法理学，以及其他研究。然而，斯密没有表明，他认为这两部著作彼此有所冲突，或者关于其哲学的根本原则，他曾改变过自己的思想（比如，就像康德和黑格尔所做的那样）。一个"改变思想"的观点暗示，斯密不只有一点点精神错乱，他选择一直到去世那一年都在修订他的两部作品，却

---

[45] 结果是，尽管我用一章来讨论正义主题，但我并没有细致探索"自然法理学"之历史运用。无论如何，哈康森关于斯密的著作成功地进行了那种探索（参见文献目录）。

[46] 在 *LJ*（B）12，斯密向他的学生提到了 *TMS*。在口头讲座的语境下，也就是说，斯密努力把他写作的两部作品联系在一起。

不给出任何放弃自己观点的标志。然而，我们不能否认，斯密迫使读者付出辛劳，去求得一致性。[47]关于这两部作品之间的联系，他表现出惊人的沉默；尤其是考虑到，斯密频繁评论"系统"，赞许"系统性"思考，这些贯穿他的作品。我们必须评价这一惊人沉默的**哲学**重要性。"系统"的问题指向了哲学完成的有效性，以及理性掌握经验之能力问题。

他两部作品之间的关系本身只不过是更大问题的一部分，即斯密整个计划中的**文集**之统一性问题的一部分。他希望发表比《道德情感论》和《国富论》更多的作品，并且对于这整个系统将会呈现出来的模样，他也提供了一些线索。我在前文细致讲述了一些与解读有关的假设，它们也统治着我处理富有争议之**文集**问题的路径。在这种情况下，为了确证我在这些假设中所申明的内容，这些假设导致我去论证，**文集**计划在原则上并不完备。[48]因为《修辞学与文学讲义》、《法理学讲义》，以及收录在《哲学主题论文》中的材料在他去世时仍未发表；斯密已经发表与未曾发表的文档、书信、学生课堂笔记织就了一张网络，谁若试图重构其

---

[47] 斯密并未提供给我们一份自传，能够让我们了解，关于他著述的两部作品之关系，他自己有何种观点，就像休谟的"My Own Life"那样。

[48] 请见第六章第五节。请考虑温奇 D.（D. Winch）的论述："尽管我们现在已经有了两种关于法理学讲座的学生笔记，但是，关于已经丢失部分的本质，关于斯密是否只是未能完成它，或他发现种种与死神无关的原因而自己无力完成，人们仍有许多分歧。" "Adam Smith's 'Enduring Particular Result': A Political and Cosmopolitan Perspective," in *Wealth and Virtue*, ed. I. Hont and M. Igntieff, Cambridge: Cambridge University Press, 1985, p. 255. S. 格雷曼（S. Cremaschi）论称，在斯密的思想中，一个深度的难题或僵局阻止了这一体系的成功完成。"Adam Smith: Skeptical Newtonianism, Disenchanted Republicanism, and the Birth of Social Science," in *Knowledge and Politics: Case Studies in the Relationship between Epistemology and Political Philosophy*, ed. M. Dascal and O. Gruengard, Boulder, Col.: Westvew, 1989, pp. 100-101.

计划中的**文集**，他就必须结合这张网络进行工作。就在他死前不久，他确保将成捆未发表的手稿付之一炬。[49] 这种戏剧化行为更增加了内在于推测重构之任务的不确定性。

原本计划中的**文集**看起来是什么样呢？粗略地说，我的答案如下（此答案之证据亦随后提供）。斯密将哲学分成两个主要的分支：道德哲学，以及我愿意称之为"自由科学与优美艺术之哲学史"的部分。让我们从第一个分支开始。道德哲学由两部分构成：道德情感理论或伦理学（在《道德情感论》中得到处理），以及"自然法理学理论"。这一分支的"伦理学"方面反过来又可分为两个领域，两者都在《道德情感论》中得到处理：德性，以及我将之称为道德心理学的领域。这一区分的自然法理学方面讨论了"正义的自然法则"、不涉及习俗的"万国法基础"、"法律与政府的普遍原则"，以及"立法者科学"。"自然法理学"自身似乎有两个分支：一种正义原则理论（自**文集**中消失了），以及一种对正义诸原则或法则"在不同社会时代和时期里"经历的"不同革命"之论述。最后，后者又有四个部分：关于正义的处理（《法理学讲义》导向于此），在那部作品和《国富论》中对政策、岁入、军备的处理，以及对"其他一切法律对象"的处理。

斯密并未完成"自由科学与优美艺术之哲学史"——其"哲学"整体的第二个主要分支。它原本要包括《修辞与文学讲义》和《哲学主题论文》中的材料。这一"哲学史"将聚焦于"理智

---

[49] 关于斯密对未发表手稿的意愿，参见他在1773年4月16日写给休谟的信（*CAS*, p. 168）；J. Rae, *Life of Adam Smith*, Bristol, UK: Thoemmes, 1990, p. 434；以及 Stewart, *Memoirs*, pp. 73-74. 司徒尔特声称（p. 74），在斯密命令销毁的文章中，"无疑"有"他于1749年在爱丁堡大学宣读的修辞学讲义，以及构成其格拉斯哥课程之部分的关于自然宗教和法理学的讲义"。亦请参见罗斯在 *The Life of Adam Smith* 中对斯密销毁手稿的讨论（pp. 404-405）。

情感"、修辞、语言、美学理解的研究和理论化。亦即，它将会包括艺术哲学、科学哲学，以及哲学思想自身的哲学。一会儿，关于**文集**这一分支的可能部分，我将说得更多一些。

就像任何此类框架性陈述，这个论述并未抓住各不同分支之间的实质联系，并且不可避免地进行了过度简化。[50]它的确强调斯密生产一种"体系"（在这个术语的某种意义上）的决心，并且表明，道德与理智情感间的区分位列核心。[51]通过令政治经济学附属于自然法理学——《国富论》许多次提及正义——其框架也表明，对国民财富之性质与原因的研究是一个更大研究计划的子集，而非对那种研究的替代。这一更大研究计划便是对政府、法律和自然正义之研究。它自身也是道德哲学的分支。所以，《国富论》必须根据一种更广阔的伦理计划和概念得到理解。

纲要有助于呈现出斯密计划的体系与他归于其前辈的各体系类型之间的差异。[52]在他计划的体系中，形而上学、认识论或神学并无明显的位置，甚至在他以前，在其他人当中，在洛克与休谟的作品中就有此类研究的榜样。进而言之，斯密的**文集**并未包括，也不会包括任何具有流行性和政治性的小册子。正如他在

---

[50] 它也没有像米拉（Millar）报告的那样，确切地复制斯密格拉斯哥讲座的区分，例如分为自然神学、伦理学（其实质部分后来成了 *TMS*）、正义（米拉说，斯密遵从了孟德斯鸠的计划，"努力追溯法理学的逐步发展"），以及"权宜之计"或"与商业相关的政治制度"（它"包含了《国富论》的实质"）。参见 Stewart, *Memoirs*, p. 12。

[51] 克罗普西（J. Cropsey）在提及斯密论研究与理解之心理学的著作时（许多内容都包含在 *EPS* 和 *LRBL* 中了），铸造了一个合适的术语"理智情感"（intellectual sentiments）。参见 Cropsey, *Polity and Economy: An Interpretation of the Principles of Adam Smith* (1957), rpt. Westport, Conn.: Greenwood, 1977, p. 43, n. 3。

[52] 斯密论称，古人把哲学划分为逻辑学、伦理学与物理学，中世纪则增加了形而上学、气体力学，以及本体论（*WN* V.i.f.26-29）。很明显，他更偏爱古代之区分，尽管如此，他还是做了一些修改。

《国富论》中处理美洲殖民地问题表明的那样,他的确就当时的迫切问题给出过建议。但是,在美洲殖民地问题得以解决后,他仍然保留着相关段落;就像这个事实展示的那样,甚至在那时候,他的建议也旨在指出更大的作品原则。[53]

我重构斯密**文集**计划的基础何在呢?答案要求我们必须进一步踏进斯密哲学的灌木丛,聚拢他留给我们的线索。在《道德情感论》(Ⅶ.iv.34)趋近结尾处,他评论道,"所以,道德哲学两个有用的部分是伦理学与法理学:决疑论应予彻底拒绝"。首先,伦理学包括德性的概念、对德性的描述,以及对执行这些德性的劝诫(Ⅶ.iv.6)。其次,我们可以保险地说,它包括了我们所谓的"道德哲学";包括了一种对将我们导向"赞美"与"谴责"他人行为(如我们所为)的机制的分析;因为《道德情感论》的确是一部"伦理学"作品,并且具体讨论了德性和道德心理学。[54]斯

---

[53] 在1778年,斯密关于此问题的建议乃是受北境侯爵府(Lord North's administration)总司法官韦德博恩(A. Wedderburn)的要求。斯密的备忘录转载于 CAS 第380—385页的附录B里。在《国富论》第三版的"告读者书"里,斯密要求我们注意他的短语所表示的时间框架的改变,如"事物的现状"。到第三版,《国富论》自觉地保留了许多临时构筑的层次。

[54] 人们可能会反对说:斯密并未清楚表明,道德哲学构成了"伦理学"的一部分;对斯密来说,"可被适当地称为伦理学的科学"(Ⅶ.iv.6)似乎由对诸德性的规劝性描述构成;所以,道德哲学应区分为伦理学(诸德性)、道德心理学和自然法理学。尽管这在本质上是一术语上的问题,我还是要多说一点,在 TMS 中,他处理了德性与道德心理学,但直到结尾才对之予以区分。所以,这表明,它们是不同于法理学的一单独研究的部分;此处对伦理学的描述包括,查明"每种特殊德性以之为基础的内心情感由何者构成,何种感情(feeling)或情绪(emotion)构成了德性之实质"(Ⅶ.iv.3),这成为道德哲学的一个认知任务;并且他并未使用"道德心理学"或与之相当的表达。在我们已经引用过的《国富论》段落中,斯密互换地写到了"伦理学"和"道德哲学"(很明显是从法理学萃取而来)。如果有人认为,更为宽松或更为严格的(适当地称为的)对术语"伦理学"的使用在此处是有用的,那我也不会反对。

密继而论断，迄今为止，我们尚缺乏一种"自然法理学体系"，诸实定法体系不过是近似于它罢了。早期的努力已然失败。西塞罗的《论义务》以及亚里士多德"在其伦理学中"（首先是《尼各马可伦理学》）失败了，因为他们"用对待其他一切德性同样的普遍的方式来处理正义"。柏拉图的《法律篇》和西塞罗的《论义务》不能令人满意，因为他们处理了"政策的法律，却未处理正义的法律"。格老秀斯的《论战争与和平法》稍微更加充分地阐述了规范的"万国法基础"（TMS Ⅶ.iv.35-37）。人们可能会认为，斯密的意思是，至少，亚里士多德失败了，不仅因其给出对正义过度概括的论述，还因为他以相同的方式来处理一切不同德性。斯密计划中的**文集**暗示，原创性与哲学进展不仅与相对新的"政治经济"科学有关，也与"自然法理学"有关。古人对正义的处理是不充分的。[55]

然后，斯密用如下言论为《道德情感论》作结：

> 我将在另一部论著中，努力阐述法律与政府的普遍原则，以及它们在社会的不同时代、时期里经历的不同的革命。我所要论述的内容，不仅关乎正义，也关乎政策、岁入、军备，以及其他法律对象。所以，关于法理学历史，我此刻并不准备阐述更进一步的细节。

这段陈述在表面上为"法理学理论"勾勒出了两个不同的任务，然而不幸的是，连接前两个分句的连接词"以及"（and）的

---

[55] 斯密并非唯一持有这种观点的人。参见 J. Schneewind, "The Misfortunes of Virtue," *Ethics* 101 (1990), pp. 46-48, 58-60。施尼温德提到格老秀斯在 *On the Law of War and Peace*（Prolegomena, sec. 43）中对亚里士多德的批评。

力量并非完全清晰。第一个任务似乎是论述"法律与政府的普遍原则"。这些原则似乎与构成"自然法理学体系"的"自然正义原则"相当；这些原则"应该通行于一切国家的法律，并成为一切国家法律之基础"（*TMS* Ⅶ.iv.37）。[56]"法律哲学"应"被单独处理，无须涉及任一国家的特殊制度"被他置于书的结尾，作为最终想要实现的目标。所以，我们在《道德情感论》中找不到它。

第二个任务似乎由一种对法律在历史中的具体化及其演化的论述构成。当我们阅读引用的那段论述，就好像正义、政策、岁入和军备是法理学普遍原则能够得到展示的所有领域。在《道德情感论》第六版之前的"告读者书"中，他提到了这一结论性的陈述，并补充说："在《国富论》中，我已经部分地践行了这一承诺，至少关于政策、岁入和军备，至今已经完成。剩下来的，我长久谋划的法理学理论，却因为那些阻止我修改这部作品的原因，而不能完成。"（p.3）[57]易言之，有待书写的是对正义之历史演化的论述，以及"（自然）法理学理论"自身。据推测，后者将要直接处理"法律和政府的普遍原则"，即《道德情感论》末尾提到的双重任务的第一部分。

在斯密于1785年11月1日写给杜·德·拉·罗什富科（duc

---

[56] 斯密重复了在此引用的最后一个短语。关于自然法理学，斯密评论说："我们可以期待，这些理由应该把［律师］导向矢志于建立可被适当地称为自然法理学的体系，或者应该通行于一切国家的法律，并成为一切国家法律之基础的普遍原则理论。"（Ⅶ.iv.37）

[57] 就像"告读者书"形成了斯密去世那年出版的第六版的构成部分，就像斯密在第一版中宣告了写作自然法理学体系的意图，似乎，当开始其发表事业时，他最或多或少地在心中有了这一体系的大概形状——并且很可能更早，如果考虑到 *TMS*、*WN*，以及讲座中的其他文字的起源，考虑某些跟语言和美学探究有关的论文（现在都收录在 *EPS* 中）的早期起源。计划中对自然法理学的处理也在"正义断章"中予以提及，它很明显是在 *TMS* 第一版发表之前写作的（参见 app. A of the Macfie and Raphael edition of *TMS*, pp. 389, 395）。

de la Rochefoucauld）的信中，自然法理学这两个任务之间的区分也得到了展示。斯密在信中说，除了修订《道德情感论》（其修订吸收在第六版中，此版《道德情感论》也在他去世那年出版），他还有"两部大作品在锤炼中"，其中之一便是"法律与政府的简短理论与历史"（CAS, pp. 286-287）。再一次，连接词"与"（and）的力量是含糊的。正是这一"理论"——大概是对自然法理学"普遍原则"的论述——似乎消失不见了。它区别于"历史"，至少区别于《国富论》提供的部分历史。也许这部"伟大作品"的草稿就在他死前焚毁掉的档案之中。

《道德情感论》第六版的"告读者书"暗示了，政治经济学（《国富论》的任务）[58]是一种更为普遍的"自然法理学"科学的一个分支。这门科学得到适当构想时，它便是立法者或政治家的领地。[59]这一推论得到《国富论》卷四导论的确证，尽管把这本书的视野限定在"政策、岁入、军备"显得十分狭隘，因为它也讨论教育和公共工作的主题，并且它们与对作为法理学分支的政治经济学的思考相抵触。但是，我们要在心里记住，其属

---

[58] 在 WN Ⅳ.ix.38，斯密将"政治经济学"解释为对"国民财富之性质与原因的研究"；考虑到著作的标题，这看起来就清楚了：斯密认为他的研究构成了政治经济学的研究，尽管书名并未包含这一术语。他轻蔑地使用这个词（政治经济学），用来指重商主义和重农主义学说，并可能为了避免与这些学说，以及詹姆斯·斯图亚特关于此主题的著作联系在一起，从而拒绝在自己的著作中使用它。更深入的讨论，可参见 D. Winch, "Adam Smith: Scottish Moral Philosopher as Political Economist," *Historical Journal* 35 (1992), pp. 97-101。

[59] WN Ⅳ.ii.39: "立法者科学"是这样一种科学，其"思虑应该受到总是相同的普遍原则的统治"，以区别于"俗称政治家或政客的阴险、狡诈之动物的技艺"。这些不变的"普遍原则"不可置疑地回应了 TMS Ⅶ.iv.37 处"法律与政府的普遍原则"。布朗论称，WN 并非一部"政治经济学"作品，斯密在 WN 中的计划也不能被理解为"立法者科学"的一部分。*Adam Smith's Discourse*, p. 130. 种对此问题的重新解释在我看来是站不住脚的。关于布朗对斯密的总体解释，其评论可见我的书评，在注〔40〕中有所引用。

类（genus）是自然法理学，它被理解为对自然正义法律（laws of natural justice）的阐释，而自然正义法律则是法律与政府的普遍原则。

斯密法理学讲座的学生笔记覆盖了部分《国富论》的内容。讲座频繁地对书中提到的观点进行扩展，包括那些关注正义、政策、岁入和军备的观点。[60]某些对正义的讨论处理法律问题，就好像它们"在社会不同时代和时期……的不同革命中"一直在改变。这些讲座填充了斯密遗失的"自然法理学"原本可呈现的历史和应用的部分。[61]所以，在原则上，自然法理学的那部分内容是可以展现出来的。这些讲座引导我们简要讨论了社会契约理论、"自然权利"、可施加于人的各种类型的"伤害"（比如，不义），以及各种类型的政府形式（LJ（A）12-23；（B）5-18）。讲座也简要讨论了契约为何能产生义务（e.g., LJ（A）56-60；（B）176）。讲座中偶尔还会有此类陈述，"地球是每一代人的财产，与之相比，没有哪一种原则得到更普遍承认了"（LJ（A）164）。把这些讨论归合到一起，它们也可能显示或说明了某些已经在遗失的自然法理学第一分支原本要处理的主题，即对"法律与政府普遍原则的

---

[60] 在 LJ（B）1 中，我们读到，"法理学是那种探究普遍原则的科学，这些普遍原则应当成为所有国家法律的基础"，此后很快我们又可读到，"法律的四个大目标是正义、政策、岁入和军备。正义的对象是免于伤害的安全，它也是公民政府的基础。政策的对象是商品的廉价、公共安全、洁净……在此标题下，我们将考虑国家的富裕"（LJ（B）5）。

[61] 未发表的法理学讲座和未发表的著作提供了作为整体的自然法理学诸基础维度（以及其他许多细节）一致性的观点。这一看法由哈康森在 *The Science of a Legislator: The Natural Jurisprudence of David Hume and Adam Smith*（Cambridge: Cambridge University Press, 1981）中得到论述。我建议，如果斯密计划中的自然法理学的一部分并未有效地在关于此主题的已发表或未发表的材料中出现，也许是因为它们不能被写下来，那么，这些材料之间的匹配仍然留给我们一种重要的解释和哲学"体系"问题。

论述"此类，但是看起来它们与那一处理并不匹配（请不要忘记，无论是 *TMS* 还是 *WN*，斯密都没有想用它们来处理此问题）。所以，就空留下我们在此琢磨，关于"法理学理论"已经遗失之讨论的细节，及其总体框架。

似乎这还不够，**文集**问题（corpus problem）尚有另一令人疑惑之方面。在致罗什富科的信中提到的"正在锤炼的伟大作品"的第一部就是"文学、哲学、诗学以及修辞之各分支的哲学史"。听从斯密遗稿保管人布莱克（Black）与哈顿（Hutton）的建议，我将之重命名为"文学科学与修辞技艺之哲学史"（"Philosophical History of the Liberal Science and Elegant Arts"）。[62] 历史是哲学的，因为，正如论修辞与文章的讲座表明的那样，它并非只是寻求报道，也要批判地评价、系统性地连接现象。

对于斯密论修辞与文学讲座学生笔记中的材料，以及由遗稿管理人发表的某些文章（现在收录在《哲学主题论文》里）中的材料，例如对想象、摹仿技艺、英语和意大利诗歌的讨论[63]，这一"伟大作品"之文学、诗歌和修辞分支本已包括了经过彻底修改的

---

[62] 在 1773 年 4 月 16 日致休谟的信里，斯密写道："我已将所有文章作品交与你保管，我必须告诉你，除了我一直带在身边的那些［比如 *WN* 的手稿］，其他的都不值得发表，但是，一部伟大作品（great work）的断章包含了天文学的历史，它成功地梳理出流行到笛卡尔时代的天文学。它是否作为一部特意写就的初级作品的断章发表，我完全交与你一心裁断……其他一切散稿……我想要不加审核地毁坏为好。"（*CAS*, p. 168）在他们为 *EPS* 写的"告读者"中，布莱克与哈顿评说道，斯密留下的那些文章"似乎是他曾经形成的一个计划的诸多部分，目的是要写就诸自由科学和修辞技艺彼此联系的历史"。

[63] 在他于 1780 年 10 月 26 日写给 A. Holt 的信中，斯密提到了"关于摹仿技艺的作品"，*WN* 于 1776 年首次出版后，在那段时间里，他已经写出了草稿，"论发生在所谓诸摹仿技艺中的摹仿的本性"（*CAS*, p. 252）。

版本，这看起来是合理而清晰的。这一"伟大作品"的"哲学"分支很可能包括了他"关于语言最初形成的思考"（出版于1761年）以及他对《爱丁堡评论》（1755—1756）的贡献。这一分支当然包含了意在"阐明"（斯密用语"illustrate"），"引领并指导哲学探究"的三篇关键论文。[64] 这三篇论文（论天文学、逻辑和形而上学的历史）拥有同一个主标题，这表明，斯密把它们视作一篇统一著述的构成部分，而此著述自身便为"自由科学与修辞技艺之哲学史"的一个片段。斯密并未指挥他的朋友销毁这三篇手稿。

想必，计划中的"哲学史"的"哲学"分支也包括了讨论"引领并指导哲学探究诸原则"的历史，而不仅仅是用来阐述这些原则的学科史。这又会进而述及"理智情感"原则、"理论化"原则，以及一种"心灵哲学"的原则。那种论述会在斯密的体系中占据一显著地位，因为它关照着斯密用以贯穿整个**文集**的那种行为。这个听起来颇有柏拉图色彩的"伟大作品"之梦是否能够实现——或者，写作阐释引领原则的诸哲学分支的哲学史，这个更为节制的任务是否能够实现——考虑到斯密有意完成的体系中遗失的其他分支，这个问题可与我们刚才评述的挑战相对比。

斯密未能完成其系统性计划，无疑，这在一定程度上导致他在哲学正典中的地位波动起伏。但是，那种地位也在一定程度上反映出他，以及我们自己，对哲学以及哲学与人类生活之关系所

---

[64] 这三篇论文的标题为：《引领并指导哲学探究的诸原则：借天文学史阐释》《引领并指导哲学探究的诸原则：借古代物理学史阐释》《引领并指导哲学探究的诸原则：借古代逻辑学和形而上学阐释》（全部在 *EPS*）。我要补充一点，斯密的一些其他手稿也保留并发表在 *EPS* 中，比如《论外在感官》，但是我们尚不清楚它们在何处与计划中的文集相匹配。K. L. 布朗论称，那篇论文直接支持了 *TMS* 的计划。"Dating Adam Smith's Essay 'Of the External Senses'".

持有的观点。在某一时期,作为政治经济学家的斯密比作为道德和社会哲学家的斯密具有更大影响。的确,我们对他作为政治经济学家的理解也过于贫乏了。这一事实本身标示着:关于哲学在公共生活中可能扮演何种角色,其困难广为人知。哲人能够如何参与政治呢?在接下来的论述中,我将会一再重探这一古老的柏拉图问题。

第一章 《道德情感论》中的修辞、方法与体系

> 在人类中形成的所有人为关系里,最任性最多样的就是作者与读者之间的关系。
>
> 沙夫茨伯里[1]

与其他伟大的道德哲学著作——从柏拉图对话到康德的《实践理性批判》——相比,斯密的《道德情感论》具有独特的风格。很明显,我们稍稍一瞥就可发现,对斯密而言,斯宾诺莎《伦理学》的"几何学"风格将彻底扭曲其主题问题(subject matter)。稍稍夸张一点说,就像斯宾诺莎的《伦理学》是在仿效几何推演,斯密的书则是在模仿文学,确切地说是戏剧表达。对他们两人的作品而言,理论的修辞都不只是一个装扮性的窗口。彼此独特的修辞都内在于论述当中。

斯密论修辞的著作内容广泛,可上溯至其爱丁堡岁月——那些只把他视为一个经济学家的人常常忘记这一显明的事实。[2]他早期对

---

[1] Anthony Ashley Cooper, 3rd Earl of Shaftesbury, "Miscellaneous Reflections," in *Advice to an Author*, in vol. 2 of *Characteristics of Men, Manners, Opinions, Times*, 2 vols., ed. J. M. Robertson, Bristol, UK: Thoemmes, 1995, miscellany V, ch. 1, p. 296.
[2] 斯密在格拉斯哥的大学同事,约翰·米拉(John Millar)指出,斯密认为,传统逻辑学和形而上学最好由修辞学来取代(修辞学被理解为对通过言辞,尤其是通过"文学写作"进行观念交流的研究)。参见 Stewart, *Memoirs*, p. 11.

修辞学的持久兴趣，至少表明他意识到一个人想要对他人说什么写什么乃由他预设中对象的需求，以及相关媒介的限制塑造。我们有理由相信，斯密认为，若想确切地展开主题，它自身就可能要求某种形式的表达。他的著作表明了对形式、内容以及读者之关系的成熟的意识。

在修辞学史上，这个问题很古老。他知道，对修辞、写作和风格的讨论可以通过西塞罗追溯到亚里士多德和柏拉图。斯密本也可以从休谟那里了解到，对文本的解释与其写作方式以及作者想要表达的内容联系在一起。[3]因为休谟和贝克莱都写作对话，斯密面前就有哲学写作形式的当代榜样。当然，他也有无数的古典榜样，包括西塞罗、卢西恩（Lucian）、奥古斯丁和波爱修斯（Boethius）的作品。关于以对话形式进行的哲学写作（包括道德哲学），沙夫茨伯里的《诸特征》（*Characteristics*）包括了许多高度精微的讨论（在《给作者的建议》中）。进而言之，传统修辞艺术的一个关键信条是，好的修辞学家必须知道何时保持沉默（*Phaedrus* 272a）。[4]

---

[3] 我所指的是休谟的《论写作》（"Of Essay Writing"）以及《论写作中的简洁与雅致》（"Of Simplicity and Refinement in Writing"）。关于普鲁塔克在《论古代民族之人口众多》（"Of the Populousness of Ancient Nations"）的一个注释中使用的对话形式，斯密也可能已经知道了休谟的评论。参见 D. Hume, *Essays Moral, Political, and Literary*, p. 463, n. 278。在其文章 "The History of the Ancient Logics and Metaphysics" 的第三节，斯密评论了柏拉图写作中的深奥体验论（esotericism）。

[4] 关于斯密具有广博修辞学知识的卓越讨论，参见 I. Ross, "Adam Smith as Rhetorican," in *Man and Nature*, vol.2, ed. R. L. Emerson, W. Kinsley, and W. Moser, Montreal: Canadian Society for Eighteenth-Century Studies, 1984, pp. 61-74。昆廷·斯金纳的近期研究表明，修辞对霍布斯有多么重要。斯金纳评论说，在文艺复兴人文主义中，理性与道德论争的模型具有高度对话色彩。见 *Reason and Rhetoric in the Philosophy of Hobbes*, Cambridge: Cambridge University Press, 1996, pp. 14-16。我正要说的是，斯密没有彻底实现斯金纳所谓的理性的现代"独语式风格"的转变（p. 16）。斯金纳也希望，他关于霍布斯的著作"能够鼓励他人重新考虑早期现代其他社会与政治哲学的文学特征……哲学史上首要的经典文献同时也是主流文学的经典文本"。我明显同意这个观点。另请参见 M. Prince, *Philosophical Dialogue in the British Enlightenment*, Cambridge: Cambridge University Press, 1996。

42   在近些年，哲学修辞的普遍问题已经是得到广泛讨论的主题。从古希腊哲学（柏拉图使用对话形式，并获得了特别的关注）到现代哲学（人们会想到笛卡尔、霍布斯，以及尼采之写作形式的讨论），到关于修辞与论说如何彼此影响的当代讨论[5]，我们已经着力越过完整的光谱来加以追寻。我们也把许多精力投射在关于修辞写作的特殊事务上。[6] 在这些更为宽广的讨论中，斯密当被视作一个对话者。

    对于其著作如何触及公众，斯密极其关心，这点已被证实。
43 他似乎担心学生记录的讲座笔记，毫无疑问，学生可能篡改他的措辞[7]；他尽可能地确保，没有任何他判定不能出版的东西在他死后仍得以保存；他非常关注休谟《对话录》（*Dialogues*）的出

---

[5] 与柏拉图相关的讨论，参见我的 *Self-knowledge in Plato's "Phaedrus"* 以及 *Platonic Writings, Platonic Readings*, ed. C. Griswold, New York: Routledge & Kegan Paul, 1988。关于笛卡尔，参见 A. Kosman, "The Naive Narrator: Meditation in Descartes' *Meditations*," in *Essays on Descartes' Meditations*, ed. A. O. Rorty, Berkelet and Los Angeles: University of California Press, 1986, pp. 21-43; 以及 B. Lang, "Descartes between Method and Style," in *The Anatomy of Philosophical Style*, Oxford: Blackwell Publisher, 1990, pp. 45-85。

[6] 首先，请参看 *Literature and the Question of Philosophy*（ed. A. J. Cascardi, Baltimore: John Hopkins University Press, 1987）中的文章，尤其是 M. Nussbaum, "'Finely Aware and Richly Responsible': Literature and the Moral Imagination"（pp. 167-191）；以及 C. E. Larmore, *Patterns of Moral Complexity*, Cambridge: Cambridge University Press, 1987, esp. pp. 19-21。我怀疑，斯密可能会认同 B. 威廉姆斯（B. Williams）的评论："我们没有理由说，说服理论并非哲学主题；某些人这么说，其理由很可能是一错误的观点，即哲学从根本的伦理问题中被切除掉了。但是，它应当提醒我们，哲学有多么不纯粹……客观性的伦理问题，在我们的环境中，真理与合宜的不偏不倚对我们有何意味这些问题，以另一种方式提醒我们注意哲学的不纯粹。我们努力严肃思考现代社会中的体面生活，我们也可以用些陈词滥调说，这么做需要比哲学更多的东西。" "Saint-Just Illutions," in *Making Sense of Humanity*, Cambridge: Cambridge University Press, 1995, p. 148.

[7] Raphael, *Adam Smith*, pp. 15-16. 另可参见布赖斯为 *LRBL* 写的导论。

版[8]；他也在六个版本中反复修订自己的伦理学著作。他是一个认真、自觉的作者。修辞与他想要传递的观点之间的任何联系都应该被认为是由他审慎构筑起来的。

对语言的演化、类型与分层，以及词语从其自然语境中脱离，并因此获得一种"技术上"的哲学或"形而上学"意义的过程，斯密从很早开始就表现出了浓厚的兴趣。他最早发表的内容是一篇对约翰逊博士《词典》的评论（为 1755 年的《爱丁堡评论》而作，并在 *EPS* 中重印），1761 年，他发表了《关于语言最先形成，以及诸原初与复合语言之不同才能》（在 *LRBL* 中重印），自第三版起，这篇论文就附录在《道德情感论》中。关于语言如何传递意义，语法法则如何起源，斯密的反思进行得早而广泛，并且很成熟。他自己就能驾驭古今数种语言，他的修辞与文学史知识颇为广博，令人景仰。

斯密确切地认识到修辞在人类生活当中的角色。据说他向学生评论道，

> 如果我们应该探究人类心灵中为交易倾向奠基的原则，那么很清楚，人人皆有说服他人的自然倾向……人们总是努力说服他人接受自己的观点，即便这个事件不会对他产生任何影响……在这个问题中，每个人在一生中都在向他人练习演讲。（*LJ*（A）vi.56）

---

[8] 对斯密担忧的可能原因的讨论，参见 T. D. Campbell and I. Ross, "The Theory and Practice of the Wise and Virtuous Man: Reflections on Adam Smith's Response to Hume's Deathbed Wish," in *Studies in Eighteenth-Century Culture*, 11 (1982), pp. 65-75。

我们都是修辞家（rhetoricians），恰如他在两部出版的著作中告诉我们的那样（*TMS* VII.iv.25; *WN* I.ii.3）。

斯密曾是修辞大师，也是语言学者。他是如何把我们牵引到一种伦理学观点，并说服我们认同某种自我理解呢？他的伦理学修辞在哪方面是独特的呢？[9]

一 伦理探研的起点

我们可能通过另一问题来接近这些问题。《道德情感论》是关于什么的？人们可能期待，在这部著作的一篇导论里，我们能获得某些指示。然而，《道德情感论》并没有导论（与斯密为《国富论》提供了一篇"导言与著作计划"相反），而且更为奇怪的是，只是在第七部分的结论性章节中，我们才认识到，斯密在这本书中试图回答什么问题。[10] 其修辞确有值得注意的特征。就在标题页和目录表之后，幕布升起，戏剧也随之开始。这些事实都具有哲学相关性，因为它们与如何开启一部哲学著述的古老的著名问题相关联。[11] 对斯密来说，一篇道德研究的导论将在一个更适于结论的论辩舞台上触发我们。这部作品独特的修辞学特征反映了

---

[9] 关于 *TMS* 修辞之维哲学原理的探索，我主要关注的不是他在 *LRBL* 中设定的修辞论述之分析如何应用在 *TMS* 中，我也没有根据古典与新古典的修辞传统（尽管斯密很熟悉它们）考察其文本，寻求建立斯密修辞学的品格。我所关注的是，他对由主题与读者产生的修辞要求的理解。

[10] 请将此与休谟《道德原则研究》第一节，以及《人性论》导论对照。

[11] 关于开头之总体问题的某些讨论，参见我的 "Plato's Metaphilosophy: Why Plato Wrote Dialogues," in *Platonic Writings, Platonic Readings*, pp. 143-167，包括了循环性（比如，将人们想要在结尾中证明的内容在开头建立起来）与任意性（比如，在开头把并非显而易见之物当成是自明的）的问题。

他对如何开启一个伦理学主题以及他对其解决方案的理解，即，适当地将伦理理论化嵌入我们日常道德的自我理解当中。

让我们思考《道德情感论》的起点——标题页。此书标题之奇特也是斯密呈现主题的一个独特之处。首先，定冠词在这里有何用意？我们可以推断说，他认为自己写出了道德情感理论**本身**（*the* theory of moral sentiments）吗——确定的那一个——又或者，如麦克斐和拉斐尔在他们编辑的版本中表明的那样，他意在指代所处理的主题？[12]在第七部分第一节的标题中，他提及"一种"道德情感理论的要求，通过不定冠词"任一"（any）表达此意。我们难以反驳麦克斐和拉斐尔用来说明与主题相关的标题效果的证据。尽管这与斯密最好地处理了这个主题的信念不矛盾，但是，它仍然开放了修改、不做最终论断的可能性。因为，斯密总体的哲学立场不可能认为存在类似于终结性的、确定的哲学作品这样的事物——它只是某段时期里的**作品**（*the* work in an area），所以这很重要。因此，标题似乎指向了主题。

然而，标题中仍有张力。这部作品并非关于既有文学本体意义上的"道德情感理论"，因为《道德情感论》既非界定学科边界的原理论，也不存在此类它能声称做出贡献、得到很好界定的先在领域。在《道德情感论》中，斯密劈砍出一条通向伦理事务的独特路径。的确，他似乎发明了"道德情感理论"的表达。在标题中使用"理论"一词也颇有新意，因为在斯密之前，它绝少出

---

[12] 参见编者为 *TMS* 写作的导言，第14—15，397页。与 *TMS* 相对，*WN* 的标题乃是从一个不定冠词开始，就像休谟《人性论》的"论"（*Treatise*），洛克《政府论》、弗格森《论文明社会史》的"论"（*Essays*），沙夫茨伯里和哈奇森的"研究"（*Inquiries*），以及许多其他人所做的那样。我注意到，我正在关注 *TMS* 第六版的标题页。

现在主流哲学著作的标题中。[13]"道德情感论"这一表述——表明主题或书的标题——并未出现在书的正文当中。所以，尽管标题指出了主题事物，书却没有鼓吹其暗示的精妙与原创性。（请比较康德《纯粹理性批判》第二版的前言［尤其是（B）xxii-xxiii］。）所以，斯密模糊了日常道德经验及其哲学理论提供的分析。

我接下来会讨论"理论"这一术语的含义。"情感"的复数形式（sentiments）反映出斯密的实质观点，即没有一种单独的情感（比如仁慈）是"道德的"。斯密没有提及诸道德情感的"理论"，尽管这些情感有一定数量。他也不认为，某些情感总是道德的或总是不道德的，因为根据他的论述，它们似乎具有变成任何一方的潜力（*TMS* II.i.5.8）。这是一种关于诸情感如何变得道德之过程的理论。很明显，斯密认为他撰写的作品位于他所谓的"道德哲学"中（见 *TMS* 第七部分标题）。然而，如果我们像对待道德情感那样来接近道德哲学，那么这就假设了一条通向那个学科的特殊路径。当我们论及道德之根基，即情感时，我们是在讨论什么？关于这个问题，这本书的标题反映了斯密的实质立场。进而言之，这本书的首要关注不是道德行为；情感给我们指出了品格的方向，尽管在它们并未将行为排除在外。

斯密用"道德"来限定"情感"，这暗示另有非道德情感存在。

---

[13] 根据 *TMS* 版本的编者，德·珀依利（L. de Pouilly）的 *Théorie des sentiment agréables* 可能已经"向亚当·斯密说明了，一部道德哲学著作的合适标题，正如他所理解的那样，应当是道德情感理论（the theory of moral sentiments）"（p. 14）。它可能是也可能不是这样，"一致的"（agreeable）（正如斯密翻译德·珀依利标题的"agréable"那般）。编者注意到，在写于18世纪50年代早期的论正义的手稿残篇中，斯密就已经使用了"道德情感理论"的标题，他很早对此问题就有了独特的观点。既然他在六个版本中都没有修改主标题，我们就可以确证，他从始至终都保持着其计划一致的架构。在第四到第六版中，标题页的确包含了副标题"或关于首先是对邻人，然后是对自己的行为与品格，人们自然地做出评价之原则的分析"。它强调了主标题与确定性有关的问题。

在我的引言中提及的那些"理智情感"（intellectual sentiments）就归入此类。所以，它们并非《道德情感论》首要的焦点；它们会在构成"哲学史"研究分支的作品中得到讨论。作为对此书讨论内容的描述，标题仍然令人疑惑，因为斯密的确分析了那些看似不那么"道德"的情感，比如愤怒和嫉妒。进而言之，他在"道德美"（moral beauty）这样的词语中使用"道德"这个词，以一种令人疑惑的方式，将道德与美学术语融合起来，令我们感到震惊。初步看来，道德与非道德情感之间的"界线"并不清晰，所以，在接近这本书的起点之处，在他讨论道德与理论德性之区分时，斯密开始描画这一界线。

在《道德情感论》的第一和第二版中，斯密都签下了"格拉斯哥大学道德哲学教授"的名号（在第六版中增加了"前"字）。尽管这一自我认同并未持续保留在各版本当中，但关于它在何种意义上是一本"学术"著作，是一本为其他学者写就，并最好能被视为构成某学术传统之部分的著作，它提出了问题，我也将在后面回到这个问题上来。[14] 斯密的学术认同与哲学理论家、普通道德行为者之间的关系问题有关。例如，他在《道德情感论》的末尾详细讨论了此书致力于回答的两个问题，以及他对道德哲学史的分析。在向学术同行或学生进行讲述时，人们将会选取一种路径，斯密则选择

---

[14] 前两个版本出版时，他仍然在格拉斯哥大学。根据斯密的要求，在第三版中，他就不再提及自己的职业，第四和第五版中仍然如此。尽管斯密特别说明（在第三版即将付梓时），在其名字前后不要加印任何内容，但在第三至第五版中，他名字后面仍然加上了"LL. D."字样。参见他写给 W. 斯特拉汉（W. Strahan）的信（1766 年至 1777 年冬天？）（*CAS*, p. 122）。第三版《国富论》的扉页把斯密称作"前格拉斯哥大学道德哲学教授"，并在其名字后引用其荣誉称号（LL. D. 和 F. R. S.）。尽管我们并不确切地知道，斯密是否想要其最初的说明在第六版中得到遵守，但我们似乎可以安全地确认，他确实想这样做，出版商只不过继续遵照了他自己的说明行动。第六版的标题页这样描述斯密："亚当·斯密，LL. D., 伦敦与爱丁堡皇家学会成员，苏格兰国王海关委员会成员，前格拉斯哥大学道德哲学教授。"

了与之相反的路径。[15]结果是，这本书看起来不太像今天常见的哲学作品。通过诉诸慎思明辨之读者的经验与反思，它也常常以相对"文学"的方式推进。

斯密有意直接诉诸我们的日常经验与思考，因此，在著作的主体部分，他拒绝提及哲人的名字，甚至在我们原本可以期待它的地方也是如此（比如，在 TMS 第四部分中，我们原本可以期待遇到休谟的名字），从而避免产生这样一种印象，即他想要与另一个哲人辩论，而非促使有反思能力的读者考虑能够自然地自我展示的观点。在这部作品前六部分中，他甚少（或从未）提及霍布斯、曼德维尔、沙夫茨伯里、洛克、卢梭、哈奇森、贝克莱、休谟等哲人。相反，他更加频繁地提起剧作家、诗人、为纯文学（belles lettres）做出贡献者，以及历史学家。例如，在文本的主体部分，斯密从未说出休谟的名字。[16]在《道德情感论》第七部分之前，他也没有明确引入任何哲人的思想。[17]

---

[15] 在其格拉斯哥讲座中，斯密用对材料历史的处理开启了他的伦理学讨论，这看起来是非常清楚的。参见麦克斐和拉斐尔为 TMS 第七部分开头写的注释，p. 265；以及 Raphael, *Adam Smith*, p. 14。

[16] 斯密很少说出其思想来源与对话者的名字，他的这个决定并非独一无二。参见麦金泰尔在《谁之正义？何种理性？》中对休谟的评论（p. 290）。尽管麦金泰尔将休谟缺少对前辈的承认与他拥护"激进的第一人称〔单数〕观点"结合起来，我稍后仍要论证，斯密更多地拥护一种第一人称复数观点。有时候，TMS 反映了斯密与其他哲人之间某种持久的讨论。看起来非常清楚的是，在修订 TMS 第二版时，斯密回应了吉尔伯特·埃利奥特（Gilbert Elliot）和休谟对第一版的批评（关于斯密对埃利奥特和休谟的回应，参见编者为 TMS 写作的导言，pp. 16-17）。

[17] 斯密的确提到了伏尔泰，但是在Ⅲ.6.12 处，他所指向的是穆罕默德（Mahomet）（参见Ⅲ.2.35 处的引用）。他在Ⅲ.2.30 处引用了西塞罗，在Ⅲ.3.11. 处引用了艾比克泰德（Epictetus），等等。他还引用了诸如"一位伟大的具有原创天才的作者"（Ⅰ.i.2.1；Ⅱ.ii.1.5；Ⅱ.ii.3.6；Ⅳ.1.2；Ⅴ.2.3）。包括斯密在内，很少有人期待在杀婴问题上反对柏拉图与亚里士多德（Ⅴ.2.15），以及在与**大度**（*megalopsuchia*）有关的问题上反对引用亚里士多德（Ⅵ.iii.44）。斯密完全忽视了圣经与教父作品，甚至从未提及它们，他也从未提及耶稣（尽管在Ⅲ.6.13 可以发现某种暗指）。

相应地，在使用脚注时，斯密也令人惊讶地吝啬。从第一到第六部分，他一共写下了六个脚注。除两处外，所有脚注都提供了原始的拉丁术语或短语，或一段简短的引文，或对一两个相关表达的简要引述或引用。剩下来的两个注释，一个在第一部分，另一个在第二部分，每一个都具有实质的重要性，其长度也足以成为一个单独的对话，如其原本所是的那样。[18] 第七部分（论道德哲学诸体系）保持了更加技术化和学术性的品格，包括十八个注释；即便如此，所有注释都只提及作者或讨论的文本。在相对较少的情况下，当斯密特别想直接向更具学术品格的读者叙说时，他倾向于在文本主体之外的脚注中这样做。作为这一法则的例外，在每一情形下，他对真正有意义的反对意见做出答复。这些注释与其依附文本间的关系问题反映出斯密更为抽象的哲学反思与其现象论述间的关系。[19]

二 修辞，规劝性的"我们"，以及理论的危险

然而，与行为有关的诸问题之真相是依据我们所做的事情、生活的方式来加以评判的，因为它们才是控制问题答案

---

[18] 这两个实体性脚注（substantive footnotes）的第一个回应了针对斯密的批评，这个批评由一个不知名的人提出，与同情和愉悦间的关系有关，它迫使斯密做出关键的区分（I.iii.1.9 的脚注）。在这本书里，这是少数明确承认它拥有一对话语境，由斯密与其他思想家之间的对话塑造的地方之一。此脚注拥有一种学术的气息，尽管它在某种程度上，通过压制反对者之名（我们知道他是休谟）被降低到了最小化。第二个脚注也是书中最长的一个，它关注这样一种可能性：将我们的公平感上升至愤怒，可能会让"大部分人"觉得是对这种情感的贬低而贬抑那种情感（II.i.5.6 的脚注）。

[19] 在《国富论》中，斯密的脚注也很吝啬，甚至在提及任何此前讨论过他所处理问题的人时也是如此。D. 温奇将其归因于他欲求强调（通过不加引用的方式）自己与重商主义前辈之间的距离，部分是因为对他们的攻击涉及对立的正义概念，而不仅是经济学。"Adam Smith: Scottish Moral Philosopher as Political Economist," pp. 97-101.

的东西。因此，我们应该通过将其应用于我们所做的事情、生活的方式，来考察那些曾经说过的话。如果它与我们所做的事情一致，我们就接受它。但是，如果它与我们所做的事情相冲突，那我们就认为它们只不过是一些语词罢了。

亚里士多德，《尼各马可伦理学》[20]

在许多其他的特征中，《道德情感论》非同一般的叙述结构与品格还表现在其他一些方面。我们似乎非常合理地证实了，这本书的大部分内容主要源自斯密的格拉斯哥讲座。这个已经发表的文本中存在许多有趣的讲堂来源的踪迹。根据《道德情感论》始终都非常明显、强烈的读者和伦理共同体感，斯密偶尔使用"在前面的一种情形中"（upon a former occasion），但在那里，使用"在第 Y 章"原本要更为适当。[21] 斯密通过使用我所谓的"规劝性'我们'"（protreptic "we"），传递了这种读者和伦理共同体感。代词"我们"首先出现在这本书的第二句，此后又被多次使用。这个代词是"规劝性"的，它有意说服我们从特定角度来看事物，来改善我们评价与感受的方式，也许还能鼓励我们以一种特定的方式行动。斯密使用第一人称复数，既要为诸道德心理命题举证——以关于伦理情境之具体观察，以及"我们"对其反应的形式，也要对各类问题做出伦理判断。[22]《道德情感论》是一道德化

---

[20] Aristotle, *Nicomachean Ethics*, 1179a18-23; trans. T. Irwin, Indianapolis: Hackett, 1985. 本书后面所有来自这个译本的引用都简称为 *NE*。

[21] 正如 *TMS* Ⅳ.2.9，编者在那里加了一个注释，即"词语'情形'再次表明材料原初的讲座形式"。

[22] 斯密使用"我们"，也有助于克服由书写文字产生的障碍，可以说，他将作者与读者放到同一个舞台上。关于我所谓"规劝性'我们'"这个问题的一些有趣评论（由福柯对 R. 罗蒂的评论引导），参见《福柯读本》中与福柯的访谈。*The Foucault Reader*, ed. P. Rabinow, New York: Pantheon, 1984, pp. 384-386.

的伦理理论（a moralizing ethical theory）。

斯密认为，道德情感理论要处理两大问题。第一个是：

> 德性由何者构成？或者哪些性情调式、行为要旨构成了卓越、值得赞美的品格，构成了尊敬、荣誉以及赞许之自然对象的品格？

这是我们所谓的"德性问题"，他也通篇都在回答这个问题，尤其在第六部分。[23] 很可能有人会要求他为一种品格伦理学，即以行为者为中心的德性伦理学，进行有质量的辩护。第二个问题是：

> 无论这种品格是什么，在我们的心灵中，它通过何种官能推荐给我们？或者易言之，心灵如何，通过何种方式偏爱一种行为胜于另一种，将其中一种命名为正确，另一种命名为错误；认为其一为赞许、荣誉和奖赏的对象，另一则为谴责、批评和惩罚的对象？（Ⅶ.i.2）

这是一个与道德心理学、伦理心理学有关的问题，斯密整本书都在讨论它。对德性的讨论能够通过影响我们的是非观念影响我们的行为，而道德心理理论据称只为满足"心理好奇"（Ⅶ.iii. intro.3）；正如我们所认为的那样，后者是单纯学术性的。就斯密在《道德情感论》中处理德性而言，这本书在伦理学上也是规劝性的。正如斯密赞同亚里士多德，我们无法从一外在视角理解伦

---

[23] 在 1789 年 3 月 31 日致 T. 卡德尔（T. Cadell）的一封信中，斯密评述道，在准备 TMS 第六版时，他提供了一个"新增加的，包括了道德实践体系的第六部分，其标题为德性品质（Character of Virtue）"（CAS, p. 320）。

理学，而且伦理学也并非一种确切的、受法则限制的科学；所以，他似乎赞同亚里士多德，我们不能期待伦理学演讲能令一邪恶之辈成为好人。[24]然而，这些演讲能够强化伦理品格（*NE* 1103B26-31）。[25]"我们"在某部分中是一理念的建构，所以，它既是映照着伦理共同体的一面镜子，也是规范性劝说的载体。

斯密仔细地发展出一种论说，以此表明：我们每一个人都是彼此的旁观者，却意识到，我们在其他旁观者的眼中为行动者。我们只能够与那些能想象进入另一特定情境的人，有能力做出不偏不倚之判断的人哲学化地谈论伦理学。阐释主题问题的行为已经暗示了一种共同体。既然斯密以斯密式的身份写作，除了通过说服其他人，说服那些有同情心、想来是不偏不倚的人，他就不能"证明"自己的规范性判断是"正确的"（在有限的情况下，这包括了诉诸"无偏旁观者"）。这就是道德行为者应当如何在伦理反思的道路上前行的方式（根据斯密）。对"我们"的使用反映了他关于道德理论化的观点，尤其是如下观点：伦理是一种假定了彼此反馈，有责任提供说服理由的义务语境的社会实践（即便最终只为做出一个理想化的判断）。此道德情感"理论"必须依赖伦理实践，并且，作为一种规劝，它也的确是一种伦理实践形式。

---

[24] 在提及伦理语境时，我从 J. 李尔（J. Lear）那里借鉴了"外在视角"的表达。J. Lear, *Aristotle: The Desire to Understand*, Cambridge: Cambridge University Press, 1988, p. 158.
[25] 古代伦理学家在许多问题上都有分歧，但是（总体而言），他们并没有那么期待，伦理理论能像使我们变成更好（更幸福）的人那样，确实地"解决"这些问题。与此相反，我们今天却在总体上期待一种伦理理论来解决这些问题和分歧，却不那么希冀令我们变得道德的伦理理论能力。参见 J. 安纳斯（J. Annas）在《幸福的道德》中的讨论。J. Annas, *The Morality of Happiness*, Oxford: Oxford University Press, 1993, p. 443. 在这一问题上，斯密赞成古代观念，但有一个关键的（如果是局部的）例外，即关于正义的问题。

然而，这本书的修辞更为复杂。斯密提及"我们行为者"（we agent），不时提起"我们旁观者"（we spectators）（正如在Ⅶ.iii.3.16；"首先，我们同情行为者的动机"）。有时候，"我们旁观者"也观察并评价其他正在观看行为人境况的其他旁观者（正如在Ⅶ.iii.3.9）。"我们"就好比坐在剧场包厢中观察着观众与戏剧的批评者。他有时也以第一人称单数进行写作。有时候，他的"我"（Ⅰ）意为作为普通行为者或旁观者的"我或你"（me or you）。[26] 有时候，他的"你"意为"我们中任何一人"，尽管这个代词会自然地邀请读者近距离去辨识其处境。[27] 他很少谈及哲学家的"我们"（如在Ⅱ.ii.3.5；"在宇宙中的每一部分，我们都观察到，手段受到最卓越技艺的调整，使之适合他们想要达到的目的"）。然而，关于在包含了一个旁观者与两个对抗性行为者的复杂场景中同情与赞许之间的联系，他提出一个技术上的观点时，这一超然的哲学批评的"理论"层面被"我"频繁提及（Ⅱ.i.3.2；"首先，我说……""其次，我说……"）。[28] 当他突然问

---

[26] 例如，在Ⅰ.i.4.5和Ⅲ.1.6，以及Ⅶ.iii.1.4，他对代词"I"的反复使用是一般性的，意味某种"处于这种情况下的我们中的任何一个"。另一种意义阴影发生在Ⅵ.ii.1.8，他在那里更多作为人类生活的理性旁观者来言说，较少作为理论家言说。

[27] 例如，在Ⅶ.iii.1.4论同情与自爱的关键段落，斯密考察了"你"丧失唯一的儿子，而"我"则产生共鸣的场景。

[28] 在《国富论》中，这位理论家的"我"通篇都极为常见，这也为此书定下了基调。"我们"很少被用来指代"我们思想家"（比如在Ⅰ.viii.23；Ⅱ.ii.16）。与TMS相比，其声音的权威在这里是压倒性的。与这些理论家相关的"我们"被此书自身忽略了。这与如下事实联系起来：WN而非TMS才是论辩作品，意在摧毁与政治经济学相关的一整套思考方式（于1780年10月26日写给A. Holt的信中，斯密提到了WN，将其视为"我对不列颠整个重商主义体系做出的猛烈攻击"[CAS, p. 251]）。有时候，在《国富论》中，斯密会谈及"我们"普通的经济行为者，就像他在关于"我们"与屠夫、酿酒师和面包师对话的著名段落（WN Ⅰ.ii.2）里做的那样。当谈及"自明"的事物时，谈及"明显且简单的自然自由体系"时，或谈论"普通人也易于理解、知晓的"[转下页]

我们:"你是否真诚地决定,绝不为宫廷老爷的使役而出卖你的自由,而是要自由、无畏、独立地生活?"(I.iii.2.7)他只在这里罕见地打破他正在讲述的故事框架,直接自己向读者言说。他的回答激情澎湃,令人震惊(I.iii.2.7),这段话的力量出其不意地加强了,少有地由作者直接向我们呼吁。有时他连续地使用这些代词的各种变化。[29]

斯密在使用这些代词时,多重视野交错,其目的何在呢?首先,它引导读者看到:简单的答案并不存在;更深的问题总在实践和理论的伦理反思中兴起。每一章几乎都具有对话品格,它表达出缓和我们对伦理生活简单、成体系、单义理解的欲望。多重声音的交错让其自身受到主题事物、情况之特殊性,以及被重新讲述的故事的引导。它自然而然表明,我们很难诚实地变得封闭。他发现,许多道德哲学都缺乏一种德性,他的修辞则使之具体化了。这种德性便是 sophrosyne,或者根据他所赞许的对柏拉图术语的注释,此德性即为"好脾气、清醒以及心灵的节制"(Ⅶ.ii.1.8)。其次,正如我已强调过的,他必须从暗含在我们日常自我理解中多少颇为寻常的前提中,建立起这种解释和规劝,因为在他看来,阿基米德支点并不存在。他对代词的灵活使用对这一目的有直接贡献。

斯密在第七部分对前辈展开了细致讨论,这有助于我们理解他关于如何接近伦理学的观点。许多批判模式在那里浮现出来。

---

[29] [接上页]君主的三重义务时,他也将我们当作前哲学行为者(WN Ⅳ.viii.49)。在 WN 中,他对正义的频繁评价(或像在 V.i.i.3,不做评价)意在反映道德行为者的反思立场。TMS 中多重声音的交互如此显著,在 WN 中也并未完全缺席。在Ⅶ.iii.3-17 也是如此("另一体系也着力从同情来论述我们道德情感的起源,它不同于我努力建立起来的那种体系")。还有在 I.ii.5.1,I.iii.1.5,Ⅵ.iii.14。在 I.i.1.13,I.ii.1.1,Ⅱ.i.3.1,以及Ⅱ.i.4.2("如果我们可以这样说"),因为转换某种表达,为了表示歉意,斯密用自己的声音言说。

首先，我们了解到，道德哲人通过强使现象与其体系相适合，一再扭曲了现象。例如，论及伊壁鸠鲁的观点，即德性就是审慎，斯密说："通过将所有不同德性也提升到这一类合宜，伊壁鸠鲁沉湎于一种倾向，它对所有人来说都是自然的，但这人尤其乐于开发它，视为展露其才华的方式。这种倾向就是：用尽可能少的原则来论述一切现象。"（Ⅶ.ii.2.14）对概念上的雅致或简明的部分美学意义上的坚持，常常使哲人的诸种理论成为简化论式的（reductionistic）。与之相似，克律西波斯"受到批评，因为他将其[斯多葛派]教说简化为一种学术或技术体系"（Ⅶ.ii.1.41）；哈奇森受到批评，因为他把所有德性简化为仁慈的一种（Ⅶ.ii.3.16）。曼德维尔和霍布斯错误地坚持说，唯有自爱能够解释所有道德激情，即便"同情"并不能被简化为自私（Ⅶ.iii.1.4）。但那只是说明，这些理论不能把握它们试图阐明的对象。[30]

对当前目的而言同等重要的是，斯密将把一种德性在何种意义上为善好的解释归于结果论者霍布斯（Ⅶ.iii.1.1），如果他不是功利主义者的话。对采用理论和非人格观点的旁观者而言，那种解释看似可行："当我们按某种抽象的哲学方式沉思人类社会时，它显得好似一架巨大的、无边无际的机器，其常规、和谐的运动产生了一千种适宜的效果。"（Ⅶ.iii.1.2）但是，作为道德行为者，

---

[30] 坎贝尔（T. D. Campbell）注意到，"曼德维尔的立场可能与日常道德经验不相匹配，但表明这一点却不是为那种经验提供哲学证明"，斯密"没有看到其理论在这方面的不充分性"。T. D. Campbell, *Adam Smith's Science of Morals*, Totowa, N.J.: Rowman & Littlefield, 1971, p. 223. 但是，"日常道德经验"在哲学中的位置，以及一种"哲学证成"的观念恰恰是争论中的问题。令我感到满意的是，斯密对此问题有着深思熟虑的立场。在选取其立场时，斯密或许是彻底错误的，但他并非不能理解根本性的问题。

我们不会因为其相对的社会效用就拔擢德性或谴责邪恶；当我们接受一种概要、抽象的视角，一种规范的、非功利主义的内在视野便受到阻碍。除了简化论（reductionism），斯密还拒绝道德哲人常犯的第二类错误，即混淆道德行为者和理论家的视野，从而令前者或前者的重要方面消失。我们将会看到，斯多葛派因为犯了这一错误而遭他批评。当那些对之必不可少的东西——行为者的主观立场——遭到贬低时，伦理生活就不能得到正确理解。当简化被推进得如此深远，有待解释的现象转变为幻想，这种错误就出现了。当斯密认为，曼德维尔的"自爱"理论最终将抹除德性与邪恶之间的区分（Ⅶ.ii.4.6），并在此基础上加以反对时，他在效果上就应用了第二类批评。[31]

斯密认为，这本书的许多地方自己都在与休谟进行争论，争论的焦点是关于伦理学之合宜视角的问题，以及由此而来的建构削弱行为者观点的合法性问题。在《道德情感论》开头浮现的关键问题中（Ⅰ.i.4.4），以及在中间章节（第四部分，"论效用对赞许感的影响"），斯密都间接提到了休谟（"一位天才的、平易近人的哲学家"）——他强烈反对的那些观点的作者。这颇令人震惊，部分因为休谟自己表明了对所述问题清晰而确切的意识。无论正确还是错误，斯密都让自己追随休谟对此关系的某些洞见，但他比休谟做得更为连贯和巧妙。斯密反对这位天才哲人所赞许的路径没有公正地对待现象，包括理智德性的现象。总体而言，在评价道德与理智德性时，我们像道德现实主义者一般行动——首先

---

[31] 在Ⅶ.ii.4.7，斯密间接提到曼德维尔的论断，即"……道德德性乃是谄媚与傲慢产生的政治后代"。

关注特定情境——而非像唯结果论者一般行动。[32]我们赞美一个人或一件事情，原本是依据它展现出来的内在好的或美丽的品质，而非考虑其效用。斯密认为，当休谟将一切行为的动机归诸理性设想的综合观察事物的目的时，他是过于哲学或"抽象地"看待现象了，是过于从一种概要的、非人格的视角来看待现象了。那种得到人们"真正"想要的事物的方法是不合理的，因为它抛弃了我们对细节的经验——它们是伦理判断的基本情境与对象。相反，斯密的方法与修辞持续诉诸我们在此或彼情境中的经验，诉诸我们对个人生活中的重要事物，以及在人类戏剧中所扮演角色的感受。

斯密反对哈奇森的"道德感"（moral sense）理论，并因此抓住了道德哲学的第三处危险。"神意无疑想要这种情感成为人性的统治原则，然而迄今为止，人们对它却少有关注，它在任何语言中都不曾获得一个名称，这着实奇怪。""道德感"只不过是一位哲学家的建构，它至今都未曾被普通道德行为者命名或理解（Ⅶ.iii.3.15）。当然，其借口是，这一新的官能包含并因此解释了此前令人困惑的现象。斯密自己对同情的论述并不需要发明一个新的词语或官能，并且他"指向了一种总是被人们注意到的能力"（Ⅶ.iii.3.3）。他将此视为一种优势。相应地，在《道德情感论》

---

[32] 参见 TMS I.i.4.4："我们可能认为，这些［理智德性］品质的效用最先将它们推荐给我们；无疑，当我们开始关注它时，这一考虑就赋予他们一种新的价值。然而，最初我们并不把另一个人的判断当作某种有用的东西，而是把它当作正确、确切、与真理和事实一致的东西来接受。很明显，我们将那些品质归于它，并没有别的原因，只是因为我们发现它与我们一致而已。按照一种同样的方式，品位最初被认可，并非因为有用，而是因其正义、精致，精确地适应其对象。" WN 中，关于效用问题的对等评论，参见 I.ii.1 以及 Ⅳ.v.b.39。

中，他努力避免创造一套技术性的语汇，反而赞许日常的术语。[33]

这并不是说他在这方面是完全成功的，最引人注目的例子就是"同情"这个词语（也许是其道德哲学中的关键术语）。依据斯密有意设计的、跌宕起伏的文句："尽管同情原本（与"怜悯"[commiseration]）同义，但是现在，我们用它来指代与任何激情的共通情感（fellow-feeling），也并无多少不合宜之处。"（I.i.1.5）他对一个熟习语的有力解释再次指向了哲学与日常生活的关系问题。[34] 哲学不能简单地居住在日常世界，让一切都保留其原本的样子。这提出了一个我们在考察《道德情感论》书名时遇到的问题：当理论必然要求我们在某种程度上采取非人格的或"客观"的立场时，我们如何能够有意义地占据行为者在日常行为中的主观立场？

斯密承诺保护或保存前哲学道德行为者的观点。我们已经检视过的其修辞学的诸特点、他对前人的批评，都受此承诺牵引，

---

[33] 恰如我指出的，斯密认为，这三类危险借助道德哲学中的前辈展示出来。T. 内格尔（T. Nagel）详细论述了，在面对主观（或个人的、人格的）观点中的执拗因素时，如何实现"客观（或疏离的、非人格的）观点的三条路径："简化（reduction）、排除（elimination）、合并（annexation）。"它们与此论述并行。例如，努力"保护表面"（内格尔的表达）的第一种方式是（内格尔的观点）唯结果主义；第二种方式是努力"将去本体论要求，以及其他非结果主义伦理直觉当作迷信、自私或循规蹈矩加以忽略；第三种方式则为"形而上学发明"，例如"意志、本我、灵魂，也许还有神的命令"。T. Nagel, "Subjective and Objective," in *Moral Questions*, Cambridge: Cambridge University Press, 1988, pp. 210-211.

[34] 在关于斯密的演讲中，托马斯·里德（Thomas Reid）注意到斯密对此术语的新用法："但斯密博士的同情不是针对人们实际、真切的痛楚与享受，而是他应当得到的痛苦与享受……我认识到，同情这个词语的含义是全新的；如果人们不是服务于某种假设，他就绝不会想到，同情让我们因其他人的粗野无礼感到羞愧。"转引自 J. C. Stewart-Robertson and D. F. Norton, "Thomas Reid on Adam Smith's Theory of Morals," *Journal of the History of Ideas* 45 (1984), p. 314.

绕之旋转。他为何许下那一承诺？在此书的结论性章节，他在讨论曼德维尔的体系时给出了部分答案。在后面的章节里，我们还将一再回到此问题，也会回答如下问题：关于人类生活的不同观点应该如何结合在一起？

> 一种自然哲学体系可能显得非常合理，并且很长时间以来，在世界上获得了普遍的接受，然而，它却并无自然基础，与真理也没有任何类似之处……但是，道德哲学体系便是另一番情形了，如果一个作者假装论述我们道德情感的起源，他就不能使我们受到如此恶劣的欺骗，也不能令我们如此远离一切真理的相似物。当旅行者论及某个遥远的国度，他可能会让我们相信某些毫无根据、荒唐的幻想，认为它们是某种真实事物。但是，当有人假装告诉我们发生在邻居家的事情、发生在我们居住的教区的事情，尽管就在此处，但是如果我们过于粗心，不亲眼检视，他可能在许多方面欺骗我们。然而，他加诸我们的最大错误还是与真理具有某种相似性，甚至在它们当中混入了可观的真理。（Ⅶ.ii.4.14）

当某位作者处理道德哲学，"他便计划解释我们欲望和情感的起源，我们赞许或反对情感的起源，他假装不仅对我们所居住的教区事务，也对我们国内的关注给出论述"（Ⅶ.ii.4.14）。一个受到得体培育的人拥有一定程度的道德，这有别于理论或科学的自我知识。当我们做伦理学时，我们是在自我认识的基础上做哲学探究，并试图给出一种保存而非违反它的论述（*WN* Ⅴ.i.f.26）。

斯密认为，道德评价基于情感，而非理性；道德哲学是一种描述性和建构性努力。他的观点假定了对前理论道德知识的准亚里士多德式坚持。[35] 当亚里士多德谈及 *endoxa*（明智且富有声誉的观点）与 *phronimoi*（具有明智判断或实践智慧的人），斯密便在谈论自然情感和无偏旁观者的判断。亚里士多德可能希望诉诸灵魂理解客观真理的能力来为 *endoxa* 辩护，斯密的立场在理论层面则显著地更偏怀疑主义。他必须调和他对道德行为者自我理解的诉求与如下认识：道德行为者会在手段和目的上犯错（在亚里士多德对 *endoxa* 的依赖上，一个类似的挑战出现了）。[36] 斯密必须诉诸日常经验，并对之做出评价。

他挑选了自己的例证与反例，诉诸日常观点。关于"何为德性"的问题，他的心中有一个细致的答案，此即，正如休谟予以嘲

---

[35] 参见 J. Barnes, "Aristotle and the Methods of Ethics," *Revue Internationale de Philosophie* 34 (1980), p. 509：关于亚里士多德，"人性构成如此，我们拥有一种掌握真理之官能——即便此官能需要被经验改善。人自然地倾向于知识，这是前提；其结论是，τὰ ἔνδοξα 构成了真理的深井；前提与结论之间尚有一段距离……我们不能推测说，一个人相信的任何事情都是真的；我们甚至也不能推测说，任何一切人相信的事情都是真实的"。关于对亚里士多德"显现方法"的讨论，参见 M. Nussbaum, *The Fragility of Goodness*, Cambridge: Cambridge University Press, 1986, chs. 8-9。我认为，斯密应该会同意其中的某些观点，但他的怀疑主义（在第四章讨论）将使他剥除对"自然"或"真理"的所有形而上学解释。这并不意味着，斯密因此臣属于巴恩斯所谓的"保守的常识地方观念"（the conservative parochialism of Common Sense, p. 510）。关于亚里士多德对怀疑立场的批评，参见 A. A. Long, "Aristotle and the History of Greek Scepticism," in *Studies in Aristotle*, ed. D. J. O'Meara, Washington, D.C.: Catholic University of America Press, 1981, pp. 79-106。

[36] 请考虑 J. 库珀（J. Cooper）的评论："然而，亚里士多德为何要让哲学能够回答 *endoxa*，甚至是以这种有限的方式？在他的现存著作中，他从未直接表述这一问题，但清晰而显明的答案（其显明能够解释，为何他不能清晰地加以阐述）是，此前有好的理由来期待，某些或所有具有可信声誉之物为真——无论是它之享有声誉、因为具有智慧之名的人相信它，还是因为它嵌入在我们的语言之中，或它是日常生活的一个公共场域。我们语言的结构、日常生活的寻常之处是由人类世代创发、塑造、再塑造的文化产品；这些人类世代用他们自身的智慧，面对并处理事实。" "Review of Nussbaum's *The Fragility of Goodness: Luck and Ethics in Greek Tragedy and Philosophy*," *Philosophical Review* 97 (1988), p. 533.

讽的,所谓的"僧侣德性"被当作虚伪德性(pseudovirtues)。[37]如果讨论被视为一种理论,而不仅仅是一种描述,那他就必须要进行此种挑选。正如我们在第二章将会看到的那样,广泛的伦理和政治关注也塑造着道德心理学,恰如我们能够从一种奠基于实践伦理学的道德哲学处期待的那样。《道德情感论》也是道德情感的道德理论。我们要按照能够被反思性道德行为者接受的方式来"保护表象"(用现在通行的后亚里士多德主义来说)。然而,我们可能要质询,此种路径是否必然要么在哲学上清晰且不容批判,要么受如下承认的内容所迫:道德行为者会犯错,把外在于现象的哲学校正偷偷地放进"反思"这个限定词里。

让我们以不同的方式提出潜在的问题。斯密大胆地用亚里士多德式的程序诉诸考虑过的观点,这意味着此运用不能以一种说服所有人(那些在伦理的"我们"范围之外的人)的方式"证成"。结果是,此斯密式的"我们"将不可避免地变得狭窄吗?比如,它是否会缩减为只有西方启蒙的孩子们可能同情的共同体?关于亚里士多德和休谟对共同体的运用,类似的问题也被提出;例如,麦金泰尔就论辩说,休谟的语境受到很好的界定,并且是当地的语境。[38]问题在此提出来,具有一种特殊的力量,因为尽管它与亚里士多德相似,但在斯密的倾向中,并没有一种能被当作标准的亚里士多德式的技术性"自然"观念。尽管其道德哲学

---

[37] WN V.i.f.30; TMS III.2.35,以及 Hume, *Enquiry Concerning the Principles of Morals,* cited from *Enquiries Concerning Human Understanding and Concerning the Principles of Morals,* ed. L. A. Selby-Bigge, 3rd ed., rev. ed. P. H. Nidditch, Oxford: Clarendon Press, 1989, p. 270(以下对该书的全部引用都源自此版本)。

[38] MacIntyre, *After Virtue,* p. 231:"休谟认为是普遍人性立场的东西,事实上却变为汉诺威统治精英偏见。"

最广为人知的一个特征是"无偏旁观者",斯密却清晰地做出各种各样未被普遍分享的判断(据他自己承认,他关于杀婴行为的判断正是这样的一个例证)。在何种程度上,他的日常生活哲学拥有这种资源呢?当我们开发它们的时候,真正的道德批评者也只能为其决定。在此关节点,我们的目标是要引出斯密的修辞和方法与众不同的特征,并指出它们与其哲学如何彼此缠绕。[39]

三 修辞、例证与叙述

> 因为相较于事实,关于行为与感觉的论证不那么可信;所以,论证与可认知事实间的任何冲突都会触发对论证的轻视,并进一步摧毁真理(与论证)。
>
> 亚里士多德,《尼各马可伦理学》

斯密部分地通过他对例证的出色使用吸引了我们。我们被一遍又一遍地要求考虑这种或那种情形,这种或那种对情形的反应,从

---

[39] 尽管主要聚焦于 TMS,我注意到,WN 各部分之间的辩证风格也倾向于伦理上的怀疑论,它使我们走向节制,鼓励判断与价值和谐,使平衡居于核心。很清楚,WN 有意产生实践效果;斯密不只是把它当作一部学术作品来写作,而是要说服实际的政治家(参见 D. Stewart, *Memoirs*, pp. 55-56; cf. *WN* V.i.g.19)。斯密称,政治理论能够说服与激活人(*TMS* IV.1.11)。在 *WN* II.ii.67,他注意到,"……这部作品可能落入许多非商业人士的手中……"他的词汇,包括反对商人和商业的争论,以及工人的异化,比人们能在 TMS 中找到的任何内容都要激进、令人激动,几乎是一声战斗的号令。D. 温奇曾引用斯密对美洲革命的评论,将其当作训导式和修辞述的例证。*Adam Smith's Politics*, Cambridge: Cambridge University Press, 1978, p. 171. 关于 *WN* 之修辞维度的讨论,参见 S. Copley and K. Sutherland, eds., *Adam Smith, "Wealth of Nations": New Interdisciplinary Essays*, Manchester, UK: Manchester University Press, 1995。

而提取合宜的道德。诸例证有时被详述成许多关于人类生活的小故事。斯密能够进行优雅的写作,他的故事也富有力量(比如,VI.i.8-11 对"审慎之人"生活的勾勒,IV.i.8 对爱财之人的描摹,III.3.31 国王皮乌斯[King Pyrrhus]与西尼阿斯[Cineas]之间想象的对话)。这些故事和人物的刻画沿袭了泰奥弗拉斯托斯(Theophrastus)《人物》(*Characters*)的传统——斯密知道并推崇这本书。[40] 戏剧、小说、诗歌,以及(尤其是)悲剧都激发了斯密的兴趣。它们一起彻底遮蔽了他对适当的哲学文本相对较少的提及(不考虑 TMS VII)。我们要把文学、戏剧理解为道德理论和道德教育之源,这种观念在《国富论》中也是清晰和令人惊讶地明确的(V.i.g.14-15)。

《道德情感论》中弥漫着例证、故事、文学引用、典故,以及各种形象,它不时呈现出小说的品质;叙述与分析在全书中彼此交缠。[41] 斯密的写作方式似乎有意传递这种观点:为了理解和评价伦理情境,我们的情感应当适当参与到特殊的语境当中。他使用例证的一条基本原理是其理论:我们通过考虑具体情境获得道德判断。他评论说:

---

[40] 泰奥弗拉斯托斯是亚里士多德的学生与继承人。当斯密认为自己接受了亚里士多德的伦理教诲时,他可能想到的是由泰奥弗拉斯托斯呈现的伦理生活"描画"延续的那些教导。关于斯密对他的推崇,参见 LRBL i.193-197(pp. 80-82)。

[41] E. 伯克(E. Burke)在一封写给斯密的信中说:"你的著作比我所知的任何其他作品都更丰富地包含那些源于日常生活和生活方式的轻松、愉快的例证,我承认我特别喜欢它们……你的作品也包含了强有力的理性推理,但除此之外,它也包括了许多对风俗、激情的优雅描画,就此而言,它们富有很高的价值。"(*CAS*, pp. 46-47)根据他在《年册》(*Annual Register*, 1759)里对这本书的评论,伯克再次指出:"例证众多,令人愉悦,并且表明作者的观察超乎常人。他的语言平易,令人振奋,在最饱满的光线中把事物放到你面前;相比起写作,它更是绘画。"(引用在 TMS 的编者导论中,p. 28)参见在 *Enquiry Concerning Human Understanding*(pp. 9-10)中,休谟对艺术家与解剖学家路径的区分;以及他在 1739 年 9 月 17 日写给哈奇森的信(*The Letters of David Hume*, 2 vols., ed. J. Y. T. Grieg, Oxford: Clarendon Press, 1932, vol. 1, pp. 32-33)。

当哲人考察为何人道（humanity）受到赞许，或遭严酷谴责时，他并非总是以一种清晰、独特的方式，给自己塑造一个关于任何特殊行为的残忍或人道的概念；而是常常满足于那些特征之总体名字（general names）所表明的模糊、不明确的观念。但是，只在特殊事例中，行为的合宜与不合宜、功与过才非常明显，可以识别。只有在具体事例中，我们才分别看到我们与行为者情感之间的一致或分歧，感受到在一种情况中产生的对他的社会感激，或在另一种处境中产生的同情式的愤怒。当我们以抽象、综观的方式来考虑德性与邪恶，他们借以激发这许多情感的品质就在很大程度上消失了，这些情感本身也变得不那么明显或容易识别。（Ⅳ.2.2）

在《道德情感论》中，使用事例与故事都合于道德心理学与德性理论的实质。

在对另一个人做道德判断时，我们要把自己放到他人的处境中，然后运用想象。斯密持续借助事例与故事，并频繁地提及戏剧（尤其是悲剧)，从而写出这部道德想象之作。作为一位作家和伦理学家，他努力通过"同情"的作用，在读者中唤起对相关处境和动机的理解。[42] 在其叙述维度中，《道德情感论》使我们的注

---

[42] 在其关于修辞的演讲中，斯密相应地对其所谓的"间接叙述"充满热情，即，在叙述中，行为者动机、行为者的行为对他人情绪的影响都被传达出来。他引用修昔底德，视之为这一类型杰出的实践者。参见 *LRBL*, pp. 86-87, 在那里，斯密提到了"当我们想要深刻影响读者时，将交易对行为者和旁观者产生的影响联系起来，必须诉诸间接描述的方法"。关于修昔底德，参见 *LRBL*, p. 96。他也评论说："当言说者的情感以一种整洁、干净、平白且聪明的方式进行表达时，他拥有或意图（**通过同情**）注入倾听者心中的激情与感情就可被明晰、聪明地敲打掉，到那时，也只有在那时候，其表达就具备了语言所能赋予的所有力量与美丽。"（*LRBL*, p. 25; see also p. 40）进一步的讨论，参见 J. M. Hogan, "Historiography and Ethics in Adam Smith's Lectures on Rhetoric, 1762-1763," *Rhetorica* 2 (1984), pp. 75-91。

意力集中于具体事例与经验,努力让我们在一特定视野中来"看"事物,而非简单地接受某种哲学立场。这并不是反映了道德论证(moral justification)没有空间这一观点,而是(预见到)此类论证依赖于在给定处境中我们识别重要或相关事物的能力。[43]

至少在一更为深入的方面,《道德情感论》可被当作故事来阅读,逐步展开。开篇宣告的观点可能到结尾时能得到实质性的改善,就像在一部文学对话或小说中自然而然出现的那样。所以,到后来,读者就会面对关于书中更早提出的观点意想不到的问题。这是此书修辞上的另一特征。在第一部分中,"同情"被用来解释我们对他人进行道德评价的能力。第一部分的结尾则进而表明,同情也有助于"我们的道德情感的腐化"。在第二部分,我们一开始就了解到,道德情感准备好了我们的正义感所需要的一切,但是他转而又说,命运深深地影响了情感产生的伦理判断,产生了斯密所谓的"情感的失规"(irregularity of sentiments),亦即道德情感的非理性。对于看似能够弥补情感之腐化与非理性的"义务",第三部分为我们提供了一份相关论述;胸中无偏的旁观者似

---

[43] 请考虑 J. 丹西(J. Dancy)在 *Moral Reasons*(Oxford: Blackwell Publisher, 1994, p. 113)中对论证和描述的讨论:"论证一个人的选择就是给出他做出选择的原因,给出那些原因也就是列出:人们如何看待情境在正确的地方开始,并以正确的方式继续展示各种显著特征;这样做就是填满道德地平线。在给出那些原因之时,人们并没有为自己看这情境的方式**辩护**。"然而,"吸引力在于尽可能以最富说服力的方式把那些东西摆出来。此处的说服力是叙述的说服力:论述中使人赞同的内在一致性。当我们的故事听起来是对的,我们就成功实现了目的。所以,道德论证本质上并不是包容性的,而是叙述性的"。丹西的"形状"比喻也很有帮助:"财产在实际上拥有一相关的轮廓,在此意义上,一种情境也有其形状。此形状也在'讲述情境故事'中得到表达。"它是件能够做得好或坏的事情(p. 112)。斯密发现,当坚守道德法则、公正、伦理批评、对话以及论证的地位时,对此伦理学观点及其适当阐述,他有许多认同之处;恰如我们在第三章第二节、第五章第二节将要讨论的那样。

乎能够纠正我们的判断。但在第三部分，斯密又表明，义务容易被扭曲为宗教狂热。为了他在第四部分中反思美、效用、"无形之手"，以及道德和政治哲学中哲学论证的地位，我们因此就做好了准备。在一切危险面前，一种超政治的人类生活的观点是可能的——告诉我们这一点后，他立即在第五部分推倒了在讨论"习俗与风尚对道德赞许与不赞许情感之影响"时的观念。他讨论了富有争议的杀婴问题，并以此结束第五部分；他进而讨论"德性之特征"（第六部分），仿佛习俗问题从未抬起它那丑陋的头颅。在这一部分的论述中，许多早先的主题——包括哲学、狂热、"低级审慎"、义务与同情——都得到重述和重新编织。

接着就突然转向第七部分，他终于在这里告诉我们，我们研究的是何种问题；他也提供了一个整体性观点，并告诉我们它在更大的哲学对话中的位置。关于此前的论述，第七部分也为我们提供了一个相对客观的视野；并且，从前六部分到第七部分的变化大体类似从内在视野向外在视野的转变。尽管第七部分寄生在前面各部分的工作上，并正确放置在此书结尾，但它也评论它们、审视它们、在一更为广泛的语境中塑造它们——包括只在第七部分提及的"**文集**"的语境。从第七部分的立场，我们看到，尽管前三部分按照连贯的叙述阶梯呈现，它们实际是一个三联画格局（triptych）。它们在分析和叙述中是分开的，但在我们的道德生活中，合宜、功绩与义务则彼此重叠。在第七部分，我们被突然抬高到一个此前只是惊鸿一瞥的高原之上，在那一高度，我们就能概览斯密想要覆盖的更广泛的疆域。

写作哲学作品会遭遇特殊的危险，它不免鼓励一种对日常生活的"学术"冷漠，也将伦理辩论降低为一单纯理论化的，也许是决疑论的（casuistical）计划。然而，第七部分也承认，在确立一种道德情感理论时，我们不能完全处于反思性道德行为者的视野中。它表明一种把我们的作品当作特殊理论类型持续观察的需要，在此理论类型里，我们试图回答一些特殊的问题，并在某类关注和路径引导下，走向主题事物。第七部分承认，就其效果而言，《道德情感论》的确是一种"理论"；正如这部分的第一句话表明的那样，它是理论中的理论。如此承认暗示了超然和透视，但并不暗示着它上升到一彻底外在的立场，就像在柏拉图的《理想国》中，那些有幸获得解放的灵魂经历的那样。

斯密向我们提供了从前六部分到第七部分的非自然转折，完全不同于柏拉图描述的"上升"。第七部分也没有提供后退至日常经验层面的自然转折，尽管它仍然诉诸关注日常经验优先的方法论假设。我已经指出，斯密的伦理学方法反映了有关伦理理论化的性质以及道德哲学家之伦理意图的观点。《道德情感论》的结构彰显了反思性道德行为者与斯密式哲学旁观者之间的张力。这种张力看似建构在我们已经开始拼写出的伦理概念当中。道德哲学要保存前哲学的完整性，也的确要在普通生活的语言中阐释自己，然而，它又不能失去哲学的品格与目的。既然在哲人中间，这一概念自身就富有争议，那么当斯密采用它时，他就必须教育道德哲人们，它为何是正当的，如何避免误用他们自己的学科。这一切造就了一项极端复杂的修辞工作。

四 批评、语法与剧场

> 我只认为自己是一个人类实体（a human entity）；也就是说，是思想与情感的风景；我也能感知到某种双倍放大（doubleness），我借此可以像他人一样，站在一个远离自己的

地方……当生活的戏剧（它可能是悲剧）散场，旁观者走他的路。对他来说，它是一种虚构，只是一部想象之作。

亨利·大卫·梭罗[44]

我们能够怎样进一步描述，在评价伦理生活时，一位斯密式道德哲人应该采取的立场呢？当斯密区分语法家精神的伦理路径与批评者伦理路径时，他给我们提供了一些线索。他表明，我们应该认识到，除了一种德性外，所有德性都承认，最好的法则是"松散、模糊、非决定性的"，类似于"那些批评家为获得优雅高贵之写作确立的法则，它们呈现了我们应致力于实现之完美境界的总体观念，而非任何获得它的确切、正确的指令"（Ⅶ.iv.1）。[45] 斯密将语法学家与批评家视野之区分和正义与其他德性之差异绑定在一起，因为"正义法则堪比语法法则；其他德性法则堪比批评家为获得优雅高贵写作定下的法则"（Ⅲ.6.11）。

"所有古代道德学家"都归属于"批评家"范畴（Ⅶ.iv.3）——例如，亚里士多德和西塞罗就被提名——并且，"以此方式对道德法则的处理，就构成了可被适当地称为伦理学的那种科学"（Ⅶ.iv.6）。所以，若细究之，伦理学便是对"批评"实践的探究。正确的伦理行为和评价要求正确的判断。相反，"基督教会中晚世纪所有决疑论者，以及本世纪和上世纪所有处理过所谓自然法理学的人"都可归入"语法学家"范畴（Ⅶ.iv.7）。依据他们的处理，正义被当作诸德

---

[44] H. D. Thoreau, "Solitude," in *Walden*, in *The Portable Thoreau*, ed. C. Bode, New York: Penguin, 1981, p. 386.
[45] 在 *LRBL*（pp. 25-27）中，斯密批判性地谈到了建立在对诸语法学家进行区分之上的复杂的修辞体系。该体系生产着修辞语法，浸透了描述如何才能写作、言说得漂亮的法则。他对那一路径少有耐心，并要求努力通过同情进行交流，作为自己的参照。

性之范式，斯密也严厉批评了他们的路径。总体而言，道德判断不同于在法律语境下运用法则。"批评"之喻被明确地用来描述普通观众如何判断及一些道德哲学家如何接近他们的主题。

批评家的任务之一就是描述他或她观察到的景象，并尽可能生动地传递给其他人；通过一种想象行为，这些人反过来又会"看到"原初的景象。因此，针对"可被恰当地称为伦理学的事物"，斯密着重强调修辞的重要性。[46]我们看似可以安全地假设，《道德情感论》是一部伦理学著作。批评家写作，是为了把观看和参与戏剧的某种正确方式教给我们。批评内在地就是一种规劝行为。当然，批评要评价表演；他或她的行为不可避免地具有规范意义，构成好表演的某项标准并非无足轻重。斯密提到了批评家可能会诉诸的两条标准，一为无人能够做到的"完全合宜和完美的标准"，另一为"大部分人的行为通常能够抵达的，接近或远离彻底完美的程度观念"（Ⅰ.i.5.9）。斯密在一个长脚注中论称，"此刻的探究（可能指整部 TMS）不是关注正义问题——如果我能够说不的话——而是关注事实问题"（Ⅱ.i.5.10），"事实问题"关注人（而非神）用来评价他人的标准。这些标准自身可高可低，这是此书反复关注的区分（参见Ⅵ.i.14-15 以及Ⅵ.iii.23-25）。

我以为可以公正地总结：在《道德情感论》中，斯密认为自己是作为批评家在写作，因此和古代道德学家共进退。在评价批评时，斯密一边关注着说服与告知，一边进行描述、分析、评价。他自道德传统内部进行工作——因为批评家并不创造供批判的传统——但他也不仅仅是习俗的记录者，如果这样的话，他就不再

---

[46] 在 *LRBL* 中，斯密评论说，"如果你关注它，那么，当追溯其基础时，所有批评与道德法则将会表现为每个人都会赞同的常识"（p. 55）。

是一位好批评家了。[47]

尽管斯密并没有具体指定，对研究伦理学而言，哪一类批评才是最好的模式，并且某些段落还暗示他心里想着一种文学批评，但是，《道德情感论》强有力地表明，剧场批评便是适当的模型。从一开始，斯密就将人类生活与戏剧中再现的场景进行对比，此书的现象学也是围绕着旁观者—行为者的对分展开（我们将在第二章予以探究）。他赋予同情想象的角色让我们对那些比较做了准备（参见 I.iii.2.2，他对剧场、"想象之偏见"的提及）。我们也有其他证据表明，在作家生涯的大部分时间里，他对剧场都有着强烈的兴趣。[48] 术语"旁观者"和"行动者"可能源于剧场。约瑟夫·爱迪生（Joseph Addison）与理查德·斯蒂勒（Richard Steele）的著名期刊《旁观者》也间接指向了剧场，正如爱迪生自己表明的那样。[49] 世界剧院（*theatrum mundi*）是一个古老、丰富并且广

---

[47] 在其 *Pagan Virtue* 的前言中，盖西用斯密认同的精神评论说："我研究政治哲学的方式在某些方面类似于文学批评活动。文学批评重新组织并评判一种文学传统，甚至对文学史提出全新的、意料之外的观点，但他通常不会发明一个新的传统。同样的道理，道德哲人不能认为他做的事情处在历史之外。"

[48] 我指的是司徒尔特对斯密关于精美艺术品、摹仿主题兴趣的评论。司徒尔特的评论是，"古代与现代剧场的历史"尤其吸引斯密的注意，摹仿、戏剧以及剧场理论"是他最喜欢的谈话主题，并与其总体原则密切相关"，"在其生命的最后岁月，在闲暇时光，通过其后续研究、观察表明的那些事实，他在这些主题上的理论结论也获得支持，并因此获得消遣"。司徒尔特说，论摹仿艺术的完整文章本会包括论剧场一节。*Memoirs*, pp. 49-50.

[49] 参见 D. 马歇尔（D. Marshall）在 *The Spectator in The Figure of Theater: Shaftesbury, Defoe, Adam Smith and George Eliot*（New York: Columbia University Press, 1986, pp. 9-11）中对《旁观者》的讨论。爱迪生这样描述其读者的特征："旁观者的兄弟会……简而言之，每人都把这个世界视为一个剧场，并想要对在其中表演的人进行判断。"（*Spectator, no. 10*）爱迪生在第 274 期《旁观者》中使用了短语"无偏旁观者"。在第 370 期，他这样谈论自己："所以，我是世界中的旁观者，有时候或许也会在这世上使用演员的名字"。J. Addison and R. Steele, *The Spectator*, 5 vols., ed. D. F. Bond, Oxford: Clarendon Press, 1965.

为人知的比喻。[50]在后面的章节，我将重返斯密描绘的剧场及商业社会醒目的"剧场风格"——在这个世界里，陌生人前的虚荣和角色表演都具有决定性——因为，在我看来，许多理论原理都存在于此。

剧场比喻能够帮助我们描述斯密思想的特征，使之从一种超然的哲学观点变得清晰可见。亦即，反讽现象（时为悲剧，时为喜剧）与他对历史事件的看法产生了共鸣，他认为历史事件产生

---

[50] 斯密最喜欢的斯多葛主义者也使用了这一比喻，参见 Marcus Aureius, *Meditations* 10.27, 12.36, 以及 Epictetus, *Encheiridion* 17（在那里，我们被拿来与剧中演员进行比较）。这也在柏拉图《法律篇》644d-e, 803c-804b, 以及《斐多》258b3 及其语境中有所暗示。斯密在 TMS 前五个版本出现的论述斯多葛主义的一个长段落中使用了"人类生活场景"（spectacle of human life）的表达（p. 59），他也在那里使用了剧场的比喻（p. 58）。在Ⅶ.ii.1.23，在斯多葛生活视野的语境下，他再次使用了"人类生活场景"的表达。休谟使用了一个"进入剧场之人"的例子，同时观察演员与旁观者，作为展示同情如何在此"场景"（spectacle）中进行交流；*Enquiry Concerning the Principles of Morals*, pp. 221, 251. 亦参见 E. R. Curtius, *European Literature and the Latin Middle Ages*, trans. W. R. Trask, New York: Harper & Row, 1953, ch. 7, sec. 5 ("Theatrical Metaphors"), 以及关于某些总体意义上的反思，参见 J. A. Barish, *The Anticheatrical Prejudice*, Berkeley and Los Angeles: University of California Press, 1981, pp. 243-255。马歇尔说，"哈奇森在《关于美、秩序、和谐、设计之研究》（1725）中评论，这个世界是由神'按照一种合于旁观者的方式'装饰的巨大的剧场"；在其他一些段落中，哈奇森也"常常不加区分地，在关于舞台上以及世界中'同情景观'的考量中轻易游移，在人们作为他人'角色'，以及剧中角色的旁观者的处境中游移"。Marshall, *The Figure of Theater*, p. 168. 斯密在 TMS V.2.10 提到 Abbé Du Bos 的 *Reflexions critiques sur la poésie et sur la peinture*（1719）。马歇尔在注释中曾提到了这本书："对杜波（Du Bos）以及生活在18世纪的其他人而言，谈论人们如何回应他人的情感就是谈论演出与剧场的距离，谈及人们如何回应悲剧中的角色就是谈论同情的结构与经验。"（p. 169）伯克也频繁地使用剧场比喻，请参考 P. Hindson and T. Gray, *Burke's Dramatic Theory of Politics*, Aldershot, UK: Avebury, 1988. 另参见司徒尔特提及的"the great theatre of the world"（*Memoirs*, p. 43）。当我使用剧场比喻来诠释斯密时，其中也有一充足的语境。关于这个比喻更进一步的引用和讨论，参见 E. G. Hundert, *The Enlightenment's Fable: Bernard Mandeville and the Discovery of Society*, Cambridge: Cambridge University Press, 1994。

了意料之外的结果，仿佛受到一只"无形之手"的引导。[51]一种戏剧观念也允许我们，在看似互不相关的事件序列中想象一套统一的模式，并且讨论其品格，却不讨论其"实质"——对斯密而言，这幅图画是一种有价值的利益。作为道德行为者，我们试图富有想象力地、公正地解释共同行动者的角色；作为道德理论家，我们则试图在更高的理解水平上做同样的事情，从而将戏剧作为一个整体纳入我们的评价之中。"人生如戏"的比喻引人思考，在某种特殊意义上，我们的生活是否像一件艺术品？所以，像评价戏剧一样去评价它们就模糊了美学与道德范畴之间的边界（在 TMS 中，斯密使用了"道德美"的语汇）。

每一位戏剧批评家都首先是一个道德演员（moral actor），写作剧场评论虽然不是一种剧场表演方式，但可以在一个反思性道德演员角色中（或者，作为一个"无偏旁观者"的演员）进行道德评价。[52]批评家的客观性并不是那彻底外在于剧场的旁观者的

---

[51] 斯宾格勒（J. J. Spengler）注意到，伯纳德·勒·布瓦耶·德·丰特奈尔（Bernard Le Bovyer de Fontenelle）在一本斯密熟悉的书里，将著名的"无形之手"类比为"隐藏在一个法国剧院井道，令舞台上的剧院机械运转的引擎"。Spengler, "Smith versus Hobbes: Economy versus Polity," in *Adam Smith and the Wealth of Nations: 1776-1976, Bicentennial Essays*, ed. F. R. Glahe, Boulder: Colorado Associated University Press, 1978, p. 43. 请参考休谟的评论，"我们被放置在世界之中，就好像在一个大剧院里，一切事务的源泉和原因都向我们彻底隐藏；我们也没有足够的智慧预见或足够的力量防范让我们受到持续威胁的疾病。"*The Natural History of Religion*, ed. H. E. Root, Stanford: Stanford University Press, 1957, p. 28.

[52] 在Ⅵ. Concl. 6 第 111 页（这一节在 TMS 第二版中被撤掉了），和 LRBL 第 16 讲（p. 87），在一种文学语境下，斯密使用了术语"演员"（actor），而非"行为者"（agent）。努斯鲍姆认为，斯密在"阅读经验中发现了一种司法旁观者的态度和激情模式"（*Poetic Justice*, p. 10）。这一点有其文本基础，但是剧场模型捕捉到了努斯鲍姆在阅读模型中发现的有价值的东西，并包含了从中抽象出来的斯密哲学其他的重要方面。在任何情况下，这两个模型都互不排斥。

客观性（就好像，一个人透过窗户往里看一样）。斯密的理想化的批评家也是坐在剧场里，但据有一个优越的位置，能够同时观察到戏剧角色和观众。客观性是通过相对的，但非完全的疏离实现的。的确，对戏剧的适度解释也要求：无论观众席中看戏的行为者（spectating agent），还是包厢里训练有素的批评家，他们都要适当投入情感。批评家不能通过压抑情感反应（或斯密所谓的"同情"）变得客观或公正（objective or impartial）。[53]批评家若要不偏不倚，也依赖一种通过仔细反思改善其评价反应的能力，以及关于文体类型的历史和文学知识。

当然，写作可以是在舞台上表演的一种方式。如果我们把斯密的书视为呈现给旁观观众的思想戏剧，这也并非不是斯密式的风格。在《独白，或给一位作者的建议》(Soliloquy, or Advice to an Author)中，沙夫茨伯里用这些术语描述了哲学写作的诸特征，尽管他在那里批评了"在世界舞台上展示"一种"回忆录"类型写作的人，因为他们本应维持"回忆录"类型写作的私密性。[54]在《道德情感论》中，关于不同类型的作者如何因其作品获得或缺失掌声，斯密也做出评论（Ⅲ.2.19-23）。其复杂的舞台修辞致力于吸引一个不知有多么庞大的、国际化且多元的读者公众群体的注意力。正如我们注意到的那样，他自己有关修辞的讲座也讨论了作者引发读者"同情"的必要性。

在日常生活中，我们可以使用丰富的具有暗示性的术语。斯

---

[53] 在戏剧表演中，旁观者若要有效理解戏剧，就需要激情的适当参与。关于这一论点，参见 P. Woodruff, "Engaging Emotion in Theater: A Brechtian Model in Theater History," *Monist* 71 (1988), pp. 235-257。

[54] Shaftesbury, *Advice to an Author* in vol. 1 of *Characteristics*, pt. I, sec, I, pp. 108-109.

密决定将我们对这些术语的使用理论化，剧场比喻则与其决定相适应。剧场词汇使他能够将其角色阐释为打量特殊"表象"（appearance）的旁观者，却不会堕入关于知识之本质、形式或超人类来源的陈旧论调（这一点在第四章得到进一步发展）。他所看到的表象即为"人类生活场景"。这也使他能够对距离加以阐释，这距离允许他进行戏剧分析，却不假装在剧场外某处计划某种"无地视野"（view from nowhere）——某些哲学家似乎主张他们自己标明的那类没有立场的立场。进而言之，它能够帮助我们描述《道德情感论》的行为，在此书中，在道德情感的景象之上，幕布升起，却没有人可能从哲学理论家那里期待出现关于认识论、形而上学问题最初的哲学评论。戏剧和批评的词汇似乎与斯密对自己作为理论家定位的阐释一致，尽管它并没有充分描绘出它的理论立场。

解释脉络受到如下事实的支持：在其论天文学史和古代物理学的文章里，斯密使用了相关词汇。他言及"自然剧场"与"哲学剧场"——他的意思是，知识足够宽广，可以容纳我们认为是"科学"的东西——把它们当作力图为所观察之场景提供综合、一致解释的观看努力。[55]由于他或她观察到的各种戏剧性场景，哲人们受到刺激、感到惊讶，哲人的想象便发展出一种系统性解释。此理论化论述可被用到一本斯密自己命名为一种"理论"的书里。他也用"论哲学问题"中的术语（比如"惊讶"和"惊奇"）来精

---

[55] 在《天文学史》中，斯密认为，考察各种哲学，看到"它们在多大程度上适于梳理想象，使自然剧场成为更加一致也因此更加宏大的景观（与若不这样，它可能表现出来的样子相比）。当它们在这里相应失败或成功，那么在为其作者获取声誉和名望时便也持续地失败或成功；我们也会发现，这将是最能够帮助我们穿越一切哲学史迷宫的线团"（Ⅱ.12, *ESP*, p. 46）。剧场比喻在Ⅳ. 13（p. 62）以及《古代物理学史》2（*EPS*, p. 107）中得到复述。

心修饰《道德情感论》。我们可能要说，理论批评用合适的系统形式阐释了操作可见风景的不可见的理论机制。[56] 或许，到那时候，如果我们表明，这本书是一种在希腊语意义上的"理论"，即它是一种"视野"，是一种"观看"，那么我们也不会有太多错误。[57] 既然我们正在观看人类生活的戏剧，亦即我们自己，也许，我们应该认为斯密已经写下了休谟的观察，心灵即剧场。[58]

斯密为何认为，这一世界剧院视角引人入胜？原因众多，其中之一便是这个比喻的灵活性。关于"景观"，一个批评家可能会问不同的问题——例如，戏剧效果如何呈现——他可能在后台闲逛，探察制造了许多效果不可见的轮子和弹簧。他可能会询问，制造这场表演、舞台、维持剧场或戏票的成本。他可能想要知道，演员与技术团队之间不同层次的补充会如何影响各部分的演出；其衔接效果如何；观众源自何种经济阶层或各阶层之混合；以及历史向我们展示的产品与其多元经济特征之间的关系。实际上，他可能想知道，使训练有素之批评家能够存在的经济与社会条件（e.g., *WN* V.i.f.51; I.ii.4）。易言之，剧院批评的比喻也会拓展至《国富论》的理论构建。在那部论著早期，斯密在讨论不同规模产业中劳动分工范围的错误观点时就援用了"旁观者"——此处指一个富

---

[56] 当 S. 格雷曼（S. Cremaschi）评论说，"斯密讲，理论家就像'想象的机器'，或者像通过想象在两个没有连接的现象中建立起观念的链条"，他几乎是对的。人们假设，想象机器连接了观察到的现象，尽管它藏身于自然景象背后，在我们的视野之外，就像剧场机器一样。"Adam Smith: Skeptical Newtonianism," pp. 85-86.

[57] 希腊语 *theoria* 意为舞台上的旁观者，正如 *Crito* 52b4 那样。参见 *A Greek-English Lexicon*, Oxford: Clarendon Press, 1985, compiled by H. D. Liddell, R. Scott, H. S. Jones, and R. Mckenzie, *s.v. theoria*。

[58] "心灵是一座剧院，多重视野在那里成功显现；穿过、再穿过、滑过，以多种姿态在各种情形中混合在一起。" Hume, *A Treatise of Human Nature*, ed. L. A. Selby-Bigge; 2nd rev. ed., ed. P. H. Nidditch, Oxford: Clarendon Press, 1978, p. 253.（在这个版本中，所有提及此版《人性论》之处，此后都作 *T*）

有思想的观察者或理论家（I.i.2）。就像我们注意到的那样，他在论述"理智情感"和知识创造时依赖剧院和哲学旁观者的比喻。[59]

五 方法、体系，以及对话

> 但是，对于那些假装完全接受的哲人，在虑及他的更超卓的才能，考察其理智能力和原则时，如果他的哲学事实上无关乎所探讨之问题，如果它处在标记的边缘，也未尝触及任何可称为兴趣或关注的东西，那么在某种程度上，它就比单纯的无知或白痴行为更糟糕。最精巧的变傻方式就是去构造一个体系。
>
> 沙夫茨伯里[60]

研究伦理学对斯密意味着什么？为了总结我的相关讨论，我想进一步评述《道德情感论》的方法，以及它在何种意义上是一个"理论"和"体系"。就像已经注意到的那样，斯密自己就依据它们的复杂性、解释之一惯性、简明优雅地进行细节论述的能力，以及它们提供的惊讶与崇拜的反应，描绘出强有力的解释理论之特征。[61]在其论修辞学讲座的学生笔记里，据说他谈论着那些"牛顿式"而非"亚里士多德式"的理论品质；他也在讲座中强调，前一路径比后者更令人满意。在他看来，牛顿式方法是为了能够解释各种现象，寻求一组最少的原则；亚里士多德式方法则是临

---

[59] 也许，"语法"模型更适合斯密的自然法理学作品。既然他从未发表过那部作品，我们也就无从确切知道这一点。

[60] "Advice to an Author," pt.III, sec. I, in *Characteristics*, vol. I, p. 189.

[61] 参见 *WN* V.i.f.25，以及"History of Ancient Physics," sec.9, in *EPS*, pp. 112-114。

时的（ad hoc），缺乏体系性。[62]

斯密的解释者们表明，在解释模式上，他认为他的体系是牛顿式而非亚里士多德式。如果大体沿着牛顿的线索，我们可以用同情、想象、激情，以及被认为是用来解释道德情感工作之"确切原理"的其他概念，重构《道德情感论》诸章节。斯密强调了分类、观察、通过推理进行归纳（参见 TMS Ⅶ.iii.2.6）的重要性，以便从中获得法律，正如他在《国富论》中，在讨论努力使伦理学体系化的历史时说的，尤其是"审慎与道德原则……都是可推测的，就像从自然原因产生的效果一样"（WN Ⅴ.i.f.25）。[63]就像这本书的完整标题表明的，他旨在提供政治经济的原因分析；并且，在其道德哲学中，原因和效果的语汇也并未缺席。

---

[62] LRBL, pp. 145-146：在道德或自然哲学中，我们可能会"要么像亚里士多德，按照他们加诸我们的顺序，超越不同的分支，给出对一切现象同为新的原则；或者，按照伊萨克·牛顿的方式，我们可以奠定一切确定原则，在开始论述由同一链条连接的各种现象时，这些原则就为人所知，并被证实。后者，即我们所谓的牛顿式方法无疑最具有哲学性，并且在每一种科学中，比如无论在道德哲学还是自然哲学中都更为精巧，因此就比其他科学更加迷人"。参见斯密的评论：牛顿提出了"一条如此熟悉的连接原则，它完全移除了想象在思考它们时感到的所有困难"，它的名字就是万有引力（Ⅳ. 67, EPS, p. 98）。

[63] 为剖析 TMS 中斯密的"牛顿式"方法最有决心的努力，很可能是 Campbell, Adam Smith's Science of Morals。坎贝尔总结说，如果以牛顿式方法为标准来评价，TMS 是失败的（p. 236 以及上下语境）。与此相应，将 WN 视作牛顿式作品的是 S. T. Worland, "Mechanistic Analogy and Smith on Exchange," Review of Social Economy 34 (1976), pp. 245-257。S. T. 沃兰德（S. T. Worland）也总结道，斯密并没有完全追随牛顿的方法。相反，坎贝尔表明，WN 的方法更接近亚里士多德式，而非牛顿式。参见 Adam Smith's Science of Morals, p. 31。在 1776 年 9 月 25 日一封写给斯密的信中，托马斯·波纳尔（Thomas Pownall）写道："当我首次看到你那本精深渊博的论国民经济作品的计划与结构时，它给了我一个完整的系统概念……它可能将某些首要原则与最重要的科学、人类共同体的知识与操作混合起来。那可能会成为政治运转知识的原则，就像数学是机械、天文以及其他科学之原则一样。"（CAS, p. 337）在接下来的段落中，波纳尔仍然保持了这一比较。

然而，在他已经出版的著作中，斯密并未真正说过，他自己想要追随牛顿的方法。我们在引言中已经看到，在研究线索彼此关联的意义上，计划中的文集将有可能形成一个"体系"，但是，即使在那儿，我们也不容易找到一个"牛顿式"的工作框架。也许，作为整体的文集原本与斯密所描述的"亚里士多德"模式更加接近。当然，无论在由《原理》（*Principia*）展示出来的意义上，还是在斯密更为松散的意义上，《道德情感论》看起来都不是牛顿式的。《道德情感论》并未公然"奠定某些一开始就为人了解或被证实的原则"，再进而把它们与论述的其他显著特征连接起来。正如我已经注意到的那样，道德情感理论的两大领头问题直到全书结尾才得到区分。在持续进行他所认为的有说服力的理论建构过程中，斯密的确使用了熟悉的词汇（比如"同情"），尽管正如我们注意到的那样，为了能够在理论中有效地使用这个词语，他精确地校订了这个词的含义。进而论之，我们若要指出《国富论》中哪些是类似的、熟悉的解释性词汇，并不是一件容易的事情。

甚至，如果有人承认，斯密认为他沿着牛顿的路线打造了一种道德体系，我们也必须解释他并未把牛顿主义穿在套袖之上的事实。他让读者去重构他的作为一种牛顿式体系的学说，却并不在发表的作品中予以明确的鼓励。让我们借用他在讲座中用过的一个术语：在某些方面，《道德情感论》中的程序近似于苏格拉底式的。[64] 这本书从一场对话中间开始，而这场对话则发生在假

---

[64] 在 *LRBL* 中，斯密告诉我们，通过"苏格拉底式"方法，读者以"缓慢的、难以觉察的程度被带到有待证实的事物面前"。这与更加粗糙的"亚里士多德式方法"形成对比，通过这种方法，"我们强调需要证明的事情，开始非常大胆，当有任何观点遭到否定，我们就开始证明每件事情都是如此"。当读者很可能抵制我们的结论时，前一方法更为有用；当读者很可能与我们友好相待时，后一种方法更加有用（pp. 146-147）。在细致地讨论 *WN* 的修辞时，J. R. 林德格林（J. R. Lindgren）富有说服力地论称，*WN* 也使用了苏格拉底式方法。*The Social Philosophy of Adam Smith*, The Hague: Nijhoff, 1973, p. 82, n.13.

定的未具名的人物之间。然后，借助一种复杂的修辞，这本书又一次一个台阶地，将我们导向一条满是盘旋、曲折的道路，在对相关主题的"另一论述"之期待中达到顶峰。斯密的苏格拉底式方法与我列出来的多样的修辞、规劝战略（有些可能是亚里士多德式的）交织在一起，并且根据他所理解的主题材料和读者而得到证明。斯密在论修辞学的讲座中明确了"牛顿式方法"的含义，这使他具体化了"体系之爱"（love of system）的危险。他在别处指出，哲人的"体系之爱"具有潜在地追求简单化、导致扭曲的危险。尽管他对"牛顿式"方法的使用并没有违背斯密关于现象之形上解释（这在他所有作品中都不存在）的明显的怀疑主义，但是，任何试图从《道德情感论》中提炼一套缜密体系的努力都违背了他对日常生活立场的忠诚。正如我表明的，其日常生活立场揭示了其著作的实质和修辞。[65]我们不能按照考察自然的方式来探究道德，所以，在原则上，适于牛顿式自然观的并不适于道德哲学。

严格地说，《道德情感论》并不是一篇对话，尤其不属任何类似于柏拉图式对话的体裁，尽管它具有许多苏格拉底式的、戏剧或文学的，以及对话式的特点。多重声音得以展开，但却没有赋形于戏剧人物，尤其没有赋形在一个苏格拉底身上。斯密为何没有再进一步，写作一篇更接近真实对话的作品：这部作品有明确的对话者，他们的哲学对话在一可识别的语境中展开；我们也有机会与对话者产生共鸣？或许，我们可以从沙夫茨伯里关于

---

[65] 让我们重提休谟《人性论》附录的结尾，"牛顿式哲学"是由"某种程度上最温和的怀疑主义，以及承认对主题的无知（即超越了一切人类能力）揭示出来"（T 639）。这些主题包括了所有超越我们的感觉之显像对象的"形而上学"问题。

柏拉图对话的成熟思考中找到部分答案。他论称，现代读者无法忍受他们自己在真实对话提供的"镜子"（looking-glass）中的视野。[66] 我怀疑，斯密认为，我们很难创造一个适当的文学人物，令现代读者能够认同，并从中看到他们自己。

他或许也想避免像苏格拉底这样的引领性人物将展现出来的问题，并且，在他已经出版的两部著作里，都没有一个这样的哲人，哪怕以比喻化的形象出现。苏格拉底向我们展示，当提出某些问题时，日常观点有多不确切，以及关于这些问题的反思如何必然会导致哲学沉思，并反过来重塑（有时甚至非常激烈）我们原初的观点。当矛盾的结论被强加（比如德性即知识），当一种比较与提纲性立场（洞外哲人的立场）并不被认为是最可欲的；或者，当有人留给我们一个紧迫的问题却没有答案，这一重塑就会发生。根据斯密的立场，这些结果乍看起来都不值得称赞，他的写作因此是辩证的（dialectical and conversational），却不是对话式的。这并不是说，他没有看到日常观点会怎样遭到破坏（或者，甚至在某些情形中也应当遭到破坏），或他没有看到一个客观的综合立场是必要的（"无偏旁观者"就是这样的立场）。我要说的是，他理解了仔细照料我们在道德哲学中拥有的主体光源的必要性，即照料前哲学伦理生活的必要性。

如果《道德情感论》在整体上是一个体系，那么我们最好不要首先根据斯密对牛顿的评论来理解这一术语，而要联系斯密的《论所谓摹仿艺术之摹仿本质》（"Of the Nature of that Imitation which Takes Place in What are Called the Imitative Arts"）来理解它。

---

[66] 参见 Shaftesbury, *Advice to an Author*, in vol. I of *Characteristics*, pt. I, sec. III, pp. 134-135。沙夫茨伯里也认为，古代对话是一种"镜子—写作"（mirror-writing）。

这篇文章在斯密去世后发表，很明显部分揭示了计划中的"自由科学与优雅艺术之哲学史"（"Philosophical History of the Liberal Sciences and Elegant Arts"）（请回顾我在"引言"中对文集的讨论）。在《优美的器乐协奏曲》中，斯密将各种乐器"完美的一致与协调"描述为声音"确切的和谐""令人愉悦的尺度多元化"，如：

> 如果声音在同时出现和相继出现时都得到了安排与整理，成为一个完整的有规律的体系，那么，在沉思无限多元的令人舒适且富有旋律之声音时，心灵不仅实际上享受了巨大感性的愉悦，还享受到了高度智性的愉悦；就好像，在对其他伟大的科学体系进行沉思时，心灵享受到的那种愉悦一样。（Ⅱ.30, *EPS*, pp. 204-205）[67]

这类体系很好地描述了《道德情感论》动态、流变的统一，甚至那些有意引起惊讶的转变。这一体系也与其"苏格拉底式"或亚里士多德式维度相容，与斯密强调的观点相容，即道德哲学应当通过对表象专注且创造性的反思发展诸理论。

---

[67] 在引文之前的段落中，斯密评论道："时间与愉悦之于器乐，恰似秩序与方法之于论述……通过这种秩序和方法，在娱乐的进程当中，它（我们的美学享受）对我们记住和预见的一切效果都是平等的；在结论中，对于构成整体的所有不同部分联合且积聚起来的所有效果，它也是平等的。"（Ⅱ.29, *EPS*, p. 204）

第二章　同情与自私，想象与自我

> 我们提供的，是关于人类自然史的真实评论；然而，我们并不是在贡献奇闻逸事，而是无人怀疑的观察，那些仅因为总在我们眼前便躲避了评论的观察。
>
> 路德维希·维特根斯坦[1]

《道德情感论》是"激情"、"情感"，或"情绪"的理论。[2] 这一理论是要回应哪个问题，或哪些问题呢？第七部分告诉我们，任何道德情感理论都致力于回答两大问题。简而言之，第一个问题是："德性由何者构成？"第二个问题关注的是，通过何种方式，此一或彼种"性情调式、行为大旨"将它们自己作为德性推荐给我们，或是相反；亦即，它关注的是道德心理学。在本章和下一章，我将关注斯密对第二个问题的答案。我从他对同情的论述开始，因为那一观念是其道德情感理论的核心要素。于他而言，

---

[1] *Philosophical Investigations* I. 415, trans. G. E. M. Anscombe, New York: Macmillan, 1968, p. 125.
[2] 在 *TMS* 中，包括在这本书的第一段中，总体上斯密交错地使用了术语"情感"（sentiment）、"激情"（passion）与"情绪"（emotion）。我在这一实践中追随他，除非这样做与这些术语的现代用法相冲突，并产生语境无法驱逐的混淆。在这些情况中，我便选择那些最能传达合适含义的术语。

"同情"的确切含义为何？同情与自私应当如何加以区分呢？斯密为何认为，同情是伦理学的核心？

为了回答这些问题，我们就需要理解他对"行为人"（"agent" or "actor"）与"旁观者"（"spectator"）的区分，以及他为后者赋予的优先性。我将挖掘其同情观念中潜在的不稳定性：按照它在一个方向上的留痕，似乎由于某些令伦理学要求的客观评价不可能实现的原因，同情可能只在狭窄定义的社会范围内存在。在考察斯密针对这些异议而为同情做的辩护后，我将通过讨论行为者与旁观者之间根本的戏剧关系所必需的 *pathos* 来进行总结。从他对同情富有洞见的分析中，我们可以了解到一些斯密关于人类境况图景的看法。

同情问题不仅受斯密研究者的关注，还受到更大范围的关注。休谟、叔本华、卢梭、曼德维尔、柯林伍德、胡塞尔以及舍勒都对此观念给予关心，有些近期发表的伦理学作品还强调"同情"对道德论述的重要性。[3] 这个观念具有独立的哲学意义；正

---

[3] 比如，参见 A. Goldman's APA Presidential Address, "Empathy, Mind, and Morals," *Proceedings and Addresses of the American Philosophical Association* 66 (1992), pp. 17-41; the essays by A. Goldman, R. M. Gordon, and J. Deigh in the "Symposium on Empathy and Ethics", published in *Ethics* 105 (1995); J. Q. Wilson, *The Moral Sense*, New York: Free Press, 1993, ch. 2 ("sympathy"); M. Johnson's *Moral Imagination*, Chicago: University of Chicago Press, 1993, pp. 199-203 ("Empathetic Imagination"); and A. J. Vetlesen, *Perception, Empathy, and Judgment: An Inquiry into the Preconditions of Moral Performance*, University Park: Pennsylvania State University Press, 1994。M. 舍勒（M. Scheler）提供了一种关于同情问题也许并不平顺，但颇为有趣的讨论，参见 part 1 of *The Nature of Sympathy*, trans. P. Heath, New Heaven: Yale University Press, 1954。关于这个主题与胡塞尔和狄尔泰有关的卓越讨论，参见 R. A. Makkreel, "How is Empathy Related to Understanding?" in *Issues in Husserl's Ideas II*, ed. T. Nenon and L. Embree, Dordrecht: Kluwer, 1996, pp. 199-212。另一有趣的是 E. Stein, *On the Problem of Empathy*, trans. W. Stein, The Hague: Nijhoff,［转下页］

如斯密在本书开头论称的那样，我们必须对如下事实给出一些论述：我们的确进入了他人的处境，我们对他人的赞美与批评也有赖于我们以合宜的方式进入他们的处境。道德要求我们能够从他人的视角来看待某种处境。"同情"的观念也能在当代引发独特的兴趣。在当代西方政治文化中，有些困难的问题也许能够追溯到"同情"观念的模糊性，在接下来的论述中，我将把这些模糊性勾勒出来。

一　最初起源：自私、冲突与同情

《道德情感论》开篇第一句话便是：

> 无论我们假设人有多么自私，在其本性中仍有一些显而易见的原则，使他关心别人的命运，认为别人的幸福是必要的，尽管除了看到他人幸福时产生的愉悦，他从中一无所获。

现在，请让我们把如下反对意见放到一边：我们从他人"无私"的利益中获得的愉悦会使这种利益变得自私起来。这一反对意见是说，世上并无这种不牵涉利益的愉悦。斯密想要反对这样一种观点：只有当移情他人对我们有利的时候，我们才会这样做——如果理解得狭窄一些，也就是说，我们把他人当作实现自我利益的工具。然而，"自私"这个术语展示了比一种不受

［接上页］1964。心理学与社会科学中存在大量论同情的文献，比如 L. Wispé, *The Psychology of Sympathy*, New York: Plenum, 1991；以及 N. Eisenberg and J. Strayer, eds., *Empathy and Its Development*, Cambridge: Cambridge University Press, 1990。

欢迎的品格特点更多的东西；斯密还假定，因为一个人能够"看到"另一个人的处境，能够进入其处境，故而我们就不是"自私"的——也就是说我们不会禁锢于自我。因此，自私既是一个伦理问题，也是一个认识问题。在使用这个术语时，斯密同时在规范和分析的层面上工作。然后，从一种道德视野内部看，自我主义（egoism）的问题就出现了：我们是否真的关心另一个人的福利，却不考虑那种关心能给我们带来什么？在认识论视野之内看，就我们不能成功地进入或理解他人世界而言，我们是否"自私"呢？对于《道德情感论》及《国富论》两者而言，自我与他人相协调的总体问题都是根本性的。两本书都在回应同一个根本问题，只要在同情与自私之间存在一种张力，它就作为一个整体弥漫在整部文集当中。

就像"自私"，"同情"也有两重含义："如果要指出我们对他人悲伤的共通情感，怜悯（pity）与恻隐之心（compassion）是两个适当的词语。尽管同情的原初含义或许与之相同，但是，如果我们用它来表示我们与任一情感之间的共鸣（fellow-feeling），那也并无不妥。"（Ⅰ.i.1.5）[4] 就其相对狭窄的意义来说，同情是一种情感；就其宽泛的斯密式意义而言，它也是表达情感、寻求理解的方式。斯密不时地在这个术语的狭义与广义之间游移，因此也在基督教传统中被认为是值得赞美的德性，和与认识论相关的道德心理学观念之间游移。[5] 当他这么做的时候，他就在一切道德

---

[4] 或者再说一次："就其最适合和最原初的意义来说，同情这个词表明了我们与他人痛苦之间的共通情感，而非与他人快乐的共通情感。"（Ⅰ.iii.1.1）
[5] 例如，在Ⅱ.ii.2.3，他谈到了懊悔中的罪犯"在其最大最可怕的悲痛中，希望获得同情的抚慰"。在这里，同情明显意味着怜悯和理解。

情感理论的两大原则问题之间游移了。

让我们暂停一刻,考察一下斯密设计"同情"致力于回应的问题的程序。在哲学中,起点常常具体化为一整套承诺或一个大体方向。一本书或一部文集如果写得好,那么它的结尾就包含在开头里了。斯密是一位优秀的作者,《道德情感论》开篇几行就搭好了舞台。话说,他并没有像苏格拉底可能要做的那样,一开始就提问好生活的本性;或者像亚里士多德在《尼各马可伦理学》中一般,一开始就反思人类生活的目的;或者像康德在《实践理性批判》中的做法,用解释"纯粹实践理性"的看似学术和技术的问题来开启论述。《道德情感论》从一个对话的中间开始论述。当我开启这一节时,在我引用的那句话中,他提起这个对话,就好像提起某个或某些不具名的人所怀有的人性假设。在开启这个假设时,斯密向我们表明,他认为整个论述必须由其发端,这很重要。他设置起点的方式也向我们表明,在自私问题上存在着根本分歧。

谁持有斯密提及并认为必须反对的假设呢?第一个答案是,我们持有那种假设。我们这些普通道德行为者频繁地将自私归诸彼此。我们在世界的每一个角落都能看到它,我们在我们自己身上也能看到它。它作为一个有说服力的人类生活特征冲击了我们。第二,在斯密据以创作的哲学传统中,即在从格老秀斯和霍布斯开始,经普芬多夫到休谟的现代自然法传统中,它是一个假设,或者至少是一个辩论的要点。[6] 在这本书第七部分,曼德维尔被特别地认为持有"自私"理论,斯密也倾向于将霍布斯与曼德维

---

[6] 关于现代自然法传统的交缠与转折,参见 Haakonssen, *Natural Law and Moral Philosophy*。

尔归为一谈（TMS Ⅶ.ii.4.6; Ⅶ.iii.1.1）。正如我们在第一章注意到的，斯密认为，曼德维尔的理论彻底打破了德与恶之间的区别。斯密质问，这种如此错误、具有破坏性的理论如何能够影响那么多人呢？（Ⅶ.ii.4.14）答案是，它"触及了真理的边界"。在一定程度上，人类的确虚荣，激情也常常为恶。但是，人类并非总是虚荣的，他们的激情也并非总是恶的。为了予以阐明，斯密从自爱理论开始，在那里进入对诸道德心理学理论的讨论。他明确地将自爱理论归诸霍布斯、普芬多夫和曼德维尔（Ⅶ.iii.1.1）。这使他在第七部分中导向对如下主题的英勇辩护："同情"不能被认为是"自私"。在此辩护中，"自私"的含义从德与恶的领域转移到道德心理学领域。

为何自私问题如此迫切呢？如果人性自私的假设如我刚才指明的那般广泛传播，那么单单这个事实就足以刺激道德哲人选择它作为论述的起点。但是，我将要揭示，在自私变得尤其突出的语境中，斯密正在设想一幅背景图片。对许多现代政治哲人而言，突出的政治问题是战争或冲突；在我们刚刚讨论的两种意义中，战争（包括宗教战争）在深层次上与自私关联。[7]我们已经富有说服力地论述到这种冲突优先的观点是现代自然法理论的起点。[8]在柏拉图《政治家》的伟大神话中，在修昔底德的部分作

---

[7] 参见 WN Ⅳ.iii.c.9："人类统治者的暴力与不义是一种古老的邪恶，对此，人类事务的本质恐怕很难提供一种治疗。"

[8] 参见 J. Schneewind, "Modern Moral Philosophy: From Beginning to End?" in *Philosophical Imagination and Cultural Memory*, ed. P. Cook, Durham N. C.: Duke University Press, 1993, pp. 83-103; 以及 Schneewind, "The Misfortunes of Virtue"。P. 米诺维茨（P. Minowitz）也注意到了斯密政治经济学中战争的优先性，参见他的 *Profits, Priests, and Princes: Adam Smith's Emancipation of Economics from Politics and Religion*, Stanford: Stanford University Press, 1993, pp. 94-97。

品中，以及借助柏拉图《高尔吉亚》中卡里克勒斯（Callicles）这样的修辞学家，一幅展开中的宇宙图景得以呈现出来。这些现代思想家认为，相比起亚里士多德《尼各马可伦理学》假定的根本和谐与一致图景，这幅图景更好地抓住了政治现实。城邦已经死亡很久了，所以其原初问题并非解析何为好生活的问题，而是细致分析，在大商业社会，以及某种程度上的自由社会中，和平与稳定如何产生。对斯密而言，这意味着，如下两种观点一开始就被接受：我们受自私统治，而自私则被理解为一种邪恶品质；就我们不能理解他人（或许是非常不同的人）的处境而言，我们是自私的。

战争或冲突是任何可行的道德与政治哲学的背景，这一命题有助于我们看到，为何斯密认为有必要着手建立一套新的正义理论，对正义与其他德性做出明确区分——亚里士多德并未以这种方式和如此程度对它们进行区分。在一与我此处讨论有关的段落里，斯密评论道，尽管人"自然而能同情，但相比起对自己的感受，对那些没有特殊联系的人，他们的感受却是如此之少"，以至于，如果没有正义感的制约，他们将"像野兽一样"，随时准备攻击彼此。没有正义，"一个人进入人群，就好像进入狮穴"（Ⅱ.ii.3.4）。此类原因有助于解释，为何《道德情感论》要以这样的方式从这样的地方开始——自对话中间，以自私问题开始。同情是整部著作的基础，因为自私是人类生活冲突与破坏性本质的关键，正如它自己向我们展示的那样。

让我们再次暂停，请注意斯密起点的一个不同特征。很显然，他想要关注的，不是任何两个人之间的关系，而是他所谓的"行为人"（或行动者）与"旁观者"之间的关系。这一呈现问题之根本，组织陈述之基础的路径决定了其阐述路线。他的"现象学"

或描述通过例证陈述的方式进行，每一个事例都令旁观者与行为人之间的关系具体化了。[9]第一段提到，有人无私地关心他人的好运（或厄运）。第二段则提到，"我们"观察到某个行为人的痛苦经历，但自己却并不需要历经那种痛苦。第三段描述了一些局外人（uninvolved persons），他们观察到有人正要受到攻击，看到处在危险处境下的路人，以及街边乞丐痛苦的身体状况。第四段提到了一位观众（现在被称为"旁观者"），他观察到了舞台或文学作品中的叛变与动乱。事例一个接一个，关键标杆（key poles）也逐步确立起来。它几乎总是一个"旁观者"（正如斯密在第四段所描述的那样）或正在历经某种或他种经验的人的问题。在大多数时候，斯密并未向我们呈现两位旁观者或两位行为者之间的关系。[10]所以，他的现象学是精心选择的。彼此观察的旁观者，或相互作用的行为者的现象并未抓住斯密看来至为根本的关系。所以，这本书打开的基本人类关系是不对称的。进而言之，旁观者是在观看，而非触碰、感受，或倾听；《道德情感论》给我们提供了一种道德评价的"无偏旁观者"理论，而非"无偏旁听者"（impartial auditor）理论。所以，一开始的对比是存在于正在做某件事情的人（或正在遭遇某件事情的人），与另一个正在观看的人之间。做（doing）与看（seeing）之间的空间通过创造性的想象、"同情的"工作部分地连接起来。

旁观者成为了尺度，我随后将要讨论，当价值与真理的判断

---

[9] 请回顾Ⅳ.2.2对效果的评论：除非考虑特殊的事例，探研德性与邪恶的哲人便只留下抽象、"模糊且缺乏决断"的观念。

[10] 一个单纯的旁观者评价旁观者的例子出现在 TMS Ⅶ.iii.3.9（也请参见 Ⅶ.iii.3.14），但甚至在这里，区分也是在"观察者与被观察者之间"，被观察的旁观者就扮演了一个行为者的角色。

受到关注时,行为人与旁观者之间的不对称关系如何变成词汇上的不对称关系。在那种程度上,古老的柏拉图式理论(theoria)优越性在此得以保留。由于它们适度剪裁的修辞,这本书的前四段已经让我们在心里接受不对称与这种排序。斯密在使用事例、代词,以及第一人称复数时,其旁观者立场特权便得到了反映。《道德情感论》正是从旁观者的立场来写作的,读者会很自然地认同那种立场。掌声来自观众(与批评人)这一边。斯密对行为者与旁观者间关系的展示把我们(作为读者)放在沉默旁观者的位置,从而扼要地重述了其根本的行为人/旁观者模型。[11] 他描述了,并在其描摹中规定了道德情感的戏剧风格。他向我们表明,作为旁观者,我们在想象中"表演出"(act out)行为人的角色,我们在我们面前向自己模拟戏剧(e.g., see Ⅱ.i.5.3)。对我们的相互理解以及自我理解来说,这一模拟至为关键;并且斯密想论称,对于伦理赞美而言,它也是如此。道德理解在根本上是一种实践知识,而非理论知识。

我们已经反思了斯密开启道德哲学的方式。正如他注意到的那样,术语"同情"通常被理解为"怜悯",趋向于他人的痛楚;所以,在使用"同情"时,斯密也就指出,痛楚是我们的自然境况。怜悯不是一种归属于贵族体系(例如柏拉图或亚里士多德的那些体系)的德性,而是一种归属于基督教传统的德性。"同情"与人类的爱、善意(goodwill),以及想要减轻他人痛楚的意愿产

---

[11] 对斯密来说,同情与戏剧风格的联合并非独一无二。参见 D. Marshall, *The Surprising Effects of Sympathy: Marivaux, Diderot, Rousseau, and Mary Shelley*, Chicago: University of Chicago Press, 1988。关于有趣的日常生活之戏剧风格的社会学路径,参见 E. Goffman, *The Presentation of Self in Everyday Life*, New York: Anchor, 1959。

生共鸣。所以，它与我们普通人的命运共鸣，却不能与哲学上**贵族**的卓越成就共鸣。作为一个细致的作者，斯密将完全理解，在他被迫对此术语稍作的修改中，以及他在广义与狭义的前后游移中，读者能感受到一种得到接受的德性的道德力量。斯密对"同情"的聚焦既在所谓的广义启蒙道德框架之中，也构成了它。他致力于为日常生活的立场与德性辩护，在伦理上与物质上降低普通人的构造或地位，因此提升和平、幸福，并改善我们的境况。

二 同情、独立、自爱，以及旁观者的想象

全世界乃一舞台。[12]

让我们心怀这些准备性评论，回到这本书的起点。为了廓清我们在何种意义上并非自私的社会性存在，斯密指出了我们在哪些方面各自独立。首先，我们在身体上彼此独立："我们对其他人的感受没有任何直接经验。"（Ⅰ.i.1.2）在同等情况下，我们对自己的快乐与痛苦具有直接的经验，但我们缺乏他人苦乐的直接经验。《道德情感论》第六部分奉献给了"德性品质"，我们在这部分发现，有一节的标题涉及"个人"。在这一节最初几章开头（这一章的标题为"论自然按何种顺序将个人托付给我们照顾和关心"），斯密援引了他最喜欢的一段斯多葛式评论：

---

[12] 在莎士比亚的《皆大欢喜》2.7.139-143 处，来自环球剧院（London, 1599）的这句箴言的含义被雅各（Jaques）抓住："全世界乃一舞台 / 一切男人与女人皆为戏子 / 他们有其入口与出口 / 人在他的时代要扮演许多角色 / 他的行为历经了七个世纪。"

> 就像斯多葛派常说的,每个人最先也最主要地被托付给自己关照;当然,相比其他人,在一切方面,每个人也都更适合、更有能力照顾他自己。他比别人更强地感受到自己的快乐与痛苦。前者是一种原初的感受;后者则是对那些感受的反射或同情的意象。前者可称为实体,后者则是阴影。(Ⅵ.ii.1.1; cf. Ⅱ.ii.2.1)

我们自身具有对苦乐本能且真实的感受,却不能感知其他每一个人的感觉。这两者结合在一起,把我们从根本上分离开来。肉身一开始就令我们彼此分离,或许甚至令我们彼此隐瞒;身体似乎为自我戴上了面罩。我们肉身化的自我彼此分离;与身体的快乐相比,一个人的情感并不会被另一个人更好地直接体验到。

的确,斯密将会论称,我们甚至彼此要求:我们应该隐藏起快乐与痛苦,以及隐藏某些激情。自我学习着隐藏身体,因为我们不能经验每一个他人的身体状态,所以要求他人身体性苦乐的极端表达得到隐藏。斯密辩称,"源于身体的"激情总被认为适于被控制;在所有地方,温和都值得赞美(Ⅰ.ii.1)。行为人或行动者必须学会"表演"(act)(在这个词的两种意义上),如果他们要获得旁观者的认可,就必须掩饰其情感。甚至,某些非身体性的激情也同样如此。

尽管,除非我们在某种程度上意识到,每个人都是与我们相像的经验主体,我们就不能向彼此提出任何要求,但是,斯密也认为,我们自然就有这样的意识。社会性并非一种哲学的建构,即在哲人指出一种理论,证明其存在以前,它并不在那儿的某种事物。它由一整套日常信念、行为和情感所预设。我们的确以不同的方式,在各类情形中与他人一起感受,他人也的确接受了那种共通感受。我们在其他人身上识别出与我们类似的经验，或者，类似于我们想象自己正在经受的经验。反过来，我们也在自己身上找到他人经历过的，或我们想象他们经历过的那些经验。

斯密把这种共通感受称为"同情"。在这个术语的宽泛意义上，"同情"把我们对他人的根本理解阐释为"与我们相似的存在"。所以，狭义上的"同情"（怜悯）依赖于广义的同情；因为前者假设，我们能够进入另一个人的世界。因为人们几乎能够对任何一种激情产生同情，那么他有可能"同情"某人却**不**认可他们，甚至不会在狭义上同情他们。同情并不会用行为者的自私激情排除一个旁观者的共通情感。的确，斯密的同情理论允许同情行为人的自私激情，认为在类似环境下我们自己的激情将会与行为者的激情相像（这种认识要求人们与自己产生同情），然后因为过度以自我为中心的激情而谴责行为人和自己（假设，如其所是那般）。总而言之，同情并不等同于嘉许；否则，它将摧毁伦理评价的可能性；所以，非难的程度必不能过高，令旁观者无法移情于行为人。

在斯密对此术语的重新定义中，尽管同情与激情以交互、有趣的方式彼此塑造，但是，"同情"并非某种具体的激情、德性、或判断。[13] 所以，他的伦理学是同情伦理学，却不是简单的爱或怜悯的伦理学。同情并不单纯是道德情感的载体；斯密提供了许多例子，展示人们能够同情富人自财富中获得的快乐。[14] 同情会被扭曲，甚至带来扭曲；于人而言，它是自然的，但也必须被开发和重新定义。同情阐明了这一根本事实：我们已经存在于其他

---

[13] 考虑到刻板、丧失名誉的"亚当·斯密问题"的一个要点在于错误地将同情误解为仁慈，这一点非常重要。
[14] 斯密评论道："每个人都迫切看向他［这个享有尊位的人］，至少通过同情感受到了其环境自然会使其产生的快乐与兴奋。"（I.iii.2.1）

每一个人的世界，但是，虚荣当然会使之扭曲。同情是一种想象行为，但并非每一种想象行为都是同情的事例。例如，在《天文学史》这篇文章里，斯密谈到了"不过是想象之创造"的哲学体系（Ⅳ.76, *EPS*, p.105），在《道德情感论》中，他又使用了"想象观念"这样的表达（I.ii.1.8）。

想象在同情（除非特意指出，我将在斯密的广义上使用这个词）中是如何确切地工作的？这是一需要慎思的问题，并为我们带来另一问题。在《道德情感论》第二段，斯密写到，我们的情感从未使我们超越自身处境。只有通过想象，我们才能对兄弟的痛苦感受"形成任何概念"。然后，"通过想象，我们把自己置于他的境况里，我们感受到自己在忍受一切同样的折磨，我们就好像进入了他的身体，在某种程度上与他成为同一个人，对其感受形成某种观念，并感受到某种尽管较为虚弱，但并非截然不同的东西"（I.i.1.2）。想象并非简单地使我们融入他人，它使我们"进入"他们的经验。它让我们进入他们的世界、动机、他们做出回应的环境。所以，我们理解了诸种情绪，认为它们与诸对象或情境绑定在一起；我们也自然认为它们是关系性的，或有意图的。

无论我们是在观看舞台上的演员，还是日常生活中的个人，所有这一切都是有效的。斯密几乎立刻从艺术中引入例证（I.i.1.4），展示我们对他人情境的回应，并且暗示：我们对想象人物的同情与我们对日常生活中真人的同情乃是同一种心理过程或经验。这就是为何戏剧与文学不仅为斯密提供了能很好地阐释想象工作的例子，而且对道德教育来说也至为关键。正是因为同情对于形成伦理评价至为根本，戏剧与文学对于形成道德想象，因此对于伦理就变得颇为必要。斯密使用例证，将其归纳为一种借助同情进行交流的努力。他在别处为我们讲述了如此处理的理由。

正如上一段引文所表明的，我们借助想象与其他人变换位置，想象只允许我们形成某种关于他人感受或情感的观念。关于另一个人正在经历的感受或情绪，我们形成的观念总是相对没有那么生动。正如斯密所说的，"当有什么事情发生在别人身上时，这件事会自然而然地激发当事人的同情。尽管人类天然具有同情的能力，但是，人类也**无从设想**那种激情的程度"（I.i.4.7；我加了着重标记）。那么，我们根本上的独立，并不能通过想象消除。此中关节并不是，人（让我们使用斯密在 *TMS* 第四段中的表达，称他为"旁观者"）不能在同等程度上感受到当事人的激情（"行为人"或"行动者"）。[15] 按照字面的意思，旁观者的确感受不到行为人的情感；他们想象自己身在行为人的处境，做出相应的反应。斯密写道："所以，同情并非如此这般从激情的视野中产生，正如从激发它的情境中产生一般。"（I..i.1.10）这个限定非常重要，因为旁观者也必须想象或理解行为人对具体处境的反应，以便评价其反应合宜与否。在某些情况下，我们也必须掌握行为人的品格——如果你愿意，也可称为行为人的"故事"。

斯密坚持进入他人处境的优先性，而非简单地进入他人的情感之中，这很重要。首先，它允许一项客观性举措。如果我们不能从受影响的人的立场来看其处境，或完全认同行为人的情感，我们就无法做出任何独立的评价。我们看清情境的能力有助于解

---

[15] 斯密常常对勘旁观者与"当事人"（亦即，要么是接受行为的人，要么是"行动者"），但在Ⅵ. Concl.6，他也使用了"行动者"一词（就像在 *LRBL*, p. 87 中）。L. W. 贝克（L. W. Beck）注意到，"我们每个人都是行为者，但世上绝无没有行动者的旁观者、没有旁观者的行动者。'行为人'是一本体论术语，'行动者'与'旁观者'则是视野中的和历史性的词汇……称一个行为人为'行动者'就提出了问题：'何种旁观者的行动者？'" *The Actor and the Spectator*, New Haven: Yale University Press, 1977, p. 34. 斯密似乎想将行为人和行动者结合起来，因为至今为止，我们将自己视为道德存在，通过旁观者的眼光来看待自己。

释，我们如何能够同情，却不会认可。

其次，同情行为人处境的优先倾向要求一种理解举措——有时是复杂的理解。催生激情的处境很可能复杂且多维；可能有多个行为人牵涉其中（在需要做出正义或不义裁判的情境中，这样的案例颇为典型），事实也可能会很复杂。当我们有一种"分裂的同情"并试图评价关于不公正对待生命的功劳时（I.ii.4.1），情况尤为如此。斯密给我们展现了一种同情光谱，其范围从《道德情感论》第三段描述的"传染"观点（比如，当我们看到另一个人的腿要受到击打时，我们会不自觉地退缩回来），一直延展到"分裂的同情"案例——在这些案例中，我们不会真正停止为自己再现他人的处境（因为我们只是缺乏时间），但尽管如此，我们还是表达了自己，就像我们会真的停下来去同情一样（I.i.3.4）。旁观者的道德洞见不能简单地按照直觉或即刻理解模型加以理解；很明显，慎思、理解与洞见的混合常常会进入旁观者的视野。

在某些情况中，我们感受到（feel with）他人的情绪，并且与之保持一致。这与我们通常所谓的"移情"近似，并要在自己心中重建一种行动者经验的"类似情感"。[16] 在其他情况中，旁观者的情绪拥有作为对象的他人的情绪和经验。对他人的愤怒或悲伤，我们可能感到愤怒或怜悯。在另一些情况中，尽管当我们同情行动者时，我们自己实际上没有感受到任何东西，但是，在我们承认行动者的情感可以理解时，我们就与他人有了"共通感受"。

所以，斯密的同情观念是柔性的。尽管在任何一种同情案例

---

[16] 当谈及行动者努力通过无偏旁观者的眼睛来看自己，并接受无偏旁观者的情感时，他就使用动词"同化"（identify）（III.3.25, 28）。我也将在他的带领下，反复使用这个动词。

中，我们都不能简单地与他人达成一致。如果就像斯密表达的那般（Ⅶ.iii.i.4），我对"你的论述"感到悲伤，相比起我因自己的某种损失产生的悲伤来，这种悲伤无疑较少令自己痛苦。正如斯密清楚地告诉我们的，同情不能瓦解任何一方的独立感受。[17] 他认为，这是合宜的，不仅是因为它反映了我们作为主体的根本独立，还因为它也允许行动者在旁观者的"平静情绪"中得到宽慰和帮助。既然行动者渴求旁观者的同情，行动者就被引导着努力调整自己的反应，达到旁观者能够同情的水平。反过来，这又是自我控制的行为，也有助于减轻其悲伤（Ⅰ.iii.1.13）。再重复一次，它允许一种对伦理评价至为根本的超然手段。

第三，将同情绑缚于处境使斯密能够对这样的案例做出解释：在那里，即便行动者事实上并没有感受到那些旁观者认为他们感受到了的情感，旁观者也能同情行动者。[18] 例如，我们可以同情精神病患、婴儿，以及死者——就《道德情感论》的其他方面而言，这一点意味深长。[19] 请想象以下终极情况，在一个冰冷的墓穴中，"身体将要腐烂，被蛆虫叮咬"，很快会被世人遗忘。"若将我们置入死者的处境，并且如果我们能这么说的话，令我们活的灵魂附着在僵死的身体上，看看在此情况下，我们会产生何

---

[17] "在某些方面，他们（行动者）的感受、意志、行为总不同于旁观者的感受。怜悯也不会确切地与原初的悲伤完全相同。因为他隐秘地意识到，处境发生了变化，而同情情感源生于此，它不过是想象的，不仅程度更低，而且在某些方面，其种类也有所差别，做出了大为不同的改变。"（Ⅰ.i.4.7）参见戴格（J. Deigh）的观点："移情的特性在于，它必须在想象中参与他人的生活，却不必遗忘自我。""Empathy and Universalizability," *Ethics* 105 (1995), p. 759.
[18] 相反，正如我们会看到的那样，它允许行动者想象：旁观者会做出什么判断，即便这样的情境中并无真实的旁观者。
[19] 关于对丧失心智者的同情，他评论说，"旁观者的怜悯必然完全从如下考虑中产生：如果他被降到同等不幸的境地，他将会有何种感受？以及，要同时用他此刻的理性与判断力进行评价，这或许是不可能的"。（*TMS* I.i.1.11）

种情感",那么我们就会产生死亡乃可惧之厄运的观念(Ⅰ.i.1.13)。如果我们受到限制,只能感受到其他人的情感,那么,在死者的案例中,我们将不能感受到任何东西(我们也不能以同样的方式,感受到我们推测迷失心智者和婴孩会有的那些情感)。所以,按照斯密的论述,尽管通过想象,我们处在死者的境地,并询问自己在那种处境中有何种感受——死亡是怎样一回事情,但是我们并不会为自己的死亡而忧虑。然而,斯密并没有简单地向我们描述因死亡而起的悲伤。与其说我们因他们丧生而悲伤,不如说,我们发现他们的处境可悲。

"同情死者"明显是一种常见但复杂的行为。正如我们描绘的那般,依据斯密的论述,死者的生活是我们想象的虚构(Ⅰ.i.1.3)。所以,在此,我们似乎对一个我们想象的虚拟主体达成同情。死者静止不动,这并非想象之虚构;但是,我们对僵死身躯之命运,以及看似死者宿命的"阴沉且无尽悲哀"之刻画却是幻想。与死者同一不过是错觉,因为死人感觉不到我们归之于他的悲痛。即便对处境和行动者的描摹在很大程度上是自己的编造,同情似乎也能够进入一种处境,掌握行动者对此处境的反应。因此,在同情死者这一极端案例中,假如我们在那种处境里,想象自己的感受而悲伤,就此而言,同情似乎是"自私"的。后来,斯密也提及我们对死者的同情,认为它是虚假的(Ⅱ.i.2.5;Ⅱ.i.5.11)。这种"虚假同情"并不能因为我们只关心自己的福利而被理解为"自私"。事实上,斯密谈论"虚假[欺骗性]同情"的语境是,针对他人遭受的致命伤害,我们感到愤怒。但确切原因是,在此情形中,想象对象没有任何真实性可言,在某种意义上,同情是欺骗性的,与死者"变更位置"的经验也是虚假的。

由于这种"想象的虚构",对死者的同情使我们产生了对自己死亡的恐惧。所以，对死亡的恐惧源自我们所谓的"计划想象"（projective imagination）。同情机制在这里产生了一种自私的视野，人变得对自己的命运全神贯注。在某种关键含义中，这种"自私"是好东西，因为畏惧死亡是"人类不义的最大限制"，并"守护、保卫着社会"。对我们惩罚不义的欲望，以及抑制做出不义行为两个方面而言，想象的虚构都颇为关键。此种意外结果是一个典型的斯密式"无形之手"发生作用的例子。结果既好且坏，因为，正如斯密自己所言，畏惧死亡对个人的幸福也是毁灭性的（I.i.1.13）。

同情生者（包括因为他者死去而心生悲伤的生者）将不仅想象自己处在他们的境地，否则同情将崩解为以自我为中心的计划。很明显，因同情死者产生的想象"虚构"与同情式想象生我（living selves）的处境之间存在诸多不相似。在其他事物之中，对生者的同情是一双向的过程。

然而，斯密自己对此问题的初步规划，以及"同情死者"的例子催生了如下问题：旁观者对行动者的每一次同情性认同都是虚构的吗，旁观者不过是将他们自己的感情投放进这种处境，然后将其归于行动者？既然我们彼此存在根本性的独立，那么斯密所谓的对死者的同情能运用于我们对生者的同情吗？我们可以总体上宣称，我们对另一处境的反应"完全源自我们进入发生在他们身上的改变，我们意识到这一变化；源自我们将自己放到他们的境地中；源自我们在他们的境地中存放下……我们自己的生的灵魂"，因此"认识到，在这样的境况下，我们会有何种情感"（I.i.1.13）。当旁观者不可能经历某种情境时，虚构就似乎难以避免。让我们再一次倾听斯密的另一初步规划：

因为我们缺乏他人感受到的即刻经验，我们对他们受影响的方式一无所知,**而是通过了解在类似处境下,我们自己会作何感受**……假如我们在其境地,那种[想象]官能除了向我们展示,我们自己会有什么感受,它也不能,以任何其他的方式在这一点上帮助我们。我们的想象复制的是我们自己的印象,而非他人的印象。(Ⅰ.i.1.2;着重标记是我加的)

像这样的构想意在表明,在不能进入他人处境或关照他们的意义上,我们并非天然"自私"。所以说,其过程并非"以自我为中心"。这便为整个同情观念引入了一种复杂的模糊性。

通过论称,同情在另一方面是彻底的"虚构"——亦即,在关于无偏旁观者的那一方面,人们可以追溯其根源。斯密在第三部分"论义务"中讨论了无偏旁观者。行为者能够根据无偏旁观者将会如何看待他们来评价自己,无论真实的旁观者会做出何种判断,这对其整个义务和自治理论而言都至为根本。斯密提及这一想象的旁观者,称其为"更高的法庭",或者"胸中之人,我们行为的伟大法官与裁判"(Ⅲ.2.32)。很明显,通过"虚构的同情",我们想象一位并不存在的旁观者,然后想象从这一虚构的立场,我们看起来将会怎样,并因此从一外在立场与我们自己实现同情。我们对自我的同情本身并非一种"虚构"同情,但它是由"虚构"同情创造的立场实施的。然而,无偏旁观者意在反对"自私"这一术语的日常道德内涵(关于良心威慑我们的虚荣,斯密在第三部分讨论了许多),但那看起来是深刻地"以自我为中心"的。斯密有意用这一自我反思过程来提供一种批判视角,以及与自我的疏离,但它最终依赖于一种自我谋划。

或者,人们可以因此而反对。斯密的确否认,同情需要在破坏视野(perspective-destroying)的意义上"自私"。同情并非一种简单地想象我们在他人处境下将会作何感受的方式。所以，他彻底否认，甚至在温和的"自我中心"意义上，同情也是自私的。这一次，请考虑他在这本书阐述结论的那几页中提供的事例，斯密论及男人同情临盆中的妇女。前后的段落值得长篇引用：

> 然而，在任何意义上，同情都不能被认为是一种自私的原则。当我同情你的悲伤或义愤，我的情绪或许是假装建立在自爱的基础上，因为它源自将你的事例带入我自己，源自将我自己放到你的处境中，并且因此想到在类似的处境中我会有何感受。但是，尽管我们可以恰当地说，同情源自我与当事人之间在想象中变换处境，然而，此想象中的改变并不假设发生在我身上的是我自己与我的品格；而是我同情的那个人及其品格。当你丧失独子，我因此同情你时，为了进入你的悲伤，我并不需要考虑如果我有一个儿子，且不幸夭折，那么我（一个具有此种品格和职业的人）将会遭受何种痛苦；但我需要考虑，如果我真的是你，我将会遭受何种痛苦，我不仅与你交换环境，也与你交换人格和品格。所以，我的悲伤完全是因为你，彻底与我自己无关。所以，它一点也不自私……一个男人可能同情一位产床上的妇女；尽管在他个人及其角色中，他不可能设想自己会遭受她那样的痛楚。（Ⅶ.iii.1.4）

这一段的目标是要确立，同情不是"自私"的，也不是一种"自爱"的功能（斯密在这里交替使用这两个术语）。这就用来解释，为何旁观者自身的悲伤与他因行动者而感到的悲伤之间存在差异。此论点假设，因自身而起的悲伤与因他人而生的悲伤在日常生活中就可得到区分。在那一假设中，他似乎是对的。请考虑如下事例：旁观者丧失了儿子，当他听说行动者丧子时，他沉湎于自己的丧子之痛，并因此而悲伤。很清楚，他是因自己而哀痛，而非因为行动者哀痛。斯密承诺要"挽救日常生活的现象"，这要求他保存这种重要区别，并且，通过坚持论称同情并非自私原则，从而保存了这一重要区别。亦即，我们不能只看到旁观者在进入行动者之处境中对自身情感的规划，却忽视了行动者在那种处境中的表现与反应。斯密想要问，如果同情是自私的，那么当你在原则上不能亲身经历另一个人的处境，可你又与之实现了同情，这样一件事如何可能呢？[20]

让我们做一番评论。同情能否逃脱自私的指控？关于这个问题，我们似乎可以从不同的方向发力。斯密用这个问题来开启此书论述（"自私"是正文的第二个词）。在那里，这个问题是：我们是否自然地对他人的命运产生兴趣？我们是否将他人的幸福或悲伤与自己同一，却不考虑我们这样做的即刻好处？让我们称自私（selfishness）的开放观念为这个术语的"意义（1）"。此书第二段解释了，对我们来说，与他人合一何以可能，斯密也第一次提到了想象。在第三段，其过程被当作"变换位置"之一加以提及；在第四段，"旁观者"与"受关注者"之间的区分得以产生，我们也听到在他们当中产生的一种"相似"情感；在第五段，斯密引入了作为关键解释性词汇的"同情"。叙述一直演化延展，直

---

[20] 休谟试图采取与斯密相反的方法来对抗自爱的观点："没有任何想象的力量能将我们转变成另一个人，并使我们幻想，作为那个人，我们能够从那些属于他的有价值的品质中获取利益。即便是这样，也没有任何迅捷的想象力能立即将我们变回我们自己，使我们热爱、尊敬那个不同于我们的人……所以，对自私关注的一切怀疑都在这里得到排除。" *Enquiry Concerning the Principles of Morals*, p. 234.

到在此书结尾我们（在我们刚刚长篇引用的那一段文字中）才触及自私更具有细微差别的意义。让我们称之为这个术语的"意义（2）"。在意义（2）中，"自私"会阻止我们进入另一个人的处境，并否定我们超越自身。斯密拒绝将同情下降为意义（2）上的自私，论称：我们正确地对待自己，令其能够真正步出自我与我们自己经验的闭环。

关于斯密在书的结尾坚持同情与意义（2）上的自私之间的对立，此间是否存在某种矛盾？可以推测，即便同情在意义（2）上是自私或"自我主义"的（egoistic），一个人也能够避免在第一种意义上自私地对待他人。亦即，我能够关心他人，对他们的命运感兴趣，认为他们的幸福对我很重要，即便在原则上，我对他们的同情只是源自想象：我在他们的处境中将会有何感受，而非他们事实上如何感受。进一步说，既然他自己在此书开篇便坚持，"对于他人的感受，我们没有任何即刻经验"，除了通过想象我在你的处境中会有何种感受，我又如何与你实现同情呢？如果在坚持同情完全无私时，斯密是对的，那他似乎将障碍提升至不可能的高度，并因此注定会让我们认为：他所坚持的内容就是自私。

对斯密而言，这些都是富有意义的问题。他想要在共通情感之上建立起德性伦理学，这一运动向康德式反对打开了通道，即作为客观道德判断的基础，我们倾向于认为同情有所偏颇，因此也不十分可靠。用康德的术语来说，斯密伦理学的核心是"经验性的"，而非适当原则化的（appropriately principled）。[21] 看起来，

---

[21] 参见 Immanuel Kant, *Grounding for the Metaphysics of Morals*, trans. J. W. Ellington, 3rd ed., Indianapolis: Hackett, 1993, p. 46, n.30. 在那里，康德将"同情原则"与哈奇森的道德感理论结合在一起。在《实践理性批判》分析的第一章（评注Ⅱ）中，康德展示了以"道德情感"（moral feeling，引用了哈奇［转下页］

随之而来的将会是：真正的普遍性是不可能的，要摆脱自私的指控同样如此。其难点也与阐释以"关爱"或"怜悯"为基础的伦理学的当代努力相关。斯密对不偏不倚与自我控制的强调似乎标志了他的自我主义危机意识；人们甚至说：它们将康德式（主题）与休谟的同情理论缠绕在一起。他的怀疑主义（将在第四章加以讨论）阻止他为伦理学谋划一个超人的或**先验的**"基础"，然而，他并不认为结果是具有任何伦理学危险意义上的自我主义。

所以，斯密必须否认：（1）对他人的同情要求旁观者与行动者拥有**相近的**经验；（2）旁观者的经验构成了他理解行动者经验的**基础**。否则，理解他者——在相对稀少的情况下，旁观者与行动者的经验彼此相合——就会归结为记住在此处境中我如何行动或反应。但是，我的行为或反应可能是特殊的，并且在任何情况下都不是你的。当我滑冰时摔断了腿，我忍受了很多的痛苦，没有做出情绪化的反应。假设他人滑冰时摔断了腿，其反应十分情绪化，那么我就很难给予同情。既然我没按那种方式反应，为何我就不能认为他的反应是懦弱的呢？那种"不同情"的理性似乎在这个术语的第二种含义上是自私的。相反，如果同情由此类条件设定边界，那么也就是说，旁观者在他们没有类似经验可以想象时不能给予同情。按照这种观点，我们的同情范围将非常狭窄。

然而，关于同情的"真实经验"限制，以及同情不可能完全

［接上页］森）为基础的伦理理论，认为其实践材料基础是"主观"且"内在的"，这是一条被搁置起来的经验性的伦理学理论路径。参见 *Critique of Practical Reason*, trans. L. W. Beck, 3rd ed., New York: Macmillan, 1993, p. 41。然而，康德对斯密的道德哲学怀有确切的尊敬，在斯密的著作中也有无可置疑的康德式主题。参见 S. Fleischacker, "Philosophy in Moral Practice: Kant and Adam Smith," *Kant Studies* 82 (1991), pp. 249-269, 以及 Knud Haakonssen, "Kantian Themes in Smith," in ch.4 of *Natural Law and Moral Philosophy*, pp. 148-153.

无我这种观点均有一常识性基础。我们似乎可以声称，如果我有与你相似的经验，亦即，我也丧失了我的独子，在原则上，相比起没有此种经验的人，我就能在更深的层次上理解你因类似原因而引起的悲伤。我们可以进一步论称，对另一个没有共同经验的人，无人有资格进行评价。既然不曾处于同样的境地，人们如何能够评价一个女人对生产的反应呢，或者如何能够评价南美黑人在种族隔离中进行斗争的境况，或受害者对某种可怕的厄运之反应，或一个将要饿死之人的饥饿，或公元前8世纪希腊人对自然的宗教反应？相反，如果旁观者缺乏适当的相似经验，那么，对行动者而言，同意由他做出的"理解"与评价看起来就像是"同一"的投降（a surrender of "identity"）。

人们能够设想一种斯密式的同情"政治学"，它将与《道德情感论》所展示的"政治学"相背反（与斯密最好的意图相反，我们在何种情况下可以有一个颠覆"无形之手"效果的例子呢）。考虑到同情行为明显的经验论限制，共同情感、相互理解似乎只在享有共同经验的群体中是可能的，只在通过彼此认为有共同、确切的经验，能够互相认同的人之间是可能的。[22] 用斯密式的术语来说，这将向下走向行动者立场对旁观者立场的特权，并且在我们提及的两种意义上产生自私的胜利。强调的转移可被视为从"真诚"价值（迄今为止，它使向他人展示责任的意志成为必需）转向"可靠性"价值。[23] 人们可以看到，用表现主义者

---

[22] 斯密的确允许，同情追随由群体定义的边界，某些群体（比如家庭）比其他群体（比如国家）较少专断。比如，在 TMS Ⅵ.ii.1.7 对家庭的讨论中，他评论说："所谓的爱恋（affection）实际上不过是习惯性的同情。"

[23] 这些术语借取自 L. Trilling, *Sincerity and Authenticity*, Cambridge, Mass.: Harvard Univeristy Press, 1971。按照 L. 特里林（L. Trilling）的理解，"真诚"要求一种"公开宣布的修辞，通过态度与姿态展示一心一意的清白。确切［转下页］

（expressivist）替代社会交往的旁观者模型可能是一种表现狂和自恋狂文化。尝试在界外交流自己的观点看起来将更像是身体的碰撞，而非自我的交流。这将反过来表明，一个经验团体不能从一种道德观点评价另一个，既然依据定义，他们没有能力同情另一个，并进入其处境。

如果这是将同情从自私中分离出来的困难的结果，那么整个同情观念将辩证地不稳定，斯密的整个道德哲学则会以一种反讽的方式自我破坏。斯密的同情原则是启蒙内在不稳定的一个例子（让我想起在引文中对那种观点的评论）。所以，让我离题开去，进一步讨论同情对自我颠覆的潜在影响，并在第四节和第五节中解释：为何斯密认为他能够成功地回击这些对同情的批评。

三 离题：同情、可靠性与社会碎片

许多人注意到，共同体的瓦解、随之兴起的差异或分裂似乎是当代西方文化生活的确切特征。这种破碎似乎与斯密开启《道德情感论》的"自私"问题相关。我认为，自私问题的大规模背景是一种倾向于冲突、解体与战争的生活视野。在当代西方社会，这种倾向在一类特殊的破碎中展示了自我。人们能够举出许多个人或群体的例子，他们要求人们承认他们所谓的特殊身份，一个特殊身份有助于表现一种值得尊敬且足够有力的道德状态，足以

[接上页]地说，（态度与姿态便是）卢梭在其中确立人、社会以及腐败之本质的角色扮演"（p. 70）。我认为，斯密将会认为，"可靠性"与表现狂（exhibitionism）有所关联，并且在极端情况下，与源自误听的"良心声音"的狂热有所关联。我想，斯密将会对可靠性本身如何成为同情对象的方式着迷，即便它是一种时尚或是某种商品。

构成那些持有这种认同的人的显著特征。

相应地，要求承认也频繁地伴随着由相关个人展示的特殊"文化"的论述。让这种自我描绘显得矛盾的是同样广泛蔓延的观点，即坚持那些人如果不是成员，就不能理解相关的群体。局外人要求承认，理解却受到他们否认。所以，如果你并不聋，那么我作为聋子就可以否认，你有任何"权利"来评价我的世界；你在原则上不能进入我的世界，因为你不是它的一员。这种对事物的一般观点——相互排除了彼此要求得到平等承认的群体——现在如此彻底地嵌入在文化中（包括学术文化），以至于产生了一种表达道德权威的新方式。我们频繁听到人们富有激情地宣称："像X一样言说，我就能够向你确保Y。"在这里，X是相关群体的名字，Y则代表对X之处境或信念之评价的某种描绘。不在群体X中的听众就无权谈论另一群体，而必须立即推延。道德权威体现在由"像X一样言说"提出的论述中，它部分源自一个认识论命题，即，在效果上，由X所有成员分享的观点不能被非X成员接受，或者至少不能为他们充分接受。

人们认为，差异与一些错误的界限有关，这些界限代表了经验，而非利益。人们可以说，当我们要求区别时，一种"共享经验"标准就在发生作用。如果你有与我们相似的经验，你就可以成为我们当中的一员；为了拥有这种经验，你就必须在相关方面与我们非常相似。但是，除了运用那种标准，我们还有更多影响因素。因为，要求承认而不只是进行区分的道德力量也产生于如下观点：共同经验与痛苦和牺牲的历史有所关联。正如我们已经注意到的那样，斯密自己对"同情"这个词的使用已经倾向于使我们将痛苦而非快乐视为首要的关注对象。从这本书开篇（再一次考虑前三个段落中关于不幸、折磨、痛苦、恐惧的例证）到此书结尾丧子和产妇临盆的例子（Ⅶ.iii.1.4），这种趋势得到了强化。

让我们结束追溯从同情到社会碎片化的道路吧。因为，我们必须注意到，那种不值当的痛楚（比如适当的同情），对这幅图画是极为关键的。比如，请思考大众美国神话中"越南老兵"的形象。相反，我们应当认为这是一场喜剧，即让亿万富翁俱乐部成员在表达自己的痛苦之前这样说，"作为一个亿万富翁，我能告诉你……"如果我们在一个群体中感受不到快乐，我们对其就不会有任何同情。在一个著名段落中，斯密指出，我们对有地位有财富的人产生"同情"，并想要像他们一样，但这更多是一个虚荣的问题，而非怜悯的问题（I.iii.2.2）。我们也不会倾向于承认一个纳粹集中营护卫群体，他们通过一种特别的共享经验，以及在战争期间和战后的遭遇要求获得我们的怜悯。我们将会认为，他们的共享经验在道德上应受谴责，他们的遭遇也是正当的。

所以，社会群体的碎片化——若非巴尔干化——将沿着共享和不值当的痛苦之线划定，并频繁地与受害感受联系在一起。自然地，X群体共有的没有功绩的牺牲经验产生了对承认与怜悯的特殊的持续要求。斯密解释说，当行动者遭受痛苦时，比在他享受快乐时对我们要求更多同情；与我们对快乐的同情相比，旁观者感受到的同情痛苦也是一种更为"生动清晰"的认知（I.iii.3）。当我们的确进入行为人的痛苦，看到它并非由正当原因产生，对强加伤害的反应，我们就感受到了真实的愤怒。所以，同情与愤怒的政治就好像是给硬币翻面。按照斯密的论述，愤怒是支持我们正义感的"非社会"的激情。正如我们注意到的那样，斯密认为，我们对不义的愤怒如此强大，即便在那些遭受不义之苦的人没有感受到它们的时候，我们也（通过"虚假的同情"）频繁地体验到它（Ⅱ.i.2.5）。

在某些被斯密称为"文明化"的当代西方化社会类型中，受到侵害常常在种族、性别以及阶层的题目下得到广泛构建，然后在维持"共享经验"标准中被更为狭窄地定义。每一个分支群体都声称自己以某种难以被没有类似经验之人理解的特殊方式生活、受苦，但在每一种情况下都值得同情与承认。反讽的是，旁观者对行动者痛苦之同情的不可接受性由斯密对我们基本独立的强调做了准备，他也对效果做出如下论断："尽管我们对痛苦的同情常常比我们对快乐的同情更为强烈，但是，比起当事人自然感受到的痛楚，它在强烈程度上则远为不足。"（I.iii.1.8）从行动者的立场出发，旁观者无权进行评价。行动者认为，用古希腊剧作家的话来说，人们必须从痛苦中学习（*pathei mathos*），并对那些不承认他**以及**声称理解他的局外人感到愤怒。很明显，这一立场反过来又会堕入自恋主义的危险，并彻底否认，一个群体能够成为另一群体的尺度。自我认识有可能沦为简单的自我表达。相应地，这一立场破坏了一切共同体观念，除了那些为求承认（以及为了随承认而来的政治、经济利益）而发动战争的角斗场。那一领域便要受到修辞以及法律路线之争的统治。同情政治（politics of compassion）似乎不仅不能从愤怒政治中分离，也不能从法庭政治中分离——在"法庭"（court of law）的意义上。再一次，斯密的论述中存在一种不安的期待，即正义建立在愤怒激情之上。

查尔斯·泰勒（Charles Taylor）已经写下："在一个破碎的社会中，其成员越来越难以认同将其政治社会当成一个共同体。"[24]人们还可以增加说，破碎的社会不能与其成员或成员群体实现融

---

[24] *The Ethics of Authenticity*, Cambridge, Mass.: Harvard University Press, 1991, p. 117.

合。但是，继续泰勒思想的就是严重依赖"融合"（identification）的观念。我们应该如何理解那一观念呢？我可以毫不犹豫地做出回答：我们可以根据怜悯或同情来理解。在一个破碎的社会中，"同情的纽带"（用泰勒的表达）被削弱了，怜悯的接扣也遭破坏。[25] 在此语境中，也许部分因为斯密的影响，同情或怜悯的语汇自然来到我们面前。我在这些离题评论中提出的问题是：人们原本认为，同情是将共同体粘合在一起的胶水，如果一种方式让我们理解了，同情衰落后就变成群体或个人自恋主义，那么，同情观念是否内在地就是不稳定的呢？如果是这样的话，那么问题就不是公共生活中的同情不足，而是一种内在不稳定的观念（同情）处于公共生活的核心位置。

为了应对同情崩解为自私，斯密有许多战略可用。我已在这篇偏离主题的论述中勾勒出同情向自私的瓦解。尤其是，他能质疑"真实经验"标准是否适当，即如下观念是否适当：关于行动者所遭受的痛苦，适度的同情由行动者而非旁观者决定，由行动者立场的认识论特权决定。让我逐步发展这些回应。

四 从爱到死：同情的边界与理想的统一

斯密显然认为，为了实现对他人的同情，我们无须受到真实—经验条件的束缚。他的部分证据也诉诸日常经验。当旁观者与行动者没有共享经验之时，在所有处境中，共通情感被认为共同产生于旁观者与行动者身上，这一点似乎得到广泛接受。我们的确允许想象力实现一种"处境转换"。我们必然能够把自己放置

---

[25] Ibid., p. 113.

在他人的境地，并从他们的观点来看待其处境。这个命题依赖如下事实：具有不同类型经验的人**的确**发现了"相互同情"的情况，而且双方都认为这"相互同情"是真实发生的。我可能没有儿子，更不要说死去的独子了，但我真实地在这种境地中产生了同情，有时候，同情也被行动者接受。为了让这件事情发生，我就必须想象，"如果我真是你"，那将会如何。

甚至那些声称拥有"相同"经验的人，他们的真实经验也**不一致**，仅仅因为它们总是不同人生的部分，总是属于"同一类型"。我似乎将要认可如下论断：当想象力弥合两个人的经验时，既然它承认了旁观者与行动者之间的差异，旁观者的同情就并非自私。因为，当他们的经验并不一致，甚至不属于同一类型时，旁观者就不能够诚实地依据与他自己的相似性来重构行动者的处境，至少不能只借助相似性。的确，用一个人的经验来"替换"（用一个戏剧中的表达来说）另一个人的经验，就像在舞台上，当演员努力进入角色的情感生活时，他为角色所做的那样，他把真实地呈现那一角色当作目标。所以，它确证了武断的重构（arbitrary reconstruction）与真实诠释（true interpretation）之间的差异。人们必须知道，我们要去替换的是什么经验，如何替换，以及何时替换。一个旁观者可以错误地产生同情。

然而，考虑到旁观者不能感受到行动者的情感或感觉（以及绝不会在同等程度上感受到），且旁观者最终也无法逃避如下事实：他仍将是想象行动者情感的人；那么，关于我想象在你的处境里我会有何感受，以及我想象在你的处境你会有何感受，坚持这两者之间的差异又是否有意义呢？我想答案是肯定的，如果描述适当的话。

的确，人们常常对相同的处境做出不同的反应，正如我对痛苦的忍耐力不同的事例展现的那样。如果我们看不到，在类似的环境里，另一人的人生是以一种不同于我的人生的方式发展的，那么我们就可以被称为"自私"。在我了解你的处境以前，我不能因为"你的论述"而感到悲伤。甚至当两种人生彼此重叠时，比如，在我生活中发生了一件事情，我想象到其前景并做出反应，你也对你生活中的事件做出反应，两者彼此相类；我因为想象它在我的生活中发生，从而做出共有的反应，与我因为进入你的生活并做出共有反应，这两者之间仍有差异。第一种反应可再一次被描述为"自私"，它是在用我的故事来替换你的故事。它与这个判断一致：在理解你的故事的过程中，我可能想象，在类似的条件下我会如何反应。不可避免的是，在通过想象来掌握你会如何行动时，我必须在想象中来予以把握。但关键的是，这并不能阻止斯密描绘的"位置转换"，因此也不能损害斯密的论点，即同情无须崩解为自私。

带着这些想法，同情与自私的多元含义就可能在如下光谱中得到排布：

　　a. 我们的同情对象不在场时的同情。在这本书第一章的下半部分，斯密给我们提供了四个例子，其中最令人震惊的是我们对死者的"同情"。在这种情形里，死者的处境不能在想象中再造，关于他们的情感或处境，我们没有任何概念，或没有任何确切的概念。就像早先注意到的那样，斯密把这称为"虚假的同情"。所以，我们没有任何正确识别其处境的基础；我们必须在我们进入的"召唤"（conjure up）意义上简单地想象。此处的同情必然意味着，当我们想象，如果身临其境，我们会产生何种感受时，我们就在物理线索（比如死者的尸体）和我们自身激情的基础上重新创造了自己。在这种情况下，在我们关于这个词的第二种含义上，"同情"是"自私"的。它也可能在第一种含义上自私；当斯密首次讨论这个问题时，他从我们因他人之死心生悲伤的解释快速地滑向对自身死亡的恐惧（并因此滑向这个词的意义［1］）。

b．对物质条件、情感都不能与我们共享的人的同情。斯密的例子是一个旁观者对忍受痛苦者的同情（Ⅰ.i.1.2）。通过"将我们自己放到他的处境"，并认识到"我们自己忍受了所有相同的折磨"，关于行为人有何感受，我们就形成了一些概念。这仍然在我们的意义（2）上显得是"自私"的；尽管如此，既然在某种意义上，活的行为人就在眼前，旁观者的想象并非简单地制造同情对象。这在意义（1）中就显得并不自私。

c．行动者没有身体苦乐的原初经验，而只有"源自想象的"情感（比如悲伤、快乐、焦虑或恐惧）时的同情。此处的例子是，旁观者同情一位失去儿子的人（Ⅶ.iii.1.4）。旁观者不会考虑，如果他作为行动者处在相同条件下，他会有何感受；他考虑的是，如果他是行动者，他会有何感受。他与行动者"交换了人格与品格"。这看起来在意义（1）与意义（2）上都不是自私的。

d．在此光谱的另一端，我们有一种旁观者的想象不能进入的处境。在某些方面，它与案例（a）类似，除了这一次，我们假设在两个活人之间实现了真正的同情。然而，两个人都是行动者。任何一个都不是另一个的旁观者，任何一个都不在相关意义上"外在于"另一个。斯密的例子是两个人之间（罗曼蒂克）的爱情。他们的世界彻底缠绕，但是旁观者不能同情行动者的相互同情:"我们的想象没有与爱人的想象在同一个渠道上奔流,我们无法进入其热烈情感。"(I.ii.2.1)所以,爱人攻击旁观者,认为他们在某种程度上是"荒谬的"。旁观者并不能真正理解爱人相互的感情;他不能想象或同情他们。斯密并没有说,这些爱人"同情"彼此,因为恰当地说,同情需要一段距离,以及一人对另一人的抗穿透性(impenetrability)(我将在第四章对爱与同情做进一步评论)。

从一种伦理视角来看,关于这一光谱,我们能获得何种理想观点呢?它可能是案例(c)。尽管我向斯密提出了许多问题,他的确显得能够为案例(c)辩护,认为它是非自私性同情的真实例子。然而,即使这样,在这一天结尾时,关于旁观者是否**真正**理解了行动者的经验,是否曾经逃脱自私的圈套这个问题,我们也被留下一个重度灰色的区域。这个问题看起来必然是模糊的,因为旁观者不能体会到行动者的感觉和情感,也因为认同通常是不彻底的。[26]我看不出斯密有何理由否认这种模糊性。他常常这样写,就好像人与人之间的同情是一个行进的调整过程,是对平衡的持续追求。从一种斯密式的立场,两人或更多人之间在任何程度上实现的共识(或"相互同情")能够被刻画为一则拥有此种或彼种调整历史与理解诉求(claims to understanding)的小说或故事。理解的诉求无须虚构,只有在重复各种语境中的挑战之后,它们逐渐变得值得信任。这一过程与经济领域中的过程类似,它不仅与在供求中寻求平衡相关(正如由价格表达出来的那样),也

---

[26] 这是哈康森在 *The Science of a Legislator*(p.48)得出的结论。

更普遍地与购销的重要修辞维度有关（TMS Ⅶ.iv.25; WN Ⅰ.ii.2）。政治领域的说服也被斯密视为对相互同情的探寻。很明显，在一种基于同情的道德、政治理论中，公民与公民阶层中的伙伴关系将取决于他们合宜地彼此同情的意愿，这是一种能够被制度塑造的意愿。相应地，在《道德情感论》与《国富论》中，斯密关注着道德情感的"腐败"问题。道德情感的"腐败"可能会（在其他事物中）干扰合宜的共同感。

尽管，支持选项（c）为光谱中可实现的理想点的决定可能与我们考察过的基础有所冲突，但还是让我们来评论一下早先的目标。自本书开篇起，行动者与旁观者之间的不对称，以及后者立场的优先性就浮现出来。尽管有斯密所选择案例的暗示，它仍可能表现出，行动者而非旁观者将会扮演法官角色："人身上的每一项官能都是评判另一人身上类似官能的法官。我用我的视力评判你的视力，用我的耳朵评判你的耳朵，用我的理性评判你的理性，用我的愤怒评判你的愤怒，用我的爱评判你的爱。我没有，也不会有任何评价它们的其他方法。"（Ⅰ.i.3.10）这个"我"（Ⅰ）看起来可能是行动者的"我"，即，在我的离题评论中描绘的忍受痛苦的"我"。依据斯密的观点，这并没有在其伦理学著作第一部分第四章开始清晰浮现。在他们表象的调整中仍然存在差异，在那里，旁观者的同情使他观看行动者的处境，旁观者的激情却并未大大减轻。在另一方面，行动者的激情被降低为一种"反思的激情"；当他通过旁观者之眼来看自己时，他自己整个的视野便也发生了实质性的改变。

这种不对称具有规范性的结果：在通过旁观者的眼睛来看自己时，行为人便在"公正与不偏不倚的视野"里看到了自己的处境（Ⅰ.i.4.8）（这是他第一次在此书中使用"不偏不倚"一词）。此间没有任何迹象表明，旁观者开始以不偏不倚的方式看待自己。的确，只有当旁观者以不偏不倚的方式看待自己或行动者时，他才能够得到更加确切的**观看**；这的确也是旁观者正在做的事情——观看，而非行动。当旁观者的立场是适度的同情，并获得了适当的信息，那么它就构成了公正无偏。在某种意义上的此书核心的且一再出现的主题中，这迅速发展为："……如果我们考虑一切人性激情的差异，我们将会发现，它们被认为是得体或是不得体，恰与人们对它们或多或少的同情成正比。"（I.ii.intro.2）行动者的激情具有怎样的道德属性，不偏不倚的"人"又是如何评价它们，既然这两者之间并无差异，那么，无偏旁观者的立场在伦理上就是确定的。[27]再说一遍，斯密计划了一个无偏旁观者，而非一个无偏行动者的道德判断论述。当情感受到无偏旁观者认可的时候，它就是道德的，或富有德性的，所以，"道德情感理论"就是一种旁观者嘉许情感的理论。

正如已经注意到的那般，旁观者对行动者的优越性使看相对于做的优越性具体化了，并在此意义上维持了一种柏拉图主义的残余。斯密的旁观者的优先地位不只是一种在某种描述性或科学意义上的理论结果，也是其道德甚至政治信念的结果。这种信念便是，如果我们接受他对旁观者—行为者关系的解释，人类生活就会变得更好。道德情感理论似乎在此决定性方面受到道德情感推动。《道德情感论》富有技巧的精妙的修辞有助于提升我们通过想象进入他人处境的能力，使同情好像是人类生活的自然特征。这是一部预言性的修辞学著作，也是在道德教育上做出的努力。

然而，在斯密为旁观者的特权地位所做的辩护中，这并不是最终陈述。

---

[27] 关于这一点的重述，也请参见Ⅲ.5.5，Ⅶ.ii.1.49，Ⅶ.iii.2.7。

五　旁观者、镜照与自我的延续

看起来，同情理论意在解释，行为者如何"走出"自己的自我，进入另一个人的自我，就好像诸自我是彼此分立的构成，就好像开始只是孤立的单胞体一般，尽管其理论意在解决一个他人心灵的笛卡尔主义问题。那与斯密的观点恰好相反。他的观点是，我们总是通过他人的眼睛来看我们自己，并且也是彼此的镜子。[28] 对我们自己的良心而言，我们不是透明的；的确，没有他人做中介，我们就没有任何确定的有待被洞见的道德自我。斯密做了一个思想实验：他要我们假设，"一个人可以在某种孤独的环境中长大成人，不与他的族群进行任何交流"，最后他会成为何种造物呢？

> 一个人如果生来就是社会的陌生人，那么其激情的对象，取悦或伤害他的外在物体，将获得他所有的关注。那些对象引起的激情自身、欲望或敌视、快乐或悲伤尽管即刻就展现在他面前，但它们很少能够成为他思想的对象。它们的观念绝不能让他如此感兴趣，以至于让他用心考虑。（Ⅲ.1.4）[29]

---

[28] 镜子的比喻是斯密的（Ⅲ.1.3）。对它的古典用法，请参见 Aristotle, *NE* 1166A30-33, *Eudemian Ethics* 1245a28 ff., *Magna Moralia* 1213a10-27；柏拉图的 *Phaedrus* 255d5-6 以及 *Alcibiades* 1 132d-133c。请比较 Hume, *Treatise*, p. 365。

[29] 这一段落后续内容为："对其快乐的考虑不能在他身上引起新的快乐，对其悲伤的考虑也不能引起新的悲伤，尽管对那些激情之原因的考虑可能常常引发两者。他将会注意到，人类认可他们中间的一些激情，却对另一些感到厌恶。他将在一种情况下受到褒扬，在另一种情况下却感到沮丧。现在，他的欲望和厌恶、快乐与悲伤常常变为新的厌恶、新的快乐和新的悲伤之原因；所以，它们现在会深深地激发起兴趣，常常引起他集中最大精力来进行考虑。"

因为没有激情成为反思的对象,没有激情引发新的激情。我们获得了所谓的"第二等欲望",作为形成关于我们"头等欲望"的积极或消极判断的结果。[30]然后,我们就行动起来,改变我们的欲望、动机和"激情"。这在社会之外是不可能的,在人类共同体外,我们不会有一道德自我。在刚才引用的段落中,他使用了引人注目且颇为矛盾的短语"人类生物"(human creature)。据推测,这就是他使用这一短语的原因,"人类生物"是一种没有十足人性的"生物"。

斯密并不想展示人类曾处在"某种孤独境地……",因此也无意在起源的意义上解释我们如何成为现在这样的造物。他认为,这已经发生了,并且论证说,发展新激情的能力是一种可以观察到的特征,其存在便预设了社会。一个行动者如何能够将他人认作这样一类存在,即他能够按照必要的方式来认知那个行动者?关于这个问题,他也没有攻击其中的逻辑悖论。这个过程似乎假设了,诸个体认为自己至少潜在地是这样一种存在,他可被认知为一个人类、负责任的自我,然而,与此同时,那也是要抵达的终点。

所以,斯密的策略深刻地展示了,如果缺乏因为彼此互为旁观者而产生的联系,我们不可能成为一个人类个体(human individual)。彼此互为旁观者产生的联系是这样一种关系:颇为矛盾地,它使我们产生对即刻感受的疏离,以及对那些感受的外在

---

[30] 我指的是 F. G. 法兰克福(F. G. Frankfurt)的著名文章"Freedom of the Will and the Concept of a Person," *Journal of Philosophy* 68 (1971), pp. 5-20。法兰克福评论说:"许多动物显得具有满足我所谓'头等欲望'的能力,头等欲望不过是做与不做此事或彼事的欲望。然而,除了人,似乎没有动物拥有实现反思性自我估价的能力,这种能力在形成第二等欲望时展示出来。"这最后一种是"想要拥有(或不拥有)某种欲望或动机的能力"(p. 7)。

原因的理解。我们的个体自我不是就在"那儿"、预先给定，或等待被发现的事物。我们没有任何即刻的理解，也没有如许认知：只通过我们自己的苦乐手段，就能认知激情或情绪，发现它合宜或不合宜，雅致或是不雅。对情感与激情的描述、评价只从某类特定族群的成员共同体中产生。无论他们的出现多么自然，对我们自己所做的品格描述都是社会制品（social artifacts）。我们借助于他们才使自己变成为人（humanize ourselves）。因为，斯密说，"在社会中"意味着像用他人的眼睛来看自己一样来想象我们自己。如果不去想象别人如何看待我们，我们就不能成为作为道德行为者的"我们自己"。非社会"造物"不仅缺乏一种"人体美与畸形"感受，也缺乏任何道德美和道德畸形的感受。甚至，一个处在卢梭式自然状态中的个人看不到"自己脸孔"的美与丑（Ⅲ.1.3-5），更不用说其灵魂了。所以，我们的自然状态是在社会当中。[31] 旁观者是能动性得以可能的条件。这有助于解释，为何旁观者具有规范意义上的优先性。

当我们讲述一个关于他人处境以及我们在想象中掌握了的人的故事时，我们就把自己放到了一个与他人相同的世界中。我们据此论述，并不能必然推论出我们完全生活在自己身体之外。我们的快乐、痛苦、情绪仍然是我们自己的，在某种意义上不能为他人接受。斯密关于社会性的论述不能摧毁任何"内在生活"观念。不管你怎样理解其他人如何感知你的激情并进行调节，你的激情仍然是**你的**激情。对生活的讲述是关于此种而非彼种生活的讲述，是关于你的而非他或她的生活的讲述。然而，同情是我们

---

[31] 斯密对社会契约理论的拒绝与这一观点有关。像休谟一样，他论称，世上从未有"自然状态"这样的东西，或某种决定性的前社会状态——以此为基础，我们能够有意选出一种正义概念。参见 *LJ* (A) iv.19, v.114-116; *LJ* (B) 15-18。

自我概念的关键；依据斯密的论述，自我知识的逻辑是我们理解他人的逻辑的延伸。[32] 这个过程能够延伸到这一点：当行动者自我观照，好似在一**想象的**旁观者而非**真实的**旁观者中进行反思，并在这种与共同体不一致的方式中变得道德自治（morally self-governed）。这是斯密在书的第三部分讲述的故事，我稍后会再讲。

在此论述中，旁观者的优先位置在根本上奠基于斯密对人类自然的社会性描述，以及我们为了获得自我理解，自然依赖他人的描述。总而言之，我们通过意识（aware）到他人对我们的注意来产生对自我的意识；对旁观者的依赖是内在的（或如斯密所言，是"自然的"）。当我们想象他人评价我们的时候，我们就对自我进行评价。正如刚才注意到的，故事并没有在那里结束——我们也学着从真实旁观者所持的错误观点中解放出来——而似乎是从那里开始。把我们自己视为一人性自我就是要看到，我们自己一直被他人看着，却是以一种特定的方式被他人看着——被赞美或谴责，也是被特定种类的他人看着，即那些能够协调赞美与谴责的人。当评判他人时，我们就好像是他人行为的旁观者，反之亦然。旁观者的立场在评价中具有优先性，在斯密的论述中，旁观者的优先性也内化在行动者当中：除非从外面来打量我们自己，我们就看不到也不能评价我们自己；那也就是说要对我们的自我

---

[32] 贝克的评论颇为有益："我学着从他们的交流中发现，他们的情感是什么，他们归因于我的情感是什么……以近乎相同的方式，我学习交流我的感受。两种整体有一个共同的部分，亦即，处境……我的自我知识和另一行动者的知识是提喻法。我感受到了我自己的情感，却感受不到另一人的情感，但我知道了：它们是什么；它们被称为什么；通过观看其他人对具有相同的情感激发特征的公共世界的反应，听他们说了些什么，并讲出同样的话语，它们怎样得到适当的表达。" *The Actor and Spectator*, pp. 64-65.

或他人采取一种评价性视野。[33] 道德自我意识要求我"好像把自己分开成两个人"(Ⅲ.1.6)。[34] 内在的或理想的法官仍为一旁观者。想象保留了这个旁观者的优先地位——成为"公众"的替身。所以,戏剧性关系就内化了;我们变成了自己的公众。

结果是,对于他或她的情感,行动者没有任何专门的认识论途径;如果抛弃旁观者——抛弃公众、抛弃共同体、抛弃人类,他就没有了认识自己情感的路径,甚至,除非以旁观者或他人为媒(语言自身就是一个公共现象)。斯密也表明,关于衡量行动者一方表达痛苦之合宜有度,或是评价旁观者怜悯之合宜水平,任何对尺度的声明都不能在理论层面得到维持。再说一次,其尺度是原则上的公众,以及只有旁观者立场提供必需的视角。这是斯密回应任何行动者立场优先运动的底线。

当然,关于道德情感的形成,这一哲学上的回应并非必然具有决定性意义,因为在一种同情文化中,人民仍然坚持对同情本性的错误认识。我们有时候会放弃旁观者视角,自私和自恋主义总是一种固有的倾向。我们自私的激情会令我们在伦理上无知,令我们的社会破碎。颇为反讽的是,同情也会以稍早描述的方式堕落,并被用来反对自己。这就是为何道德教育,以及由此实现的对想象、同情的正确塑造是实质性的。对自私情感的自我控制要求我们理解良好地规制自我与从外边审视自我之间的联系,它

---

[33] 我们永远无法审视自己的情感和动机,我们永远无法形成与它们有关的任何判断;除非我们走出我们自己的自然处境,并努力把它们看得离我们有一段距离。但是,除了努力用他人的眼睛来看它们,或者像其他人那样看它们,我们没有任何其他的方法能够做到这一点。

[34] 这个主题在斯密的时代已得到很好的确立。比如,参见沙夫茨伯里对德尔菲铭文的注释:"认识你自己;也就是说,分裂你自己,或者成为两个人。如果我们做出了正确的分裂,那么我们内心的一切当然能够……得到正确的理解和审慎的管理。" Pt. I, sec Ⅱ of *Advice to Author*, in vol. I of *Characteristics*, p. 113.

自然受到我们从相互同情中获得的快乐的鼓励。[35]我们其他的激情,以及同情的情感与理解的交流,更不用说在"孤独处境"中获得自我属人造物的不可能性,它们都将我拉向了社会性一边,并且远离了意义(1)和意义(2)上的自私。斯密的快乐和痛苦原则(在第三章讨论)有助于解释,为何他人的判断和道德法则倾向于"坚守";即便行动者的自利(狭义理解)表明,违反规范于他们有利。

六 孤独的悲怆与同情之美

> 如果有人试图揭去正在舞台上表演的演员的戏服与妆容,向观众展示其自然的容貌,那他不会毁掉整部戏剧吗?难道所有观众不会立刻向这样一个疯子丢石头,把他逐出剧场吗?……恰恰是这种欺骗,这种伪装,吸引了旁观者的注意力。现在,可朽之人完整的一生,如果不是一场戏剧,它是什么呢……?
>
> 德西迪里厄斯·伊拉斯莫(Desiderius Erasmus)[36]

我回归同情问题,作为对自私诸问题、缺乏关爱或怜悯问题,以及共同体碎片化与解题等问题的回应,从而对这一讨论进行总结。对斯密的人类命运图景来说,领会这一事件的内涵非常重要。我们可以根据同情试图逃离什么,以及它试图提供什么,来理解同

---

[35] "关于是什么,或应该是什么,或依据特定条件应该是什么,在许多情况下,其他人的情感是压服那些叛乱的动荡激情,进入无偏旁观者能够进入和同情的性情的唯一原则。"(Ⅵ.concl.2)
[36] *The Praise of Folly*, trans. C. H. Miller, New Heaven: Yale University Press, 1979, pp. 43-44.

情在我们生活中的核心地位。**悲怆**（*pathos*）内在于人类处境。如果没有观众看到我们拥有某种人格形象，如果我们不能注意到，我们正被观察，那我们就不会获得任何人格形象。没有了社会赋予我们的面具，我们就不再是我们自己。但是，那张面具既有所揭示也有所隐藏。没有面具，我们就不能是面向自己或他人的演员，也不能作为人或道德自我存在。在此意义上，人类生活在根本上是戏剧性的。它并不简单地意味着，我们实际如何不可被认知；而是说，如果我们不为旁观者所知，我们就**没有**被认知。原本被社会隐藏起来的品质就属非人范畴（subhuman），如那身处孤独之境的不幸造物的快乐、痛苦与激情。我们怀疑，我们并没有一个隐藏起来的自我。这种怀疑好像是最高程度的恐怖。我们可能会在根底上怀疑，我们什么都不是，我们没有任何"实体"，只不过是一"阴影"（斯密在VI.ii.1.1处使用了这一术语）或集体"虚假想象"臆造的事物；亦即，在由旁观者想象带入生活之前，它们内在地就像鬼魂。

在这种处境下，悲怆就走向深入了：因为有了面具，我们就部分地向他人和我们自己隐藏起来了。[37] 人们戴的面具自然表明了内在与外在自我的区别；其困难是，根据这一论述，没有外在自我就不会有内在自我。我们渴望同情便是渴望取下面具，渴望如我们所是那般被人理解。我们所有人都渴望变得像爱人一般，

---

[37] 就像马歇尔说的那样，在斯密的架构中，在自我与其自身以及其他自我之间存在一种"戏剧性的距离"（*The Figure of Theater*, p. 180）。马歇尔强调戏剧性生活观所必需的"激进分化、独立，以及人的孤独"（p. 170）。在斯密的论述中，我现在强调，行动者与观众已经被深刻地连接在一起了。在《致达朗贝尔论剧院的信》中（以及在其他地方），卢梭对剧院的批评聚焦于自我的外在化，人与人之间的距离，以及观众和演员的超然与冷漠的可能性，这些都可以归因于剧院，以及剧场式的社会关系。相反，斯密则以客观的方式来看待德性，并在旁观者、行动者的同情性调整中来看待共同体的可能性。

与他人连接起来，因为"人类幸福的主要部分源自于爱的意识"（Ⅰ.ii.5.1）。就像斯密告诉我们的那般，成熟部分地包括，承认面具绝不会脱落，以及既然其他人不能怀着与你相当的激情进入你的世界，那么它也不应该被摘下来（如果我们因此可以这么说的话）。我们渴望得到他人的爱，这种渴望必然也应该有一部分得不到回报。自我控制（self-command）包括控制被旁观者认知的热望。所以，对斯密而言，自我控制是一种主导德性。

在书的末尾，斯密评论说，我们迫切地希望被人相信，这也是在此方向上说服他人同情我们，在我们的自我评价中追随我们的一个步骤。斯密认为，语言自身能够建立在此欲望之上。[38] 尤其是，在政治语境中，这将变为：说服他人，让我们来领导他们。正如我们将会看到的那般，经济领域的动力有一彼此关联的源头。被爱并非被相信（to be believed），而是被信任（to be believed in）——站起来，并得到承认。相反，彻底排除人类共同体使我们退无可退。没有说服力、不受信任，以及不被人爱恋，我们有一个面具，却不能确信，是否有人戴着这面具的某一面；亦即，我们被遗落在"孤独的黑暗"里（Ⅲ.3.39）。[39] 斯密悄悄地排除了这样一种可能：灵魂对神或好的形式（a Form of the Good）之理

---

[38] "期待被相信的欲望，说服、领导或指引他人的欲望，似乎是我们所有自然欲望中最强烈的一种。也许，它是语言官能、人性的品格能力得以确立的直觉基础……领导或指引的巨大野心，和获得真实优越地位的欲望对人类而言似乎全为特殊，演说也是野心的大工具，以便获取真实的卓越性、领导、指引他人的判断与行为。"（TMS Ⅶ.iv.25）

[39] 在Ⅱ.ii.2.3，斯密勾勒出悔恨（remorse）的框架——"在能够进入人类心中的所有情感中，它是最可怕的一种"——"那些违反更加神圣之正义法律的人"感受到它们，尤其是罪人排斥了一切与他人的共同感受。他"不敢再从表面上看社会，而是想象自己遭到拒绝，被抛掷到所有人类情感之外。他不能希望获得同情的安慰……"违反正义原则之辈渴望孤独，可实际上他又不能忍受它，并被"孤独的恐惧"驱赶着回归社会，"怀带着羞耻，受到恐惧的烦扰"。

解能够实现一个"更高的自我"(higher self),以取代对同情的迫切需要。他也排除了这样一种可能:我们能够被理解为"不完整的",或是有缺陷的,或是某种更高存在的影像,而是说,我们相对其他每个人都是不完整的。所以,他的策略就不是柏拉图或亚里士多德意义上的目的论。它也无意调适浪漫的"个人主义",使之产生如下效果:我们每个人都内在地有一个需要借助个人选择来实现、塑造的真实或可靠的自我。的确,内在的无偏旁观者将提供宽慰,但是,作为同情自身的一种特殊活动,它概括了暗含于行动者与旁观者之间的同情中的结构。

在那一点上,没有思想家能够像斯密一般富有辩证性。他的论述从始至终都有一条核心原则:好可以是坏的意外结果。同情不仅允许我们逃避自私的痛苦(在分裂无法弥合的意义上),这样做的时候,同情也回应了从对和谐的理解中兴起的无私快乐。无私快乐的问题在该书第一句话就被提出,然后在第二章中又被即刻采用("论相互同情的快乐")。人们可把这种快乐称为美学性的,因为它由对自我与他者之间的和谐、对称,以及和平的理解构成。[40]"合宜"这样的关键术语已经指出了,斯密的伦理学在多大程度上是美学化的。简言之,在我们的生活中,同情的牵引力证明了我们对美的爱。在《道德情感论》里,美是一个随处可

---

[40] 当斯密反思自己值得称赞的行为时,他就对勘了悔恨(见此前的脚注)与有德之人感受到的情感:"当他想到它时,其内心就充满了快活、安详,以及沉着。他就与所有人维持了友谊与和谐,并用自信和仁慈的满足来看待同伴,以确保自己配得上他们最好的评价。"(Ⅱ.ii.2.4)在此书较前部分,斯密谈及了行动者的愿望,即旁观者的情感与他自己的情感"保持一致",因此宽慰了行动者;行动者也需要削弱其情绪,使之缓和,从而与旁观者的情绪保持"和谐与一致"。那种一致(由旁观者决定)就是正确的情感强度,并构成了"合宜"。行动者与旁观者情感间相互契合,即便并非"一致",也"足以实现社会和谐"(I.i.4.7)。

见的主题，并在第四部分得到专门讨论（在第四部分，两章的标题都提到了美）。同情之美自身即为对整全和自我超越的承诺。

无私快乐与美的主题都向后指向柏拉图（通过伟大的现代柏拉图主义者沙夫茨伯里），并向前指向康德的"无目的的目的性"观念。在此关节处，我强调所谓的"同情之美"。就在描述完我们"被人相信之欲望"以后，斯密评论说，"交流和社交的巨大快乐不仅源自情感和观点的相互契合，也源自某种心灵和谐，就好像多种乐器相应相和，保持着彼此间的节奏"（Ⅶ.iv.28）。对同情的渴望是我们恐惧不可衡量之物的另一个面向：一面渴望成为整体的一部分，另一面则害怕成为无有之物的一部分。对立面的这种相互依赖是斯密所谓"自然经济"（Ⅱ.i.5.10）的一个好例子，它不仅强调我们日常的"想象中位置的改变"，也强调了斯密试图在其政治经济学中描述的交换。

第三章　激情、快乐与无偏旁观者

> 所以，我满足于幻想和意见，寻找想象的来源和基础。因为在这里，热望（appetites）和欲望（desires）都是编造的，他们从中获得了他们的特权和货币。
>
> 沙夫茨伯里[1]

斯密的道德情感理论使情感在人类生活中处于如此核心的位置，以至于一瞥之下，我们就被认为不过是情感的造物。斯密区分了源于身体的情感和源自"某种特定习性或想象习惯"的情感（I.ii.2.1）。考虑到那些源自想象之激情的巨大影响，更不必说想象在同情中扮演的角色，我们也可能会用一定程度的确定性说，想象是我们得以塑造的"来源和基础"。情感、想象、理解是如何联系在一起的呢？情感或激情是如何变成"道德"，它们又是如何腐败的？在这一章，我将继续考察斯密关于这些问题的观点，以及与之密切相关的主题：快乐与痛苦、德性之爱、无偏旁观者。

---

[1] "Advice to an Author", Pt. III, sec. II, in vol. 1 of *Characteristics of Men, Manners, Opinions, Times*, p. 207.

一 激情、想象与快乐之腐败

激情与想象

斯密对想象的看法强调了想象的创造能力;它既借取自休谟对此主题的处理,也拓展了休谟的处理。[2]"源于身体的激情"范畴(或者简而言之,"身体性激情")具有悠久的历史。第二类一般性范畴,即"源于想象的激情"(或我所谓的"想象的激情")在某种程度上令人惊讶,因为在这里,想象取代了早期传统(尽管其含义有所改变,但仍能延展至笛卡尔)将会涉及的"灵魂"。[3] 就现象学而言,在斯密的论述中,区分这两类激情的关键似乎是,身体性激情被认为是身体性情感或物理状态(比如一个空空如也的胃,或是一个裂开的伤口)的表达或结果;然而,这并非心灵状态的情况(比如恐惧和希望),至少在日常经验的水平上不是这样,因为心灵状态取决于想象的工作。[4] 进一步说,相比起身体性激情,想象的激情更容易得到他人的同情。

---

[2] 与此观点相关的有益讨论,请参见 D. D. Raphael, "'The True Old Human Philosophy' and Its Influence on Adam Smith," in *David Hume: Bicentenary Papers*, ed. G. P. Morice, Edinburgh: Edinburgh University Press, 1977, pp. 23-38。拉斐尔总结说,"关于想象在道德判断中的作用,休谟与斯密都说了许多启蒙性的论述;并且,我想,在这个特别的主题上,斯密甚至比休谟更富有洞察力"(p. 37)。也可参见 M. J. Ferreira, "Hume and Imagination: Sympathy and 'The Other'," *International Philosophical Quarterly* 34 (1994), pp. 39-57, 另可参见我在第八章中关于想象的评论。

[3] 我尤其指涉笛卡尔的《灵魂的激情》(*Passions of the Soul*)。斯密讨论了理智情感与德性,但是在一种非道德的语境下讨论的。我将在第四章回到这些问题上来(sec. 1)。

[4] 我没有看到,斯密会特别地受如下观念困扰:"心灵状态"附着于身体状态,并与之难以分离;或者他会认为,努力为激情与心灵的运动提供物质(神经心理学)条件的努力有什么错误之处。现象学观点抓住了日常经验层面,在这个层面上,这两种激情的区别呈现了出来。

对于自我引导的人类能够获得的一切而言，想象与激情的关系是其中的关键。[5] 尽管激情为自我引入了一个不可消除的被动性因素，但激情也能被想象塑造和引导，想象自身也能被教育和引导。斯密并未清晰地联结道德与"自治"（autonomy）——他并未使用过"自治"这一术语；他也并未清晰地联结道德与自由立法的"意志"（will）的观念——"意志"是他甚少使用的术语。然而，他的理论坚持为行为能力（agency）或自决（self-determination）留下一席之地。通过想象在旁观者立场进行自我反思的能力，以及与那一立场保持一致的能力，人们能够引导其行为，塑造其品格。有一类激情受想象"观念"的引导，这已经指出：对斯密而言，情感在某些方面是认知性的。信念是情感的部分或片段，信念可能正确也可能错误，可能充分也可能不充分。斯密因此能够谈论错误的或不充分的情感；的确，从旁观者立场对行动者进行理性批评的整套观念都受到这种情感诠释的支持（我将在这一章和第五章回到这一点上来），他确切地谈到，为了更加接近德性品质、行为的标准，我们对这些情感予以修正。

难道斯密认为，激情有其自然限度吗？很清楚，想象让我们超越物理限度，亦即，胃吸收食物的能力，或身体维持其功能所需要的卡路里数量。想象精心地阐释甚至拓展了我们大部分身体性激情：这两类激情相互作用。的确，斯密谈到，如果不理解激情如何因想象扩张，以及想象在何种意义上是"社会"现象，我们就不能理解人类生活，所以，也不能理解驱动商业的力量。在

---

[5] 克罗普西误解了内含于源自想象之情感观念中的自我运动（self-motion），并因此走向如下观点：对斯密而言，所有行为都源自情感。克罗普西推测，斯密无力阐述道德判断与道德动机，因此他"陷入那类最严重的前后矛盾"之中。*Polity and Economy*, p. 17.

对激情的论述中,他赋予想象的重要作用似乎表明,"人性"是可以延展的,至少在具体的激情中如此。激情的适宜强度并非诉诸自然决定,而是诉诸无偏旁观者的判断决定。

斯密并没有清楚地说出这些,但是,他的激情分类法倾向于穷尽一切。当然,这与如下主张并不相同:在每一范畴当中,特定激情的容量都是有限的,甚至特定激情的模态(modalities of specific passions,例如恐惧)也是有限的。激情并非在本质上就是好的或邪恶的;论及身体性激情时,这一点尤其值得强调。我们并不能适当地赞美或谴责这些激情,而是赞美或谴责对它们的表达。所有激情都同等自然;斯密并未将它们分割为自然的与人为的。进而言之,他在这里没有给诸激情进行分级排位——比如,依据其理性程度。他否认,身体性激情因为分有"粗鲁"(the brutes)而位阶较低,既然我们也与动物分有许多不那么粗野的激情,比如感激(I.ii.1.3)。我们并未从书的这一节得到一种关于自我的等级观点。

就像我们已经看到的那样,多样的激情按照不同的方式进行交流。有些激情(比如悲伤和快乐)的扩散几乎毫无感染力——这提醒我们注意休谟的同情观念,有一些则仅仅在慎思之后才得以传布(比如一人对另一人感到愤怒时,旁观者产生的共鸣)。身体性激情比想象激情的传播更具难度,结果是我们普遍要求对前者比对后者有更多限制。就像我们在第二章注意到的,我们通往他人世界的进路——他人情感、"故事"、视野的情景——是通过想象获得的。我们对另一人身体性痛苦与快乐的想象同情远不如他的自身感受。一种全然物理性的条件,一种存在状态能通过想象描绘出来,却不能令旁观者完全进入其中;旁观者能在想象中重新经历围绕那一条件发生的"戏剧"。让我们重述斯密的思想:

我们不能仅凭想象一个饥饿之人的处境就变得饥饿；然而，当我们想象另一人的可怕处境时，我们却会变得惊恐。同情的想象并不仅仅是再现或再生产。它也是叙述，总是寻求进入或充满另一情境，并将事情归拢为一个前后连贯的故事，所以，它也将带着旁观者走出自我，走上更大的舞台。在另一方面，它也是一种诗意的追寻。这也有助于进一步解释，为何在《道德情感论》中，从第四段开始，斯密要如此频繁地提及戏剧与文学。同情理解或想象位处社会性与道德评价之核心，文学则能够例示它们的某些本质。

身体性激情有饥饿、渴、性欲，以及其他情感热望或感受（比如某种快乐或痛苦）。就像我们已经提到的那样，我们根本性的身体上的分离严重限制了我们同情这类情感表达的能力；结果，我们理解了那些符合美德性情之情感的命令。有些行动者具有相同的情感，与他们的经验相比，我们期待这一命令的程度要高得多。斯密曾经提到，审慎的德性在于按照健康和财富的要求来生活，亦即，以无偏旁观者认可的方式来满足身体性激情。在书的第六部分（在第六版和最后一版增入），斯密再次讨论审慎问题，并将"安全"作为它的主要目标提及（Ⅵ.i.6）。那并不是它的唯一对象，斯密更深入的思考清晰地阐述了：审慎是一种首先包括在自私激情（the selfish passions）中的德性。自私激情（我将简要地加以定义）和身体激情的边界彼此重叠，因为自我关心的一个目标便是关注自己的生活与健康。这并不是说，审慎与道德彼此冲突。实际上，斯密区分了激情的类别，以及由无偏旁观者决定的各类德性的适宜领域。

斯密将想象的激情分为三种类型："非社会性的"、"社会性的"，以及"自私的"。他的讨论暗示，这一三分法已经详尽无遗了。尤为重要的是，非社会性激情是仇恨（hatred）、气愤（anger）、愤怒（resentment）等。这些是非社会性的，因为它们"驱使人们彼此分离"，或假设他们因此被驱使着分离（I.ii.3.5）。对正在经历此类情感的双方，以及旁观者而言，它们令人不快。所以，旁观者期待，至少在情景的所有面向都被考察之前，它们能够得到很好的控制。行动者的气愤与愤怒会给人带来痛苦，因此难以被同情。但是，如果我们调查了它们的原因，旁观者若能赞同它们，旁观者就期待行动者在合宜的水平上来进行表达（不能充分表达它们也可能成为诟病的原因）。令人惊讶的是，正义建立在非社会性的基础上，所以，这些激情是"必然构成人性品格的诸多部分"，对个人与社会都颇为有用（I.ii.3.4）。旁观者最为推崇对愤怒或气愤的正当表达，当其表达大度且"谨慎有据"时，它就不会消灭人道感受（sense of humanity）（I.ii.3.8）。这也是诸激情彼此叠合的另一事例（非社会性的愤怒激情与社会性的人道激情）。[6]

虽然非社会性激情需要来自旁观者的一种分裂的同情，但社会性激情引出了一种"双重同情"，使这些激情变得特别适意与合宜（agreeable and becoming）。这些激情或感情包括了大度、人道、友好、同情、相互友爱与尊敬。它们令旁观者感到如此适意，以

---

[6] 关于愤怒与气愤，斯密在许多点上进行了讨论，包括因受到伤害、经历痛苦引发的愤怒，与被无偏观者认可的正当或正义的道德性愤怒之间的关键区分。斯密在这些节点上的讨论在巴特勒主教（Bishop Butler）的《十五篇布道》（nos. 8-9）中都有所预见。巴特勒区分了"突然的愤怒"和"确切有据的愤怒"（后者为"慎重的气愤与愤怒"），并将慎重的愤怒与"共通感受"联系在一起，正如斯密将道德愤怒和同情联系在一起。我们从布道 8 中引用的短语也可在巴特勒的《布道》中找到（J. Butler, *Sermons*, ed. W. E. Gladstone [1726], Oxford: Clarendon Press, 1896, pp. 140-141）。

至于"我们总是……最强烈地倾向于同情仁慈的情感"（Ⅰ.ii.4.1）。甚至，当行动者展示了太多仁慈，我们也不会厌恶他；因为，对一个需要限制好意的世界的悲惨状态，我们反而要加以哲学思索（Ⅰ.ii.4.3）。

最终，自私激情在其他两者之间获得了一个"中间状态"，因为它们从未如其中之一那般可憎，或如另一者那般得体。这些激情包括"依据我们自己私人的好运与厄运构想的"快乐和悲伤（Ⅰ.ii.5.1）。这些激情似乎不能降解为生理的、私人意义上的快乐或痛苦；自私的激情并非身体性激情，尽管它们有所重叠。或许在此语境中，术语"自私"最好被理解为"以自我为中心"之意。我们应该注意到，甚至在涉及这些激情时，在某些情形中，旁观者也准备同情，特别是对于（正当的）巨大的悲伤和微小的快乐。斯密并未在此指出，我们在多大程度上被自私的激情驱动。很可能，自私的激情位于"改善自身境况之欲求"的核心，他在《道德情感论》与《国富论》中都强调了它的重要性。斯密颇为挑衅地写道：

> 毫无疑问，每个人都天然地要求最先或首要地关心自己；因为他适于关心自己胜过关心任何其他人。他应该最先关心自己，这适当且正确。所以，相比起与任何他人相关的事物，每一个人都对与他自己直接相关的任何事物有更加深厚的兴趣：相比起落到我们身上的一次无足轻重的事故，听闻另一与我们没有特殊联系之人的死讯将更少引起我们关心，更少破坏我们的胃口，更少惊扰我们的休息。（Ⅱ.ii.2.1）

如此理解的"自私"在本质上并不是一种"恶"；实际上，它似乎是审慎德性之基础。

然而，如果行动者的自私激情表达正当地唤起了旁观者的非社会性激情，那么，无偏旁观者便不能认同行动者对自私激情的表达。亦即，当人们对自我福利的关心导致行动者伤害其邻居，其行为便不正义，无偏旁观者自然也要同情针对行动者的愤怒。与此同时，当行动者努力"以更切实的勤勉，去追求自己而非任何他人的幸福"（Ⅱ.ii.2.1）时，无偏旁观者也能够认可。斯密的无偏旁观者可能会认为：人们首先关注自己，以及与之直接相关的圈子；然后关心包括朋友、熟人在内的更大的圈子；最后才相对不那么热切地关心其同胞公民或人类，这在道德上是可接受的（Ⅵ.ii.1.1-4）。自私的、被限制引导的社会性激情的自我表达或许不会带来不正义或道德错误。

令人惊讶的是，斯密并未谈及任何此类自我保存的欲望，无论是与身体性激情相关的欲望，还是那些与想象激情有关的欲望。他畏惧死亡的解释表明，假设这种恐惧属于自私一类，那么它也是一想象的激情。[7]这反过来又开启了解释事实——或斯密所谓的事实——的大门，个人有时愿意为道德或宗教原因牺牲自己。这是斯密的理论不同于霍布斯理论的一个关键点。至少，依据人们长期的阅读，在《利维坦》中，霍布斯赋予自保激情——或更确切地说，赋予畏惧暴死的激情——以超越其他一切的特权。斯密将会把它视为一个错误。[8]他说，畏惧死亡源自人们关于死后图景的想象，但是，对名誉或值得赞美之品格的爱（这种爱也是源出想象）却能超越它。

---

[7] "然而，恐惧完全是源于想象的激情，它的不确定性与波动性增加了我们的焦虑，它不仅表现了我们的真实感受，也表现了我们此后可能遭受的痛苦。"

[8] 参见 D. Levy, "Adam Smith's 'Natural Law' and Contractual Society," *Journal of the History of Ideas* 39 (1978), pp. 665-674。

快乐与痛苦

> 当备受关注的人的原初情感与旁观者的同情情感完全一致时,它们必然最终显得是正义合宜的,并且适于其目标。相反,当他进入自己的处境,发现它们与他自己的感受并不一致时,它们也必然显得是不正义且不合宜的,也不适合激发它们的诸原因。
>
> 亚当·斯密,*TMS* I.i.3.1

为何行动者与旁观者要在彼此的情绪中寻求和谐?斯密断言,情绪或情感的相互一致,"相互同情",令行动者与旁观者都感到愉快。他将此呈现为与人性相关的赤裸裸的现实;作为行动者,我们的确发现,他人的同情激活了我们的快乐,减轻了我们的悲伤(I.i.2.2)。快乐似乎驱动着我们去寻求与他人的"同情",尽管我们不知道也没有积极追求它。在某种特定的意义上,同情的快乐产生了旁观者对行动者的道德嘉许:"如果有什么能令我们的道德观感到适意,那么它便是适当的、正确的,它便做得合宜;相反则是错的、不合适的,以及不适宜的。它们嘉许的情感便优雅得体,相反则粗鲁失度。正确、错误、适当、不合适、优雅、失度这些词不过意味着令那些官能感到快乐或不快乐。"(Ⅲ.5.5)"适宜"便是让我们的道德官能感到快乐,而且它们是通过同情激发出来的。在斯密对道德情感的解释中,快乐与痛苦有巨大的影响。[9]的确,"快

---

[9] 在这里,就像在其他地方一样,休谟在背景中并不遥远。请考虑 *T* 574,"人类心灵的主要源泉和现实原则是快乐或痛苦……";"我们已经观察到,道德区分完全依赖于某种特定的苦乐情感"。

乐"（pleasure）这个词出现于《道德情感论》的第一句话以及第二章的标题（"论相互同情的快乐"）。

嘉许的情感奠基于适意的同情，这种理论对批判保持开放。实际上，休谟就对斯密提出了批评：对行动者之痛苦的同情在旁观者身上产生了一种痛苦的共通感受，因此不可能快乐。[10] 尽管斯密同意，同情能够像传递快乐一样传递痛苦，（同情沟通何种情感）取决于给定环境中发生作用的情感类型；但他又补充说，旁观者在旁观者（可能并不适意）的同情情感与行动者的情感之间"观察到完美的一致"，从中产生的情感总是快乐或适意的（I.iii.1.9）。这第二类快乐（如果我们这么称谓它们的话）为行动者和旁观者都提供了努力理解彼此，以实现"相互同情"的动机（并不必然是唯一动机）。斯密以美学的方式来理解我们从相互同情中获得的快乐，认为它是对和谐、一致、体系和平衡的无关利益的吸引力。它不是"单纯的快乐"。所以，甚至日常生活中的普通换位也在一定程度上证实了自我的超越。对斯密的论述来说，此柏拉图式论题是关键的（假定他最终要将之推向反柏拉图的目的）。打动我们的那种美表明：我们不是狭隘地"自私"，我们对和谐之乐的日常欲求超越了狭隘的审慎算计。

人们会反对说，快乐打破了行动者与旁观者之间的不对称，

---

[10] 参见休谟 1759 年 7 月 28 日写给斯密的信（*CAS*, pp. 42-44）。正如休谟所说，当我们像同情快乐一样同情痛苦，那么"医院将是一个比舞会更加令人快乐的地方"。关于休谟问题带来的挑战，尤为好的作品是：E. Heath, "The Commerce of Sympathy: Adam Smith on the Emergence of Morals," *Journal of the History of Philosophy* 33 (1995), pp. 447-466。希斯（Heath）常常注明："当同情并不能通过自然联合产生，那么预期的同情快乐就提供了在想象中考察处境的动机。这一动机可能促使人们改变自己对事实的表达，更加密切地关注事实，或者采取我所关注的行动者的价值与偏好。"（I.i.4.2）(p. 460)

因为旁观者和行动者一样，被和谐所承诺的内在快乐吸引。然而，斯密在行动者的观念中建立起一种更大的嘉许或赞颂的需要，但旁观者在同等程度上是感受不到的。再一次，剧场模型在此颇有助益。只有行动者认为有必要获取旁观者认可，依据这个模式，行动者在相关的语境和时刻中行动，并因此服从道德评价。[11]旁观者则不会经历如此强烈的对安心（relief）的期许或需要。更进一步，行动者在对象层面的情境中经验快乐与痛苦；旁观者则不能，至少不能在同等程度上经历。行动者的情感是忙碌的；行为和语境"以特定的方式影响"行动者，比它影响旁观者更为迅捷（Ⅰ.i.4.5）。行动者的情感与真实处境有关，旁观者的同情情感则伴随着"一种隐秘的意识，环境的变化……不过是想象"（Ⅰ.i.4.7）。行动者比旁观者更多地处于危险之中，对情境也更加"投入"。所以，相比旁观者，行动者必须更加努力，以赢得旁观者的同情认可。斯密假定，在正常状态下，旁观者并未如此深刻地观察或想象他人的处境，以消除"隐秘意识"。易言之，我们的自然独立（natural separateness）结出果实，造就了旁观者的疏离，并通常制约着与行动者完全等同的任何倾向。大概情感共鸣之乐彼此有所不同，从而保持不对称。

　　行动者对同情之乐的期待伴随着避免孤寂之苦的强烈欲求，这一点看似清晰；然而，旁观者受到想象的自然倾向引导，进入他人的处境，也从情感和谐中获得无私的快乐，并受其引导。这有助于解释，为何源自相互同情的精神快乐是德性的助产士。为获得相互同情需要付出不同种类的努力，它们的差异构成了两类

---

[11] "备受关注的那人（行动者）意识到了这一点（旁观者不能在同等强度上感受到行动者的情感），并同时激烈地欲求一种更为完整的同情。他期待着那种宽慰，除了内在旁观者情感的完全一致，没什么能为他提供这种宽慰。"

德性之根基——我们称之为"行动者德性"与"旁观者德性"。前者普遍要求人们降低自己的激情,这比后者的成就更加困难、痛苦,后者普遍要求人们强化自己的激情。旁观者意欲进入行动者的情感,遂产生了"温和"德性,那些"公正的屈尊与放纵的仁爱"之德性;行动者想要将自己的情感调低到旁观者能够同情的水平,从而产生了"伟大、严肃、令人尊敬的自我否定或自我统治"——与控制激情相关的德性(I.i.5.1)。

斯密承认,在一定程度上,第二阶的快乐能够影响第一阶的快乐或痛苦。例如,行动者的悲痛能够因同情而减轻,其快乐则可因同情而被激活(I.i.2.2)。彼此间的一致在多大程度上可能与可欲取决于其中快乐与痛苦的种类,以及彼此的混合。首先,与痛苦的情感相比,我们更倾向于同情快乐(或适意)的情感;与其快乐情感相比,行动者也更强烈地渴求获得对其痛苦情感的同情。人们自然而然偏好快乐甚于痛苦,两种倾向都源于此。"快乐是一种令人愉悦的情感,只要有一点小事,我们就会欣然投入其中。所以,每当我们没有因嫉妒而怀有偏见时,我们也乐意同情别人的快乐。但是,悲伤是痛苦的。甚至,当我们自己遭遇厄运,我们的心灵也自然地抗拒和退缩。"(I.ii.5.3)当我们被说服,赞许行动者的情感,我们的同情便趋向于"非常强大且非常真诚"(I.ii.5.4)。但是,如果行动者的悲伤源自一个受伤的脚趾或是一位唠叨的妻子,那么(斯密说),我们甚至可以取笑它。作为旁观者,我们将要说,行动者的悲伤是失度的;其痛苦不值得我们进入。

进而言之,旁观者的共通情感更有可能接近行动者愉悦的而非痛苦的情感。旁观者自然完全适当地倾向于沉浸在适意的情绪中,却不会倾向于沉浸于痛苦情绪当中。当旁观者的确分有了行动者的痛苦情绪,对旁观者而言,其共通情感绝不会像行动者那般强烈。斯密认为，这是事物自然的仁慈架构的部分。[12]

痛苦，无论身体还是精神的痛苦，都是"一种比愉悦更为强烈的感受"（I.iii.1.3）。对斯密的道德心理学及德性理论而言，这一简单的观察是根本性的；并且，对斯密而言，它与突出的战争、派系及冲突问题捆绑在一起。对行动者而言，痛苦的"刺激"使逃避痛苦比享受愉悦更为重要。作为旁观者，尽管我们赞扬对愉悦有节制的追求；但如果有人能够控制对痛苦的表达，我们则给予更高的赞美。我们发现，如果行为人的自我控制使之展现出强烈的，甚至是英雄般的悲伤，我们则可以完全认同。我们完全认可那一程度的悲伤，并且，当我们认识到他付出的努力时，我们会为之震惊。在这些条件下，行动者的自我控制（斯密在这里引用了苏格拉底临死时的自我控制）要求获得我们的崇拜。我们为苏格拉底的命运抹泪，或许在这些发自内心的情感中获得了某种愉悦。但是，如果苏格拉底那天情不自禁，放声大哭，我们将非常小瞧他（I.iii.1.14）。当然，行动者与旁观者诸德应当在同一个人身上结合起来。但是，就像斯密的论述表明的那样，它们并不能获得同等程度的认可。行动者诸德更为困难，所以，在《道德情感论》中，斯密为它们奉献了比旁观者诸德更多的关注与赞美，正如其对斯多葛圣人的讨论表明的那样。

我们对身体愉悦和痛苦的反应不同于我们对灵魂愉悦和痛苦的反应。既然我们不能直接感受或准备想象其他每一个人的快乐与痛苦，我们就会发现难以同情其他人的快乐与痛苦，在任何情况下，我们和他们的共通情感与行动者经历的情感总是很不成

---

〔12〕"当自然让我们感到悲伤，她似乎认为，这样已经足够，因此除了那些必需的促使我们摆脱它们的事物，自然并未命令我们在其他事情上采取更进一步的行动。"（I.iii.1.12）

比例（Ⅰ.ii.1.5）。结果，我们普遍期待他人节制其身体快乐的表达，更加节制身体痛苦的表达："我们持久、耐心地忍受身体痛苦是合宜的，我们对身体痛楚只有微弱的同情便是此合宜的基础。"（Ⅰ.ii.1.12）灵魂的快乐与痛苦——正如斯密指出的，那些源自想象的痛苦，能够更加轻易地被分享："我的想象更容易受影响，对那些我熟悉的人，我也更容易假定——如果我可以这么说——其想象的形状与构造。"（Ⅰ.ii.1.6）相应地，文学的悲剧关注他们自己的生理苦乐，视之为开发本性适意与不适意的非生理性情感、激情的情形。的确，斯密论称，身体上的痛苦比精神的痛苦更易于忍受；至少前者比后者能更快被遗忘。我们容易忘记可怕的牙疼，并很少能够想起曾经有多么疼痛难忍；但受辱之苦会在很长一段时间里驱赶着人们。

斯密评论说，"无论痛苦与快乐的原因为何，或者无论它们如何运转，在所有动物中，它们都是能够立即激发感激与愤怒激情的对象"（Ⅱ.iii.1.1）——在他的论述中，激情如此紧密地与仁慈和正义诸德相联系。正如愉悦和痛苦以不同的方式、程度令激情转变，旁观者同情它们、嘉许或贬弃它们的意愿也多有变化。[13] 怎样才能恰合中道呢？这部分依赖于旁观者感受到的快乐与痛苦，并且这也可能与行动者的经验耦合。的确，在这段里，斯密继续说，"旁观者最倾向于同情的激情"，亦即，旁观者认为最适意、具有最高合宜性的激情，正是那些"能够立即感受到，令主要相关人或多或少感到适意"的激情。所以，友爱令行为人愉悦，也

---

[13]"在某些激情中，过度比不足较少令人不快；在此类激情中，合宜点似乎很高，或者相比起过度，它更接近不足。在其他激情中，不足比过度更少令人不快；在这些激情中，合宜点似乎较低，或者相比起过度，它更接近不足。"（Ⅵ.iii.4）

令心生同情的旁观者快乐；然而，仇恨则令彼此都感到痛苦。所以，愉悦与德性、痛苦与邪恶似乎在这个架构上彼此协调。但是，各组的每一方中，术语之间的关系不应被降低为一种因果性关系。

最后，斯密区分了理论与实践事物中愉悦和痛苦的反应。他说，理论争论中的分歧不会特别打动我们。如果某人具有超绝的理智能力，对其仰慕引发的愉悦情感并不会真正影响我们，亦即，它不会让我们产生道德嘉许或贬抑。相反，当激情被吸引，同情进入，愉悦和痛苦的激情就被认为强烈而重要。理论问题严重依赖理智想象的工作，并因神秘或不一致而激起某种痛苦（惊奇、困惑、缺乏宁静之痛）。当我们掌握了一种优雅且成体系的综合体、某难题（*aporia*，困难或疑惑）的化解之道，或是赞同、推崇其他某种理论，我们就获得了特别的愉悦和满足。但是，在这些问题上，道德激情并未参与进来，因为想象并未受到动员，以发挥其"同情"功能。为了理解对象问题，或对话者正在争论的内容，我们无须与他人交换位置。理论化的愉悦引导理论德性，但在斯密看来，总体而言，它不会产生行动或需要道德激情。

快乐的腐败：伊壁鸠鲁论题

> 当风儿在大海上推搡着浪花，你在陆地上看着他人大战，这是多么甘甜。你感到快乐或欢欣，并非因为任何人应当遭受苦难，而是因为，你认识到自己不用遭受那些厄运，从而心生甜蜜。
>
> 卢克莱修[14]

---

[14] *De rerum natura*, 2.1-4, trans. C. Bailey, Oxford: Clarendon Press, 1947, vol. 1, p. 237.

在其德性理论中，斯密为伊壁鸠鲁的审慎原则找到一处位置。伊壁鸠鲁的享乐主义是否会在其道德心理学中发挥作用，他对此不置可否。尽管如此，斯密对快乐与痛苦的强调表明，在他关心的问题上，他也借用了伊壁鸠鲁。或许是为了谨慎起见，斯密并未强调这一点。斯密将幸福与宁静（tranquility）联系起来，并将之与享乐联系起来；因此强调了其视野中的伊壁鸠鲁背景。斯密称，伊壁鸠鲁的体系与他自己的体系绝不一致（Ⅶ.ii.2.13），但给出的原因却是伊壁鸠鲁的结果主义，以及斯密的如下坚持：道德认可主要源自同情，而非对效用的计算。也就是说，伊壁鸠鲁犯下了哲人的错误，强使实践与理论模式相符。然而，斯密也评论说，"所以，根据伊壁鸠鲁，身体的舒适、内心的安全与宁静构成了最完美的人性状态，以及人类能够享受的最完全的幸福"（Ⅶ.ii.2.7）。斯密会不同意吗？[15]在其关于繁荣商业社会的完整图景中，普通的审慎是一种首要德性。当描述审慎之德时，他将其描述为"伊壁鸠鲁式的"（Ⅵ.i.15）。

斯密对伊壁鸠鲁的分析看起来颇为合理。正如他的分析所言，德性在效用上能够满足行为人追求心灵宁静以及因此追求精神愉悦的欲望，德性之定义与此效用关联在一起。我们可以在斯密式的基础上对此做出控诉（尽管斯密自己并未做出如下控诉）：它将"自私"激情转变为唯一的动力之源，恰似它将一切德性都降解为审慎。他是否能够令人信服地区分快乐与自私情感，对斯密来说，这是一个问题。其通过相互同情获得愉悦的原则似乎有着微妙的平衡。人们可以论辩说，通过将愉悦绑缚于同情，它确保了旁观

---

[15] 在 I.iii.1.7，斯密用自己的声音提问："当一个人拥有健康，没有债务，有一颗明辨是非的良心时，那我们还要往其幸福之上添加什么呢？"对斯密而言，内心的宁静与明理的良心密不可分。

者不会首先为追求自我愉悦的欲望所驱动。人们也能够论证，既然斯密赋予旁观者立场以优先地位，既然在最终的分析中，旁观者似乎渴望着在同情中获得快乐（即便是无意识地），受其驱使，那么这一原则在根本上便是伊壁鸠鲁式的。

我们考察了同情与自私之间的关系（第二章）。正如我们的考察指明的那般，很明显，斯密意识到了这一问题。伊壁鸠鲁的论说认为，德性与自私相互支持。在赞扬了伊壁鸠鲁的论断之后，斯密立即转向了伯纳德·曼德维尔（Bernard Mandeville）的自爱理论，这并非偶然。这是斯密关于先辈整个讨论的枢轴，并致使他做出另一番努力，以区分自私与同情。但是，就像当他承认，旁观者必须在任何"改变位置"的行为中在场，他能够从同情中区分出自爱，他也能够坚持认为，旁观者在相互同情中的快乐并非自爱的快乐。斯密称，同情的**彼此一致**才给了旁观者快乐。在情感的和谐中，旁观者正在经历一种无涉利益的快乐。与从自己的私人善好中获得快乐，或成功说服他人按我自己的方式来看事物，并从中获得快乐相比，这并不相同。它展示了我们对美的爱，斯密也频繁地阐发音乐象征中的和谐之乐。

斯密的论述赋予苦乐的主要角色强调了其理论的一个典型特征，亦即，它常常寻求在人类生活中——在一个平常、可靠、持久，相对没有破坏性的，看似卑微的基础上——建立起令人崇敬的东西，也就是正义之德。这个战略如此令人震惊，以至于他发现有必要回应如下谴责：当他试图在愤怒这一"可憎"激情上建立起"值得赞美的"正义原则时，他就贬低了后者。他在一个长脚注中做出回应，论辩说：自然智慧的一部分正在于，不要求与人类生存息息相关的事物依赖于"我们理性的不确切决断"，因为借助激情、快乐和痛苦，"如人一般的，如此柔弱不完美的造物"

能够得到更好的服侍（Ⅱ.i.5.7）。这正是其博爱目的的一部分，这个目的由一直存在的战争与解体之可能性塑造——通过将德性建立在激情的基础上来改善人类境况。从一个角度来看，就像他意识到的那样，这好像是人类的堕落。从另一个角度来看——从他自己的角度——它是一种真正的关爱行为，在实践中而不只是在理论上改善我们境况的努力。斯密将我们在相互同情中获得的快乐与对内在一致或和谐之美的领悟联系起来，这也有助于维护日常生活。就此方面而言，斯密的道德心理学构成了其忠实于伟大启蒙道德架构的一部分。

然而，在其道德架构语境中，快乐与痛苦的"伊壁鸠鲁式"原则能够避免衰朽为相对低端的享乐主义吗？如果"值得赞美"以"可憎"的心理学为基础，前者难道不会降至后者的水平——如果没有因为两者的结合受到玷污，而仅仅只是下降的话？斯密自己也坚持这一问题，因为他讨论了此类腐败发生的三种形式。

首先，因为旁观者能比同情悲伤更好地同情快乐，并且因为几乎我们所有人都将财富与快乐而非悲伤联系起来，我们就自然地走向聚集并"炫耀"财富之路。我们体验了追求、炫耀财富，掩饰贫穷的强烈欲望。是什么让财富变得如此富有吸引力呢？斯密论称，此中原因并非它带来了生理性快乐，或必要的物质的善好；而是由于它产生了"备受关注"与同情的心灵愉悦，因为人们假定，财富所有者亦拥有幸福和快乐。在这里，我们被虚荣抓牢，它也以我们的如下信念为基础：我们是嘉许同情（approving sympathy）的对象（I.iii.2.1）。过程是循环性的：富裕（且有权势）的人是嘉许和同情的对象，因为旁观者认为他是幸福的，反过来，在很大程度上，幸福又源自于他意识到旁观者对他的同情。庸俗的同情之乐导致了近乎普遍的竞胜之苦。我们充满激情、永不止息地改善我们境遇的努力因此产生——它自身便是《国富论》的一个主要论题。此虚荣（或自爱）问题以及关于人类生活目的之真实本性的严重取向错误正是腐败的一种。

其次，由于我们寻求关注与认可的强烈欲望，我们会选择通往财富与权力的捷径："为了获得这一令人嫉妒的条件，财富的候选人也频繁地放弃德性之路。"（I.iii.3.8）当然，这也成为了一切时代道学家们抱怨的问题，斯密也满怀意气地发出了自己的谴责声音（I.iii.2.7）。

第三，向我们自己承认我们自身邪恶的痛苦使我们难以抛弃"自欺的神秘面纱"（III.4.4）。这使得我们在评价自身处境时有所偏颇："这种自我欺骗，这一关键的人类弱点，正是人类生活中一半混乱的根源。"（III.4.6）相互同情当然是快乐的，但是，我们若要配得上这份快乐就需要忍受大部分人所选择逃避的，诚实对待自己的痛苦。所以，虚荣与傲慢之恶也给了我们一种快乐（或者，至少是一种逃避痛苦的方式），它取代了由无偏旁观者立场定义的道德自我认知。

在这些方面，通往德性的唯一机制似乎也使我们远离德性。"同情"可能培育，而非抑制自私与自爱；相互同情的快乐似乎会转化为相互强化虚荣的快乐。我们将会再一次面对矛盾的前景：致力于改善我们的系统最终却破坏了自身。这支持了一再重复的，关于现代性将堕落为低级、粗俗之享乐主义的悲叹。它也是斯密认识到，并进行细致分析的危险。

那么，占有又如何能够产生德性，而非邪恶呢？斯密复杂的回答融合了对道德心理学更进一步的分析，以及对道德教育、社会机制之本性与影响的理解。让我们从道德心理学开始：他试图表明，我们自然地倾向于依据他人看待我们的方式来看待我们自己，或者依据他人对情境有所洞悉时会看待我们的方式来审视我们自己。这有助于解释，我们如何获得通过无偏旁观者之眼审看自己的习惯。如果道德教育、社会机制能够赖以建立的此种倾向并不存在，那么，普遍的相互同情快乐将会蔓延；在正常情况下，对同情的自然欲望也会迫使我们最粗暴地沉沦于自欺性的自我主义（egoism）当中；既然旁观者不会那么做，我们也就没有必要迫使相互同情超越相互谄媚。让我们接下来转向德性之乐，以及无偏旁观者。

二 无偏旁观者与德性之爱

> 尽管一个明智的人无法从对不值得赞美之事的赞美中感受到什么快乐，但是，当他在做一件自知值得赞美的事情时，他往往感受到最大的快乐，尽管他也深知，并不会有人因此来赞美他。
>
> 亚当·斯密，*TMS* III.2.7

在斯密的道德情感体系中，旁观者视角位处核心；因为如果没有此视角，情感似乎就是道德不稳定的、主观多变的基础。它们自己似乎缺乏原则，缺乏坚定的"何为正确"之观念——此观念不同于在某个时刻被认为正确的观念。我们考察了看与做之间的差异、前者的优先性，以及苦乐可能影响行为人与旁观者的不同方式。在第二章（第二节）中，我注意到，理解与思考都需要旁观者，尤其是在"分裂同情"（divided sympathy）的情境下。我们要求，行为人从旁观者的立场来观看、评价自己。这个旁观者并不能像行动者那样在同等程度上感受其情感，他首先考察外在条件，从而使自己与行为人之间适度的疏离成为必需。既然行为人必须从旁观者的立场才能做出对自己或他人的嘉许或贬斥，那么，道德判断就并非自我情绪的宣泄。斯密的道德情感理论就不是狭窄意义上的"情感主义"。[16] 作为一种"道德情感理论"，它是一种老到的情感主义（emotivism），据此看来，一个洞悉情状、明智的旁观者认为恰当（或合宜、适当、合适）的情感便是道德的。或许，这种情感主义版本非常寻常，以致在此语境下，我们避免使用这个术语反而更好。

首先，让我们转向斯密所谓"真正的德性之爱"（Ⅲ.2.7），并转向赞美与值得赞美之间的区分。然后，我们将要讨论"无偏旁观者"这一关键概念。

德性之爱

> 他清楚地知道自己做了什么；但是，或许很少有人清楚

---

[16] 比如，它并不适合麦金泰尔对情感主义的定义（*After Virtue*, pp. 11-12）："情感主义是这样的原则：一切评价性判断，更确切地说，一切道德判断都不过是偏好的表达，是情感或态度的表达，只要它们在此范围内具有道德性，或可评价性的特征。"麦金泰尔将其他的三类特征归为情感主义：（1）它有利于冗长的辩论，因为它认为，"对于任何声称存在客观性与非人格道德标准的论断，我们找不到任何有效的证明；因此便也没有此类标准"（p. 19）。（2）其社会语境就是要展示"拨除任何可操作性与不可操作性社会关系的真实区分"（p. 23）。情感主义不能提供一种基础，以便在把人当作工具与把人当作目的之间进行区分，并且，它还将道德理性彻底降为说服。（3）情感主义者自己"缺乏任何必要的社会认同"，它"没有标准"（p. 33），因此在启蒙的社会秩序内部，目的是预先给定的，唯有手段才能得到理性评价。此三大特征中的任何一种都未由斯密的情感主义版本赋予，他也确实不认为这三者中的任何一种值得欲求。所以，尽管麦金泰尔向启蒙运动发起"情感主义"批判，但如果斯密的版本获得成功，他的理论并不依赖此"情感主义"。然而，我承认，依据一种"客观"的含义，斯密的理论放弃了"客观的"道德标准。我将在第四章进一步探查此点。

地知道他自己能够做什么。

亚当·斯密，*TMS* Ⅲ.2.15

我们有一种自然的动力，想要变得富有德性吗？对斯密来说，这个问题又与如下问题捆绑在一起：我们是否自然地热爱值得赞美，而非仅仅是热爱赞美，亦即，我们是否自然地倾向于，通过无偏旁观者的眼睛来审看我们自己。如果答案是确定的，我们便获得了（按照他自己的论述）一种手段，能够克服虚荣与自爱之牵引力。如果答案是否定的，那么我们原初就是习俗造物。尽管斯密已经解释，行为人如何通过旁观者的眼睛看待他们自己，但他并没有解释，行为人如何成为道德存在。

斯密的回答是确定的，因此，他在道德体系中为"义务"与良心的观念留下了一个重要的位置。这赋予他广义的亚里士多德式德性伦理学一种有趣的康德式扭转。斯密的论点并非要说，值得赞美与谴责的规范必须统治每个人的道德自我良心，而是说，道德判断的根本结构与心理学为我们提供了区分此两者的手段，也提供了这么做的自然倾向。通过道德教育，这种倾向可得以实现，无偏旁观者的实践理性会成为我们自己的实践理性，成为我们的第二天性。我们意识到良心的"声音"。借用康德的短语[17]，

---

[17] 我们将在《实践理性批判》的分析论第一章（第31页）找到这些短语。公认的一点是，*TMS* Ⅲ.3.4听起来是康德式的，我们"自爱最强有力的脉动"受到"理性、原则、良心、胸中的居民、内在的人、我们行为的伟大裁判和仲裁人制约。每当我们要有所行动，影响他人幸福时，正是他用一种能够震慑我们最强烈激情的声音对我们说，我们只是众人之一，在任何方面都不比他人更好；当我们如此无耻、如此盲目地偏爱自己甚于他人，我们就成了愤怒、憎恶、诅咒的合适对象。唯有从他那里，我们才知道自己多么不值一提，以及与我们自己相关的一切。唯有通过无偏旁观者的眼睛，自爱的错误才能得到纠正"。

它不是"理性事实"（fact of reason），或某种内在的"道德感"（moral sense），而是一种已经获得的道德自我意识的形式。

此论点展开了对旁观者，以及自我观察的论述。就像在儿童时期，我们不仅学会如何看待、评价他人，也学会通过他人的眼睛来看待、评价自己一样；我们不仅希望因从他人身上看到了值得赞美的品质而受到赞美，也希望避免因从他人身上看到了值得谴责的品质而受到谴责。斯密的论述发源于普通道德行为者的立场，以及行为人的道德发展。

在评价他人的时候，在其他事物之间，相较于语境和相关的事实，我们也评价其意图、行为的合宜性与功用。斯密声称，当我们做出赞美或谴责时，人们相信，它们是依据我们认为这个人（或其行为）所具有的德与恶做出的。正是在此意义上，道德判断才是"绝对主义"的，或不是相对的。我们不会认为，因为我们赞美过他，那么被我们赞美的人就值得赞美。然而，在经过适当的考虑后，我们表扬了他，因为我们相信，其品格或行为的某些具体品质值得表扬。正如我们会认为，自己足以充当他人的裁判，我们也会认为自己得到了充分的判断。在赞美他人时，隐含的逻辑向行动者表明了赞美与值得赞美之间的区分。

这个区分由于另一原因得到贯彻，即我们并非总是得到了充分的评判。最直白地，当我们并非值得遭受谴责时，有时候却受到谴责（斯密在此处重述了他的观点，即，"相较于相反或相对的快乐，痛苦是一种更强烈的感受"，Ⅲ.2.15）。有时候，旁观者对事实并没有充分的了解，或对我们怀有不好的动机。社会之"镜"并不能很好地映照。这一基本且熟悉的经验教给我们谴责与值得谴责之间的差异，也因此教给我们普通旁观者对我们的看法与洞晓境况的无偏旁观者之看法间的差异。我们通过不时获得名不副实之赞美（我们秘密地知道其名不副实）的经验发现，并且斯密也论称：就像"不相称的责备……常常能够严重伤害那些极富毅力的人"（Ⅲ.2.11），"如果最真诚的赞美不能被认为是值得赞美的某类证据，那它也很少带来愉悦"（Ⅲ.2.4）。

斯密论称，我们的道德生活包括了良心、悔恨，以及愧疚的重要影响。他依赖于对如下事实的结合：我们通过他人的眼睛来看待自己；我们学会区分实际给出的赞美、谴责与应当做出的赞美和谴责；我们依据值得赞美、值得谴责的品质来赞美与谴责他人，以及我们自己；我们因此变得能够通过一个"理想"他人（一位无偏旁观者）的眼睛来看我们自己。当我们知道自己当受谴责时，悔恨与愧疚随之产生，无论我们是否真正受到了责备。通过我们在想象中描绘出来的无偏旁观者，以之为媒，我们借助自我观察就获得了这一知识。在这里，我们再一次看到，作为道德存在，我们多么彻底地被想象塑造。无偏旁观者似乎俯视戴罪者，提醒他的错误；让恐惧充斥着他——担心自己的恶行暴露；并且让他在意识到自己实际上遭人嫌恶时就会感到痛苦、愧疚。〔18〕他无法与自己相处，除非他是一非常腐败的人。斯密生动描绘出，当一个罪犯与那些憎恶他的人实现了同情时他的内心活动（Ⅱ.ii.2.3）。斯密对行为人道德良心的清晰描述颇为精彩。

我们借助同情赞许他人，此过程的自然结果便是：我们从自知值得赞美中产生自我赞许。如果这一过程是不可能的，我们就

---

〔18〕斯密写道："尽管他可以确认无人知道，甚至，尽管他能够相信，复仇之神也并不存在；但他仍然充分地感受到这两种情感，令其一生都受痛苦折磨……在此世中，一颗受惊吓灵魂的自然剧痛是阻止犯罪的守护神（daemons）、复仇怒火，令他们难享平静安宁"，甚至还使最铁石心肠的人通过忏悔和惩罚来寻求解脱。

只适于"热爱德性""掩饰邪恶",而不适于"真正热爱德性""真正憎恶邪恶";并因此只想显得适于社会(Ⅲ.2.7)。热爱德性并非热爱某位被称作"无偏旁观者"的他人的认可,而是热爱我们所同情的我们自己的一个方面。在此维度,它是一个自我与其自身之关系的问题。当我们惯于从公正无偏的立场来观察自己,我们的情感自身便得到塑造,削弱仅从自爱出发的行为动机,我们的爱便与我们对德性的爱保持一致;因为我们是自己的"无偏旁观者"。德性之爱是同情的产物。

这并不意味着:热爱值得赞美就要求对赞美保持冷漠。斯密的观点总是富有平衡。他认为,那些将我们的一切动机归结为热爱赞美的"乖戾的哲人"是不可信的;他们实际上是自爱理论家(Ⅲ.2.27)。但是,他也同意,没人能够彻底忽视不恰当的责备,或名不副实的赞美。实际上,这是一件好事;因为它使我们不至于完全忽视同伴的情感与判断。良心是内在的"无偏私且知情的旁观者",是"胸中的人,我们行为的法官和裁判",它"像诗歌中的半神一样,尽管具有部分不可朽的血统,但仍具有部分可朽的血统"(Ⅲ.2.32)。所以,"内在的半神"会"因为外在的人的愤怒与喧哗而备受震动,并因而感到迷惑"。我们是混合的存在,我们的想象也同情性地取悦真实旁观者与无偏旁观者的意见。后者能够"震慑"前者,却不能彻底压制其喧哗。很明显,斯密内在斗争的现象学得到了很好的阐发,并通过对道德楷模的观察得到强有力的支持(比如,他提醒我们,人民愿意牺牲性命来实现一种道德善好,因为他们理解自己的真实价值,或许也能想象,未来更加开化的人道将会赋予他们的名声;Ⅲ.2.5)。

社会嘉许的快乐并非绝对。如果我们虚荣并且臣服于自爱,那么它们就会统治我们。当然,虚荣的范围在人与人之间有所不同，并且在人生的不同阶段又有差异；斯密的观点仅仅是说，要在社会上生存，我们必须在一定程度上学会自我控制，并且我们也有强烈的动机在很高的程度上学会自我控制。当然，为了制衡自爱、克制因其产生的无序，教育和正确的制度秩序颇为关键。进而言之，自我嘉许令人愉悦，缺乏自我嘉许则会产生强烈的痛苦。正当的自我嘉许能带来所有愉悦中最大的一种，即内心的宁静（Ⅲ.2.3; Ⅲ.3.30, 33），然而，我们不能轻易确保实现它。当我们只考虑"放纵且具有偏颇的旁观者的观点"，倾向于听从自爱的声音时，它就受到正面的危险。

尽管如此，但清晰的是，道德上的争斗是我们的命运。"自爱的欺骗"压在我们身上："考虑到其行为的合宜，无论在行动之中还是行动之后，人类的观点都如此失之偏颇"，以致"这种自欺，这一人类的关键弱点是一半人类生活的混乱的源头"（Ⅲ.2.4）。虚荣是"最邪恶最可鄙的恶之根基"（Ⅲ.2.4），源自"想象的错觉"（Ⅲ.4.6.4）。所以，在斯密对道德经验的生动描绘中，道德迷茫是一主要论题。大部分关于内在道德生活的段落自身就是短篇故事，展示出简·奥斯汀式的感人笔触。当然，自我欺骗是一个复杂的观念。斯密使用它，因为它与其观点相适合：良心是行动者谋划与同情式想象的功能，并因而在根本上是一个自我关系的问题。正因为它与其观念相适合，那么依据自爱行动就会产生行为人努力忽视或弱化的悔恨和愧疚。由于其情感中的冲突，自欺的人倾向于展示意义不明的行为。有些人努力遮掩犯下的过错、未能实现的善好，以及撒下的谎言。斯密对他们的描绘阐释了自我欺骗。相反，在无偏旁观者之镜中观看自我的人绝不是自欺的；他与自我分离，但并不与自我对抗。他作为行动者的幸福，与作为自己的无偏旁观者的自我嘉许完美地叠合（Ⅵ.iii.50）。（我们将在第五

章重新讨论幸福与德性）

无偏旁观者

> 因为优秀的人正确地评价每一类事物，在每一种情境中，每一类事物都如实地向他呈现。因为关于何者是好与快乐的，每一种品格（状态）都有其独特的观点，并且，卓越的人也高人一截，因为他们在每种情境中都能洞见真实，看到好与快乐的标准及尺度。
>
> 亚里士多德，《尼各马可伦理学》[19]

斯密的不偏不倚原理源自他对旁观者的分析，也源自他的同情现象学。就其本质而言，我们若要深入理解其无偏旁观者观念，就要记住他对日常生活的背景描述、行为人—旁观者之区分，以及旁观者立场之优先性。

当我们过于密切地移情于行动者，我们就不再是公正的旁观者，变得对行动者有所偏狭。当我们没有充分实现与行动者的同情，体验着自己未受他人引导的情感时，我们就不再是行动者的公正旁观者，展现出对自我的偏爱。对自我与他人情感之明显要求的部分疏离是不偏不倚的一个重要因素。在一个段落中，斯密描述，行动者和旁观者通过同情产生想象的位置变化。在此段落中，他还讨论了：相对疏离的旁观者具有"公正且不偏不倚的方式"，当行动者以此方式来看待自己的激情时，他就构想出了经过反思的激情。就在这段话之末尾，斯密引入了"不偏不倚"这一术语。"旁观者"这个词引入得更早，在此书第四段就出现了，它

---

[19] *NE* 1113a29-33；插入在厄文（Irwin）的翻译中。

在那里被用作"路人"（by-stander）的同义词。直到第一部分第一节末尾，大约二十页之后，"无偏旁观者"这个词才突然出现。在此之后，斯密迅速谈到了"冷静无偏的旁观者"（I.ii.3.8）、"冷漠的人"（III.4.2）、"冷漠的旁观者"（I.ii.4.1；III.4.4；VI.iii.5）。这些构想强调，旁观者是公众的人格化，是这样一种观点的人格化——人们用适当的方式把它从行为人的观点中抽象出来。在故事的这个阶段，无偏旁观者并非理想化的虚构，而是一切尊重他人立场的人。

首先，唯有通过我们先前讨论过的，疏离但同情性参与的特点，旁观者德性才会变得不偏不倚。斯密继续将旁观者与法官和批评者加以比较（在第五章，我将要思考法官的比喻，以及在公正评价过程中道德法则的作用）。我们已经讨论了第一章中的批评。批评可能激发一种更高或更低的判断标准，亦即，一种"完全合宜、完美的标准"或一种"大部分人通常能够实现的标准"（I.i.5.9-10）。无偏旁观者具有批判性的视野，并评估应当受到赞许的适当程度。这一保持观察的批评者不是哲人；他或她并不沉思第一原则（first principle），或者，至少，最初在一个道德或自然的普遍体系之语境中沉思行为或品格的效用。当人们根据一种理性标准进行"同情地"判断时，他所评价的是一个具体的对象——此种或彼种行为与人，此种或彼种境况。诸个体会如何行为，在此种或彼种境况中做出何种反应呢？这一理性标准（人们通过深思熟虑的观察将之推算出来）统治着人们对诸个体的期待。

针对相关的特定问题，旁观者—批评者的评价是"不关乎利益的"或"冷静的"观察者的评价。在"遭受痛苦者"或行为人投入情感的情境中，旁观者并未投入相同的情感，他因而相对疏离并具有批判性。斯密引用了马勒伯朗士，他说，"只要我们持续感受到它们（这些激情），它们全都证成了自我，就其对象而言，它们全都看起来合理且合度"（Ⅲ.4.3）。但是，无偏旁观者并未因此变为非情感的。就像我们在第一章讨论的那样，只有当批评家适度地参与其中时，他才能够评价戏剧。如果有人没有轻视伊阿古或尊重奥瑟罗（斯密在 I.ii.3.8 的例子），或者如果有人对他们在情感上保持冷漠（不合尺度的冷静），那么他们并非不偏不倚，而是不知情。斯密谈起无偏旁观者时，认为他们具有感受或情感（比如 I.3.8; Ⅲ.3.25; Ⅵ.ii.1.49）。我们把"中立"（indifference）理解为"与利益无关"更好：它并非与世界缺乏任何情感联系，而是在特定情境中，不带任何偏见对之进行判断的能力（偏见要么由此刻的私人情感产生，要么由通过操纵环境来"改善其境况"的狭隘欲望产生）。所以，无偏旁观者只缺乏那些干预良好判断的情感（比如嫉妒或过度的自爱）；或者，至少不会在很大程度上服从阻碍或扰乱判断的情感。[20]

依据斯密的理论，情感不同于囚犯。后者必须被一严厉、不偏不倚的法官规训，从文明社会中隔离开来。对道德而言，情感是根本性的。正如我们已在第二章中看到的，通过同情，情感将评价与信息传递给其他行为者。关键是，判断构成了情感的部分（尽管行动者对那些判断并非总是反思性的），在此意义上，情感（sentiments）能够"认知"（cognitive）。所以，斯密言及情感

---

[20] A. 派珀（A. Piper）认为，"不偏不倚就是要依据它们的功，而非自己的偏私，来处理竞争性的偏好与利益"。反过来，这一"元伦理需求"要求我们知道"这些利益是什么，它们为何竞争"。派珀论称，那种知识反过来要求"形式想象"（modal imagination）（想象行为者与他人可能没有，也绝不会有的深层兴趣、偏好的能力）以及与他人的"通感式想象参与"。"Impartiality, Compassion, and Modal Imagination," *Ethics* 101 (1991), pp. 746-747. 这与斯密的无偏旁观者观点完全一致。

时，认为它们做出判断（Ⅶ.iv.33），也认为它们接受裁判。[21] 比如，愤怒的情感便使如下判断具体化了：某人的行为产生了不合理的伤害。即便情感未受到无偏旁观者的判决，它们也能产生评价，能在其目标中识别出价值（或认为它缺乏价值）。情绪并非只是"感受"（feels）——能够通过习惯、反思与想象得到改善或被贬低。

然而，这并未抓住情感在斯密伦理学中所扮演的关键角色：情感不只使判断具体化；它们也通过告知判断何者重要何者不重要，来引导判断。当然，它们有时会误导我们。但是，如果它们不能正常且有规则地引导我们，那么道德批评和思考就在效果上受到遮挡，不能在特定条件下挑选出那些具有伦理分量的因素。情感之眼有助于我们理解：什么东西值得我们关心，在具体的境况中，哪些与之相关。自然地，情感也会以不同的方式、用不同的强度刺激我们。如果没有它们的驱动力，我们就会保持静止不动；我们不会关心，并且，在一个人的品格中，缺乏道德情感和感受本身也是一大缺陷，值得受到谴责。总而言之，尽管只有无偏旁观者能感受到那些情感时，它们才是道德的；但是，对斯密而言，情感、情绪与道德理解密不可分、不可或缺。这使我们不能总是清晰地划出情感与反思之间的界限，道德鉴别与评价之间的界限。[22]

一定程度的疏离与洞察（perspective）被建构在旁观者概念中。

---

[21] 斯密的情感观正是 A. 吉巴德所谓的"评价主义"或（遵从 R. 所罗门）"情感认知主义"（emotional cognitivism）。吉巴德区分了强视野（情感据此而为认知性的判断）与弱视野（情感据此部分地由认知性判断构成）。Gibbard, *Wise Choices, Apt Feelings*, Cambridge, Mass.: Harvard University Press, 1990, p. 129 及注释。

[22] 在第五章，我将会更多谈论判断、道德法则，以及道德鉴别。

但是，不能只是因为偏狭旁观者的存在，我们就认为不偏不倚与旁观者不能等同。如果旁观者对事实不够知情，或以某种必然左右其视野的方式，他们与此处境黏合在一起，或者，他们不能"同情地"进入处境当中，那他们便有可能是"偏狭的"。如果戏剧批评家与剧作的成功有财务上的利害关系，那么他将会是一个"偏狭的"旁观者和裁判。所以，如果有人不能细致地理解情节；或出于个人原因，他们对作者充满了嫉妒；或是由于个人原因，不能以合适的方式将感情投入到戏剧中，他也会是一个偏狭的旁观者和裁判。这就是旁观者的偏狭。它可以源自意图良好的错误，但人们猜测，更加常见的是，它源自旁观者专注于自己，以及缺乏对行动者的关爱。

其镜像是行动者的偏狭。产生对自我偏私的"自爱"是一种自私，它在扭曲的道德评价中展现自我（斯密在Ⅲ.4.12谈及行动者的"自爱可能会展示出的过于偏狭的观点"，并在Ⅶ.ii.1.40谈到"私人的、偏狭的、自私的激情"）。扭曲的原因包括：不能认识其邪恶、弱点、或道德无能；与关心他人相比，过多地关心自己；或者，对自己的德性、成就做出了过高的评价（"我们都自然倾向于过高评价自身品质的卓越之处"；Ⅲ.2.34）。沾沾自喜的快乐，以及对自己诚实的痛苦使行动者趋于"自我欺骗"（Ⅲ.4.4）。所以，对斯密和康德而言，旁观者与行动者偏狭的源头都是自爱——这是《道德情感论》中无所不在的主题。

"抽象且理想的旁观者"（Ⅲ.3.38）或无偏旁观者是对真实旁观者特性的逻辑发展，它时常只在我们的想象中出现。借助一种过程，我们学会做出平衡的道德判断；借助另一种过程，我们做出正确的视觉判断。斯密在一段话中对它们进行了类比。其基本观念是：除非"在想象中，把我们自己转移到另一地点，使我们能够在几乎相同的距离来审查两者"，否则，我们就不能测定具有不同尺寸、相距远近各异的对象的正确比例。当我将我的激情与他人的激情进行比较，并评价其强度时；除非我在看待它们的时候，既不从自己的角度也不从他的角度，既不用自己的眼睛也不用他的眼睛，而是从"与我们彼此都没有特殊联系、能够在我们之间做出不偏不倚之评价的"第三人的位置，用他的眼睛来看，否则我就不能正确地对激情的强度做出评价（Ⅲ.3.3）。"只有通过无偏旁观者的眼睛，我们才能纠正自爱自然产生的错误呈现。"（Ⅲ.3.4; cf. Ⅲ.5.5）斯密论称，在感受性知觉里，以及在道德判断中，我们学会通过"习惯和经验"，而非哲学来获得认识。他曾将无偏旁观者的立场直接称为"理性"立场（Ⅲ.3.5），以及"理性人"的立场（Ⅱ.i.2.3）；但是，我们不能把合理性或不偏不倚与哲学理性混为一谈。"理性人"是具有反思性且有信息完备之想象、投入合宜情感、与行动者保持适当疏离的人，从而能够有所洞见。斯密说，人们行动时，应当表现得"好像无偏旁观者进入其行为原则一般"，从而"令其自爱的傲慢化作谦和"（Ⅱ.ii.2.1）。尽管它没有对理性超越状态做出富有争议的论断，没有将"情感"降低为"直觉"或"倾向"，没有将"原则"（maxims）与绝对命令（categorical imperative）**优先**机制融为一体，也没有对神秘的自由本体状态的论断，但是，无偏旁观者与道德想象至少给了我们康德式道德理性试图提供的部分内容——以及，对斯密而言，它则提供了我们道德生活所需要的一切。

自爱之偏狭从激情中产生，通过与之进行对照，"不偏不倚"之含义就被揭示出来。甚至，尽管不偏不倚自身并非没有激情的理性，它也是多重感觉的理性特征，包括了：从普遍观点出发对自我与他人的观看（例如，从由旁观者而非仅仅由行动者定义的观点出发）、获得并掌握相关的信息、理解其处境、从扭曲公平理解与同情的激情中进行抽象概括。不偏不倚并不要求我们在行动或选择时，好像对自己与他人的区别一无所知一样。它并不需要一个罗尔斯式的无知之幕。[23]通过"普遍原则"（general rules），斯密的论述为一种弱类型的普世性（universalizability）留有空间。但是，正如我接下来要指出的，我们不能将之理解为一决策过程。在此体系中，角色转换观念也占有一席之地。当我们言及行动者—旁观者关系的内在化时——我们将自己分裂为两个人的结果（Ⅲ.1.6）——某件与此角色转换相类的事情就发生了，因为我们要求行为人从外面来看自己，从而把他自己的情感放到知觉当中。旁观者将自己置入行动者处境的同情计划也产生了一种"角色转

---

[23] 在 *A Theory of Jusitce*（Cambridge, Mass.: Harvard University Press, 1980）中，罗尔斯建议说，休谟与斯密勾勒出来的无偏旁观者理论无须与他自己的理论相龃龉，但看起来它们又正是如此，其原因不过是："无偏旁观者概念没有依据那些可以推导出正确与正义的原则做出任何假设。它并非要指出道德讨论的某些核心特征，而是被设计为如下事实：经过良知反思后，我们努力诉诸深思熟虑的判断，诸如此类。"（p. 185）相反，"契约论式的定义要更为模糊：对于引发如此判断的诸原则，它努力提供一种推论式的基础"。在提出旁观者理论的功利主义版本后，罗尔斯评论说："当我们看到，我们设计旁观者定义的诸部分，旨在为共通情感的运动提供自由的范围；我们就能够理解此定义的要点。相反，在其原初的位置上，各部分间彼此没有兴趣，也缺乏同情；但是，他们对自然优势或社会条件都缺乏了解，他们被迫以一种普遍的方式来看待其安排。在一种情况中，完美的知识与同情性认同产生了对满意总值的正确评估；在另一情况中，从属于无知之幕的相互冷漠产生了两条正义原则。"（p. 187）"从正义与公平的原则出发，我们找不到原因来解释，为何原初状态下的人会认同一个不偏不倚的有同情能力的旁观者，把他当作正义的标准。它等同于古典效用原则，而此认同则具有古典效用原则的所有缺点。"（p. 188）但是，斯密的理论并非效用论（utilitarian）。正如我已经强调的，针对效用在道德评价中的作用，他对休谟的观点进行了批评。关于罗尔斯对无偏旁观者的非斯密式的讨论，参见 D. D. Raphael, "The Impartial Spectator," in *Essays on Adam Smith*, ed. A. S. Skinner and T. Wilson, Oxford: Clarendon Press, 1975, pp. 96-97. 罗尔斯在 *Political Liberalism*（New York: Columbia University Press, 1993）第 3 讲发展出"建构主义"观念，斯密的无偏旁观者理论与之存在某种有趣的平行关系。

换"，或带来位置的改变。所以，要做到不偏不倚就必须准备好违背我们可能无意识地认为符合我们个人利益的行为——除非经过独立考察，这种利益是正当的。

人们可以推断，不偏不倚也就是在与自我无关的情感基础之上行动。但是，斯密原则的一大优势便是，它不要求我们采取一种完全普世的（斯密会说斯多葛派的）道德立场，这一点非常清楚。不偏不倚并不要求我们以如下方式对待自己：作为行为人，我们只不过是道德宇宙的一部分，我们与每一个其他的部分具有同等的分量。这就是采取斯密所谓的"普遍仁爱"的立场。从此"普遍仁爱"出发，人们自己的利益或"自己的特定群体与社会"只是"更大的国家或主权者利益的从属部分，应该总是为之牺牲"（Ⅵ.ii.3.3）。"对于其他那些无辜而敏感之存在的悲伤、愤怒，我们感同身受"，整体的幸福则是这一同情的目标。为何这不是无偏旁观者原则的适当延伸呢？斯密的回答是，"然而，伟大宇宙体系的管理，对一切有理性、有感受之存在的普世幸福的关爱是神而非人的工作"（Ⅵ.ii.3.6）。所有斯多葛派的"诡辩"（sophisms）与"悖论"（paradoxes）均来自一个根本的错误，即认为自然应当与哲学理性完美搭配，以及我们应当"从宇宙的观点"来看待自己。斯密看到，从斯多葛派到哈奇森的哲人们都拥护一类"理性道德"观念（the idea of a "rational morality"）。相应地，正如我们已经看到的那般，斯密拒绝了这类观念。这些哲人接受了旁观者概念的错误层次。[24]

---

[24]"从宇宙的观点来看"是亨利·西季威克（Henry Sidgwick）的表述（他用以描述自己的效用主义立场），"理性道德"则是威廉姆斯在讨论西季威克时的表述。威廉姆斯的讨论包含了值得重视的与斯密的斯多葛派批判并行的内容。（斯密阅读斯多葛派和哈奇森时，赋予它们后来被称为效用主义的特征）两个引用都可参见 Williams, "The Point of View of the Universe: Sidgwick and the Ambitions of Ethics," in Williams, *Making Sense of Humanity*, pp. 161, 159。

斯密严格坚持日常道德生活的立场，并且抵制哲学道德理论（philosophical moral theories）带来的调整，更不用提那些认为我们自然而然地关心自己与亲近之人（以及我们对他人的关注）为不合宜的哲学（如斯多葛派）所要求的改变了。斯密由此反对非人的客观视野。斯密的不偏不倚观念并没有产生非人的客观性悖论（paradoxes of impersonality），康德派与效用论体系则受制于此悖论。这部分是因为，它将情感视为道德价值的构成性因素。当受到不偏不倚的审视时，情感并未被其他标准**取代**，尽管它们可能受到批评或修改。斯密从未要求无偏旁观者停止关心情感，并因此停止关心局部的、特殊的依恋。它在很大程度上取决于在正确层次上接受旁观者概念（关于这个问题，我将在第八章进一步讨论斯密与斯多葛派的差异）。

斯密又言："一个更加卑微的部门被分配给了人，但是，它更适合其能力之薄弱、其理解之狭窄；这个更卑微的部门便是：他对自己幸福，对家庭、朋友和祖国的关心。"（Ⅵ.ii.3.6）在我们即刻监管着的领域中，对任何细微义务的忽视都不可原谅，即便对总体幸福的"高贵沉思"也不能为其托词。一种道德理论要求，我们必须以如下方式实现不偏不倚：彻底从我们自己的幸福中抽离，或从我们的特定语境中彻底抽离，只单纯地关注总体的善好；它也要求一种我们作为有限存在而缺乏的关于普遍善好的知识；因此，它便悖论式地令我们忽视在我们特定范围内的道德义务。那些卑微的义务该有何种分量呢？让我再说一次，其分量应当通过对我们特定处境不偏不倚的审视来予以判断，通过我们同情式地掌握和评价的情感依恋来认识。"此刻，我只观察到，在不同激情中，合宜点，亦即任一激情受无偏旁观者认可的强烈程度，处在不同的位置"（Ⅵ.iii.14）。斯密并未言及"不偏不倚的理性";他关注的是不偏不倚的旁观者。

斯密的无偏旁观者纠正了"因自爱带来的失真",但它也裁断说,相比起对他人的孩子与共同体,我们对自己的孩子与共同体有更多关心与支持,这是适当的。一位知情、公正、理想的旁观者不会想要激进地改变这些道德生活特征:我们的自然情感,以及相互依赖。亦即,对于那些合宜地处在我们狭窄同情圈子中的人,一位不偏不倚的法官会认可我们对他们的偏爱。在维护日常生活立场时,斯密拒绝了那些强加给我们的、无法满足的要求,以及要求我们承受不能承受之罪恶的道德理论。对他而言,此种"普世仁慈"(universal benevolence)理论可能是某种宗教说教的变体(或许是其世俗化),它要求道德顺从来世生活,而非此生的幸福,从而将此生定义为眼泪之谷。这便是"哀伤忧郁道德主义者"的教说,他们"恒久地谴责我们的快乐,既然那么多同胞还生活在悲惨之中",斯密则没有一毫此类谴责(Ⅲ.3.9)。现在,在这里,启蒙诸德性从狂热道德的严苛要求中拯救了个体的幸福机会。

无偏旁观者必须充分知情,但并不是说他必须"明智"(wise)或全知全能(omniscient)。斯密的观念是,在不偏不倚时,我们的确对手边的事物有充分的了解,但或许确实没有完美的或彻底的认知。这一理论并不会对道德行为人提出那些在原则上不可获得的要求。斯密的一个评论认为,甚至无偏旁观者也不能摆脱"情感的失规"(irregularity of sentiment),因此,我们对意图或行为之功的判断就反映出对结果的评价,但结果取决于机会(Ⅱ.iii.2.1)。不偏不倚不要求我们从这种人类倾向中抽离出来:在评价意图或行为的道德价值时,考虑没有预见到,或不可预见的结果。无偏旁观者也可能有伦理和宗教的承诺;具体的境况、特定的德与恶都将决定哪些可以被无偏旁观者合宜地归为一类,如果有的话。例如,在判断一个具有竞争性的非暴力宗教派别可否获允在镇上开店时,无偏旁观者将会考虑正义的问题,并不会阻止这种发展,但是,他同时也会警诫那些听信于他的人,躲开那一教派及其说教。当一种德性(尤其是正义)要求限制他的需求,其他行为也需与其概念保持一致时,无偏旁观者不会遗忘他自己的好生活概念。

斯密总是在单数形式中提及"无偏旁观者",少有例外;他因此表明:在任何特定境况中,所有此类旁观者都会同意他们的判断。[25]人们可以想象许多这样的情景:他们会从不同的视角来接近手头的问题。但是,作为无偏旁观者,他们能够确切地考虑所有相关事实,适当地进入行动者的境况,摆脱因自身激情导致的扭曲,因此实现关于相关的激情、习惯、行为或品质的相同结论。[26]所以,无偏旁观者是社会统一体(social unity)道德需求的理想化,尽管它自身并非任何一种既定社会共识的功能。需求

---

[25] 一个例外出现在Ⅲ.2.3,但是,句中的语法(既然主语是"我们")会令单数形式显得尴尬,所以这一表达并未构成规则的明确例外。同样的情况还可用于Ⅲ.3.42。萨缪尔·弗莱什艾克(Samuel Fleischacker)曾向我表明,斯密惯用单数形式把斯密的无偏旁观者概念作为**个体**加以强调;这一解释与我的诠释一致。相反,坎贝尔认为,"谈论无偏旁观者只是一种简化的方式,指的是在某个特定社会群体或整个社会的成员观察到同伴之行为时产生的正常反应"。然而,这将理论堕降为一种"社会学概念"。参见 *Adam Smith's Science of Morals*, p. 145。一个相关的问题是,无偏旁观者是否有性别上的区分。我同意 H. 克拉克(H. Clark)的观点,即无偏旁观者没有性别区分。参见他的 "Women and Humanity in Scottish Enlightenment Social Thought: The Case of Adam Smith," *Historical Reflections* 19 (1993), pp. 335-361。关于斯密作品中的性别问题,他的脚注非常广泛地提到了许多文学作品。另外,也请参见 S. Justman, *The Autonomous Male of Adam Smith*, Norman: University of Oklahoma Press, 1993, 以及我在 *Journal of the History of Philosophy* 35 (1997), pp. 629-632 中对这本书的评论。

[26] 斯密常常谈到无偏旁观者裁断一种行为或情感,但在Ⅲ.2.3,他说,无偏旁观者也可以判断一个人的品质。

在具体情况中被普遍认识到；无偏旁观者也正常地评价这一激情、行为或习惯。关于政治或经济体系的德与恶，人们也没有理由不能进行不偏不倚的观察。在《国富论》中，斯密谈到了那些系统行为中的不偏不倚，以及我们在知情的状况下，以公平的方式评价它们的重要性。不过，如果那种评价需要哲学，我们就有必要对斯密的理论做一些修正了。

我已经强调了，无偏旁观者是对道德生活的日常交换的改良。依据斯密的论述，那一交换至少部分地具有同情的特点。无偏旁观者尽其所能地展示了同情的理解、关心他人的立场，关心理解真相以及相关人员行为原因的立场。这一同情性的关怀位处道德与社会性的核心。它使我们彼此怀有相互的责任，让我们在践行责任和烛见判断的行为中聚拢起来。它是一合理的道德共同体之内核。无偏旁观者具有部分规范力量，因为他**定义**了已经潜伏在日常生活中的道德观点。[27] 当自爱对社会和谐具有最大威胁时，其道德力量也最有价值。所以，令人震惊的是，《道德情感论》对"无偏旁观者"这个术语的首次使用出现在有必要限制"愤怒之傲慢、粗鲁"的语境中，并展示了"高贵且大度的义愤"（Ⅰ.i.5.4）。

我们在这里必须给予动词"定义"（define）十足的权重。我们在不偏不倚和知情旁观者的同情感受中发现了"精确而独特的"

---

[27] 比如 R. 费斯（R. Firth）指出："可以说，在我们比较和评价道德判断的过程中，我们中间大部分人都有一理想观察者概念，但仅仅在如下含义上如此：这个人的特征是不明显的。所以，相比起理想观察者可被说成缺乏任何决定性的人类财产，它便显得可疑。" "Ethical Absolutism and the Ideal Observer," *Philosophy and Phenomenological Research* 12 (1951-1952), p. 344. 正如我们已经注意到的，斯密将会补充说，无偏旁观者不能占有人类绝不会有的财产，例如被费斯认为是实质性的"全知全能"。关于费斯对无偏旁观者的解释，以及其他斯密式批评都展示在 Raphael, "The Impartial Spectator," pp. 95-96；以及 Campbell, *Adam Smith's Science of Morals*, ch. 6 中。

德性尺度。"正确、错误、适合、不合宜、优雅、不相称这些词语只不过意味着是否令那些道德官能感到愉悦",通过定义,无偏旁观者以适当的方式运用了道德官能。任何这个无偏旁观者认为道德善好与否的东西都是如此(Ⅲ.5.5)。所以,如果有人评价说,X比Y更好,这不过是说:"如果有人充分知情,并有活跃的想象力,他不偏不倚、心灵平静,是一个正常人,在考虑X和Y时,他更偏爱X。"[28] 无偏旁观者并非一启发性的过程,并非一种检查我们是否精确观看事物的方式。在这里,斯密没有提供,也本不能提供清晰定义的道德测试或过程。通过成为无偏旁观者,我们便能做出好的判断。无偏旁观者并没有像盯着一个柏拉图式的形式那样,盯着不偏不倚诸原则。无偏旁观者概念的立场并非完全独立于现实的不偏不倚的旁观者;无偏旁观者也不是某种道德"本原"的意象。

斯密没有提供一种能够阐明任何此类道德"本原"或"形式"的道德理论,这是一个原因。然而,无偏旁观者构成了道德观点。[29] 无偏旁观者的反应是确定的:它们决定了某个激情和行为是道德的,因为其反思性情感,这些被认为(Ⅶ.iii.2.7)值得赞许或是相反。无偏旁观者是德性"自然且原初的尺度"(Ⅶ.ii.3.21)。

---

[28] J. D. Bailiff, "Some Comments on the 'Ideal Observer'," *Philosophy and Phenomenological Research* 24 (1963-1964), p. 423. 例如,白立夫(Bailiff)的建议很有趣,他说,我们应根据裴里曼(Perelman)的争辩理论来理解"不偏不倚"。

[29] 无偏旁观者启发式与建构性版本之间的差异由努斯鲍姆在《爱的知识》中划出,参见 M. Nussbaum, *Love's Knowledge: Essays on Philosophy and Literature*, Oxford: Oxford University Press, 1990, pp. 344-345。她的讨论独具慧眼,让我获益匪浅。她评论说,斯密"将我们的道德人道(moral humanity)最本质的特征建立在其旁观者论述当中",以及"旁观者的反应自身便构建了在道德上何者合宜,何者不合宜"(p. 345),以及如下观点中的对立:理想法官"激情中的道德嘉许与合宜乃是独立存在的"(p. 344)。

所以，当我们把无偏旁观者视为尺度时，在努力等同并成为无偏旁观者的过程中，作为道德行为者，我们接受了道德决断的明确立场，却没有接受如下立场：为了旁观者的独立标准，我们做出更深入的探寻。如果标准完全独立于无偏旁观者，那么我们就要转向下一个问题：某事依据什么才是正确的呢？

如果无偏旁观者是"尺度"，那么，在我们评价行为时，"无偏旁观者"如何能够使用两个不同的标准呢（I.i.5.9-10）？答案是，无偏旁观者最终确立了标准，但仅仅是在对既定条件进行反思、改善的经过之后。这就是斯密提及这些标准时所说的："我们心中伟大的半神缓慢、逐渐、进步的工作"；在塑造它们的时候，明智而有才德者"模仿着神圣艺术家的工作"（Ⅵ.iii.25）。既然旁观者的道德情感被编织进了世界——比如，编入行为、传统和制度当中，以及，既然无偏旁观者是对日常道德交往的反思性改善，那么，道德评价就典型地从已经建立的原则和标准开始。无偏旁观者的判断是一个决定"合宜"之相关关系的复杂理性过程之顶峰。也就是说，这些判断并不等于写在一张白纸上，或者突然地约定道德价值。无偏旁观者可能发展出许多不同的评价标准，并且判断说，其中的一个或另一个在语境中是合宜的。他或她的决定、对这些标准的用法是确切的；原则上，无偏旁观者之上再无更高的评价法庭。

无偏旁观者的"构成性"特征最终产生了一个形而上学的基点。其观念是对比如下两种观点：无偏旁观者乃价值之源，以及道德评价反映了道德事实的独立秩序。这反过来又提出了一个我将在下章谈起，并在第八章进一步探求的重要问题，即价值的建构或计划本性。在对世界剧院包厢的哲学批评中，从斯密的旁观者立场来看，所谓道德标准的非自然本性与如下事实不可分割：

一切道德、所有的人类"世界"是一个我们共同加诸我们自己的复杂整体。然而,斯密也认为,"世界"这一"创育"特征不能普遍地为旁观者和行动者看见。结果是,我们通常认为,道德具有一种外在于我们的真实与权威。哲人和普通道德行为者的立场并不相同,然而,在我们已经考察过的段落中,斯密富有技巧地把它们编织在一起。

第四章　哲学与怀疑主义

> 就此而言，弟娥提玛（Diotima），谁才是热爱智慧的人呢，如果他们既不明智又并非无知？
>
> 苏格拉底[1]

斯密对激情的论述没有提及对智慧的爱。惊奇（wonder）、讶异（surprise），以及崇拜（admiration）这些理智情感是我们赞美"理智德性"的基础（I.i.4.3）。但是，这些情感属于旁观者，并不特别强烈。我们在第三章考察了三类激情，但这三类激情中都没有它们的位置。通过将理智情感的特点归纳为"旁观者的"，我意在强调它们需要的相对疏离；无论旁观者是观察伟大的"自然剧场"的哲人—科学家（《天文学史》，Ⅲ.1, *EPS*, p.48），或是崇拜哲人—科学家之聪敏的人，"理论"认知似乎不是由一种希望我们的生活更完美的愿望所推动，而是由一种希望恢复某种宁静的非同情想象（nonsympathetic imaginaiton）的愿望推动。结果是，在词源学和富有启发性的柏拉图式意义上，斯密的激情理论没有为哲学提供一明确的位置。

---

[1] Plato, *Symposium* 204a8-9, trans. A. Nehamas and P. Woodruff, Indianapolis: Hackett, 1989.

在柏拉图的《会饮》与《斐多》中，综合性与一致性的推动力与爱欲（eros）捆绑在一起。确切的是，在进入、理解他人处境的自然倾向中，要对他人的故事发生兴趣，并将其编织在一起，同情想象就模仿上述综合性与一致性动力。当然，对柏拉图而言，爱欲也将可朽与神圣联系在一起，提供了一架从普通（比如他人的美貌）上升至卓越（比如形式之美）的梯子。此中最高的一个步骤便是哲学；在一个统一、神圣的视野中，聚拢并安排灵魂的激情时，哲学克服了理论与实践的分裂。对斯密而言，任何此类论述都是不可能的。在《道德情感论》中，在论述激情诸原则时，他看起来忽略了任何此类智慧之爱，这种表面上的忽略揭示了他的目的。在转向其德性理论前，我们必须暂停，考虑一下他加诸哲学视野上的限制，并考察其怀疑主义相关问题。我们最好通过讨论斯密关于友爱与爱的观点，来考虑第一个问题。

一 世界剧院中的爱与哲学

> 哲人只与哲人为伴；俱乐部成员则与少许由他自己集结在一起的同伴交往。
>
> 亚当·斯密，*TMS* I.ii.2.6

"同情"在《道德情感论》中的核心地位指向了爱在这本书中的核心地位。正如第二章的评述所言，尽管斯密描画了"同情"的某种不同寻常的、技术性的含义（对任何情感的"共通感受"），有时候，他对此术语的使用滑入更为普通的"怜悯"或亲热的共通感（affectionate fellow feeling）。无疑，这种有意的含混有助于这本书布满这些主题。人们能够毫不夸张地说，总而言之，《道德情感论》与爱有关：我们对爱与同情的需要、作为友谊的爱、自爱、爱赞美与值得赞美、爱美。[2]甚至，在《国富论》中，在解释我们的行为时，我们的爱也被认为非常重要。[3]根据在广义上，爱所具有的核心位置（广义上的爱也包括了友谊），斯密在现代道德哲人中极不寻常；尽管基督教在反思伦理生活时也使爱成为一个核心主题，哈奇森也让仁爱成为其伦理体系中的核心德性。

正如我们已经看到的，在《道德情感论》论社会激情一节的起始处，斯密一起处理了"大度、人道、仁善、同情、相互友爱与尊重、一切社会与仁慈的情感"（I.ii.4.1），并且论称：借助一种双重的同情，这些激情被认为令"中立的旁观者"感到适意。然后，他转向爱的激情，也予以赞美，认为它令旁观者适意。他关于爱的例子十分明确具体，即家庭成员之间的爱。斯密彻底认同这种爱恋。因为我们旁观者能够完全同情它；并且，它看起来也是社会合作的样式，是社会激情在最好状态时的样式。斯密注意到，当爱、友谊以及此类激情促使人们彼此合作时，社会就繁荣、幸福；在那里，"爱与热情的适意纽带"被"拉向相互友好的共同中心"（II.ii.3.1）。

然而，在此书更早的地方，斯密为我们提供了对爱的另一讨

---

[2] 比如，斯密用自己的声音说："人类幸福的主要部分源于意识到被爱。"（I.ii.5.2）爱在斯密道德理论中的关键作用并未逃脱托马斯·里德的注意。他关于斯密的讲座展示了他的评论，在解释 TMS 的教说时，他这样说道，"对我而言，同情与爱恋和尊敬不可分割地结合在一起。我不可能爱一个人，却不因其收获的善好而快乐，因其遭遇的不幸而悲伤。如果你问我，我为何如此关心其好运与厄运，那都是因为我爱他"。参见 Stewart-Robertson and Norton, "Thomas Reid on Adam Smith's *Theory of Morals*," p. 313。

[3] 比如，在 WN VI.b.2 处，斯密谈及"我们喜爱当下的安逸与享乐"对人类生活的重要性；在III.ii.10 处，他又谈论了我们"热爱压制"对人类生活之重要意义，及其在奴役现象中发挥的作用。当然，性欲和生殖有十分重要的经济后果。在这本书里，我在不同的关节处讨论这些重要结果。

论。我们注意到，旁观者与行动者能够实现同情的程度构成了身体性激情与想象激情间的差异之一。斯密暗示，旁观者不能对将两性结合在一起的"一切激情中最热烈者"（I.ii.1.1-2）实现高度同情，因为它是身体性激情。正如斯密在下一章中，在他准备长篇大论源自想象的激情时，他谈论了爱，认为它是连接两类激情的桥梁，或许因为身体之爱（physical love）或色欲可能是［罗曼蒂克式］爱情的基础（I.ii.2.1-2）。他的论点令人惊讶，因为他声称，在实质上，两性间的爱情也向旁观者关闭："我们的想象与爱人的想象不在同一频道，我们不能进入爱人热切的情感。"如果我们的"朋友"在恋爱中，我们不能与之交换位置；我们不能赞美他的激情，因为除了我们的朋友，在每个人那里，它显得"与对象的价值完全不成比例"。简而言之，我们的朋友对他人的爱令我们震惊，显得可笑且"荒谬"，因为我们不能同情它。所以，"尽管爱人可能是其女主人的好伴侣，但对任何其他人而言，他就并非如此了"（I.ii.2.1）。确切的是，我们能够进入爱人们所享有的对永恒友情的可爱希望，或者爱人的焦虑与悲伤，但我们不能适当地进入他或她的爱。

所以，关于爱的悲剧只处理源自处境的"第二位的激情"（I.ii.2.2-5）。我们推断认为，爱自身在喜剧中得到更好的处理，其确切的原因是：对旁观者而言，它因其对对象的过度倾向而显得荒谬。当然，热恋中的爱人看不到此中的失当。原因是：在斯密对爱欲与浪漫爱情的描述中，双方都是行为人。任何一方都不是对方的旁观者；在相关意义上，他们都"外在于"他人。[4] 所以，

---

[4] 在 *Love's Knowledge* 里，关于斯密著作中的爱与旁观者，努斯鲍姆提出了一个类似的观点。

爱人的世界完全融合在一起，他们生活在彼此的生命里，丧失了对彼此的洞察力。或许，我们只能说，爱人们将同情"拓展"到如此远的地方，以至于能够超越同情。在这个事例中，同情变得与绝对的认同和确认同义。[5]

通过回到友爱问题，斯密对此讨论进行了总结，并解释说：出于这些原因，在谈论朋友、研究，或者职业时，我们必须有所保留——简言之，在谈论一切我们热爱并珍惜的事物时，我们必须有所保留。请容我引用斯密的如下评论，并开启本节论述："哲人只与哲人为伴；俱乐部成员则与少许由他自己集结在一起的同伴交往。"（I.ii.2.6）这条评论实际上回应了更早的观点，即，谦谦君子，淑女好逑（爱人只是其女主人的好伴侣）。那么，一方面，人类的爱与同情在整本书中都引起了回响；另一方面，在这本书更早的地方，色欲、爱情，以及与家族无关的那一类友谊之爱对旁观者关闭，并普遍显得荒谬可笑。尤其是，爱智慧只能为少数心意相通的爱人团体所理解。至少潜在地，它仍在社会网络之外，不能获得同情，甚至还是反社会的（antisocial）。

鉴于浪漫的爱情将两人融合为一，正如在柏拉图的《会饮》中，阿里斯托芬在其诙谐讲辞中描述的一般，它令爱人和被爱者都极其幸福。斯密将苏格拉底意义的爱（爱欲）看作阿里斯托芬之爱潜在而危险的延展。它承诺了灵魂的和谐，以及它无力产生的超越；同时也鼓励了许多有害的结果。当行动者深深爱上与之

---

[5] 如此理解的爱就是经典作家所认为的完美友谊。在《论友谊》的描述中，蒙田还提醒我们注意他与鲍埃西（La Boétie）的关系。他们两者如此自我封闭，以至于蒙田喜欢引用亚里士多德的短语，"噢，我的朋友们，朋友是不存在的"。他借此指出：他们的关系在多大程度上超越了普通水平，以及两者在何种程度上合而为一。参见 M. Pakaluk, ed., *Other Selves: Philosophers on Friendship*, Indianapolis: Hackett, 1991, p. 194.

相似的他人，或是为了政治的完善爱上优美的体系，或是深深地爱上了神，他们就有变得"狂热"的风险。没有旁观者能够影响他们，一切非爱人都只在他们认为合适时成为被操作的对象。爱人们看不到任何理由来节制他们的激情，因为他们不在与旁观者之间的同情关系里。比如，在对义务的讨论中，斯密回顾了伏尔泰的悲剧《穆罕默德》(*Mahomet*)。在这个故事里，两个年轻人彼此爱恋，但错误地认为，他们全心爱着的神要求他们去杀死一个他们极为敬重的人（Ⅲ.6.12）。斯密认为，这部戏出色地展现了激情之爱导致的荒谬结果。

与之类似，斯密谈到了"体系之爱"（Ⅳ.i.11），并提供了一种所谓的政治美学。"他拥有一个自己的理想政府计划，这一理想计划具有一种假想的美"，热爱体系之人受其引诱，毁灭自由与每一个反对他的人。宗教和政治狂热声称具有客观性与洞察力，但斯密回复说："对他们而言，这样一个旁观者['真实、令人尊敬的无偏旁观者']很少存在于宇宙中任何一个地方。甚至他们将所有偏见归咎于宇宙的伟大法官，经常认为，那个神圣的存在由盛怒且难以平息的激情推动。"（Ⅲ.3.43）这种不需要旁观者之同情的爱内在地具有政治危险性，因为它让行动者的视角获得特权，使之超越旁观者的视角，从而完全失去了洞察力。爱再次"与其对象的价值不成比例"。由行为者立场定义的爱趋向于自私、冷漠无情，并破坏社会和谐。以自我为中心的观看堕落为自恋，它是偷窥的另一面。这些爱人没有任何适当的自我嘉许，因为他们不再通过无偏旁观者的眼睛来看他们自己；依据斯密的论述，自我嘉许和旁观者概念应当不可分割。我们将返回第二章讨论的"自私性"问题。

对智慧的爱与对美的爱之间具有密切的联系。令人震惊的是，对智慧之爱的崩溃，尤其是崩解为自爱，又似乎与上述联系关联在一起。让我们回顾：在《道德情感论》第六部分中，斯密一再批评哲人还原论式的系统化冲动。一次又一次，我们认识到，哲人是爱体系的人。爱智慧者可能会分有如下观点：当我们以某种抽象、哲学化的方式来沉思"人类社会"时，它显得好像是一架巨大的、无边无际的机器，其规范而和谐的运动产生了一千种令人适意的效果（Ⅶ.iii.1.2）。这架机器"美丽且高贵"；就像爱人沉湎于被爱者的美丽，爱智慧者也有被一种概念体系或一复杂整体之美征服的危险——在优雅、对称、秩序与效用的意义上，它们是美丽的。鉴于"嘉许情感源自对此效用之美的认识〔效用自身常为体系之结果〕"，斯密说，"它与其他情感没有任何关系"（Ⅳ.2.12）。对体系之美的爱从体系中抽象出来，从而令我们与特殊事件以及旁观的行为者分开。[6]

斯密认为，人类社会是一架绝妙的机器。至于它的所谓"政治观"，在论述嘉许与谴责之基础时，我们对美的爱则鼓励了一种明显的错误。我们不会以关于事物的纯粹哲学观点为基础，对其加以赞美或谴责，我们也不应该如此。爱智慧具有如下危机：它会通过强迫行动者从具体事件中抽离出来，从而腐化普通行动者对具体情景的同情把握。这种类型的爱，包括爱智慧，不仅无法被非爱者所理解；它也不能同情地理解自身以及那些无关的旁观者。

总而言之，在身体的色欲里，行动者把他们自己封闭起来，不能被旁观者同情地理解；在浪漫的爱情里，行动者不再是彼此

---

[6] 在他关于政治狂热以及热爱体系之美的批评中，斯密可能会清晰地想到法国革命，正如麦克菲和拉斐尔在 TMS 的导论中评注的那样（p.18）。

的旁观者；在热烈的对神的宗教之爱里，行动者将他们自己与所爱的对象等同起来，并丧失对其自我的洞察力；在哲学之爱里，行动者丧失了对自我与他人的洞察力。在每种情况中，爱与旁观者，或者用不同的术语来说，爱的依附性与视野的疏离性离弃了彼此。所以，依据斯密的论述，这一完整的爱之光谱对健康或令人尊敬的爱充满敌意，亦即，对包含有观看的爱充满敌意。

结果，最后，斯密的友爱观与古典的友爱观，尤其是亚里士多德与柏拉图以自我完善原则为基础的友爱观之间存在深远的差异。在其古典种类中（尤其是柏拉图式的），最高贵的友谊缺乏斯密要求的社会洞察力，出于同样的原因，对智慧的爱欲也是如此。[7]在《会饮》中，哲学式爱欲浓烈而忠贞不贰的特征也描述出古典的朋友之道。将每一个个体都驱向善好（包括真理本身）的爱欲是他们共享友爱（philia）的基础。既然他们对善好或真理的激情很强烈，他们的友谊也在同等比例上如此。在《斐德若》(Phaedrus) 中，苏格拉底将哲学式的友爱描绘为爱人们彼此浪漫融入的结果，描绘为一件通过哲学回忆（anamnesis）使他们变得完美的爱事，甚至它使得爱人们不能为非爱者与旁观者理解（256b-e; 249c-e）。此爱欲的特征表现为神圣的疯狂，是德性真实的朋友。从斯密的立场出发，这便太过于危险、太过于扭曲、太容易受人类疯狂影响，从而丧失洞察力。[8]根据亚里士多德的

---

[7] 如果这是对古典友爱的讨论，我将在此区分柏拉图与亚里士多德，让大家注意 NE 9.7 中论述对自身作品之爱的段落，注意 8.9 中将共同体视为友爱之本质的段落，以及 10.7 中描述的明智通达之人的自足问题。

[8] 就像在确证斯密的担心一样，在《会饮》中，一个祭司（弟娥提玛）讲述了著名的爱欲论，她认为爱欲是一种密仪的入会仪式，她将其爱欲论打造为一种关于被爱者引诱爱人进入神奇秘密（mysterious secrets）的论述。这种秘密很难为人理解，即便是她的学生苏格拉底，也难以理解。

古典论述，朋友是第二个自我（*NE* 1166a30-33），亦即，一切友谊都是与自我为友的模式。依据斯密的论述，这有崩解为自爱和自我欺骗的风险。亦即，古典的爱之观念分裂为自利或自爱一方，与友爱或社会性的另一方。

正如柏拉图和亚里士多德这样的古典哲人描绘的那样，真正的朋友不会接受社会视角，因为在很大程度上，他们的友谊是由他们自己远离旁观者注视之程度予以衡量的。因此，古典的朋友，就像爱人一样，可能首先会显得可笑，然后便会显得危险。但是，与爱人的处境不同，古典的朋友不能借助任何公共社会机制，比如婚姻，向旁观者开放，并由其观点得到衡量。或者，即便此类机制得以建立——或许学园（Academy）就是这样一个地方——爱智慧的政治角色问题仍会保留。最终，斯密将自爱从自我嘉许中分离出来，将爱欲之爱从德性之爱中分离，进而将德性之友爱从哲学中分离。当斯密提及"有德君子"（men of virtue）时，他的意思并非哲人。他心里想的是亚里士多德所谓的"绅士"（gentlemen），他们具有超群的道德德性，但相对较少重视理论问题。斯密重述了马可·奥勒留受到的指控，即他因哲学沉思忽视了罗马帝国。斯密暗示说，这项指控具有破坏力，因为"玄思哲人最高贵的沉思难以弥补对最细微积极义务的忽视"（Ⅵ.ii.3.6）。

那么，有些爱之类型具有潜在的危险性，存在遮蔽对自我或他人进行道德观看的风险。他们关闭了洞察力，不能保持超然，或人们所谓的"反思性观看"（reflective theoria）——将希腊文意义中的"*theoria*"理解为"看"或"观看"，以及"反思"这两重含义。根据斯密的论述，如果爱要健康，那么爱与"反思性观看"总是必须结合在一起；或者更确切的是，在原则上，行动者必须总能够被其他旁观者通过同情看到。尽管它保留了古典式的（尤其是柏拉图式的)对视野优先性的强调,但从古典立场来看,此论述却深刻地反哲学,它关闭了最高类型的观看(theoria),即沉思永远外在于所有社会的事物——形式或自我思考的神(self-contemplating God)。爱的这些最高目标不同于镜子,对它们的沉思也不是一种自我反思或自我观察的方式。正如柏拉图着重强调的那样,爱的最高形式由如下两者构成:灵魂完全吸收一种不能自我返回灵魂注视的理智对象,以及非反思的"观看"(nonreflective "theoria")。哲学逃离了世界剧院。相反,斯密连接旁观者与爱的方式使之变得不可欲。最后,他使自我嘉许不至于偏离社会太远,或使理论德性不至于压倒实践德性。神圣的疯狂没有从节制中释放。出于人道的原因,斯密控制住了超越的冲动,从而保留在同情的圆圈里、认知的辩证法里。

至少,从柏拉图的视角来看,不能逃往坚实的抽象沉思构成了人类境况中最高的悲怆。对斯密来说,他认识到世界剧院就是家园,这意味着从狂热与冲突的黑暗中获得解放。对柏拉图而言,无论有多少火堆可以驱散阴影,以及在其结构的上方,遥远的看台上,无论一个人可以多么优美而概括地具有哲学性,它都意味着洞穴的囚禁。为了保卫爱与友谊,斯密限定了对智慧的爱欲,这内在于他降低人的地位,传播正确理解的启蒙德性之努力,其意料中的结果当令政治与伦理趋于中道。斯密对传统柏拉图哲学观的怀疑主义有一伦理动机;但是,在区别于柏拉图派的哲学意义上,它也有其他动机。关于斯密的怀疑主义特征,我们还可以再说些什么呢?

二 斯密与怀疑主义

再一次,就好像一个人凭借梯子爬升至高位,他在上升之后就不可能用脚把梯子踢翻;当一个怀疑论者借助论辩证明不存在证明（就好像是借助阶梯），展示其论题之后，他也不可能会放弃这一论点。

塞克斯都·恩披里柯[9]

在《道德情感论》第七部分，斯密的"道德哲学史"有一些重要的省略。[10]无论就主题还是提到的哲人而言，其论述都经过严格选择。精确地说，斯密几乎完全忽视了柏拉图的形而上学，尽管在《理想国》中，其形式理论也与伦理学具有内在联系。他在处理亚里士多德和斯多葛派时也采用了一个相似的模式。斯密对《尼各马可伦理学》青眼有加，但实际上，他只提起那本书的一小部分。总体而言，他极少展现自己对诸前辈的认识论与形而上学观点的兴趣。在他的行文中，伦理学被处理得好像是与其他这些领域相孤立的一个学科。至少可以说，他心里一直想着一条通往道德哲学史的细加选择的路径。[11]此外，尽管其孤立获得保证，他自己仍一往无前：《道德情感论》并非一个得到清晰阐述的形而上学或认识论体系的构成部分，斯密也未出版一部论形而上学或认识论的著作（尽管关于这些问题的某种理论化形式——尤其是关于感觉认知的理论化形式——有可能已经包含在计划的文集里）。

---

[9] *Against the Logicians (Adversus mathematicos)* Ⅷ 481, in vol.2 of *Sextus Empiricus*, trans. R.G. Bury, Cambridge, Mass.: Harvard University Press, 1968.（我从头至尾都使用塞克斯都这部四卷本著作）

[10] 在 1788 年 3 月 15 日写给 T. 卡德尔的一封信札中，他提到了第七部分，称其"与道德哲学史相关"（*CAS*, pp. 310-311）。

[11] 在 *EPS* 中"引领、指引哲学探究的诸原则；通过古代逻辑学与形而上学史加以解释"这一部分，斯密讨论了柏拉图和亚里士多德形而上学的几个方面。当斯密评论形而上学时，他便是从事批评（p. 125）。关于诸命题的错误的形而上学用法，亦请参见他的"关于第一语言形式的思考"（另一个标题为："论语言的起源"，in *LRBL*, esp. pp. 214, 219, 221; and *LRBL*, pp. 10-11）。

或许，第七部分最令人震惊的省略与怀疑论者有关。的确，斯密在任何著述中都没有明确地讨论怀疑主义，并且就我所知，在他关于一切主题的所有讲座中，或者在他的回应中，他都从未提过这一术语。让我简短地检索一番。他的确在一个关键性的段落使用了"怀疑的"（skeptical）这一表达。然而，在他的时代，怀疑主义以及与怀疑论伦理学相关的问题活跃而状态良好，这在很大程度上归功于拜尔（Bayle）、蒙田、沙夫茨伯里、贝克莱，尤其是休谟（他的著作刺激比蒂[Beattie]、凯姆斯[Kames]、奥斯瓦尔德[Oswald]、里德[Reid]，以及其他人对这一主题做了许多讨论）。[12] 施尼温德（Schneewind）注意到，"对17世纪哲学，至少不只是道德哲学而言，皮洛派怀疑主义是一主要的关注对象"。[13] 斯密写作时的思想氛围浸透了怀疑主义主题。就好像在《道德情感论》中，他决定不提休谟的大名——却在别处将他称为"至今最杰出的哲人，当今的历史学家"（WN V.i.g.3），他是伟大的怀疑论者，很明显左右了斯密的关注、友谊与尊敬——我们最好

---

[12] 关于18世纪初期怀疑主义的重新引入，参见 R. Popkin, "The Revival of Greek Scepticism in the Sixteenth Century," in Popkin, *The History of Scepticism from Erasmus to Spinoza*, Berkeley and Los Angeles: University of California Press, 1979, pp. 18-41; C. B. Schmitt, "The Rediscovery of Ancient Skepticism in Modern Times," in *The Skeptical Tradition*, ed. M. Burnyeat, Berkeley and Los Angeles: University of California Press, 1983, pp. 225-251。在 M. A. Stewart, "The Stoic Legacy in the Early Scottish Enlightenment," in *Atoms, Pneuma, and Tranquillity: Epicurean and Stoic Themes in European Thought*, ed. M. J. Osler, Cambridge: Cambridge University Press, 1991, p. 273 中，司徒尔特写道："在18世纪的苏格兰思想中，我们发现了斯多葛派与怀疑论派间一些古老争论的复苏。"在此复苏中，休谟是一个关键人物。在第228页，司徒尔特评论说，"17世纪并没有像培根的评论那样拒绝古人，反而在公共课程中恢复了在古代与亚里士多德主义竞争的三个学派（斯多葛派、伊壁鸠鲁派、怀疑论）"。斯密既持有塞克斯都的著述，也有蒙田的《散文》（*Essays*）。

[13] J. B. Schneewind, "Natural Law, Skepticism, and Methods of Ethics," *Journal of the History of Ideas* 51 (1991), p. 294.

将斯密对怀疑主义的沉默诠释为审慎。

即便这个词及其同源词几乎完全缺席,我们也不难发现怀疑主义对斯密哲学产生影响的迹象。首先他的论述限制了理性在伦理评价中的影响。理性能构想出道德的普遍法则,并思考实现某一目标的手段。在这两个方面,理性都弥漫于道德反思之中,但它不能提供给我们"关于是非的首要认知"。[14] 斯密写道:

> 理性可以表明,这一目标[任何特定目标]是获得其他目标的方式,其他目标自然而然地令人愉悦或沮丧,并且通过这种方式,它也可能因为别的原因变得令人适意或不适意。但是,没有什么能够因自身而令人适意或不适意,如果它们并非由即刻的感受或情感产生。所以,如果在每一种特定情况下,德性必然因自身令人愉悦,如果邪恶肯定让我们心生不快,那么,使我们与一方和解、与另一方疏远的不可能是理性,而是即刻的感受与情感。(Ⅶ.iii.2.7)

此类段落需要我们根据语境进行认真诠释,因为正如我们在讨论同情与"无偏旁观者"时看到的那样,若将斯密道德理论的特点描述为单纯的非认知论或情感论,那将会带来误导。然而,我们一开始就应该同意,他拒绝将伦理理性主义理解为如下学说:我们唯有通过理性才能理解道德品质。

一种道德理论能够限制理性在道德判断中扮演的角色,但如果坚持认为,道德价值的存在独立于我们理解它们的方式,那它

---

[14] Ⅶ.iii.2.7. 斯密也说:"就像所有其他的普遍原则,道德普遍原则也是从经验和推论中形成的。"(Ⅶ.iii.2.6)

仍是客观主义。然而，斯密将伦理理性主义与道德现实主义结合起来（Ⅶ.iii.2.1-9）。从道德哲学史来看，这种结合并不自然。我们容易看到，理性掌握了客观性、独立于心灵的"道德事实"，以及表达"客观"倾向的激情与情感。据此表象判断，斯密依据激情做出的道德论述是主观主义的，因为其道德术语的含义由取悦或惹恼无偏旁观者的事物决定，而非完全由外在标准或事物状态决定。很清楚，对斯密而言，我们不仅要知道，若不考虑情感的反应，关于什么东西是"真正"好的或坏的，这个问题没有答案；我们还需要知道，正是通过反思性的道德情感，道德品质才成为这般。为了表达清楚，如果我们把这一点夸张一些，那么道德就不是世界的镜子，而是我们对世界做出反应的结果。我们不能因此推论，道德判断只与个人甚至任何意义上的文化"相关"，即便文化阻碍对相互竞争的判断做出富有意义的判决。更不用说，我们无法推论，在道德判断中，理性与反思没有任何影响。[15] 斯密与古代怀疑论者相像，但又不同于其他古典道德哲学家。确切地说，斯密并未论证：大部分人以某种方式在伦理上陷入困惑，哲学理论则能够或应该在很大程度上清除这一方式（亦即，通过提供好与美的知识，他们能够据以安排生活）。[16] 但是，通往此类知识的路径不是非理性主义；理解与反思被认为是哲学人类生活

---

[15] 在由 M. 辛格（M. Singer）界定的意义中，斯密不是道德怀疑论者，对他而言，各种各样的道德怀疑论"同意以此种或彼种方式坚持认为：对道德判断而言，如果没有好的理性，就没有有效的道德判断，道德就没有理性基础，是与否之间的区别就不过是一个品位、意见或习俗问题"。引自 D. F. Norton, *David Hume: Common Sense Moralist, Sceptical Metaphysician*, Princeton: Princeton University Press, 1982, p. 12, n. 26。

[16] 关于古代学派这一点，参见 J. Annas, *The Morality of Happiness*, Oxford: Oxford University Press, 1993, pp. 359-360。

的部分源头。

在《道德情感论》一开篇,斯密便告诉我们,哲学争论与类似主题都少有实践价值(I.i.4.5)。当在这本书末尾转向道德心理学问题时,他有一新的观察:"关于德性之自然的问题必然会在许多特定情形中影响我们的是非观念。我们关注嘉许原则,但可能不会产生此类效果。那些不同的观念或情感源自何种内在构成与机制?我们对此问题的探究只不过是一个哲学好奇心问题。"(Ⅶ.iii.intro.3)那么,德性问题也是"实践"问题;它影响我们的是非观念,并被期待影响我们的行为。与之相反,我们假设,道德心理学问题是一个纯粹的理论问题。

斯密也在其他语境中设置了理性的界限。在《国富论》对大历史发展的叙事中,比如在关于宗教自由之浮现的叙述中,他清楚表明"人类理性的微弱努力"发挥了有限的作用(V.i.g.24)。当然,在其他事件当中,其著名的"无形之手"观念表达了世界臣服于不可预见之讽刺的程度。斯密细致论述了国家努力依据总体规划对经济的深度干预,及其反生产的本质(*WN* Ⅳ.ix.51)。正如我将在第七章详细讨论的,斯密强调了国家的认知局限,亦即,他确证了选择与决定如何安排其劳动的个人自由的重要性。在《道德情感论》中,他批评了"体系之人"(man of system)。这些"体系之人"努力为社会组织与进步植入抽象的哲学框架,并像对待棋盘上的棋子一样来对待他人。斯密称,这既不义(unjust),也无效(unworkable)(*TMS* Ⅵ.ii.2.17)。我很快将回到他关于科学史和哲学史的著述上来,它们证明了一种广义的怀疑主义观点。进而言之,他也表达了一种对神学、受神学激发的形而上学与本体论的伏尔泰式轻蔑(*WN* V.i.f.28-29)。

所以,斯密的诠释者们每每提及他的思想,都认为它在此一方面或彼一方面是"怀疑论"。[17]的确，施尼温德不仅描述了伦理学中皮洛派怀疑主义重要的现代立场，也表明斯密是在同一脉络中继续发展。[18]此术语的确切含义，以及斯密式怀疑主义与怀疑论传统之间的关系都是复杂的问题。对古代与休谟怀疑主义的阐释是一个富有争议的问题，现代作家就此主题对古代怀疑主义的诠释也是一复杂的问题。[19]由于当下的目的，为了清楚地阐述对斯密的解读，我们可能依赖对那些立场貌似有理的解读。关于怀疑主义在斯密思想中的作用，我的讨论可被视作对其总体哲学框架的重构。它不是"源自沉默的论点"（argument from silence），不只是与其沉默相关的论点——尽管它从中引申出来——而是对其言说内容的一种解读。

我已经提到怀疑主义影响斯密作品的多个表征。当我们将

---

[17] 比如，参见温奇对斯密思想"怀疑论品质"的讨论。它们"在回避大型推论，认为其未来不可知上，将他与休谟联合起来"。*Riches and Poverty*, Cambridge: Cambridge University Press, 1996, p. 123; 以及 Haakonssen, *The Science of a Legislator*, p. 81, 及其 "What Might Properly Be Called Natural Jurisprudence?" in *The Origins and Nature of The Scottish Enlightenment*, ed. R. H. Campbell and A. S. Skinner, Edinburgh: Donald, 1982, p. 221。

[18] 参见 Schneewind, "Natural Law, Skepticism, and Methods of Ethics"。他认为，对休谟而言，就像对沙夫茨伯里、哈奇森而言，"除了获得我们道德官能认可的动机，行为中并无其他正确之源"（p. 299）；并且，我们也可将此视为皮洛主义传统当中"怀疑式的伦理方法"（p. 298）。施尼温德认为，TMS "提供了一个怀疑论方法的复杂视野"（p. 299, n.34），并且论称康德也是如此。我也正要提供一种关于斯密的复杂方法视野的解释。在这里，施尼温德没有论断：那些他认为遵从怀疑论方法的思想家要用这些术语来自我定位。我已经暗示，斯密没有明确地把他自己描述为一怀疑论者。

[19] 休谟对古代怀疑主义的诠释是歪曲的（因此他看待自己与之相关的立场的方式亦如此）。参见 Norton, *Hume*, pp. 266-267, 以及 M. Frede, "The Sceptic's Two Kinds of Assent," in *Philosophy in History*, ed. R. Rorty, J. B. Schneewind, Q. Skinner, Cambridge: Cambridge University Press, 1990, p. 277。除了在"教条式"与"非教条式"怀疑论之间进行区分，我将不再比较古典怀疑论之间的立场，因为尽管对古代怀疑主义的分析让人收获颇丰，但对当下的目的而言却没有必要。

其道德系统作为一个整体予以考虑时，其怀疑主义的另一面向就变得清晰起来。在好的皮洛主义形式里，斯密认为，我们最好在"表象"（即现象）的限度内理解道德，好像它们会向普通行为者展示自己。正如我们看到的那样，道德植根于反思性道德情感，这些存在通过同情来交流或了解。正如我们在第三章结论处所说，无偏旁观者最终构成了道德。[20] 道德情感理论的含义很清楚：价值是某种我们为自己决定的事物，无须追溯至外在于尘世人类生活现象的哲学神秘实体。请让我们回忆斯密的评论，"没有什么因其自身令人适意或不适意，我们不能因即刻的情感与感受产生这些认识"（Ⅶ.iii.2.7）；以及他的如下观点：

> （就其对象而言，每一感觉都至高无上）关于色彩之美，我们不能对眼睛提起上诉；关于声音之和谐，我们不能对耳朵提起上诉；关于味道的可口，我们不能对味觉提起上诉……那些品质的实质由如下方式构成：每一种品质都适于取悦其专属的感觉。依据同样的方式，我们的道德官能决定：我们应当何时抚慰自己的耳朵，何时迁就自己的眼，何时满足自己的味蕾，我们其他的自然原则应当何时或在多深的程度上得到放纵或受到限制。令我们的道德官能感到适宜的东西，它便是适当、正确、适合去完成的；相反的则是错误、不适当，且不合适的。它们认同的情感便是优雅、相配的；与之相反，则下流无当。这些词语——正确、错误、适合、不适合、优雅、无当——只不过意味着取悦或冒犯那些

---

[20] 正如我们在这里描述的一样，斯密的观点与施尼温德对怀疑论方法的描述颇为一致；参见 Schneewind, "Natural Law, Skepticism, and Methods of Ethics," p. 300.

官能的事物。(Ⅲ.5.5)

这不过是说,我们必须认为道德最终"源自我们",而非由自然或神建立。[21] 由于既定的理性限制,那些非人或超人的源头不能为我们所理解,我们只能理解价值的论述。所以,我们仍然维持着在原则上可以理解的源头。就像道德与"邻居家发生的事情",以及"我们生活的教区发生的事情"(Ⅶ.ii.4.14)有关,任何对价值源头的智识理解必须处理一个我们能够了解的人,即我们自己。"表象"或"现象"的定位不仅塑造了斯密的德性理论,还塑造了他的德性心理学,并因此塑造了他如下的观点:在某种意义上,价值是我们制作(our making)出来的。

进而言之,他认为思想体系也应以类似的方式理解,正如其哲学、科学史作品(重印于 EPS 中)表明的那般。当他将之放入一个段落中,加以简短讨论,他就让自己分析了"一切哲学体系,认为它们不过是想象的发明"。哲学理性的有限影响不仅使我们

---

[21] 比如 Hume, "The Sceptic," in *Essays Moral, Political, and Literary*, p. 162:"如果我们能够依赖任何从哲学学来的原则,我想,这便被认为是确切、不可怀疑的,在其自身当中也就没什么是有价值的或可鄙的,可欲的或可恨的,美丽的或畸形的了;但是,这些属性却从人类情感和感情的特定构成与构造中产生出来。"(另见 p. 166, "Objects have absolutely no worth or value in themselves")另见斯密在《人性论》中的论述,即,行为或品格的恶"位于你自身当中,而不在客体之中。所以,当你宣称任何行为或品格为恶时,你说的毫无意义,但从你的自然构成中,你因为轻蔑而具有一种谴责的感受或情感。所以,邪恶也好,德性也好,它们都可比之声音、色彩、冷热。依据现代哲学,它们不是客体的属性,而是心灵的感知"(*T* 468-469)。在《道德原则研究》的第一附录中,他说,美学与道德品位"具有一种生产性官能,给所有对象都饰以色彩,这些官能借取自内在情感,并以一种新造物的方式兴起"(p. 294)。然而,尽管斯密在Ⅲ.5.5 提及色彩,但是,在其归纳价值以何种方式依赖我们时,色彩与道德品质之间的相似性(以及色彩感知与价值理解之间的相似)并未在诸特征中凸显出来。关于"感知"(perception)在斯密理论中的作用,我将在第五章说得更多一些。

受限于表象，而且令诸哲学体系由我们"给予"或"塑造"。相应地，斯密（就像休谟）给予想象巨大的影响力。想象正是解释这一"给予"（rendering）的关键，在斯密的论述中，其重要性随其怀疑论框架而来。

斯密的修辞如此巧妙地表达了他的道德心理学与德性理论，其特征也与他的怀疑主义相呼应。他诉诸经验与日常生活，他在多重含义上使用代词"我们"（we），他将道德心理学理解为"批评"，他对剧场比喻的使用，再加上《道德情感论》的结构（包括第七部分与此前诸部分之间的断裂），以及他对古典形而上学、认识论语汇与议题的逃避，这些都与怀疑论观点颇为相符。这些特征与斯密对德性、判断、语境之重要性的坚持，以及他的如下论点（我将在第五章予以阐述）相符：普遍原则从经验中产生。斯密认为，伦理学理论必须由内部，从一种对生活的内在视角发展而来，而非源自某种先验的第一原则。在表达上述观点时，斯密修辞上的这些特征与讨论中的怀疑主义也颇为相符。[22]

我重构了他的元哲学立场，这有助于我们看到，为何他自己论理性的文章采用了天文、物理、逻辑学史的形式，意图"阐发""引领哲学探究的诸原则"。通过拓展，它也有助于我们看到，为何遗失"**文集**"的一个分支是（用我的表达来说）"自由科学与优雅艺术的哲学历史"（"Philosophical History of the Liberal Sciences and Elegant Arts"）。与其设置一种形而上学或本体论，这种怀疑论将描述其他哲人的成功与失败。此怀疑论将依赖一种叙述，这种叙述与按照"理智情感"和想象活动做出的某些解释类

---

[22] 安纳斯注意到，塞克斯都·恩披里柯时常将自己呈现为"好像是支持生命或'生活'一方，反对哲学家的抽象"。*Morality of Happiness*, p. 354.

型的吸引力有关，因为好奇、惊讶、惊奇、震惊等情感力求为多种多样的现象创造一个统一的故事。修辞、美学，以及研究者的期待这些问题将走上前台，也的确在斯密关于此问题的研究文章中走上前台。许多明白易懂的"表象"从此类怀疑论中兴起，作为这样一种媒介，它很可能对语言研究具有吸引力。对语言之演化与使用的研究可能会让我们思考："形而上学"交谈怎样以自然的方式兴起，以及如何寻求一种并不依赖"柏拉图派"假设的语义论述。尤其是，当我们虑及斯密对修辞学的兴趣，此种研究便有助于解释：规范如何形成，以及怎样被情感与同情塑造，如何（以圆环的方式）出现，并在集体生活中具体化。斯密毫无偏差地被此"语言学转向"的前景吸引，这有助于解释：他为何在《道德情感论》（自第三版起）中附上了一篇早期文稿，其标题为《论语言的起源》。[23]

到这一阶段，我们应当强调一项区分。我们拥有的"哲学历史"部分并不会产生支持如下观点的论断："客观事实"或事物的实质结构不可知。斯密在任何地方都没有提供那一类论证。在其论述科学和哲学史的文章中，在其道德哲学、政治经济学，以及（如果我们能够信任学生们的笔记）他的法理学和修辞理论中，

---

[23] 这篇文章最先发表于1761年，现在重刊于 *LRBL*。斯密对语言演进之讨论清楚表明，语言形式是借助偶然事件（比如，各种语言因为历史环境、书写的发明而彼此融合）不曾预见的结果（"无形之手"的效果），以及心理学原则塑造的过程被"发明"（斯密在此文中最喜欢用的动词）出来的。这篇文章是一种关于语言和思想形成的推测历史，或自然历史，因此，"形而上学"的创造才能被理解为、被看作不可抗拒的错觉。他在论古代逻辑学和形而上学史的文章中提出了类似的观点（*EPS*, p. 125）。关于斯密语言观较好的讨论和探究，参见 Lindgren, *The Social Philosophy of Adam Smith*, ch. 1 ("Inquiry")。林德格林（Lindgren）评论说，对斯密而言，"事物与人们彼此联系的方式，或可能的方式独立于我们的习俗框架，没有落入人类知识的范畴"。(p. 6)

他致力于提供关于人类行为看似合理的积极论述,却简单地放弃古典形而上学的、理论的、与认识论相关的问题。这展现了另一重含义,若由此看来,斯密的怀疑主义便处在皮洛主义的思想传统里:非教条的怀疑论者避免提供我们能够认知事实的理论,或者道德判断能否真正反映完美"人性"永恒实质的理论,他正是以此非教条怀疑论的方式写作。[24] 对于这些问题,此类怀疑论者没有一个"哲学定位";他们寻求对整个争论"悬置判断"。实际上,借助事物如何"显现",此怀疑论者受各种非哲学来源引导。这些非哲学源头包括:自然冲动、法律、习俗、艺术知识与情感。然而,甚至在这些限制当中,怀疑论者能够宣称拥有对事物的概念。[25] 例如,塞克斯都(Sextus)谈论显现为理性的事物,以及作为表象的思想对象。当我们与现实主义者争辩,此类怀疑论者甚至会接受其反对者的语言实践,从个人偏好出发进行争辩,但不必把这些实践当成他自己的来予以确认。[26] 塞克斯都告诉我们,怀疑论者不会像(教条式)逻辑学家那样怀疑表象(*PH* I.19)。

---

[24] 比如,休谟在《人性论》附录结尾处的论述:"只要我们把关于诸对象表象的沉思限定在诸情感之上,没有进入与其真实自然和运动相关讨论的倾向,我们就免了一切困难,绝不会因任何问题而感到局促不安。"(*T* 638)我认为,斯密接受了休谟的立场,却又补充说:同样,针对我们的情感或理智,任何表象都掌握着真实;"专题论文"也应意味着"哲学分析"。

[25] 至少,塞克斯都·恩披里柯在《皮洛主义纲要》(*Outlines of Pyrrhonism*, II.10, 此后引作 *PH*) 中是这么做的。关于"各种非哲学源头",参见 *PH* I.23-24, 145-163,231。关于参考文献,亦可参见 M. Burnyeat, "Can the Skeptic Live His Skepticism?", in *The Skeptical Tradition*, pp. 127-128。比如,塞克斯都在 *PH* I.13 区分了"信条"(dogma)的两种含义:一种涉及不明显的信条;另一则是在日常含义上,作为对某事的嘉许。怀疑论者有后一种含义的信条,却没有前一种的。

[26] 关于这一点的描述,以及两种怀疑主义更为普遍的论述,参见 Frede, "The Skeptic's Two Kinds of Assent," in Rorty et al., eds., *Philosophy in History*, pp. 255-278, esp. p. 258。

这开放了可能性，从而使怀疑论者（就像这个词指出的那样）探究表象，将诸种解释按照熟悉和满足想象的方式放在一起。[27]

相反，另一类怀疑论者，消极的或教条式的怀疑论者却有一种他们予以守护的立场，即，在道德中，我们不能客观地认识任何事物。在非道德事实（比如，自然科学家研究的事实）领域，关于事物的"真实"情况，我们可以拥有积极的知识；这种消极或教条式的立场则与之相配。

我要建议的是，当涉及与古典形而上学、神学问题有关的哲学争辩时，我们最好将斯密的怀疑主义解释为：它是对塞克斯都·恩披里柯描绘的那类非教条怀疑主义的详尽阐释，而非消极的或教条式的怀疑主义。在怀疑论者的全部含义上来说，斯密的怀疑主义也与塞克斯都的相似。[28] 斯密对科学、哲学、伦理学之理论化的论述具有一致性，并完全诉诸"情感"和想象。他并非如自己意识到的那般是一个非根本主义者（在当下术语中）。关于我们刚才描述的那一类哲学争论，其论述之推进就好像他悬置了判断。所以，在《道德情感论》中，他给我们呈现了一种看问题的视野，通过持久地使用文学和其他种类的事例，从而诉诸我们的感受，指出解释道德情感运行的多样原则（比如"同情"）。他的怀疑主义关注理性的限制，并在那限度内为一种积极哲学的可能性制造空间，而非破坏它。

我们必须注意，皮洛主义者与斯密式怀疑主义之间有一个重要

---

[27] 塞克斯都关于怀疑主义和医学方法论学派的评论，参见 PH I. 236-241。
[28] 我并不是说，斯密的战略与塞克斯都一模一样；比如，TMS 第七部分就没有向我们展示源自冲突表象的争辩，或"势均力敌"的争辩。并且，正如我们将要看到的那般，斯密拒绝了塞克斯都的观点，即人应当像一个怀疑论者那样生活（因此，人应该活着，却不上升至超越表象的程度）。

的区别。斯密并未持有如下观点:作为道德行动者,我们通常像一个怀疑论者那样对待道德。相反,我们做出行动,好似常识道德现实主义是有效的,亦即,道德品质好像客观存在于事物本性中,外在于我们,并声称对我们具有权威。正如他在我引用的段落中所言,德性"因其自身"令人愉悦。斯密并没有说,是否人们在行动时,一种节制的伦理理性主义形式(我们把它理解为如下观点:伦理品质由理性掌握,或许会与激情结合)好像也健康有力;但他在论述中没有阻止它的作用,他对伦理理性与判断的分析支持了一种节制的伦理理性主义。实际上,我们并非道德怀疑论者。[29]

斯密讲述了哲学有限的实践意义,他的论述具有充分的普遍性,从而包括了他自己的哲学框架;所以,就哲学架构的影响而言,它也被限制在理论领域。在这个方面,其怀疑主义是休谟式的,而非皮洛派的变体,因为,就好像在休谟那里,此论点暗示着:怀疑论的理论化不应动摇我们的日常信念。[30]实际上,在许

---

[29] 沙夫茨伯里讨论了道德与认识论怀疑主义之间的区别,并且论称,在一切哲学认知问题上,人们都可以是怀疑论者,并具有完全的宗教性与道德性(参见诺顿在 *Hume* 一书中的讨论,pp. 241-242)。

[30] 参见 Hume, *Enquiry Concerning Human Understanding*, pp. 159-160, 以及 *T* 183, 264-274。关于"非教条地生活",参见塞克斯都,*PH* I.23, 226, 231; II.246, 254, 258; III.235; 关于两种教条含义之间的区别,参见 I.13。很可能,塞克斯都为某些类似非教条信念的事物提供了空间。塞克斯都无意确证,怀疑论者的生活缺乏任何信念,关于这样一个强有力的论题,参见 Frede's "Skeptic's Beliefs", in Frede, *Essays in Ancient Philosophy*, Minneapolis: University of Minnesota Press, 1987, pp. 179-200。就此观点而言,怀疑论者断言,我们能够没有信念地行动,这一论断是与教条主义者进行辩证的举动(cf. *PH* I.20),并假设了一种"信念"的教条式意义。怀疑论者认为,不去相信事物的"真实"是可取的和可能的;并且悬置理性努力揭露表象背后之真实的判断(cf. *PH* I.215)。关于事物是怎样的(以及它们以此或彼方式向他显现),怀疑论者仍然怀有信念。这反过来假设,日常信念不需要是,或不需要确切依赖关于"事实"的理论或哲学信条。正如弗雷德(Frede)注意到的,那种假设可能不同于怀疑论者与"普通人"持有信念的方式。其差异在 [转下页]

多方面，休谟放入怀疑论者口中的关于道德情感的评论听起来很像斯密自己的观点。[31] 斯密并不认为道德行动者应持有如下意识进行判断，即"客观"价值事实上源自情感（正如斯密的道德心理学自身教导的那般），就仿佛道德行为人应对自身价值持有怀疑论式的内在疏离来生活。

斯密的"现实主义"观点认为，我们在日常道德生活中就拥有道德品质；关于这些事物作为道德心理学的理论争辩缺乏对行为者的驱动力；他认为，想象同情拥有对道德生活的确定性。我们若将这些观点结合起来，就可以推测，他会同意古典**失用症**（*apraxia*）论题，反对怀疑主义——即我们不能在实践里依靠某信条生活或行动。[32] 我们没有过一种怀疑论的生活，因为我们在生

[接上页] 于他们各自对待信念的态度，怀疑论者较少有教条色彩。参见 "The Skeptic's Beliefs", p. 199. 对怀疑论的这种解释使得与斯密的对比复杂化了。但是，斯密最终将要否认，作为普通道德行为者，对于那些我们持有某种特别的、非教条的、怀疑论式疏离态度的道德信念，我们能够或应该握持住它们来生活。

[31] 关于哲学有限的实践视野，我参考的是 Hume, "The Sceptic," in *Essays Moral, Political, and Literary*, pp. 169 ff.。在第 166 页，休谟评论说："如果我不怕显得过于哲学化，我会提醒读者注意那著名的信条，据说它在现代得到了充分的证明：'味道、色彩，以及其他一切感觉品质都不在身体，而只在感觉中。'美丽与畸形、德与恶的情况与之相同。然而，与前者相比，这一原则并未更多地远离后一品质之实情。它也不需要对批评者或道德主义者心生愤怒。尽管我们允许色彩仅存在眼睛之中，但是，染工或画师会受到更少关注或尊敬吗？人类的感觉与情感之间具有充分的一致性，从而使这一切品质成为艺术和理性的对象，并对生活与习俗产生最大影响。在自然哲学中，上述发现没有给行为带来任何改变，这是确切的；那么，为何道德哲学中的类似发现会产生变化呢？"进而言之，休谟在怀疑论者的嘴里放了一种抱怨，即抱怨哲人倾向于强迫他们用"最喜欢的原则"来论述现象（p. 159）。正如我们在第一章看到的那样，这是斯密针对各种各样的哲人做出的指控。

[32] 失用症论题（the *apraxia* argument）认为，没有人能够真正像怀疑论者那样生活；怀疑主义并非一种能够在实践中具体化的原理。通过声明"所以，在争论中，他们并未理解，怀疑论者没有依据哲学理论来安排他的生活（因为他对哲学理论并不积极），但是，关于生活的非哲学规范，他能够欲求某些东西，避免其他某些"，塞克斯都回应了上述争论。然后，他又用对［转下页］

活中仍然持有"教条式"的信念。但是,诸信念原本是我们的反思性"情感",而非哲学理性的结果,因此不可能被针对哲学理性的攻击逐出,也不能受到此类理性的引导。我们不能只凭哲学理论生活(无论是否为怀疑论)。所以,斯密式的理论家通过一个超然的哲学式旁观者的眼睛看待他人和自己,但并不借助那些眼睛生活。他的理论化自我与其行动的自我之间保持疏离。[33]

斯密想来并不认为,即便是在理论化的层面,他的讨论可能使我们转变为怀疑论者。在这本书较早的部分,在他对理论与实践之关系的讨论中,斯密宣称:"(关于科学与品位的主题,)我们赞许他人的判断,并非把它当成某种有用的东西,而是视为某种正确、精确,与真理和事实一致的东西。很明显,我们之所以赋予它那些品质,原因无他,只不过我们发现它与我们自己的判断相符。"亦即,尽管**事实上**另一个人的判断对我们有吸引力,因为它与我们自己的倾向一致,并富有说服力地讲述我们惊讶、惊奇、崇拜的"理智情感"(intellectual sentiments);但是,我们谈论时,**好像**其吸引力依赖于判断与事实之间的呼应,我们也无须持久地意识到,这只不过是"好像"(I.i.4.4)。[34]在原则上,比之

[接上页]僭主秩序的怀疑论式回应来继续做出阐释。怀疑论者并不会堕降为"不积极性",或变得"好似一棵蔬菜"。参见 Against the Ethicist, pp. 162-166。安纳斯注意到:古代道德怀疑主义是"对日常生活在根本上的颠覆";怀疑论者宣称,行为人"成为自己行为与冲动的不受委托的旁观者"。"Doing without Objective Values: Ancient and Modern Strategies," in The Norms of Nature, ed. M. Schofield and G. Striker, Cambridge: Cambridge University Press, 1986, p. 22. 斯密会同意,这种旁观者概念是颠覆性的,因此要在伦理基础上避免它。

[33] 在这一点上,斯密的观点与安纳斯对现代道德怀疑主义的描述一致。"在接受令人对道德产生怀疑的观点,与坚定地持有道德信念来行动之间,人们感受不到任何冲突"。参见 "Doing without Objective Values," p. 26,尽管斯密怀疑理论与实践之间的分裂可能是反怀疑论的,正如我们将会看到的那样。

[34] 关于"reality"的含义,以及被斯密当作理论原则舍弃的那类更广泛[转下页]

对道德判断的赞美，对理论的赞美并非一个具有更多或更少"客观性"的问题。依据斯密的论述，我们之所以认同习俗与他人的意见，之所以对道德问题达成一致，两者的基础在这一方面是相似的（Ⅰ.i.3.2）。[35] 总体而言，甚至在我们的理论努力中，他不期待我们会悬置信念。相反，我们会看到，我们的信念理性地植根于心灵独立之"事实"。在一天快结束时，除非在强迫自己聚精会神进行哲学思考的时刻，我们都不会超脱于自己的理论信念之上。

在其关于哲学与科学的讨论中有一个值得关注的段落谈到了这一点，且绝非偶然地提及了怀疑主义。这一段话出现在论天文学史的文章的最后一页（我们可以在其去世后出版的《哲学主题

[接上页] 意义上的伦理事实，参见 P. Butchvarov, *Skepticism in Ethics*, Bloomington: Indiana University Press, 1989, p. 3: "在非常粗糙的意义上，与 X 有关的不合格的事实，我意指的观点是：(1) X 存在，拥有一些属性，一种本性；以及(2) 其存在、性质独立于我们对它的意识；(3) 我们思考它（或使之概念化）的方式；(4) 我们谈论它的方式。"至少我们通过道德心理学透镜（根据这种道德心理学，道德源自我们）看到客观道德之时，以及在我们把那种心理学视为第二阶的解释原则时，斯密的理论与 S. 布莱克伯恩（S. Blackburn）的休谟式"半真实"（quasi realism）观点之间存在密切关系。我们可以在布莱克伯恩的文章《价值现象学之谬》（"Errors in the Phenomenology of Value"）中找到其概述。此文重刊于 *Morality and the Good Life*, ed. T. Carson and P. Moser, Oxford: Oxford University Press, 1997, pp. 324-337。但是，正如我将要表明的那样，关于"计划主义（projectivism）给予道德的主观资源，与一种适当运行的道德所具有的客观感受之间的张力"，斯密将会分有这份紧张（unease）（Blackburn, p. 327）。在任何节点上，斯密"计划主义"（如果这是一个适当的表述）视野将会产生的结果（比如，道德心理学实际上的运作方式）都不被布莱克伯恩接受。对斯密来说，谈论"计划"必须得到细致调整，从而压制感受与反应的影响，正如在本书第二章讨论同情时，我所表明的那样。

[35] 正如斯密对这一主题的归纳："一个人的每一种官能都是借以判断他人相似官能的尺度。我用我的视觉判断你的视觉，用我的耳朵评价你的耳朵，用我的理性评价你的理性，用我的愤怒评价你的愤怒，用我的爱评价你的爱。我没有，也不能有其他的评价方式。"（Ⅰ.i.3.10）在紧接着这一评论的章节里，关于理论一致性与实践一致性，对其基础之相似性的分析得到了更进一步的发展。

论文》中找到它）。提及牛顿时，斯密表明，计划中的体系越令理智想象满意，我们就越有可能认为这体系描述了事物何以客观，独立于人的心灵：

> 当我们努力将一切哲学体系展示为，它们只是想象的发明；努力将分散、不一致的自然现象连接起来，我们就不知不觉沉浸其中，使用了表达这一［牛顿体系］连接原则的语言，好像它们是自然用来将多种运动结合在一起的真实链条。

事实上，"最大的**怀疑论者**也不能避免感受到这一点"，他在此评论说。[36] 既然《道德情感论》是一个斯密式理论化的例证，那么很可能，他期待在总体上把它处理为这样的一种尝试：呈现出事物的真实情况，尽管在超然地观察他自己的创造时，他将之视为一种"想象的发明"。如果他完成了"文学、哲学、诗歌、雄辩术的一切不同分支的哲学历史"，那么用于天文学之上的相同的描述原可拓展至哲学本身。总而言之，我们可以认为，他假设了双重的怀疑主义（一重在理论层面，另一重在实践层面），每一重都在判断对"事实"的回应中与我们的自然信念相

---

［36］ "The History of Astronomy", Ⅳ.76, in *EPS*, p. 105（着重标记是本来就有的）。哈康森提到这一段时，认为这是"一篇非常富有休谟意味的、挑逗的、具有双重影响的怀疑主义"。*The Science of a Legislator*, p. 81. 另请参见 J. R. Lindgren, "Adam Smith's Theory of Inquiry," *Journal of Political Economy* 77 (1969), esp. pp. 900-901. 这些文章原本可以形成斯密文集的一部分。如果斯密完成并出版了文集的分支，我们就可以拥有对怀疑主义问题更加细致和确切的反思。尽管在这一章，我们给出了更进一步的原因，但斯密本可以决定避免一些困难——如果他将怀疑理论当作他自己的，那些困难便内在于这一设定中。

"隔离"。[37]

我们将斯密解释为一个非教条式的怀疑论者。有人可能会反对说，在提供确实的理论时，他远非不可知论者，因为在提出这些理论时，他关于事物"实际如何"做出了宣告。比如，在《道德情感论》中（Ⅶ.iii.2.9），他宣称，哈奇森已经决定性地拒绝认为，道德区分首先源自理性。因此，关于这些区分是否源自理性，斯密没有（反对仍然继续）延迟做出判断。整本书都在论述，它们首先源自于情感。我注意到，在回应中，斯密一开始只向我们提及哈奇森的论题，却不展示自己，并颇富修辞技巧地忽视了关于本主题的所有分歧，将其视为"对特定表达形式迷信般的超脱"，或认为它表明了哈奇森著述的无知。更令人信服的是，斯密的怀疑主义在某种程度上是针对特定类型的形而上学论题的智识立场，并非针对道德心理学要点有关论题的智识立场：尤其是那些与"真实"（reality）和"实体"（substances）有关的论题，比如"形式"和上帝。怀疑主义并不会因为他提供了一种"积极"哲学而被反驳，这种哲学进入世界剧院的表象与现象之中，对现象更好或更坏的解释做出判断。他同意，就像早先提到的，作为普通道德行动者——他经常用那种口吻写作——我们没有像怀疑论者一般言说或行动。正如已经注意到的那样，他也同意，作为哲人和科学家，我们没有频繁地像怀疑论者那样言说或行动；在《道德情感论》中，他有时候用一种老派的哲学口吻写作（比如，好像是在对"自然"进行某种祈求）。

人们也可能反对，斯密在任何地方都没有展露其"怀疑论"

---

[37] 这个词取自 M. Burnyeat, "The Sceptic in His Place and Time," in *Philosophy in History*, p. 225。

立场（把我已经提及的一种"怀疑论"用法放到一边）。我在回应中反复重申，我对其基础框架的重构是否合理，首先取决于它是否与其作品相符合。但进一步说，如果在哲学化方面，斯密是一个非教条式的怀疑论者，那他就有很好的理由避免直接论述非教条式怀疑主义的客观真理。这样做将面临风险，使之与讨论中的观点相矛盾。亦即，我表明了，斯密抓住了明显的自我指涉问题——在哲学史中，这个问题受到了长久的讨论，它始于柏拉图的《泰阿泰德篇》(*Theaetetus*)，然后又在塞克斯都的《皮洛主义纲要》(*PH* I.14-15，标题为"怀疑论是否被教条化了？"["Does the Skeptic Dogmatize？"])中得到处理，休谟对之也有所勾勒——它内生于一个怀疑论式的论断，即怀疑主义是"真实的"。[38] 因为，这样一种论断似乎歪曲了如下怀疑论观点：关于哲学原理之"真实性"的论述都不能在论辩的面貌中维持其反面。这明显是一种针对怀疑主义的，在时间中证实的反攻。怀疑主义及其反对者之间的战争就位于斯密的指尖上。对于教条式观点的柔弱，以及怀疑论选择的雄辩有力，他保持了普遍的沉默，我们可以把他的普遍沉默理解为：针对古已有之的不一致指控，他做出了先发制人的回答。他的沉默是长久辩论中的一场思想运动。[39] 尤其是在摩尔和维特根斯坦之后，任何试图以哲学的方式来使人们回归平实、自然（如斯密可能会说的）、日常世界的努力都面临着困惑，这是广为人知的，但其实质问题仍要回到古

---

[38] Hume, *T* 186-187. R. J. 弗格林（R. J. Fogelin）将休谟的论题做出如下注解："怀疑论论题是自我批驳的，但这只是把我们放到一个踏车（treadmill）之上，因为搁置我们的怀疑主义、回归理性原则必然会把我们推进另一条通往怀疑主义死胡同的道路。"

[39] 塞克斯都在 *PH* II.258-259 的评论值得再次提起：关于这些可以无限辩论的问题，一个拒绝怀疑论的教条主义者实际上强化了怀疑论对判断的悬置。

代怀疑主义之中。[40]

人们最终可以反对，认为将这种怀疑主义归于斯密看起来并不合理，因为并无实质性的先例。当我们把如下反应放置一旁，即斯密能够贯通其立场进行思索；那么我就已经援引证据证明：在斯密之前的现代时期，怀疑主义就非常明显。上述怀疑主义包括了皮洛主义传统中的"怀疑论的伦理学方法"。我要把**这种**方法归于斯密。进而言之，至少在一种看似合理的解释中，休谟的怀疑主义与斯密非常接近。如果斯密将休谟解读为一个"弱化的怀疑论者"，并决定将此立场作为其逻辑结论，那就是十分自然的了。[41] 我认为，斯密的著作**展现出**怀疑主义特点，在这个方面延续和发展了休谟的方案，并因此执行了它。与此一致，斯密放弃了休谟对认识论和形而上学的讨论，以及讨论印象、观念和其他概念的一整套计划。计划中的**文集**可能会把这些作为一个难获支持的"哲学史"计划的一部分。**文集**可能也包含了与认识论某些方面有关的文章，当然也包括了关于语言哲学面向的文章。

我们也可能认为，如果斯密被说服，认同休谟和其他人攻击古典形而上学、神学传统的力量，那他就要做出选择。他可以重述休谟在《人性论》第一卷提出的那一类论证，并承担风险——

---

[40] 对此问题的一些讨论，参看 T. Clarke, "The Legacy of Skepticism," *Journal of Philosophy* 69 (1972), pp. 754-769。克拉克（T. Clarke）总结说："怀疑主义把我们从古旧的问题中（包括它自己）解放出来，提供给我们一种新的、具有挑战性的问题。在某种意义上，摩尔是一个完全的哲人：我们渴望、假定的事物都不在平实范围以外。关于相对'非客观性'的结构、特征、来源，怀疑主义留给了我们平实的问题，一个解锁其秘密的主要工具，以及平实的怀疑主义可能性。"

[41] 在"How a Sceptic May Live Scepticism"一文中，我提到了 D. F. 诺顿对休谟"弱化"怀疑主义的解释。*Faith, Scepticism, and Personal Identity*, ed. J. J. MacIntosh and H. A. Meynell, Calgary: University of Calgary Press, 1994, pp. 119-139.

被指控为自我驳斥（self-refutation）或重复已经证明的论点。或者，他可以通过一种一致性、建构性和有说服力的方式，继续完成分析"表象"的积极工作。斯密选择了后者。这是一种强有力的论辩战略。因为，如果斯密能够在这种理解下成功地**展现**怀疑主义，如果他能够**真正地**表明其立场的真实性与成果，那么对神学、形而上学主题进行古典哲学式探究的动机就要遭受严重破坏。[42]

这种关于表象的怀疑论观点仍是一种日常生活哲学，但和与柏拉图相结合在一起的那种哲学相比（或康德，他还有一种不同的"客观性"与哲学概念），它是另一种意义上的"哲学"。[43]斯密的怀疑主义是一种"第二阶"类型，因为它被引导对此类事物进行辩论，即作为道德品质的柏拉图式客观事实。[44]它免除我们以苏格拉底要求的方式回答古代苏格拉底式的"它是什么"问题，与此同时，它留给我们一个哲人斯密的广泛的积极计划（我从引言第五节开始，充分讨论了此计划所意图的维度）。它的确使如下

---

[42] 当然，斯密的怀疑论将不得不与其斯多葛主义相协调，因为这两个学派在传统上互不相容。我注意到，一些最为斯密喜爱的斯多葛主义者，比如马可·奥勒留，表明了一种强烈的反哲学偏见（e.g., *Meditations* 2.13）。正如已经注意到的那样，斯密忽视了斯多葛形而上学与认识论，转而关注斯多葛伦理学中的主题。关于怀疑论斯多葛派，参见弗雷德在"The Skeptic's Beliefs," p. 199中的评论。

[43] 我归之于斯密的怀疑论类型与笛卡尔式的关于物质世界之存在的怀疑主义毫无关系。从斯密的立场来看，那种怀疑主义自身就是一种"教条"的哲学建构。

[44] 与之类似，J. L. 麦凯（J. L. Mackie）认为自己的道德怀疑主义是一种"第二位的观点，这种观点与道德价值状态和道德评价之性质有关，与它们在何处以及如何适应世界有关"。麦凯的第二位论题便是："道德不是被发现的，而是被制造出来的。" *Ethics: Inventing Right and Wrong*, New York: Penguin, 1977, pp. 16, 106. 关于作为"必须成为何种客观价值"范式的柏拉图主义形式，参见第40页。

内容成为必需：虑及道德品质的客观性问题，当受到怀疑论理论标准的评判时，日常"柏拉图式"观点的真实性是无法证明的。

但是，从这一怀疑论理论立场来看，道德品质在某种意义上仍然是客观且真实的：我们依赖它们，它们统治着个人和共同体的生活，它们被编织进传统、行为与品格之中，它们是得体、文明生活的基础。从根本上而言，它们很重要。正如斯密的无偏旁观者理论、德性理论和政治经济学表明的那样，我们能够对之进行仔细思考，予以质疑，加以提高。我们能够也确实意义隽永地谈论着道德命题的"真相"，谈论着对它们的忽视与理解。道德品质不只是与个人"相关的"品位问题。从一种理论立场，可以说，我们创造了它们，因为我们在自然之书中读不到它们，上帝也没有把它们交到我们手里——在这里，斯密对于想象的休谟式观点变得尤为重要，正如我们将要在第八章讨论的那样。但是，道德品质并非因此由孤立的个人创造，也并非完全凭空产生。请让我们回忆，人们绝不会认为道德生命是"某种孤绝地方"的"造物"，而是把它当作一个共同体的成员，这个共同体的道德法则外在于任何个体（比如，在法律、制度与传统的层面上）。

道德品质既非从斯密的理论视角，亦非从日常生活视角想象出来、幻想出来，或制造出来。它们不仅仅是情绪的表达，还需要认知与理解才能把握。道德品质，以及围绕它们组织起来的理性实践和行动具有客观的真实性和主题；甚至在日常生活里，我们也会把这些品质柏拉图化，确信它们（以及表现了它们的个体）的权威与尊严无与伦比。[45] 这种日常的柏拉图式情感，从哲学的观点

---

[45] 这并不是说，我们通常会，或者应该，用在本章第一节讨论的那类柏拉图式哲学来回应斯密这一信念。

来看，是对道德品质所具有的客观性和现实性的夸大，也许可以说是一种错误，或者更确切地说，是一种哲学上未受保证的承诺。但是，从同一立场来看，如果我们坚持认为，道德品质可能客观、真实，或者它们由外在于我们所有人的世界的特征传达出来，这也不是一个错误。的确，斯密怀疑主义的一个结果是：它使我们卸下了毫无希望的关于终极"形而上学"真实的哲学辩论；它也使我们回归更有希望的研究，回归世界剧院内部具有现实效力的研究。这些包括了从科学、哲学、文学角度做出的，对世界与自我如何彼此包含的探究。

三 修辞，以及理论与实践的分离

> 尽管你对我推崇的那幅画、那首诗，甚至那个哲学体系有所轻鄙，但是，我们对此引发的争论少有危险。我们两人都不会理性地对其产生很大的兴趣。对我们双方而言，它们都应该是具有重大差异的事物。
>
> 亚当·斯密，*TMS* I.i.4.5

我曾论称，斯密的修辞具有伦理意图，我也可以对此论断加以扩展，用来评论塑造了它的怀疑主义。[46]斯密决定将哲学维持

---

[46] 我注意到，塞克斯都·恩披里柯也告诉我们说，怀疑派是慈善家，其目的是治疗或起到医药的作用。塞克斯都在一处说道，怀疑论者依据情况需要运用不同种类的修辞。怀疑论者不时攻击教条主义者的"自我欺骗"，在其他情形中又使用更为温和类型的"说服"，其结果是：怀疑论者有时会在语境之外使用不具有说服力的论述。*PH* III.280-281.

在世界剧院以及同情与旁观者的范围之内，使爱不至于成为危险的疯狂与狂热。我在本章第一节讨论了这背后的动机，当我观察到其意图的政治、伦理效果是节制宽和时，此讨论便走向了顶峰。我们可以认为，斯密通过他的怀疑主义展现了一种人类的伦理前景。这最终走向一种富有尊严的日常生活景象，即我所谓的启蒙德性前景，它在总体上反对传统哲人以及宗教教派的超世俗诉求。斯密的怀疑主义让我们的注意力聚焦于重要的并能产生富有成效之理解与行动的问题。

在广义上，他的怀疑论框架是人类自足、尊严与自由的启蒙伦理视野的一部分。那种自由并没有被简单消极地定义为摆脱了神圣存在之道德权威的自由。他的怀疑论表明，我们在自己当中便具有自我引导的资源，比如我们的道德情感与想象，它们允许我们指导自己的生活并让我们能够在一起生活。这个"我们"潜在地包括了一切人类，因为这个任务不需要高度的哲学理性。斯密的目的之一是要教导哲人们，如何符合伦理地免去他们的职责。在很大程度上，他是通过如下方式来做的：通过榜样，通过关注语境，通过抵制普通生活的轻浮谴责，通过列举、分析好的判断与伦理批评，通过否认人应当依据无法决断的形而上学与神学来生活。

斯密关于哲学和怀疑主义的观点可能具有有益的伦理效果，他当然期待见到这些效果得到传布。但是，这并不意味着，他也想要那些观点在非哲人中间完全地自我传布。如果他的怀疑主义和主要论题成为公共信条（public credo），它们就会带来危机，腐败日常生活以及作为其精神的现实主义。作为道德行为者，我们不应该带着如下意识生活：尽管我们的哲学告诉我们事物状态如何，并且它与我们从表象上看到的情况有所不同，但"表象"只

175 不过就是那般。[47]以怀疑论者的身份生活需要一种激进的、全面的日常经验改革。斯密的哲学反对任何此类改革。[48]这就提出了一个问题：在这一点上，斯密的道德心理学，及其支持的哲学观点是否与自己的伦理学目的相悖。《道德情感论》大部分方法与结构如此有效地将道德情感理论的标准缠结在一起，倾向于使这个问题模糊化。斯密坚持认为，纯粹的哲学只能是一个理智好奇

---

[47] 麦凯写道："如果在世界的织体中还有某种东西值得关注，那么只需要找出某些东西，通过让人们认为受到了事物的控制，我们就可能获得它们。但是，在消灭了客观价值的世界上，获得某种主观关注就意味着，借助其获得者，在情感方面就发展出了某种新事物。18世纪的作家们为之冠以激情或情感的称号。" *Ethics*, p. 22. 进而言之，麦凯重述了如下观点："对（柏拉图式）客观性的信念已被纳入基本的、传统的道德术语含义中"（p. 35）；如果我们把它放弃了，就会产生"主体关注与目的感的败坏"（p. 34）。伯纳德·威廉姆斯对此有卓越的讨论，请参见 B. Williams, "Ethics and the Fabric of the World," in Williams, *Making Sense of Humanity*, ch. 14. 既然麦凯的观点是"道德不能被发现，只能被制造"（Mackie, *Ethics*, p. 106），威廉姆斯总结道："麦凯的理论，以及任何与之类似的东西留下了一个真问题：当我们知道它为真时，我们应当做些什么？"（p. 180）又参拉维邦德（Lovibond）富于启发性的 *Rrealism and Imagination in Ethics*, Minneapolis: University of Minnesota Press, 1983, esp. pp. 144-146。

[48] 斯密为何不能同意麦凯的总结性期待，这便是原因："我的希望是，我们可以争论具体道德问题，但无须诉诸任何神秘的客观价值、要求、义务，或是超越的必要性……" Mackie, *Ethics*, p. 199. 对斯密来说，如果有一根本"错误"是世界织体的一部分，我们也希望哲人来纠正它，那么这一希望——比如确信道德拥有某种客观性——自身就是一根本性的错误（如果它是可预料的）。麦凯意识到了这一点："既然道德价值与义务的客观性不仅是自然的，也是有用的虚构，我们就可以认为，把它当成幻想来进行探究就是危险的，甚至在任何情况下都没有必要。这是颇富争议的。"（p. 239）斯密也将指出，当麦凯参与了客观层面伦理学的理论化，他（便可预期地）像普通的会犯错的日常道德行为者一样，以现实主义者的方式采取行动（布莱克伯恩在"Errors in the Phenomenology of Value," pp. 324-325 中做出这样的批评）。在上述文章被引用之后不久，麦凯就注意到，出于道德原因，我们不能简单依赖既有的传统与行为；我们必须寻求新的、更好的伦理原则与行为。斯密将会同意，其伦理学和政治经济学作品也旨在改善人类生活；这不是对现状的保守接受。那么，这个问题的微妙之处是：纠正，而不彻底颠覆。

心问题，这一坚持也倾向于使此问题模糊化。在我们转向其德性理论之前，对其理论与伦理目的间张力的关注要求进一步的评论（我将在后记里回到这个问题上来）。

在《道德情感论》第一部分，斯密区分了两种合宜性判断，并清晰地表明：与道德德性有关的判断被认为是个人化的；而理智德性则并非如此。[49]质疑我的德性就是质疑我；所以斯密想要坚持认为：质疑我的哲学则并非质疑一些触及我本质的东西。这与本章第一节中讨论的他对柏拉图式爱欲的不信任联系在一起。

理论与道德问题的彼此隔离并不会像斯密时常表明的那样，具有反怀疑主义特点；并且，他对它们的描述也被自觉地放大了。与推理性问题相关的诸理念间的差异引发了剧烈的冲突，这是一个具有长久记录的事件。霍布斯希望自己的理论能够产生促进和平的有益的实际效果。斯密在讨论霍布斯理论激发的怒火以及霍布斯的上述希望时，他自己也注意到了一个例子（Ⅶ.iii.2.2-3）。斯密担心，曼德维尔关于道德嘉许源头的观点会产生有害的效应，这揭示了诸多德性与道德心理学论述的边界的渗透性（Ⅶ.ii.4.12-14）。斯密详细叙述了与莱辛、伏尔泰、蒲柏、格雷（Gray）的著作有关的其他论战。他评论了尖锐的"文学派别"与平和的数学家、科学家之间的对立（Ⅲ.2.19-23）。他在《道德情感论》中仅有一次提到"无形之手"，就在这之后，他便谈论"体系之爱"以及能够激发"爱国者"运用"公共精神"的"对秩序、艺术、设

---

[49]"当我们考虑激发它们[他人的激情]的对象，却不考虑任何特殊关系，无论是与我们自己的关系还是与那个我们对其情感进行评价的人的关系时"，在这样一种情况下，一种关于不合宜的判断就关注他人的情感（激情）。当"它们"[我们所讨论的对象或问题]被认为是尤其影响了我们中的一个人或另一人"（Ⅰ.i.4.1）时，就属于第二种情况。在第一种情况中，旁观者与行为人情感的不一致无须成为个人化的，持久的友谊是可能的。

计之美的关注"（Ⅳ.i.11）。沉思性作品的确能够促使我们行动，尽管它们不能令我们产生同情。如果情况并非如此，那么他对哲学乌托邦派或"体系之人"的行动的告诫就仍有待讨论。[50] 正如斯密意图的那般，《国富论》——斯密也承认它是一部"沉思性作品"（WN V.iii.68）——当然具有巨大的实践（政治与伦理）效果。对我们的目的来说，颇为重要的是：他看到了内在于斯多葛派普世哲学立场中的伦理学上的重大危险，并试图揭示出无偏旁观者的立场如何不同于斯多葛圣人的立场（我将在第五章第五节、第八章第二节探究这一关键问题）。

斯密时常会夸大实践与理论问题之间的分裂。他这样做，是有意进行规劝。他鼓励我们继续前进，就好像哲学沉思与道德实践之间、理论与行动之间，或分析与修辞之间的间隙比实际上更为巨大。所以，讨论非常有助于为此行为提供一种理论依据，即他想要避免哲人颠覆道德实践的危险。为了让哲人们避免卷入复杂的哲学冲突，他也提供了一个理由。既然这些问题无助于做出任何实践上的区别，我们就没有空间针对理论上的好奇心发动战争。纵然从这本书的第一句话开始，他就致力于说服我们接受其道德哲学的同情观，从而试图寻求一种有生命力的伦理学前景，但这仍然服务于他自己的目的：就此书结论中处理的那些问题而言，他否认抽象的哲学讨论具有任何实践意义。

如果实践与沉思的边界，或同情与哲学的边界在事实上彼此渗透，那么斯密双重的怀疑主义就会给健康的道德情感带来某种危险，怀疑主义的批评者们总是害怕出现这种危险。尽管我们不

---

[50] 司徒尔特认为，斯密没有阐明一种新的制度，因为他担心激化"民众的激情"。*Memoirs*, p. 56. 然而，正如我们在第一章中所指出的，《国富论》实际上在呼吁以效率和正义为基础，对当前的政治经济学进行激进改革。

能像怀疑论者那般生活，但是，这一原理会通过剥夺道德规范的权威，剥夺它们天然拥有的心灵独立与永恒不变之表象，从而令我们不能全心践行道德规范。这一危险给斯密展现了一种非同寻常的复杂的挑战，他要把一个在根本上为怀疑论的框架阐释清楚，又不威胁健全的伦理生活——人们认为，对日常经验的持久拥护构成了怀疑论框架的一部分——同时，它也向哲学与非哲学的读者讲述，规劝性地说服我们接受启蒙德性。斯密并非只为哈奇森、休谟与伯克喜好的东西写作，他也明显意识到他们与普通读者之间的分歧。《道德情感论》中许多表述都指出了这一点，对"明智有德之贤达"（Ⅵ.ii.25）与"民众"（multitude）（Ⅵ.iii.27）或"普罗大众"（the great mob of mankind）（Ⅰ.iii.3.2）进行了区分。我并不认为斯密是一位密传主义者（esotericist），具有藏在字里行间的隐秘教诲；或者说，他难以操控多重、彼此冲突的"声音"的相互作用，只因为他是一位有着多面且复杂的哲学计划的思想家，从而选择用一种复杂的修辞方式来表达其思想。关于想象的构建性与统一性力量，以及在自我行为中道德的最终源头（或者，我们可以更好地表述为：诸自我彼此连接的行为），其计划包括了一种得到创造性发展的休谟式观点。所以，我们应该强调斯密在美学、文学以及哲学问题上的规范性论调，我在本节的引言里引用了斯密的评论：它们"对我们双方而言，都**应该**是具有重大差异的事物"（TMS Ⅰ.i.4.5，我增加了着重标记）。但是，它们有时候对一切相关方都是具有最高重要性的问题。

第五章　德性理论

> 具有最完美德性之人是我们自然而然地最热爱和最敬重的人。他能最完美地控制自己原初的、自私的感情,在此之中,他又加了对他人的原初情感与同情性情感最为精细的感知。如果一个人能够将所有伟大的、勇毅的、令人敬仰的德性与所有柔软、温和、温柔之德性结合在一起,那他一定会自然而然地、合宜地获得我们最高的热爱与仰慕。
>
> 亚当·斯密,*TMS* Ⅲ.3.35

斯密对德性的关注贯穿《道德情感论》之始终,并且它也是一个完整章节的主题(第六部分)。德性是"尊敬、荣誉、赞许的自然对象",道德评价聚焦于它(Ⅶ.i.2)。"德性是卓越,是某种非同一般的伟大和美丽事物。"(I.i.5.6)那种卓越首先关注自我的完善,尽管我们也谈论德行或恶行。道德首先依据一种品格伦理得到理解。在嘉许亚里士多德的伦理理论之过程中,斯密写道:"当我们把一种德性命名为大度或仁慈,或任何一个方面的德性,我们想要指出,每一个名称表达出来的都是人们常见的、习俗化的倾向。"(Ⅶ.ii.1.13)反过来这又意味着,斯密必须赋予品格之卓越、激情之正确"尺度"或"强度",赋予判断以很高的权重。在现代道德哲人中,斯密不同寻常地赋予判断如此重要的角色。[1]

他就这样被说服，认为道德应该根据德性来加以处理；他也力图表明，主要的具有竞争性的道德哲学都可理解为是对"德性由何者构成"这一问题的回答（Ⅶ.i.1.2）。他清楚地意识到，他自己的答案，以及他确信提出了正确问题的信念反映了他对古代德性理论的赞许。他选择性地、坚定地拥护柏拉图和亚里士多德；斯多葛派也入其法眼，受到细致品评。

分析"道德原则"必须回答的另一问题即我所谓的"道德心理学"。是什么让我们将一种行为或品格视为正确或错误，认为它拥有或缺乏德性？[2]斯密在这里用很长的篇幅讨论了同情、激情、快乐与痛苦，以及无偏旁观者诸理论。我们已经在先前的章节里考察了所有这些。他对"何为德性"的问题给出了三种答案，并对与道德价值源头有关的道德心理学问题也给出了三种答案：

德性	道德心理学
合宜（多个古人，斯密）	自爱（霍布斯，曼德维尔）
审慎（伊壁鸠鲁）	理性（卡德沃斯）

---

[1] 拉莫注意到，"亚当·斯密在《道德情感论》中承认判断在道德经验中的重要性，他是这样做的现代道德哲人之一"。*Patterns of Moral Complexity*, p. 17. 如果我们接受拜尔对休谟的诠释，那么休谟与斯密同等地强调判断："在新的装扮下（由休谟给予的），理性是判断的能力，我们认为，它的协助能够支持判断。" *A Progress of Sentiments*, p. 282.
[2] 斯密提出这一问题的方式为："无论这是一种什么样的品格，心灵通过何种力量把它推荐给我们？或者说，它如何，通过何种方式让我们的心灵偏爱一种行为要旨甚于另外一种，认为一种正确而另一种错误；认为其一为赞许、荣誉和奖励的对象，另一为责骂、谴责和惩罚的对象？"（Ⅶ.i.2）"道德原则"这一表达用于Ⅶ.i.2。

仁慈（哈奇森）　　　情感（a）道德感（哈奇森）
　　　　　　　　　　　　（b.i）以功利为基础（休谟）
　　　　　　　　　　　　（b.ii）以同情为基础（斯密）

斯密把自己当成德性问题上的合宜理论家，以及道德心理学问题上的情感理论家。只有现代理论家才被命名为相关道德心理学的支持者。斯密评论说，甚至在拉尔夫·卡德沃斯（Ralph Cudworth）的时代，"抽象的人性科学也不过是幻想"（Ⅶ.iii.2.5），这暗示着道德心理学的进步是最近才出现的。它因此将会表明，关于人类的好生活，古人有一种更好的理解路径。然而，关于如何决定德性与邪恶，现代人的理解要更加优越。大体论之，斯密认为自己综合了一种关于德性之本质的古代观点与道德价值源头问题的现代路径。结果就是，道德心理学（尤其是同情和无偏旁观者的观念）以及德性理论必须在彼此参照中方能得到理解。他也认为自己为哲学分析和此综合体的每一因素的发展做出了贡献。

本章的目的是分析斯密的德性概念、诸特殊德性，并因此讨论一些紧密相关的问题，比如，"高级"德性与普通德性之间的区别；义务与德性之间，以及道德法则与判断之间的关系；伦理评价的特征；我们作恶的倾向与"道德情感的腐败"；道德观念与道德教育；幸福的本性地位。德性理论是斯密政治经济学、政治理论，以及"自然法理学"的基础。所以，德性理论与其自由原则、追求财富的观点紧密地绑定在一起。[3] 无论在某些方面"古代"德性理论可能如何，斯密将其与适宜于德性的社会、政治制度的

---

[3] 我在第六章和第七章探究这些联系。

现代观点结合起来。斯密对具体德性，尤其是正义的分析，非常不同于经典理论。他在古人只想象出一个粗略框架的世界中写作，并为之写作，选择性地使用他们的伦理观点和方法。

一 德性情感

对"何谓德性"这个问题，斯密的回答是：构成德性的是"对我们所有情感的适当统治与引导"，而不只是行为者对任何一种激情的统治（无论它是自私的、社会的，或是非社会的变体）。"合宜构成德性"（Ⅶ.ii.intro.1）；亦即，既定情感适宜的"度"构成德性。斯密赞许地归纳了柏拉图《理想国》第四卷中对德性的论述，正如他在此中所言，有德之人的激情通过这样一种方式来塑造：每个人"都有其适宜的职责，用属于它的精确的力量与活力程度来执行"（Ⅶ.ii.1.11）。或者，斯密接受了他认为与自己的术语相适合并密切相关的亚里士多德式术语，并将之应用在不同的地方：德性是"合于正确理性的中道习惯"。当一种情感处于过与不及的"中间"时，它就击中了中道，这非常类似于斯密"关注行为之合宜与不合宜"的观念（Ⅶ.ii.1.12; cf. *NE* 1106B36-1107a2）。正如早先注意到的那样，斯密用很长的篇幅解释说，"中道"随相关激情的类别而有所不同（Ⅰ.ii.intro.2; Ⅵ.iii.14-18），与每一种激情相关的道德法则也相应地有所差异。亚里士多德告诉我们，中道"与我们"相关（"pros hemas"; *NE* 1107a1），在某种意义上，斯密也赞同这一点。"正确理性"（Orthos logos）由无偏旁观者决定。如果人们对处境具有合宜类型的倾向与知识，那么"正确"与"好"的定义就与其反应和判断相关。任何激情、情感都可以有德或邪恶，这取决于它的品质、境况、及其"强弱"或

"度"（pitch），并受到有德之人的衡量。[4]

斯密区分了旁观者可以评价一种动机、行为或品格的两个方面，尽管在普通生活里，我们持续地在这些方面往返穿梭。第一个方面是"合宜"。合宜及其反面在于"[行为者的]情感是否对激发它的原因或对象具有合比例或不合比例的适当，或不适当"（I.i.3.6）。第二个方面关注"功"（merit）或"过"（demerit），它们取决于"情感致力于，或倾向于产生之效果的有益或有害本性"，亦即，"它配得的回报，或应当受到的惩罚的品质"（I.i.3.7）。粗略而论，在正常情况下，我们关于德性和邪恶的判断依据（1）引发某种情感或行为的原因或对象，（2）行动者产生的结果，来评价情感或行为的合理性。

"合宜"这个术语糅合了伦理学与美学。斯密对它的使用有助于解释，他为何倾向于使用"道德美"一类术语。总而言之，他将道德与伦理学词汇结合在一起。他言及"合宜"，也同时谈论"优雅""相称""适度""正直"。当然，这些是与"和谐""对称"紧密结合的观念。这个事实也因此得到强调：他热衷于用音乐比喻（比如"音高"）来表达相关比例。合宜性观念非常古老，它大体上等同于西塞罗所谓的 *decorum*（在一篇斯密肯定知道的文本中）。西塞罗进一步说，它对应的希腊词为 *prepon*（*De officiis*

---

[4] 请回顾 *NE* 113a25-b2。贤人（*spoudaios*）正确地判断每件事情，在他看来是什么情况就的确是什么情况；他就是高贵与愉悦的尺度。这与斯密作为"尺度"的无偏旁观者观念颇为相似（在本书第三章第二节中讨论过）。当然，亚里士多德没有谈及"无偏旁观者"，他的伦理学也没有为"不偏不倚"（impartiality）提供一个轮廓清晰的角色，或采用一种"总体性观点"。无论对现代读者来说这会多么烦难，无论这个问题有多么复杂，亚里士多德的伦理学都不是一种伦理自我主义（ethical egoism），它不认同自私，不排除利他主义和关爱他人，或者也不忽视从他人观点来看事物的价值。

I.27）。[5] *decorum* 的核心观念是自我控制、节制，以及在一切事物中的中道。用西塞罗的话来说，*decorum* 如此彻底地与德性糅合在一起，所以，在最一般的意义上，合宜性只不过是适合人性，并与之保持和谐。在特殊德性更具体的语境中，它是一个值得赞美的人在其境地中去做适合的事。西塞罗通过提及诗歌致力于实现的合宜阐明此点：剧中角色及其言行间的和谐（*De officiis* I.28）。

既然斯密在第七部分将德性完全定义为合宜；那么在这部著作的早先部分，合宜性只被当作我们关注的一个方面而提出就显得颇为奇怪。但实际上，它的另一面向——功——也因为对合宜的考虑得到确立。[6] 功的含义是"一种复合情感，由两种不同的激情构成：对行为人情感的直接同情，以及对行为受益人之感激的间接同情"（Ⅱ.i.5.2）（过的含义以类似的方式发挥作用）。斯密接近说出，"直接同情"走向对行为人动机合宜性的判断；"间接同情"则走向对受动者反应之合宜性的评价。当思考行动者力求中道的动机时，我们不会倾向于进入受益人的感激，因为行为人并不值得感激。当嘉许行动者的动机时，我们也并未同情受动者

---

[5] 柏拉图的《政治家》（283d-285c）包含了对尺度，以及数学与质性测量之区别的著名讨论。后一尺度与"适合"（*prepon*）、"合适"（*kairon*）、"必要"（*deon*）相关，一切都趋向"中道"（*meson*）。这种尺度可以确定何物超越或不及中道（*metron*），以及对中道的保持则产生好与美（284b1-2）。如何确定合宜时刻呢？埃利亚陌生人（Eleatic Stranger）向我们提及"精确自我"（the precise itself）的神秘标准（*auto takribes,* 284d2），但并没有更多内容。亚里士多德的"中道"原则与同类观念密切相关；对他而言，*phronesis*（实践智慧）的任务就是测量合宜。对斯密而言，既然"正确"标准由无偏旁观者决定，我们就可以理解：为何"批评"的隐喻（我在本书第一章予以讨论）如此适合其德性观念，以及为何斯密的体系能够为判断观念创造一重要地位。

[6] 正如哈康森在 *The Science of a Legislator*（p. 64）中所论述的那样。斯密在为功下定义时使用了"合宜"的语言。

的悲痛（Ⅱ.i.3.1）。

正如在合宜性的事例中，我们可以同情地进入行为人的处境，通过行为人能够或本应感受到的"虚假同情"来做决定；在功的事例中也是如此，作为旁观者，我们可以决定旁观者值得奖励还是应受惩罚，即便"受动者"（Ⅱ.i.4.1）没有或不再能够对行动者做出反应。当我们将行为人和受动者视作一个伦理整体的构成部分，他们的反应将会同情地参照彼此来获得评价（斯密谈论我们对接受行为的同情，将其视为"间接的"，亦即认为它以我们对行为人动机的理解为中介，假设这就是原因）。然后，同情原则构成了判断功或合宜的基础。

斯密从讨论合宜来开启《道德情感论》，因为那是论述的基础；然后在第二部分转向功。第三部分关注义务，亦即，我们将对合宜与功的判断应用于我们自己而非他人。尽管合宜为其体系奠定了逻辑基础，但这三部分应被理解为三联单元结构，它们在日常生活中彼此重叠。我们的道德生活在所有三个方面"持续地"运动，我们至少一度达致道德成熟。这是一个敏锐的分析，它使斯密维持日常道德生活复杂性的承诺具体化了，并为道德生活中的判断要求一个重要位置，这包括了我们应该给予每一类道德考虑（合宜、功与义务）多少权重。

我们注意到，斯密将德性区分为理智德性和道德德性，理论德性和实践德性（Ⅰ.i.4.4）。首先，诸道德德性紧随激情分类：他将诸激情区分为源自身体的激情和源自想象的激情。"身体性"激情诸德包括自我控制、节制、谦逊。正如我们看到的那样，想象的激情被分为三类：非社会的、社会的、自私的。"非社会性"激情（比如愤怒、仇恨、义愤、嫉妒、恶意）诸德倾向于要求一种特别高水平的自我控制，并与某些"自私"激情德性分享"伟大的、令人敬畏与敬重的自我否定德性"名号（I.i.5.1; cf. VI.iii.17）。斯密关于"非社会性"激情德性的主要榜样是正义——尽管初看起来显得奇怪。"社会性"激情德性包括仁慈、人道、友谊与爱。斯密认为这些是"可亲的"德性。后一类是自私的激情，它们在审慎、勤勉、节俭、节制和自我控制等德性中得到恰当表达。当我们把它们当作"私人与和平生活"之德性时，这些德性就拥有了"素净的光辉"（VI.iii.13）。大度似乎是一种与非社会性激情和自私激情都有关系的德性（I.ii.3.8; VI.iii.6, 33），而且，审慎的高级形式把各种德性结合在一起（VI.i.15）。在这一章，我将更深入地讨论几种德性，然后在第六章转向正义。

二 判断、法则与道德批评

行为与情感都依据其合宜或功来加以判断（后者本身也是合宜的复合形式）。合宜是一种适合——但适合什么呢？人们是否能够决定合宜或功，这引导着答案；对这两者，我们已经评论了斯密对"适合什么"这一问题的总体答案。很清楚，在一个特定事例中，对适合的判断取决于对具体参与者的适当掌握和权衡，取决于对语境的正确认知，以及适当的同情和对情感反应的理解。对合宜的判断也包括采取一种普遍的标准；我们常说，这些是正确的，因为它适于一种标准，从而为我们的判断提供了一种理性。在这一节，我们要来考虑普遍标准或法则（以及因此考虑义务）在斯密的德性伦理学中的位置，以及义务感变成幻想或"错误良心"的方式。然后我们将简要考察，斯密式的道德批评将怎样评价两种社会实践（奴役与杀婴）。

道德法则与判断：追寻德性？

斯密以两种方式使用术语"普遍法则"。在有些语境里，他心里想着与道德心理或行为有关的诱导性归纳，尽管这些道德与伦理思考有关，但它们无意引导道德行动。[7] 相反，从礼貌原则到不可抛弃的正义原则，一切行为引导原则都从道德经验中发展出来，并且概述了积聚起来的智慧。斯密对"普遍原则"这一术语的首次使用揭橥这第二种道德含义；通过想象如下处境，他提出了一个与同情有关的观点：在忙碌的一天中，我们知道了某人的不幸，却没有时间也不倾向于"在想象中勾勒"他们正在经历的事情（Ⅰ.i.3.4）。在他人过往的不幸经验之基础上，我们发展出一种"普遍原则"，它在效果上倾向于表达这一处境中的同情，因为我们知道，如果我们停止反思并进入具体人物的处境中，我们将实际感觉到合宜的怜悯。在依据这样一种法则行动时，我们合宜地表达同情，并以此纠正我们当下对行动者悲惨遭遇的冷漠。通过这样的方式，法则能够提供洞察力，因为它们可以再现理性旁观者已经确立起来的信念。如果我们行为得体，我们就已经使这些法则变成了自己的法则。[8]

通过对众多具体个案的观察，我们获得了普遍法则。斯密强

---

[7] 参见Ⅲ.2.13："我认为，我们就可以把它当作一条普遍法则确定下来：如果有人故意做出不体面的行为，那他少有羞耻之心；如果有人习惯犯下这样的罪行，他极少会有一丝一毫的羞耻心。"另一例子，参见Ⅵ.iii.14。

[8] "我们持续观察他人的行为，关于做什么与不做什么才适当、合宜，这不知不觉地引导我们为自己形成某些特定的普遍法则。我听到每个人都表达着对他们的类似憎恶……所以，我们很自然地为自己确立了一条普遍法则……"既然我们通过观察他人如何评判我们，来学习如何评判他人，并且反之亦然，那么关于个人和群体法则之形成，它们之间的严格分界就此变得清晰。比如在Ⅵ.ii.1.7这里，普遍法则就是一种理性的期待。

调：道德原本就不是一个应用规则的问题，而是通过旁观者的同情，在特定语境中，赞许（或不赞成）行动者及其行为的问题。确切地说，在成长过程中，我们一开始就从他人那里获得法则。[9] 法则有其历史，并在时光里被持续修改，一再解释；它们不是被每一个人完整地重新发明出来，而是奠基于我们对高贵与卑贱的洞察。

为什么道德法则是必要的？一个理想的法官或"完善的原型"（Ⅵ.iii.25）将完美地评价每一事件，不需要法则来引导或纠正其判断。在定义中，"富有完美德性"的理想旁观者将会不偏不倚，不会与任何错误品质达成妥协。然而，在不完美的行为人将要行动时，他们常常被强烈的激情感动，产生偏颇。[10] 更坏的是，我们可以在此刻劝慰自己，认为我们已经在不偏不倚地看待事务；正如斯密引用马勒伯朗士的话，"激情……都在证成它们自己，对其目标而言，看起来合理且合于比例，正如我们持续感受到的那样"（Ⅲ.4.3）。除非我们具有十足的明智，那我们似乎就不仅受自爱左右，也受到自私的操控。

道德法则与此道德腐败的趋势相对抗，既然一旦我们获得

---

[9] 所以，当他在形成这一关键观点时，斯密使用了第一人称复数："它们（普遍法则）最终以如下经验为基础：在具体的事例中，我们的道德官能，我们自然的功劳感与合宜感赞许或谴责的经验。我们并非原本就赞许或谴责特定行为；因为，它们是依靠检验才显得与某一特定法则相适合或相一致。相反，我们从经验中发现，某一种类的所有行为，或特定方式的所有行为都受到赞许或谴责，这样，我们才形成了普遍法则。"（Ⅲ.4.8）在Ⅲ.4.7与Ⅶ.iii.2.6中："就像所有其他的普遍原则，道德普遍原则是通过经验和归纳才得以形成。在许多具体事件里，我们观察到令我们的道德官能愉悦或反感的对象、令道德官能赞许或反对的言行，通过归纳这些经验，我们就确立起那些普遍法则。"

[10] "甚至在那一刻，我们也不能完全剥去具体情境在我们身上激发起来的自己的热情与敏感；也不能考虑，怀着公共法官完全的不偏不倚，我们将要怎样做。"（Ⅲ.4.3）

了对它们的理性敬意,以及追随它们的习惯,它们就为评判我们自己和他人提供了可以获得的道德标准,以及按照义务要求采取行动的动机(义务感被定义为"关于行为的普遍法则")。[11]这些"普遍法则"或"普遍原则与观念"在很大程度上取代了无偏旁观者,以至于我们大部分人用它们"来规范大部分道德评价"(Ⅶ.iii.2.6)。有了它们的帮助,我们就能够较好地履行我们的义务。[12]行动者常常是经过了艰苦的努力才学会了珍视普遍原则——回顾其道德迷茫,并为之感到遗憾。不能同情行为人"自私情感"的旁观者竭尽全力坚持遵守法则:行为人既不能排除他自己,也不能使自私的行为方式理性化。通过这些方式,我们被动员起来,去接受普遍法则。一旦它们"借助于人类共同出现的情感,获得普遍的承认与确立,我们就频繁地诉诸它们,针对某些具有复杂、暧昧性质的行为,在关于赞美与谴责程度的辩论中将其当作评价标准"。他们在自己一生中都采用这些标准。它们在道德世界里呈现为总是富有价值的、常常具有指导性的因素。

在本章较早的部分,我们聚焦于德性,以及品格、判断和道

---

[11] "人类的一大部分都是由粗劣的黏土形成,我们不能把它们加工到完美的程度,使之具备完美德性。然而,借助纪律、教育和榜样,很少有人不会对普遍法则具有如此深刻的印象,以至于在所有情况下都拥有可忍受的得体,在其一生中都会避免在很大程度上受到责备。"(Ⅲ.5.1)

[12] 斯密一方面评论了西塞罗对完美德性与幸福所做的区分,另一方面又评论了义务(*officia*)领域(尽管斯密更偏爱塞涅卡的术语"*convenientia*"[和谐、对称])。斯密说,后一范畴包括了那些"不完美的,但可以获得的德性",因此包括了"合宜、适当、得体以及生成行为(becoming actions)",亦即斯多葛派"实践道德"之总和(Ⅶ.ii.1.42)。对西塞罗而言,他正在考察的义务属于一个没有智慧模范居住的世界(*De officiis* 3.4)。所以,对斯密而言,"合宜性"领域是不明智者的德性之域,因为它首先由道德法则统治,而非受无偏旁观者统治。道德法则有助于解决不具备完美德性之人如何生活在一起的问题。

德认知。随后，重点将显著转向去目的论的义务与法则伦理。此两者似乎彼此反对。在它们的框架中，当去目的论和功利主义理论对诸德性产生影响时——比如，我们可以把德性理解为追随相关法则或使内在价值最大化的习惯——典型地，德性理论没有把骄傲的位置给予法则，而是交给了具有某种德性的人的判断。在德性理论中，我们不能把执行义务仅仅理解为依据有德之人的判断行动。有德之人可能会产生期待，这些期待则能够被阐释为可以接受的行为的普遍原则或原理（比如，人应当诚实，这一法则可以从诚实为德性的观念中发展出来）。他的生活就是原则。当他没有满足这些期待时，他会感到羞愧；当别人没有满足这些期待时，他也不予赞许。如果这些缺点足够频繁地重复出现，它们就会被认为是品格的失败；如果只是间歇性地出现，它们就会被认为是判断的失败。

在同情伦理学中，道德法则如何发挥作用呢？我们需要对此予以更深入的分析。斯密的确是正确的：道德法则被设定在道德风景里，它们的作用也的确需要解释。如果我们解释了这一现象，那么我们坚持极端的特殊主义就没有意义，仿佛这只是对每一种情况的单独的道德认知和判断问题。

道德法则源于道德判断，因此是可以修改的，注意到这一点，我们就可以开始了。斯密坚持认为，当道德主义者把这些法则当作道德的"终极基础"，就好像道德判断只是简单地类似于司法推理，道德主义者就犯下了过错。司法推理包括：通过呈递的过程，将近似法律的法则应用到具体事件上。为了法则或原则的健康，无偏旁观者一直保持为最高的诉讼法庭。"人类关于是非的原初判断"并没有"像司法法庭的裁决一样形成"（Ⅲ.4.11）。在斯密的讨论中，看起来很清楚的是：我们经常发现，自己努力根据经验来证成一种法则,并反思其在具体情境下的应用。所以,道德理性由具备较好尺度的对话构成,道德认知和法则在此对话中则参照彼此来得到调节。普遍法则的价值没有消除有德之人运用判断的需要。

斯密区分了两种道德法则。一种法则和语法类似;它们是精确的,能够确切地决定我们的义务。这些正义法则就属于此类,法理学则为法官对它们做了规定(Ⅶ.iv.8)。这些法则主要关注于界定:哪些行为要被禁止,哪些行为一旦违背就该受罚;简言之,这些法则关注的是可以用暴力执行的义务。由此,我们必然可以推论:在许多此类情形里,判断可以击中的"中道"(mean)不存在,并且法则是绝对的。在正义的案例中,这些道德法则就是实质性的,"非社会性激情"的统治也是如此。如果没有对正义法则"宽容的遵守",人类社会就会崩解,"片瓦无存"(Ⅲ.5.2; Ⅲ.3.6)。正义使我们避免冲突、战争,避免社会的破裂,它的此种作用与语法法则的重要性合于比例。大而论之,应用这些法则产生的判断普遍具有一种引申特征;如果我们对行为做出确切的描述,并对用来思考这些行为的法则做出确切描述,那么关于它是正确和错误的结论就随之产生了。如果有人说,这些法则可用于这一事例,那么这种说法并不准确。然而,我们在这里仍然需要判断,因为运用法则的法则并不存在,我们仍然必须理解这个事例的相关特征,也要理解用来衡量它的相关法则。

尽管它们是必要的,在道德宇宙中,此类法则的地位也受到严格限制。创建一种类似的"好人行为法则"在根本上就受到了误导,它也位于决疑论的核心地位(Ⅶ.iv.8; cf. Ⅶ.iv.34)。事实上,它只属于正义之外的道德德性"法官"的感受与情感(Ⅶ.iv.33)。使用非司法道德德性的执行法则是"松散的、模糊的、没有决断力的"（斯密常反复使用这些表达）。它们也可能被拿来与如下法则进行对比："那些批评家确立下来，以维持崇高与优雅之构成的法则，它们也在我们面前呈现为我们应该致力于实现的完美的普遍观念，而非向我们指出任何确切不会出错的获得那完美观念的方向。"（Ⅶ.iv.1）"那种可被适当地称为伦理学的科学"的领域是：阐明这些普遍"戒律"或"观念"，从而有助于"鼓舞我们对德性的自然之爱"，以及"纠正、确定我们与行为之合宜有关的自然情感"（Ⅶ.iv.6）。它们具有一种规劝的、教育的作用。[13] 这些法则导向了对德性的总体描述，描绘出一幅它们的"图画"（Ⅶ.iv.4），以及"每种德性都会促使我们产生的平常行为方式"的图画。我们不可能精确地描绘道德激情的所有变化。道德法则是"原理"，类似于拇指法则（rules of thumb）——使规范具体化的总体性的指导与模式，而非我们从中得出应当做什么的确切指令。

所以，当斯密谈到无偏旁观者，把他说成是一个"法官"时，我们就不应自动想象他意味着一个法庭中的法官；在大部分德性中，这一法官是 phronimos（具有实践智慧的人）；所应用的法则也不像司法法律。的确，严格地说，大部分道德法则完全没有得到应用；然而，依据普遍原则来看，我们评价了具体语境，并抵达了结论。斯密走得如此之远，他要说的是：在诸德性而非正义的情形中，不应该像受"某种合宜观念"或"法则的目的与基础"的引导一样受法则的引导（Ⅲ.6.10）。在法则松弛、模糊、不具决断力的所有领域（也就是人类生活的大部分领域），"我

---

[13] 它们可能帮助我们改善"我们本会用其他方式考虑的这些德性［审慎、大度、仁慈］的完美观念"，正如一部好作品的普遍原则可能会帮助我们从语法正确的写作走向优雅庄重的表达（Ⅲ.6.11）。请注意道德批评与文学批评之间的对比。

们行为的伟大法官和裁判"决定什么是有德性的，什么则不是（Ⅵ.ii.1.22）。防御性的法则包括了一个具有好品格的人将会认可的规范。这意味着，即便我们能够根据合宜及其两个分支来详细列出给定理性的总体框架，但一个单一的程序、方法，或道德评价公式并不存在。

正如斯密描述的那样，某些拇指法则用一种概括的方法（"人们总是应该爱其父母"）陈述那些值得推荐的原则；其他的拇指法则更像是"规劝"或对道德经验精练的蒸馏（"一个好朋友绝不会背叛你"）。在此种或彼种语境中，有些事物在伦理上颇为重要，这些拇指法则有助于我们聚焦于它们。没有适宜的语境知识，以及对情境的感受，我们就不能使用其中任何一类；反过来，这两种拇指法则需要并引导情感、想象，以及人们对相关细节的理解。其过程是一个循环，道德教育的目的就是帮助我们追踪这个循环，帮助我们成为伦理上富有同情和感受力的人，能够在原则和语境之间往返，以此方式扭转我们的激情。[14]在思虑当中，事例扮演着一个引导性而非阐释性的角色。当我们选定这些范式，它们就

---

[14] 斯密的非司法性道德法则类似于 B. 赫尔曼（B. Herman）所谓的"道德特点法则"（rules of moral salience）。*The Practice of Moral Judgment*, Cambridge, Mass.: Harvard University Press, 1993, ch.4. 赫尔曼认为这些法则"构成了道德感受性的结构"（p. 78），并且认为它们不会自己产生义务（p. 79）。它们"提供了道德抚育中的实质内核"（p. 82）。它们是"有关程序的道德法则"（preprocedural moral rules）（p. 86）。我的斯密与她的康德之间有一处不同，即，据其论述，一切道德特点法则都服从绝对命令的裁决，或是与康德的道德法则联系在一起的基础概念（p. 92）。然而，依据我的斯密式论述，在有德之人（无偏旁观者）以外，我们不再有更进一步的申诉。关于道德感受性结构，斯密有许多要说；并且在实际上，关于道德特点（moral salience）问题，不只涉及"道德法则"，也涉及激情（emotions），他也有许多要说。然而，赫尔曼的康德（经她认定）却不能离开这些法则发挥作用，即便康德实际上谈得很少（p. 93）。

有助于我们接受更加普遍的原理或法则，以及比较的处境。在使用它们的时候，我们重新制定了反思的运动；我们通过反思经验发现了法则，反过来又将其"应用于"经验。[15]从对话模式的角度来思考道德反思与批评是有益的。对话努力阐释清楚，要对境况做出评价，什么才是重要的。对话也致力于找到能够帮助我们对问题做出判断的富有说服力的原因。给予—获取过程（the give and take process）需要情感，也需要想象的参与，并因此将相关因素整合进一个圆融的"论述"里；它还要求某人将此论述呈现给他人。我们在第一章考察过斯密写作的修辞特征，它也在此伦理评价过程中再现。

亚里士多德评论说，在具体情境中，谴责在多大程度上是一个"认知"问题，判断（krisis）就在多大程度上依赖于认知（aisthesis; NE 1109b23）。一旦术语得到合适的界定，斯密将会同意。他在一个道德语境中使用认知语汇（e.g., Ⅲ.3.2-3），并且注意到：尽管"环境、品格和情境"之间相关的道德差别和区分经常"没有得到界定"，它们并非因此就是"不可认知的"（Ⅵ.ii.1.22）。我们倾向于做出推论（就像很多人在讨论亚里士多德时做出的推论那样），我们应当将"认知"理解为即刻的理解或直觉，从斯密的如下评论来看则尤其如此：唯有对诸道德德性的判断，而非正义的判断而言，"它才属于感受与情感"（Ⅶ.iv.33）。这将是一个错误，因为对斯密来说，即便简单的道德认知或感受都包含了反思与诠释。认知的观念在"旁观者"的隐喻中建立起

---

[15] 在讨论斯密的伦理理性观念时，S. 弗莱什艾克颇富洞见地评论说："斯密暗示，决断与反思性的判断必然有共同的归属，康德从未在他的判断理论中适当地处理这一点。"见"Philosophy in Moral Practice: Kant and Adam Smith," p. 267。

来，但这并不意味着"旁观"只是一个"你要么看见，要么看不见"的问题；否则，旁观者对行动者之优先性的论述就无足轻重了。斯密拒绝了哈奇森的道德感理论，以及哈奇森的如下观念：我们拥有一种认识道德价值的独特心灵能力；这进一步表明，斯密的理论不是直觉主义。

道德认知中内含的超然性构成了一个"批判"立场。斯密论称，在这一方面，视觉认知与道德认知彼此类似。就好像，在一种情形里，为了掌握你从窗户看到的"浩瀚风景"中对象的真实尺寸，视角是必要的；所以，我们要获得一种伦理风景的真实尺度，我们也需要视角和对自然偏见的纠正（Ⅲ.3.2, 3）。如果道德视野要将风景引入我们的关注焦点，并让我们精确地"看见"它的特征，那我们就不能抛弃反思与想象。

进而言之，在同情中，我们并不必然立即"认同"他人的处境，当然也不会自动赞许或不认可。我们常常需要某种意义上的解释。的确，正如我们讨论的那样，一种对处境的解释，或一种判断已经内嵌在我们的情感中了。甚至，在那里，就像斯密在著作开篇举的例子一样，一种情感立刻得到传递，想象冲撞进来，用论述或故事填充空隙，并赋予评价中的特殊事件以具体语境。在一些背景假设与叙述中，某人的激情、行动，或表达冲击着观察者，被认为高贵或卑贱，优雅合宜或唐突无礼。想象便将这些背景假设与叙述集合起来。

合宜的观念要求比较、配对，以及对比例的考虑：你展示的这一回应与激发它的原因，或它导向的目标相适合吗？在有些情形中，这是一个非常复杂的问题；若不经历一番苦思冥想，我们就无法认识到答案。再说一次，除非我们具有完美德性，普遍道德法则就构成了我们道德意识的一部分，正如交谈所做的，它把道德法则与手边的事例结合在一起。"心灵之眼"(Ⅲ.3.2)在思想中认识它们。我们从未被一种道德审美击中,或我们从未不加反思地被一种情感推动,这不是关键点。相反,当我们在进行道德认知时,我们并不是简单地用某种即刻的、超理性的方式通过直觉进行认知,这才是关键。

我们已经区分了两种普遍法则:司法的,以及更加松散的不具决定性的诸原则。这两种法则都是具有我们所关注的激情之本性的相关变体。[16] 甚至在非司法德性中,法则的影响有所差异。某些激情和德性比其他的更加易于受到精确度影响。比如,相比起关乎友谊的那些义务,我们能够更加准确详尽地描述感激的普遍义务。所以,我们需要判断来做出决定:"语法"法则还是"批评"法则更适合这一语境,以及,关于那条致力于细致刻画德性对我们有何要求的法则,我们何时要求它具有过度的精确性。我们需要判断来做出决定,对一种德性的坚持何时已经走得太远,或是尚且不够。[17] 既然行动应该从我们关注的情感中流淌出来,那么在某些情形中,当我们**没有**严格按照法则行动时(尽管我们仍然遵从它),我们却更值得赞美(Ⅲ.6.4-8)。"冰冷的义务感"完全照搬法则来行动(比如父母应该关心他们的孩子),它有可能的确值得谴责(Ⅲ.6.4)。在其他情况中,当我们需要进行惩罚,却不情愿施加惩罚时,按照法则执行义务则更令人敬仰(Ⅲ.6.5)。

---

[16] 比如,关于自私的激情,它最好由我们自利的对象而非由法则激活。在非社会性激情中(比如正当的愤怒),我们则最好严格按照普遍法则行动,而非依据复仇的激情行动。社会性激情则要求我们不要照搬法则,而要遵照合宜的情感行动(比如父爱)。

[17] 比如,我们不能够"借助法则确定,在每一种情况中,微妙的正义感确切地在哪一点上开始进入良心轻浮且柔弱的顾虑当中"(Ⅶ.iv.33)。尽管如此,我们却必须确定。

遵照法则行动是否更加高贵呢？若要对此问题做出决断，我们就需要再次反思与判断，也需要评价具体行为及其语境——一切都按照适合有德之士的方式进行。

错误的良心与狂热

> 所以，在一切道德情感的败坏者中，派系与狂热总是最严重的。
>
> 亚当·斯密，*TMS* III.3.43

斯密阐述的辩证节奏表明，根据法则做出的合宜的判断行为屈服于多种危险。在《道德情感论》的前两部分，道德紧密地与赞美和谴责绑在一起，也与能够提供德性动机的社会道德绑在一起。但是，我们然后就了解到，"道德情感的腐败"恰恰可能来自这些动机。我们仍然需要无偏旁观者严厉的内在化声音，把它当成一种解毒剂。斯密把第三部分献给了"义务"。斯密在那里将道德与良心、悔恨与罪（判断的内在根源）联系起来。罪与悔恨好像愤怒的复仇女神（Furies），良心则类似于诗人刻画的半神（demigods）（III.2.9, 32）。良心是无偏旁观者的声音，向行为人言说，促使我们做值得赞美的事，避免值得谴责的事。但结果往往是，盛怒之下，无偏旁观者并不总在身边；我们也需要道德法则来纠正判断的歪曲，支持不偏不倚。然而，此药方给自己创造了进一步的危险。

在"人为理性与哲学的时代"向我们展示这些法则之前，宗教通过同情与情感的自然工作使之变得神圣。实际上，斯密勾勒了宗教的心理学人类学（III.5.4），意在解释：在我们的想象中，为何道德法则如此经常地受神圣权威的支持。我们信神的动机有许多源头，最后人们通常会认为，基本的道德原则获得了神圣的认可。我们可以从真实旁观者的法庭上诉到无偏旁观者的法庭，并在面对真实旁观者的持续抵抗时，又上诉至"更高的法庭，世界中洞察一切的法官的法庭"（Ⅲ.5.13）。斯密打心里认为，宗教并非神学原则，而是由与神、灵魂和死后生活相关的信念构成的"自然宗教"。

不幸的是，当受到良心支持，一种神圣裁断的信仰、一种由神提供司法法则并以此界定义务的模式、道德正直的激情就很容易堕落为"错误的良心"或"狂热"（Ⅲ.6.12）。此机制为我们提供了一种假定的规范与客观立场——宗教——也为规则的腐败提供了一种动机，诸法则僵化为一种道德评估的公式或方法，狂热者的虚荣使我们赞颂一种被假定源自神的确切义务体系（它反过来又导致决疑论）。人们声称，这一体系对所有人都具有义务性。[18] 正是在我们向一个想象的无偏旁观者上诉，把它当成我们（以及其他人）真正价值的法官时，在我们面对真实旁观者的同情时，虚荣才变得最有吸引力，也最危险。我们放弃常识以及在践行义务时我们自己的判断能力，其动机部分源自我们深切地欲求成为值得赞美的人，并避免罪过。正是在这个意义上，我们更容易也更多地与自爱在一起，放弃我们自己，听命于来自上方的想象指令。这一道德情感的腐败是在无我的灵魂纯净中伪装起来的虚荣。在接受无偏旁观者立场时，只有当行为人能够证成他对神圣权威的彻底放弃，才能够表明他没有照搬自欺的虚荣来行动。然而，我们应该在多大程度上受宗教义务的统治呢？斯密认为，

---

[18] "错误的宗教观念几乎是能够令我们的自然情感以此方式遭到严重扭曲的唯一原因。"（Ⅲ.6.12；他说"几乎"，因为政治观念能够有一种类似的影响）

甚至在评价这个问题时,有德之士的立场就是最终立场,也应该是最终立场。

由于自我欺骗的危险,更不用提解释神圣命令的需要,仅仅援引神做权威是不充分的。进而言之,诸生活领域由不同种类的道德法则以相应的比例予以规范,在它们中间加以区分并且关注在道德现象中建立起来的不精确就颇为重要;其重要性使我们能够拒绝一切道德法则的绝对化。灵魂与良心的纯净在此论述中是一种伪善;根据我们的理解,它们需要完全地服从神圣权威的严格法则。人们在"行动"中部分地表现出无私、开明的灵魂,却因此背叛了一种无须审查自我的观点,背叛了判断、合宜感,以及对自己行为之属人结果的道德感知。它是一种以启蒙当面具的道德蒙蔽。[19]

所以,斯密用这句话结束了《道德情感论》中对义务的长篇讨论:"没有哪一种行为可被称为德性,却不会伴有自我嘉许的情感。"(Ⅲ.6.13)我们已经看到,通过与无偏旁观者视野一致的自我治理,我们应当获得自我赞许。用康德的术语来说,斯密最终确证,人类自由与自治在道德上优先于一切宗教义务原则。他之所以这样做,部分原因是他对自爱的可能效果的恐惧。但是,当他维护德性而非法则的优越性、法则对德性实践的重要性、判断所扮演的必不可少的角色时,以及当他维护宗教的自然功能,认为它有助于我们坚守我们为自己制定的法则时,他就实现了这一点。斯密敏锐地认识到,社会道德、良心、法则、宗教,以及无

---

[19] 斯密坚持认为,判断是道德的核心。尽管他对义务转变为狂热的批评是这一坚持的背面(flip side),但它拥有一个社会语境,即启示宗教及其制度结构的语境。正当的自然欲望是在何种语境下被开采出来的呢?为了对此语境做出解释,斯密提供了一则关于某些基督教实践的短篇历史(Ⅶ.iv.16-18)。

偏旁观者的互动具有内在的腐败的危险，其论述也因此为人称赞。在这种互动中，他抓住了道德生活几分真实的复调复杂性，尤其是（考虑到宗教与良心展示出来的影响）当那种复杂性在现代展露自我时。道德批评如何以一种平衡的方式得到维系呢？由于那一原因，他的论述就使这个问题变得更加紧迫了。

什么能够制衡好的良心转变为错误良心或狂热呢？当然首先是道德教育，以及合宜地诉诸普遍法则进行思考的习惯，并因此理解到，它们是普遍的，应该浸染在有德之人的品格当中。斯密已经写了一本关于道德情感的书，清晰地预见了一个发展过程，它使我们能够自我塑造，从而我们的激情就能得到正确协调，并拥有一个正确的"强度"。自我与他人在人类生活大舞台上的对话是这种教育的一部分。所以，运用深思熟虑的修辞、参与理性说服的习惯就人格化了。当然，其他因素也很重要，这包括了鼓励良心发育而非宗教狂热的适当的社会机制。在《国富论》第五卷中，他论称，教会与国家之间的分立，与其他自由的政治、社会安排一起支持了平衡、节制的目标。

道德批评

我已经在上文指出，对特殊性的认知与诉诸道德法则之间的关系像一个闭环（circular）。在这里还有一些其他的闭环，因此，我们认为，它们中的一个将严重破坏斯密的伦理学观点。在简要讨论我们已经考察过的道德批评类型在特定情境中将会如何工作之前，我们应该首先当面审视它一番。

对话（*Conversation*）。"无偏旁观者"植根于斯密的行动者与旁观者现象学，这一事实表明：无偏旁观者运用的理性形式具有一个对话结构，正如人们所期待的，道德理性的观念是建立在行动者与旁观者间的同情之上的；而行动者与旁观者则彼此具有一种"剧院"关系。通过对话获得不偏不倚的过程由他人引导，并对观众做出回应，它是一种伦理实践和伦理参与。斯密的观点是，道德理性在根本上是社会性的（在最好的含义上）和修辞性的，甚至当其内化在行为人中时也是如此。接受无偏旁观者立场也是潜在地坚持：人们的判断应当说服他人。依据和谐、说服、同意、普遍性此类观念进行理解是斯密不偏不倚观念的一部分。

这一切看起来似乎是不可接受的循环。我们把理由给予那些能够接受它们的人，他们反过来又将同样类型的原因给予我们。然而，正如我们在第一章注意到的那样，斯密的伦理学观点没有包含任何外在立场；甚至为了获得适当的超然性，人们必须已经处在一种伦理范围当中。[20] 然而，由于"对话"观念自身的灵活性与穿透性，潜在的循环并不邪恶。它允许我们做出一系列思考，从真实的错误到对话者的不一致、不充分（让我们回顾斯密对前辈的批评），到反对者所持有的羞耻感。或许，作为一个伦理对话的实践者，斯密可以支配的最有力的资源是：他令人印象深刻的，通过对日常、前哲学生活细节的感受性关注来"保护表象"的能力（借用一个亚里士多德评论者的表达），以及不加扭曲与下降，

---

[20] 所以，斯密的立场与 J. 麦克道威尔（J. McDowell）归于亚里士多德的立场有些类似："如果一种具体的伦理视野能够向她呈现某种明显的行动理由，依据这种伦理视野，一个人认识到了她的实践条件。在一种关于亚里士多德图景的更好理解的基础上，关于那些原因是否真实，她能够提出这一问题的唯一立场是她确实具有的立场，因为她有一种特别的伦理视野。从那种立场出发，那些表面的需要看起来就像这样。它并非一种根本性立场，在此立场上，她可能试图从头重构那些需求的需要，用的材料来自于对自然的独立描述。"我们"没有理由向一种外在确认的幻想屈服"。*Mind and World*, Cambridge, Mass.: Harvard University Press, 1994, pp. 80, 82.

将其系统地统一的能力。通过提醒我们，他自己的陈述在最普遍的层面上建立起了自己的理性，并帮助我们更新我们已经拥有的"对邻居以及所在教区事务"的自我理解（Ⅶ.ii.4.14）。在某些方面，正如我们在上一节所见，那种自我理解是矛盾的；并且很少有道德哲人比斯密更好地引出矛盾，却不失去对现象的把握。

作为哲学家，我们可能认为这一切都很有说服力，这种想法可以走得尽可能远，但我们仍然相信：任何缺少"绝对"立场的事物都"只不过是修辞"罢了。我们可能要求：对话变成"向上"趋向第一原则的苏格拉底式辩证法，力求将所有其他一切都留在尘土当中。斯密对此类哲学怀疑主义都有所怀疑，并且在这本书中，他的许多对话都在努力表明：为何那种进一步的要求是错置的。如果斯密是对的，日常道德生活能够富有说服力地声明拥有道德批评的资源，那么伦理反思的更大循环就不是自我破坏。

客观社会实践的两个例子将有助于我们理解斯密式道德批评的可能资源。

作为测试案例的奴役与杀婴

> 没有一个非洲海岸的黑人……不拥有一定程度的大度，他那卑鄙主人的灵魂却常常认识不到。当命运使那些英雄的民族屈服于欧洲监狱中的败类，臣服于那些卑鄙的、既无所来自国家的德性亦无所去往国家之德性的人，命运就不曾更加残酷地施展它对人类的统治。这些败类的轻浮、残忍与卑贱如此正义地使他们受到被征服者的轻鄙。
>
> 亚当·斯密，*TMS* V.2.9

斯密是一个知名的奴隶制批评者，并受到当时废奴主义者的敬重。[21] 他在多条战线同时攻击奴隶制。让我们从这里开始：相较于自由劳动，奴隶制不具有生产性；因此，奴役他人便与奴役者自身的利益不一致，也与社会在时间里的经济进步不一致。奴隶比自由劳动者更为昂贵；一个奴隶做的工作具有较差的质量，因为它"只能由暴力压榨出来"；建立在奴役之上的财富也增加了阶级对抗，因为蓄奴与贫穷自由民的福祉相对。简言之，此制度对一切相关者来说都是无益的（*WN* Ⅲ.ii.9; Ⅰ.viii.41; Ⅳ. ix.47）。斯密本可以补充说，奴隶社会需要昂贵的政策机制，并在法律中产生了许多冲突（因为把奴隶当作人与财产之间的不一致）。根据经济效率做出的论证并不能解决正义问题，但是，它们的确阻止了这样的正当性理由——通过援引对大多数人的所谓效用，制度就获得了正当性。并且，鉴于辩论的历史，这是一个建设性的观点。

进而言之，斯密认为，当人民在奴役他人的时候，他们就忽视了自己的经济利益。请允许我直言不讳，他们享受统治他人。[22] 制度因此展示并鼓励了品格的腐败；它源自一种尤其具有破坏性的，对崇敬的虚荣或欲望。它也进一步腐化了受奴役者的品格，鼓励了奴役与众多其他的邪恶。主人或许会否认这一切，斯密在

---

[21] 参见 D. B. Davis, *The Problem of Slavery in the Age of Revolution: 1770-1823*, Ithaca: Cornell University Press, 1975, p. 347。孟德斯鸠也提供了反对奴隶制的论战，有些人还计算着展示隐秘的"奴隶制辩护者的偏狭"。参见 Davis, *The Problem of Slavery in Western Culture*, Ithaca: Cornell University Press, 1967, p. 408。斯密因为他的观点受到批评，包括在本节开头引用的观点。参见 A. Lee, *An Essay in Vindication of the Continental Colonies of America, from A Censure of Mr. Adam Smith, in His Theory of Moral Sentiments; With Some Reflections on Slavery in General*, London, 1764。

[22] "人的骄傲使之热衷于统治，相比起不得不俯就说服不如他的人，没有什么能够在如此高的程度上令他遭受屈辱了。" *WN* Ⅲ.ii.10。关于"对统治和僭取的热爱"，同样参见 *LJ*（A）iii.114 以及 iii.117 中的论述："所以，奴隶制在社会初期是普遍存在的，对统治和权威的热衷很可能使之变得永久化。"

此努力表明：否定依靠一种理性化，而此理性化则源于主人的"自我欺骗"，或欺骗性的自我知识。比如，一个奴隶主可能会认为：他和奴隶的地位与其内在德性、奴隶的内在邪恶一致。与诸多其他事例中的情况一样，斯密论辩称，任何此类"论证"都彻底是**偏狭**的。我在本节开头引用了斯密对奴役者激情澎湃的谴责。斯密的谴责有助于我们避免对这一评价做出一些自鸣得意的假设。

斯密认为，在道德和理智能力上，人类大体上自然平等。他认为，几乎所有差异都能通过提及社会条件和教育得到解释。[23] 当然，这是一个复杂的问题，但它是斯密进入反奴辩论的另一个领域。他攻击亚里士多德式的观点，即有些人天生就是奴隶，并因而是他人的合法工具。他也攻击那些仅仅诉诸既有习俗与传统的奴隶制论证——比如，通过表明，制度在别的地方没有被接受，或者能够被修改。

甚至，如果展示了奴役中的社会与经济效用，我们也会看到：斯密不会允许从效用做出的论证胜过以同情和道德情感为基础的道德论证。我们已经考察了伦理评价的过程，它在这里开始运转起来；人们依据普遍法则来考察相关的特殊性（比如"切勿对他人不义"）。斯密努力表明，一位同情地看待处境的无偏旁观者，以及一位从奴隶立场查看处境的无偏旁观者将会感受到对主人的合宜愤怒，以及对奴隶的仁爱；也将会因此宣告奴役不义。通过技艺高超的文学作品与历史报告，我们会获得对具体语境的理解，例如，在奴隶船上对人类的抓捕和运输，或对诸多家庭的暴力拆解。这种对具体语境的理解将构成论证的重要部分。所以，

---

[23] 参见 *WN* I.ii.4: "最不相似的品质之间的差别，比如一位哲人与一位普通的街头搬运工之间的差别似乎更多地源于习惯、风俗和教育，较少源于自然。"亦可参见 *LJ*（A）vi.47-48。

剥夺一个人的劳动成果是不正义的,这将会成为普遍的命题或"法则"。[24]

傲慢的主人可能会反驳,声称他的奴隶对其命运十分满意。但是,请让我们回顾,在做出道德判断时,我们在想象中不仅考虑了行动者的情感,也考虑其相对于情境的合宜性。这非常重要。所以,即便我们设定一群看似"幸福"的奴隶也毫无意义,因为我们仍然能够体验到他们本应体会的愤怒(甚至,如果他们尚未因处境而变得畸形,他们也将会体会到愤怒),正如尽管疯人毫无知觉,但我们仍然能够为他们而感受一样(I.i.1.11)。

至少,斯密的部分攻击迫使一个扬扬自得的奴隶主辩证考察自己的前提与行动,从而揭示潜在的虚荣、对自己的偏私、错误的信念,或与其他已经接受的观念之间的不一致(例如,权力并不能造就正义)。就像一位评论者注意到的那样,在道德评价问题上,斯密的战略在此意义上具有强烈的苏格拉底风格。[25]斯密并非简单地援用抽象原则——自然正确原则——尽管从他自己的正义理论来看,与剥夺另一个人的财产相比(即,剥夺一个主人的奴隶),剥夺一个人的自由是更大的伤害。他也不是简单地研究历史记录或报道其时代的道德判断(在当时,奴隶制道德颇有争议)。他的苏格拉底式战略允许他这样做,但也允许他做得

---

[24] 参见 WN I.x.c.12:"每个人都对自己的劳动拥有财产权,因为它是一切其他财产权的原始基础,所以,它便最神圣不可侵犯。一个穷人的祖产在于他的强壮有力和灵活的双手。无论以何种他认为合宜且不伤害邻人的方式阻止这种力量与灵活性的使用,都是对此最为神圣的财产权的直接违反。"适用于穷人的义理更加适用于奴隶。
[25] Haakonssen, *The Science of a Legislator*, pp. 56, 66. 斯密的哲学允许对许多其他社会现象(从一夫多妻制到国际关系)做出道德性评价,哈康森在第六章精妙地分析了何以如此的方式。

更多。

如果奴隶主对所有人道诉求毫无所知，关于所谓的体系效用，他对其错谬征象茫然不察，对正义堕落为粗暴的强力行为，他又漠不关心，那么，他就要跌落到伦理对话的范围之外了。在此事例中，斯密与其他任何人的论证都不会影响到他。如果对道德"认知"的"制度主义"或"直接性"观点而言，真理是存在的，那么它就在这里。试想，在经历刚刚描述的一切考虑之后，我们给一个"冷漠的旁观者"展示这样一幅图景：丈夫、妻子和孩子被残暴地永久分开，变卖为奴。请想象，这位旁观者真的"冷漠"，没有任何感触，仍然不能够理解，为何这一可怕事件值得他谴责。我们在这里宣布："他就是看不见"，讨论也将就此终结。

现在，为了提出另一个与斯密贡献的那类道德批评有关的观点，让我们简要地转向杀婴的例子。他多次触及这个例子，尤其是在《道德情感论》的一个段落里。在第五部分"论习俗"的结尾，好似要强迫提出习俗在多大程度上开放给伦理批评的问题，他引用这个例子表明：可怕的风俗可能是由于广义的"经济"原因而产生。就像他在《国富论》中注意到的那样，在"极其贫苦"的国家，人们时常堕落到抛弃婴儿、老人和病人，只为避免自己的死亡，而这又导致了收集、抛弃不想要的孩子的体系化行为，比如在中国和古罗马（*WN* intro.4, I.viii.24; *LJ*（A）iii.80）。在导致这一实践的经济条件改变后，习俗仍然给它们"授权"。"人的想象"已经习惯了这一实践，甚至在过去最伟大的那些哲人当中，此问题上的道德盲目变成了准则。斯密提到了柏拉图和亚里士多德的名字。尽管斯密认为，特定语境中的原始行为可以理解，也"可原谅"，但他仍称之为一种"野蛮"。经济需要不能纾解道德谴责。他的道德判断部分以同情为基础,并且他为我们设想了无助的受害人的可怕处境(*TMS* V.2.15)。

所以,伟大的哲学才能并不必然保护其所有者,使之免于令人震惊的道德盲目性。与无偏旁观者不同,哲学——甚至在柏拉图和亚里士多德的层面上——能够为野蛮实践的理性论证提供概念工具。最伟大的哲人具有某种纪念碑式的道德盲点。根据斯密的论述,这反映出,我们不能光凭理论理性掌握道德价值。斯密也想要表明,当哲人们说服自己,品质的卓越能够堕落为思想的敏捷与全面时,它们就屈从于一种完全属人的虚荣倾向。认识这一切也就承认了斯密道德讨论的另一资源,因为它关注实践、同情与德性品质。

对斯密伦理学"内容"的进一步讨论必须在很大程度上取决于对具体德性之考察。现在,我们就转而对其进行讨论。

三 品格之卓越:自我控制、审慎与仁慈

> 据说,依据完美审慎法则、严格正义法则,以及适当仁慈法则行动的人具有完美德性。
>
> 亚当·斯密,*TMS* VII.iii.1

对特定德性及其具体品质的分析构成了斯密伦理理论中很大部分的内容。对斯密来说,主德是自我控制(self-command)、审慎(prudence)、仁慈(benevolence),以及正义(justice)。我们将在此考察这些,正义则留到下一章。尽管斯密并未提供完整的德性列表,但有些候选项还是理所当然地遭到排除,其中最明显的是那些与"修道院无意义的禁欲"联系在一起的德性。

自我控制

斯密告诉我们，自我控制"不仅自身为一伟大德性，并且似乎一切其他德性都从它这里获得主要的光辉"（Ⅵ.iii.11）。缘何如此？自我控制必然渗入一切德性中，因为它们全都要求制约自爱，使之达到一个在旁观者看来合宜的程度（Ⅵ.iii.1）。人们普遍要求行动者从一个较少缺乏偏见的立场，而非自己的立场来看自己；并相应地控制激情。我们已经看到，我们应当节制激情，其所应达到的程度部分地依赖于相关的激情种类。总而言之，对行为人的自我控制要求越高，认可和自我认可就越能得到保障（Ⅲ.3.26）。这一原则直接源自以旁观者为核心的伦理学理论。当自我控制是日常德性的构成部分，它就不是德性整体的充分条件。人们可以在极高的程度上控制对死亡的恐惧，所以即便行为不义，但仍能勇猛从容（在一合适的语境中）（Ⅵ.iii.12；Ⅵ.concl.7）。在将自我控制展示为一种德性时，斯密的确有些愤愤不平。既然我们的确赞美自我控制，认为它是一种独特的品质特征，斯密便能够将其作为一种德性标识出来。所以，既然在所有德性中，它都是一种令人景仰的特征，那么它必然与其他诸德重叠，比如审慎。

审　慎

审慎是一种"自私"激情的主要德性，我们对自身幸福的追求把它推荐给我们。对斯密的哲学框架而言，它极为重要。他区分了许多种审慎；请让我们将其中的一种称为"普通的"，另一种则称为"高等的"或"高贵的"。他将前者与朴实、勤劳、守纪律、节约、经济密切地联系在一起，这些德性常常是我们成功追求"改善我们的境况"的关键驱动力的前提。他在两部著作中都谈到了"改善我们的境况"这一关键驱动。[26]"审慎"是这两本书的桥梁,因为它既是道德德性,又是经济德性。[27]正如我们已经看到的,"改善我们的境况"较少受基本需要的促动,较多受如下欲望驱动:我们想依据"信用和在社会中的阶层"成为合宜的被敬重对象(Ⅵ.i.3)。"超卓的理性与理解"(关于我们行为的结果以及它们可能带来的好处),对满足当下欲求的自我控制,两者相结合就构成了审慎德性(Ⅳ.2.6)。无偏旁观者赞同行为人对快乐的推延,因为在观察者看来,行为人当前和未来的快乐有同等分量,并且也因为旁观者推崇让行为人据此看待快乐的自我控制(Ⅳ.2.8)。这并不意味着,普通的审慎被单纯地简化为"审慎的考虑",因为依据它们做出的行动缺乏充分的足以使审慎成为一种德性的品质。在拥有审慎思考技能的意义上,而非在根深蒂固之合宜感的意义上,那些所谓的"审慎"者并没有令激情受到控制,频繁地屈服于愤怒、色欲,以及相应的诸多邪恶(Ⅵ.concl.4, 5)。

高等审慎由"伟大的将军……伟大的政治家……伟大的立法者"展现出来,并"必然假设一切理智、道德德性达到最完美的形态"。结果是,它接近于构成"学术的或漫游的圣人品格,如同低等审慎构成了伊壁鸠鲁派的品格"(Ⅵ.i.15)。这种意义的审慎

---

[26] 在 I.ii.1.4,据说当节用"优雅"与"合宜"来指挥身体性激情时,审慎便将身体性激情限制在健康和财富设定的范围之内。这一类审慎似乎比我所谓的"普通"审慎稍低,因为它与身体性激情,而非那些想象的激情结合在一起。

[27] 在 *WN* 中,斯密在 I.x.b.20、Ⅱ.ii.36、Ⅱ.iv.2、Ⅴ.i.a.14,以及 Ⅴ.i.f.25 提到了审慎,并在 I.x.b.38("一种持久的勤勉、节俭、专注的生活")和Ⅲ.iv.3("秩序、俭朴和专注……的习惯")与诸种德性联系起来。在 *WN* 中,审慎倾向于受经济语境的限制;因此,相较于在 *TMS* 中的情况,它更加接近于提升自我利益的有效技巧。

在柏拉图式智慧中达致巅峰（Ⅶ.ii.1.6），亦即，将一切激情以正确的方式控制在合宜的程度。

斯密仍然坚持审慎为一种德性，是一种值得赞美的道德品格倾向。在西方传统中，他是最后这样做的哲人之一。对康德以及他的大部分继承人而言，审慎只不过是明智或聪明。[28]斯密应该认为它是一种德性。这确证了，他不情愿将利己主义的动机和行为从值得赞美的领域中放逐出来。亦即，一方面，他不希望自利崩解为自爱；另一方面，他也不希望公正无偏崩溃为非人格主义。

斯密甚至将普通审慎也理解为一种德性，如此他也就潜在地否定了：改善我们的处境从本质上讲就是卑鄙的，或受人轻视的。他抵制将自利简化为自爱，将德性简化为仁慈，这给了他的审慎理论一种古典韵味。而且，他给予普通审慎的内容也在两个方面将其从亚里士多德式 *phronesis*（审慎、实践智慧）中移除了。首先，斯密式审慎与一种自我赞许而非自我完善的观念绑定在一起，并且在它的至少一种表现中，它被绑定在相对较低或日常的结果与对象上，比如社会地位与尘世的进步。其次，普通审慎要求判断与"合宜感"，但不要求任何超越自身处境的智慧。所以，它要求一点点"理智德性"，但也仅仅如此。[29]

用一种泰奥弗拉斯托斯的怀旧方式，斯密精彩地描绘了这一"平静、慎思之德"（Ⅵ.concl.6），因此通过展示者的品质解释了这一德性。审慎的目标首先是安全，然后才是在时间里聚集起来的财货与声誉。审慎之人小心谨慎、节俭、吝啬、礼貌、体面、

---

[28] 参见 Kant, *Grounding for the Metaphysics of Morals*, p. 26。
[29] 关于这一点的亚里士多德文本以及斯密的审慎观念，邓·乌尔（D. J. Den Uyl）做出了卓越讨论，参见 D. J. Den Uyl, *The Virtue of Prudence*, New York: Lang, 1991, p. 62 and ch.5。

广交朋友、不会特别情绪化，并且是可靠的。他对公开的炫耀毫无兴趣，他真诚但有所保留，并且值得依赖。当他受到召唤并切实地关心着自己的事务时，他将会去完成其公共义务。亦即，他想要成为一个与政治无关的公民。他为将来的享受牺牲眼前的享乐，他按照自己的方式生活，使自己逐渐进入一种平静的退隐和放松状态。他生活节俭，但却并非一毛不拔的铁公鸡（Ⅲ.6.6）。他获得了"安全的宁静"（Ⅵ.i.12-13）。他以稳健的方式展示"更温柔地执行自我控制"（Ⅵ.iii.13），因为他生活在"自我控制的大学校中，生活在尘世的喧嚣和事务里"（Ⅲ.3.25）。他确保我们的信心、尊敬与善意。审慎之人赢得了"冰冷的尊敬"以及"无偏旁观者的完全认同"（Ⅵ.i.11, 14）。一个不偏不倚的观察者在他的身上找不到任何要去反对的东西，却也没有许多值得赞美的品质。

正如斯密描画的这种品格，很清楚，审慎之人也是正义的。他不会欺骗、偷盗，或伤害他人。他没有野心去统治他人或是令自己屈服于有权有势者。并且，他也不会参与终将伤害人民的冲动的谋划（Ⅵ.i.12）。他保留着一种理性的生活。这理所当然地包括了他对自己责任的关心——比如，他的家庭，或者（适度地关心）他所归属的某个公共社团的成员。他完全值得信任，你可以把孩子和银行账户交到他的手里，他会守卫它们，直到你归来。关于他的宗教归属和教会成员的责任，斯密未置一词。

实际上，"审慎之人"代表了斯密对超卓却可以实现的那一类人的刻画，他们是自由商业社会努力培植的一类人（e.g., *WN* Ⅱ.iii.16; Ⅳ.vii.c.61; Ⅸ.ix.13）。[30] 审慎只不过赢得了"冰冷的尊

---

[30] 关于一种类似的观点，参见 Winch, *Riches and Poverty*, p. 105。

敬"，这表明：由审慎之人构成的社会将确保同样的荣誉——至少在涉及德性时，它不是热情的承认也不是谴责，而是尊敬。但是，审慎之人并非经济人——只不过是诸多追求自我利益的贪婪激情可能产生的结果——或不堪入目的粗俗、腐败之人。今天，当我们谴责"消费主义"以及我们想象在一个商业社会中流行的个人类型，我们就想到了虚荣的人，而非审慎的人。审慎也并非首先是一种专注于积累财富的经济德性。在陌生人社会中，一个审慎之人并非简单的单胞体，不是只想着提高自己的物质利益。一个审慎之人的社会也并非对社会混乱的规划。审慎之人拥有与他人的道德联系，包括仁慈与正义，也展现出其他诸种德性。

相反，具有"高等"或"高贵"之审慎的人具有明确的道德价值。因为他"将最完美的智慧与最完美之德性结合起来"，一个高贵且审慎的人不由得引起我们的崇敬。我们可能难以触及这一理想。高贵审慎或智慧的一种可实现的幻象是一个更加复杂的问题，并代表了定位于其他两种之间的第三种审慎类型："每一个无偏旁观者"都景仰"那些意气风发、慷慨大度、内心高洁之士的真实功劳"，但是，一旦他们成功实现其伟大目标，他们就常常看不到"巨大的不审慎，也看不到其作为的巨大不义"，以及他们"过度的自尊和傲慢"（Ⅵ.iii.30）。他们的自我控制伴随着不合格的自我认可，以及笛卡尔刻画的慷慨（*générosité*）。他们离奇地混合了自我控制与放纵、可敬的雄心与可疑的冒险意志。斯密将其命名为"壮丽的品格，在人类境况和观点中拥有最辉煌行为、带来最大革命的人；最成功的武士、最伟大的政治家与立法者、成员最多最成功的派系与党团的雄辩的奠基人"（苏格拉底是其中的一员；Ⅵ.iii.28）。斯密对他们的评价恰恰有些矛盾，因为这些"辉煌的品格"既必要又危险。

斯密关于高等审慎的讨论从他对所谓的"自我控制德性"的分析中生长出来——尤其是对控制恐惧、愤怒和义愤的分析。如若控制了这些激情，那些人就极大地减少了对死亡的恐惧，无论他们是否富有德性（苏格拉底再次被提及，Ⅵ.iii.5），我们都因此崇敬他们："对恐惧的控制、对愤怒的控制总是巨大而高贵的力量。"（Ⅵ.iii.12）如果这种控制是不可能的，我们将会缺乏英雄和守卫。战争和派系是获得这类品格"最好的学校"。尽管它在很大程度上不值得赞美，因为不能体会此类激情的那些人变得过于冷酷，不能感受他人的悲痛。这样一个人表现得具有超卓的德性，但实际上并非如此；因为对于他应该感受到的东西，他不再能够体会；他只是不能充分地感受。所以，他的品格并非由"胸中伟大的半神塑造"，它是单一维度的，且只受到不充分的考察（Ⅵ.iii.18-20）。从那里通往冷酷的狂热或过度的雄心的台阶短小且令人不适。

所以，对高等审慎的适度期许就是一个微妙的问题。斯密是一个人性化的苏格拉底。如果斯密在此相对高等的或高贵的意义上是审慎的，那他就倾向于"在人类的境况和观念中带来最大的革命"（比如，通过改革整个大不列颠的经济体系），他自己如何作为一个公共哲人行动呢？他的慷慨假设了一种什么样的公共面貌？我认为，答案展现在其已出版著作的修辞与内容中，我将在第七章和结语部分再回到这个问题上来。然而，在他对仁慈的评论中，我们也找到了更多答案。

仁　慈

作为他所谓的"社会激情"以及其他相关行为的德性，"仁慈"（或"仁爱"——斯密在这两个术语之间往复）可能在广泛的意义上代表了社会合作,是其道德理论中如此想要得到的东西(关于"社会"激情,参见第三章第一节)。他对善意、友谊、爱、和谐、社会性、对话、普通人类同情(非技术性意义上),以及一切"适意"激情的强调都印证了:他想要看到,我们将仁慈写进日常生活。但是,他也认为,作为一种特殊的"社会激情"德性,它在与我们有关的同情圈子里局部地得到最好的表达。正如我们在第三章考察不偏不倚时看到的那样,"一切理性和感性存在的普世幸福"不应当是我们的伦理目标。我们缺乏足够的知识,不能把它当作目标。在追求它的过程中,我们将会忽视那些能够为我们有效关照到的领域,并且我们的激情也不是为这样一种傲慢之爱设定的(Ⅵ.ii.3.6)。斯密对仁慈的讨论有两大突出的特点:他拒绝将所有道德善好简化为仁慈;他坚持人们要在适当的领域中表达仁慈。那些范围部分地由我们的激情指出(包括我们"自私的"激情),以及由首先考虑更亲近、更熟悉者的自然的同情倾向指示出来。仁慈允许我们对自己的圈子保有偏爱,并因此与一种语境的观点密切联系在一起,我们的道德身份与好生活的观点则在语境中得到发展。

所以,自然使我们倾向于关心个体自我,然后关心我们的家庭——首先是直系亲属,然后是扩展的家庭;并且在直系亲属当中,我们首先关心孩子,然后是父母。然后是我们的朋友、熟人和我们的国家。作为人类的人(humanity qua humanity)则排在这个名单最后一位。这些定义了我们的归属圈,并带来了许多道德义务;或者,用西塞罗的话说,这些给我们带来了"责任"义务。我们对所有人类都负有正义的责任,却不负有仁慈的义务。斯密关于仁慈的描绘与审慎之人相对不具有政治性品格的刻画相呼应。的确,仁慈首要的适当目标是他自己,似乎在审慎中达致顶峰。依据更宽泛的理解,仁慈需要运用判断,因为在有些情况中存在相互竞争的忠诚。的确，我们有时候也需要判断，我们应该依据仁慈还是审慎来决定我们的行为。

在一段最知名最引人入胜的段落里，斯密描述了一位大人物的公共精神向"系统精神"（或政治狂热）的堕落，它不受卑贱的自利驱动，而是受一种政府"理想系统"的"想象之美"驱动。这种"兴奋的"高级审慎之人想象，他能够操控公民，就像"在棋盘上安排棋子一样易如反掌"。这是一种危险的"傲慢"，尽管它戴上了无我且仁慈的公共服务之面具。所以，在讨论"大慈"（great benevolence）的过程中，斯密就向我们提供了与高级审慎有关的最好的教益。他希望向我们表明，大人物的野心危险地将自我嘉许和优美社会秩序的愿景结合在一起。所以，若要获得持久且具有道德辩护力的成功，其奥秘就在于一种结合——富有野心的视野、合适的节制、对正义原则宗教般的坚守，以及一种敏锐意识的结合。这种敏锐的意识便是：个人和他们所在的语境应该受益于我们的努力，而不当为我们实现理想的工具。这绝非寂静主义的公式。在派系与无序的时代，一位明智的爱国者可能会认为，我们有必要从根本上改变一个国家的宪法，但是，要决定何时以及如何做到就"或许需要政治智慧做出最大努力"。的确，高级审慎的一大任务便是：在"危险的创新精神"与寂静主义者的保守主义之间找到中道。斯密的榜样是梭伦，他没有建立最好的政制，而是打造了人们能够忍受的最好的政制（VI.ii.2.12, 16）。

斯密的仁慈观体现在《国富论》一个最著名的段落中。它是这么说的："我们不能寄希望于屠夫、酿酒师或面包师的仁慈，以获得我们的饮食；而应当寄希望于他们对自我利益的考虑。我们不要向自己言说他们的仁慈，而要考虑他们的自爱；绝不要向他们谈论我们的必需，而应谈论他们的利益。"（I.ii.2）也就是说，在我们的日常交易中，我们自己诉诸店主的审慎而非仁慈，很可能,他们也寄希望于我们的审慎。与对这些词句的通常解读相反,它们不是对贪婪或堕落的自私的赞美,而是对任何交易中(无论是在一种"资本主义的",还是以物易物的经济中)都存在的事实在道德上可以接受的论述。斯密对事例精挑细选,他提到了为我们提供必需品并勉强糊口的普通工人。当我们想要喂饱自己时,诉诸商人的仁慈通常是不合适的做法。在与我们的正常交易中,店主的行为富有德性,即符合普通的审慎和正义原则。店主的仁慈范围不应该毫无差别地扩展到所有想要他所售卖的货品的人,尽管他有时候会扩展到某些人。在上述引文之后,斯密接着提到了"乞丐",如果可能,他们也避免诉诸慈善。店主可能对乞丐有慈善上的亏欠;正如我们总是需要判断,斯密说,在这些环境中,没有什么会去阻止人们的慈善行为。

斯密的例子唤起我们去构想一幅小镇的图画,在那里,售卖者与购买者彼此相识;但是,他的观点并不需要如此成熟的知识。他描绘了这样一种环境:在那里,经济关系大量地运行于陌生人之间。他的德性图画也认为,这些经济关系并不会仅仅因为它们不以仁慈为前提就是卑贱的。在一个商业社会中,经济关系并没有在"一小群同伴"(请回忆斯密的表述;I.ii.2.6)间发生,对任何可能将诸多同情圈子瓦解为一的"有机"政治模型,斯密都没有耐心。审慎,以及适当范围内的仁慈是公民德性。斯密所谓的"陌生人的聚合"(TMS I.i.4.9),即现代社会,并不会必然摧毁德性;在受到正义支持时,它可能会鼓励德性。

四 道德教育

在自由国家,政府的安全极大地依赖于人民对其行为产生的最善意的判断。在那里，关于政府行为，他们不应草率且反复无常地做出判断，这一点最为重要。

亚当·斯密，*WN* V.i.f.61

  我已经反复强调了道德教育对斯密的价值。他没有写下或倾向于写下论教育的文章或著作。《道德情感论》也没有把任何一个章节或部分单独奉献给它。也就是说，与卢梭的《爱弥儿》相比，斯密并没有一部类似的作品。但是，道德教育一直是个持续的主题：不只是在《道德情感论》中，教育与个人德性和判断联系在一起；而且在《国富论》里，教育也在其与公民德性和自治的联系中得到表达。正如宗教与正义，道德教育是两部著作的桥梁。

  我们已经花了一定篇幅，考察了斯密的道德心理学以及我们成为负责任的道德行为人的过程。我们逐渐成长为无偏旁观者。赞许与批判、快乐与痛苦，以及竞争的构造方式与此关系密切。用一种熟悉的亚里士多德的方式来说，它是一个通过囊括话语行为、言传身教的过程塑造品格的问题（参见 *NE* 1114A9-13）。就像我们在第二章看到的那样：一个预先形成的自我是孩童身上最微小的成人，其自由或内生德性只有在为了获得道德自治时才需要释放；关于预先形成的自我是否存在，斯密不抱任何幻想。在"某个孤独之所"，"人类生物"没有任何道德自我（Ⅳ.2.12）；亦即，自我源自社会交往。同情的"镜像"过程是道德自我意识和品格得以发展的必要条件。

  若要建立起德性之习惯，我们就需要"行动与实践"。因此，纵然时光流逝，我们也需要道德行为能力（Ⅲ.3.36）。其目标是培育这样的人：他们习惯于让自己变得与无偏旁观者"同一"（使用斯密的动词），从而能够富有德性地行动。就像我们已经看到的，这使行为者学会自我控制，努力满足旁观者的期待。亦即，作为孩子，行动者自然而然地需要旁观者的认可；既然旁观者立场在实质上优先于行动者立场，那么这一自然需要必然得到发展。旁观者的期待必然会形成普遍法则，它们也会随时间流逝而被人们习得，因为"弱点和自我控制具有不同的形状与等级"[31]（Ⅲ.3.22, 25）。唯有通过实践，我们才能学会感受那些适度的感受，以及相应地学会感受何为适度的赞美与谴责，何为真正的善好与"伤害"。以这样的方式，我们学会判断，哪些情感是适当且值得赞美的。因为，在这里，行为人与旁观者之间的"和谐一致"颇为关键，我们也可能会说，学着欣赏道德美就构成了道德教育。

斯密反复提到，"自我控制的大学校"始于家庭。在这里，旁观者的模型通常是，并也应该是父母。父母的爱提供了如许环境：这里有必要的关爱、无微不至的关注、对孩童的了解，以及可以依赖的责任与同情。父母言传身教，揭示出自我控制不仅使人变得可爱，也使人有能力去爱。多亏了同情，人们获得自我认知与适度关注的过程和人们获得对他人的认知与适度关注的过程不可分离。[32] 孩童与同胞的最早友谊，及其稍后与玩伴和拓展家庭的友谊对教导自我控制必不可少。父母能够理解之处，或许理解得过多之处，他的朋友则不能理解，而这颇有益处。

斯密坚持认为，少年男女的教育不能在遥远的寄宿学校完

---

[31] 甚至，"最粗野的教育也教导我们，在所有重要场合，其行为要遵照在我们和他人之间的某种不偏不倚的方式，甚至世上普通的商业也能调整我们的行为原则，使之达到某种程度的合宜"（Ⅲ.3.7）。
[32] "我们对他人情感的敏感，并没有与自我控制的男子气概有那么大的不一致，它恰恰是男子气概赖以奠基的原则。"（Ⅲ.3.34）

成。[33] 他并未提及我们所谓的"家庭教育",而是提及如下观念:道德教育的原初语境是家与家庭。他说,只有在白天,我们才把孩子送去学校。同情和关爱的圈子给他们带来了各种各样的义务——家庭中的爱,更广社交圈中的友谊,执行职责义务时的忠诚(比如,作为士兵、教师或公民)。如果一个人只受限于其中的一个圈子,其道德人格就会受到冲击。斯密认为,我们通常通过这些多元接触拓展我们的道德自我,并且也应当如此。这有重要的政治意涵,即这些同情圈应该受到滋养,并且,在理想情况下,道德个人能够扩展自己的眼界,以便包含他们多重的眼界。[34]

道德教育并非由单纯地聚焦于压制诸种"自私"激情并注入"自我规训"构成,我们必须获取的德性也不能简化为一种。有德之人在正确的时间以正确的方式感受到正确的事情。尽管"未受教导和规训的情感"(Ⅲ.3.28)需要受到持续的教导,但其最高目标却是合宜与相称,而非铲除激情。在其背景中,人们发现了一种对极端宗教道德教育的批判。这种宗教道德教育把某些情感当作内在敌人来对待。

旁观者也根据行动的处境来调整他们的情感,父母必须用

---

[33] "家室内的教育是自然的教导,公共教育则是人的构想。我们的确没有必要说,何者有可能最为明智。"(*TMS* Ⅵ.ii.1.10)
[34] 当仅仅由战争,或仅仅由"不受打扰之宁静的柔和阳光,在并未消散的平静的退隐生活或哲学闲暇中"授予"自我控制的大学校",并受其教育时,人们的道德情感会发生扭曲。斯密对此有正确的担心。在一种情况下,我们将会变得过于残酷,不能获得人道的温柔德性。在另一情况下,我们将变得过于心软,太容易表达对受压迫者的移情,并且也难有决断,容易因真正需要的战役感到沮丧(Ⅲ.3.37)。如果我们的激情没有"因早期的教育、适当的训练变得足够迟钝与残酷",我们就不能忍受困难、执行义务(Ⅵ.iii.19)。对于本章题记中提到的"具有最完美德性之人",无论士兵还是哲学教授都不能轻易地获得其品格。

榜样和行为表明，我们应该怎样去做这件事。成熟的同情拥有它所需要的所有时间与关注，它受儿童与父母之间纽带的滋养。斯密直接向读者讲明，这是相互尊重的基础，它为孩子和"你自己"的行为赋予了限制（Ⅵ.ii.1.10）。行为人对德性的爱即为对值得赞美之品格的爱，它不同于对赞美的爱。在行为人对德性之爱的发展过程中，模仿或竞争颇为重要。考虑到这一点，让行为人与值得竞争的人在一起也就颇为重要了。在斯密的道德教育观念中，必要的道德榜样（与亚里士多德的道德卓越之辈相当）必然发挥主导性作用。在道德处境里，行为人将会经常受到如下问题引导："这个有德之人 X 在此情况下将会怎样做呢？"

斯密描绘了一个健全的人，在此图像之下则是一种和谐或美的观点，它包括了道德德性与自己或彼此间的优雅"适当"（fittedness）。其理想是情感、语词与行为的和谐，是自我的整全，以及诸德性的统一。一种与道德美相一致的生活就像一篇好的叙述，具有内在的统一与平衡；它结出优雅的果实让我们崇敬，也推动着我们见贤思齐。[35] 受此范式激发，我们渴望着，我们的激情与无偏旁观者的激情保持一致，这样才能使和谐成为可能，并且如果我们获得了它，我们将会得到幸福与自我嘉许的回报。让我换一个比喻，对尽善尽美的道德品格的认知具有"音乐般的"

---

[35] 在每个人身上，通过良心"缓慢、逐级进步的工作"，高标准的德性理想"逐渐从他对自己与他人品格和行为的观察中产生"。发展这一标准，然后努力满足它。这是长达一生的道德自我改良过程。人们对"完美原型"的"神圣之美"爱得越多，并努力令自己的品格与之相似，人们便越能模仿"一位神圣艺术家的作品"。人们越好地完成自我的塑造，就越能清晰地看到不完美处的细节，无论这不完美是"源于缺乏关注，还是由于缺乏判断"，无论是"言行中的不完美，还是行为与对话中的不完美"（Ⅵ.iii.25）。

统一性，具有精心策划的复调结构，并被建构进一复杂的整体当中。斯密从一种"美学"观来理解完美且内在统一的自我，这种"美学"观指导斯密刻画了道德情感及其德性。

从对赞美的渴望、对谴责的厌弃中，或者，甚至从渴望显得该受赞美、不该受谴责的欲望中，行为人获得了区分赞美与值得赞美、谴责与值得谴责的能力。斯密因此评论说，"教育的伟大奥秘就在于将虚荣引向合适的目标"。如果我们在欲求获得尊重和崇敬时，能将这一欲求聚焦于那些情感的适当对象，那么，虚荣甚至对荣耀的爱都将导向真正的德性（Ⅵ.iii.46）。

实现与无偏旁观者或"胸中之人"完全同一是一项罕见的成就。我们已经看到：我们很难做到与德性立场充分一致，道德法则能够弥补这些困难。我们也看到："借助于纪律、教育和榜样，很少有人……不会对普遍法则印象深刻，从而几乎在一切情形下行为得体。"（Ⅲ.5.1）当我们具有了不偏不倚地评价自己的习惯，用无偏旁观者的眼睛或根据普遍法则来审看自己；即便旁观者不在场，或即便他们在场，却偏狭而腐败时；我们都准备好以可以接受的得体方式行动。对道德行为人而言，无偏旁观者的内化颇为关键。道德教育的重要目的是发展良心与义务感。所以，一个得体的人必然能够感受到悔恨与罪过。

对道德法则的坚守不能取代判断，正如我们已经看到的那般，并且道德教育会教导观察者如何判断。结果，我们必须学会如何适当地同情，并因此富有想象力地思考他人和我们自己的处境。我们必须正确地训练想象力。在给定的条件下，既然我们要向自己再现可能的行为过程，考虑我们的选择可能会对他人产生何种效果，从他们的立场来看待此处境，并在事实上从无偏旁观者立场来评价我们自己的动机，那么，我们就需要想象随之而来的对伦理行为过程的判断。[36]

关于这可能牵涉什么，斯密总是拒绝那些简单的描述。在一基本但关键的层次上，它将会是一个拓展想象力的问题，所以其他人的真实处境就能被旁观者看到。在有些情况中，我们需要道德想象带我们超越他人的具体习俗，从而超越其他人服从的非伦理性行为。我们对奴役的考察揭示了这一要点，也表明了奴隶之境况与情感在文学与修辞上的演化——比如斯密关于"非洲海岸之黑奴"的动态描述——为何能够帮助旁观者掌握奴隶的人性。通过培养同情，偏狭之心就能得到抑制，我们也学会分享一个共同的人类世界并改良它。总而言之，斯密对事例、故事、逸闻的使用表明：道德教育必须奠基于经验，并依赖于一个适当的经验圈以及灵活的反思。当敏锐的义务感受到经过教导的道德想象、活泼的良心、好的判断支持时，它就对正义感的发展具有了实质意义。斯密坚持认为，若无正义感，社会将会崩塌，陷入冲突当中。

尤其是在功过成败系于一线之时，正确的判断是一复杂的过程。关于道德德性，我们需要能对相关信息进行消化与转化的理智能力，因此也必须有一定水平的卓越理智。在最低限度上，如果我们是被评价的行为者，它就包括了：对手边情形的把握，以正确的情感做出反应，确切理解行为人的激情，把评估、衡量多元因素的习俗视为必需，以及当然要结合我们自己来做这一切。

---

[36] 正如拉莫把它放入 *Patterns of Moral Complexity*（p. 12）中："为了了解，在特定情形中何为实际上该做的道德上最好的事情，道德想象是详尽说明并评价不同行为过程的能力，这些行为过程只由给定的道德法则内容有计划地决定。所以，相比起对完全确定的道德法则的遵守，它表达了道德生活中一种更为积极、更加深思熟虑的兴趣。"

道德行动者应该既能接纳被人说服,也能够说服别人。所以,对心灵的培育是一项道德任务。

斯密持续提及文学,尤其是悲剧。他这样做,的确意在帮助我们理解:我们怎样才能获得一项困难如道德教育般的成就。因为,文学研究教会我们:人类的伦理境况可以有多么复杂;为了抓住相关因素,我们应当如何伸展道德想象;关于剧中人物的矛盾性诉求,我们如何开展一场对话。正如我们看到的那般,情感具有认知的维度,并能够联系它们所发生的环境,根据普遍法则或规则受到评价。学会如何判断与学会如何感受虽然有所区别,却不可分割。[37] 悲剧教导我们:运气、不可见的结果以及悲剧性的反讽弥漫在道德生活之中,以及我们应当如何应对这一事实;借此,它也能够以另一种方式教育道德情感。它们教导我们如何感受他人的情感,并因此教会我们应该如何感受。所以,道德教育应当教会我们"道德情感"与情感主义或简单移情之间的差异。根据斯密的论述,情感主义是一种对轻松、未受规训的激情的偏爱,这种激情将自己伪装成一种严肃的情感。多愁善感的人的确能感受到对自己的同情,他无须完成同情就认可自己的情感,沉浸在感受的快乐当中。[38] 这种自利(self-interest)不能与真正的

---

[37] 参见休谟在 *Enquiry Concerning the Principles of Morals* 中的论述,尽管道德判断最终建立于"某种自然而然普遍存在于整个种族中的内在感觉或感受",但如下情况也是真实的:"在许多美的秩序里……为了感受到适当的情感,我们需要运用许多理性;我们常常能够通过论证和反思来纠正错误品位。"我们有正当的基础来总结:道德美分有了后一类型,并且,为了对人类心灵产生适当影响,我们还需要理智能力的帮助。

[38] 感谢罗格·斯克如顿(Roger Scruton)建议我提出感性(sentimentality)的问题。另请参见 Roger Scruton, "Emotion, Practical Knowledge, and Common Culture," in *Explaining Emotions*, ed. A. O. Rorty, Berkeley and Los Angeles: University of California Press, 1980, pp. 519-536。

同情混淆。[39]

就此而言，斯密对哪部文学著作给出了最高赞美呢？注意这一点颇为有用。当讨论"错误的良心"，即虚荣与狂热时，他称赞伏尔泰的《穆罕默德》，认为"在搬上剧院舞台的所有演出里，它或许是最富有教育意义的"（Ⅲ.6.12），因为它有效地告诉我们宗教狂热的可怕后果。究其本质，道德教育解释了何为对义务与法则之本性的误解，它也通过对文学与历史的研习，呈现了那一误解的破坏性结果。莱辛的《费德尔》（Phèdre）"或许是所有语言中最好的悲剧"（Ⅲ.2.19），首先是因为它如此生动地描绘了悔恨的现象，并因此向我们展示：内在无偏旁观者的声音如何无法被彻底消灭。伏尔泰的《中国孤儿》（L'orphelin de la chine）被认为是"最美丽的悲剧"，因为它如此有效地让我们看到，任何"决疑论法则"都无法定义的"环境、品格与情境"的不同阴影（Ⅵ.ii.1.22）。这部戏剧向我们表明：爱之情感能够在统治者专注的野心中变得扭曲；然后，因为统治者有意伤害的对象展露出坚毅品格，通过真爱情感与此坚毅品格确立的道德榜样，爱的情感也会受到教育。斯密对高级文学（high literature）的选择本身就道出了它的意义，因为它指向这样一种信念：当健康的判断与同情

---

[39] 斯密批评了那些试图用错误的方式纠正我们的自爱的道德哲人学派。一个学派由那些"哀怨且忧郁的道德主义者"构成，他们总是谴责我们的幸福，因为其他许多人还身处悲惨境地；另一学派则由斯多葛主义者构成，他们总是力图把我们对自己的感受降到最低，而非提高我们对他人的感受力（Ⅲ.3.7-11）。我们已经看到，第二种学派部分正确，但也仅仅是部分正确。我们要拒绝极端的"斯多葛派冷漠"，所以，"诗人与小说作者最好地描绘了爱与友爱、所有私人和家内情感的优雅与精致。在此情况下，莱辛与伏尔泰、理查森、马里沃以及瑞珂博尼是比芝诺、克律西波斯或艾比克泰德更好的训导者"。斯密认为这是对作为道德教育者的哲学的批评。相比起依据理性对道德生活的简单化坚持，诗歌与文学作者给我们提供了一种更加平衡且更具感性的道德教育。

受到扭曲时（无论是因为决疑论、宗教，还是残酷的野心），道德教育就面临一种特别的危险。[40]

五 德性、追求幸福与斯多葛圣人的宁静

> 知足者常乐。但当任何新的不适到来，这一幸福就受到打扰，我们在追求幸福的过程中就获得更新。
>
> 约翰·洛克[41]

斯密的著作充满了关于幸福的评论，在《道德情感论》第一句，他就提到了幸福。对他而言，"幸福"意味着什么呢，它如何与德性相联系？古代伦理学通常将幸福与德性（或品格之卓越）、德性与反思结合起来，以及在某种层面上将反思与哲学结合起来。除非我们正确地对幸福诸条件做出评价，否则我们就不能真正幸福。亚里士多德的模式理论将幸福定义为灵魂合于德性的行为。康德的立场是亚里士多德命题的反题，它否定两者间任何必要的联系（甚至坚持认为，至善 [summum bonum] 就是德性与幸福的

---

[40] 道德教育有制度化和社会性要求，其中一些在《国富论》中得到讨论。它不只是一个为公共教育提供充足资金的问题，而是一个构造制度的问题，这样，它们才能够适当地塑造道德情感。在《国富论》中，斯密注意到，"大多数人的理解必然由他们的日常职业塑造。如果有人一生都用在执行一些简单的操作上，它们的效果便总是，或几乎相同，在找出解决困难的权宜之计时，它们不能激发自己的理解，或是运用自己的发明。其心灵的麻木使他不仅不能够欣赏和参与一切理性对话，也无力认识一切大度、高贵或温柔的情感，于是无力就私人生活的日常义务形成任何正当的判断"（V.i.f.50）。这些词语强调判断、情感与想象（"发明"），与我对道德教育的讨论产生共鸣，并与《道德情感论》的论题密切相关。

[41] *An Essay Concerning Human Understanding*, ed. P. H. Nidditch, Oxford: Clarendon, 1990, II.xxi.59, p. 273.

综合），并将幸福的内容视为一个经验心理学问题。斯密的定位是多面的，并总与一个更加宽广的和解计划联系在一起。

他所谓的幸福意味着什么呢？他采用如下含义：当一个人享有长久的幸福，那我们就可以说他在**总体上**是"幸福的"。当我们评论说，"那是我生命中最幸福的时刻"，或者"那是纯粹的天赐的幸福"时，我们的确在一种非常不同的意义上谈论幸福。亚里士多德评论说，"一燕不成春，一天也不成春；与此相类，一天或一段较短的时间也不能使我们受到祝福［makarion］并且幸福［eudaimon］"（NE Ⅰ.vii.1098a1-20）。尽管康德与亚里士多德有诸多分歧，他也在此长时段意义上谈论"幸福"。[42]斯密含蓄地将幸福与快乐、狂喜、浪漫且超越的天赐幸福等这类快乐进行区分。在此意义上，幸福不是一种心情。

进而言之，斯密通常根据宁静（亦即平静与安宁）来理解幸福。在《哲学主题论文》中，这一理解持续地从道德哲学奔向对理智德性的讨论。[43]"宁静是真实的且令人满足之享受的原则与基础。"（Ⅲ.3.31）对此路径，斯密拥有良好的基础。用现象学的方式说，幸福（我们能够断言人们在一段时光或一生中的幸福。我们是在此意义上谈论幸福的）的确更像休息而非运动。这具有两层含义。首先，在缺乏明显冲突的意义上，它由一个人处在休息的状态构成；在更深的层面上，它是和平的。其次，幸福更像是通向某一目的的运动过程的停止。幸福类似于一个最终状态，类

---

[42] 参见 Grounding, p. 27。
[43] 比如"History of Astronomy"Ⅳ.13, EPS, p. 61："……想象的平和与宁静是哲学的最终目的……"

似于一种满足的实现,而非一种匮乏或超越匮乏的境况。[44]当你说你自己"生活幸福"或者"我拥有深度的幸福"时,在其他一切事情当中,你的意思是:你没有经历重大的内在冲突,以及在根本上,你占据了一个不想离开的精神位置。在一种深度的层次上,你不焦虑。基本上,你有适当的方向,你朝向此世的根本立场也完全是平静的。幸福就像是一种和平状态,它受到了控制,具有内在的和谐,平静而悠然。战争状态则与之相反,它欲求不受控制、难以获取之物,具有内在的混乱,纷扰不休,动荡不安。

　　人们可以假设,我们感受到的宁静才是真正的宁静,因此也就是要排除人们误解幸福的可能性,并且一起排除人们对满足与幸福、安静与宁静所做的区分。但是,一种对幸福的论述必然保存自我欺骗或自我认知失败的可能性,斯密就是这样做的。我们需要**某样**类似于亚里士多德阐述的那类客观主义的观点。即德性既是幸福的必要条件,也被理解为自身的卓越。幸福的宁静观倾向于跟激情不兴的**淡漠**结合在一起,它处在激情之外的层面,是一种超越或冷漠。确切地说,这是因为宁静与悠然、和平以及其他诸种已经言及的品质间的联系,也是因为激情、依附与忧扰不安、混乱失和、动荡难息之间的反向联系。斯密恰好会认为,如此理解的宁静生活是贫瘠、干枯、没有灵性的,它好像放弃了人类生活中富有价值的事物。如果我们彻底消除精神运动,而非把它**调整**到合宜的状态,然后把这样的结果称为宁静的"幸福",那么,看起来,我们购买幸福付出的代价是牺牲人类满足,购买宁静支付的价格是丧失人性。我们为何要接受一种代价如此高昂的

---

[44] 试比较卢梭在第五篇 *Promenade* 中关于幸福的评论,*The Reveries of the Solitory Walker*, trans. C. Butterworth, New York: New York University Press, 1979, pp. 8-69。

幸福观念呢？伊壁鸠鲁告诉我们说："切不要说'我已经失去它了'，而是说'我已将之归还'。你的孩子死了吗？他是被归还了。你的妻子死了吗？她已被归还了。"[45] 据说，伊壁鸠鲁声称，明智的人即便在痛苦时也可以幸福（保持心气平和、宁静）。[46] 这就是既令斯密着迷，又令其感到厌恶的那类理性。

我们能够在霍布斯那里找到确立斯密观点的背景。在《利维坦》中，我们读到：

> **持续不断地成功**获得人们时刻欲求的事物，亦即持久的繁荣，正是人们所谓的幸福（felicity）——我的意思是，此世的幸福。因为，我们生活在这里，心灵之永恒宁静这一类的事情并不存在；因为生活自身不过是运动，不可能缺乏欲望，也不能没有恐惧，更不可没有感觉。[47]

易言之，生命不断地受欲望、焦虑、恐惧，尤其是对暴死之恐惧的驱动。在根本上，人类生活纷扰不息、动荡难平。当我们

---

[45] *Encheiridion* 11, in vol.2 of *Discourses*, 2 vols., trans. W. A. Oldfather, Cambridge, Mass.: Harvard University Press, p. 491. 艾比克泰德评论说（par. 26），一个人在应对妻、子的死亡时，好像是另一个人丧失妻子一般。

[46] 参见 Diogenes Laertius, *Lives* 10.118. 关于幸福与宁静、**淡漠**，以及令事事可控之间的联系，请参见 Epictetus, *Discourses* Ⅳ. iv.36-37。

[47] *Leviathan*, ed. E. Curley, Indianapolis: Hackett, 1944, ch. Ⅵ.58, pp. 34-35. 霍布斯在这本书里进一步阐述了同一主题。霍布斯宣称，类似于至善之类的事物并不存在，此后，相对于"古老道德哲人的著作"，他声称："幸福是一个持续的欲求过程，从一个对象到另一个对象；当我们对前者的欲求终止，便又开启一条通往后者的道路……所以，自愿的行为，以及所有人的趋向都不仅有意获取，也有意确保生活之满足……我提出一种所有人的普遍倾向，一种永恒无休、至死方休的对权力的欲求。" *Leviathan*, ch. Ⅺ.1, 2, pp. 57-58. 关于"不安"与"幸福"之间的类似对照，参见 Locke, *Essay* Ⅱ. xxi, pp. 42-46。

永无定止地追求源自安全的稳定性（即与他人力量对等）时，我们从一个欲望对象走向另一个，从一种满足转向另一种。如果生活就像这样，处在运动和焦虑中，那我们的确不会称其为幸福；我们将不会获得霍布斯所谓的"永恒的心灵宁静"，亦即，心灵运动永远静止。霍布斯将心满意足与从一种满足到另一种满足的运动结合起来，他似乎是正确的。在霍布斯的描绘中，最实质的对比是在"幸福"——或者，从他的话语里获得线索，我们称其为反复的"满足"会更好一些——与跨越时间的宁静之间。幸福不可分离地与渴望交织在一起，宁静则不然。

幸福的另一总体性特征被宁静捕获，它也暗含在我对霍布斯的那段引文之中。宁静的敌人是两个层面上的焦虑：第一层焦虑与或此或彼的事件有关——例如，当你的股票组合正在跌值时，你对此拥有的焦虑；第二层是一种普遍的焦虑，担心事情不正常、不稳定、不能持久，潜在地走向消亡。霍布斯谈到，人们持续地害怕竞争者获得更大的足以造成威胁的权力，尽管这个人仍然留在政治领域，但他的焦虑正在触及第二个层面。或许，它是一种与如下恐惧相类似的事物：我们的危机并非来自他人的权力，而是因为我们尚未完成生活的奠基，这一基础可能坍塌，或绝不能垒好，它是这种意义上的危机。或许（有人独自沉思），我的生活就是一种浪费，不会产生任何结果：什么造就了我？我会成为什么？这是一种值得赞美的人生吗？在第二章中，我们注意到了内在于斯密自我图景中的**悲怆**。在第三章中，我们注意到，斯密对内在的道德冲突、罪、悔恨以及道德无价值感做出了精彩的描述。他至少在一个地方沉思着"一切反思中最令人忧郁的反思"——我们生活在一个"无父世界"的观念（Ⅵ.ii.3.2）。当此类怀疑吞噬了灵魂，第二种意义上的焦虑［或 tarache］就打败了幸福。

霍布斯也区分了幸福与宁静、动荡与悠然、欲求与满足；并且，他还将真正的幸福等同为宁静。看起来，洛克与斯密都接受了霍布斯的观点（参见这一节开头我对洛克的引用）。然而，幸福与满足的混淆影响深远。人们经常迟迟才认识到，这两者有所不同。这一认识或许没有产生那么广泛的影响，但它却是构成长者智慧的那类材料。斯密似是而非地认为，其混淆是体系性的，这有助于他解释，为何那个有能力追求善好的民族却不能够给他们带来真实的幸福（就长久宁静的意义而言）。通过重构霍布斯关于我们渴求"持久繁荣"的观点，斯密（在 TMS 与 WN 中）认为，我们自然倾向于积累财货——外在善好——以及资财、声誉与权力，以"改善自己的境况"。"改善我们境况的欲望……自我们尚在摇篮中便已产生，直到我们进入坟墓，它才会离我们而去。"在生与死之间，人们绝不会如此"完美且完全地对自己的境况感到满意，以至于不想要任何改变或改善"，而且，"增长财富是大部分人谋求改善境况的手段"（WN II.iii.28）。正如我们在第三章（第一节）注意到的那样，斯密在《道德情感论》中认为，不是"身体性激情"，也不是"生理的"需要，而是成为赞许对象的渴望支持着改善自我的永恒不休的努力。我们认为，幸福就在那种赞许当中。[48] 有人想象自己处在富人的境地，"认为如果他获得了这一切（好的事物），他就能满足地静静坐着，保持平静，享受着对幸福宁静处境的畅想。他对此种遥远的幸福理想感到陶醉"（IV.i.8）。

在斯密的论述中，这一现象引人注目，它在两个层面上是美

---

[48]"当我们考虑大人物的品质时，在那些想象倾向于用来描绘的欺骗性颜色中，它看上去几乎是一种完美而幸福的状态。在我们所有的白日梦与幻想中，它向我们描述了所有欲望的最终目标，它就是这样一种状态。"（I.iii.2.2, 1; cf. III.1.7）

学性的。首先，我们渴望着与旁观者情感相符的和谐或优美；我们（正确地）想象认为，富贵者方能如此幸运。其次，旁观者对富贵者的嘉许是"公正的"（I.iii.3.2）。旁观者欣赏富贵者占有的不可计数的"无甚价值没有用处的小玩意"，其功能便是如此。我们不是受任何关于这些善好所导向的目的感受牵引，而是由它们内在的好推动；并且，这种美的吸引力"常常是私人与公共生活最严肃最重要的追求的秘密动力"（Ⅳ.1.7,6）。这两个层面上的美学赞许都是想象的作品；然而，如果我们将幸福与看似优美的生活联系起来，那就要错误百出了。斯密提到那种联合，认为它是由我们的想象产生，并因此由自然赋予我们的"欺骗"（Ⅳ.1.10）。

此欺骗的直接结果是：我们很少用一种"抽象且哲学的方式"来看待美（Ⅳ.1.9），除了这些罕见的时刻，我们就跳进为了"改善我们的处境"而劳作不息的世界，因此投身于一个不幸福的世界。[49]改善我们的境况却让我们"持久地得不到满足"（Ⅵ.iii.5.1）。人类生活受恐惧（如霍布斯言明）和对美的渴望驱使，自然不会悠然自在。[50]这一总体的人类生活图景具有谐剧般

---

[49] 斯密写道："如果让我们考虑所有这一切事情能够提供的真实满足，无论这满足是由其自身带来，还是从其安排适于提高的美中剥离而来，它总在最大程度上显得可鄙而轻浮。但是，我们很少用这种抽象的和哲学的方式来看待它。通过我们制造它的方式，我们很自然地在想象中把它混同为秩序，混同为系统、机器与经济有规律的和谐运动。当我们在这种复杂观点中进行考虑时，财富与伟大的愉悦冲击着想象。我们将之想象为某种宏大、优美且高贵的事物，为了获得它们，我们倾向于付出所有辛劳和焦虑。在我们的想象中，这一切都是值得的。"（Ⅳ.i.9）在第一句话中，"我们"是理论家或者哲学家；在第二、第三句话中，"我们"是普通的道德行动者。

[50] 通过一种类似的方式，我们经久不息地追求概念上的和谐、一致、优雅与宁静。理智生活便由此驱动。惊奇的情感激励着我们的研究。斯密明确论述，这些以及相关的不满状态都令人不快。"History of Astronomy," I.5-6, Ⅱ.6-10 (*EPS*, pp. 35-36, 40-44).

的反讽，它并无过错。我们要看到，《国富论》，以及它所促进的赚取财富的世界正是在此**框架内**得到摹画；这一点颇为关键。我们拥有这一框架的根本性部分，在此当中，就像我们在斯密的启蒙计划中看到的那般，现代性中的人类生活，有待我们理解。

斯密并没有说，非哲人的生活不可更改地处于关于幸福的"欺骗"中。通过同情、想象、经验，以及作为旁观者的超越性，我们有可能理解，我们幸福观中的大错是在何处发生的。悲剧再一次成为道德训诫的资源，因为它们能向我们表明如何"从痛苦中学习"；关于那些一开始就被傲慢主宰的人，"从痛苦中学习"提供了有针对性的证据。斯密自己也不时讲述类似的故事。[51] 他认为，关于幸福，我们实际上犯下了根本性的错误；其证据部分源自经验。关于何为幸福，普通人如何理解其中的"欺骗"呢？

斯密在一处旁论中描写了一个不幸福的在社会中努力爬升的人，当他认识到幸福即宁静时，他也就获得了自我认知。[52] 有了这一认识，他便对度过其生命的方式感到悔恨。悔恨与羞耻现象也提供了证据：我们自然而然地将幸福与某种客观的事物状态联

---

[51] 参见Ⅲ.3.31。在那里，斯密同意斯多葛派的观点，即"幸福由宁静和享受构成"，斯密重构了皮拉斯王（King Pyrrhus）与西尼阿斯（Cineas）之间关于真实与虚假幸福的一场对话。斯密建议说，你"考察了历史记录，重新收集在你经验范围内发生的事情，用心思考私人或公共生活中几乎一切巨大的不幸行为，思考了那些你读过、听过或记住的人物；你将会发现：他们大多数不幸源自无知，他们不知道什么时候处于好的状态，什么时候适合安静、满足地坐着"。

[52] 在哪一点上，一个人会认为，他已经牺牲了"在其力量中，在所有时候都真实的宁静"？往往是在年老时，当他获得了财富与权力，当他躺在"生活的糟粕里，他的身体因劳累、疾病而残废，他的心灵因上千种伤痛与失望的回忆痛苦烦恼，他想象自己曾遭遇过来自敌人的不义，或曾有过背信弃义和忘恩负义的朋友；他最后开始发现：财富与伟大不过是一无用处的玩意儿；与爱玩具者的镊子箱相比，它并不会更加适于获得身体的舒适或心灵的宁静"（Ⅳ.1.8）。随后，他便看到满足与真实宁静之间的差异。

系起来。就像在斯密的例子中,当人们的心灵状态与相关的生活事实相冲突时,他就很可能会感到悔恨或羞耻。假设你通过某种不道德但秘密的行为获得了宁静的感受,你的生活与内心处境便是:你可能看似幸福,旁观者也认为你幸福,但是,如果他人知道了事实,你将会感到羞耻。甚至,即便外人并不知晓真相,在你灵魂的某处,**你**也知道,你不值得拥有幸福,并因此而不幸福。你并不是你所说的那个人。一种害怕被发现的罪恶感和焦虑便藏在你生活的表面之下,不断冒出气泡。这种经验颇为常见,斯密对之做出了生动描述。它支持对幸福与满足做出区分。通过这种方式,斯密能够认同康德关于幸福与值得幸福(worthiness to be happy)所做的区分,只是斯密将前者视为满足,并将后者(当其伴随着宁静之时)视为幸福。[53] 通常,对我们大部分人而言,以此方式获得的道德自我认知看起来不够有力,不能克服我们对美的爱与超越他人的急切而痛苦的欲望。

总而言之,正确理解的幸福提供了一种超越时间的反思性统一感。[54] 除了斯密想要借助"无偏旁观者"观念来理解"反思性统一"之外,这就是斯密讨论此问题的亚里士多德式维度。在这一持久的、结构性的意义上,作为宁静的幸福与日常意义上的焦虑、缺乏满足并存。与此同时,我们也不能将其简化为霍布斯所谓的"幸福"。它在基本立场上是均衡、平衡、一致与稳定,与此相比,它并不具备那么多的平和淡定。通过反思,并且在感情上认识到,尽管发生了许多事情,但人们不能改变生活中一切根

---

[53] 关于康德的区分,请见 *Critique of Practical Reason*, p. 136:"道德不是真正让我们自己幸福的原则,而是让我们值得获得幸福的原则。"
[54] 关于此统一一世俗维度的一些富有帮助的讨论,参见 Remi Brague, *Aristote et la question du monde*, Paris: PUF, 1988, pp. 479-481。

本性的东西，人们就会发现，其基本立场明显是合适的。人们已经并还将以这种方式生活。在那种结构性的或第二个层面上，人们悠然自得；相应地，宁静也是一种恬适与平和。相反，决定要"改善自己生活"的焦虑之人很可能具有根本性的焦虑，失去了平衡，也绝不会安定下来（正如我们在第八章将会看到的那样，哲人的生活展示了自己与宁静有关的问题）。

在这一真实却严厉的斯多葛派幸福中，人们能够也确实必须拥有一切种类的激情、依恋与承诺。这有时很可能是动荡的。对于幸福的生活而言，道德激情是根本性的。运气将在此层次上影响事务的进程。然而，在第二个层面的纷扰中，人们也可在第一个层面上保持宁静，尽管并非在每次纷扰中都是如此。人们能够参与其中，却保持平和。根据此一观点，德性能够产生真实的宁静，也为真实的宁静所必需。然而，道德并未具有**最高的**价值；因为在最富价值的事务中，即在真正的幸福中，运气和外在的善好也发挥着实质的影响。

斯密不想要我们推测，永远不能满足的改善我们境况的努力是缺乏德性的。想象的"欺骗"并不会必然导致道德情感的"败坏"；**那种**推论位列斯密努力质疑的传统道德哲学之错谬中。通过道德教育、对道德法则的习惯，以及关于社会制度与生活的理智安排，大部分人都能够塑造自己的激情，从而既能改善其境况，**又能**在正义、勤勉、自我规训、审慎与仁慈的意义上具有德性。审慎之人在其生命尽头拥有"安全的宁静"，对自己所属的社会阶层与经济环境感到满足（Ⅵ.i.12）。正如我们在讨论那一德性时提到，在一个人们倾向于改善其境况的社会中，审慎值得人们拥有。

斯密思想中具有一种典型的彼此交缠的螺旋结构。他明确地用这种螺旋结构论证：大多数个体**并非**完全幸福，这一事实对"人类的幸福，以及一切理性存在的幸福"都有所贡献。大体而言，想象之欺骗驱动我们改善境况，创造了"进步"和"文明"，亦即创造了增长国民财富的生产性劳动。这又反过来导致各种我们所珍视的社会、政治与科学的改良。正是在这种我们受到想象欺骗语境下，斯密在《道德情感论》中提及"无形之手"原则。多亏有此原则，个人改善其境况的努力才会导致我们平静地在无意识中将财货分配给他人，并因此提高了社会利益（Ⅳ.i.10）。我们无须真正的幸福就可以做个得体的人（这并不意味着，真实幸福这类事物并不存在，或者幸福是完全主观且无原则的）。我们可以拥有道德德性，却无须自我满足或完善，无须彻底放弃此类观念。从一种视角来看，如此安排事务甚好。

斯密令"高等"与"低等"的幸福及德性观念相互竞赛，彼此竞争。他对斯多葛派人物的运用颇为辩证。斯多葛圣人只欲求"一切理性和感性存在可能拥有的最大幸福"，并"践行其义务"；在此意义上的"最高"水平构成了激动人心的高标准。在斯多葛原则中，这一水平与"不完美德性"或"财产、适当、得体以及行动生成"领域相对；亦即，这一水平与为其自身所"漠视"的"可获得的诸德性"相对（Ⅶ.ii.1.42）。人们可以论称，在一粗糙的形式中，对高等与低等德性的斯多葛式区分在《道德情感论》与《国富论》的差异中得以呈现——一方面是德性的高等领域；另一方面则是追逐财富，将审慎德性与"消极"正义相结合的低等领域。但这过于简单了。因为"高等"并非简单的理想，事实上，无偏旁观者也不会要求我们追求"普遍幸福"，感情淡漠不值得欲求。并且，斯多葛派将德性及幸福普遍地与财富隔离开来，其实现要付出过高的代价。斯多葛主义与真正的幸福或宁静并不相容。无偏旁观者不会无条件地认可斯多葛派圣人。[55]相应地，尘世王国（包括"冷漠"——实际上是外在的财富——以及与和平追求财富结合在一起的德性）也部分地得到了重新评价。那个王国的确具有价值。

一种非斯多葛派的，但仍为高等的德性品质标准会受到无偏旁观者热情的认可（Ⅵ.iii.25），不完美世界剧院的短暂满足以及超越的斯多葛圣人的宁静或许与之有所不同。在这个术语的高等含义上，这个标准将会是"审慎的"人，或是完美正义的人（Ⅵ.ii.intro.2），或柏拉图式的正义灵魂（Ⅶ.ii.1.10, 11）。"一个明智有德之人"确实应该满足这一标准。它成为一种尺度，那些较低等的德性能够对照它来排序。与之对照，部分因为斯多葛派观点最终的不可欲性，那些较低等的德性也获得自己的合理性。按照通常的理解，日常审慎这样的德性代表了努力改善其境况的人生能够获得的最高道德立场，并且获得我们"冰冷的尊敬"。这是一种由普遍道德法则建构起来的生活。

以此辩证方式来看，对斯多葛派圣人的反思的确令哲人回归此世；他并非不加批判地回归，而是怀着对此世不完美之处的来之不易的欣赏的德性。[56]包含在此中的诸多德性有助于斯密所谓的"自然自由体系"（system of natural liberty）。所以，斯密使哲

---

[55] 斯密在一个段落中评论道，"在大道旁享受日光浴的乞丐"不仅拥有安全，还拥有内心的平和，而这则是君主南征北战努力获取的目标（Ⅳ.i.10）。但是，在那极端状况中，宁静也变得乏味；懒散、超然的乞丐可能感到安全，却不能成为我们想要效仿的德性典范。

[56] 所以，布朗对斯密著作中高等德性的斯多葛观念与低等德性职责的互动的富有感召力的分析是很不完整的。它忽视前者的有限性范围与后者的重要性（若做出偏心的辩护）。与其说，斯密的总体架构"在一个由斯多葛道德哲学标识出来的离心空间中运转"；不如说是在重新处理它时对其做了一番质疑。参见 V. Brown, *Adam Smith's Discourse*, pp. 85-95。

人改造世界的野心变得温和，使哲学与一种看似并非由幸福构成的景象相调和。斯多葛派圣人的宁静与日常的对幸福的低等追求彼此对立，这一真相也挽救了它们之间的中道。调和并不意味着某种默认或寂静主义。在现代自由与正义的条件下，人们应该期待从公共生活中获得一种伦理整全与"统一"。调和正是关于这种伦理整全与"统一"的智慧。

第六章　正　义

> 很清楚，谁若具有正义的直觉又拥有践行正义的力量，他就可以要求获得我们最高的敬重……事实上，仅有想要变得正义的意愿尚且不够。如果一个人正义但缺乏洞察力，他终会遭遇最大的不幸。所以，判断力的种子要尽可能广泛地种下，以区分狂热与判断，并认识到成为判官的盲目欲望与判断能力之间的差异。普遍福利要求这一点胜过其他一切。但是，我们怎样才可能让这一洞察力得到发展呢？
>
> 　　　　　　　　　　　　　　　　　　　弗里德里希·尼采[1]

正义在许多方面都不同于其他德性。它看起来首先是一社会或政治德性，它以某种方式支撑着共同体存在所必需的诸多关系，其他德性则并非如此。我们可以正确地使用强力来执行正义，但不能如此对待其他德性。我们通常认为，定义正义的原则或法则可以强制施行，仁慈法则却不可以。与阐发其他德性的法则相比，明确标示出正义要求或禁止哪些行为的法则要更为精确；正如我们已经看到的，斯密将它们类比为语法法则。进而言之，正义颇为独特，它首先是一种"消极德性"（Ⅱ.ii.1.9），依据避免犯错

---

[1] "History in the Service and Disservice of Life," pp. 13-14.

来进行定义。然而，斯密坚持正义之独特性，他也坚持认为，正义是一种德性或品格之卓越，尽管在与其他德性相同的意义中，它不是一种值得尊崇的自我倾向。正义并不局限于"基本社会制度"。[2]

斯密努力将一种受古人启发的德性伦理学与交互正义和权利的现代法理学框架结合在一起。这一努力颇富争议，但也同样迷人。[3] 德性与权利、品格之卓越与"司法性"的道德法则在其道德心理学中有其根由，而且，他认为，对繁荣自由的商业政治体而言，它们不可或缺。正义的意义，以及建立在它之上的整个司法结构自身的根基都是：关于对他人犯下的不义，一位无偏旁观者也会予以承认。因为斯密在很大程度上把分配正义留给了私人的仁慈（原因我们将会在第四节探究）与合适意义中的怜悯，所以，想象与"同情"的教育至为关键。对交互正义的强调使仁慈

---

[2] 罗尔斯在正义概念之范围内，将其界定为"社会正义"时，使用了我引用的短语。*Theory of Justice*, pp. 4, 7.

[3] 参见 J. G. A. Pocock, "Cambridge Paradigms and Scotch Philosophers: A Study of the Relations between the Civic Humanist and the Civil Jurisprudential Interpretation of Eighteenth-Century Social Thought," in Hont and Ignatieff, *Wealth and Virtue*, pp. 235-252, esp. pp. 249-252. 关于调和公民人文主义与公民法理学这一首要的但尚未解决的问题，尤其是斯密语境中的这一问题，波考克做出了评论。不止一位评论者发现，斯密尝试的综合是不可能的，因此，相对于他的现代法理学讲法，斯密的"亚里士多德式"德性伦理学讲法是"残余痕迹"。关于"残余"（vestige）的表达和观点，参见 Cropsey, *Polity and Economy*, pp. x, 79. 另请参见 P. Minowitz, *Profit, and Princes*, Stanford: Stanford University Press, 1993, p. 133（他也把这些称为"晃荡者"），以及 V. Brown, *Adam Smith's Discourse*, p. 212. 在 *Economy and Polity* 第9页，克罗普西提到，斯密承认，商业社会的缺陷是"其（斯密）悔恨的象征"，并在第92页提到了斯密在此问题上"古怪的矛盾"。我将在本章与下一章论证：此处没有任何矛盾，斯密以一种辩证且平衡的方式开启了这一论述。

变得或多或少重要起来。[4]

在一定程度上，我们有些模糊地倾向于认为：分配正义是国家或主权者单独执行的义务；它超越了交互的或矫正性的正义，因为它使我们能够依据需要或应得的赏罚来分配权利、机会、利益、职位、头衔、义务、税收，甚至风险等事物。因为它们就像其他物品，在某些方面是社会集体努力的结果；这就可能包括对私人物品的强制再分配。其目标经常是要纠正某人或某个群体经历的一种不平等或不利处境；并且此不平等与不利处境并非由于自身的错误，而是应当追溯到社会制度的基本结构，或共同的传统与实践。当我们在今天思考市场社会，分配与不平等的问题显得尤为紧迫，令我们感到震惊。我们要考虑平等分配财富与机会的问题，还要考虑机会平等与体面生活之标准、阶层与权力分化、命运与运气在决定人们改善其境况之机会中有何作用等问题。这些问题也以其道德上的紧迫性冲击着斯密，《国富论》中则满是关于正义的评论。[5]那么，他是在什么基础上将交互正义（commutative justice）当成一种可控制的模型，并加以推

---

[4] 在这一联系中，请参见努斯鲍姆在 "Compassion: The Basic Social Emotion"（*Social Philosophy and Policy* 13, 1996, pp. 27-58）中对斯密、分配正义，以及怜悯（compassion）的评论。正如我在第五章注意到的，对于我们可以在多大程度上依赖怜悯来产生外在于我们同情圈子的仁慈，斯密颇有些怀疑（e.g., VI.ii.1.21）。如果以一种持久的方式，部分地通过斯密赞美的那种机制（比如宗教派别），行为人在身边运用同情，无疑会产生重要的社会影响。

[5] 罗尔斯注意到，"正义的分配概念"将"正义等同于无偏旁观者的仁爱，又将后者等同于能够最有效提升满足的最大平衡的制度设计"。*Theory of Justice*, pp. 88-89. 罗尔斯误解了斯密的无偏旁观者观念，只解释了它的一个方面。斯密将会同意，正义的这种分配概念应该遭到拒绝，正如他会同意罗尔斯对"据德性加以分配"的批评，也会同意"按应得授予奖赏难以实现"。*Theory of Justice*, pp. 311-312. 斯密要在根本上协调可操作性问题，包括罗尔斯在此勾勒出来的那些问题。

荐呢？[6]

关于哲学与日常生活之间的关系，我们现在所熟悉的问题也与对正义的分析有关。根据斯密，我们的正义判断服从于与命运或运气之角色有关的"失规"或非理性。他也认为，哲人不应拉直这一道德情感中的弯曲。斯密让自己投身到一项古今前辈无一人完全成功的任务中：对"自然法理学"或"自然正义法则"哲学理论的阐述（Ⅶ.iv.36, 37）。正如我在引言中注意到的，在临死之前，他将与此主题有关的手稿付之一炬。他是否已经完成期待中的正义体系呢？我会提出一个答案，并以之作为本章的结论。

一　高贵的愤怒与交互正义

"正义"这个词在历史上有几个不同的含义。这使我们从一开始就容易对此主题产生困惑。在《道德情感论》第七部分讨论柏拉图的过程中，斯密区分了这个词的多重含义（Ⅶ.ii.1.10），为我们提供了帮助。第一重含义为交互正义。它细致区分了对他人人身、财产、声誉造成的伤害类型，以及对这些伤害的惩罚与报复。粗略地说，"正义"就是避免法则与法律所定义的伤害行为。正是在此种意义上，斯密在这本书中论称要去研究正义的基础。当我们把某人描述为"正义的"，我们也常常想起这样一类人，他们极力避免造成这样理解的伤害。

他论称，亚里士多德借交互正义表达的含义与其正义观念相耦合（Ⅶ.ii.1.10），但那并非十分精确，因为在亚里士多德的体系中，

---

[6] 可控制的，却并非排外的：即便在 TMS 中，当他声称，"单纯的正义在**大多数情况**下只是一种消极德性"（Ⅱ.ii.1.9；我增加了着重标记），他便为某些更为"实证"的问题敞开了大门。在本章稍后的地方，我将回到这一点上来。

与正义相对应的部分是 *diorthotikon dikaion*（*NE* 1131a1 及其语境），亦即纠正个人之间自愿与不自愿交换中的不平等的矫正正义。既然在任何可以用武力来强制服从的领域，斯密的交互正义细致列举了错误与惩罚，那它看起来就比亚里士多德的矫正正义观念更为宽广。并且，斯密的交互正义既可以包含群体，也可以包含个人。所以，如果生意在实现垄断后，阻止其他群体与个人进入市场，那它就不符合交互正义。面对并不狂热的宗教教派，如果主权者不能做到公正无偏，不能以一种规范、中立的方式执行正义，或不能遵守法律，那他在交互性上就是不正义的（commutatively unjust）。哨兵如果在岗位上睡着了，那么在交互正义的意义上，他也不正义（Ⅱ.ii.3.11）。此外，对斯密而言，"公平游戏"（fair play）与自由是交互正义的内核。

斯密也细致分析了第二种也是更广泛意义上的"正义"。依据这种"正义"，当我们明确地"服务于某人，把他放置在一种无偏旁观者乐于见到的处境中"，我们就做了正义的事。斯密认为，这就是某些思想家（比如格老秀斯）所谓的分配正义，它无须由主权者或国家执行。斯密将这种"分配正义"理解为"适度的仁慈"，视其为对慈善、大度、自由及其他社会德性的运用，并或多或少地将其融入第六部分对仁慈的讨论之中。此意义上的"正义"涵盖了人们在与他人打交道时的道德要求。[7]

---

[7] *TMS* Ⅶ.ii.1.10. 斯密对格老秀斯、普芬多夫和洛克的分配正义持何种观点？对此问题的讨论请见 I. Hont and M. Ignatieff, "Needs and Justice in the Wealth of Nations," in Hont and Ignatieff, *Wealth and Virtue*, part 4。斯密注意到，亚里士多德的分配正义不同于"从共同体的公共储备中对奖赏做出的适当分配"，比如，将公共物品分配给那些看似值得获取它们的具体个人。斯密认为，亚里士多德意义上的分配正义是国家的任务，因为它要求按照接受者的道德德性来分配公共物品（或对个人善好的强制分配）。我们将在第四节进一步考察斯密对分配正义所做的保留。

在此术语的第三种也是最广泛的意义上，当我们不能用一个无偏旁观者给予它或他的尊敬程度来评价一个事物或人时，那我们就是不正义的。在此意义上，我们可以对一首诗或自我利益关注的对象施加不义；或者，每当我们没有实践一种特定的德性，我们也就触犯了不义。在这里，正义是理性引导下灵魂的完美和谐功能，即斯密所谓的"行为完美的合宜"，每一种这样的行为与激情都可被称为德性。他注意到，这就是柏拉图所谓"正义"的含义——斯密显然想到了《理想国》第四卷。这就是羽翼丰满的、综合德性意义上的正义。很清晰的是：斯密不认为此意义上的正义是政治正义；他并不认为，此种正义的失败应受国家惩罚。柏拉图式的正义的个人似乎具有"完全清白且正义之人的品格"，并能够无误地实现分配与交互正义。[8]

正义主题首先源自斯密分析功（应得奖励）过（该受惩罚）的过程。当我们在第五章看到，功过是对动机或行为的嘉许与谴责类型，不同于对合宜或不合宜的判断，它们也与"情感意图产生或趋向于产生的有益或有害效果"捆绑在一起。亦即，功与过由应得的赏罚构成。道德赞美与谴责由特定激情触发。在此情况下，感激（它促使我们奖赏）与愤怒（它促使我们惩罚）以同情为媒介将行动者与接受行动者勾连起来，就好像从"理性人"的视野来感受一样（Ⅱ.i.2.3）。[9] 这些激情属于那些"源自想象"的

---

[8] 完美正义之人的品格几乎总是"伴随着许多其他德性，伴有对他人的强烈感受，伴有巨大的人道与仁慈"（Ⅵ.ii.intro.2）。不正义之人则很可能具有相反的特征。

[9] 功的意义是一种"复合情感"。它由对行为人情感的赞许及行为受益人的感激构成，无论受益人是否真正感受到了应有的感激。斯密在此谈及我们（在想象中）作为行动者一方在仁慈或正义意义上的行为，并触及我们相应产生的各种各样的判断（Ⅱ.i.5.2, 3）。

激情。所以，斯密的正义理论原初是从同情性想象的心理学中生发出来。在此前的章节里，我们已经用较长的篇幅对此进行了考察。

斯密论证说，如果一个心灵患疾、灵魂腐化的尼禄（Nero）酝酿了一个破坏性的阴谋，一旦将其付诸行动，他将会伤害他人；但是，由于他在一个遥远的孤岛之上，被完全隔离开来，也永远丧失了权力，他就绝对没有能力实施阴谋。在想起他时，我们将心怀怜悯和轻视，但并不必然引发愤怒。我们不想惩罚他，也不愿辱骂他。有时候，我们甚至会笑话他。但是，如果他以皇帝的身份进行策划，过错就变得明显，我们也将气愤难平、怒火中烧、义愤填膺。因为他自己在职位上的破坏性行为，我们就想要惩罚他，尤其是当他将计划付诸行动时（关于斯密对尼禄的引用，参见Ⅱ.i.5.6）。当我们在评价某种处境之时，道德情感的反应本当依赖于与之相关但却是偶然的特征。

然后，"除了因为那些可能给某些特定的人带来真实且实际伤害的行为"，我们"绝不能合宜地释放"愤怒（Ⅱ.ii.1.4）。依据亚当·斯密，这一论述的每个部分都很重要，因为我们要以此为基础才能严格区分正义与仁慈，并将正义的相关含义狭窄地限定为交互性的。请关注"真实且实际伤害"的标准。我们应该如何理解它呢？

在这里，"虚假（虚构的或欺骗性的）同情"观念是首要的；因为当有人对他人犯下最大可能的伤害时——将其杀死——作为旁观者，我们要求把自己放在死者的位置，并想象他能感受到的愤怒与怨恨。"在我们的想象中"，死者在此处境下经受的伤害唤起了我们"同情的眼泪"与"同情的义愤"，并因此唤起我们惩罚凶手的强烈欲望（Ⅱ.i.2.5; Ⅱ.i.5.6）。这只不过是对斯密如下讨论的拓展。斯密在《道德情感论》第一章结尾讨论了我们对死者的同情，它依赖"想象的虚构"将"我们活人的灵魂放进死者的身体，然后设想我们在此处境中会有何等感受"。这种虚构使我们害怕死亡，也"极大地限制了人类的不正义"（I.i.1.13）。易言之，因为未经哲学反思的想象的同情，我们才能统治自己并生活在可接受的和谐之中，交互正义感正是这种未经哲学反思的想象之同情的延伸。这个现象具有一个如此显著的特征，以致在许多紧要之处，斯密都感觉到必须后退回来，从一个超然的哲学视角来评论其含义。

那么，一个人可能遭受的伤害具有何种等级结构呢？既然"死亡是一个人能够施加于他人的最大的恶"，且能"激发最大程度的愤怒"，谋杀就是针对一个人的最大恶行。位列第二的大恶行是对人身的伤害——首先是人的身体，然后是自我的延伸，比如人的声誉。然后是对财产的伤害——相比起让人的期待落空，剥夺财产造成了更大的伤害。接下来是各种违背契约的行为（II.ii.2.2）。[10] 斯密在此假设了无偏旁观者发挥的作用，这一罪过等级结构反映了无偏旁观者感受到的愤怒水平。因为"我们"（这几页中常见的代词）在这些方面感受到愤怒，于是大受触动，想要惩罚施害者，并使用强力迫使人们遵守明确禁止伤害的法则。这些法则就是正义原理。与之相反，行为人如果不能运用适当的仁慈，他也没有犯下"真正实在的恶"。它可能会引起失望、伤害、不满，甚至产生对行为人的谴责，但它不能令愤怒变得正当，因此也不能令惩罚变得正当。所以，我们不能合法地强迫执行仁慈，也不能以武力处罚其缺失。我们有"完美而完全的责任"去执行

---

[10] 关于斯密法理学的细致分析，尤其是对《法理学讲义》的分析，参见 Haakonssen, *The Science of a Legislator*, chs. 5-7。

正义义务，但并没有这样的责任去执行任何一种其他的德性。在此司法意义上，仁慈"总是自由的"，正义却没有"交付给我们自己的意志自由"（Ⅱ.ii.1.5）。在此道德心理学分析的基础上，关于一个具有好品格的人对不同类型的不当伤害做出的反应，斯密清晰地阐释了一种伦理观点。他在此问题上的观点看起来完全合乎情理，在不崇尚英雄的现代文化中尤为如此。

仁慈与正义义务之间的分界线并非总是清晰的；关于父母对孩子的义务便是一个明显的事例。斯密承认，在这些情况中，主权者可能"在一定程度上命令人们相互为善"，但是，"在立法者的所有义务中，立法者需要运用最多审慎才能合宜且明辨地做到这一点"。我们不会因为斯密强调判断力感到惊讶。斯密的推测赞成仁慈关系是自由的，我们也不会因此感到惊讶。如果我们在运用仁慈时走得太远，那这将会"摧毁一切自由、安全与正义"（Ⅱ.ii.1.8）。

请注意，正义与**行为**紧密结合在一起；当人们对伤害行为感到愤怒时，正义就从这个起点生发出来。单纯的意图、情感，或对一种行为的设想不会带来伤害，在这种意义上，行为则会造成伤害（然而，我们在此只对这个问题做简要讨论）。我们也要注意，在此根本的和基本的层面上，行为被一些个体引向其他个体，或被引导着反对其他个体。这一点又因为人们坚持的如下观点而得到强化：人们坚持认为，感激或愤怒的适当对象不仅能够有意识地产生苦乐感受，也能够感觉它们（Ⅱ.iii.1.6）。当然，对（交互）正义的管理明显是一个政治和司法问题，我们也能够评价其公正性。但是，斯密清晰地论述了，我们的激情与同情想象的原初语境关注个人。他们是根本的道德单位；在同情想象中，他们最看重伤害与利益。

在对功的讨论中，在关于感激与愤怒之激情，及其与奖赏、惩罚之联系的讨论中，在关于伤害性感受与"真实且实际发生的恶"之差异的讨论中，斯密已经奠定了基础。然后，斯密准备把"正义"定义为对如下行为原则的义务性关注：依据无偏旁观者的判断，违反它们将产生真实的伤害，激发切实的愤怒，人们也要求对之处以适当的惩罚（Ⅱ.ii.1.10）。所以，斯密解释了正义与其他德性之间的诸多不同：与之相伴的义务感、它的"消极"特征，以及它与伤害和痛苦之间的特殊联系。正义法则的迫切性与精确性似乎都与如下事实关联在一起：痛苦之"强烈"与猛烈颇为显著（I.iii.1.3），它允许我们相对精确地发现痛苦类型与痛苦程度上的差异。[11] 不义与具体行为和外在善好（如财产）之间联系密切，这就把不义带入一个公开、可见的活动领域。旁观者因此获得便利，能够评价罪行如何严重，行为人应该受到多大程度的惩罚，以及，我们应该给予受害人多少补偿才能实现比例平衡。相反，如果我没有向某人展现出适度的友爱，旁观者如何能够确切知道、如何能够合法认定我造成了多大伤害，国家又应当施行何种惩罚呢？在这些问题上，相比起依据警察权进行裁决的司法家，感受敏锐的小说家具有更加权威的辨识能力。

既然无偏旁观者的愤怒是因具体的行为产生，受特定个人引

---

〔11〕痛苦之"强烈"与普遍正义原则之精确性之间具有联系。我们必须承认，在某种程度上，它们的联系是模糊的。正如哈康森注意到的，斯密并未说出它们之间的联系。*The Science of a Legislator*, p. 86. 我怀疑，完整的答案能够识别不同观念之间的联系。旁观者感受到了回应痛苦的迫切性，这提供了部分解释。让我们采用一个相对直接的例子。一个儿童挨了打，他的叹息要求正直的旁观者做出迅速、确切的反应。此回应与罪行的比例关系必须当场精确地确定下来。看起来，旁观者的反应（在情感与审慎两个方面）必须在受害人遭受的痛苦与惩罚施加给罪犯的痛苦之间寻求平等；并且这一平等还必须得到普遍确切的表达（这种惩罚恰好是针对这种罪行做出的）。相反，无论旁观者能够在多大程度上，以及多么容易地参与到孩子从新玩具获得的快乐，旁观者都能大体正确地感受到，他无须迫切地、立刻就去增进那种快乐，并恰好在同等程度上感受到那种快乐。

导,并会产生具体的伤害,那么从一开始,在裁断行动者的不义时,我们就不是对其品格、生活计划、德性或幸福方案做出判断。所以,斯密在这里使用"公平游戏"这个表达。"在角逐财富、荣誉、晋升时",行动者也许会"竭尽所能,绷紧每一根神经和每一块肌肉,旨在打败所有的竞争者",旁观者则能较好地思考整个竞争,认为它受到某种想象之"欺骗"的驱使,颇为愚蠢。但是,无偏旁观者不会因为行为人参与游戏而感到**愤怒**,除非他"排挤,或推翻任何一个竞争者",因为那样违反了"公平游戏"。在旁观者对**功**的判断中,"正确"与"好"有所不同。旁观者没有理由认可行为人对自我的偏私(Ⅱ.ii.2.1)。面对财富与权力的社会等级结构,斯密与现实达成了和解。正如斯密的和解表明的那样,这个正义的公平游戏概念既不要求游戏结果的平等,也不要求起点的平等(比如游戏技巧的平等)。

交互正义"不会产生任何真实且实在的善好"。有时候,只要"静静坐着,什么也不做",人们就实现了交互正义(Ⅱ.ii.1.9)。它也配不上"任何积极的功"。所以,正义之人就好像是一块道德白板,他持有着权利,但缺乏德性。人们可以推断,因为这些法则规定了什么不应该做,所以,这种德性单纯地由遵守法则构成,正义就只是一种准德性(quasi virtue)。依据那种诠释,交互正义被理解成一种政治现象,它看起来与作为自我之倾向及品格之德性的正义之间没有任何联系。结果,政治正义与任何其他德性之间似乎也少有关联。[12] 在当代关于政治与个人德性之关系的讨论中,尤其是在自由社会的语境下,此处的问题位于争论的核心。

---

[12] 这或多或少就是布朗在 *Adam Smith's Discourse* 中的结论。TMS 的道德体系"排除了政治人格的发展,并使一种较低的道德地位与公共德性(与私德相对)一致"(pp. 211-212)。我认为,说到顶,这也只有一部分是正确的。

政治正义与正义品格间的离异不可能完成，因为一个人并非**只要**持续遵守禁止向他人作恶的法则，他就是正义之人。然而，正义之人尊敬正义法则，受其统治；他意志坚定，若无正义缘由则绝不触犯伤害他人的罪行。斯密在这方面的论述引人注目。他一遍又一遍地谈起正义之人的"良心"，谈起他们对"神圣的"正义法则"宗教般""虔诚地"敬重。[13]甚至当他静静坐着，在其一生中都不会造成任何伤害时，正义之人也要展现出对正义原则习惯性的尊重。这构成了一种"积极的"品格特征。社会的持存依赖人们可容忍地遵守这些基本原则（Ⅲ.3.6; Ⅲ.5.2）。不仅如此，社会"在时刻准备伤害彼此的人们中间也无法维持"（Ⅱ.ii.3.3）。正义之人不仅避免伤害他人，而且在没有正当理由的情况下，他也从不会**准备**去伤害他人，这是一个确定的品格倾向。

关于正义之人对正义法则"宗教般"的关心，斯密的论述颇为精彩。他又在一个段落中补充讨论了正义之人意外伤害无辜者的不幸事件。这个段落也同样精彩。就像在异教中，献祭给神的圣地从不允许有人涉足，所以，

> 每一个无辜之人的幸福都以相同的方式变得神圣，不容受到任何他人的侵犯。它不能被肆意践踏。即便是受到无知而非故意的侵犯，它也要求获得与此种未经设计的侵犯比例相当的补偿。（Ⅱ.iii.3.4）

正义法则是神圣的，因为它们所保护的人类个体如神的领地

---

[13] 参见Ⅵ.ii.intro.2, Ⅵ.iii.11; Ⅶ.iv.8, 9; Ⅲ.6.10; Ⅱ.ii.1.10, Ⅱ.ii.2.2, 3; Ⅶ.ii.intro. 2; *WN* Ⅰ.x.c.12。很明显，一个对宗教持有怀疑论观点的作者也使用了这一词汇。

一般神圣。这一关于个人神圣性的警示宣言位于斯密道德哲学与政治经济学的核心。[14] 所以，正当的愤怒首先需要关注"我们与每一个人的普遍的共通情感"，而非社会福利的思想。"仅仅因为他是我们的同类"，我们就拥有与他共通的情感（Ⅱ.ii.3.10）。那个方面是正义之人的品格的一部分。它在我们身上如此根深蒂固，甚至品格腐化者在伤害了他人之后也很可能会感受到它的效果。[15] 关于悔恨、羞耻、荣誉，以及当不正义者无力面对社会，无力忍受"可怕的孤独"时，他所感受到的煎熬与内心的崩溃，斯密都为我们进行了生动的刻画。在《道德情感论》中，这些段落是最富诗意、最动人的。"在所有能够进入人类心胸的情感中"，悔恨"最为可怕"。它由以下几种情感构成：对过去的行为感到羞愧，因其效果感到后悔，对因此遭受痛苦的人心生怜悯，想到"一切理性生物"会怒而施加惩罚时的恐惧（Ⅱ.ii.2.3-4）。

人们在触犯不义时，其动机为何呢？根据斯密的论述，这个问题有许多答案。我们找不到简单的、清晰定义的不义者类型。自爱（self-love）是一切邪恶的特征，不只是不义的特征。我们可以论证，斯密对这一点的理解为其论述提供了一种力量。[16] 正如

---

[14] 请考虑斯密在 WN 中所说的，"每个人在自己的劳动中都拥有财产权，因为这是一切其他财产权的原初基础，所以它是最神圣且最不可违背的"。当一个"穷人"并未伤害邻人时，如果有人剥夺他以任何他认为最好的方式运用自己力量与能力的自由，那么这"显而易见地违反了最神圣的财产权"，也是对个人"正义自由的侵夺"（Ⅰ.x.c.12）。尽管斯密在 WN 中表明，公共机构与个人如果做了此种侵夺行为——有时是有意为之，有时则未必——那么有德之人当然要保护他们。斯密自己就通过发表 WN 来保护他们。
[15] 关于与康德的作为一种"理性事实"的道德法观念的共鸣，参见第三章注释[17]。
[16] 请考虑伯纳德·威廉姆斯对亚里士多德的批评，尤其是关于作为不义动机的贪婪（pleonexia，渴望拥有更多）问题（NE, 1129b1-11, 1130a14-24）的批评。参见 Moral Luck 第六章 "Justice as a Virtue," Cambridge: Cambridge University Press, 1988。

239 我们已经看到的,交互正义者的品格类型得到了更好的界定,因为它包括了一种对他人彻头彻尾的尊重,它单纯地把他人当作人类来尊重。即便如此,在这一境况中,交互正义尤为"消极",它由宗教般地避免伤害他人构成。按照这种真实却有限的方式,一个人可以是"正义的"。亦即,就作为一种品格类型的正义来说,这个人仍处在未确定之中。这有助于解释,为何斯密没有向我们提供一种交互正义者成熟的品格框架。[17] 这也的确适合他根据现代自由权利观念建构的大型商业社会观,因为这样一个社会受缚于正义原则并且包含了各种各样的品格类型。

总而言之,斯密在工作时,心里怀有一种直觉性的观念:我们(旁观者或路人)见到有人施加不当伤害(亦即不正义)时心生愤怒,正义在根本上就与这种愤怒捆绑在一起。正义的"消极"品格源自这一原始图画,践行正义就是造就比例平衡这种观念也是如此。斯密反对修改这些直觉,反而解释他们在道德心理学(同情理论,苦乐与诸激情的理论)中的潜在基础以及与之一致的法理学原则(在一个特定的历史语境中,由无偏旁观者确定或指

---

[17] 斯密写道:"即便没有法律适当保护邻人的幸福,我们也切勿在任何方面伤害或打扰它,对此神圣且宗教般的关注构成了完美的无辜者与正义者的品格。当我们以某种敏感来关注它们,这种品格就总会因其自身受到高度尊敬与敬重,并总是与许多其他德性相伴随着,与对他人的感受、巨大的人道与仁爱心相伴随着。它是一种得到充分理解的品格,无须更进一步的解释。"(Ⅵ.ii.intro.2) 这是一个没有败绩的交互正义者的品格,我们已经很好地理解了它,这有助于解释,为何斯密没有在 TMS 第六部分描述正义的品格(这一部分的标题为:"论德性品格——由三节构成")。这一品格与高度审慎之人的品格有所重叠,高度审慎者展示了"对正义原则神圣的关注"(Ⅵ.i.15)。这一品格甚至与"普通"审慎之人的品格也有所重合,普通审慎者"以几乎宗教般的顾虑尊重所有已经建立起来的社会传统与仪式",他是"一个得体的确切的观察者",关心着自己的事务,也不会对他人施加伤害(Ⅵ.i.10)。然而,"狭义"上的正义之人可能并不审慎,在这一方面和其他方面也颇为特别。

明的权利法理学）。他提供了支持这一观点之实用的、适当理解的论证，并解释了另一观点的缺陷。他的观点与他对日常生活立场的辩护彼此契合，也与其平等主义视野相适应。但是，日常生活立场有其不完美处，这便给道德情感理论带来了有趣的挑战。

二 道德情感的"失规"与道德运气

斯密对功与正义的讨论带来了关于"情感失规"（irregularity of sentiment）的精彩分析。"每个人都能感受到情感失规，但少有人对之有充分的意识，也没有人愿意承认。"（Ⅱ.iii.intro.6）这种失规由如下事实构成——或者，斯密看似合理地论证了，它是一个事实，即，普通道德旁观者并非仅仅依据行为人的意图（包括想要产生的行为结果），还在很大程度上根据偶然性与未曾预见的结果来评价功与过。这是一种"失规"，或者我们可以更准确地称之为一种非理性。因为，既然行为人的行为完全受"运道帝国"（empire of fortune）或运气控制，那么对行为的不可预见之结果，行为人就不应承担责任[18]——当我们运用反思的时候，这一点"不证自明"（self-evident）。运气也影响了品格之卓越。理性告诉我们，行为的道德价值仅仅取决于行为人的意图或意愿。然而，我们很少根据这一"法则"进行判断。道德情感遵从不同的逻辑，所以，当我们评判行为人的功过时，其行为产生的"意外且未曾预见之结果"就对我们的判断有所影响，有时还会产生重大影响。这种非理性深刻影响了我们感受愤怒的方式，触及关于伤害与不义的判断，产生与

---

[18] 我认为，斯密所说的"运道"（fortune）并不意味着那些不由我们产生的事情，而是意味着那些我们没有预见，或并非我们意图产生的事情。

此相应的惩罚。它影响了旁观者判断一个人的行为（以及实际的生活）是否值得尊敬的方式，也影响了行为人判断自己的生活价值的方式。斯密想要承认、解释，并说服我们看到此中的好处。

在塑造旁观者的感激与愤怒时，快乐与痛苦发挥了关键作用，斯密对失规的解释再次以之为枢轴展开。正如我们已经注意到的，要使某物成为感激与愤怒的适当对象，它就必须是快乐或痛苦的原因；它必须能够感受到快乐或痛苦（否则，没有生命的对象和人也能够成为道德赞美或谴责的合法对象）；并且，它还必须能够用"设计"把它们生产出来——实际上，在受到赞美时，它是一种被认可的设计；在受到谴责时则是不被赞成的设计（Ⅱ.iii.1.6）。我们再一次注意到此处关于情感的"认知主义"（cognitivist，按理说是非休谟式的）观点。下一步就要承认，与仅由意图促生的快乐和痛苦相比，人们能够更为敏锐地感受由行为及其结果产生的快乐与痛苦。尤其是，如果行为人的意图没有产生相应的效果，那些受其影响的人（甚至无偏旁观者）就会认为，他的功劳不尽完美，其过错也不够彻底（Ⅱ.iii.2.2）。斯密用源自日常生活的事例反复阐释这一点。

一个执行得糟糕的计划有损建筑师的名誉，即便计划本身颇为卓越。因"其"建筑的缺陷，他没有获得原本应有的赞许等级。总而言之，"某些事故阻碍了他们的才华与能力的发挥，在一定程度上，其才华与能力之'功劳'似乎并不完美"。你在原则上是第一等的将军，能够挽救国族，也做好了这样做的充分的准备，但实际上，你却没有将军的职位来予以实现。甚至在你自己的眼中，你也被剥夺了在行动中展现品格的机会，这便大大削弱了你品格的"荣光"（Ⅱ.iii.2.3）。坏运气也会影响你对一生成就的评价，影响你为了成为第一等的军事将官投入的所有时间和努力的价值，甚至影响你认为自己所拥有品格的确切等级。因为，如果你没有机会在行动中展示这些德性，那么，你或旁观者能够确定说你拥有它们吗？[19] 如果你有能力行动成功，你的品格将会被那一事实塑造，被你后来能够获得的机会塑造，更不用说被你和旁观者对你的评价塑造了。但是，从这里到"构成性运气"（constitutive luck）的观念，亦即如下观念只有一步之遥：我们的品格在一定程度上是运气的产物。既然道德品格的发展严重依赖道德教育过程，道德行为能力就时常因为运气得不到平等分配。斯密评论说，"运道统治着世界"（Ⅱ.iii.3.1）。

与之类似，如果邪恶意图没有实现，它就不会像实现时那样引起那么大愤怒或受到那么严重的惩罚，即便"在两种情况中，真实的过错无疑是相同的，因为行为人的意图同等罪恶"（Ⅱ.iii.2.4）。并且，在运道产生意料之外的有害结果处，对于意图的过错，我们的感觉也因其引发的痛苦程度受到影响。所以，我们仍要惩罚行为人，尽管他们只在很小的程度上对行为效果真正承担责任。运道对我们情感的影响如此广泛，以至于我们时常发现：在因果关系上，我们需要为某些伤害负责，尽管我们在任何方面都没有法律和道德责任；我们的自我评价深刻地受此影响。我们感受到，悔恨弥漫在我们的生活之中。我们把运道之影响以及因此发生的事件看成我们存在结构的一部分，我们也努力修缮，即便可能如所有修补挽救一样毫无效果。在这些方面，运气深入地塑造着我们。[20]

---

[19] 萨缪尔·弗莱什艾克向我指出，如果人们没有机会在行动中展示德性，并因此受挫，那么人们自信所拥有的勇气就要降低，使之不欲变得勇敢，因此也更为怀疑自己是否勇敢，甚至因此形成趋势。因为少有机会展示德性，人们拥有的德性很可能会大幅下降。

[20] *TMS* Ⅱ.iii.3.4,5. 这应该与威廉姆斯所谓的"行为人的后悔"（*Moral Luck*, p. 27）相比较。就如斯密在此向我们提及俄狄浦斯，威廉姆斯也在其论述中提到了俄狄浦斯（p. 30, n. 2）。

作为"失规"的结果，尽管"荒谬且难以说明"，但它是一种"必要的正义法则，尽管人们在此时倾向于仅因其行为，而非因其设计与意图做出惩罚"（Ⅱ.iii.3.2）。这是斯密令"失规"正当化的起点，并且，他首先聚焦于伤害、痛苦以及愤怒等问题，我们并不因此感到惊讶。假如道德激情不能以此方式感受痛苦，那么，我们将会以对伤害行为与结果感到愤怒的同等程度，对伤害意图感到愤怒。其结果将是一场噩梦，在那里，"司法的每一个角落都会变成真正的审讯"（Ⅱ.iii.3.2）。私人自我与公共领域的区分将被抹除。每一种坏的愿望、观点或设计都将得到严肃对待，就好像它们试图产生的执行，即便尚处于想象当中，也将受到刑事控诉。我们不应生活在纯粹理性行为者的观念中。正是依据"冷静的理性"，"人类行为才从情感、设计与深情当中获得完整的功与过"。但是，一种理性道德将会扩展伤害观念，如此深入地触及正义惩罚，从而产生"审讯"。我们已经注意到，在此语境中，斯密在献祭的圣地和个人不能侵害的幸福之间进行类比。

进而言之，我们更加趋向于因有益行为，而非有益的意图心生感激，这使我们用心用力改变我们自己和同伴的外在环境，即尽可能地主宰命运。当有人问及我们的生活，说"你做了些什么"，然后我们回答，我们已经绷紧每一块肌肉来改良世界，但却因为缺乏机会失败了；这时，我们不希望有人告诉我们："我们敬重你，爱你；但是，我并不亏欠你什么"，因为我们的德性只不过是一"潜在德性"（latent virtue）。这并不是我们大部分人能够平静忍受的反应。我们想要完成值得尊敬的事情。斯密在此评论说："人是为行动而生"，因此含蓄地否认人首先是为哲学沉思而生（Ⅱ.iii.3.3）。

道德情感之失规来自于行为人与旁观者的伤害、痛苦、快乐和激情的经验。这些经验转而又塑造了它。斯密认为，旁观者或公众的立场具有优先性,以及人们这样做将会不正当地侵犯行为者的自我。我们在第二章对此观点进行了考察。我们现在看到,斯密令旁观者具有优先性,但这恰恰走向了反面,即严格限制法律的适当边界,以及为了适当的道德发展坚定地维护其他精神生活之自由。斯密可以论辩说,如果行动者立场优先,那么区分公共与私人、行为与动机的界限将会变得极其模糊——因为到那时,意图或"内心情感"将会像理性要求的那样,变为更加重要的司法审查对象,因为行动者可以要求优先考虑他们自己的动机,并期待自己与其他人都具有纯洁的意图。它更像是一个爱人的共和国。爱人们完全进入彼此的世界,要求一种健全的意图。任何偏离那一标准的行为都让他们心生苦涩的怨恨。正如我们在关于爱的讨论中(第四章)所看到的,爱人之间的这种同情如此彻底,以至于他们之间的边界塌陷了;他们生活在彼此的想象中,他们在此中找到的快乐、痛苦和旁观者在行动与结果中找到的快乐、痛苦一样多。斯密提到这项审查,其意在唤起此现象的一个特殊事例。

总之,如果努力按照"冷静理性"(cool reason)之命令来塑造人类生活,我们就会要求彻底重构道德生活。斯密对斯多葛主义拥有热情,其中的一个原因是:当他们否认偶然性或命运影响道德生活时,斯多葛派具有一种针对道德运气问题的富有逻辑的回应。[21]悖谬的是,对斯密而言,这一立场消耗了道德价值的源头——情感、同情、具体事例的优先性、充满机运的品格塑造,

---

[21]"斯多葛派将人的生活认作一场富有技巧的游戏",即完全在我们意愿的范围内并在"我们所认为的机运范围之外"确保"我们行为合宜"的技艺(Ⅶ.ii.1.24)。所以,对斯多葛派而言,"幸福要么完全,要么至少在极大程度上独立于机运"(Ⅶ.ii.28)。我在第八章中以很长的篇幅讨论了斯密对斯多葛主义的回应。

以及不受我们控制的行为结果之分量。如果我们依据纯粹理性道德行为能力的要求来重构道德生活，那么，不仅那种自由要遭遇危险，伦理生活自身也将会被这一努力摧毁。然而，对哲人来说，他们代表的这些要求与立场经常富有吸引力。

三　正义与哲学

> 如果你不能借助普通人的审慎和判断力知晓某样事物，你会到哲学家那儿去，把他当成一个狡猾智巧的人，让他用魔法和巫术告诉你吗？
>
> 大卫·休谟[22]

斯密坚定地以他常用的方式打造其正义论述：从被我们认作日常经验中的事件，从事例，从其道德心理学来进行论述。结果，这种正义观明显不用诉诸任何神圣起源观念，或一种功利主义的分析论证，也不用诉诸任何柏拉图式的知识法则观念，或任何社会契约理论的版本。斯密的"日常经验"路径阻止了所有这些哲学运动，使他获得解放，无须努力想象，无知之幕背后的理性行为者或抽象个人会如何认识正义。正如我们所看到的，他的"无偏旁观者"没有以那样一种方式工作。他的路径与其怀疑论框架是一致的。

然而，正如我们也看到的那样，当日常经验并非理性时，它也能够确保得到哲人的修改。我们讨论过一个事例，在那里，哲学应当限制其仁慈的意图。斯密一开始讨论就表明了，过错判断

---

[22] "The Sceptic," in *Essays Moral, Political and Literary*, p. 161.

源于旁观者对行为人的故意伤害产生的"同情式义愤",之后,他给我们提供了一个很长的脚注。在《道德情感论》中,这是最长的一个脚注。它开头就说:"对于应受惩罚的人类行为,我们具有自然的情感。如果我们按照这样的方式,把上述自然情感归因于我们对受害者愤怒的同情,那么,在大部分人看来,我们似乎分解破坏了那种情感。"(Ⅱ.i.5.7)斯密以一种学院的方式,把这个长篇反思放在脚注里,为了引起学院读者的注意,他还特意放在页面底部。在功过问题上,"同情"是在何种意义上发挥作用的呢?这个长篇反思就在一种与此相关的技术观点中达到顶峰。谁是斯密这一理论观点的可能受众呢?对此问题的观察首先被引向了哲人。在斯密对正义的分析中,此一紧缩行为的表象实际上揭示了他所谓的令人赞叹的"自然的经济"(oeconomy of nature)。哲人为何需要理解这一点呢?我认为,答案便是:哲人不仅需要理解关于德性基础的真相,也不应该轻视那一真相。他们必须找到其与日常生活间的调和。斯密在此宣称:"我们此刻没有考察,一个完美存在应该依据何种原则认可对坏行为的惩罚;而是在考察,如人一般柔弱、不完美的生物事实上是依据何种原则认可它的。"(Ⅱ.i.5.10)道德情感的"失规"对繁荣的伦理生活是实质性的,它是对理性的冒犯。作为哲人,我们需要被教导如何调和我们自己与不完美性,这样,我们才能理解启蒙德性。

斯密清晰地表明:谁若试图使日常生活理性化,不受运气影响,我们就必须抵制。所以,他为某个章节拟的标题是"论此自然构成的效用"。在这一章,他用许多页反思了对目的论与机械论的分析。他为另一个章节拟的标题是"论情感失规的终极因"(Ⅱ.iii.3)。在斯密的著作中,这个表达的学术措辞十分罕见。正是在这个章节中,斯密为我们这些哲学家论证了,我们的情感与感激聚焦于事实而非意图，这是正当的。在这个章节中，他也称颂了"自然智慧"，它如此构造事物，使得"每个无辜者的幸福"都是一位古老神明的辖地。斯密的论证具有多个层次。如若意图要受惩罚，结果就会导致"最无礼、最野蛮的暴行"（Ⅱ.iii.3.3）。他把我们视为道德行为者，激起我们对上述暴行阴影的愤然。他把我们视为理论家，诉请我们去沉思这个世界中的效用与美：在那里，"低端"（愤怒）变形为"高等"（正义），人的不完美转变为自身超越性的原因。我们应该崇拜这样一个世界：在那里，情感若处在正确的秩序里，它就可以产生"理性缓慢而不确切的决定"（Ⅱ.i.5.10）不能可靠地产生的结果。他提醒我们，在我们关于正义起源的解释中，切勿将效用因误以为是终极因，因此提醒我们切勿将理论或体系的一致性与道德证成混为一谈（Ⅱ.ii.3.5, 6）。我们推断，一天又一天，为了变得正义，我们并不需要哲学。然而，为了正义的传布，在愤怒与感激之情接受了适当的教育之后，我们要避免它们被哲学激进地重构。

　　作为一个由此观点产生的结果，我们不能从与正义有关的冲突，以及我们感受到的一切破裂的同情与愤怒出发，自然地迈向哲学（尽管它们当然能够自然通向无偏旁观者的理性）。在正义面临危险的那些事件中，人们会为一些共同的问题争辩不休。看起来，为了获得解决分歧的方法，这些共同的争辩就要求对第一原则进行讨论。在柏拉图的《理想国》中，格老孔与阿德曼托斯用可能最质朴的术语提出自私的问题：甚至在这样做的时候，我们违背了审慎的忠告，为何我们仍然应该为人正义呢？苏格拉底的回答产生了第四卷中关于正义的定义（斯密忠实地归纳并接受了它），提出了关于正义与知识、社会与政治正义之联系的问题，最终还通向政治生活（civic life）与哲学革命性法则之必然性的关系问题。必然性对哲学与政治生活都具有破坏性。哲学革命性法则最终以哲人对善好的认知为基础。在他对柏拉图观点各种各样的批评中，斯密避免了这种向哲学第一原则的苏格拉底式的逐渐上升。《道德情感论》既描述了正义，讲述了正义的故事，也对这种事物构成的效用做了哲学的高度反思，但是，它没有在这两者之间提供任何明晰的桥梁。依据斯密的论述，没有一个普通行动者或无偏旁观者似乎特别担心道德情感的"失规"，至少其担心尚不足以使之哲学化。对此，斯密并不反对，因为他意识到哲学可能对日常生活造成破坏性效果。

　　为了透彻地阐述这种观点，斯密只让自己与柏拉图联结在一起。他赞美柏拉图的"神圣原则"，即统治者是为国家培育起来的，国家却不是为着将要改革它的统治者打造的（Ⅵ.ii.2.18，以及 Crito 51c）。斯密论称，希腊哲人对正义的定义与他自己的完全一致（Ⅶ.ii.1.10, 11）。很可能，斯密在写作这些关于正义的讨论时，心里常常想起柏拉图，并决定取代这位哲人的权威。在传统上，柏拉图被认为在一切**哲人**中是最激进的。因此，通过对柏拉图的引用，斯密让自己与苏格拉底结盟，让读者与克里托（Crito）结盟。克里托需要苏格拉底治疗式的修辞，因为在他的构想中，他协助正在等待执行死刑的苏格拉底打破监牢。克里托不是哲人，苏格拉底反对其计划的论证也很难称得上是决定性的。斯密当然知道，苏格拉底也在其他地方描绘了当地法的不可违背性，但那里的描绘却非常不同。所以，在其选择性的引用中，斯密用柏拉图来针对自己。所以，为了不要错失完整的反讽维度，请让我们注意：我们在这里看到，为了支持现代的商业和自由社会，一位怀疑论者引用了一位激进的哲学共产主义者。在讨论道德情感的非理性时，斯密确证了我们关于人类生活最糟糕的怀疑，这样，我们就能够认识到：我们不应该寻求人类生活与真理之间完全的等同。在第五章关于幸福的考虑中，我们得出了类似的结论。

斯密的规劝式修辞用于哲学家也用于非哲学家，并且，两者之间的关系问题处于其修辞战略的核心。斯密关于哲人的动机至少在一定程度上是伦理性的，因为他含蓄地发出警告，依据知识法则来规范人类生活将会激进地改变它，正如《理想国》所刻画的那般。并且，那还将导致解体，以及"最傲慢最野蛮的僭政"。或许，正如《理想国》第八卷结尾处描绘的那样，这就意味着：《道德情感论》在一个层面上是反乌托邦的，反改革主义的，反哲学的；因为它压制了从意见到哲学的自然上升，以及从哲学返回政治洞穴的自然下降。他用一种较少有教训意味但更为人道的观点（即洞穴能被改造为家园）取代了整个柏拉图的"洞穴"戏剧——上升者得解放，下降者受迷惑的戏剧。并且，在这么做的时候，斯密以哲人的方式启蒙了洞穴。

行为者因错误而感到悔恨（因其行为产生），尽管严格说来，他对这些过错并无责任。他将要唤起"灵魂中所有大度与坚强"，在心中努力保持真正的道德价值。斯密对"错误的罪过感"发表了令人颇受启发的评论，认为它"构成了俄狄浦斯与伊俄卡斯忒在整个希腊剧院中的整体的苦厄"。在古代与现代戏剧中，一些最好场景的前提是：罪与非自愿错误在某种意义上的荒谬混合（Ⅱ.iii.3.5）。对那种荒谬性的观察是否允许我们把戏剧看成可怜的戏剧并加以拒斥呢？以及，我们接受那些愤世嫉俗者的立场，或者重新写作戏剧，这样悲剧就得到了哲学化的解决，也许是用一种平静的关于"责任"含义的苏格拉底式对话获得了解决。斯密想要避免这两个过程。作为哲人，我们自己就在剧院当中，并应该以自己的方式参与到"人类生活景观"当中。与此同时，当我们从一种纲要的、体系化的视野，注意到日常行动者的"错误"激情时（包括我们自己的），我们就认识到：它们并不会总是得到纠正，因为，由于"自然的智慧"，当我们把戏剧当成一个整体时，它并非必然有一个悲剧的结尾。所以，它要在更明智、显示出更多自我知识，以及更有助于人类善好的意义上更加哲学化，从而能够抵制哲学对日常生活的重构。道德情感的"失规"或"非理性"并非最终的道德失败；清除它的努力则会是道德失败。正如我在这项研究中所保持的观点，斯密决定使日常生活与哲学保持距离，这使一种哲学与道德立场具体化了。这是一个对人类生活行使正义的问题。

但是，这仍非故事的终点，因为斯密对人类戏剧的描述难以称得上中立。"日常生活"不是宇宙中一成不变的具有自我解释力的数据。在设定其伤害等级时，斯密含蓄地请求我们同意：当有人控诉行为人宗教观的错误或堕落时，我们会愤怒，但比不上当行为人因其他伤害受到指控时我们产生的愤怒，虔敬与正义通过这样的方式而彼此不同。这很可能是与此问题有关的启蒙观点。然而，人们可以很容易想象这样一种场景，在那里，一种与自身宗教观不相符合的宗教观点只要出现——更不用说以高声喧闹的形式出现了——就令人们产生根本性的痛苦，并激发出义愤。人们可能会大受触动，严酷惩罚那些异教徒，因为说服他们的观点令任何文明人都感到厌恶可憎。请再一次回想斯密自己的类比，正如我们再也不会犹豫踏进一个异教神的圣地，我们也不会犹豫，把生活在任何区域的异教徒踩扁；此中原因正是：我们感受到其表象产生的伤害，并因此义愤填膺。斯密反对说，宗教差异、他人不能同情并支持自己的信仰这类事情会产生伤害，但是，它们产生的伤害并不会在无偏旁观者身上激起义愤，令其意图施加惩罚。如果否认这一点，我们就开始走向下的路，将愤怒、"狂热"，以及实际上的"调查"扭结在一起。

或许有人会控诉说，斯密的回复实际上是在乞求问题。他是否简单地假设了这样一种观点，认为道德情感会自然且健康地发挥其功能，因此愤怒也如此，却完全没有论证，"狂热者"对"伤害"的解释实际上可能是错误百出的呢？这最终是一个由德性理论、道德心理学强行提出的问题。正如我在引言中表明的那般：根据我们的审视，反对宗教的启蒙"论证"通常表现得好像争辩中的谴责，而非细致的哲学反驳。

为了回应这一乞求问题的指控，斯密的确有可供取用的资源。首先，正如我们在第五章注意到的，他能够把那些相同的对他来说可用的资源用于其他争论（比如，关于奴役与杀婴的论述）。这些资源要求我们密切地、同情地关注那些有争议的现象（请回想，他喜欢的那些悲剧对狂热主义之伦理与心理后果进行了深刻且动人的探索）。其部分效果表明，宗教动机假定的纯洁性施加了难以接受的伤害，也为虚荣或其他值得谴责的激情戴上了面具。其次（正如我们将在第七章看到的那样），关于国家支持宗教会有何种危险的社会、政治效果，斯密对此有一个论点。这个论点的一部分就是：当宗教使用国家的警察力量来确立自己的信条时，宗教就破坏了自己的主张。如果真是如此，这就是一种强烈的批判。

第三，斯密可以回复说，关于什么构成了"真实而实际的恶"，他的观点并非恶意的循环往复，因为道德心理学不适用于那唯一的一组德性。美洲土著或某个遥远时代、某个遥远地域的居民持有截然不同的德性概念。他运用同一种道德心理学来讨论这些德性概念。"自然法理学"理论以无偏旁观者理论为基础，它足够灵活,能够解释正义的多个不同的历史框架。[23]

但是,如果任何人想要从外在于任何广泛的伦理框架中获得一项"证据",那他就是想要某样斯密无力提供的东西。我在上两章已经做出了解释。道德批评必须选择一条更为循序渐进的道路,此刻,这必然包括了一种辩证的反应:他要问,为什么任何一种伦理框架都不对证据提出要求呢?这样一种证据看起来是什么样的?既然你要求我展示,那你能够提供一份证据来支持你的观点吗?对话将从这里不断展开。

四 分配正义

> 如果一个社会的绝大部分成员是贫穷、悲戚的,那么没有一个这样的社会能够繁荣且幸福。除此之外,为整个社会提供衣食住所的人也应该享有一份他们自己的劳动成果,使他们自己获得可以接受的衣食住所,这只不过是公平而已。
>
> 亚当·斯密,《国富论》[24]

斯密决定聚焦交互正义,并在很大程度上将分配正义类比为仁慈;但是,这并不意味着他对较不幸者的命运保持冷漠,或者

---

[23] 这恰恰是斯密文集中缺失的部分原本要详细解释的内容。我再一次向读者提及哈康森的 *The Science of a Legislator*。

[24] *WN* I.viii.36. 马克思选取了这一段话(将之与其他段落和自己的观点混合),评述说:"既然……依据斯密,如果一个社会中的大部分人遭受苦难,这个社会必不幸福;既然最富有的社会状态导向多数人的痛苦,然而,经济体系(总而言之,一个私人利益社会)导致了这个最富裕状态,那随之而来的结果便是:社会痛苦就是经济的目标。"《经济与哲学手稿》(1844)第一篇,参见 *Karl Marx: Early Writings*, ed. and trans. T. B. Bottomore, New York: McGraw-Hill, 1964, p. 74。

对许多公正的呼声充耳不闻。他认可这样一种观点，即人类应该享有一种体面的生活标准。他在《国富论》中满怀激情地为交互正义辩护；对于那些否定人们拥有按自己认为最好的方式处置劳动自由的法律和政治安排，他义愤填膺；并且，他也明显认同让穷人受益的政治经济体系；这些都证明了他的道德观点。[25]然而，尽管在本节开篇的引文中，斯密做出了那种论述，但是，关于国家在如下基础上对善好的分配，他并未提出一个进一步的框架；这一分配基础是：善好的接受者应当具有体面的生活水平，享有机会平等或公平。

解释是多层次的。一开始，斯密就假定，正义原则必定能够得到确切的阐述。就像我们已经看到的那样，它们不同于阐明友谊义务的原则。因为友谊义务原则"松散、模糊，不具有确定性"，我们很难精确说出构成对其违背的因素为何。由于国家投入巨大的政策力量来执行正义法则，这些法则就必定是具体的、可说明的，以及确切的。我采用斯密的观点主张，认为在交互正义法则之外，我们不能满足这些标准。在他看来，清晰阐释分配正义法则的努力将终止于决疑论；并且，这些法则在实践中也不能以一种公平、持久、非武断的方式得以执行。他一再坚持"正义的确切施行"（*WN* Ⅳ.ix.51; Ⅴ.i.b.1; Ⅴ.i.c.2），正义是他归于主权者的三大义务之一。分配正义不是准确行政（exact administration）前景光明的候选者。

决定性的平等部分地取决于明确规定谁（在何种程度上）应该对需要矫正的情形负责。当然，如果我们要去决定超乎人们控

---

[25] 请考虑 *WN* Ⅳ.viii.30："在任何程度上伤害任何公民群体利益，目的只在提高某个别其他团体的利益，这明显违背了主权者本应对不同属民团体持有的正义与平等。"参见 *WN* Ⅳ.ix.3.10 的引用："平等、自由、正义的自由计划。"

制之事，那么这样的决定就是一个富有争议的问题。尤其是，当我们考虑到运气在人类生活中的影响，我们很难指出运气、个人责任、社会责任是如何混合构成了一个人的机会。斯密自己强调了适当构成的家庭（例如，对一夫多妻制的排除）在个人道德教育中扮演的正式角色。因为不同的家庭会以不同的方式来执行其职责，个人机会必然会多种多样。为了弥补抚养过程中的缺陷，我们应该为个人做些什么呢？就国家干预而言，在交互正义的范畴之外，斯密大量推延了关于那一混合的判断。总而言之，国家无法赔偿个人因其不可控因素而产生的坏结果。斯密放弃阐述一种自由意志理论，这表明：我们没有方法来确切决定该对什么负责，不该对什么负责。在这里，他的政治怀疑主义与其更为综合的怀疑主义联系起来了。

斯密没有否认，在理想情况下，如果赔偿超过了交互正义所能提供的份额，人们仍然认为这是正当的，那人们也能够以此方式造成伤害。正如斯密关于各种正义体系之历史论述表明的那样，他也认为，即便赛场是平坦的，来到赛场上的运动员们也具有不同程度的技巧和优势。[26] 通过否认搬运工与哲人的才能差异（这是他的例子）出于自然，将其首先归于劳动分工、教育等的影响，斯密开启了《国富论》的论述。他倡导拆除任何违反交互正义的法律约束，正是这些约束阻止了搬运工成为哲人，反之亦然（*WN* Ⅳ.ii.40）。但是，他认为，要在一个法律框架内具体讲明：如何分配善好才能清除个人选手的"机会"不平等，我们总体上没有公平的方式。在一个复杂的商业社会中**尤其如此**，因为在那里，个

---

[26] 他头脑清晰的现实主义在许多段落中都很明显，比如 *WN* V.i.b.12："既然国家政府是为了财产安全建立起来的，那么，在实际上，它的建立就是为了保护富人免于穷人的侵犯，或者保护那些拥有一些财产的人不受赤贫者的侵犯。"

人与其机会之间的关系，以及个人与社会或政治安排之间的关系都注定要在极大程度上彼此交缠。

实际上，斯密在《道德情感论》中的评论认为，分配正义类似于仁慈，它有助于我们更深入地聚焦这个问题（TMS Ⅶ.ii.1.10）。仁慈义务虽不确切但也同样真实。它们之所以不确切，是因为不能对环境的具体细节进行评估，它们总体而言是模糊的。乞丐——即斯密在关于屠夫、酿酒师、面包师的著名段落中提到的乞丐——对我们的仁慈要求经得起辩护吗？这是一个非常棘手的问题。试考虑：如果国家官僚机构要确证问题之真实性以及相应的补救措施，它会在多大程度上变得更加复杂呢？斯密频繁地强调，立法者缺乏足够的知识来引导个人，依据其指示运用劳动。国家控制个人对其努力的分配不仅不正义，就好的认识论原因而言，它也是愚蠢的。总体而言，个人比国家能够更好地评估自己真实与潜在的能力、危机，以及当地机会的具体情况。这一点在《道德情感论》（Ⅵ.ii.1.1）与《国富论》中都得到了阐发。[27] 如果我们诉诸国家，将财富分配给值得拥有财富的人，以持久一致的方式评估谁值得拥有，以及他们应当拥有什么，那么，这便超越了立法者和政治家的视野。

---

[27] 比如，关于哪种劳动更有可能产生价值，斯密评论说："很明显，在其具体处境下，相比起任何政治家与立法者为其所做的判断，每一个人都能做出更好的判断。有些政治家努力指导人民，告知应以何种方式使用其资本，他们不仅给自己强加了最不必要的关注，还假设了一种不仅可以安全托付给个人，亦可安全托付给任何委员会或元老院的权威。然而，如果一个十足的蠢货攫取了这一权威，并幻想自己适于使用这一权威，那这便最危险不过了。"（WN Ⅳ.ii.10）亦请参见 WN Ⅱ.iii.36："然而，在国王与大臣之间，如果他们假装监视着私人的经济，那这便是最高的鲁莽与傲慢。"以及 WN Ⅳ.v.b.16："但是，法律总是应该把对自己利益的关心交付给人民，因为，在他们的具体情境下，他们必然普遍能够比立法者判断得更好。"亦请参见 WN Ⅰ.ii.1、Ⅳ.vii.b.21、Ⅳ.vii.c.80、Ⅲ.iv.17 等处斯密关于"人类智慧"有限性的提述。

关于立法者或政治家的能力与动机，除了他们中间最具哲学素养的人，斯密都怀有普遍的和正确的怀疑；并且，他也不期待哲人来进行统治（WN Ⅴ.i.f.51）。作为头脑最为清晰的现实主义者，他有把握那些握有权力的人会倾向于他们的自我利益，即便他们披挂上公共利益施与者的斗篷。[28] 正如他强调的那样，我们不能"安全地"将需要用来引导私人事务的权威"托付给"任何一个私人，或任何单个委员会，或"无论何种"元老院；更不用说将此权威托付给某个相当专横的、认为自己能够明智使用权威的人了（WN Ⅳ.ii.9）。斯密怀疑是否存在一种纠正"人类统治者的暴力与不义"的办法。[29] 他曾谈到一个"为总是相同的普遍原则引导"的"立法者"——他听起来更像是一个柏拉图式的哲学王——但是，他将之与"那被通俗地称为政治家或政客的狡猾奸诈动物"进行对比；很清楚，正是后者在统治着世界（WN Ⅳ.ii.39）。他关于商人与生意人对自身利益之偏爱的评论包含了最严厉的谴责；的确，他认为他们总是要参与"反对公共利益的阴谋"（e.g., WN Ⅰ.x.c.27; Ⅳ.iii.c.10）。"诸多偏狭利益的喧嚣要求"似乎主导了立法（WN Ⅳ.ii.44），这是斯密笔下公共领域的典型特征。在下一章里，我们将要考察垄断条件下制度化宗教的糟糕行为。

当国家承担起审议重新分配财富、纠正不平等的任务，不仅致力于使赛场平等化，还致力于使运动员的能力平等，使之在平等的基础上竞赛；那么，此项宏大任务就要求有巨大权力，从

---

[28] 他用自己的声音宣告，"我并不十分信任政治算术"（WN Ⅳ.v.b.30），以及"我从来就不知道，那些假装为公共利益从事贸易的人做了什么好事"。（WN Ⅳ.ii.9）

[29] 参见 WN Ⅳ.iii.c.9、Ⅴ.i.g.19，以及斯密认为"管理与说服"是"最早、最安全的政府工具"。

而具有权力滥用的巨大危险。这些危险包括由自利且不明智的政治家阶层欲求的自我拔高与自我不朽。分配正义体系具有一种风险，它正在变成我们所谓的"无资金支持的委托"（unfunded mandate），或者，它至少是一种范围与任期都不可能提前得到清晰认知的委托。对于"体系人"（man of system）的思想，斯密做出了怀疑论式的评价（e.g., TMS Ⅵ.ii.2.15-17），它与《国富论》的立场配合无间。[30] 如果不加以正确处理，分配正义危机将产生正当的愤怒，因此造成社会不稳定，使同情瓦解为以行动者为中心，而非以旁观者为中心的公共伦理。它带来危机，将国家由不偏不倚的仲裁人转化为选择性仁慈的父母。一如既往，最高贵的冲动也可能产生不可预见的消极后果。

我在构想这个问题时有所保留，因为斯密的确设计了一些平等方案，义务教育便是非常重要的一种。[31] 这些方案也包括向奢侈品合比例地征收更高的赋税，从而"以某种非常简单的方式，令富人之游惰与虚荣对免除穷苦有所贡献"（WN Ⅴ.i.d.5; cf. Ⅴ.i.d.13）。斯密观察到，富人对公共开支的贡献合比例地多于穷人，这并无不合理之处；他也强烈反对造成"更恶劣的不平等"的那类税收（即穷人比富人担负更为沉重的负担；WN Ⅴ.ii.e.16-19）；因此，他支持上述对奢侈品课税较重的方式。尽管从人性基础来看，这些方式的动机不容否认，但他实际上并没有说：作为一个正义问题，穷人**应该获得**由公共财政支付的教育；而是说，公共效用要求他们接受公共财政支持的教育——只要选择的方式经过了细致深入的思考。在创

---

[30] 请考虑休谟在《道德原则研究》第192—194页中对分配正义的评论。斯密必定知道这些评论。
[31] 关于其他例子的讨论，请参见 N. Rosenberg, "Some Institutional Aspects of the Wealth of Nations," *Journal of Political Economy* 68 (1960), pp. 361-374。

立国家强制推行之标准时，总有一些邪恶与之相伴（比如，创造出那些标准的执行者，在此案例中，标准执行者是收入有确切保证的教师），为了防止出现这些邪恶，我们当然要仔细思考选择以何种方式执行公共财政支持的教育。相反，政府是否应该在饥荒中分配食物呢？在讨论这个问题时——比如，通过命令谷物商人以政府认为的合理价格卖掉他们的粮食储备——斯密在效率与正义的基础上加以反对。实际上，"谷物贸易不受限制的自由"最好地阻止了饥荒。为了补偿谷物商人在正常时节损失的利益，他们也值得在荒年索要更高的价格（*WN* IV.v.b.7，8）。[32]

斯密在很大程度上将关心"穷苦劳工"的问题转交给市场，并且避免了如下传统问题，即不平等之根源（比如，土地之"原初"分配问题）本应承担重新分配善好的道德责任。他对此表示认可：随着时间的推移，出现了无数不平等现象，它们之中，许多都不符合交互正义标准。他支持建立"完全自由与正义的自然体系"（*WN* IV.vii.c.44），这一"自然体系"就意图终结不正义的不平等。然而，在自由与交互正义的条件下，我们应当将缓和不平等的任务托付给市场，也把穷人的境况托付给市场；这一观点至少做出了两项大的经验假设。

第一项假设为，在这些条件下，人们对古老伤害的愤怒将会消逝，因此对矫正的需要也随之消逝。无偏旁观者的想象可以确认：什么构成了需要矫正的伤害。我们也不期待道德想象将永远考虑漫长的伤害之链——它穿越时间，跨越变化的环境延展开来。不完美的旁观者也会让过去流逝吗？第二项假设，自由市场（以

---

[32] 关于斯密及谷物法的讨论，参见 Winch, *Riches and Poverty*, pp. 205-209。温奇在这本书里评论了斯密的分配正义观，我十分赞成他的评论。

及自由与正义体系）真的会改善穷人的境遇，并比重商主义体系更有效吗？当然，斯密在为一个肯定的答案辩护。[33]关于运用"无形之手"（TMS IV.i.10）产生的分配结果，假如他犯了错误，那么，我们似乎可以公正地说：在分配正义问题上，他的立场自根基处就受到损害。

不可避免的是，在某些历史关节点，即便在"自然自由体系"之下，穷苦劳工的境况也**不会**得到改善（WN IV.ix.51）。由于两大原因，若要判断**体系**是否遭到彻底拒绝，这必然十分复杂。首先，正如斯密自己指出的，任何自由的商业社会都只可能与"自然自由体系"的"乌托邦"大致相似，而不会完全匹配（WN IV.ii.43）。因此，我们总是可以宣称，一个社会在当前条件下的失败是由于未能充分贯彻该体系。其次，斯密在《国富论》第三卷为我们呈现了通过逐阶段（即农业、制造业、对外贸易诸阶段）发展的"富裕的自然进程"理论。他并未设想，无论我们将自由社会置入何种历史处境，它都会像将一颗神奇的牛痘注入了政治身体，产生有益的结果。由于各种历史性偶然因素，一个社会有可能跳过其发展阶段，在农业获得充分生产力之前就建立起工业力量。但是，那将会引入多重张力；并且，它们不会控诉自然自由体系，却要控诉它在一个特定历史关节点嫁接到某个特定社会中的方式。

人们必然要通过认可与竞争相关的诸种德性，才能获得对某

---

[33] 我们可以在 WN IV.ix.17 读到斯密的辩护，比如："非生产性阶层决不会有兴趣去压迫另外两个阶层（即"耕种者"与"地主"）……完美正义、完美自由与完美平等的建立是一个简单的秘密，它向所有三个阶层最有效地确保了最高程度的繁荣。"我们不能从中得出结论：如果没有自由，人们就无法获得某种程度的繁荣。参见 D. Forbes, "Sceptical Whiggism, Commerce and Liberty," in *Essays on Adam Smith*, ed. A. S. Skinner and T. Wilson, Oxford: Oxford University Press, 1975, p. 201。

种具体政治经济理论的肯定；并且，我们也至少要部分地借助历史分析，才能获得对它们的理解。斯密反对诸如重商主义、重农主义等观点；这也间接支持了他在《国富论》中的论述。前现代政治理论通常建立在奴隶制基础之上。他当然会促使前现代政治的辩护者去证成奴隶制与他们的普遍贫穷（比如，在 *WN* Ⅲ.ii.9，斯密关于柏拉图《法律篇》"言辞中的城邦"的评论）。他辩护了自己**最好的实际可行的**社会观。让我再说一次，他的辩护是多面的、辩证的，混合了经验的与哲学的理性。我们可以诉诸正义与明智的判断来支持它。

五 自然法理学：未竟的事务

我通过简要回归在引言中提出的问题，对本章进行总结。这个问题是：斯密为何从未完成写作"自然法理学"体系部分？这一部分原本要阐述的"法律与政府的普遍原则"不同于"它们在不同时代和社会时期经历的不同革命"。计划中**文集**的这一部分似乎要论述"正义的自然法则"，或那些"应当贯通一切国家之法律，以及作为其基础"的原则（*TMS* Ⅶ.iv.37），那是"总为相同的普遍原则"（*WN* Ⅳ.ii.39）。这些大概会是此类交互正义的规范原则。"自然"这个术语的含义在伦理讨论中总是复杂的，我将在第八章对它加以考察。在此，我们可以安全地假定，至少就其源于无偏旁观者的"正义感"而言，这些原则是"自然的"（Ⅶ.iv.36）。在这里，所谓的规范性自然由无偏旁观者的判断确定。所以，我们可以正当地论证说，"应当贯通一切国家之法律，以及作为其基础的普遍原则"意味着《道德情感论》的道德心理学。斯密关于道德法则起源的观点（我们在第五章进行了考察），及其一再将自然法理学"理论"与法律、政府之"历史"结合的做法可以表明：怎样才能获得关于自然法理学原则的进一步论述呢？我们不得不从一种对"它们在社会的不同时代和时期经历的不同革命"之叙述中进行提炼。

然而，这条解释路线的首要难题是：即便完成《道德情感论》第六版之后，斯密仍然清晰地说明，"自然法理学"的内核仍有待他继续写作；并且我们在其已发表与未发表作品中掌握的内容都未能接近阐明"总为相同的普遍原则"（据斯密承认，TMS 就没有）。其次，如果已经遗失的作品导致了我们对"普遍原则"的讨论，这些"普遍原则"又可以通过历史获得，那么问题就很明显了：历史如何能够产生总是相同的具有普遍规范性的原则呢？这个过程难道不是循环论证，或内在地就是不可能的？**作为体系，自然法理学诸原则必将是完全的。但是，作为独立于经验或历史的体系，它必须是开放式的。甚至，从一个时期到另一个时期，体系与开放式之间的确切混合也有所不同；作为理论家，我们不能讲出使两者结合的理想"公式"**。所以，为了获得有关具体语境的信息，哲人必须依赖历史学家、修辞学家与文学作家。反过来，他们也不能以令人满意的方式构想由语境表明的原则，或者他们在解释语境时假设的那些原则，甚至他们也完全不能构想我们为何需要构想这些原则。尽管我们可以谈论原则与实践之间的"辩证张力"等问题，但这充其量确立起了元层次上的一致性，问题却没有得到解决。很明显，斯密设想了系统性的"概念基础"方案[34]，实现这个方案的路径内在地具有一个循环性问题。

---

[34] 努德·哈康森向我建议了此段中使用的一些规划，我在此谨致谢忱。类似问题可能与斯密遗失的其他部分作品有关。我把这些作品称为"文学与修辞技艺的哲学史"。除非他已经知道了那些原则，否则他怎能阐释"引导［转下页］

我推测，在其计划的系统性工程的层面上，斯密面对着自己无从摆脱的**难题**。或许，解决这一**难题**的诸多努力就在其急切要求焚毁的未刊手稿中间。考虑到他的怀疑论立场，斯密不能满足他对一终极且复杂的哲学体系的期望，这个体系致力于阐明"法律与政府的普遍原则"。追寻第一原则的问题就是追寻一个外在于人类视野的立场，他认为这难以实现。他自己的哲学体系表明："普遍原则"**是**（道德与理智）情感——因为人性在时间中同一，这些情感便也保持同一——以及，任何关于普遍原则的进一步论述只能表现，它们是如何在时间中"得到说明"或是具体化的。

然而，斯密不能找到完全满意的解决方式。我们已经评述了其中的部分原因。为什么任何计划中**文集**的未完成都不能令人满意？他自己提供了更进一步的解释，即想象欲求通过系统来保持统一，并提供贯通第一原则与历史偶然的一种提纲式和牛顿式**逻辑**（在第八章中，我将回到想象主题）。"体系安排之美"（*WN* V.i.f.25）难以抵挡。掌握这种美的欲望在范式的意义上是哲学的。一种体系回应了我们对全面性的需要，以及给予现象以适度考虑的某种承诺。作为哲学家，当我们反思自己的经验时，我们努力正当地对待产生的问题——比如，与真实"政治家或立法者科学"（斯密在 *WN* IV.intro 中使用的表达）的规范性原则有关的问题——我们也非常自然地想象，我们只能通过一个复合系统来实现正义。正如我们看到的那样，斯密写作了柏拉图式爱欲是出

[接上页]和指导哲学探究诸原则"呢？但是，一种理智情感理论看起来是什么样的？考虑到我们正在考察的三篇文章中，想象的核心作用；我们可以猜测，遗失的论述包括了对这一官能诸原则的处理，比如对此类想象原则的处理。既然任何此类论述自身都是想象的产物——因为在其思考中，想象具有发明和创造的能力，我们将会在第八章看到这一点——其论述似乎是循环论证或不具可能性。

于他的哲学，但是，在其著述体系的计划中，它又一次出现了。他梦想做出复合的与体系化的论述，贯通第一原则与历史特殊性。这个梦想证实了柏拉图式欲求的持久力量。

当斯密迫使其朋友烧毁自己未刊的手稿时，他随之烧掉了他写下的关于自然法理学缺失分支的一切。为了一种非历史的、自立的第一原则，他将自己的希望托付给了热与光。在这一天里，当黑夜将至，他发现自己仍然在两种启蒙概念间受到撕扯。他急于确保将那些未刊手稿付之一炬。这个故事最终看起来像是一个寓言，说明了理性的有限性与我们欲求超越其有限性之间的不和谐。[35]

---

[35] 康德评论说："人类理性具有一种自然倾向，力求超越其有限性"，这种倾向必须加以控制。斯密将会同意这一点。*Critique of Pure Reason*, trans. N. K. Smith, New York: St. Martin's, 1965, A642=B670.

第七章　道德情感与《国富论》

> 古代政治家总是谈论道德与德性,我们的政治家却只谈论商业与金钱。
>
> 让-雅克·卢梭[1]

《国民财富之本性与原因研究》(*An Inquiry into the Nature and Causes of the Wealth of Nations*)的主要目标是提升对财富的正义且有效的追求。斯密的著作是无疑对这一主题最著名且最持久的启蒙贡献。相应地,启蒙与对财富欲望的解放密切相关,并因此与商业和自由市场密切相关。斯密令人信服地论证,商业和自由市场是满足那种欲望最有效的手段。与此同时,他的整个计划也环绕着伦理冲突。难道追求财富不是在根本上腐蚀德性、好的品格,以及共同体吗——尤其是当追求财富被大规模地组织起来,并得到法律与习俗的批准时。难道创造财富无须剥削工人,没有造成他们精神贫瘠吗?工人在生产线上辛苦劳作,领取微薄的工资,而富人却欺骗愚弄工人,从中收割利益。再想想社会粗俗的"消费主义"文化,这些社会正是由于斯密提倡的社会类型

---

[1] 引文参见 J. J. Rousseau's *Discourse on the Science and Arts* (Part II), trans. V. Gourevitch, in *Rousseau: The Discourses and Other Early Politcal Writings*, Cambridge: Cambridge University Press, 1997, p. 18。

与经济机制而成功地变得富裕。这些社会享有多种多样的自由，比如言论与宗教信仰自由。人们会说，可以预见的是，这些自由本身将不可避免地引起喋喋不休的唠叨，激发出自己选择宗教的情感。针对《国富论》的计划，道德谴责古已有之。它可以通过基督教千禧年和希腊思想往回追溯。它也存在于当代，在各种对"西方唯物主义"（现在是世界范围的唯物主义）充满热情的控诉中，以及在西方对年轻人放荡且无法无天的担忧中，我们都能听到它。

亚当·斯密坚持认为，道德与政治问题内在于他所提倡的计划。在一种粗糙、既已失去信用的批判中，他的一些读者将其表面的矛盾归纳为"亚当·斯密问题"，他们假设这个问题在斯密已经发表的**文集**中有所反映。人们公认，斯密留待读者的想象来发现，《国富论》与《道德情感论》如何形成一融贯一致的整体。第一眼看来，这些书在实质内容、风格与目的上的确彼此不同。但是，"亚当·斯密问题"是基于对"同情"与"自利"这些术语的误解；依据这一误解，"同情"意味着"仁慈"，另一术语则意为"自私"。于是，此"问题"似乎是：论伦理的书赞美德性，论政治经济学的书则将一巨大建筑奠基于邪恶之上。为了维持我们的生计，我们自己并不诉诸屠夫、酿酒师或面包师的人道或仁慈，而是诉诸他们的自爱（*WN* I.ii.2）。斯密对此事实的评论似乎强调了这一点，并且囊括了所有为市场经济所必需的事物，以及关于市场经济的道德谴责。

在前几章中，我们已经看到，对斯密的这种解释是错误的。但是，这并未解决那些更有趣的哲学问题，其中许多与政治经济的道德状态有关，由斯密自己提出。让我们回想我对其计划中**文集**的重构（在引言中提出），即《国富论》关注"自然法理学"的一个分支，并且自然法理学又是道德哲学的一个分支。《国富论》是一部"道德"著作，那么——它却在何种方面是"道德"著作呢？[2]尤其是，当我们考虑斯密自己的问题，考虑他对商业社会及获取财富方案的限定时，我们要问：德性与商业、道德教育与现代自由如何彼此支持？

我会同意，《国富论》是"所有著述中最伟大的劳动者的作品"。[3]在该书第一章，我们了解到，劳动分工提高了生产力，因此也将劳动者的物质福利提升到如此地步：文明国家中"最贫贱者"也要好过"一位非洲的君王"（I.i.11）。[4]对斯密的整个体系而言，为了提高社会最贫穷成员的财富，生产力在交互正义条件下的增长才是根本。然而，其著名的制针工厂事例指向的问题在第五部分得到充分展开，即专业化与重复劳动摧毁了劳动者的心灵与道德人格。人们想象，在时装之类的生产中，大头针是琐屑之物。劳动者的心灵为了一种如此荒谬且浅薄的目的而堕落。当我们面对这一观察，斯密计划如何对此回应呢？

即便斯密阐明了商业自由社会，并为其德性辩护，但他仍迫使读者质疑它。正如在《道德情感论》中一样，《国富论》的修辞也颇为复杂，其中富藏着悖论与反讽。再说一次，我们也必须在这里理解它。斯密的修辞具有相同的伦理与理智目的，并

---

[2] 我认为 WN 是斯密道德工程的一部分。这个观点与布朗在 Adam Smith's Discourse 中的观点相悖。她认为，WN 是"一种非道德的独语"，是源自良心论述的单一声音文本，且"不具有自然与理性间的张力"（p. 195），它"基本上是一种非道德的论述"（p. 218）。改善我们自身处境的欲望"被作为某种完全自然的东西接受下来"，不具有任何它在 TMS 中的道德非难倾向（p. 215）。我正在展开的论述反对所有这些论断。

[3] 我引自 K. Haakonssen, *s.v.* "Adam Smith," in *The Routledge Encyclopedia of Philosophy*, ed. E. Craig, London: Routledge, 1999。

[4] 关于类似的例证，请参见 J. Locke, *Second Treatise of Government* 5.41。

且同样抵制对体系的扭曲接受。在伦理与论证中,《国富论》构成其和解主义方案的重要组成部分。斯密如此描述事物的架构:他的观念如果生效,将会产生一个类"乌托邦"(WN IV.ii.43; V.iii.68)。我将要论证,读者要理解并接受内在于此乌托邦的不完美。

我(在第一节)一开始就讨论"改善我们的处境"的观念、"我们道德情感的腐败",以及自由市场。接下来,我转向宗教自由与制度化宗教支持德性的方式。我用心关注这个问题,因为在力量与弱点两个方面,它都可以成为一个解决自由与德性问题的范式(第二节)。政治经济学"主题"及其与《道德情感论》中自我观的联系、政治制度以及国家干预的角色、非人化与异化问题都将在第三节进行讨论。我将概括性地讨论斯密的"不完美政治"、政治审慎与寂静主义或顺从(第四节)之差异,并加以总结。[5] 我们将再一次思考哲学的政治参与问题。

一 道德情感的"腐败"与想象的"欺骗"

> 人类大众是财富与高贵地位的仰慕者与崇拜者。看起来更加不同寻常的是,在最频繁出现的情形中,他们对富人与贵人的仰慕、崇拜与利益毫不相关。
>
> 亚当·斯密,TMS I.iii.3.2

《道德情感论》使改善我们自身处境的动力成为人类生活的

---

[5] 引用的短语来自哈康森,参见 "Jurisprudence and Politics in Adam Smith," in *Tradition of Liberalism*, ed. K. Haakonssen, St. Leonards, Australia: Centre for Independent Studies, 1988, p. 112。

根本因素。斯密在"同情"以及我们渴求获得同伴认可的框架之内分析了那一动力。正如我们所见,在讨论幸福时(第五章第五节),斯密也论证说,它受想象之欺骗的统治。欺骗由如下信念构成:通过获得我们努力争取的好的事物,我们将会获得幸福与宁静。然而,实际上,这种对幸福的追求使我们陷入一种辛劳、焦虑,以及短暂的满足当中。它"激发并维持着人类持久不休的勤劳"(Ⅳ.1.10),推动我们走得足够远,超越任何像基本需要之满足的事物,因此需要技艺与劳动分工等事物(除我们已经引用的段落之外,参见斯密在 *LJ*(A)vi.12-20 中的讨论)。甚至,《国富论》更加强有力地坚持认为,"改善我们处境的欲望"是"与生俱来,至死方休"[6]的。斯密论证说,若适当疏导(比如,在正义的限制以及法律的有效管理之内),从"每个人一致、持久且不受干扰地改善自身境况之努力"的原则中,国家与个人财富便得以产生出来(*WN* Ⅱ.iii.31)。很清楚,这些以及其他与之相类的陈述与《道德情感论》中关于自我改善的评论同声相应(Ⅳ.i.10)。

所以,即便斯密在那里并没有强调:如此理解的改善建立在欺骗之基础上;我们拥有一切依据,提出《国富论》中与欺骗有关的要点。[7]当我们这么做时,这本自由商业(非重商主义)社会之书的整个论证便以一种令人颇受启发的方式得到呈现。在他的两本著作中,斯密向人们推荐的社会致力于改善人类命运,但

---

[6] 斯密继续说:"在区分那两个时刻的整个区隔中,我们或许很难找到一个独立时刻,在那时,每个人都如此完美,并对自己的处境感到十分满意,从而没有任何想要改变或改善的愿望类型。大部分人都计划并且想要通过扩展财富来改善其境况。它是最粗俗、最明显的方式。"(*WN* Ⅱ.iii.28)
[7] 除了此处陈述的原因,请读者参考引言部分对我的解释原则的讨论。

受到关于自身目的的体系化自欺的统治。所以，这样的社会倾向于私人的（尽管并不必然为公共的）不幸福。从一开始，哲人就知道，在现代商业社会中，个体大众对幸福的追求将以失败告终。人们假设，他们中的大多数人都被想象掌控，受"无形之手"的心理学对等物支持；他们自我消耗，但很少理解个中原因。两相矛盾的是：劳动将社会从自然的束缚中解放出来。随着时间的推移，通过"未受干扰的努力"，人类打造的共同世界转变得与自然自由体系相近。我们因想象而工作，改造世界与我们自己，并因此参与到一类创育（poiesis）当中，即参与到"生产"当中。

在粗俗的意义上理解，正如我们在思虑"审慎之人"时看到的那般，如果与"中间德性"结合，这种"改善我们的境况"的生活并非得不到满足。我们应该重申："改善我们的境况"不同于贪婪，它可被德性接受——却不能被"高等"德性接受。斯密的无偏旁观者认可此种努力，尽管他或许只将其等同于"冰冷的尊敬"（TMS Ⅵ.i.14）。当然，它可能堕落为贪婪与不义，的确，斯密也清晰地论称：尤其是公共领域的动力可能产生腐败。《国富论》是对"中道"目光锐利、有理有节的辩护。或者说，在公民通过获取自我完善与高等德性来改善其自身境况的乌托邦，与个人无拘束地努力获取优胜的非道德的派系化社会之间，《国富论》力图找到一条中间道路。我们将会看到，斯密将那一"中道"自身称为"乌托邦"。让我们把《道德情感论》与《国富论》放到一起读，正如它们共同提及"改善我们的境况"，很明显是在邀请我们这么做。这对于评价《国富论》的道德框架具有实质意义，因此对斯密代表自由商业社会做出的论断也具有实质意义。

这样的社会是具有中间德性与欺骗的社会，它也与在财富、权力的基础上追求嘉许的"同情性"动力如此密切地联系在一起，正因如此，衰败与堕落就是它的持久危机。斯密的论述的一大长处是，他坚持面对这个问题。他从不心存幻想，认为自由市场将会自动无误地生成一个明智有德的社会，即便是就此术语较薄弱的意义而言。正如斯密在《国富论》不同段落中强调的那样，自私持久地对抗着正义：比如，在寻求用垄断的方式限制竞争的时候，那些参与"改善他们自身"事务的人便自然而然地密谋反对公共善好（*WN* I.xi.p.10; I.x.c.27）。这是一种腐败，因为它是一种对违背他人自由的冷漠。《国富论》猛烈抨击那种腐败，以及建于其上的重商主义经济体系。"想象的偏见"促使我们追求财富与权力。在处理"想象的偏见"之后不久，斯密写作了一个章节，其标题为"由崇拜富人与大人物这种倾向产生的道德情感腐败"（I.iii.3）。这一章概括了刚才提出的观点：尤其是在"享有优越生活的人"中间，"财富的候选人频繁地放弃德性之路"（*TMS* I.iii.3.8）。尽管想象的偏见或欺骗并不会必然堕落为道德腐败，但它们却有可能会。我们如何阻止它们堕落到此境地呢？[8]

答案不是与幸福的真正本性有关的普遍哲学教育（尽管哲学要在这里发挥作用），也不是与之相关的普遍启蒙。政治解放并不取决于精神解放。道德教育必须扮演其角色，并且，就像我已经暗示过的：如果没有适当的政治、社会制度安排，它就不能得到维持。人们将会对一位"有德性的理论家"寄予期待。《国富论》帮助我们理解，什么样的制度安排受到更进一步的限制。我们不能将其混同为"经典人文主义"的总体复兴。斯密具有完全不存

---

[8] S. 扎什曼（S. Justman）评论说，"作为商业的辩护者，亚当·斯密不得不面对这个问题：尽管虚假善好的腐败，以及对虚假善好的渴求弥漫于商业社会当中——用18世纪的术语来说，亦即虚荣与奢华——人们如何能够保持他们的自治与道德立场呢？" *The Autonomous Male of Adam Smith*, p. 149.

幻想、未加更改的常规政治学观点；并且，这种观点是其论辩的核心。他认为，公共领域经常受到腐败的"自我利益"驱动。欧洲宗教战争的血腥历史只能强化这种冷冰冰的观点，即"政治"实际上意味着什么。体系的瓦解——类似于我们在第二章中的考察，旁观者立场翻转为行为者立场——是存在于一切最为简单的社会中的危险，其结果是，个人和群组认为他们自己只对自己的标准负责。令人惊讶的是，斯密认为，在有助于维持公民道德品质的拥有适当架构的制度与行为中，商业应当有一席之地。

那么，让我们将《道德情感论》与《国富论》放在一起，互相补充，形成一个更大的整体。在此更大的整体中，道德哲学、政治经济学、社会科学则支持一种非哲人的得体与生产生活的非情感视野。斯密力图为追逐财富解毒，并针对希腊与基督教的指控，为其德性提供一种有限度的辩护。希腊与基督教的指控为：追逐财富将瓦解审慎（e.g., *Rep.* 555c-d）、摧毁尚武精神并因此损害自由，或者说，它将不可避免地导致卑鄙、软弱、占有欲，以及道德上难以接受的不平等。[9]一种观点认为，与财富的获得和消费相关的行为必然是堕落而卑贱的；另一种观点则认为，作为一种完全此世的问题，这些行为使我们不能为来世生活做准备。指控便涵盖了从前者到后者的范围。亚里士多德认为，如果我们仅把获取财货当成自足的手段，那它是可以接受，或是"自然"的；并且，他也批评了追逐利益的商业，认为它服务于对财富没有限制的极端满足与积累（*Pol.* 1257a1-1258a18）。亚里士多德援

---

[9] 关于斯密对古典观点的拒绝，以及斯密的选择，进一步的讨论可参见 C. J. 贝里（C. J. Berry）优秀的论文 "Adam Smith and the Virtues of Commerce," in *Virtue*, vol. 34 of Nomos, ed. J. W. Chapman and W. A. Galston, New York: New York University Press, 1992, pp. 69-88.

引梭伦，认为财富以及对财富的欲望没有任何边界；但他回应说，好生活则定义了这样一种限制（*Pol.* 1256b30-39）。商业若得不到一种好的或有德生活视野的规范，它将要摧毁公民与统治者的品格，以及政体的公共品格与德性。于是，堕落退步不可避免。亦即，从这一古老立场出发，想象之"欺骗"是深层次的"腐败"，并将导致斯密在两部专著中讨论的其他问题。相应地，斯密的回应值得考虑；这部分是因为他自己坚持"欺骗"的存在，否认从中必然产生有害结果，并且论述说，对欺骗的古老治疗有其自身的破坏性结果。

腐败并非仅由对财富的极端获取构成。正如我在第五章提到的那样，斯密判断：道德情感最大的腐败因素是派系和狂热，尤其是宗教教派的派系与狂热："就任何对我们自然情感的严重颠覆而言，错误的宗教观念几乎是能够导致它们出现的唯一原因。"（Ⅲ.6.12; Ⅲ.3.43）当然，这种极端的腐败形式并非仅仅针对商业社会；但是，根据斯密，它却能够因商业社会的自由、正义品格而受到最有效的抑制。值得注意的是，这些相同的原则也能够维持宗教所能提供的德性。这些具有挑战性的论断意欲何为呢？

二 宗教与自由德性

> 彼此竞争的派系产生了好性情与节制。看起来，在一个自由民族的公共道德中，这是最根本的条件。
>
> 亚当·斯密，*WN* Ⅴ.i.f.40

所谓古典或"启蒙"自由主义的建筑师认为，他们自己致力于驳斥宗教组织对政治主权的要求。[10]通过提醒我们自己注意上述内容,论述就可以开始了。启蒙运动努力将政治学放在一个稳定、正义的基础上,这构成了当时的一个主导性论题。这一努力还有一个必不可少的部分:论证由国家支持的宗教,以及极端情况下的宗教垄断不具备合法性。自由政治要求宗教宽容,或者要求更好的宗教信仰自由。这反过来暗示,宗教制度必须私人化(就像它原本所是的那样),以及政治必须世俗化。立法法则存在于被统治者的同意,而非存在于神之尘世大臣阐释的神法中。如托马斯·杰弗逊告诉我们的一般,宗教视野中的差异将通过说服而非暴力得到解决;说服则是一私人的事情。简单来说,除了阻止相关派系使用武力,国家没有任何角色需要扮演。正如杰弗逊令人震惊地提出来的那样,"政府的立法权拓展到这些行为中,恰如司法权拓展到其他行为中。但是,无论我的邻居说有二十个神存在还是没有神存在,它都不会给我带来任何伤害。它不会掏空我的口袋,也不会打断我的腿脚……理性与说服是(对抗宗教错谬)唯一可行的工具"。[11]

宗教事务有助于探问自由主义的承诺。首先,自柏拉图以来,宗教就持续地得到讨论。丰富的辩论史给我们提供了深入探讨的

---

[10] "古典自由"传统中的思想家列表可以简单地读作关键启蒙人物荟萃;让我们举出一些名字,他们是:拜尔、霍布斯、洛克、斯宾诺莎、休谟、斯密、伏尔泰、康德。比如,请考虑在康德《什么是启蒙》中,宗教自由发挥的作用。我重申,在谈论"自由主义"时,我指的是传统的奠基者大致分享的那类"古典自由主义";相反,我并未提及当代美国信条。现在,这些美国信条与"保守主义"相对照(所以,也与我在此处使用的术语"自由"形成对照)。参见我在引言注[2]所作的评论。

[11] 参见 Notes on the State of Virginia, query 17, in Thomas Jefferson: Writings, pp. 285-286。在 "Bill for Establishing Religious Freedom" 中,杰弗逊写道:"我们的公民权利全不依赖我们的宗教观点,更不会依赖我们在物理学与地理学中的观点……人的观点并非公民政府的对象,也不在其司法治理之下。" Writings, pp. 346-347.

论据。其次，在当代自由主义讨论中，宗教问题持续地扮演着某种自由主义说服力试金石的功能。[12]这个问题之所以获得那种地位，部分原因是它切中了政治法则正当性问题的核心，提出了如下问题：什么才算得上政治中的"理性"正当性；以及针对基于宗教的法则正当性，自由论证是否像一些思想家指出来的那样，远不只是修辞性的？宗教与非宗教视野间的差异如此深刻，以至于人们对公共理性与对话的可能性提出了质疑——而这在自由政体的论证中看起来至为关键。再次，关于宗教在公共生活中的作用，相关的经验历史确实存在；在任何关于最好可行的政体的讨论中，历史将会发挥主导作用。最终，在确立正义政体概念时，为了引出政治理论家做出的假设，宗教事务成为了一个方便的杠杆。

斯密对柏拉图传统的回应与借用

为国家支持的宗教做出论述——其极限是，公民宗教被授予垄断权——的经典论据是柏拉图《法律篇》的第十卷。出于方便的考虑，我们可以把这种反自由的论证称为"柏拉图传统"。[13]雅

---

[12] 举个例子：请考虑内格尔在"Moral Conflict and Political Legitimacy"（*Philosophy and Public Affairs* 16［1987］, pp. 215-240）中对这一问题的发挥。近期，关于宗教—政治问题，对各种论证战略的非斯密式讨论，请参见 R. Audi, "The Separation of Church and State and the Obligations of Citizenship," *Philosophy and Public Affairs* 18 (1989), pp. 259-296。

[13] 当然，这个表述并不精确，我也不想忽视在《法律篇》、基督教思想中的许多分支，以及斯密所谓的"自然宗教"中得以表述的神学观点之间的差异；同样，我也不想假装，后面那些对此传统的贡献者认为受到《法律篇》的启发。我的观点很简单，就宗教的伦理与政治功能而言，柏拉图与某些基督教继承者享有共同的基础，这部分地与斯密形成对照。比如，参见 1888 年教皇利奥十三世（Pope Leo XIII）"Libertas"中的论述，在那里，作者对宗教、德性与共同体的关系做出了基本的柏拉图式论证；然后，关于教会与国家之分割、"自由主义"伦理与概念之贫乏等，作者也做出了推论。

典陌生人阐发的宗教信条并非传统希腊宗教的信条。他们意图依赖灵魂和宇宙之自然的哲学论证。针对当下的目的，我可以在很大程度上忽视那些论证，并阐明《法律篇》中公民宗教总体原则之基础。雅典陌生人认为，一个稳定的、相对自由的社会需要人们分享一种道德视野——实际上，此即为一种人们共享的德性原则。[14]陌生人指出，一个城邦"最大的疾患"是"内战"（744d）；主权者的首要职责便是确保有条件使法律的统治得以实施，而且公民能够免于受到不正义的伤害。和平与自由需要共享一种好生活的观念。

在《法律篇》中，共享的道德视野是什么呢？它将基于一种关于何为卓越之人的理解（707d）。并且，通过提升公民，使他们把自己看成一个更大的、得到理智安排的整体的一部分，那种理解就被编织进共同体日常信念的结构中了。在后来的传统中，这种观点是有神论的。我们并不认为，好或正义就是我们个人的激情支配的一切；相反，我们要相信，这些规范嵌入在整体或宇宙的自然当中。如雅典陌生人一般，斯密将我们对自己的极端偏爱（"自爱的误传"）看成人类生活失序的一个主要根源。[15]一个类似的主题贯穿于沙夫茨伯里、哈奇森和康德之间。第十卷中陌生

---

[14] 在701d，陌生人评论道："我们说，立法者在制定法律时，必须以三样事物为其目标，亦即，他为之立法的城邦必须是自由的，它是它自身的朋友，并且具有理智。"我们可以通过多重需要来衡量政治自由（包括言论自由）的程度。它们包括：存活者的要求、法律的统治，以及具有卓越能力之人中人类卓越的繁荣。"我使用的是潘戈《法律篇》译本（Laws, New York: Basic Books, 1980）。

[15] TMS III.4.3-12. 雅典陌生人的评论引人注目："真相是，在每一种情况下，对自己的极端友爱是所有人犯错的原因。每一个关心某件事物的人来到他所关爱的东西面前时，他都会变得盲目，因此对什么是正义、好与高贵做出糟糕的判断，因为他相信，他总是应当荣耀自身胜过真理……所以，每个人都应该摆脱极端的自爱。"（731-732b）

人的有神论想要我们从整体善好的立场,不偏不倚地看待我们自己。他论证说,不义源于人们获取超过自身份额,超过公平份额(906c)的努力,并且它与如下不足联系在一起:我们不能从整体出发,不偏不倚地思考何为正确(903c)。只要我们**相信**,这种有神论神学是真实的,即便对其真实性的哲学证明超过了我们的能力,那么,对陌生人的计划而言,这也足够了。在根本上,陌生人的论证是由伦理学驱动的;在一定程度上稍作夸张,对他而言,宗教是道德与商业生活需求的延伸。[16]在其所意图的伦理与政治焦点中,它是斯密所谓的"纯粹理性宗教"的前身。

在陌生人看来,宗教自由与政治和平并不相容,保卫后者的安全也是政治家的职责。其驱动力不只是对公民的控制或权力;的确,在此遭到拒绝的一种观点则可能是正确的观点。陌生人假定,道德与宗教信念能够改善我们的行为,恰似不健康或错误的信念会腐化我们的行为。[17]的确,他的观点是,当共享的道德规范用宗教语言阐述出来,它们就变得最有效力,因为那些术语提供了一种可接受的框架和有德行为的动机(cf. III.5.6)。[18]在柏拉

---

[16] 比如,斯密评论道,宗教应当要求的"第一义务"是"满足所有道德义务"(*TMS* III.5.13)。

[17] 斯密将会同意这一假设;*TMS* III.5.4; III.5.12-13; III.6.1。在《法律篇》889e,柏拉图告诉我们说,无神论者是一个唯物主义者(materialist);他们认为诸神"因技艺而存在——不是因为自然,而是通过某种法律习俗,并且这些习俗随地域不同而有所差异,它们取决于每一群体在制定法律时的共识"。依据无神论者,自然正义的事物不存在;正义即为强力;并且,通过公开散布这些观点,"公共冲突便受到激发"(890a)。所以,为了和平与正义的利益,无神论者就应该受到压制。在907d,陌生人为各种不虔敬的行为确立了诸种惩罚。在904d-905c,陌生人提到了哈德斯(Hades)和一处没有具体指定的地方,正义在那里受到奖赏;并且陌生人坚持说,没有人能够摆脱诸神的正义。陌生人并未巨细无遗地论述来生的惩罚与奖赏。

[18] 到现在为止,这一思想有一漫长的历史。洛克写道,"的确,哲人展示了德性之美;他们把她凸显出来,把人们的目光与赞许都牵引到她身上;[转下页]

图的体系中，这些动机也包括公开且严酷地惩罚如下罪行：公开宣扬私人宗教，或是其他类型的不虔敬。[19]比如，声名狼藉的"夜间议事会"（909a）就被指控劝说善意的无神论者放弃他们的观点。（在"节制所"[moderation tank]里，这种劝说至少要持续五年）公开表达的无神论要遭到压制，不仅因为个人无神论者不道德，还因为一个无神论者社会缺乏维持有德行为的信念。[20]

[接上页]但是，如果我们使她得不到赠予，那么就很少有人想要支持她"。因为基督教的关系，"我们现在可以看到，德性是最能令人致富的交易，也是最好的交易"；并且，"在这一基础之上，且仅仅在此基础之上，道德坚强地站立，可以对抗所有腐败"。参见 The Reasonableness of Christianity, ed. I. T. Ramsey, Stanford: Stanford University Press, 1958, p. 70, par. 245。约翰·杜恩（John Dunn）在"From Applied Theology to Social Analysis: The Break between John Locke and the Scottish Enlightenment"（in Hont and Ignatieff, Wealth and Virtue, pp. 119-135）一文中很好地讲出了洛克的理性行为人概念与斯密理性行为人"内在概念"之间的裂口。杜恩总结说，"一种纯粹理性行为人的内在概念使人类个体不再抱有幻想，并且不再受到欺骗。但是，它仍然使他们越来越依赖自身，使之在社会或政治行动中日益缺乏指导，成为自我摧毁的游戏中的囚徒，我们也可能找不到任何理性的解决方式"（p. 134）。我将在后记中回到此处的总体思想上来。

[19] 另一类不虔敬包括：无神论、诸神并不关心人类的观点，以及诸神可被贿赂的观点。陌生人尤其关注不相信诸神的人，以及那些认为诸神粗心或可因人为手段受到安抚的人。这些人把宗教当作个人获利的面具，他们"通过假装诱惑死者的灵魂，同时诱惑着许多活人的灵魂"（909b）。斯密对欺骗性宗教的关注在 TMS III.5.13 中得到展现，他在那里论证说，对于那些"深刻地烙下宗教情感的人们"，只要那些情感尚未腐败（比如，因贿赂或与神交易产生的腐败），我们可以正确地怀有更大的信心。

[20] 陌生人在《法律篇》908b-c讲述了道德无神论者的问题。对一个无神论社会的类似怀疑，参见 J. Locke, A Letter Concerning Toleration, ed. P. Romanell, Indianapolis: Bobbs-Merrill, 1985, p. 52； 以及 F. Hutcheson, A System of Moral Philosophy, 1755; rpt. New York: Kelley, 1968, bk. III, chap. 9: "为了引导无神论，或否认道德神意，否认道德与社会德行诸义务；这些的确倾向于在最重要的国家利益上伤害国家；那些直接发表这些信条的人不能很好地假装，表现出良心中有做这些事情的义务。所以，执行官可以正当地用武力来限制它们。"哈奇森继续论证说，"对于各种形式的外在崇拜，以及不同的宗教体系"，试图去迫害它们便是最大的愚蠢与残忍（pp. 313-314）。Cf. bk. I, ch.10: "我们无须探究，一个无神论者的社会是否能够得以维系？[转下页]

有人会反对说，我们没有确切的证据证明斯密是否熟知《法律篇》第十卷；即便他知道并引用了整个对话。[21]有人会回答说：另一个不知道《法律篇》第十卷的人也可以做出斯密那样的论证。姑且让我们把这种回答搁置一旁。但他确实有过这样的辩论，在某些方面，他的观点与之前的观点相似，这是由伟大的现代柏拉图主义者沙夫茨伯里公爵提出的。我要提起沙夫茨伯里的著作《关于德性或功之探研》(*Inquiry Concerning Virtue or Merit*)，其主题正是宗教与德性之关系。沙夫茨伯里在结尾论证说，有神论信仰（他将其定义为如下原则："每件事情都被一种必然为好且永恒的设计原则或心灵统治、安排，或规范，为着最好的目的"）对社会有益。[22]沙夫茨伯里理解德性时，将之与提高公共利益的情感和行为结合起来。他认为，邪恶首先便是这些情感的匮乏，或者一种"自爱的过度"。再一次，对自我过度的偏爱为邪恶之根，并且，它能够部分地被一种相信"超越存在之监督"的"有神论

[接上页]或者，与那些拥有某种邪恶迷信之人的国家相比，他们的国家是更好，还是更坏？真正的宗教会明白地提升个人与社会的幸福。如果你清除了所有的宗教，那么你也就清除了某种最强有力的纽带，清除了一切社会官能中忠诚与活力最高贵的动机。"（p. 219）E. G. 亨德特（E. G. Hundert）向我指出，拜尔通过 *Miscellaneous Thoughts on the Comet*（1680）将无神论者社会的问题放到了现代哲学日程上。哈奇森恰当而间接地提到了这个文本。

[21] 在其《古代物理学史》第9段，斯密提到了前柏拉图哲学以及柏拉图《蒂迈欧》中的"有神论"起源，其中的关键有神论观念是：世界"完全是一台机器"，或是一"由普遍法则统治的，圆融一致的体系"；这些普遍法则由某个理性存在设定。在《哲学主题论文》（*EPS*, pp. 113-114）中，斯密表明说，斯多葛派在这里"就像在大部分其他事物中一样，似乎改变并改进了柏拉图的教义"（p. 116）。斯密在 TMS Ⅶ.iv.37 对《法律篇》的引用涉及整篇对话，所以，这表明，斯密至少完整地翻阅过这部对话。

[22] *Inquiry* bk. Ⅰ, pt. 1, sec. Ⅱ, in vol. I of *Characteristics of Men, Manners, Opinions, Times*, p. 240. 我们不能从中推出，沙夫茨伯里认为无神论者不道德。相关讨论，请参见 D. Den Uyl, "Shaftesbury and the Modern Problem of Virtue," *Social Philosophy and Policy Journal*, 15 (1998), pp. 275-316.

信仰"所抑制；此"超越之存在"则为人类生活的证人与旁观者（*Inquiry* bk. I, pt. III. sec. III. p.268）。就像我早先指出的那样，斯密认为，宗教有助于我们控制我们的激情，以及对我们自己的自然偏爱；宗教让我们知道，我们受到一个正义的最高存在的注视，从而帮助实现了这一限制效果（*TMS* III.5.12）。正如我们在第五章看到的那样，斯密论证说，自我控制是德性之关键，它与我们把自己看成一个有序整体之部分的能力绑在一起（*TMS* VII. ii.1.20）。正如沙夫茨伯里也曾提出：

> 作为一个健康的有神论者，谁如果相信一个统治性心灵在自然中至高无上的地位，它用善好的最高完美性，用智慧与力量统治着一切事物；那么他必然相信，德性自然而然是好的，能够带来利益。与假设德性为自然的恶，假设恶为一个人自然的德性相比，什么能够更加强烈地暗示一种不正义法令，和事物总体构成中的污渍与不完美呢？[23]

---

[23] *Inquiry* bk. I, pt. III. sec. III, p. 277. 沙夫茨伯里在 *Inquiry*, sec. II, pp. 264-265 评论说："为了固定正确的理解、一种正确的判断，或对错感，没有什么比相信这样一个神能产生更高的贡献了。它一直且在各个方面都代表了这些，从而事实上是最确切的正义、最高的善好与价值的真实模型与榜样。"这样一种神圣天意与仁爱的观点拓展到一切之上，并在一种朝向整体的持久的好情感中得到表达，它必然会吸引我们以一种相似的原则与情感来行动，在我们的范围与领域之中。德性"不过是爱社会中的秩序与美"，如果我们相信世界秩序是正义的、美丽的、和谐的，并且合于比例。这一信念将会激活那种德性感受（ibid., p. 279）。沙夫茨伯里清楚地阐明，无论这种有神论是否是客观真实的，它对德性原因都高度有益。我们应当注意，沙夫茨伯里极不喜欢制度化的宗教，以及 J. 瓦伊纳（J. Viner）所谓的"神学功利主义"（追随 A. C. Fraser）。关于引用的短语，参见 J. Viner, *The Role of Providence in the Social Order*, Princeton: Princeton University Press, 1972, p. 70。

适当组织起来的宗教支持德性与共同体。斯密再次清晰地支持了这一主张。[24]

在《法律篇》与《理想国》(第二卷)两本书中,接近宗教问题的那种支配性视野是政治的与异教的。在《国富论》第五卷中,这也是斯密接近这个问题的视野。他专注于融合宗教、道德教育与政治和平。他的讨论构成了总论章节的一个部分(ch. 1, pt. Ⅲ),此节标题为"论公共事务与公共制度的花费";其讨论自身出现在第三个条目,其标题为"论教育一切年龄的人民的制度的花费"。斯密认为,尽管道德与宗教建立在人性基础上,但它们是需要学习的事务。正确品格之形成、对健康行为法则之嘉许都受到制度语境的严重影响。

让我转向《国富论》的这一节,因为斯密在这里为柏拉图式焦虑设计了他的非柏拉图式解决方案。他用一篇关于教育的讨论导向了对制度化宗教的分析。相应地,神学问题远离了他的讨论。与此同时,他并不认为宗教是一种鸦片。他看到宗教在品格塑造中发挥了建设性作用。例如,他认为,发现自己被抛入巨大都市语境的工人感到自己对他人并无责任。由于籍籍无名,不为人知,工人便忽视自己,转向"每一种低级的放荡与邪恶之中"。然而,通过成为一个小型宗教教派的一员,他就变得对他人负有责任,因此也对自己负有责任(*WN* Ⅴ.i.g.12)。所以,在对抗商业社会中的腐败源头时,宗教颇有助益。斯密对宗教的关注部分受到对共同体的道德教育,亦即对公民德性之关注的推动。受到适度控制的宗教只是道德

---

[24] 比如,"宗教强化了自然的义务感"(*TMS* Ⅲ.5.13),以及"宗教为德性实践提供了如此强烈的动机,并用这些强有力的限制护卫我们,使我们免于恶的诱惑;以至于许多人假设,宗教原则是唯一值得赞许的行动动机"(*TMS* Ⅲ.6.1;也请参见Ⅲ.5.3-4)。

教育的一个方面。在这几页，斯密也谈到了国家对科学、哲学教育的要求，以及艺术的公民角色。甚至，当理想条件盛行，宗教彼此竞争时，一种国家角色仍然保留。[25]但是，宗教对道德教育的贡献却因多重潜在的危险而复杂化了。

在立即导向第三条目的那一段中，斯密观察到，如果一个民族受到更好的教育，他们就"更不容易受到狂热与迷信之欺骗的影响，尽管它们在无知国族中频繁产生最可怕的混乱"。[26]这在自由社会中尤其重要，在那里，"派系与叛乱"能够因为人民自己得到最终的抵制。[27]这些论述或许可以用来表明，斯密认为宗教信念与自由社会并不相配。然而，情况并非如此。我们倒不如说，他认为，在不适当的制度安排中，宗教信念变成了危险的"狂热"。让我们看一看，他是如何发展出这种论述的。

对教育的讨论使斯密延长了关于中世纪早期罗马天主教会的分析。他把中世纪早期罗马天主教会的历史当作一种测试案例来使用。他首先关注天主教神父扩展其影响范围的诱因。[28]因为许

---

[25] 在一种非理想状态下，已经建立起来的教会可能是次好的解决方案，斯密也赞成这种安排（*WN* V.i.g.41）。理想与非理想状态的区分有助于解决此似是而非的冲突。C. G. 雷瑟（C. G. Leathers）与 J. P. 瑞恩（J. P. Raines）坚持强调这一冲突，参见 C. G. Leathers and J. P. Raines, "Adam Smith on Competitive Religious Markets," *History of Political Economy* 24 (1992), pp. 499-513。

[26] *WN* V.i.f.61. 关于这个术语的含义，参见休谟"Of Superstition and Enthusiasm," in *Essays Moral, Politica, and Literary*, pp. 73-79。关于这个术语的复杂历史，参见 Tucker, *Enthusiasm: A Study in Semantic Change*, Cambridge: Cambridge University Press, 1972。斯密自己并未清晰地区分迷信（superstition）、宗教狂热（enthusiasm）与狂热（fanaticism）。

[27] 除此之外，受过教育的理智的人总是比无知且愚蠢者更加得体、富有秩序……他们更倾向于考察，也更有能力看透派系与叛乱的利益诉求。依据那种论述，他们不太容易被误导，对政府的措施进行任何肆意且不必要的反对。

[28] "在罗马教会，由于自利强有力的驱动，低阶教士的勤劳与热忱被维持在比任何已经确立起来的新教教会更加活跃的状态。"（*WN* V.i.f.61）

多低阶神父从自愿捐献中获得生计,这些诱因便随之产生。在此语境中,这一点致使斯密富于启发地长篇引用休谟的《英国史》(*History of England*)。休谟在那里论证说,就其本质而言,组织化的宗教是一种不容缓解的恶,控制它、确保政治和平的最好方式是:通过补助其生活开支,君主"为其(牧师)游惰行贿"。建立一座教堂将会维持牧师的懒惰,使之失去热情(*WN* V.i.g.3-6),然而,竞争则鼓舞"狂热",有恶化派系之危险。在引用这一段时,斯密实际上问的是:大众宗教是否为一好的事物,我们可否找到控制它的有效方式。[29]

斯密赞同休谟,认为:确保牧师获得一份收入将会让他们变得不那么积极;相反,如果迫使他们为门徒竞争(迫使教派积极招募),他们的宗教热忱将会保持活跃。休谟认为,一方面是政治和平与君主权威,另一方面是组织化的宗教,这两者之间存在张力。对此,斯密也赞同休谟。我已经引用了斯密的评论,即政治自由依赖公民抵制"狂热与迷信之欺骗"的能力。他继续用很长的篇幅论证,已经建立起来的教会利益与君主利益绝不相同。[30] 一个教会的垄断导致了"迷信最显而易见的欺骗",它如此有效地受到许多个体自利的支持,以至于"摆脱了来自一切人类理性攻击的危险"(*WN* V.i.g.24)。然而,斯密在两个方面不赞同休谟的论述。组织化宗教只有一部分才是恶的,即只有在导向狂热时才

---

[29] 斯密似乎在这里假设,当我们讨论的宗教是一神论时,狂热就是一种危险。关于多神论宗教之宽容,以及单神论宗教中的宽容趋势,相关讨论参见 Hume, *The Natural History of Religion*, section IX。然而,斯密谈论了主权者对各种宗教的公正无偏(*WN* V.i.g.16),这暗示着:相关宗教(religions in question)可能包括了非基督宗教。

[30] *WN* V.i.g.17. 的确,"我们可以把它当成一个确定的法则确立起来,即,在假设其他事情都平等的状况下,教会越富有,君主和人民则必然越贫穷"(*WN* V.i.g.41)。

是恶的；实际上，它在共同体建设中发挥了建设性的作用。并且，与休谟设想的效果相反，建立一个教会将会导致战争而非和平。授予教会垄断地位将会败坏宗教与政治。首先，让我聚焦于关注国家补贴与宗教战争之关系的后一种论证。

斯密用他自己的一些史论来回应休谟的《英国史》，开始其论述。国家对于宗教很少如休谟所建议的那样予以支持。与政治斗争中获胜一方结盟的宗教很快要求公民执政官授予他们一种垄断地位，压制其他教派，并且为其提供一份补贴。君主在政治斗争中因教派的帮助受益，他便很难抵制其要求。一旦一个教派建立起来，它就（借国家支持）迫害其竞争对手。实际上，受国家补贴的统治教派现在变得懒惰，这迫使它控制神职人员数量，其手段不是积极征募忠良之辈，而是清除相反的那一类人。教派的懒惰与迫害的不遗余力因此鼓舞了"宗教狂热"与战争的火焰。这两者都不是教会与君主期待的效果。[31] 斯密用长篇大论说明，通过建立一个教会，君主便在事实上将自身安全置于危险当中。斯密指出给定政策意外结果的重要性，这是其典型的政治分析。

在前自由时代的政治中，城邦因强力而捆绑在一起，成为一致的道德整体。前自由时代的政治没能创造共同体，反而摧毁了它。实际上，它败坏了一切相关者的品格。受迫害者要么转向狂热，要么走向暴力；施加迫害者则假惺惺地装出虔敬的样子，实际上，他们已经很长时间感受不到任何虔敬心了，并下作地使用暴力，从而摧毁了他们曾有的爱与宽容德性。用斯密的关键术语来

---

[31] 对于要求国家支持的教会人士，斯密做出这样的评价："他们厌倦迎合人民，也厌于为一份补助去依赖其贪婪。所以，在提出这一（国家支持）要求时，他们考虑的是自己的安逸与舒适，却不考虑这在将来可能对其阶层的影响与权威会产生何种效果。"(*WN* V.i.g.7)

说，正义的管理不再"不偏不倚"（用于 WN V.i.g.8）。或者，如果我们从《道德情感论》中借取一个表达，迫害者变得"虚荣"。相反，斯密论称，自由的政治安排允许有真正的共同体，它们以自愿的参与、真挚的"关心"为基础。他批评了柏拉图传统，其关键因素便位列其中。在本节稍后的位置，我将要回到这个问题上来。

那么，宗教狂热与斗争是怎样得到控制的呢？斯密的道德心理学清除了两种可能，即（1）社会条件能以这样一种方式得到构建，以至于宗教不再是一种能被人感受到的需要，以及（2）世俗惩罚的威胁将成功镇压宗教热情。正如斯密引人注目地提出，"宗教权威高于其他每一种权威。它表达出来的恐惧会征服其他一切恐惧"（WN V.i.g.17）。既然我们怀疑，士兵们自己也诉诸普通宗教，那么，哪怕是一支常备军也不能控制它。柏拉图传统再一次在此问题上犯了错误。并且，这把我们带到斯密解决此问题的"自由"方案，即一个宗教的"自由市场"。

我们必须区分任何此类自由结构的起源，以及关于自由主义为何能解决宗教战争的分析（鉴于某些道德心理学观点，以及从手边这一主题的历史中得出的教训）。关于前者，斯密很清楚，在原则上，宗教战争既非源于哲人的设计也非源于政治家的劝诫和敦促，宗教战争是因为"事物的自然经过"才出现的。"事物的自然经过"将逐渐削弱已建立起来的宗教权威，以致行政官员不能只是停止对其支持，而要能够在彼此竞争的宗教当中，采取一种"不偏不倚"的立场。[32] 关于后者，斯密告诉我们：首先，如果

---

[32] 斯密评论说，在中世纪时期，罗马天主教会"可能被认为是有史以来反对权威与文明政府之安全最可怕的联合，也是反对自由、理性、人类幸福最可怕的联合。只有在文明政府有能力保卫他们的地方，自由、理性与人类幸福才能变得繁荣……如果这一构成只受到人类理性虚弱效果的攻击，[转下页]

国家未能支持任何一个教派胜过其他，它就要"平等且不偏不倚地对待所有不同的教派，允许每个人选择自己的牧师以及自己认为合适的宗教"（WN V.i.g.8）。结果便是，"众多宗教教派将由之产生"。如休谟预言的那样，每一个宗教教师将要热情地追求新的皈依。考虑到宗教分歧是自然而然的，我们就可以期待产生众多教派。

简而言之，斯密似乎认为，一旦国家对宗教采取了不偏不倚的立场，制度化宗教便自然倾向于分裂为诸多教派（WN V.i.g.9）。[33] 对此，依据斯密，一个原因是：在宗教教义中，许多真理性主张都不能"得到证实"（verifiable），即便我们是在一种宽泛的含义上使用这个词。许多宗教原理没有服从有意义的辩论；在斯密看来，这是宗教信仰的认识论结果（关于本体论、形而上学，以及"气体力学"，参见 WN V.i.f.29）。这些论点的说服力与读者的个人历史、心理构成以及经济背景密切相关，也与领袖的修辞力量和人格榜样力量密切相关。在《道德情感论》的论述中，"无偏旁观者"并未与行动者处在类似的环境里，因此，他很难同情行动者的宗教信仰。"同情"要求一种想象行为；的确，斯密把世界的宗教图景当成想象的运动。[34] 所以，同情，或者（也许是）认同他人的宗教观便是想象进入他人的灵魂、神、死

[接上页] 而没有受到其他敌人的攻击，它原本可以永远持续下去"（WN V.i.g.24）。对于基督教不宽容史颇有助益的讨论，参见 G. G. Stroumsa, "Le radicalisme religieux du premier christianisme: Contexte et implications," in E. Patlagean and A. Le Boulluec, eds. *Les retours aux écritures: Fondamentalismes présents et passés*, Louvain: Peeters, 1993, pp. 357-382。

[33] 在 *Adam Smith in His Time and Ours* 一书中（Princeton: Princeton University Press, 1993, p. 157），J. Z. 穆勒（J. Z. Muller）也注意到这一点。分裂为何发生，以及它为何会导致政治现代化？穆勒并未深入探究这一问题。

[34] 当然，据其论述，这也是由诗人传布的一种传统宗教的柏拉图式观点。

后生活，以及其他信念的图景。人们想象的世界宗教图景的变体无穷无尽。这并非否认，大量的人会就详细具体的宗教教义达成共识。但是，当他们处在类似的情境中，发展出重要的友爱纽带与共同体形象时，他们将会更加容易做到。在《道德情感论》中（Ⅵ.ii.1-3），他表明，我们的情感（或同情）圈普遍较小。一座本地教堂就能够提供相关的共同体，尽管它隶属于一个具有广泛影响的宗教。

其次，他假设，众多宗教教派——以及宗教自由之可能性——在其中得以兴起的社会将会具有一个合理的规模，它将会包括财富与权力之区分，以及不同宗教观点的循环。[35] 所以，他在后面的讨论中说，在小共和国中，一个纯粹的"自由市场"方案没有发生作用（WN V.i.g.36）。就像在他之前的休谟，以及他身后的詹姆斯·麦迪逊，斯密似乎也认为：政治自由在一个更大的国家，而非更小的国家得到了更好的保护。[36]

但是，在追求皈依者的过程中，为何多种彼此竞争的宗教教

---

[35] 斯密似乎假设，在渔猎和畜牧文化中，以及在早期农耕社会中，宗教并不是一个政治问题，原因要么是关于宗教教义的分歧尚未产生，要么是神学尚未发明。我注意到，《法律篇》第十卷中"言辞中的城邦"规模颇小，但是，对雅典陌生人来说，它足以使宗教问题成为一个政治问题。

[36] 在一个小共和国中，"同情"的共同体（采用斯密的术语）或许太小，不足以产生群体的碎裂；在实践方面，它也可能相对容易产生一多数派别，并压制政治自由。参见 Hume, "Idea of a Perfect Commonwealth," in *Essays Moral, Political, and Literary*, pp. 527-528。在《联邦党人文集》中（*Federalist* no.10），詹姆斯·麦迪逊为派系问题提出了著名的解决方案，这一方案的原型似乎是他在别处为宗教派系问题提出的解决之道："在一个自由政府中，政治权利的安全与宗教权利的安全必须同一。在一种情况中，它由多元利益构成；在另一情况中则由多元派系构成。在两种情况中，安全等级将依赖利益与派别的数量；我们也可假设，这有赖于国土疆域的范围与同一政府下的人口数量。" *The Federalist Papers*, ed. C. Rossiter, New York: New American Liberary, 1961, no. 51, p. 324.

派之区分能够产生对暴力手段的限制和弃绝呢？就此，亚当·斯密说：

> 每一派别的教师们看到，他们自己被各路对手而非朋友环绕，他们将不得不学会公正与节制。我们很少能在那些大教派教师身上找到这种公正与节制，他们的教义受到行政官员的支持，得到几乎广大王国与帝国中所有居民的敬重，因此除了追随者、门徒与谦卑的崇拜者，他们什么也看不见。

但是，因为每一个其他教派都会做同样的事，一方的努力将与另一方的努力形成竞争。在一个自由市场当中，宗教教派将会相互控制，每一个教派都能制衡另一个。进而言之，在有许多教派的地方，甚至最不受管束者也不具有严格意义上的充分力量，足以"干扰公共安宁"（*WN* V.i.g.8）。假如这诸多教派联合为一个或一些有纪律地一致行动的教派，它们仍不可避免地掉头转向前自由政治。

斯密论证说，自由的政治安排将导致公共审慎与诚实诸德性的形成（的确，他援引自由宾夕法尼亚为证据，表明"哲学上的好脾性与节制"是这样一个政体的结果）。[37] 矛盾的是，这并不意味着：宗教将变得没有那么精力充沛，较少富有活力——斯密立即提出的论证试图确立起相反的论点。然而，各派系在热情提倡

---

[37] 托马斯·杰弗逊表明了一种类似的期待。参见他在1822年11月2日写给 T. 库珀（T. Cooper）的信札（*Writings*, pp. 1464-1465）。请参见伏尔泰的论述："如果在英格兰只有一种宗教，它将会有僭政的危险；如果那里有两种宗教，它们将会割掉彼此的咽喉；但是，如果那里有三十种宗教，它们就会在和平中幸福地生活在一起。" In the sixth of the *Philosophical Letters*, trans. E. Dilworth, New York: Macmillan, 1961, p. 26.

一种宗教观点的同时，也会对招募新成员的方式进行限制，这才是关键所在。亦即，在如此条件下，各派系将更为有力地追求宗教，并将其地位当作"私有财产"予以接受。斯密计划了一种政治节制与宗教狂热的反直觉协调，这是其论题的关键部分。

所以，斯密论称：在完美的竞争条件下，就其共同拒绝狂热与迷信而言，教派教义彼此相类。[38]亦即，其结果将是深受英国思想家热爱的"道德宗教"。我想，斯密此处的意思不是说，一切教派会在宗教原理的一切主要教义上达成共识。相反，他的意思是：无论他们的教义是什么，他们都不愿意使用暴力（"狂热"），不愿意变得不诚实（"欺诈"）与迷信（"荒谬"），但却愿意赞美基本的德性，比如仁爱、节制、正义以及谦恭。[39]实际上，《法律篇》第十卷设计的方案就要力图实现这些伦理与政治利益，但在这里，它们是通过宗教的多样性与竞争实现，而非通过国家强制施行宗教垄断实现。

与此同时，斯密的观点暗示，就像道德宗教所认为的那样，神学冲突看起来颇为无趣。所以，"纯粹而理性的宗教"似乎不同于神学形而上学。斯密认为，后一项探究没有用处，使人分心；他们是不称职的经院学者与大学教授用想象进行的捏造，具有潜

---

[38] "每一小教派的教师们发现他们自己几乎都孤孤单单的，他们就必须尊重几乎每一个其他的教派，他们将会相互发现让步是一种方便，并且对彼此是适意的；并且正如世界上不同年龄的明智之士都期待看到的那样，让步会适当地及时地将更大部分的宗教原理简化为纯粹、理性的宗教，摆脱掉荒谬、欺诈或狂热的混合。"（*WN* V.i.g.8）

[39] 类似地，在《神学政治论》第十四章，斯宾诺莎论称，"我现在要大胆列举经济教义的原则，或圣经作为一个整体致力于表达的基本信念。这些必须全部简化为如下原理：世间存在一个热爱正义与仁慈的最高存在"。以及："对神的崇拜与服从完全在于对邻人的正义与仁慈。"转引自 D. Den Uyl, "Power, Politics, and Religion in Spioza's Political Thought," *Jewish Political Studies Review* 7 (1995), p. 88.

在的危险性。在本节稍后的部分，我会回到这一区分上来。[40]

节制**为什么**会在自由竞争的条件下开花结果呢？对这个问题的分析显得非常不具有说服力。这个问题仍然具有紧迫性，因为在《道德情感论》中，斯密很清楚：羞耻以及对名誉的爱能够克服对死亡的恐惧（I.iii.2.10; VI.iii.7），所以死亡的威胁不足以限制宗教狂热。斯密针对宗教冲突问题的"自由市场"方案不只是一种审慎的选择，就好像只要各教派认为，这样做有利于他们此时的议价地位，他们就能够受到限制，不使用暴力。与在市场上交易的其他类型货品相比，此处的"商品"在形象上具有一种质的区别。为何自由市场方案不会产生一切人反对一切人的战争？斯密自己指出，诸审慎原因不足以限制愤怒等激情（VI.concl.3, 4）。我们需要更好地理解，斯密缘何认为：在拥有宗教自由的地方，宗教消费者会支持非暴力、不伪善、不迷信的宗教。

明确地说，斯密对这一问题的解决方案在某种程度上以如下方式运行：对宗教教师的限制既不是来自国家的威胁，也不是来自其他教派的暴力威胁，而是信徒的竞争。但进一步说，潜在的信徒们期待，在理想条件下，他们能从对一种宗教的坚持中获得某些方面的益处，并惩罚那些未能兑现承诺的宗教。斯密认为，在竞争和宗教分化的条件下，没能学会诚实与节制的宗教"教师们"（用他的词来说）会发现，他们只是在向空洞的会众讲道。在教派间的选择只是一种观点的地方，宗教的消费者倾向于保护那

---

[40] *WN* V.i.f.27-30. 对斯密学说中神学与"自然宗教"之关系的卓越讨论，参见 Haakonssen, *The Science of a Legislator*, pp. 74-77. 对斯密宗教观的近期讨论，参见 R. A. Kleer, "Final Causes in Adam Smith, Theory of Moral Sentiments," *Journal of the History of Philosophy* 33 (1995), pp. 275-300. 然而，与米诺维茨在 *Profits, Priests, and Princes* 中的论述不同，斯密的框架中没有任何对无神论的假设。我将在第八章回到斯密思想中宗教维度的问题上来。

些富有活力却又以非暴力方式追求皈依的派别。所以，关键在于狂热与节制的心理学。这种心理学是如何发挥其功能的呢？

节制与狂热的心理学

斯密论称，与宗教联系在一起的暴力之原因是：（1）主导性宗教视野，即来自国家的帮助（以政策权力之形式）能够提高其体量规模，并获得所有世俗利益；（2）受迫害宗教一方的愤怒情感。在自由政治安排中，压迫与国家干涉宗教的循环减速或停止。当然，很可能，宗教仍然能够拥护其他派系的迫害。但是，在《道德情感论》中，斯密似乎认为，当其他一切平等，人们不仅希望从宗教中获得支配他人的权力，也希望获得在面对死亡时的安适、作为德性发展语境的共同体，以及存在超越一时一地之判断的正确标准（一个"无偏旁观者"）。斯密似乎要表明，神学如果呼唤取消其他教派，那么，当拥护者能够选择任何他们认为满足上述需要的宗教时，宗教也不再扮演政治或经济权力之代理时，它们将丧失许多强制性力量。并且，当越来越多的潜在消费者以宗教提供上述合适的宗教利益为基础，来评价宗教的价值，那么，宗教若鼓励把暴力当作通往尘世权力之路，它将会吸引较少的支持者，因此变得更容易受到控制。亦即，将自利扭曲为虚荣贪婪的制度刺激衰落时，那使遭到扭曲的自利变得神圣的神学原则就丧失了吸引力。在《道德情感论》的语言中，"普遍原则"产生了如下效果：由宗教差异激发起来的暴力不应得到认可。所以，斯密希望，在自由社会中，宗教最终会变得"纯粹而理性"，亦即成为回应真实需要的"自然"或"道德"宗教。纯粹且理性的宗教执行了宗教本质上应当执行的任务。

为了指出斯密何以认为，宗教中的伪善在自由社会中将会衰减,我关于"不诚实"("欺诈")或伪善问题的论述已经非常充分了。我还要补充一点,就像斯密暗示的那样,每个教派都有从邻近教派招募新人的意图,宗教之间的竞争直接促成了这一结果;通过暴露一个宗派教师的伪善,这便能有效实现。支持者期待领袖展示自己拥有的严格道德。因为一个领袖的浮华能被快速曝光,也因为支持者可能极少需要与明显虚浮的领袖实现同情,尽管他具有外在的虔敬与奉献,所以,在国家宗教中强而有力的虚荣动机就在这里得以根除。出于某些原因,斯密也讨论了穷人,他们要求领袖对他们的道德展现出非同一般的热情。为了描述穷人中间的宗教派别的特征,斯密以某种细致的方式讨论严肃道德体系的趋势。[41]这并非要说,富有活力的教派的领袖不懂夸夸其谈,不善修辞,或者缺乏"粗糙质朴的辩才"(WN V.i.g.29)——恰恰相反。斯密的观点是,因为他们允许为其观点辩护,他们将会更多地聚焦于说服艺术、个人德性之正直,而非战争技艺。相反,伪善与倡导暴力的倾向之间似乎有所联系。正如《道德情感论》表明的那般,两者皆扎根在虚荣之中,尽管并不只是扎根在虚荣里。

至于迷信,斯密的故事还要再打开一章。很清楚,他相信迷信是宗教狂热的一个主要根源,亦即宗教观点具有压倒政治生活

---

[41] WN V.i.g.10-11. 富人能够承受一种松散而自由的道德体系,他们往往不会如此强烈地反对那些"源自极大繁荣"中的"轻浮诸恶"。相反,穷人则难以承受此类邪恶的细微逗弄;他们的处境甚至会导致持续一周的破坏性放荡。所以,在16、17世纪,作为挑战天主教牧师的教派,"普通人民"(common people)对照"新教派行为的严格规范与大部分天主教牧师的放荡生活",选择拥护前者(V.i.g.29, 38)。在《国富论》中,这一庄重与尊敬的主题通过对宗教的处理得以呈现;V.i.g 的最后一句涉及牧师"品格之圣洁",在"普通人民"眼中,"仅此一点便使之能够以适当的力度与权威执行那些义务"。

之权威这一论断的主要根源。他也注意到，人们易受迷信影响，这使我们很难在法律中确立国家与教会的分离（*WN* V.i.g.8）。[42] 他继续论证说，"科学是狂热与迷信之毒的大解药"，国家应当要求"具有中等阶层或中等财富以上的所有人"学习科学与哲学（*WN* V.i.g.14）。人们认为，斯密在一切领域都致力于推行自由放任；对这样一个理论家来说，上述建议令人颇为吃惊。但是，斯密关注着支持自由社会的制度结构，他认为教育也是其制度结构的一种。我们可以假设，当人们因一剂强大的科学与哲学得以加强，他们就更少倾向于用宗教术语来解释令人目眩的自然现象。[43] 这又会产生有益的政治后果。科学将给宗教领袖的任何论断解除武装，使之成为某种意义上的超人，或因为德性而在自然等级上超越于我们的人。亦即，科学为迷信除魅，并因此拥有一个需要扮演的积极的伦理和社会角色。

科学帮助宗教与政治从彼此当中解放出来。对此额外手段的需要表明，斯密并不认为：仅仅把教会与国家分开、允许宗教信仰自由、鼓励一个繁荣的宗教信仰市场就足以控制迷信和狂热。我们还需要自由教育（随之，就像《国富论》第五卷第二章勾勒出来的那样，它也将服从竞争条件）。在亚当·斯密那里，社会与政治制度总是彼此依赖。实际上，他也论证说，为了对抗诸教

---

[42] 参见 cf. *TMS* VI.iii.27："大部分无知的江湖医生与江湖骗子的成功，无论政治的还是宗教的，都足以表明，最放肆最没有根基的要求可以多么容易地强加于大众。"另请参见 *WN* IV.v.b.40。

[43] 在他看来，这正是迷信的根源，正如《古代物理学史》（*EPS*, pp. 112-113）第9段指出的那样。有趣的是，斯密并没有告诉我们，他推荐哪一类哲学为狂热的解药。自然，我们可以宽松地取用这一术语，认为它与"科学"具有相类的含义，但是，它还可能有更多含义——也就是说，它是在"公共哲学"或为公共领域中宽容与理性进行阐释或论证的某样东西。我将在后记中更进一步讨论这一问题。

派"非社会的和不适意的宗教"趋势在宗教自由条件下的发展，国家应该鼓励一切种类的"戏剧呈现和展览"（包括戏剧、绘画、诗歌、音乐、舞蹈），从而驱散"总是抚育大众迷信与狂热的忧郁悲观情绪"。"对所有大众迷狂的狂热提升者"而言，这种"转移"总是其"害怕与仇恨的对象"。斯密看起来特别有兴趣鼓励发展喜剧，宗教领袖的"诡计"能够在此中暴露，遭受"公众嘲弄"（*WN* V.i.g.15）。[44] 它不只是一个嘲弄的问题，也是拓展旁观者想象与同情能力的问题，以免把他们限制在一种人为地局限于义务的视野当中。

正如已经指出的那样，斯密将**神学**看成一种被误导的努力。对于那些适合归属于想象与情感的东西，神学却要在概念与哲学意义上辨析清楚，加以判断。相反，**宗教**的产生先于反思（*TMS* Ⅲ.5.4）。此为关键区分。宗教冲动的根源何在呢？请让我们回顾，在《道德情感论》的开头，斯密谈及"想象之错觉"（illusion of imagination），它允许我们与死人达成同情，在想象中描绘出图景，似乎我们在腐朽之后还能继续活着。[45] 宗教可以在我们面对死亡时提供安慰。进而言之，当我们面对这个世界的不正义时，我们自然期望，在死之后，所有事情都能得到纠正（参见 *TMS* Ⅲ.2.12; Ⅲ.5.10, 11; Ⅲ.2.33）。斯密也推测说，超自然存在的观念也源自解释自然力量的努力。我们的想象将意图归因于那些力量，并且把它们转变为能够赞美与谴责，以及能够被赞美与被谴责的

---

[44] 正如我们在第五章提到的那般，斯密非常赞赏伏尔泰的《穆罕默德》（*TMS* Ⅲ.6.12）。作为一种教育道德想象的戏剧，以及教授"良心"可以怎样变为狂热的戏剧，它将会是公共"戏剧展演"的好的备选项。

[45] 从此错觉之中，"产生了人性中最为重要的原则，对死亡的恐惧，它是幸福的大毒药，却是人类不义的巨大限制。它折磨并伤害了个人，守卫并保护了社会"（I.i.1.13）。

实体。所以，当不朽观念与功过观念相联系，与神的观念相联系，它就产生了一系列定义德性、规范行为的道德法则。我们认为，道德法则源自神的意志，并想象神执行着这些法则——依据定义，神比我们都要更加有力且明智。道德法则成为习俗，嵌入生活的结构当中，并且嵌入在他们周围产生的制度里。自然宗教与道德、情感处在一种交互的关系中。[46]

我们对死亡与来生都会焦虑；我们也需要相信无偏旁观者，将其当作道德是非的保证人。所以，这种焦虑与需要激发了自然宗教。[47]共有的宗教行为也提供了一种归属感，并且斯密认为，由于我们根本的"社会"本性，这种感受非常重要。正如我们通过他人的眼睛来看我们自己，他们的赞许为我们的道德和某种意义上的共同体提供了最初源头。[48]所以，我们能够解释斯密的一个关键论述，即"宗教权威超越一切其他权威。它展现出来的恐惧战胜了其他一切恐惧"（所以，相对而言，主权者的威胁便是无效的；WN Ⅴ.i.g.17）。宗教恐惧关注死后生活，关注全能存在的、排除共同体的判断，这些比对死亡的恐惧更为强大有力。

---

[46] 克罗普西评论说："我们清楚地观察到，宗教的道德效果并非单独或首要地通过对有朽灵魂遭遇报偿与惩罚的期许产生出来，而是通过弥漫在小宗教共同体和小（非宗教）共同体中的相互督察产生。"*Polity and Economy*, p. 82. 这就遗漏了斯密反直觉论证的全部力量，因为正是当诸教派以宗教的方式行动时，才能够提供有益的道德效果，这一假设中得以产生的条件正是政治节制和自由。

[47] 希斯以一种有趣的方式表明，"纯粹、理性宗教"从宗教竞争中浮现的过程类似于"不偏不倚的观点"通过"个体互动"及其"同情想象"浮现的过程。参见 "The Commerce of Sympathy: Adam Smith on the Emergence of Morals," p. 450. 考虑到信徒真实持有的宗教观点之间的巨大分歧，挑战在于如何依据同情来充实这一类比。

[48] "对于提升真理、正义与人道的行为，何为适当的奖励呢？当是对与我们一同生活的那些人的信心、尊敬与爱。人们并不想要伟大，但想要被爱。"（*TMS* Ⅲ.5.8）

正如我们在第五章（第二节）看到的那样，我们很容易混淆诉诸神圣的无偏旁观者与"自爱的欺骗"（TMS Ⅲ.4.7）。一个宗教教派的预期领袖想象出一个详细的法则、义务体系，假定它们源自上帝，意图改良我们柔弱的本性，他也拒绝宽容任何对它们的偏离。这就导致了此前已有论及的"我们自然情感的总体歪曲"（TMS Ⅲ.6.12）。狂热者想要根据某种严格的生活规则，从一种假定的超越立场控制他人，支配其生活计划。狂热者会受到震动和侮辱，有人将会拒绝加入此事业，拒绝自然而然地视不信教者为邪恶之辈。他不仅要求行为，也要求信念。[49]

但是，人们为何要追随狂热者？对斯密而言，其原因必定是：它们"同情"狂热者的论断。[50] 非同一般的自我控制，自我强加的生活规则之严格性令我们印象深刻。但是，在此之外还有更多原因。人们之所以追随狂热者，也因为（一方面的审慎与自利问题）他们在超越性意义上分享了共同的东西，并且发现他们在他们自己的观点中得到"确证"（用斯密的词汇来说）（参见 TMS Ⅲ.2.3 关于"竞争"的论述）。他们让自己拥有他们在宗教领袖身上发现的道德价值。在我们欲求改善我们自己境况的语境下，斯密评论说，"（在财富和权势中）我们感兴趣的是虚荣，而非安逸或快乐。但是，虚荣总是建立在如下基础之上：我们相信自己是备受关注和赞许的目标"（TMS I.iii.2.1）。对宗教派别的崇拜以及想要归属的欲望也是如此。当然，对斯密而言，并非所有对宗

---

[49] 尤其是，宗教狂热慑服我们其他恐惧（尤其是对死亡的恐惧）的能力似乎将其从非宗教的政治狂热中区分开来。在政治狂热的事例中，问题并非在错误的良心，而是对体系与虚荣之爱的不节制（immoderation）。

[50] 斯密承认，"如果因为某种错误的义务感，或因为所谓的错误良心，有人受到诱惑，犯下恶行，那么其品格与行为中存在某种可敬的东西"（TMS Ⅲ.6.12）。

教教派的参与都建立在虚荣的基础上。许多教派宣称自己拥有极大的道德优越性，能够确保一种严格且细致的义务体系，并能迫使不信教者归附。只有这样的教派才能吸引那些爱慕虚荣的人，他们渴慕独尊完美。

此外，这一点非常重要。既然这些教派对未归附者承诺了惩罚，对归附者承诺了奖赏，那么很有可能，它们尤其因为承诺实现正义而具有吸引力。就像我们已经讨论过的，斯密认为，正义以愤怒情感为基础。所以，很可能，在那些对愤怒尤其敏感的人中间，狂热的宗教教派将会找到沃土；在斯密的分析中，一个教派对另一教派的压迫则会导致这种仇恨。宗教越是通过政治权力密切地与世俗善好的分配绑在一起，那么，对那部分认为自己受到不公平排挤或受那种分配欺骗的人来说，他们就越可能把宗教与愤怒混合起来。

相应地，在政治自由的条件下，当国家在彼此竞争的宗教中间持身公正，那种愤怒的根源将会消除，同情狂热或迫害性宗教教派的强大动机也会与之一起消除。尽管虚荣会鼓励对既有宗教领袖的同情，但是，在其他事情均平等的情况下，虚荣甚至还会放弃一个暴露在腐败或伪善中的领袖。并且，在一个自由的宗教市场中，虚荣被暴露出来的机会也相对较高。然而，某些教派可能会诉诸暴力来确保其目的之安全；然而，如果它们失去了国家的支持，也不被其他教派支持的话，那么其伤害将会是有限的——或者，斯密的论证暗示了这一点。

我们已经注意到，一旦自由政治确立起来，斯密会期待那里产生"普遍法则"，令节制成为一种值得赞美的品质。再重复一遍，人们甚至将会期待宗教领袖赞美节制，谴责宗教暴力和鼓励宗教暴力的狂热主义。大体而言，拥护者会要求宗教传递承诺过的精神善好——领袖的道德说教与个人榜样。甚至在狂热主义兴起时，礼法（习俗、法律）也会倾向于支持宽容与和平。

关于斯密之计划的总结性问题

让我们来总结一下，斯密赞同柏拉图传统，即宗教是也应当是人类景观中永久的自然特征；以及当其结构适当时，它在共有德性观念基础上维持共同体便具有实质意义。宗教信念能够影响我们的行为，限制我们对自我的自然偏私。但是，斯密认为，将宗教并入政治生活的柏拉图式方案摧毁了共同体，因为这将导致狂热主义、伪善、迷信等邪恶。柏拉图式方案破坏了好的政府与宗教，从而成为良好意图产生了不可欲结果的经典例证。那种方案说明了，什么样的意图与推测不应当指导行为。所以，斯密计划了一种自由的政治安排。由于与道德心理学有关的假设，这种自由政治安排应当鼓励许多宗教教派的发展。尽管这些宗教教派在其精神诉求中常常是热切的，但是，它们对政治垄断的要求将在总体上变得节制。我们或许可以把节制的宗教称为"公民宗教"（civic religion），或斯密所谓的"纯粹且理性的宗教"；它也会作为统一的教义取代柏拉图传统提供的细致神学。斯密认为，为了产生柏拉图传统的目的结果，单一且为人们共同信仰的神学学说是不必要的。相应地，他认为多种宗教共同体要胜过一种单一的共同体；在共同政治节制原则的限度内，我们最好在当地追求维持德性的实践。政治自由与宗教信仰的分化是真正通往和平与真实共同体的道路。[51] 这些共同体是一个更大整体的部分。这个更

---

[51] G. M. 安德森（G. M. Anderson）认为，对斯密来说，宗教自由市场"在个人身上造就变化，便于他们参与到市场经济的契约秩序中来"。参见 "Mr Smith and the Preachers: The Economics of Religion in the *Wealth of Nations*,"〔转下页〕

大的整体不会是也无须成为同一意义上的共同体。斯密的确赞成亚里士多德在《政治学》开头提出的批评。他们认为柏拉图犯了错，只看到遍及城邦中不同种类的统一体在数量上的差异。

进而言之，关于宗教及其为适应政治领域对市场语言做出的调整，斯密为自由政治所做的论证并没有使他投身于如下观点：社会不过是"陌生人的集合"，其构造是为了鼓励内部个体的贪婪（*pleonexia*, greediness）。[52] 正如我已经论证过的那样，其方案的目的是要反对**那种**意义上的"个人主义"。他的道德心理学认为，我们在根本上是"社会性的"、相互依赖的、彼此需要的存在，我们只能在和谐中，通过维持友谊来实现善好。他论证说，在结构与动力上，一个拓展的、自由的商业共和国与真正的合作和友谊意气相投。[53]

斯密认为，只有在维持不偏不倚的意义上（尽管并非在一切支持宽容的社会条件方面），国家才应该在彼此竞争的宽容的宗教中间"中立"。但是，这并不要求放弃德性或共同体的"好人"概

[接上页] *Journal of Political Economy* 96 (1988), p. 1074。他也评论说，"从自由市场自身中浮现的宗教运动能最好地服务于以资本主义中个人主义为基础的经济"（p. 1086）。安德森的论证提醒我们，斯密在谈论多元宗教中的选择时假设了一种社会语境，人们并未一劳永逸地生在一个给定的能够依据特定的宗教来定义自身的社会群体中。

[52] 此处引用的短语来自 MacIntyre, *After Virtue*, p. 251。麦金泰尔提出了自由个人主义与德性传统之间的对立，对此颇有助益的评论，请参见下文的第三部分：Paul and F. Miller, "Communitarian and Liberal Theories of the Good," *Review of Metaphysics* 43 (1990), pp. 807-816。

[53] 关于斯密友谊观的有趣讨论，尤其是关于他如下理论的讨论：现代商业社会典型的非人格化市场关系为人的情感关系创造了一个空间，使之免于充满算计的市场交易，参见 A. Silver, "'Two Different Sorts of Commerce': Friendship and Strangership in Civil Society," in *Public and Private in Thought and Practice*, J. Weintraub and K. Kumar, eds. Chicago: University of Chicago Press, 1997, pp. 43-74。

念。斯密支持宗教自由的论证并不要求公共领域具有非道德性。他论证说，当国家尚未确立一种特定的宗教时，那么，不偏不倚，以及正义、节制、审慎诸德能够得到更好的保卫；不宽容、暴力、伪善诸恶则能得到更有效的阻止，使之难以浮现或存活。我们可以进一步深入回想一下：斯密是一个快乐主义者（eudaimonist），他合理地定义了幸福为宁静的幸福观念，以及内在于此最高善的德性观念。过度简化来讲，他的观点不是说（在广泛的限度内），任何人类善好概念都跟下一个概念那般经得起辩护；而是说，无论其幸福观如何错误，在自由政治经济结构中，人们过上富有生产力、令人尊敬之生活的机会要比在非自由社会中大得多，以及通过政治手段来规范最根深蒂固的公民价值既不可行，也不正义。通过这些方式，国家的不偏不倚便是一个根深蒂固的道德立场。根据人类善好概念如何工作的道德心理学分析（由对历史的观察以及对道德心理的分析构成），斯密也拥护国家的程序中立。对斯密而言，就像对柏拉图传统而言，"人类善好"与德性位于政治的中心。但是，在人类善好与德性如何践行的理论中，我们必须给予政治（就广义的政治而言）以充分的考虑。[54]

关于宗教中的真理，斯密的方案并不缺乏实质性承诺。我们不能说，一个方案是为了实现宗教政治中立，那它在理论或形而上学上也是中立的。针对宗教的政治问题，其化解之道所需要的努力在许多关节点上都清晰可见。[55] 他假设我们应当允许个人选

---

[54] 所以，斯密将会拒绝克罗普西试图强加于他的二分法："总而言之，他说，真正的选择存在于以德性原则为基础的社会与以某种德性替代物（比如商业）为基础的社会之间。" *Polity and Economy*, p. 93.

[55] 我已经提到了他关于宗教信仰认识论的假设，亦即，他对神学的怀疑主义，他对相关讨论的悬置，以及他关于宗教信仰与自然宗教的区分。我也提到了如下观念：适当的宗教是支持道德的宗教，以及相应的"纯粹与［转下页］

择去遵循哪种宗教，这种假设本身就令启示宗教感到厌恶，因为从后者的立场来看，在神的话语和错误的预言之间，没有哪一种"选择"有意义。从柏拉图传统的立场来看，或者，至少从现代启蒙的批评者的立场来看，斯密难道没有循环论证吗？因为，关于斯密对柏拉图传统的回应，我们可以回复说：斯密自己支持宗教信仰自由的论证只是简单地说出了他关于宗教本性的假设，然后又支持了这一假设。

正如我们早先讨论循环问题时（第五章）表明的那样，斯密的回应首先是辩证的，是对柏拉图传统与现代启蒙批评者立场的坚持。他也坚持认为，他能更好地完成许多柏拉图传统致力于实现的任务，至少在我们关注的政治领域内是这样。现在，我们已经看到，这一论证是如何展开的。当宗教自由市场培植起来，我们将会获得宗教信仰的诚实与热情。我期待斯密将会论证说，辩论至少在某种程度上是经验性的；并且就像他在引用宾夕法尼亚的"公共宁静"时所做的那样，辩论也将指向上述诚实与热情的实证结果。当然，他将要竭尽所能去揭示制度化宗教的真实动机，并且指出其修辞与实践效果之间的冲突。

进而言之，斯密可能会论证，考虑到它们的政治后果，支撑他自己观点的哲学承诺只受到最少的限制；因为在"自然自由体系"的语境里，除了不宽容的宗教不被允许外，**任何**宗教都被允

［接上页］理性宗教"的理想。我还提到过他的这样一种观点：世界的宗教图景在根本上是想象的运用；我也提到他对"迷信"这个术语的使用，以及他的如下假设：哲学与科学能更好地解释，迷信没有显著认识到的内容；我还提到，他用术语"狂热主义"来为如下宗教命名：准备用政治力量强迫不信教者的那些宗教。并且，我还提到过他关于狂热主义与节制的心理学。斯密认为，其方案支持的德性列表没有，也不能囊括一切。他和休谟一起嘲弄"僧侣德性"（*TMS* III.2.35）。

许存在。确切地说,排除宽容就是排除一些宗教观点,但是允许数量众多、类型多元的其他宗教观点存在。这两种首要战略得到了持续、彻底的执行,它们是强有力的。

但是,既然这些承诺最终是怀疑式的(或者,我是这样解读斯密的),他并没有一种正面的哲学**论证**,以表明神学观点是错误的。他可能认为,在这些观点中,某些并不比他们的竞争者要更加强有力;我们没有任何手段来决定,哪一种是"真实的";这种辩论不会结出果实,语言包含了令人失望的模糊性,并且在总体上,我们讨论的这些问题(比如灵魂的不朽,以及上帝的本性)在如此高的程度上超越了"表象",从而阻止了一切与知识相类的事物。它与这种总体的怀疑论战略一致:斯密对宗教真理声明的攻击(如同他对本体论、形而上学,以及"气体动力学"的攻击)常常采取嘲讽或辩论的形式(e.g. *WN* V.i.f.28, 29)。对宗教信仰者来说,所有这一切似乎是在乞求对神学观点的真实性问题加以考虑。但是,正如我们在细节处看到的那般,斯密**也**能够提供一种伦理与政治的论点,他的方案将实际改善宗教与政治,支持节制、正义等德性,并有助于确保社会和谐与和平的安全。

自由行为言说自己的德性,宗教似乎就是一则例证。即便在理论层面上,关于宗教真理或错误的论证都可能具有同等价值,并在任何情况下都是高度复杂的。很明显,斯密并不提倡自由文化由对神学的哲学探究来塑造;但是,他却希望,就像古代学术交锋一样,这些探究变得与道德生活无关,如果可能的话,也与理论探研无关。所以,关于那种宗教在"最真实"的意义上是最好的,普通道德行为者将会拥有信念,却不会拥有疑难(*aporia*)。并且,在第八章和后记中,这将把我们引向另一个问题。斯密没有,也不能认为,普通行为者信仰一种宗教,但却同时延迟关于其信仰之真理的判断。他们不会像一个怀疑论者那样来信仰。作为既有共同体的成员，他们没有把"个人"信仰当作此种或彼种历史环境的构成，当作许多其他结果中的一个结果（在宗教市场中，其他的这些结果也是清清楚楚可以产生的）。然而，正如我们刚才注意到的那般，斯密也表明说：至少在理想条件下，当对真理的竞争性主张（competing claims to truth）令宗教信徒质疑自身信仰时，他不会接受。这近似于在宗教领域中放弃整个真理观念。他似乎假设说，甚至在自己彻底投身于某种特定观点的真理时，信仰者也会在行动中表现得仿佛他们是斯密式的怀疑主义者。现在还不清楚，即便是传说的"无形之手"是否也能够长久和谐地安排如此复杂的场面。

另一个问题也若隐若现。斯密并没有确切地讲出，我们应该如何大胆地理解宽容。比如，他在任何地方都没有否认，个人无神论者可以是道德的；[56] 与柏拉图、沙夫茨伯里、哈奇森不同，他并未清晰地提出如下问题：无神论共同体可否具有道德，或者是否确能自由地追求他们的生活。我想，根据他对人性的假设，这是因为：他认为无神论只是社会中的一个边缘现象。在斯密去世大约两百年后，我们可能会想知道，他为宗教自由培植的方案是否不会导致"狂热"宗教的逐渐消失，直至彻底根除——正如美国的情况一样。我们可能想要知道，斯密是否没有帮助我们把

---

[56] 我们值得再一次回顾他对休谟的赞美。他认为休谟"也许正在如人性弱点所能允许的最大程度上，尽可能地接近完美的理性有德君子的理念"。他也总体上赞美了休谟在面对死亡时的平静。参见给 W. Strahan 的信（Nov. 9, 1776），in *CAS*, p. 221。很明显，斯密的话意在与柏拉图《斐多》结尾处对苏格拉底的赞美相对比。考虑到休谟无神论者的声誉，斯密的评论启人思考，它们也引起了轩然大波。比如，斯密在 "History of Ancient Physics" 10（*EPS*, p. 116）中对无神论做的简要评论。

宗教送上逐渐消除的道路。或许，正像尼采建议的那样，狂热宗教要求愤怒驱动，并且愤怒的动力能够从宗教的政治压迫中获得能量，或者通过政治、经济与宗教的混合来获得能量。当斯密赞美"哲学的好性情与节制"时（通过在 *WN* V.i.g.8 连续的语句中对之加以重复，他强调了这一表达），我们很难不去想象多种彼此竞争的宗教，它们被剥夺了任何深层的神圣含义，被剥夺了任何神话与启示话语的深层含义。我们很难不去想象，他在赞美某种备受杰弗逊推崇的类似于上帝一位论（Unitarianism）的事物。我们也可以论证说，如此理解的宗教便不再是宗教了。在此事件里，斯密的"纯粹且理性的宗教"不仅涉及节制的政治或政府原则，还指涉一切相关宗教的教义实质。

如果宗教信仰自由会通往那里，又从那儿通往广泛传布的不可知论或无神论，那么斯密就看到了他自己计划的一个意外结果。他自己描述了这种以不可见的方式导致了中世纪天主教会解体的力量；毫无疑问，他赞许这种反讽。尽管他庆祝了某一威胁"自由、理性与人类幸福"的机构的不作为（*WN* V.i.g.24），但我已经论证了，他将会发现，宗教的死亡自身会是一个引发重大关注的问题，当它在现代商业社会语境中发生时尤为如此。

三　道德资本、腐败与商业

> 无论国家组织问题看起来如何困难，即便是对魔鬼的种族而言，只要它们是理性的，它也可得到解决。
>
> 伊曼努尔·康德[57]

---

[57] I. Kant, *Perpetual Peace* ("First Supplement"), in *On History*, p. 112.

关于德性与自由在宗教条件下的相互依赖，我们已经清晰地阐释了斯密的论证。现在，让我回到腐败问题，它们与"改善我们的境况"联系在一起。宗教范式说明了诸自由德性，分散权力、主权的好处，以及允许文明社会的中间机制与安排繁荣发展的好处。宗教也为某些商业社会中的腐败提供了部分解药，比如城市语境下工人的异化（anomie of workers）便是这样的一种腐败现象。

很可能，斯密看到，在宗教狂热主义古老且持久的危险之外，商业社会中最紧迫的问题是劳动分工引起的工人的非人化（dehumanization）问题；劳动分工则是驱动财富创造的引擎。斯密就此问题发出了著名的言论。它是如此直接有力，以至于如果我们把它们孤立起来看，它们似乎在谴责整个"自然自由体系"。因为，那个体系似乎会产生一切腐败中最严重的"腐败"，即人类精神的腐败。[58] 既然非人化的工人的勇气与身体的朝气走向衰竭，他们就不能对国家利益做出"判断"（用斯密的话来说），也不能在战争中防卫国家。斯密追随其在修辞上的扩张，对如下悖论做出了有力的陈述："他为获得特定行业中的娴熟技能，付出了理性、社会、军事德性之代价。"（WN V.i.f.50）正如一位评论家所言，我们很容易看出，为何马克思"热衷于引用这些段落"，它们可能是其"异化"观念的源头之一。[59]

---

[58] 为了回顾在第五章引用的一段话，斯密写道，工人或注定要进行重复操作的"穷苦劳动者"，"在人类可能出现的最大程度上普遍变得愚蠢无知。其心灵之麻木使之不仅无力品尝或参与任何理性对话，也不能持有任何大方、高贵或温柔的情感，并因此无法对私人生活的日常道德形成任何判断"。（WN V.i.f.50）

[59] 参见 R. L. Meek, *Smith, Marx, and After: Ten Essays in the Development of Economic Thought*, London: Chapman & Hall, 1977, p. 14. 我们可以在 LJ（B）333 找到与《国富论》中的那些段落相似的段落："这些是商业精神的缺陷。人的心灵是向内收缩的，并且不能够上升，教育则受到歧视，至少也是遭到忽视，英雄精神几乎被彻底清除。治疗这些缺陷是一个值得严肃关注的目标。"

让我们暂时把人类理性放在一旁，依据斯密的观点，贫穷劳动者的非人化关系重大吗？答案是肯定的，尤其是在自由国家里，非人化具有重大政治意义。[60]他的政治经济学不仅讨论繁荣的自然与原因，也讨论自治的必要条件。后者回到了可一直追溯到柏拉图与亚里士多德的古老的"公民人文主义"（civic humanist）主题。所以，在斯密看来，一定水平的公民德性，包括理智德性（请注意，在注〔60〕引用的句子中，斯密提到了"判断"，并让我们重新考虑第五章中的判断）不可或缺；并且，关注公民的道德品质也在政府的职责范围之内。我们应该如何培育这些德性呢？

对此问题，我们找不到唯一的答案。这诸多答案自身也因其效用彼此依赖。首先，正如我们已经注意到的，宗教派别提供了部分解决方案，作为模范的"居间周旋制度"（用我们当下的表达）。其次，就像我们已经看到的那般，宗教可能的有害结果也应该由科学与哲学反驳，受到一种"所有拥有中等以上阶层与财富之人"都要求参与学习的反抗，以及受到国家必须给予"完全自由"的"公共娱乐"的对抗。在另一个例证中，斯密出于公共效用的原因，认可国家对人民自由的要求；他进一步论证说，政府应该要求"普通人"在读写、美术方面接受基础教育，由公共开支承担部分费用（WN V.i.f.52-54）。相比起封建侍从、家臣对领主的依赖，商业自身通过改善贫穷劳动者的命运，使之较少依赖富人，从而提供了另一条对抗劳动者非人化的道路。[61]在斯密看

---

[60] "在自由国家里，政府安全很大程度上依赖人们对其行为产生的正面判断，它的确具有最高的重要性，他们不应倾向于对之做出草率、多变的判断。"（WN V.i.f.61）

[61] 正如斯密在 LJ（A）vi.6 注意到的，"没什么像依附那般，如此强烈地倾向于腐败，使心灵衰竭，变得卑贱；没有什么如自由与独立那般，能够赋予如此高贵、大度的正直观念。商业是此习俗的一大预防手段"（p.333）。另请参见 LJ（B）205 与 326。

来，自由出卖各自的劳动不仅正义，也会有利于对品格的正确塑造。对自身负责以及对改善其境况负责包含了技艺之聚凑，它们有助于获得"关于私人生活日常义务的正义判断"，也有助于克服劳动者的迟钝麻木。在一种商业制度中，自由有助于培育自省之类的德性，并增强公民们的相互依赖。那种相互依赖又随之导致竞争，从而使保护自由的正义原则具体化。垄断创造了人为和单向的依赖，反过来也会腐蚀垄断者与被垄断者的品格。正如宗教教派之间的不偏不倚一样，关于彼此竞争的经济冒险或工人之间的不偏不倚，《国富论》首要的论证是：这种不偏不倚不仅正义，产生了普遍的效用，也能够支持"中间"德性。然而，在商业社会中（以及某些前现代社会中），其他方案则不会有此效果。

斯密从未指出过他已经论及所有可以用来对抗劳动分工之有害影响的必要措施，其观点中的一切内容都在鼓励我们更深入地寻找手段措施，并根据具体环境进行判断。他的观点也鼓励我们在制订任何此类计划时要清晰地意识到作为动机的自利的力量，以及"意外结果法则"[62]的力量。为了阻止与保障权力和收入相伴而来的退化，自利必须持续地与自利相抗。竞争，以及进入或离开某一行业的自由将始终具有实质性意义。斯密的政治经济学写作中充斥着大量的论据；国家可以通过各种方式进行干预，但是谁若令国家如此作为，他就有必要表明在此特殊情况下，国家为何需要进行干预、干预多长时间，以何种确切的方式进行干预，

---

[62] 比如，在 WN 第五卷中，他自己关于公共需要的教育（以及在某种意义上由公共财政支持的教育）的建议就充满了这样的设计，以确保教师对学生的需要做出反应，并保证教师的垄断和卡特尔现象不会出现。类似的反思也构成了他对公平税收、支持军事的讨论。参见 Lingren, *The Social Philosophy of Adam Smith*, pp. 126-127。

以及国家干预将如何摆脱常见的危险，不会创造根深蒂固的利益集团与永久性的垄断。

斯密对这些问题的讨论也传达出三个其他的要点。首先，竞争与自由受到"守夜人国家"的关注与保护，它们自身不足以维持一个和平、正义的社会，因为我们不能始终仰赖它们生成必要的公民德性。正如非人化问题表明的那般，人生辩证式的自我否认品格阻止了一种类似的自由放任态度。所以，即便只是出于公共效用的原因，对公民德性的质疑也必然会作为合法的议题被提上日程，并可能引起国家的关注。令人惊讶的是，斯密不会同意康德的观点（引用于这一节的开头），即国家组织的问题能够由理性的恶魔一族解决，亦即能够由理性、自利的效益最大化者解决。[63] 我们不能**单凭**理性自利解决社会合作问题；从《道德情感论》第一句话起，这就是斯密的论点。公民若无一点惯常的德性（道德与理智的），"无形之手"就会表现得像一个铁拳。其次，关于公民德性问题，我们也没有**单一**的化解之道；我们总是需要混合相互依赖的制度与安排。第三，**什么样**的混合是合宜的呢？这依赖于历史环境。与之相关的**先验的**斯密式法则并不存在。正如无偏旁观者对具体情况的回应，他的政策处方对语境颇为敏感，是内在于一个普遍的德性（当然包括了正义）概念、人类心理学，以及对效用的相关考虑之中的。[64]

例如，我们在第五章看到，"同情的同心圆"对道德教育至为

---

[63] 我们可以引用 TMS Ⅱ.ii.3.2 来反对这一点，但下一段则清晰表明：正如我们在第五章和第六章看到的那样，我们需要一种正义感来展开整个社会"建筑"，并且那种正义感也比审慎的算计能力具有更大权重。

[64] 本段提及的三要点之融合使我们不能把斯密看成是当代美国意义上的"保守派"或"自由派"，"右派"或"左派"。

关键；所以，举例来说，家庭就是一个关键的"公民机制"，社会有正当的利益保护它。但是，我们应该怎样确切地定义家庭呢？其成员之间的确切的法律关系是什么样的？在它受到威胁的地方，我们应当采取何种步骤来确保其生存？我们找不到简单的答案。斯密分析了多配偶制、限嗣继承制、长子继承制，及其这些制度产生的（有时未预料到的）消极影响和不正义。[65]这些分析提供了一种消极参照，指出我们不应该如何来安排事物。我们可以说出它们应当如何加以安排，但我们还将以早先提到的因素为背景，再次以一个个案例来进行分析工作。如果我们期待社会哲学具有更为缜密的结构，那么所有这一切将会看起来是令人失望地特别不成体系的。就像在其他地方一样，斯密在这里对那种期待表示怀疑。

自由商业体系的其他两个特征有助于我们把政治经济学与早先的德性和道德教育问题结合起来。有人关心说服的"文明化"角色，其他人则关心如下问题：斯密为何认为，出卖自身劳动的机会不会导致异化（alienation），反而会导致道德人格的发展。每一主题都作为连接《道德情感论》与《国富论》的桥梁发挥作用。在《国富论》开篇之处，斯密就论证说，劳动分工及其创造的繁荣不是来自任何人的意图，而是源于"人性中一种特定的交换、

---

[65] 比如，关于长子继承制，斯密便指出："为了令一人变得富裕，这一法权便使所有其他孩子沦为乞丐；没有什么比这种法权更加违反家庭的真实利益了。"限嗣继承制自然地顺从了长子继承制，尽管在一个特定的历史时期中，它们的功能"基于最为荒谬的假设，即对土地和他们所拥有的一切，每个继承人生来不具有平等的权利"（WN III.ii.4, 6）。这些段落导致斯密关于奴役的一种讨论，以及他对所有这些具有类似结构的行为的批评（参见我在第五章中关于奴役的讨论）。斯密在两部关于法理学的讲义中都讨论了多偶制。温奇论证说，斯密对长子继承制的立场有潘恩和布莱斯的支持，并让他反对伯克。*Riches and Poverty*, pp. 151-152.

贸易、以物易物倾向"。斯密接着提出了一个关于此独特人类倾向的有趣问题："这一倾向是否为人性中那些原初原则之一，我们不能给出更进一步的论述；或者，似乎更有可能的是，它是否为理性或语言功能的必然结果，这并非我们当下要探究的主题。"（*WN* I.ii.2）在现存的文集里，他没有在任何一处对此进行清晰的阐释。请注意，这段话转向关于如下事实的著名评论：我们与屠夫、酿酒师、面包师的自爱打交道，而非与其仁慈打交道。[66] 用一种修辞手法来说，在市场社会中，生活是一种持续不间断的运动。

在"文明化社会"（civilized society）中，我们极有必要去发展修辞技艺。至少出于两大原因，我们在"文明化社会"中彼此依赖。首先，随着劳动分工的发展，每个人越来越无力为自己提供基本的必需品；每一样东西都依赖交换。其次，正如斯密在这里指出的，在一个"人口众多"的社会中，人的"整个一生不足以获得许多人的友谊"（*WN* I.ii.2）。易言之，在一个"文明化社会"中，说服、交流，以及非强制言辞的技艺是根本性的。所以，其典型的反直觉性主张是，恰恰是在表达彼此的自利时，恰恰是在表达我们彼此间根本的独立与冷漠时，我们通过言辞将自己和其他每个人团结在一起，"教化"了我们自己和彼此。矛盾的是，

---

[66] 在 *LJ*（B）221-222 的一个对应段落里，斯密据称做出如下评论："所以，我们表明，不同的才能并非这一交易倾向的基础，交易倾向则是劳动分工的基础。它的真正基础是人性中广泛蔓延的说服原则。当我们提供任何一种论证来进行说服，我们便总是期待它们产生适当效果……因此，我们应当主要开发说服能力，实际上我们也在没有意图的情况下做了这些。既然我们在运用说服中度过了整个人生，我们无疑获得了一种准备好的彼此谈判的方法。"斯密将"酿酒师"囊括在商人之中，并认为我们诉诸其自爱。我认为，这意在强调：我们可以将那种"需要"或"必需"理解为"缺乏"（want）、"认识到的需要"（perceived need），这是习俗中理所当然期待的东西（斯密在 *WN* V.ii.k.3 中指出了这一点）。

在一个"陌生人集合"(collction of strangers)（再一次引用麦金泰尔的短语）中，或在亚当·斯密所谓的"陌生人群落"（I.i.4.9）里，亦即，在现代社会，礼仪（civility）都更为重要且可能。尽管当我们在对待屠夫、酿酒师和面包师时，我们"自己不仅诉诸其人道，还诉诸他们的自爱"，意外结果便是他们与我们的人道变得丰满。不仅我们的彼此需要变得更为紧密，而且它通过语言取得的成就也变得文明化了。[67]

我们可以将此结果冠名为"社会化"，或者"人性化"（humanizing）。交易的基本过程要求我们根据彼此的观点来看待处境，抓住他人的处境和视野，并相应地使我们自己的要求标准化。这不仅仅与《道德情感论》中描述的同情过程类似，它就是建立在其基础之上。商业、贸易可能对大大促进旁观者与行动者之间的同情习惯与经验做出重大贡献，并因此促进"社会和谐"（I.i.4.7）。那么，当斯密论证说，在自由、正义、竞争的框架内，以说服过程为中介的经济相互依赖鼓励了相互调整、相互回应的德性（比如，诚实、值得信任、可靠、节俭、守时、审慎，以及免于使用暴力；WN II.iii.36; III.iv.3, 4; IV.vii.c.54; LJ（B）326）。我们也可以期待，人们会在"世界繁忙的商业大学校"中学会自我控制（III.3.25）。

相反，因奴隶对主人、侍从对爵爷，或垄断条件下工人对企业主单方面依赖产生的巨大权力不平等则会走向其反面（参见 WN I.viii.41-48）。斯密关于宗教做出的论证结构在此得以重述。所以，当我们在此框架下来理解商业时，商业自身便有助于阻止精

---

[67] 弗莱什艾克在其 The Third Concept of Liberty 一书中讨论了这一点。斯密在此处的论证建立在休谟 "Of Refinement in the Arts" 中的论证之基础上（可在 Essays Moral, Political, and Literary 中找到）。

神的腐败与衰落。[68]

在第二章，我讨论了《道德情感论》中的如下段落："期待被相信的欲望，说服、领导或指引他人的欲望，似乎是我们所有自然欲望中最强烈的一种。也许，它是语言官能、人性的品格能力得以确立的直觉基础。"既然"言辞是野心的大工具"，贸易、交易与交换的倾向是理性和语言能力的结果，那么"我们期待被相信的欲望"（TMS Ⅶ.iv.25）似乎占据了商业"文明化社会"的核心位置。我们便要根据《道德情感论》中与"自我"有关的道德心理学和观点来理解这一点。期待被信任的欲望是我们隐秘意识的可见面向，即在社会之外我们什么也不是，又即信任只能通过值得信任获取。斯密暗示说，值得信任的德性是适当构造的自由商业社会的一种品质。我们再一次看到，《道德情感论》与《国富论》如何互相补充。

让我们转向自由市场的第二个特征，即关于为何出卖自身劳动的机会不会产生异化，反而会带来道德人格发展的原因。斯密坚持认为，"每个人都对自己的劳动拥有财产权，所以它最神圣不可侵犯"（WN Ⅰ.x.c.12）。既然工人不会彼此伤害，他便可以按照自己认为最好的方式出卖其劳动，其他人也可按照他们认为最好的判断进行购买。在这一点上，我关注的问题是：根据斯密的观点，为何出售其劳动、力量、能力，以及产品的工人并未因此受

---

[68] 克罗普西做出了颇为有趣的评论："马克思坚持论述自由商业，就好像其实质是冲突；斯密则将自由商业的实质展现为一种社会性或合作。" "The Invisible Hand: Moral and Political Considerations," in G. P. O'Driscoll, Jr., ed., *Adam Smith and Modern Political Economy: Bicentenial Essays on "The Wealth of Nations"*, Ames: Iowa State University Press, 1979, p. 166. 在贝瑞的 "Adam Smith and the Virtues of Commerce" 一文中，我刚才提出的几种观点也得到了很好的讨论。

到伤害？如果一个人的劳动被视为"财产"（即便是他自己的财产），可被出售，他不会堕落为单纯的商品状态吗？商业社会的浮现不会带来工作与工人的商品化吗？

斯密的回答是，当人们**能够**按照自己认为最好的方式出卖其劳动（或更确切地说，人们能够按自认为最好的方式生产劳动），当人们能够这样做的确切条件出现时，亦即，当人们的劳动在市场中具有交换价值时，他在原则上是自由的，**不会**等同为他的工作。当我们在出卖劳动时，我们并不是出卖自己，对我们的劳动发布命令的人并没有统治我们（就好像一个主人统治奴隶那样）。我们的劳动可以转让，**因为**我们对它拥有的"财产权"，或我们对它的权利"神圣且不可侵犯"。在一个自由市场中，在相互竞争的条件下，当国家普遍离开了对个人才能的部署，那他便可自由地——即便他或许受到强迫——将其能力看成是可以转让的，并因此站在一个远离它们的位置上。"通过对自身优势的研究"，"对一切他能使用的资本，每个个人都持续地让自己去发现最有利的使用方式"（*WN* IV.ii.4）。我们被引导着以某种超越的方式看待工作和我们自己。所以，它就好像不只是这个或那个工人为着恰好这个或那个主人刚好做着这种或那种任务。这种超越提供了一种看待自我及其劳动价值的可能视角，并且其语境也已经或应当已经为自己提供了这样一种视角。

与之类似，在这些条件下，其他人可以把自己的劳动看成一种商品，但是，其行为并不会表现得好像工人自己就是一种可带走或出售的商品。自由**不能**等同于他的工作。人们将劳动理解为一种商品，可按其认为最有益的方式转让。自由则是这一理解的背面。它不仅构成了斯密提倡的"自然自由"与自然正义体系的一部分，也构成了他矫正非人化手段的一部分。在一个"文明化社会"中，令"下层人民"陷入极端麻痹状态的一个源头是如下事实："大部分个人的工作少有差异。"一个人几乎是无穷无尽地执行同一项操作，人们就变成他做的那项特殊工作。如果一个"底层阶层"成员受到制约性立法或法团权力的阻碍，不能变更职业、工作地点，或其职业内的责任水平，那么在这里，他就可能因"呆滞的愚蠢"而受到谴责。我们已经看到，教育提供了一条通道，让我们可以逃离堕入机械齿轮的状态，使我们与职业、职业视野及社会保持足够的距离（*WN* V.i.f.50, 51, 61）。在一个自由市场中，个人能够按照自己的判断，在最好的时候、地点，按照最好的方式安排才能。自由市场的成功浮现在极大程度上解除了劳动者的物化。这是斯密为自然自由体系提出的道德案例的一部分。[69]

总而言之，自由商业社会的确需要公民德性，并可能因此鼓励公民德性。公共领域中不可或缺的德性是交互正义，但那并不是唯一的德性，它既维持了其他德性，也为其他德性所维持。这就是说，我们在思考宗教时提出了一些问题，我们也可以在这里提出与之相似的问题。包括宗教市场在内的自由市场不可避免地牵涉到劳动、资本、与人类善好有关的观点，以及政治意见（尤其是考虑到教育、科学、哲学与艺术的繁荣）的持续循环。然而，斯密认为：情感、想象、理解，而非哲学理性才是同情的基础；以及，在他关于自由社会的思考中，一个主要观点关注各种

---

[69] 在前三段中，我讨论了异化与自由。我的讨论主要受益于 P. H. 沃涵（P. H. Werhane），参见其 *Adam Smith and His Legacy for Modern Capitalism* (Oxford: Oxford University Press, 1991) 第五章中的精彩分析。沃涵指出，劳动者能够像无偏旁观者一样，以一种超越的方式来看待他们的工作；当劳动者具有斯密意义上的自由时，这在历史条件下是可能的（p. 146）。

机制与社会安排的相互依赖。如果经济自由破坏了社会和政治稳定——因此破坏了确保此稳定的条件——那么，令人感到讽刺的是，自由商业社会创造的道德资本将要消费掉自己。斯密对此前景的最终回答再一次取决于道德情感的稳固程度，包括我们尊重"阶层"的倾向，习惯于遵从正义的"普遍法则"，以及依恋亲人。但是，搁置这些问题则与其哲学不一致。经济自由可能腐蚀社会生活的其他德性。斯密会说，既然商业社会可以令哲人的闲暇与沉思成为可能，那么哲人应当对此主题事物不可预期的辩证品质保持协调，创造性地思考对症药方，并且也要掌握道德情感理论知识以及政治经济学与法理学的根本原则。[70]

四 政治与政治哲学中的不完美和乌托邦主义

> 那些君主是人民的仆人，他们将按公共习俗要求的方式得到服从、抵制、罢免或惩罚；但这只是理性与哲学的原则，却不是自然的原则。
>
> 亚当·斯密，*TMS* I.iii.2.3

在此结论性章节，请让我回到亚当·斯密的政治哲学问题。

---

[70] 例如，斯密用独特的韵文批评古代治疗武德与爱国主义匮乏的药方，即民兵，而提出的一种纪律严明的常备军。他注意到现代武器的性能、商业社会的劳动分工，以及其他社会和历史因素都使民兵成为一种不可欲的防御手段（*WN* V.i.a15-44）。其辩证路径转向这些事情之后，斯密总结道："热兵器的发明无疑有利于文明的持存与扩张，尽管一眼望去，它显得如此有害。"（V.i.a.44）但是，这为我们留下一个社会统一与公共精神的问题，它们早先由民兵获得满足；但在这里，我们还需要其他"中间制度"（mediating institutions）。

我在引言中注意到，在文集中，他没有为政治哲学设想一个清晰的位置。他并未清晰说明，在没有授权的情况下，什么政治系统最好；他也没有详细阐释在一切地方总为最好的"自然法理学"体系部分；甚至，他也没有（以亚里士多德与孟德斯鸠的方式）分析政体类型。关于他的路径，一个众所周知的论题认为，政治哲学在此因政治经济学有所转向，或被政治经济学取代。[71]这个论题的确具有一些真理成分，但是，只有当我们看到，其转向本身恰恰是某种政治哲学的工作时，真相才会浮现。

斯密评论称，对"自然自由体系"的贯彻将会是一个"乌托邦"或"大洋国"（Oceana）（*WN* Ⅳ.II.43; V.iii.68）。这些评论引人注目，因为乌托邦只允许以一种完全有效且正义的方式来创造和分配财富。这个乌托邦以永不终止地改善我们的境况为前提，又以想象的"欺骗"为基础，那么，考虑到公民最高贵的德性与最真实的幸福，这个"乌托邦"显然不完美。它在品格上不是高度完美的。但是，人们可以在交互正义条件下成功变得"富裕"，并成功地在广泛基础上追求"财富"，就此而言，它是高度完美的。它也将受到"中等的"或"令人尊敬的"德性的支持。例如，在其政体中，政府将"平等和不偏不倚地"对待每一种工业（*WN* intro.7），无偏旁观者的统治就是乌托邦。那么，这样说的话，这

---

[71] "转向"（deflection）是克罗普西使用的术语。参见 J. Cropsey, "Adam Smith and Political Philosophy," in Skinner and Wilson, *Essays on Adam Smith*, p. 132; 另请参见 Minowitz, *Profits, Priests, and Princes*, esp. p. 97（米诺维茨倾向于认为经济"侵蚀"了政治）。我们可以找到许多关于斯密的政治学与政治哲学问题的论述，其中最为突出的当属 Winch, *Adam Smith's Politics*。温奇认为，"就政治哲人这个术语的每一个重要意义而言，斯密都不是一个政治哲人"。但是，他又补充说："我的确想要坚持认为，斯密有一种绝非细碎的政治学。"（p. 23）我们可以从 D. Forbes, "Sceptical Whiggism, Commerce and Liberty"一文中找到对此问题的卓越讨论。

就是一个不完美的乌托邦；或易言之，这是一个适于不完美造物的乌托邦。我们在《道德情感论》中看到，无偏旁观者像一位批评家，他能够依据最高的想象标准，或根据一个更广泛接受的标准进行判断。《国富论》用以衡量乌托邦的标准正是后一种，即能实现的最好的标准（作为"最好的"，它实际上仍然难以实现）。

与其说完全意义上的"乌托邦"（即，柏拉图《理想国》中"言辞中的城邦"所寻求的那种意义）被自由乌托邦取代——所以，源自最完美感知力视野的政治哲学被一种源自不完美乌托邦视野的政治经济学与法理学取代——是对政治哲学的彻底拒绝，不如说是展示出通往这一主题的特殊路径。让我们从这里开始，我指的是，理性无力裁决这些与柏拉图式乌托邦密切结合、彼此竞争的"形而上学"主题。斯密的怀疑主义在深层次上证实了我们的不完美。在大规模地引导人类事务上，理性的相对无能以及情感或激情的枢轴作用强化了这一点。正如我们已经看到的，激情随之受到想象的强烈影响，但想象经常欺骗我们，有时是为了变得更好，有时则不然。在我们对幸福的追求中，我们被想象掌控着。我们在追求幸福的时候，那种追求也通常证实了我们的不完美。由于我们倾向于卑贱的快乐，对他人施加权力（请回顾斯密对奴隶制的解释），我们也易于堕入对彼此虚荣的相互同情的快乐；在某些环境中，我们也愿意将我们的义务感推向某种狂热的程度。在斯密对我们命运的分析中，我们的自爱和无知是持续的主题。

我们无力预测"无形之手"在历史画布上的运动，或足够精确地理解、指导众人的勤劳，或抵制命运对我们个人与集体生活的干预；在此意义上，我们是不完美的。这当然是一个著名的斯密式论题。《国富论》明确提及"无形之手"的语境是个体行为对公共利益的贡献（可理解为创造财富）；个体行为源于自利，而非为了其行为的社会效用（*WN* IV.ii.9）。让我们回到剧场比喻，他们就像是一个戏剧中的演员，没有意识到他们正在表演的角色是处在一场已经安排好的命运里；所以，他们也没有意识到，他们是历史舞台上的演员。这是《道德情感论》主题的《国富论》版本，即为了过一种生产性的生活，普通人无须成为哲人。

在这两部著作中，许多其他段落展示了"无形之手"的观念，即便斯密并未使用这一术语。这一看不见的力量有时会产生有益的结果，有时则不然。比如，在《国富论》第三卷的历史叙事中，斯密表明：在封建时期，大地产主粗俗的自利与逐渐兴起的对外贸易及国内制造业结合在一起，产生影响，解放了他们的依附者。封建领主用他们的传统权威来交换"一对钻石纽扣"（*WN* III.iv.10）。结果，领主和商人带来了"对公共幸福极为重要的革命"，但他们每一个人都没有"丝毫意图要服务公众"（*WN* III.iv.17）。斯密以一种类似的方式解释了宗教信仰自由的兴起。黑格尔所谓的"理性狡黠"统治着历史。如我们所见，斯密反对分配正义理论的论证强调了政治家在认识上的有限性。就其缺乏内在和谐的意义上说，正义自身的性质也证实了人类生活在根本上的不完美。

正如本节开篇题记指出的那样，斯密（在良好的人类精神中）把我们对社会阶层的接受追溯到"自然原则"，与理性和哲学教给我们的内容相反。由于斯密的道德哲学解释的原因，我们由权威、传统，以及出生和财富的偶然性统治着（*TMS* I.iii.2.3 以及上下文语境；*LJ*（B）12-13）。确切地说，在一定程度上，我们倾向于拥护哪种类型的权威与传统取决于历史环境（*WN* V.i.b.3-12，*LJ*（A）v.115-134）。在这里再说一次，更完美的造物受理性与哲学统治，他们的判断和行为有所不同。然而，我们尊崇阶层的倾向可被认为是一种有用的"情感失规",与我在第六章讨论的那一种类似。我们并非要推测说,哲学批评不接受社会安排,或者斯密的"不完美政治学"会走向"伯克式"寂静主义。我们一再看到,情况并非如此。

在《道德情感论》(Ⅵ.ii.2.16)以及《国富论》中,斯密都提到梭伦的一个说法,即,他立下的法律尽管不是最好的,但(用斯密的话来说)却是"利益、偏见、时代性情所能承认的"最好的(*WN* Ⅳ.v.b.53)。在前一语境中,斯密批评了"体系之人","体系之人"坚持立即彻底建立起完善、优美的政治体系概念,并将其他人当成是棋盘上的棋子。一个"普遍,甚至系统的政策与法律的完美观念"无疑是必要的(Ⅵ.ii.2.18)。但是,政治家也必须通过限制先天本性,让自己不仅适应手边的处境与时代,还要适应人性。确切地说,这正是《国富论》所做的事情。结果,斯密根据这一定位提供的任何措施都是不完美的,并因为认识到其不完美而受到调节。请回顾他的评论:"什么样的政府机制能够像普及智慧与德性那样促进人类幸福呢?所有政府都不过是对这些缺陷的一种不完美治疗罢了。"(*TMS* Ⅳ.2.1)

如果我们承认,治疗缺陷的药方是不完美的,那么其药方是什么呢?再一次,答案是多层次的,包含了一种制约平衡(比如权力分立)[72]与自由竞争(比如各类宗教教派与利益之间;参见 *TMS* Ⅵ.ii.2.7)的系统;它包含了对人民的教育,使之能有效地评判政府;它包含了一定程度的公民德性(比如一种正义感);它

---

[72] 比如 *WN* Ⅴ.i.b.25:"当司法权与行政权合为一体,正义几乎不可能不经常被牺牲给政治。受托有国家大利益的人即便没有任何腐败观点,他们也可能时常会想象,为某私人的利益与权利牺牲正义是必要的。但是,每一个个体自由,他自身的安全感有赖于不偏不倚地执行正义。"

也包含了一种清醒的认识，即，与人类专注于私人追求的时候相比，当他们在集体能力与政治剧场中行动的时候，我们对他们的期待较少一些，这样做是审慎的；最后，它也包含了对主权者有限义务的描绘，以及把主权者权力控制在此限度内的措施的细致描绘。[73]

斯密构建政治经济学与正义原则的背景是人类的有限性及其政治、社会结果。当然，从古典政治哲学起，完美的最佳和次佳标准的区分就为我们所熟悉。斯密对那种区分的理解为其主权者的三重义务观（即执行正义维护秩序、提供国家防卫，以及承担某些公共工程；WN Ⅳ.ix.51）提供了语境。他论证，只有那些才是主权者的义务。他的论证极大地限制了国家在政治、社会生活中的作用。我们除非根据那一区分来看，否则难以理解他的论证。他的论证的其他方面也属于政治理论范畴，比如他对权力分立、教会与国家分离的认可。斯密认为，人类生活普遍缺乏智慧与德性，为此准备的"药方"并不完美，最终，派系与狂热也易于兴起。这些结合在一起，使他对雄心勃勃改良政治参与的成果抱持一种怀疑论观点。

然后，斯密对自由的强调不仅反映了他的个人道德优先的观念，还反映出一切政治"科学"观念面对的严肃障碍。在《国富论》中，"自由"的观念当然十分突出，我们也应该根据《道德情感论》的主要论题来理解它。在其对进步"自然"阶段的叙述中，斯密评论称，"商业与制造业逐渐引入好的秩序与好政府，并随之在国家居民中间引入了个人的自由和安全。在此之前，国家

---

[73] 比如，在 WN V.i.b.20, 21 与 V.i.i.2，斯密将经济分析应用于法庭与包含在其运行中的自由结构中，相同的分析也用于公共工程（见 V.i.d.4 及语境）。

居民则生活在与邻居持续的战争状态当中，且严重依附于他们的领主"（*WN* Ⅲ.iv.4）。他说，这一发展伴随着"对正义的常规执行"（*WN* Ⅲ.iv.15），"安全享受勤劳果实的能力"以及"用它来改善他们的境况，获取生活必需品和精致物品"（*WN* Ⅲ.iii.12；另见 Ⅳ.v.b.43; Ⅳ.ix.51）。通过消除"隶农和奴隶"，市民"真正地在自由这个词当今的意义上变得自由"，因为他们能够按照自己认为适当的方式来安排他们的财产，参与"自由贸易"，送女儿出嫁，通过遗愿来管理遗产，并在总体上独立于国王来安排其事务。这一新的自由包括：除了"王的请求"，他们对自己的防卫与司法负责（*WN* Ⅲ.iii.5, 6）。形成利益集团、竞逐威望与影响的自由是一个自由社会的构成部分。我们已经看到，它包括以人们认为适当的方式出卖劳动的自由，也因此包括了依其意愿参与和改变贸易（*WN* Ⅰ.x.a.1），以及在人们喜爱的地方居住的自由（*WN* Ⅰ.x.c.59, 41）。它使集会自由成为必要。集会自由很可能包括了代表们为了与税收相关的政治审议，或为了管理他们自己的事务进行集会的自由（cf. *WN* Ⅳ.vii.b.51; Ⅳ.vii.c.78）。关键是，它假设了宗教信仰自由以及国家在宗教教派方面的不偏不倚。我们也回顾了斯密对任一正义方案的担心，认为它将导致一种对人类动机或情感的"探究"。最后，在我们引用的一段话中，他清晰地说明：一个自由国家的公民必须能够并愿意评判其政府。[74]这些都是广义的、能够识别的现代自由，无疑可以用"权利"的术语来进行阐释，这也是"自然法理学"的任务。

因为斯密没有决定政治自治将要采取何种制度品格，所以，

---

[74] *WN* Ⅴ.i.f.61. 克罗普西评论说，对斯密而言，"自由"意味着"从事不受限制的工作的自由"。*Polity and Economy*, p. 36. 这是在此问题上受到过度限制的观点。

他不能无条件地被自由主义阶层接纳，成为他们的一员。[75]在公民参与治理的意义上，自由应当采取何种形式必然是一个实践理性问题，比如，在给定的历史语境中，无偏旁观者能够做出最好的判断。[76]斯密并未错误地认为，自由市场与代议制政府不可分割。说过这一切之后，在我看来，如果只是出于审慎的原因，其自然自由体系的逻辑就在一个民主政治框架中推进，亦即，在斯密四处指出的控制主权、使权力滥用最小化的方向上推进（cf. *WN* V.i.e.26）。我同意，他自己可能已经做出判断，认为政府的混合形式高于代议制民主。尽管如此，但在本段开头提到的"授权"是相对柔弱的。

现在，我们清楚了，我们不该再犯下老错误，从斯密"乌托邦"的政治性开放结果中推断出其政治学不过是寂静主义。[77]他明确允许，有时候，"政治智慧"可以做出判断，制度应该得到改变（*TMS* VI.ii.2.12）。他坚持认为，自由与正义概念的道德可辩护性（即便后者被首要地理解为"消极的"）为他提供了一种规范标准，他可以据此批评既有的传统、行为，以及政治安排。"自然法

---

[75] 哈康森注："斯密拒绝在任何特定可行的政治体系中看待商业社会的未来。这一点可以通过他对整个政治体系的怀疑得到清晰的强调。"在"What Might Properly Be Called Natural Jurisprudence?"一文中，哈康森论证称，对斯密而言，"正义并不必然依赖政治自由，所以，正义问题可以由'专制'与'自由'政府处理"（p. 221）。在我看来，这就走得太远了，例如，至少宗教信仰自由就包含在"政治自由"的伞下。

[76] 那种判断包括了公民明智地统治自己的能力。斯密在 *WN* I.x.c.59 中提到，"英格兰的普通人……对他们的自由如此嫉妒，但却像其他国家的大部分普通人一样，绝不能正确理解其构成……"

[77] 温奇也在 *Riches and Poverty* 的第四章（"The Wisdom of Solon"）提出了此种观点。温奇在总结这一章时如此评论："……尽管它可能是小心谨慎且为怀疑论式的，但斯密的［立法者］科学却使一种审慎智慧的确切形式具体化了，而非否认，治国术实践在商业社会生活中能够有所作为。"（p. 123）温奇强调了斯密对不完美的反乌托邦的认识，我对此颇为赞同。

理学"似乎最终奠基于无偏旁观者理论,它也为社会和政治行动提供了一个规范性基础。《国富论》自身是对斯密认为的一种不正义(更不必说无效)政治经济学观点的攻击。[78]

让我们回到一种现在为人熟知的观点,政治经济学是自然法理学的分支,以及自然法理学是道德哲学的分支。有些段落导致人们在提起《国富论》的时候,就认为它志在促成一个"乌托邦"。在这些段落中,斯密提到了这种"立法者科学,其立法者的审慎应该受到总是相同的普遍原则的统治"(*WN* IV.ii.39);这也提醒我们注意"伟大政治家"或"伟大立法者",他们拥有高度的审慎与德性,这使他们与"学院或经院圣人接近一致"(*TMS* VI.i.15)。那些具有这一品格的人寻求"对人类情感与观点的大权威",并努力"在人类的条件和观点中"开创"最伟大的革命"(*TMS* VI.iii.28)。但是,正如我在第五章(第三节)论证的那般,斯密很好地意识到这类立法者带来的危险,我们也最好认为,他在为自己宣称一种中道与人道的政治审慎观点。我们很少能够怀疑,《国富论》致力于阐释一种如此理解的"立法者科学",即,完美的**人类**政治智慧。因此,作为这一体系的作者,亚当·斯密寻求获得"立法者"的头衔,以及高贵的审慎或智慧诸德性。[79]并且,我们也可从中推论出,我们不可能认为,这本书的计划独立于我们已经研究了的节制的道德与哲学考虑。

我们如何才能调和对"自然自由体系"的支持与对体系政治

---

[78] 正如我在第一章注意到的,斯密自己将这本书的特征归纳为"我对大不列颠整个商业体系的猛烈攻击"(letter to A. Holt of Oct. 26, 1780; *CAS*, p. 251)。

[79] 在"Adam Smith's 'Enduring Particular Result': A Political and Cosmopolitan Perspective"一文中,温奇接近于承认斯密为"立法者"。*Wealth and Virtue*, pp. 256-257.

学的拒绝呢？或者，我们如何才能调和"伟大立法者"的智慧与对不完美的坚持呢？其答案是，这种自由体系是其体系怀疑主义的另一面。它是一种将政治学**从体系中**解放出来的体系，是一种反乌托邦的乌托邦主义。尽管对自然自由体系的维持需要积极作为，但它大体采用清除自由障碍并限制它们制度化的方式："所以，一切有所偏好或有所限制的体系都被彻底清走了，简单明了的自然自由体系便确立起了自己的一致性。"（*WN* Ⅳ.ix.51）在此体系下，伟大的哲学立法者将从统治的重负中解放出来。

反乌托邦的乌托邦主义与对体系的怀疑甚至切入得更深，然而，就像我在关于斯密幸福观的讨论中表明的那样，真正的乌托邦不仅不可能，也不可欲。一个有着完美德性和哲学斯多葛派的共和国将会是"平等的野蛮主义"。[80] 所以，作为一种政治理想，它将会遭到拒绝；"完美"即是不完美。显然，斯密的乌托邦是次等好的，或是最好的可践行的乌托邦；这不仅是因为它对现存实践的改良，它也因绝对"最好"乌托邦的缺陷而得到推荐。看到这一点也就是要理解单纯由激情与力量统治的缺陷，以及单纯由完美德性和哲学统治的缺陷。启蒙是关于洞穴限制的智慧——回到由某个学院哲人提出的比喻上来——也是关于超越性之限度的智慧。我注意到，在《国富论》中，斯密一再提到"人类智慧"的有限性。论称"人类智慧"最著名的哲人是那"学园"圣人的教师。在柏拉图对苏格拉底审判的描述中，苏格拉底告诉其公民，他只拥有属人的智慧（*anthropinē sophia*），或关于无知的知识（*Apology* 20d, 29b）。在《高尔吉亚》（*Gorgias*）中，苏格拉底

---

[80] 引用的表述来自 Hont and Ignatieff, "Needs and Justice in the 'Wealth of Nations,'" in *Wealth and Virtue*, p. 10. 关于蜂群变得富有德性之后，它们命运如何，斯密的确铭记着曼德维尔的反思。

论证说，只有他拥有真正的政治智慧（*politikē technē*）；言外之意就是，只有他有资格成为政治家或立法者（*Gorgias* 521d6-8 及上下文）。这些对人类智慧与真实政治智慧的论断是同一件事。我表明，通过一种平行的方式，斯密的"立法者科学"是一种无知之知，或是关于不完美的知识。

然而，这两个不完美的概念只是平行而已。在其审判结尾，苏格拉底也公开宣称，"未经审查的人生是不值得过的人生"（*Apology* 38a5-6），他借此也清晰地意指一种未经哲学考察的生活。斯密从未说过任何此类事情，这不仅是因为他由于政治审慎而受限制，还因为其综合的怀疑主义及伦理立场也不允许他这么做。正如斯密在公开发表的著作中展开的那样，斯密为普通人立场辩护，并让理论理性服从实践理性。它们都与苏格拉底的论断不一致。

在《国富论》第一章，斯密就提到了"哲人"，这一点引人注目。这一段话实际上揭穿了任何声称哲人逃脱了统治一切"文明化社会"的劳动分工原则的论断（*WN* I.i.9）。学院哲人是专业化的工人，他们生产着被称为"体系"的产品，并提供多样服务以供销售。[81] 紧接着在第二章便是一段类似的紧缩的陈述，即"比如，哲人与普通的街边摊贩之间具有最不具共性的品格，他们的差异与其说源于自然，不如说源自习惯、习俗与教育"（*WN* I.ii.4）。为了确保这一点得到清晰阐述，斯密继续说："在自然才

---

[81] 在《国富论》第五卷中，斯密对学院哲学的讨论便遵从这一路径。在此意义上，斯密在《国富论》开头对"哲人"的说法可以用在斯密和柏拉图这样的人物身上。我注意到，在 I.i.9，他评论了"哲人或沉思之人，他们的职业不是做任何事情，而是观察每一件事物；并且，据此论述，他们经常能够将最遥远和最不相似的对象的力量结合在一起"。这就是斯密在《天文学史》一文中将哲学与之联系起来的力量。

能与倾向上，哲人与街边摊贩的差异尚比不上獒与灰狗、灰狗与獚狗，或獚狗与牧羊犬之间的差异的一半。"如果我们承认，斯密心里有一种广义上的"哲学"，那么我们就难以避免回顾苏格拉底对哲人与牧羊犬的著名比较。当然，苏格拉底给出这一比较的对话导向如下命题：在哲人统治之前，我们将不能免于疾患（*Rep.* 375d-376c; 416a; 473d-e）。斯密想要拒绝那种乌托邦主义，并维持斯多葛派对界限与无知之知的坚持。

然而，斯密所做的这一切，是以一种邀请柏拉图主义者面对关于哲学与"自然"间关系的重要问题的方式。对此问题的思考将把我们带到真实的"亚当·斯密问题"上。我注意到，如果哲学是一种奉献于构建综合体系的工作，那么斯密的体系在某种意义上也是一种建构；用柏拉图的术语来说，支撑它的智慧就不仅是可以获取的，还"富有诗意"或具有生产性（*Sophist* 265a4-5）。我借此搭建了舞台。让我们接下来转向这个自然的话题。

第八章　哲学、想象与美的脆弱性：论与自然的协调

首先，很清楚的是，就像阿尔西比亚德的西勒尼（Sileni of Alcibiades）一样，一切人类事物都具有极不相同的两个方面。所以，如果你更加切近地加以考察，那乍一看（正如他们所言）好像已经死去的东西将展露活力；相反，那些乍一看是活着的则变得好像死了一般；美丽会变为丑陋；富裕会变成贫穷；臭名昭著则会变为美名远扬；学识会变成无知；快乐会变成悲哀；成功变成失败；朋友成为敌人；有所助益之物将看起来像是伤害；简而言之，如果你打开西勒努斯（Silenus），你将会发现每一件事情都突然颠转过来了。

德西迪里厄斯·伊拉斯莫[1]

一　自然的本性

实际上，所有古代学派都着力把他们的伦理和政治理论奠

---

[1] *The Praise of Folly*, pp. 42-43. 在休谟的 *The Natural History of Religion* 中（sec. XV, p. 74），我们可以找到一条类似的思想线索。在古希腊神话中，西勒尼是萨提尔一般的造物。人们经常能够找到一些他们的小型塑像，打开后会出现一个中空的洞。伊拉斯莫在这里暗指柏拉图的《会饮》215b，阿尔西比亚德将苏格拉底比作西勒尼像——外表看起来丑如野兽，但内里却美丽神圣。

基于"自然"之上，无论它们是哲学的还是反哲学的。这包括了"人的自然"（区别于为习俗所塑造的人类）；尽管我们要在一个更大的整体或关乎伦理的框架中来理解人性。《法律篇》第十卷包含了柏拉图的一个最强有力的论断：实际上，在整体意义上，自然由理性（通过诸神得以人格化）而非机会或任何人类技艺（比如习俗）统治。我们奉命遵照自然生活，即令我们的自爱服从理性观点，或"整全的生活"（903c）。在《高尔吉亚》中，卡利克勒斯（Callicles）论证强者应当统治时（483a-e），有力地诉诸自然（与习俗相对的自然）。在《普罗塔哥拉》中，智者西庇阿斯（Hippias）区分了自然的奠基于亲属关系的共同体，以及"与自然相反"的奠基于习俗的共同体（337c-d）。在亚里士多德的作品中，《政治学》第一卷对自然的运用最引人关注。斯多葛派、伊壁鸠鲁派、怀疑主义者、智者都援用同一观点。在古人对自然的诉请中，只有一些称得上是对目的论的诉请。[2] 从西塞罗、卢克莱修、奥古斯丁、波爱修斯、阿奎那，到霍布斯、斯宾诺莎、莱布尼茨，以及其他许多人，一直到18世纪及之后，自然观念以这样或那样的形式，持续扮演着主角。[3] 在西方古典伦理与政治理论中，"自然"无疑是一个中枢性的术语。

然而，在休谟的思想中，这个观念已经受到攻击。休谟在写给哈奇森的信中说：

> 我不赞同你讲的**自然**感官（Sense of *Natural*）。它建立

---

[2] 关于这一点，以及"自然"在古代伦理学理论中的作用，其卓越论述请参见 J. Annas, *The Morality of Happiness*, Oxford: Oxford University Press, 1993, ch.2。

[3] Basil Willey, *The Eighteenth Century Background: Studies on the Idea of Nature in the Thought of the Period*, London: Chatto & Windus, 1940.

在终极因上。这一思考在我看来非常不确切,也不够哲学化。请问,人之目的为何?他是为幸福还是为德性而造就的?是为此生还是为来生而造就?是为着他自己还是为着他的制造者?你对自然的定义有赖于对这些问题的解决,但这些问题无穷无尽,且大大偏离了我的目的。[4]

即便如此,休谟还是频繁地使用这一术语。

康德对此术语的传统用法发动了更加深入的攻击。在《纯粹理性批判》第二版的前言里的一个著名段落中,康德告诉我们:"理性只能洞见据其计划产生出来的东西",以及理性"决不允许自己如曾经那般,受着自然的管教束缚;而是必须根据基于确切法则的判断原则,自己展示出道路,制约自然,回答理性自身决定的问题"。[5]仅仅因此禁令,康德就说,"研究自然已经进入了科学的平安大道",然而对自然一切传统的、形而上学的诉请都是教条式的,并且没有根据(Bxiv)。第二版《批判》继续攻击,这次则攻击与"自由"观念相区别的"自然"观念的伦理相关性。康德的大部分继承者在同一脉络中继续前进。比如,密尔与西季威克(H. Sidgewick)发现,由于伦理理论已经发展到这样的程度,自然观念既不可理解也毫无用处,其首要原因在于,我们把"自然"理解为事实性的、非评价性的,并且是被粗暴地给定的。[6]今天,道

---

[4] Letter of Sept.17, 1739, in vol. 1 of Hume's *Letters*, p. 33. 在《人性论》中,休谟讨论了这个词的不同含义(*T* 474-476, 484)。在斯密写作《道德情感论》时,"自然"的相关性及其意涵问题也有了定论。

[5] Bxiii. Trans. N. K. Smith, New York: St. Martin's, 1965.

[6] H. Sidgewick, *The Methods of Ethics*, 7th ed., Indianapolis: Hackett, 1981, bk. I. ch. Ⅵ.2. 西季威克看到,诉请自然的战略从"是什么"转向了"应该是什么",并认为这一转换并不可能(p. 81)。他总结说:"总体而言,在我看[转下页]

德和政治哲人倾向于要么忽视这一观念——比如,约翰·罗尔斯在《政治自由主义》中几乎没有提及"自然"——要么倾向于把自然神学观念看成是可以理解的,但却不再是可信的——正如内格尔与威廉姆斯的评论表明的那般。[7] 有些人结合宗教观点和他们的政治传统进行论证,还有许多人为某种版本的自然主义伦理学论辩(在其大部分论辩中,"自然"要从现代自然科学的观点来理解),他们都是道德与政治哲学中的例外。[8]

其结果是,至少在普通论述中,"自然"这个术语及其同源词实际上丧失了所有伦理和政治讨论中的规范意义。就这一点来说,"自然权利"观念,或"自然与自然之神的法律"——杰弗逊在独立宣言中的表述——开始听起来像是来自过去时代的遗物。然而,尽管词汇可能萎缩,但是,我怀疑,我们许多人感受到:为了把

[接上页]来,在我们所有的自然定义中,没有一种表明,这种观念真正能够提供独立的伦理学第一原则"(p. 83)。西季威克认为自然观念既是循环式的,也是空洞的,以此为基础,他攻击了我们"要依据自然生活"这一斯多葛派格言(bk. Ⅲ, ch. XIII.2)。对密尔的援引是针对他的文章"Nature"(发表于 1874 年),重刊于 *John Stuart Mill: Nature and Utility of Religion*, ed. G. Nakhnikian, Indianapolis: Bobbs-Merrill, 1958, pp. 3-44。

[7] 参见 Annas, *Morality*, pp. 137-141。

[8] 在 J. Finnis, *Natural Law and Natural Rights*(Oxford: Oxford University Press, 1980)一书中,我们可以找到前者的一个例证。自然主义伦理学采用了一种更为广泛的多元形式。为了获得一种有帮助的概览,参见 Darwall et al., "Toward *Fin de siècle* Ethics," pp. 24-30。在 *Wise Choices, Apt Feelings* 一书中,A. 吉巴德(A. Gibbard)论证说,"规范性言谈是自然的一部分,但他并没有描绘自然"(p. 7)。这个观念就是要把"接受规范的能力"看作"一种属人的生物学的调整"(p. 7)。在 *Two Theories of Morality*(Oxford: Oxford University Press, 1977, p. 54)中,S. 汉普谢尔(S. Hampshire)评论说,"在这里,我认为自然主义是一种习惯;它展现出与道德力量和人的缺陷有关的判断,我认为它们在许多方面都类似于关于身体力量及人之缺陷的判断;它也把德性展现为灵魂或心灵的卓越状态,把邪恶则展现为灵魂或心灵的疾病状态,它们在行动中得以展露,就好像健康是身体的卓越状态一样"。因为其目的论品格,这是一个更为经典的亚里士多德式自然主义观点。

我们的"价值"奠基在不同于偶然性习俗或期许的某样其他事物上，我们需要清晰阐释人在自然中的位置。

在自然观念的历史中，斯密占据了一个关键时刻。如我们所见，在怀疑主义的形而上学意义上，他与休谟共享了一种怀疑主义。如果我们把自然理解为某物的"本质""实质"，或"形式"，那么在斯密的哲学中，自然已经死掉了。在他已经发表的著作里，斯密似乎要说，道德规范并非从自然中兴起，而是源自无偏旁观者，亦即，源自于康德的自治自我立法，而非某种自然道德完美的概念。在另一方面，斯密在其著作里极为频繁地使用这个术语及其同源词。在他出版的两部著作中，其中一本的标题就使用了"自然"这一术语；甚至，自然在其体系中有一种目的论的角色。所以，斯密是用著作为自然辩护的最后几位重要哲人之一，尽管他已经放弃了它的传统含义。

首先，在这些传统含义中间的是"本质"或"形式"的含义。在第二种意义中，自然不同于习俗（nomos），并且是习俗的标准。在此意义中，斯密谈到了"自然正义"；当他将自然正义与"实定法"进行区分时，上下语境清晰地阐释了如下观点：他认为，为了将"正义的本义要求"具体化，习俗是"或多或少不完美"的努力（Ⅶ.iv.36）。习俗是在时间之中的，所以，我们第二种意义上的自然或许与"历史"相反。正如我刚才暗示的那样，在斯密看来，这第二种意义上的自然由无偏旁观者决定。

这个词的第三种含义将自然与人工的或设计的区分开来（将 *physis* 与 *techne* 区分开来）。比如，斯密对比了自然宗教情感的教诲与"人为理性和哲学"的教诲（Ⅲ.5.4）。并且，就像我们看到的那样，他持续地反对如下观点：道德判断、道德法则以及大多数道德情感都是"人为的"，因为它们根据效用而被设想或设计出来。

然而，在其他语境中，他又混合了自然与人为——比如，当他把机器当作自然的隐喻来使用时。我将很快讨论这一点。

这个词的第四种含义将自然等同于被给予我们、把自己印压在我们之上的，或单纯地向我们显现的事物。斯密频繁地在此意义上使用这一术语，如他有时候会提及"人性"（human nature）（I.ii.intro.2），在许多地方使用自然这个词的副词与形容词形式。在这里，我们很容易认为，"自然"由自然科学研究的现象构成，从科学立场将其理解为"经验"。它也可能包括道德哲人、历史学家与批评家研究的现象。在某些情形中，"自然"的第四种含义就下降为我们适应了的习惯。[9] 道德行为人可能认为某种价值或传统是自然的，尽管它们实际上是习俗性的。这第四种含义具有一定程度的模糊性，它与我归之于斯密的那类怀疑主义版本相符；因为它允许斯密在提到自然时，认为它是呈现在反思性观察者眼前的事物（比如同情、想象、激情、快乐与痛苦，以及它们的互动），却不提出理论或形而上学的问题，以便适于探查第一种含义上的自然。

第五种含义令自然与超自然相对（比如，与奇迹或神圣相对）。在斯密的论述中，在他对那些术语的使用中，我们很难找到这一区分；尽管在他对比"人性的统治原则"以及那些"与神之命令和法律"有关的原则时（Ⅲ.5.6），我们或许能够找到它。当他言及"自然的作者"（Author of nature）（Ⅲ.5.7），他便暗示了作者与自然的区分。从日常生活的立场来看，正如斯密所描述的那般，被认为具有神圣性的超自然拥有一个重要的伦理角色。但是，既然斯密的伦理理论并不依赖任何超自然的观念，它在第五种含

---

[9] 参见休谟的评论，"习惯无非是一种自然的原则，它从那一源头获得所有力量"（T 179）。

义中就彻底是"自然的"。

正如在提及一个事物或存在时，我们视之为完美的或完全实现的那般，我们也可以把它理解为目的论的自然。这是休谟在给哈奇森写信时（在接近本章开篇的地方，我引用了休谟这封信），他心里所想的自然。我认为它是第六种意义上的自然。我们在斯密的著作中发现了目的论讲述。在有一个地方，斯密谈到了"情感失规"的"终极因"，自然预期的"人之存在的目的"，亦即"这一族的幸福与完善"（Ⅱ.iii.3.2, 3）。但是，我们应该联系整体或普遍的一致性来理解目的论，认为它是某物在一个组织化整体中的有用位置或功能意义上的目的论。我们可以根据相关实体的完美来理解目的论，也可以根据相对于一个更大整体的有用性来理解目的论，并因此根据事物与整体的和谐来理解目的论。在斯密的思想中，这一含义的确是首要的。然而，正如我们已经看到的，在这些段落中，斯密的含义并非那么直白，因为自然也如此构造万物，令大部分人追求虚幻的幸福（比如以财富和权力为形式的幸福）。

我们常用"自然"来表意"整体""世界""宇宙"。让我们把它算作这个词的第七种含义。我将在本章主要关注刚刚区分出来的这一层含义，但它并不是唯一的关注。要把此项与第四种含义加以区分总非易事。[10] 这个术语的第七种含义与某些斯多葛派思索自然的方式有密切关系。所以，对最后一种"自然"含义的聚焦就为我们提供了一个机会，更深入地考察斯密对斯多葛主义的批判。它也

---

[10] 多种含义经常挨着出现，如在Ⅲ.3.11："许多道德主义者努力削弱与我们自己相关的事物的感受，从而纠正消极情感的自然不平等；在这些道德主义者之中，我们可以算上所有古代的哲学派别，尤其是古代斯多葛派。根据斯多葛派，人不应该认为自己是某种独立的、超越的事物，而是这个世界的公民，是巨大的**自然**共和国的成员。"（着重标记是后加的）在第一句中，"自然"回应了我讲的这个词的第四种含义；在第二句中，"自然"则对应着我的第七种含义。

允许我们调查斯密道德哲学指出的那些问题,这有助于我们把当下研究与当代哲学兴趣的多条线索归拢到一起(比如,与"客观"及"主观"立场之相对功绩有关的问题)。关于自然在何种意义上能够成为道德的引导者,我们将要考察许多大规模的推理性问题。我们将要考察"无形之手"与斯密思想中宗教之维的地位,考察想象与美在表达自然整体时的作用,考察哲学对协和自然的无穷追求,并最终(尽可能简要地)考察历史在斯密论述中的地位。

在这本书中,我已经论证了斯密是一个辩证的思想家,这一点在接下来的论述中将会变得尤为明显,因为我试图深入挖掘讨论的各个层次,虽在同一问题上反复耕耘,但要更深入一些。或者,为了把比喻转变为本章开头引自伊拉斯莫的文字展现出的那一西勒尼比喻,我在此处的讨论将类仿一系列"西勒尼",其中的一个筑巢在下一个中,但都以一种"向一"(pros hen)或聚焦意义的方式彼此共鸣。

斯密不可能忽视"自然"这个术语的多重用法,从这个术语的历史,以及休谟的评论来看,其多样性都是足够清晰的。休谟在《人性论》中写道,"没什么比自然这个词的定义更加模糊、意义不明了"(T 474)。然而,斯密也经常使用这个词,并不加提醒地从它的一种含义滑向另一种含义。尽管我们应当将此视作审慎行为,与他对形成一套技术词汇的抵制行为一致,但是,它却使梳理自然在其伦理理论中位置的任务复杂化了。

二 遵照自然生活:斯密对斯多葛主义的批评

你想要"遵照自然"**生活**吗?噢,你这高贵的斯多葛派,这是多么富有欺骗性的话语啊!请想象一个类似于自然的存在,它被无限浪费,受到无限的冷漠对待,它没有目标和思考，没有怜悯与正义，它肥沃又荒凉，同时还充满了不确定性。请把冷漠自身想象为某种力量——你如何**能够**根据这种冷漠来生活呢？生活——难道那不是我们恰好缺乏之物，而不是这一自然吗？

弗里德里希·尼采[11]

我此前已经提到了斯多葛主义在斯密道德哲学中的重要性。[12] 他强调自我控制；他使用具有完全德性的斯多葛圣人形象；他间接提到一条斯多葛派原则，即每个人都最有资格关爱自己——这一切都让我们想起斯多葛派论题。在他之前的一切哲学学派中，斯密在最引人注目的程度上令自己与斯多葛主义保持一致。不仅在《道德情感论》结尾他对道德哲学史的评论中，而且贯穿他的整本著作，他都在与斯多葛派学说缠斗。在他对这部作品的反复修改中，论斯多葛主义的段落被多次安排和重新定位。很明显，在这部书中，他对这些段落及其位置有许多思考。斯多葛主义是第一个因名字得到识别的学派，它出现在第一部分（I.ii.3.4）。斯密写道：

> 古代斯多葛派认为，一个明智、强大、善好的神具有统领一切的神意，它统治着世界；我们应当认为，每一个事件都构成了宇宙计划的必要部分，并倾向于提升普遍秩序与整体幸福：所以，人类的邪恶、愚蠢也成为此计划的一个必要

---

[11] *Beyond Good and Evil*, trans. W. Kaufmann, New York: Vintage, 1966, sec. 9, p. 15.
[12] 我不会在此讨论斯密对斯多葛派之解释的准确性。他主要聚焦于艾比克泰德和马可·奥勒留，在较少的程度上关注西塞罗和塞涅卡（Seneca），他的解释因此具有选择性。正如我在第四章注意到的，斯密忽视了斯多葛派逻辑学、形而上学，以及认识论，而着力关注他选取的斯多葛道德哲学。

部分，正如其智慧与德性；通过那种从恶中唤起善好的永恒技艺，它们同等地倾向于伟大自然体系的繁荣与完美。然而，无论这一类的任何沉思在我们心中如何根深蒂固，它都不能减弱我们对邪恶的自然厌恶，其直接效果如此具有破坏性，其长远效果则过于遥远，不能为想象追溯到。

斯密刚一提及斯多葛学派就对其进行批评。他确切地批评了什么呢？

斯密在一个章节中解释了仇恨、气愤，以及愤怒的"非社会激情"，上面这段话就是此章的一个部分。我们想起来，这些激情是"正义的护卫者"，它们是有用的；尽管作为道德行为人，我们不能根据效用对其进行规范性评价，而是在它们展示自身或与之相连的具体语境中来进行评价。尽管当我们拒绝聚焦效用问题时，亦即，当我们拒绝聚焦它们在整体中的角色或功能时，我们看似非理性，但斯密却为人们所谓的道德情感语境辩护。正是在这一点上，他说出了自己对斯多葛派的论述。在一种提纲的、综合的，或单纯的哲学立场上，斯多葛派接受了人们所谓的理性立场。我们必须注意，斯密并未否认人们能够采取一种概要性立场（synoptic standpoint）；或这种做法将产生一种对相关现象的哲学思考；或者在合适的时候，人们应当这样做。相反，他频繁地将哲学与这类概要主义联系起来，他自己也不时地用那种声音言说。[13] 正如他在论斯多葛主义的段落中所言，从那种立场出发，

---

[13] 比如，在Ⅲ.5.7，斯密写道："当自然的作者将所意图的目的带入现实，人类与其他一切理性造物的幸福似乎都因自然的作者的倾向，有其原初目的。似乎，任何其他目的都配不上那一超然的智慧，而我们必然归属于他的仁慈。我们通过抽象地思考其无限完美获得这种观点，它又因我们对〔转下页〕

甚至我们自己的非理性行为（我们的"愚行"）、我们的"邪恶"都为提升"普遍秩序与总体幸福"贡献了一份力量。他似乎赞成，从斯多葛派高擎的立场出发，德性与邪恶之间并无真实的区分，"每一个单独事件"平等地服务于"伟大自然体系的繁荣与完善"。

易言之，从自然或整体的立场，道德区分消失了；所以，我们不能依据作为整体的自然生活。在引文中，斯密提到了"自邪恶中提炼善好的永恒技艺"。他的"无形之手"比喻广为人知，它恰好表明了如何自弊病中演绎出善好的过程。这个比喻的斯多葛派背景不容否认；相应地，当斯密使用它时，他接受了概要地观察事物的哲人立场。《道德情感论》与《国富论》中（尤其是后者）都充满了从坏的行为、情感、处境中产生意外且善好结果的例证。"自然"（nature）这个词出现在《国民财富之性质与原因的研究》的标题中，这或许表示，斯密去除了政治经济学经常假设的关于人类生活的"推测性"立场。

当我们将其语境结合起来，斯密论述斯多葛派的段落表明：当我们在语境中进行理解，道德区分就会再次显现；并且道德认知也需要情感与同情的工作。道德区分从部分而非整体的立场表明它们自己。斯密在此断言，没有哲学"沉思"能够削弱我们的仇恨、对邪恶的愤怒，或我们对德性的赞许（我们也可推测到这

[接上页] 自然作品的考察而得到更进一步的确认，似乎一切都倾向于提升幸福、抵御痛苦。但是，通过遵照我们道德官能的指令，我们必然追求提高人类幸福最有效的方式；并因此在某种意义上可以说是与神在配合，并尽力之所及去提升神意计划。"然而，就在这一声明之后不久，斯密注意到自然情感常常拒绝"事物的自然进程"，并给我们提供了来自克莱蒙特主教（bishop of Clermont）的引文（稍后讨论）。那段引文能够唤起对这段文字中快活的乐观主义的质疑。

一点)。理性的沉思性声音不应消除情感的道德判断。斯密在这里敦促我们认识到道德行动者与理论家或哲人立场之间的差异。他邀请我们一起严厉谴责"斯多葛派的冷漠"。"斯多葛派的冷漠"则源自道德行动者立场与哲人立场的融合。[14]就像这本书展开的那样,我们看到,一个接受斯多葛主义教育的人,亦即,接受如下观点教育的人:用当下的术语而言,哲学应当是一种"生活的哲学"——相应地被塑造了他们的道德情感(参见Ⅶ.ii.1.47:"我们不能怀疑,斯多葛哲学对追随者的品格和行为有巨大影响。")。很明显,斯密认为这总体而言是一件坏事,因为它相当于侵蚀了道德区分的基础。所以,他不仅论证说,我们往往不会混淆部分与整体的立场;还论证说,我们不应该混淆它们。决定旁观者的适度水平部分的是伦理性的。

在斯密对斯多葛主义的讨论中,潜在的问题关注哲学与日常道德生活之间的关系;并且,他关于斯多葛主义的相关讨论标志着,这一问题遍布于《道德情感论》中。这确实是因为,关于传统类型的哲学理性将会接受的立场,他接受了斯多葛派观点——即"自然"(在第七种意义上)或"整全"的立场——也是因为,关于如果只从那一立场来看,道德看起来将会如何这一问题,他接受了斯多葛派观点;亦即斯密既深深地被斯多葛主义吸引,又对之加以批判。他评论了一种对哲学概要主义有限的道德模仿,即无偏旁观者的立场。通过从一种超越视角来看我们自己,斯多葛派促使我们减弱我们的自然情感。就此而言,斯多葛派是正确

---

[14] 这指的是他对家庭情感的讨论,斯密在那里注意到,"合宜感"不要求我们赞许一个对自己的孩子毫无所感的人,而是引导我们去谴责这样一个人,谴责他缺乏那种"特别的感受"(Ⅲ.3.14)。当我们在第五章第四节考察道德教育时,我们评论了这段文字。

的。在《道德情感论》的第二版到第五版中，斯密都写道，"在这个方面，除了展开我们自然的完美观念，斯多葛派哲学并没有做更多事情"（TMS p. 141）。但是，他们坚持认为，"人……不应该把自己视为某种独立、超越的东西，而应当将自己视为一个世界的公民，一个巨大的自然共和国的成员"（Ⅲ.3.11）。这时候，斯多葛派就把我们的自然观念推进得太远了。所以，关于自然道德情感在受到哲学挤压时，会如何变得扭曲，斯多葛派为斯密提供了一个研究案例。

在《道德情感论》第七部分关于斯多葛主义的长篇讨论中，斯密引用了伊壁鸠鲁的关键问题与回答，"事情在何种意义上被说成是合于自然的，其他事物在何种意义上被说成与自然相反？正是在此种意义上，我们才认为自己独立于、超越于一切其他事物"；作为人类，"根据整全看来"，人是"整全的一部分"（Ⅶ.ii.1.19; Discourses 2.5.24-6）。斯密的那段引文用伊壁鸠鲁对著名的斯多葛式冷漠的推荐进行总结，并将此立场绑缚于斯多葛圣人对从整全立场审视自我的坚持。斯密说，"沉思宇宙大体系的幸福与完美""履行其义务"构成了圣人的幸福，亦即，圣人的幸福在于用绝对合宜性扮演宇宙神分配给他的任何角色。他的激情完全受到控制，丝毫不受命运的影响，对其行为结果也不予关心——这些都在他的控制之外，受"宇宙超意识"的管理——圣人享有确切的宁静。如果出于某种原因，他的境况变得无法忍受，他就可以通过自杀来逃离。

尽管斯密对此原则进行了同情和扩展的描述，但是，它在这本书前面某处暗示的批评中达到顶峰。在那里，他评论说，斯多葛式平等原则是"形而上诡辩"的结果（Ⅲ.ii.34）。为了证实其指控，他诉诸自然，但却是在一种不同的意义上诉诸自然："在其强健的状态中，自然似乎从不把我们推向自杀"，甚至，当自杀是为了避免某种深重的"忧惧"或"痛苦"时，自然也不会引导我们认可自杀。斯密论称："没有一条自然原则，没有任何关于假定的无偏旁观者赞许的考虑，没有任何关于这一胸中之人的判断的考虑号召我们通过毁灭自身来摆脱它（痛苦）。"相反，自杀作为一种道德弱点冲击着我们；斯密也把它当作他最喜爱的坚忍典范，即"美洲野蛮人"之坚忍的证据。他注意到，"野蛮人"会忍受折磨，不仅不会试图自杀，反而要对折磨他的人表示轻蔑（Ⅶ.ii.1.34）。此处所说的，针对斯多葛派的"自然"的含义是意义二的一种变体；它是"自然"的，因为它由无偏旁观者决定。

总之，斯密否认说，关于遵照自然生活意味着什么，斯多葛派概念完全正确。它命令我们审查自己的动机，根据无偏旁观者的立场来行动，就此而言，它是正确的——它制约了自我主义（egoism）、未受认可的自我免责，以及自私，在这个意义上，它是一个普遍立场。我们的确不时接受相对综合的"沉思性"观点，并从中获益。斯多葛主义也正确强调了自我控制、受规训的自爱，以及自我审视的价值（Ⅲ.3.44；Ⅲ.3.11；Ⅲ.3.22 及其语境）。进而言之，斯密带着明显的赞许引用如下观念，"每一个人……最先并首要的事都是照顾自己"，并且"当然，在每个方面，他都比任何其他人更适合、更有能力来关爱自己"（Ⅵ.ii.1.1）（据推测，他在这里暗指斯多葛派的 *oikeiosis* 原则，亦即相类、相属，或把某物当成自己的财产）。正如我们在第五章第五节看到的那样，他也赞许如下斯多葛派观念：真正的幸福"由宁静和享受构成"（Ⅲ.3.30）。

但是，斯多葛派原则具有误导性，因为它总是把无偏旁观者原则类同于完全"沉思性"或"客观的"原则，并最终要求我们仅把自己视为"整个世界机器"中的齿轮（Ⅶ.ii.1.37）。所有斯多葛主义"悖论"，包括那些冷漠与自杀的悖论都从那一混淆中产生，或者斯密正是如此确切地论证（Ⅶ.ii.1.38-39）。他继续说，当我们不偏不倚地评价**自己所在的**处境，我们对"微小的偏离"有所管理和引导时，以及当我们由自然赋予的道德激情（包括自利）引导时，我们就在遵照自然行动。激情，以及我们对它们的超越视野聚焦于具体处境的需要。无偏旁观者在考虑合宜的时候，不是着眼于我们在整体中的位置，也不是着眼于与神相适配的绝对仁慈标准，而是着眼于我们如何在此时此地被安置于整体中的**这一部分**。因为，我们的激情主要绑缚在那一处，伦理区分也是从在具体情境中发挥作用的激情中产生。整全不是一种人们能够移情的"处境"或"位置"，理论思辨也不是移情性的。所以，斯密对斯多葛派的批评是其道德情感理论的背面。[15]

当然，自然宗教的确提供给我们一种作为神之创造的整全观点。斯密评论这种观点，认为它是对道德自然的支持。然而，这与其批评并不冲突，因为这种整全的观点是一种合宜感，它关注着：对被理解为仁慈设计者的神，我们想象自己应该怀着何种程度的感激、尊敬，甚至恐惧（Ⅲ.5.13）。"宗教的自然原则"强化了我们的"自然义务感"。那种感受总是对具体语境做出反应，除非它被"某种毫无价值的阴谋集团的派系、党派热情腐败"（Ⅲ.5.13）。所以，自然宗教为我们提供了一种整体语境，它能够

---

[15] 参见内格尔的评论："对价值方面的客观性追求导致了离弃价值的危机。我们可以抵达一个如此远离人类生活视野的立场，以至于我们能做的一切就是观察；看起来，没有一样事物具有那类从内部拥有的价值。我们能看到的一切不过是人的欲望、人的努力，以及作为行为或条件的人的**估价**。" *The View from Nowhere*, Oxford: Oxford University Press, 1986, p. 209.

提升我们对此时此地的正确品格、行为的同情关注,并具有一种与斯多葛主义相反的影响。斯密明确反对自然宗教变形为这样一种宗教教义:它坚持"一切关于具体对象的情感都应该在我们内心清除,其他一切情感都被一种大爱(great affection)取代。这一大爱即对神的热爱、让我们自身取悦它的欲望,以及在每个方面都根据其意愿引导我们行为的欲望"(Ⅲ.6.1)。

斯密总结道,"自然为我们行为勾勒出来的计划与体系似乎与斯多葛哲学完全不同"(Ⅶ.ii.1.43)。在我们遭遇不幸需要安慰的时刻,自然的确为我们提供了斯多葛哲学,但是,自然并没有把此种庄严的沉思交付给我们,使之成为我们生命的伟大事务与职业"(Ⅶ.ii.1.46)。那么,自然让我们从部分的立场来审视整全;斯多葛派在颠转这一自然秩序时犯下了一个具有哲人特征的错误,即,被其奉为统治原则的东西不过是一个经验中的因素罢了。因为,自然也让我们不偏不倚地从外面来看部分,并且,这也是对哲人立场的模仿。但是,在理解我们的日常生活时,斯多葛派过于雄心勃勃了。

我们应当依据无偏旁观者(内心中的居民,伟大的半神)来生活(Ⅵ.iii.18)。与其说应该引导我们的是自然,不如说是我们对自然的态度。或许,正是在那一点上,斯密最深刻地受到了斯多葛派的影响。这个问题强调了旁观者立场的优先性,它也是贯穿一切斯密哲学思考的主题。我们的自然观优先于自然本身。斯密确定了什么是合宜之态度,这使他与斯多葛派分道扬镳。亦即,在他看来,斯多葛派混淆了旁观者的水平。在莫尔-哈奇森(Moor-Hutcheson)对马可·奥勒留《沉思录》(*Meditations*)(5.9)的翻译中,斯密可能读到了:"切勿犹豫,回归哲学,就好似回到一个严肃的教师面前……请记住,哲学只要求自然要求的东西，对其他事物不作要求。"[16] 出于我们正在考虑的原因，以及我们现在要转向的其他原因，他不会无条件地接受这一劝说。

三　自然冲突与人为干预

> 你不知道，一切自然不过是技艺；
> 你看不到，一切机会、方向，
> 一切无序、和谐，都未被理解；
> 所有部分之恶、普世的好，
> 以及，错误理性之恶中的，骄傲之恶，
> 只有一个真相是清晰的，"无论它是什么，它都是正确的"。
>
> 亚历山大·蒲柏（Alexander Pope）[17]

让我们把对这个问题的考虑一次向前推进一步，打开下一个西勒尼像。就像我们刚才讨论的那样，我们不能够，也不应该遵从作为整全的自然观来生活，亦即，遵照纯粹的"理论"理性生活。我们要遵照对作为一个部分的自然的正确理解来生活，亦

---

[16] "καί νὴ ὡς πρὸς παιδαγωγὸν τὴν ψιλοσοψίαν ἐπανιέναι...νέυνησο δέ, ὅτι ψιλοσοψία υόνα θέλει, ἂ ἡ ψύσις σον θέλει." 在 *The Meditations of the Emperor Marcus Aurelius Antoninus. Newly translated from the Greek: with Notes, and an Account of his life*（Glasgow: R. Foulis, 1742）中，相关内容得以重译。译者姓名（此书导论部分只提及"翻译的作者"）并未印在标题页上，但是一封来自弗兰西斯·哈奇森（斯密的一个老师）的信札指出了，哈奇森自己和詹姆斯·莫尔（实际上是格拉斯哥大学希腊语教席的持有者）是译者。参见 J. Bonar, *A Catalogue of the Library of Adam Smith*, 2nd ed. (1894); rpt. New York: Kelley, 1966, pp. 13-14。

[17] *Essay on Man* I.289-294, ed. F. Brady (1733-1734), Indianapolis: Bobbs-Merrill, 1981, p. 15.

即，遵照道德理性生活。当我们遵从"我们道德官能的命令"生活之时，我们就在"与神合作"，并且"在我们的力量范围内，尽可能地推进神意计划"。斯密立即令这一令人振奋的评价复杂化，因为我们也能够在与这些命令的对抗中行动，在这种情况中，"如果可以这样说，那么我们宣称自己在某种意义上是神的敌人"（Ⅲ.5.7）。这一现象通过两种方式证实了我们的行动能力，然而，斯密宣称，对神之"无限完美"的考虑以及"对自然作品的考察"令我们相信，"自然的作者"所意图的是人类的幸福（Ⅲ.5.7）。很明显，这里潜伏着古老的、关于邪恶的理论问题。随着斯密对其观点的发展，事情也变得越来越复杂。

因为人类经验充分证实，自然的工作与我们的"自然情感"（Ⅲ.5.9）不仅会，而且有时还应该是彼此冲突的。斯密在一段话中展示了政治经济学与道德理论之间的联系。在这段话中，他也坚持了上述观点。他选用了一个耕种土地的"勤劳恶棍"，以及不事劳作的"慵懒好人"为例。在这两者当中，"谁应当取得收获？谁应当饥肠辘辘，生活贫困呢？事物的自然过程决定了它有利于恶棍；人类的自然情感却支持有德者"。在其判断中，非人性（non-human nature）是绝对理性且公平的（Ⅲ.3.27也是如此），然而，人性将不会也不应该同意并要求一种德性与奖赏，邪恶与惩罚之间的十分不同的比例。"所以，自然引导人们以某种方式来纠正它原本可用其他方式产生的分配"；并且，"就像诗人之神一样，他以非同一般的手段，持续干预，扶助德性"（Ⅲ.5.9-10）。所以，自然看起来是自我矛盾的，斯密随后所说的内容也提出了问题："人的努力颇为虚弱，不能完全控制事物的自然进程。"我们不仅没有把自然人性化，而且，就像斯密在《国富论》中特别强调的一般，有时候，我们的努力还有相反效果，令事情变得更糟。

斯密向我们保证,"自然遵从的法则是适合她的,人所遵从的法则也适合他,这两者都是为了提高同一个伟大目的才被设计出来,即是为了世界的秩序、人性的完美与幸福"(Ⅲ.5.9)。然而,斯密已经向我们表明,这种观点并不可信。的确,他以灵活的文风,通过引用"雄辩且深具哲思的克莱蒙特主教",出其不意地对刚刚说出的主张提出质疑。我们引用的内容跟与此主题有关的所有论述一样尖锐且直接:

> 神创造了世界,又让其停留在如此普遍的无序当中;他看着恶人几乎总是压倒正义之士……这与神的伟大相配吗?从其伟大之高度来看,神应当把那些忧郁事件当作一种奇闻趣事,却不感到丝毫忧郁吗?因为他是伟大的,他就应当柔弱、不正义,或者野蛮?……噢,神啊!如果这就是您无上至尊(Supreme Being)的品格……我就不再认您作父……您也将不过是一个懒惰、满怀空想的僭主罢了。(Ⅲ.5.11)

斯密并未使我们对其爆发有所准备;也未置一词,对它做出回应。就在它之前的那些段落建议我们当面对"事物自然进程"的不义时,要向神寻求安慰。紧随其后的两个段落也只是重申,信任"全能存在"(All-powerful Being)对连贯的道德生活的重要性,即便那正是主教在发出哀叹时质疑的内容。与其说主教的哲学话语确证了斯密关于自然宗教的论述,认为它是对我们道德情感与自然进程间对反的适当回应;不如说它打断了斯密的自然宗教论述。

根据斯密对这段话的引用,我们可以进行总结,发现自己处在一种没有希望的境地。一方面,我们不能遵照作为整体的自然生活，因为这样做就是对道德考虑进行抽象。另一方面，我们也不能把自然当作它在我们个人生活中展现出来的样子，并照此生活；因为我们的生活如此频繁地受"自然进程"的统治，我们不愿意接受此"自然进程"，却又无力控制或理解它。这些现象彼此冲突。主教指责了如此这般构造万物的神；但是，谴责既不是生活哲学，也不是对痛苦的安慰。[18]

让我们沿着原来的道路，稍稍往回走一点。斯密清晰地指出，道德保护我们免于受到整体自然的压制，因为没有道德情感对具体事物及其语境的聚焦，我们就会堕落为"世界机器"中的一个齿轮。我们的生存也依赖**技术**（*techne*）：从农业技艺到法律体系，再到政治经济学的智能产品。我们需要道德理性、技术智能，以及某些场合中的理论理性来引导人类事务。有时候，斯密跟我们保证，这些发明本身就是自然的发展，因此强调了自然的仁慈。我们尚未被自然抛弃。"人性"（human nature）设定的目标因其自身基础就难堪一击；或者，与人类经验教授的内容相比，它也疲于招架。即便在这样的地方，自然也没有放弃我们。他提到的最引人注目的案例不过是对财富的追求。正如我在第五章和第七章看到的那样，想象强加给我们某种"欺骗"，这"欺骗"则驱使我们追逐财富。想象联合了激情与同情，玩弄了一个简单的把戏，结果"改变了整个地球的面貌"，完全塑造了我们个人的生活；多亏有了它，我们才迫使自己工作、创造、竞争与努力。想象的诸发明中包括了欺骗，它们为我们防备着一个没有提供充分供给的吝啬的自然。

---

[18] 坎贝尔论证说，对斯密而言，"神是一个效用论者"。参见 *Adam Smith's Science of Morals*, p. 217。然而，这恰好强调了这一问题，因为如此理解的神似乎要犯下过错，以协助他人。

正是在这一段落,《道德情感论》提到了一次"无形之手"。斯密引入这一比喻是为了解释,财富积累的不平等实际上对整个社会有益。所以,就在自然把整体与部分分开时,自然似乎实现了与自身的和谐。我们没有能力依据一种整全的观点生活,我们无力控制事物的自然过程,我们对如何最好地提升我们个人生活的幻想,都有助于作为整体的自然之改良。如其所言,当我们讨论正义判断中的"失规"时,"如果用心考察,自然的每一部分都平等地受到造物主神意的关爱,并且,我们也会承认神的智慧与善好,即便是在神的柔弱和愚蠢当中"(Ⅱ.iii.3.2)。[19]甚至在我们拒绝它时,自然的计划也得到了实现。整体与部分的冲突不会自我更正;我们可能在道德层面为之哀叹,但却无须在理论层面如此。它是一种令潜在和谐具体化的自然冲突。同情(sympatheia)统治着自然秩序。这与斯密的如下评论相似,即一种"错误的罪过感……完整地构成了希腊剧场上俄狄浦斯与伊俄卡斯忒(Jocasta)的悲痛,以及英国剧场上莫尼米亚(Monimia)与伊莎贝拉(Isabella)的悲痛"(Ⅱ.iii.3.5)。人们深刻地感知了罪过,也应当深刻感受到罪过;但是,这些罪过是"错误的",因此这些品格实际上没有责任。与之类似,"世界"或"自然"就像一场悲剧,但却没有悲剧的结局。

这是从哲人的立场来说的,并且没有避免来自行为人立场的哀叹。斯密似乎认为,从"雄辩且爱智慧"的主教立场来看,哀叹自身变得富有破坏力,因此不应该被带到那一水平。所以,斯

---

[19] 在这本书非常靠后的地方,当斯密重新讨论命运对我们道德判断之影响时,斯密使用了相同的表述:"我们道德情感中这一巨大的混乱绝不会没有任何效用;在此及许多其他情况中,我们甚至要在人的柔弱、愚蠢中崇拜神的智慧。"(Ⅵ.iii.31)

密在引用了这位好主教之后,立即不加任何评论地背向他,然后继续赞美自然宗教,因为自然宗教通过强化我们对神的信任,相信神将惩恶扬善,从而支持我们的"自然义务感"。然而,通过对主教的引用,斯密表明他理解了这一问题。[20]

只有当我们理解了,我们不是遵照一种综合的视野(synoptic perspective)生活,我们不能完全掌握事物的自然过程,我们并非必然要纠正想象的欺骗,那么与自然在理论上的协调,或自然冲突令潜在和谐具体化的观点才是可能的。斯密在处理斯多葛主义,以及在讨论他之前的诸政治经济学体系时,力图表明历史中散布着对这些观点的误解。哲人的一个角色正是在这里展露自己。哲学努力区分非自然的与自然的立场,使我们与后者协调起来,并将我们引向后者(比如,通过一本论"国民财富"的书)。类似地,仅当"宗教的自然原则"未受幻想腐败时,道德与自然的和谐才是可能的(Ⅲ.5.13)。历史也散布着此类腐败。在这里,哲人在阐发这种观点时也是有用的(比如,借助一本论"道德情感"的书)。

但是,事情还要更为复杂。因为,在只有它自己的情况下,自然似乎产生了非自然的事物——阴谋集团、政治空想家或误入歧途的哲人带来的错误干涉,并经常不能提供矫正手段,即斯密式的哲人。所以,即便后者成功地引导我们,我们也只得到一条恼人的建议:我们需要哲人干预的帮助,保护我们不误解自然古怪的和谐,或者免于腐败的道德情感的伤害;这一需要证实了自

---

[20] 坎贝尔问道,如果对斯密而言,神是好的,并且很好地布置了所有事物,那么斯密是否没有"阻止建议任何改良"。坎贝尔回应说,斯密的构想要求他不要干预"正常"意义上的自然,因为自然体系"总体上是好的";如果有些地方不好的话,我们则要加以干预。T. D. Campbell, *Adam Smith's Science of Morals*, p. 62. 然而,如果神要求我们合作,那他就不是神;并且斯密关于神对事物之仁慈安排的论述皆为虚假。

然中潜在的不和谐；**无论**从理论**还是**道德视角来看，我们都不能认为这种不和谐是好的。亦即，斯密式哲人的存在证实：自然中需要有人们所谓的"外在于自然的"人为干预，比如，让我再次引用斯密的用语，自然中需要"诗人之神"的干预。这就提出了一种可能性，因为属人的善好看来不会在事实上成为自然的主要目标；就像密尔的评论所说，我们不需要模仿自然，而是需要改良自然。[21] 我们必须帮助自然成为它和谐的自我，这并**不是**说一切腐败、欺骗、宗教，或者自爱都应该被一种"斯多葛派""生命哲学"消除或替代。然而说到底，也**就是**说，并不存在某种站位更高的视野，我们可以在那儿宣称自然是一个和谐的整体。对自然来说，不和谐的冲突是自然的。这一想法重述了我们熟悉的观点，即斯密之讨论的地平线是战争、解体、分离或变化的现象。世界的偶然性、在自然中引入我们欲求之和谐的困难只不过使和谐显得更加可欲。[22]

所以，我们需要修改我们的表述，即哲学将引导我们走向自然立场与和谐。如果哲学也要解决自然的冲突，它就不能只受自然引导。我们必须使自然适合我们居住，并且能为我们所理解，

---

[21] "如果从整全当中来评价自然体系，它不会把人类或其他有感受力之存在的善好当成唯一目标，甚至不会把它当成主要目标。它所带来的好处主要是他们自身努力的结果。在自然当中，任何显示出仁慈设计的事物都证明了这种仁慈的力量是有限的；而人的责任是与仁慈的力量合作，不是通过模仿，而是通过不断努力去修正自然的进程，并使我们可以行使控制的那一部分，更加近似于正义与好的高标准。" J. S. Mill, "Nature," in *John Stuart Mill: Nature and Utility of Religion*, p. 44.

[22] 参见克罗普西的观点，即"斯密（解决自然与习俗间关系问题的方法）暗示了自发的自然、规范性德性排序的武断：人们天然倾向于颠覆自然。那么，人性在某种意义上自成一格，它并非全为自然的一个方面，只不过是对它部分的否认或反对。他为了维持高贵与不高贵之间的区分，同时又承认自然对高贵之冷漠，这就是斯密采取的模糊立场"。*Polity and Economy*, p. 40.

亦即，使得自然符合我们的标准。我们可以推论，斯密的著作令其哲学努力具体化了，它们不只是"描述性的"，即便它们看起来是这样。它们必然具有劝导性。所以，《国富论》如此频繁地谈及"自然"与"事物的自然过程"，在社会与经济生活中反复推荐巧妙的干预（时常以政府手段或计划的形式）。《道德情感论》也是劝导性的，或是干预主义的——比如，当它谴责狂热主义或腐败，赞美某类德性，谴责其他德性，选择某些例证，却不选择其他例证时。未经反思的日常生活不是自足的，斯密运用并守护了一种经过改良的日常生活版本。类似地，他并不认为，我们只需顺其自然，某种奇迹般的"自发和谐"将会照顾每样事物；其自然的自然观念将阻止任何此类综合性的放任立场。尽管没有哪种情感或激情在本质上是邪恶的，人性对其和谐自我必然有所助益。自然不可能最终成为我们的道德立场或引导者，这一点变得清晰起来。在某种意义上，我们必须是我们自己的引导者与标准。道德价值不是自然的（或许除了在"赋予"给我们的跛足的意义上），并且，道德体系也不是对自然的简单阐释。

四 斯密的反柏拉图美学：和谐、美与目的

通过转向我在使用"和谐"这一术语时展示的方向，通过回溯我们的步伐，我们能够最好地追求这些问题。美是一个普遍弥漫在《道德情感论》中的主题。从一开始，他就论证说，我们自然地就在他人的处境中，以及在我们情感的一致中获得了一种无关利益的快乐。那种斯密冠名为"同情"的"任何激情的共通感受"（I.i.1.5）是一种情感的一致（I.i.2.2）。我们通过他人与我们自身情感的"一致"或"不和谐"来判断情感的"合

宜"（Ⅰ.i.3.2）。"合宜"依据比例来定义自身（Ⅰ.i.3.5），依据其与我们自身情感的和谐来判断道德之美。为了行为人的激情可与旁观者的激情"合拍"，行为人必须调整"音高"，"放平自然的音调"，以便获得与旁观者之间的和谐一致，如此，我们便足以获得"社会之和谐"（Ⅰ.i.4.7）。我们只要有"人性的完美"就能"在人们中间产生情感与激情的和谐，他们整个的优雅合宜均由此构成"（Ⅰ.i.5）。直到这本书的结尾，他评论说，"交谈与社会的巨大愉悦源于某种情感与观点的一致，源于某种心灵的和谐，这就好像诸多乐器彼此耦合与合拍"（Ⅶ.iv.28）。这些音乐性比喻遍布书中，并且表达了斯密的信念，即生活中充满了对美自发的爱。[23]

有些观点力图解释我们为何赞美美与和谐。从这本书的第一句话开始，他就用纯粹审慎的术语攻击那些观点。我们对日常生活之美的沉思并不涉及效用，就此意义而言，日常生活是自发地"理论性的"。相应地，斯密谈论德性之"优美"（Ⅰ.i.5.6）以及"德性的自然美"（Ⅶ.ii.2.13），谈及激情的"优雅"或其对立面（Ⅰ.ii.intro.2），谈及超越其效用的自我控制之美（Ⅵ.iii.4），谈及"行为之美"（Ⅴ.2.1）。他把道德教育呈现为我们逐步看到美与和谐之构成的过程。"明智有德之人"更深刻地倾心于人类完美之高等标准的"细腻神圣之美"，并且相应地在自我完善中"模仿神圣艺匠的

---

[23] 他在《国富论》中明确承认了美的力量（Ⅴ.i.f.25）；这是《国富论》与《道德情感论》之间的另一座桥梁。斯密当然选取了苏格兰启蒙中的一个古老论题。参见 Shaftesbury, *Advice to an Author* (pt. Ⅲ, sec. Ⅲ)："因为和谐是自然的和谐，就让人们如此荒谬地评价音乐吧。建立在自然中的对称和比例也是如此，让人们的幻想证明它曾如此野蛮，或它们在建筑、雕刻，或任何其他设计艺术中具有如此典型的哥特式风格。在生活与习俗受到关注的地方，情况也同样如此。德性具有相同的固定标准。同样的数字、和谐与比例在道德中占有一席之地，并且我们能在人类的品格与风俗中发现它们；超越一切人类行为与理解的艺术、科学之基础就奠定在那里。" In volume 1 of *Characteristics*, pp. 227-228.

作品"（Ⅵ.iii.23）。

斯密对美在人类生活中的力量的赞颂更进了一步。"美"这个词在第四部分两章的标题中都有出现，"美"简直就是这本书的核心。这就是斯密提到"无形之手"的语境。斯密首先论证说，"任何技艺生产"的效用，亦即设计那一产品的目的，并不在于把美赋予我们的产品。无须考虑这些财产是否能够更好地满足其目的，有秩序、制作精良、或精确制作的物品具有极大的吸引力（斯密的一个例子是手表，但是他也提到了宫殿、花园、衣服，"大人物的随从"，甚至一个家具摆放得有秩序的房间）。正如在道德情感之"和谐"中，我们从事物没有目的的目的性中获得了无关利益的快乐，并想要占有它们。进一步说，我们想象，在占有它们时，我们将会找到"幸福与宁静"，这部分是因为我们意识到其他人将会崇拜这些"无甚价值的小玩意"（trinkets of frivolous utility）（斯密在此两次使用了这个词语；Ⅳ.1.6,8）的占有者。就某一部分而言，对富人所有物之美与精致的美学欣赏就产生了旁观者的崇拜自身（Ⅳ.1.8）。除非有人生而富裕，否则获取这些物品就需要"不懈的努力"。所有商业都依赖对美的爱。

"同样的原则、同样的系统之爱，对秩序、技艺与发明之美的同样关注"有何影响呢？斯密对此有一些其他的观察，上述令人印象深刻的关于获取财富的论述就随之而来。斯密单独列出了爱美于公共精神的效果，并且论证说，通过对需要帮助者的同情，通过对法律、制度或经济手段这些"优美壮丽之体系"的愉快沉思，公共的行善者（包括立法者）都会得到激励。但是，从前者来的激励不如从后者而来的多。公共精神可以通过"政治学习"得到提升，亦即，通过展示有秩序复杂性之美的"沉思工作"（works of speculation）来得到提升（Ⅳ.1.11）。英雄的自我牺牲也能通过"此类行为意料之外的,以及在此意义上伟大、高贵、崇高的合宜性"得到激发(Ⅳ.2.11)。所以,对美的爱不仅具有重要的道德与经济后果,而且具有决定性的政治后果,尽管每种情形中的要点是我们不会因为效用拥抱美。

然而,斯密又把所有这些向前推进了一步。他注意到,我们崇拜"更深奥之科学"中的作品(比如数学),这不仅是因其效用,还因为其准确性与秩序(Ⅳ.2.7)。在他论天文学与物理学的文章中,斯密以一定篇幅发展了如下观念:好的"哲学"(在某种意义上扩大到今天所谓的"科学")因其优雅、概念合适性、系统性安排,以及基于一些原则的强大解释力抓住了我们。理论理性也因"机械"的美富有吸引力,不用考虑其外在目的。自然是一种这样的机械或系统,人性则是另一种。斯密去世后出版了文章《论所谓摹仿艺术之摹仿本质》(我在第一章结尾对之有所引用),我们可以在此把文章中的一些段落再次提出来。斯密在这里描述了"创作优美的器乐协奏曲",他注意到:

> 在我们思考各种各样动听、富有旋律的声音时,这些声音彼此一致、前后相继地得到安排与整理,形成一个完整、规范的系统;这时,我们的心灵实际上不只是享受着一种极大的感受上的愉悦,还有一种高度的理智上的愉悦;就好像它通过沉思其他科学之伟大体系所获得的愉悦一般。(Ⅱ.30, *EPS*, pp. 204-205)

就好像它是一首创作优美的协奏曲,理论家在沉思巨人的自然体系时,并没有想象它对更深远目的的效用,而是享受其错综复杂的内在秩序。

斯密认为，我们努力追求和谐整全的图景，这一图景激励着人类在各个层面上努力，从而使效用成为可能。我们应当根据斯密的以上论述看待其哲学中多有争辩的目的论问题。我们把目的论理解为一种有序自然或世界的观念。在这里，它是一种美学上的寄生物，而非斯密的某种独立的宗教信仰之上的寄生物，或某种设计论证之上的寄生物——斯密也已经从休谟那里了解到这种设计论证的错误。目的论不是关于世界的描述，而是对我们向往之和谐的假定。所以，它是一种调节性的理想，它根据理论家对体系的需要发挥作用。自然统一的原则形成于各个层次，就好像它适于斯密想要接受的修辞声音。[24]他不时用一种相对传统的方式，谈起"自然作者"的目的，或谈起某种高超的智慧（e.g., VI.ii.2.4）；在其他时候，他以某种非传统的方式谈起"无形之手"，以及自然的冲突的和谐。所有这一切都是使经验变得完整、有组织、和谐的方法，都是呈现一幅统一、优美的图画的方法。

所以，当斯密在其《天文学史》中提到"朱庇特的无形之手"时，他使用隐喻来描述多神教的"粗俗迷信"持有的神话观点（III.2, *EPS*, p. 49）。斯密有其自己的"无形之手"的用法，但它们是——并且根据他自己的论述必须是——同一类的运用想象力的复杂改良。正如"朱庇特的无形之手"是古代迷信"词汇"的一部分，"无形之手"也是斯密富有哲学与劝导性修辞的一部分，其目的同样是富有说服力地建立秩序。在《道德情感论》中，许多"目的论的"，或者甚至"宗教的"陈述必须结合这一美学化的

---

[24] 拉斐尔在 *Adam Smith*（p. 36）中注意到了斯密某些听起来更具神学目的论陈述的修辞学本性。

思辨观点来理解。[25]尽管斯密坚定地认为，我们并未混淆对哲学类型目的论的刻画与对有效因果关系的诉请；但为了满足想象对美的渴望，我们仍然必须尝试此类刻画。

总之，在某种特定情形中，正如一种优雅的自然理论阐述的那样，所有道路都通往宇宙各部分间的和谐；我们似乎从中看到了一种在美学上令人愉悦的秩序景象，它筑巢在他者内部。这一景观听起来完全是柏拉图式的，有美作为持续的阶梯，不断从感觉延伸到最抽象、最哲学的层面。自然的整全是完美的秩序，甚至在宇宙交响乐中，我们也可以把克莱蒙特主教阐述的那类表面的分裂看作音符。[26]

然而，就像此前一样，事情还要更加复杂。再一次，在我们考察过的西勒尼像中，还隐藏着一个塑像。斯密的美学在根本上是反柏拉图式的，并且是用一种看起来并不支持完美的有序自然整体原则的方式反柏拉图。根据斯密的论述，美既能启蒙，也会带来欺骗；并且在所有层面都是如此。在同情的层面，"情感的一致"会导致相互强化的虚荣体系，这也会影响我们对财富的追求；"因为人类倾向于更完整地同情我们的喜乐，而非悲伤；所以，我们炫耀富裕，隐藏贫穷"（I.iii.2.1）。我们对"富贵者的

---

[25] 关于斯密目的论问题的近期讨论，参见 Kleer, "Final Causes in Adam Smith, Theoy of Moral Sentiments"。克里尔没有注意到与斯密美学的联系、美学在理论思考中的作用、与自然目的有关的修辞的多重品格，或斯密自己指出的对自然秩序的表面挑战（比如狂热主义与道德情感的"腐败"）。克里尔最终的结论如下："我坚持认为，斯密在此联结中（德性与幸福之间的协调）对自然智慧的提及远不只是装饰门面而已。我并不是说《道德情感论》在逻辑上不可避免地依赖'无形之手'观念。"（p. 299）

[26] 坎贝尔论证说，"对斯密来说，效用是基础原则。在其整个道德哲学的基础上，我们都能发现这一点，但是，它在整个沉思的层次上都得到最典型的运转"。参见 Adam Smith's Science of Morals, p. 219。我的观点是，美而非效用才扮演了这个角色。

激情"感同身受，这引导我们走向社会不平等；这并非"理性与哲学原则"（I.iii.2.3）。尽管在正确的条件下，这种欺骗是有用的，斯密也将其称为"腐败我们道德情感巨大且最普遍的原因"（I.iii.3.1）。如若不受到限制，自然似乎要将美转化为诱惑，并随后转化为道德腐败。

与之类似，对美的爱激活了公共精神，也激活了政治狂热主义。"体系之人"（man of system）"如此迷恋于假想中的理想政府计划之美"，以至于他对待人民时完全不能产生同情，把他们当成"棋盘上的棋子"（Ⅵ.ii.2.17）。斯密对"体系之人"的评论引人注目，并以此总结他对公共精神的讨论。"迷醉的"统治者确切认为"其判断力遥遥领先"；沉醉于美和自我感受，甚至无须怀有明显的僭政思想，他们都会变得冷酷无情。尽管斯密并没有将其阐述清楚，我们也可以在他对宗教狂热者的论述中发现同一种模式。他认为，宗教狂热者"错误的宗教观念"产生了对"我们自然情感的一种颠覆"。这样一种严密的义务与法则体系既有美与权威，也有狂热、残忍与丑陋。就好像对"政治旁观者"体系沉醉，对美的爱也忽视了那些我们可以令其完善的人的人性。狂热使善好坍塌，瓦解为美，并因此丧失了所有对美的道德理解（参见第四章第一节）。

最后，我们在第一章注意到：斯密认为概览性的哲学思考与美、优雅，以及概念之和谐联系在一起；在伦理学中，这种哲学思考倾向于消除它致力于阐明的道德品质。例如，哲人论述现象，倾向于从尽可能少的原则出发，而非受现象自身的引导（Ⅶ.ii.2.14）。这一倾向揭示了哲人对系统的热爱可能有一扭曲的效果。所以，美也在一种意义上好，却在另一种意义上坏；它有所呈现，也有所隐藏。

美不仅在各个层面上有好有坏；而且，不同层面的美要么没有通过一条连续的线彼此相连，要么在彼此相连的地方，它们的联系又经常不可欲，相互冲突。尤其是，斯密没有辩证地从对同情的日常追求上升到哲人对系统性解释的追求，并以此方式给我们呈现出来。他的确认为，我们需要从一个不偏不倚的立场来观察自己，从这一需要到斯多葛派的需求（即我们只把自己看成是宇宙的一部分）之间有一种自然的——或不自然的——发展，但是，这种发展却遭到普遍抵制。在任何层面，美都是一种不可靠，但又不可抛弃的引导。高贵或完美的观念——就像一个美与好的综合体——似乎已经解体了。

美在道德上的含糊，及其在不同层次上的冲突重新抓住了作为整全的自然统一性问题，尽管在一开始，美似乎承诺了一种化解之道。甚至，当自然在不同层面都提供了和谐之美时，自然对人类的敌意仍然一再发挥作用。但是，其辩证法中仍然有待迈出另一步，并且，它或许也将把我们带向他关于此问题之观点的基岩。斯密的美学根植于一种与想象有关的教诲，这正是我们所转向的那尊塑像内部的又一个塑像。斯密学说中的反柏拉图维度将变得更加明显，并可被视为一个集合——我们对自然之掌握的不确定性、道德美之脆弱性，以及想象结晶的模糊性与力量的集合。〔27〕

---

〔27〕因为想象既创造出欺骗，也创造了和谐，斯密也面对着休谟的困境："我们应当在多大程度上让自己受到想象错觉的支配呢？这个问题很难，并且，无论我们如何回答，它都将使我们堕入一种十分危险的困局之中。"尽管"对理性而言，没什么比想象的飞行更加危险"，但与此同时，"当它单独行动，并根据其最普遍的原则，理解彻底地颠覆了自我"（T 267）。

五 想象、创育以及自我授权

> 没什么比人的想象更为自由了；尽管它不能超越由内外感受提供的原初观念积累，但是，在各种各样的虚构与幻景中，它却有无限力量来混合、组合、分离、分开这些观念……所以，是什么构成了这些虚构与信念之间的差异呢？
>
> 大卫·休谟[28]

我已经提到了一些美或和谐的层次，它们定义了我们的道德生活，因此是"同情"的中心。"同情"自身则依赖想象的力量。同情允许我们"与任何激情产生共通情感"（I.i.1.5）。对自我的道德反思是同情性想象的运用，我们因此才能通过他人（有时候是一个想象的旁观者，而非一个真正的人）的眼睛来看自己。对斯密而言，无论是关于道德哲学，或是一种宗教义务体系，还是天文学的理论思考，都深刻地依赖想象。然而，与移情的想象相反，理论想象不要求我们把自己放在另一个人的处境当中，以把控那些打动他的激情。正如我们已经看到的那样，斯密在这本书的开头论证，我们对"观念"没有任何同情；我们要么认同它们要么不认同它们，但是我们不会以对激情与同伴感兴趣的方式对它们产生兴趣。道德并非首要的是一个哲学的、理论的、或科学的问题，这些智性追求也并非首先是伦理的。[29]

---

[28] *Euquiry Concerning Human Understanding*, p. 27.
[29] 斯密评论说："我们观察到，正如赞许之情源于对效用之美的洞见，它就与他人情感没有任何类型的关涉。"然而，正如他继续解释的那样，一个在社会之外成长起来的人可能在审慎、节制这类品质中认识到一种美的存在，他也可能把自己看作是一架"制作精良的机械"，但是，在他的眼里，它们都不是道德性，因为他不能通过同情，通过旁观者的眼睛来看待它们（*TMS* IV.2.12）。

尽管对斯密而言，同情和理论理性有所不同，但它们都依赖想象。与其说，对"整全"的哲学观点是创造性的，是表达表象展现给我们之和谐的理性努力；不如说，它们是对先定和谐的发现。在一种高度理论化的层面上，正如我们观察"自然大剧场"是为了"使"它成为"对想象的一致景象"；我们实际上是在努力回答独立现象以及我们对现象之解释促使我们提出的问题。[30]正如我们在第四章讨论的那样，理论是否"真正"与自然（在此术语的第一种意义上，或单纯地在"独立于心灵之事实"的含义上）衔接，斯密延缓了对此问题的判断。他的怀疑主义与心灵以某种方式塑造了自然，以及在我们面前呈现出来的表象密切相关。我在讨论斯密关于爱和世界剧院之观点时指出，他的旁观者理论在根本上是反柏拉图的：我们最终都没有向外看，我们总是（并且更好地）镜照出我们自己（请回顾 TMS Ⅲ.i.3）。在道德层面，行动者从想象的无偏旁观者的镜子中看到自己；怀疑论者认识到，即便在理论思考中，我们也沉思着在"想象之发明"中确立起来的现象，并因此在某种意义上思考我们自己。在所有层面，自我认知最终都是向内看的。如果让斯密使用黑格尔主义用法，他可能会把世界说成是自我对自身的调节（Self's mediation of itself）。

斯密足够清晰地说明，如我们所理解的那般，通过想象理解的美并非对先在形式的被动吸收。想象在根本上具有创造性，能

---

[30] 关于引用的短语，参见 "History of Ancient Physics" 2（*EPS*, p. 107）。在《天文学史》中，斯密着手解释每一个"适合安慰想象"的体系，并使自然剧场变得更具一致性，使之呈现为一更为壮观的景象（否则，它原本不会显得如此）（Ⅱ.12; *EPS*, p. 46）。在自然的大舞台上，在其对事件之观察的语境中，想象与自身对话。

够讲述故事。让我们再次从其论天文学文章的结论中进行引用，"我们已经努力地把所有哲学体系复现为想象的发明"。[31] 根据斯密的论述，这种作为机械的自然观念是一种想象的比喻，并且导向一种机械设计者的假定；所以，自然模仿技艺。[32] 斯密应当使用一个人为创造的工艺品（机器），不应使用某种有机整体，作为统一、自然，或其他形式的范式。这本身就指出了其论述的转变。[33] 当然，一架机器之设立，是要完成某种目的，无论是制造别针（WN I.i.3）还是解释天体的运行。它是一种**生产**手段，并且因此掌握了想象之根本的诗意自然。它也是为了满足我们的欲望而由我们发明的人造事物，常常是为了操纵。在把各种各样的组织看作"机器"时，斯密指向了人类动物本质上的"创造性"；甚至他还观察到，我们自然地使用这一机器，不是出于诸审慎原因，而是因为我们发现秩序、和谐具有无限的吸引力。"生产"

---

[31] "History of Astronomy" IV.76 (EPS, p. 105). 在IV.33，斯密评论说："尽管哲学的目的是要减缓那种惊奇，这种惊奇要么不常见，要么看起来像自然激起的不连贯表象；然而，为了把一些无足轻重的对象在自身中连接在一起，她创造了另一种事物的构成，它的确更加自然，但与任何表象自身相比，它更容易被注意，它更新，更加违背寻常的观点与期待；与之相比，她从未如此成功过。"

[32] "History of Ancient Physics" 9 (EPS, pp. 113-114)；以及 "History of Astronomy" IV.19 (EPS, p. 66)：理智 "系统在许多方面类似于机器……一个系统是一架想象的机械"。

[33] 尽管斯密常常使用机械比喻，但他在一个地方使用了有机体比喻。在 WN IV.ix.28，他比较了"政治体"反抗政治经济学家错误处方的能力与人体反抗坏劣药物的能力。这一幸运的事实归因于"自然智慧"。参见 TMS VII.iii.1.2："当我们用某种抽象的、哲学的方式来思考人类社会时，人类社会就显得好像是一架巨大的机器，其常规、和谐的运动产生了上千种令人适意的效果。"在 TMS I.i.4.2，斯密提及："宇宙大机器永远展现多样的表象，它用隐秘的轮毂与弹簧产生了它们。"

（production）似乎是驱动理论与实践滚滚向前的引擎。[34]

我们也听斯密说过，"就像诗人之神一样，人们一直用非同寻常的方式进行干预，支持德性"（Ⅲ.5.9-10）；以及他关于追求完美的道德行为人的说法，即"他模仿着一个神圣艺匠的工作"（Ⅵ.iii.23）。想象对秩序、和谐与宁静的要求驱使我们欲求"情感的一致"与理智的统一。[35] 斯密评论说："当我们考虑这些行为，认为它们构成了趋向于提升个体或社会幸福的行为体系的一部分时，它们似乎就从此效用中获得了一种美，这种美不同于我们归属于设计精良的机械的那种美。"（Ⅶ.iii.3.16；以及Ⅳ.2.1）但是，我们却因为想象对秩序的不懈追求，"认为"诸行为构成了一个更大的统一体的一部分。

作为一个统一的"体系"，"世界"（自然与社会的）是由想象构造并给予我们的。所以，在《道德情感论》中，所有的讲述都是"想象的发明"。或者，更为含混地说，作为体系或一体化论述，《道德情感论》与《国富论》两者本身都是"想象的发明"。[36]

---

[34] 关于马克思的并非全然不同之观点，其讨论参见 D. Lachterman, "The Ontology of Production in Marx: The Paradox of Labor and the Enigma of Praxis," *Graduate Faculty Philosophy Journal* 19 (1996), pp. 3-23。在1844年的"异化劳动"文章手稿中，马克思写道（引人注目地采用了斯密的视角）："客观世界的实践构成，无机自然的操作确证了人是一种有意识的物种；比如他把物种当作自己的存在，或把他自己当成一物种存在……动物仅仅依据它们所属的标准、需要予以构造，而人知道如何根据每一物种的标准进行制造，知道如何将适宜的标准用于对象。所以，人也根据美的法律进行构造。"见 *Early Writings*, pp. 27-128。

[35] "History of Astronomy" Ⅳ.13（*EPS*, p. 61）：斯密力图表明，"想象之休息与宁静是哲学的最终目的"，然而，惊奇与复杂性则激发哲学（这个术语在此处也包括了科学）。在 *TMS* Ⅴ.2.1，他提到，"我们的美感"依赖于"想象的原则"。

[36] 拉斐尔评论说："随后，斯密将会用他谈起牛顿天文学体系的内容来谈论他自己的经济学体系。它比先辈更加完善，但它仍为一理论体系，是想象的产品，而非对'自然用以将其不同的运动捆绑在一起的真实链条'的描述。"*Adam Smith*, p. 112. 在斯密看来，"自然"自身必然是一种"建构"；克罗普西在"The Invisible Hand"一文中进行了论述（p. 172）。

正如我们从一个想象的无偏旁观者立场来看待自我,斯多葛派则从整全立场看待自我。斯多葛派的自我观是在一个相关的想象框架内对自我的刻画。一种"创育性"(或统一、生产、成形、塑造)想象的观点,以及一种与理性有限性相关的观点支撑着斯密关于实践与理论的讨论,因为创造性源于想象。"自然"史中的这一决定性转向内含于斯密之哲学。[37]

这不会与如下观念混淆:想象创造了虚无的世界(the world ex nihilo);或者认知的对象是内心中的狂热;或者,科学是一随意杜撰的"故事"。然而,斯密在休谟对想象的评论之上搭建起论述,他也论证说:作为统一的或一致的,作为可理解的、具有意义的,作为一种内在地具有意义与价值、彼此勾连之论述的一部分的世界,它是由想象形成的——但不是通过稀薄的空气形成的。[38]或许,人们应当把想象说成是带来如下含义的"造物主":它好像是一个工人,他不是无中生有,而是通过重塑已经给定的材料来进行生产。想象在既定条件下工作,包括由想象预先塑造的复杂"体系"。它编织体系、进行组织、制造和谐、给定形式、确立一致性

---

[37] 这确证了拉奇特曼的论证(我已经在引言中提到了),即:"有一个'观念'极大地塑造了构成现代性的众多主题。在其革命性与建构性模式中,它都是那个建筑性的'观念',或者更宽泛地说,这个'观念'认为,心灵在本质上是制作、造型、打磨、生产的力量;简而言之,心灵首先是也最终是创育性的,其次才是实践性的和理论性的……制作无疑是心灵之'本性',或者,更确切地说,制作是心灵在'世界'中或面向'世界'时的行为动作。" *The Ethics of Geometry*, p. 4.

[38] 关于想象在人类生活与人类探索中的作用,斯密的观点如此大地受到休谟的影响,以至于可被视为休谟观点的延伸。关于这种联系的某些讨论,参见 A. S. Skinner, "Science and the Role of the Imagination," in Skinner, *A System of Social Science: Papers Relating to Adam Smith*, Oxford: Clarendon Press, 1979, pp. 14-41. 关于休谟论想象的总体性讨论,参见 G. Streminger, "Hume's Theory of Imagination," *Hume Studies* 6 (1980), pp. 91-118.

与统一性。它因此有助于产生可理解的目标,并有助于授予价值。当然,对休谟来说,想象联合世界的关键方法是,把因果关系应用于此中的事件。我们通常假设,物体持续存在于时间中,并且独立于心灵;我们对具体事物与事件的记忆就好像是真实发生着一样。这些寻常假设、记忆,甚至我们的哲学体系都建立于想象之上。[39]

请注意:就好像我们不应推断说,对斯密而言,世界是想象的幻影;我们也不应推断,因为它完全由想象产生,那它在某种程度上就"不真实"或是"主观的"。让我们因此避开另一个可能的误解。确切地说,在此论述中,道德、规范、习俗、科学和哲学并非与某些彻底独立于心灵的事实保持一致;在那种"柏拉图式"意义中,没有一种"真实"在事实上向我们显现。但是,如我们早先注意到的(第四章第二节),就其组织社会秩序的意义而言,道德规范是完全"真实的"。从最无足轻重的决定到最重大的决定,我们在做决定的时候都依赖于它们;以及,我们在赞美、谴责同伴时诉诸它们、发展它们,赞美与谴责也引导了人类生活的许多方面。这些规范并非仅仅在共同体可能认同它们的意义上,在"主体间"是真实的;也在人们对之有所行动,对它们具有确切信心的意义上是真实的。[40] 正如我们在第五章(第二节)看到

---

[39] "所以,记忆、感受与理解全都建立在想象之上,或者建立在我们鲜活的观念上。"(*T* 265)休谟接下来评论了"想象的幻象"。正因为"想象的幻象",此类作为因果关系的事物才在日常生活之中显得独立于心灵(*T* 267)。关于它们的讨论,参见 R. Fogelin, *Hume's Skepticism in the "Treatise of Human Nature,"* London: Routledge & Kegan Paul, 1985, ch. 5 ("Skepticism and the Triumph of the Imagination")。在 pp. 89-90 中,弗格林讨论了休谟的如下观点,"想象是一切哲学体系最终的裁判"。

[40] 斯密评述了我们想要被相信、被认为值得信任的欲望,以及与之对应的、想要说服他人的欲望(参见 ch.2, sec.5)。从其评论来看,他可能认同拜尔关于"真理"与"信任"之间的联系的观点,"凡真实必可信"。*A Progress of Sentiments*, p. 286.

的那样，这些规范能够得到批判性评价。从这种观点来看，道德与理智错误确实能够得以阐述，并得以纠正。从奠基于独立的道德事实秩序的意义上说，规范并非自然的；但这并不必然意味着它们是主观的（在"相对论"意义上）。这也并非某些哲人想要从"真实"观念中得到的一切，也不是非哲学家（nonphilosophers）关于自我呈现为自然之物的真实性所做的全部假设。斯密对哲人的回应是：它是我们事实上拥有的一切，并且，对普通行为人而言，他们放大的假设也是一种"想象的幻象"（重复休谟的短语，亦为斯密所用，Ⅲ.2.4），尽管它为一有益的幻象。

每当判断、可理解性、观点，或知识诸问题濒临险境时，旁观者立场就总受到强调。自然没有说明，但我们对它的看法却说明了这一点。自然没有说明什么？斯密不能给出任何确切的论述。自然的确没有被预先分拣，组织进某个一致的整全当中，从而能够处在一种为心灵吸收的异常清晰的正直、和谐里。由于我们已经评论过的那些原因，他提供的论述必然令自我成为光源，并且，当我们把自我置于如此优先的位置时，尤其是当价值问题遭遇危险时，许多现代哲人便加入到斯密的阵营中。对我们的道德和理论目的来说，自然是不充分的。[41]

---

[41] 他们评述了过去五十年左右的道德哲学，在接近尾声时，达沃尔评论道，"道德现实主义者、建构主义者，以及半现实主义者指望将道德实践奠基于人的反应与理性，而非某种自我维持的领域"。"Toward *Fin de siècle* Ethics," p. 34. 在 "Natural Law, Skepticism, and Ethics" 一文中，施尼温德评论说：康德的自由能动性理论"使我们能够作为一个人，适度地理解道德"，以及"怀疑论方法的支持者全都在或大或小的程度上接近这一信念"（p. 307）。我在此处所说的支持者是英国道德学家们——沙夫茨伯里、哈奇森、休谟，以及斯密——还有蒙田这样的人。想象观念之核心在于创造性，M. 沃诺克（M. Warnock）将此从休谟追溯到康德，以及各类后康德派（比如费希特和谢林），上溯至浪漫派诗人，甚至更早。她说，"客观世界不过是原初性的，无意识的，是精神的诗歌"，并对此进行解释说，"人类想象在此诗歌中的［转下页］

关于美在我们生活中的综合性作用，亦即想象驱动我们走向和谐的力量，斯密的分析也是对我们定义自然之潜能的一种论述，即便我们把自然定义为一个体系或一架机器。这意味着，在面对冷漠、怀有敌意的自然时，我们维护自己主张的潜能。这在斯密美学触及的所有层面上都是正确的：从我们形成社会整全的能力，到我们对说服，以及因此对交易与售卖的热爱，到我们通过创造财富与掌控物理自然来改善自我的驱动力，到我们通过无偏旁观者之眼审视自我的能力，以及最后我们通过科学体系或诗歌来修改自然的能力。在所有这些层面上，我们对美的直觉的爱都能够照亮自然并改善自然。我推测，在一切层面上，因理解美而产生的愉悦都与如下事实关联在一起：美展示了我们对自然的力量，因此展示了我们的自由。显而易见，无论是在社会中还是在自然之整全中，宁静之乐部分地源于我们自己。[42]

让我们加以总结：对斯密而言，由于我们对自然的塑造，自然变为宜居的、可理解的。自然本身于我们是模糊的，是一团阴影。想象给我们提供了光，这光则寻求塑造和谐。在道德层面上，同情性想象寻求旁观者与行为人之间和谐的相互构造，允许一人转移到另一人的境地，在某种程度上成为另一人。它允许自我镜照彼此，允许自我通过想象的旁观者之眼来认识自己。想象实际

[接上页]工作类似于它在那些我们通常称之为诗歌的事物中的工作"；她这么说的时候，是在引用谢林。*Imagination*, London: Faber & Faber, 1976, p. 66. 这并非全然不同于我在斯密那里发现的观点。沃诺克评论说，对休谟与谢林而言，"若无先在的想象性建构，没有哪个世界可以得到理解"（p. 71）。亦可参见Lovibond, *Realism and Imagination in Ethics*, pp. 110-117。

[42] 关于斯密的探研美学（aesthetics of inquiry）与自我授权理念之间的联系，林德格林提出了一种类似的观点。Lindgren, *The Social Philosophy of Adam Smith*, pp. 8-15.

上塑造了统治人类生活的大部分情感,不是凭空产生的,而是通过把它们持续地编织进习俗、规范、目标、经济与社会制度的复杂织锦里。规范是跨越时间的共同想象的产品,受无偏旁观者规制,其自身就是一个反思性想象的立场。"自然法理学"不受心灵独立之自由的引导,而是受无偏旁观者引导;抽象地看,"权利"代表了想象在适当语境中的自我肯定。想象提供了舞台上的自我表象。哲人与道德行为者试图采取批判立场来理解这些表象。他们的想象形成了需求程度不同的判断标准。在理论层面,想象展现"系统",有时还展现理想的、没有张力的系统,并因此向我们展示自然或人性(尽管它是一架有待思索的机器)。

正如我们不知道何为自然本身,我们也不知道何为想象本身,但是,我们能够通过已经提出的一切方式来描述它的作品。既然我们缺乏对作为心灵之心灵(mind qua mind)的理论论述,我们就留有很大空间,根据心灵如何以或此或彼的特定方式看待自然,这也是斯密想要提供的论述。据我推测,如果他是一个怀疑论者,斯密本不会试图提出这样一种关于想象之本性的理论;我们被限制在表象里,包括那些想象的表象("……的"[of]既是客观也是主观的所有格)[43]。在本章提及的一些文章里,斯密谈到了想象之作品的"历史"。这些历史意在阐明"领导与引导哲学探究的原则";但是,这些"原则"是各种各样的理智情感(比如惊奇、崇

---

[43] 参见康德的论述,即想象的系统性组合"是隐藏在人类灵魂深处的技艺,其真正的行为模式几乎不可能被我们发现,为我们所掌握"(*Critique of Pure Reason*, A142=B18-1)。休谟在提到想象时,认为它是"灵魂中某种神奇的能力,尽管它在最杰出的天才身上近乎完美,并且是在我们可以适当地称为天才的人身上;然而,人类理性做出最大努力也无法理解它"(*T* 24)。所以,沃诺克指出,对康德,以及对休谟而言,"想象行为"最终是"难以理解和不可分析的"。*Imagination*, p. 41. 斯密关于想象之内在构成的沉默就并不独特了。

拜和惊讶），它们超越了论证；并且它们在探究的语境中如何工作呢？这也超越了任何细节的呈现，斯密的传世文稿并未提供想象自身的进一步论述。[44] 想象的本性通过其产品揭示出来；我们对它的认识，主要是通过它所做的事情，通过它产生的情感，通过其建构秩序的努力，通过它对整体论的欲求。

我们似乎在两极之间伸展——一边是自然，另一边是想象。对我们而言，每一个的内在构造都颇为模糊。我们能够看到，我们被放置在这些神话之间，亦即它们中间的空间里有光照，我们则以具体的方式对这光负责。这是社会与理智和谐的光，我们受到它的强烈吸引。在我们的享受中，我们分有了在某种程度上为之负责的东西。我们情不自禁地感受到自我赞许，并在对其进行沉思时感到一定程度的宁静。

六 哲学与和谐难以捉摸的宁静

> 整全就是一个难解之谜，神秘、不可解释。关于这个问题，我们做出最精确的观察之后，唯一的结果便是怀疑、不确定，以及犹豫而不能做出判断。但这是人类理性的脆弱，以及，观点将不可抵制遭到败坏，甚至这种审慎的怀疑都很少得到支持。如果我们不能拓展我们的视界，令一类迷信与另一类迷信对立，那就把它们确立为一场争论。然而，在它们的愤怒与竞

---

[44] 如果我们接受德勒兹（G. Deleuze）对休谟的解释，那么这就与休谟的观点类似。*Empiricism and Subjectivity*, trans. C. V. Boundas, New York: Columbia University Press, 1991, p. 133. 德勒兹在那里评论说，"简而言之，正如我们相信与发明的那般，我们把给定的自我转化为自然……哲学必须把自己打造成为我们正在做的事情的理论，而非一种关于何物存在的理论"。

争当中，我们自己则快乐地逃进平静的（尽管朦胧）哲学地带。

大卫·休谟[45]

旁观者受到美的启迪，为自然构造秩序。寻求宁静或均衡的想象则将美带进生活；那种宁静亦使自由理想具体化了。正如我在第四章（第三节）展示的那样，一个自足的理想嵌入居于斯密哲学核心的"伦理"视野中。尽管他批评斯多葛学派，人们还是在其哲学中发现了独立、自由、自治的斯多葛主义主题。斯密在一段文字里表达他对创作精良之协奏曲深深的崇拜，上述视野便与这段文字产生共鸣，并且有助于解释：在纯器乐并不模仿任何事物的基础上，他为何要评论纯粹的器乐。据说，这一音乐"的意义能够在自我当中完成"。通过这一音乐，我们用自己的创造来娱乐自己，并通过这样做来展示我们的统治。[46]斯密写道，"如果没有自我赞许的情感相伴，任何行为都不能合宜地称为有德"（Ⅲ.6.13）。一个创作了综合音乐体系的理论家会感受到自己配得上最高的自我赞许，因为他在"模仿神圣艺匠的工作"（Ⅵ.iii.23）。

"自然自由体系"创造的复调缘何不会因此崩溃为哲学体系的单调呢？难道我们不会遭遇危机，堕入在第二章得到讨论的不可欲的"自私"感吗？我的部分回应是：不只是任何一种自足感会这样，不仅任何一种美或想象的感受会这样。作为理论家，我们不应创造一种体系，将诸和谐简化为单一调式，或强迫某一乐器演奏另一种乐器的声音，或压制激情的展示与自发性的幻象，或者假装我们无须听到音乐、无须演奏协奏曲就可以领会和欣赏美。

---

[45] *The Natural History of Religion* XV, p. 76.
[46] 我在此处的引用来自"Of the Imitative Arts" Ⅱ.30（*EPS*, p. 205）。

音乐比喻强调了我们对具体事物感受力的重要性，以及情感在鉴别产品时的关键作用。作为道德行动者，我们通过彼此的反应与责任实现和谐。斯密看到，如果我们成功了，模仿神圣艺匠中隐含的傲慢将得到适度的节制。我们必须对特殊性和语境保持敏感，并因其能够做出的贡献而接受它们。请回顾，斯密强有力地批评了错位的系统之爱（或对美的爱），认为它们将会使我们把同伴当作"棋盘上的棋子"，好像我们每个人都缺乏"自己的行动原则"（Ⅵ.ii.2.17）。他补充说，仅仅在我们避免此种危险时，人类社会方能"轻易、和谐地继续运转"。请再回顾我们在第六章讨论过的正义、命运与哲学间纵横交错的关系。理论臣属于实践、沉思性哲学，而斯多葛主义则臣属于行动与情感，这对斯密在经济政治领域宣告（用我的话说）启蒙自由主义具有根本性意义。其怀疑论美学使之敏锐地注意到混淆不同层面的美的危险，因此与其对日常生活的辩护保持一致。创造一种"自然自由体系"将产生有根据的自我赞许，悖谬的是，这恰恰是因为它承认了：我们为理性准备的力量误导了对全能的宣称，因此我们有能力看到理性的限制。

斯密告诉我们说，"自然……似乎充满了看似孤立的事件，它们显得与此前发生的一切都不一致，它们因此扰动想象平易的运动……"并且，这一非组织化由哲学回答。哲学"努力将秩序引入这一刺耳、不和谐表象的混沌中，缓和想象的喧闹，并且当它研究了宇宙的伟大革命时，它便努力使之回归宁静和复合的调式，这在其自身中最为和易，也最适于其本性"。[47] 比如，就像长期

---

[47] "History of Astronomy" Ⅱ.12 (*EPS*, pp. 45-46). 在讨论托勒密天文学体系（"History of Astronomy" Ⅳ.13）的过程中，斯密提供了一条评论，将我在本章讨论的许多主题联结起来："那些哲人在幻想中把他们自己转移到想象圈的中心，并能在从那儿开始的调查中获得快乐，所有那些空想的行动根［转下页］

宗教战争的历史表明的那般，日常生活也被赋予"这一刺耳、不和谐表象的混沌"。因其对现象的理解，当仔细思索中的秩序看起来如"自然自由体系"那般不成系统、令人惊讶时，想象的愉悦将会更加巨大。就像我在第七章论证的那样，这一"体系"表现了一种反乌托邦的乌托邦主义，以及对系统的怀疑主义。对人类不完美以及机会在人类生活中影响巨大的清晰理解确保了这一点。在那奇怪的体系中看见美就是崇拜"系统与令系统概念化之心灵非同寻常、意料之外的精确性与综合性"。两者都值得我们"崇拜与喝彩"（I.i.4.3）。

幸福被理解为宁静，宁静则被视为超越时间的反思性一体化。如果他们适当地理解了"自然"与系统，那么斯密式的哲人幸福吗，亦即，平和、安适，并会适当地和解？协奏曲被创作出来、得到演奏；但是，命运或自然当然并不能如此轻易地与我们的目的实现调和。我们创作的道德与政治乐章，以及实施的努力将在结果上实现最好的开放，并更为经常地处于未完成状态，向问题保持开放。如果世界并不宁静，甚至"统一体"具有我们描述过的复调特征，那想象可以是完全宁静的吗？我在前面的段落中引用了《天文学史》中的文句，斯密在那里谈到了自然的"混沌"、想象因此产生的不安，以及哲学为了寻求秩序的创造性努力。在更早的地方（第二章中），我们看到：斯密的观点认为，我们没有外在于社会的"自我"，至少没有道德自我；以及我们对孤独的恐惧、我们说服他人的动力都源自我们的如下意识——若无同情，

［接上页］据那种和谐与秩序加以安排，他们的一切研究旨在赋予那种和谐与秩序。通过这种错综复杂的假设迷宫，他们最终享受了他们追求的宁静与闲适；在此，他们认为，自然剧场最美丽、最宏伟的部分被如此处理和构造起来，以至于他们能够轻松愉悦地处理在它内部发生的所有革命与变革。"

我们就会被溶解掉。偶然性与有限性蔓延，我们关于混沌再现的焦虑，以及可能出现的痛苦扼住了爱美的脚踵。西勒努斯问题又回来了。

斯密这样的哲人针对他们自身事业的概念提出诸多问题，并且理解了这些问题的力量；对他们而言，这尤其会带来困扰。沉思一种多形态、多调性"体系"（甚至有待实现的一个如此复杂的"乌托邦"）产生的宁静将会因其自身的理智、它所依赖的自身的和谐而蒙上阴影。甚至在自我理解的最高层次上，哲学也一再叙说它的不安分（restlessness）。斯密的观点似乎最大程度地要求在不同层次上超然于自我——不只是作为理论家超然于行动者，也要作为理论家（他们以观点与"真理和现实一致"为前提接受观点，并且知道他的观点也在相同的基础上得到接受）超然于作为理论家（包括他自己）观察者的自我。作为自我元理论家，斯密不会根据理论家通常看待自我以及被审视的方式来审视他自己，即清晰阐述出柏拉图式客观性的方式。因为从此元立场，斯密认为，他只能看到想象描绘的整全，即便想象说服他相信，其工作的产品再现了"真正的真实"。此元立场与揭露真相者或反讽者的立场相类，如果只从那一立场出发，他们就不能生活或思考。超越（detachment）与依附（attachment）之间不可避免的摇摆似乎损害了宁静。

正如爱财富者的情形，他受到想象欺骗，认为他将会获得幸福；所以理论家似乎被驱使着追逐一种由想象承诺但绝不能长期维持的满足。唯有浸身于自我控制——对斯密而言，这是一种斯多葛派德性——以及不考虑沉思的悖论，绝对服从伦理王国之不可侵犯性，人们才能接受这样的认识。尽管无论我们是否为哲学家，我们看起来都注定要无止无休地努力奋斗，但是，针对因哲学复杂性而丧失的宁静，我们或许可以找到一种可行的补救办法，即斯密推荐给"隐士和沉思者"的"社会与交谈"（I.i.4.10；关于交谈的音乐性和谐，亦请回顾Ⅶ.iv.28）。修辞（在这个词最好的含义上）——作为沉浸在日常生活中的人情化的交谈、说服与交流——对这一药方来说乃是实质性的；因为在我们已经开发的那些方式中，它拥有自我评价和道德批评的能力。斯密的修辞展现了这些品质，尤其是在那些辩证性方面。他对"自然"与其同性质词语的使用服务于他的复合修辞战略范式，其目的是让我们受哲学引导，并因其获得解放。高度自我反省的哲学必然令自己成为积极生活中的一个瞬间。斯密承认**那**就是如此，这使其哲学获得最终完成。他的哲学使人们在经过反思后，有可能获得生活的统一性，只要人们记住了它的结果，亦即，我们不能单从哲学中发现幸福。所以，哲学对日常生活立场的辩护也是一种针对其自身与自然的辩护。这需要怀疑主义、一种辩证的自我认知，以及一种提纲型的观点——这种观点在其声明与事实中为哲学的，但并非柏拉图式的。

然而，即便我们承认这一切，哲学与日常生活之间的适配也不是完美的。一方面，由于理论和道德原因，为了提出自己的论点，斯密必须诉诸日常生活、行为的一致性、和谐的情感、理性之柔弱、哲学之有限性，以及诸如此类。哲学不能独立于日常经验，以自身为基石；除非坚定地植根于普通土壤，否则不能满足其自身对知识的传统需要。斯密坚持这一前哲学的优先性。

另一方面，某些形式的"日常生活"则是败坏的，哲人（在足够广泛的意义上使用这个词，包括了政治经济学家）而非普通道德行为者才能看见好的与坏的和谐之间的差异。私人与公共的快乐要求哲学理智的干预，这正是斯密的著作所呈现的。它们已经出版的事实——此处请回顾富有野心的计划中的**文集**——意味着，未加反思的前哲学生活不能完全自行其是。在其所有的各式宣言中，斯密鼓励一种特定形式的日常生活，或其各种表现形式（道德、心理、政治、自由、经济与宗教）。《道德情感论》也是一种道德情感的道德理论。

内在于斯密计划中的张力更加深刻，因为（正如第四章第三节已经表明的），理论层面的怀疑主义自身就可能颠覆日常生活。受休谟启发，那种怀疑主义的背面就是诗意的想象的观点——归根到底，统一及价值源于"我们"而非"自然"。当然，危险是，这种观点可能削弱强健的现实主义，而此为日常生活的精神。斯密回应道，在道德与理论层面，"想象的发明"不会正常地**显示**为发明，尤其是当那些发明成功地完成任务时。[48]但是，这并不是说，它们只能以那种方式显现。[49]我将会在后记中回到这些困难上来。

---

[48] 让我们回顾一下《天文学史》引人注目的结论（Ⅳ.76, *EPS*, pp. 104-105），斯密在那里描述了对牛顿体系"最具怀疑色彩"的回应。

[49] 任何此类广义的休谟（与斯密式）理论是否实际上可以渗入道德生活而造成伤害，这一点仍然有待辩护。休谟观点的一个当代追随者将对此渗漏的担心视为"错误"。S. 布莱克伯恩（S. Blackburn）写道，D. 卫金斯（D. Wiggins）对非认知主义的批评"导致了一项指控，即计划主义（projectivism）不能真实地存在于'鲜活经验内部'。其他作者（我将引用内格尔、威廉姆斯，以及 P. 富特 [P. Foot]）似乎也表达了类似的不适。思想是某种与此相关的东西：从理论家的视角，以及从参与者的视角来看，在我们关于伦理立场的思想中应当有某种一致性。我们关于伦理承诺的故事就是要对它做出解释，而不是争辩。但是，计划主义威胁着要做后一种行为……它威胁这样做，要求我们不用顾及我们的意愿，或在方向上与我们的激情相反，因为它向我们表明，我们的承诺不是外在要求。它使我们的承诺成为我们自然情感的侧面。这软化了它们，摧毁了坚硬的道德信任"。"How to Be an Ethical Antirealist," rpt. in Darwall, Gibbard, and Railton, eds., *Moral Discourse and Practice*, pp. 174-175. 布莱克伯恩注意到，"计划主义"（他的术语）"的确倾向于成为休谟伦理学本性理论的现代版本，但缺乏对同情这类激情具体运行的承诺"（p. 168）。参见拉莫近期的论证，即这种观点将会"削弱我们对这些［理性和价值］规范客观性的任何信心"，并且它实际上与尼采的论点一致，即我们是一切价值的作者。*The Morals of Modernity*, Cambridge: Cambridge University Press, 1996, p. 102.

七 习俗与历史

> 哲学之任务在于理解"什么是"(what is),因为"什么是"即为理性。如我们对个体的关注,每一个体在任何情况下都是其时代之子;所以,哲学也是在思想中得到理解的它自己的时代。
>
> 黑格尔[50]

斯密对"自然"词汇的用法给我们一个印象:事物具有一个永恒的结构;因为"自然"也可能与"历史"相对,正如"自然"这个词的第二种含义。然而,道德情感理论如果不是明确地,那也是含蓄地把时间、习俗、文化引入我们给定的概念。正如我们看到的,无偏旁观者决定了何为规范意义上的"自然",但是无偏旁观者根植于时空当中,而斯密的哲学是关于永恒结构与实体(比如"不朽的灵魂")的不可知论。所以,难道在斯密哲学中的每个方面,历史必然都不会假设一种关键作用吗?人们最终可以总结说,对他而言,所有道德与理智观点不仅在此历史时刻中得到表达,还由此得到定义,并且还不可避免地进而导致历史主义(我们可以非常粗略地将之理解为如下教条:道德评价与哲学限定在其历史时代的表达中,或者,它们只不过是历史时代的表达)。

在《道德情感论》第五部分,"论习俗与时尚对道德赞许与谴责情感的影响",斯密明确提出了习俗问题。这一讨论紧随着斯密对效用的分析,并且先于他对德性的分析;好像是针对一者中的

---

[50] 参见 *Elements of the Philosophy of Right* 之前言(ed. A. W. Wood, trans. H. B. Nisbet, Cambridge: Cambridge University Press, 1995, p. 21)。

美学和理论观点,以及另一者中的品格观点提出问题。论习俗的章节在杀婴的例子(我们已经在第五章第二节中讨论过了)中上升至顶点。然而,斯密清晰地假设,为了掌握与不同社会或个人有关的真相,习俗不需要干预我们的能力。他假设,在同情的限度内,人类彼此间拥有基本的透明。**原则上**,"北美的奴隶"与我们的邻居一样神秘。斯密在论述"北美的奴隶"时,对自己掌握其境况的能力没有丝毫怀疑。在相同的段落中,对受奴役的"非洲海岸黑人"的德性以及欧洲主人的刚愎(V.2.9),他提供了动人的例子。这些例子表明,他明显具有一种能力,可以与其时代和更早时期的民情保持关键性的距离,并且即便处在十分不同的境地,也能够进入他人的境况。

在讨论思想史的时候——无论是《道德情感论》第七部分中的道德哲学思想史,还是《哲学主题论文》中的自然科学思想史——他从未表明:我们完全受习俗或历史统治,以至于我们不能确切地,或不偏不倚地理解与我们相异或年代遥远的哲学。相反,斯密把道德哲人视为一场持续交谈中的对话者。在我们刚刚明确的意义上,他的哲学并没有把自己当成是历史主义,它也并非必须这么做。没有人能够逃出世界剧院,但我们也不能因此认为,心灵不可变动地禁锢在具体的历史环境中。

我们可用怀疑论的方式提问,斯密如何证明历史主义站不住脚呢?如果系统性回答意味着一种具有先验的答案或一决定性的压倒一切的论证,那么,我们若知道他对此问题没有,也不可能有**系统性的**回答,我们将不会感到惊讶。反而,他将会运用许多我们已经观察到的战略。谁要认为,在我们对此种或彼种个人、文化、理论的理解中,历史主义对那些零碎的案例是站得住脚的;对此,他就会从辩证的论证出发,安排这些战略。他将重述其自私与同情的观点，论证人类灵魂尚未"过度自私，以至于不能把自己的视野装入另一个人眼界内"（让我借用一下尼采的表达）[51]。甚至在《道德情感论》论风俗的那一节（Ⅵ.2.5）中，斯密就重申了批判性道德反思的可能性；无偏旁观者的反应继续被当作标准（cf. Ⅴ.2.13）。道德批评关注语境、预设的习俗，以及从一具体世俗语境内部参与理解；但是，正如我们最后看到的那样，行动者观点将有意义的赞美简化为单纯的情绪和意见表达，在此意义上，道德批评并未因此受习俗遮蔽，或受行动者观点的束缚。

  斯密清晰地意识到，道德与思想具有相关的历史。传统和习俗当然在我们关于道德、美学价值的判断中发挥了巨大（并且常常是不可见的）作用。对大多数人来说，在大部分时间里，德性概念及其相关的重要性皆由习俗塑造（Ⅴ.2.7），即便习俗的作用在很大程度上与它们无关。通过一种我们现在所熟悉的方式，斯密将此事实描述为想象创育（imagination's *poiesis*）的谦逊品格不可避免的有益的效果。[52]在习俗、判断和民情中，自我保证（self-assurance）具有典范性意义：它们不仅能为有教养的同情和心灵理解，它们也能受到深思熟虑的赞扬。可被称为德性与美的诸种概念在历史中存在广泛的差异。即便如此，民情中的变化也并非是完全的："是与非的自然原则"不会简化为习俗或时尚（Ⅴ.2.2），的确，他评论说，"我不能……堕落到相信，甚至，我们对外在美的感受也全然建立在习俗之上"（Ⅴ.1.9）。

---

[51] "History in the Service and Disservice of Life," p. 90.
[52] "所以，在那些艺术中，就任何一种的生产而言，关于什么是美，或什么是丑，很少有人想要允许习俗或时尚对其判断产生重大影响；而是想象，他们认为应当遵守的每一条法则都是建立在理性与自然的基础上，而非习惯或偏见的基础上。"（Ⅴ.i.4）

作为一个反思性评价与哲学理论化的例子，斯密的作品（因其自身的光辉）不会限于一段受到狭隘地限定的历史时期。这并不是说，斯密认为他自己的哲学可以形成于任何历史时期，就像牛顿的哲学不会在公元前4世纪的雅典写就。他的思想也有其相关的历史。然而，他在伦理学、政治经济学，以及在他写作的每个主题中提供的基础在总体上都呈现为未曾改变。亦即，他想要确保人性原则在时间里的持续。[53] 论自然科学史的文章所阐明的"诸种原则"本身似乎并不在历史当中。如果我们同时想到两者，那么此种对阐述不变"自然"的明确宣告与我已经论证的内容是一致的。第一点是，这些言说模式在理论化行为中与其在道德化行为中一样根深蒂固。这在斯密自己的作品中颇为明显。他的理论阐述了人类生活这一非常普通的特征。的确，为了伦理和规劝的目的，他想要坚持这些言说模型的重要性，因为他很好地意识到，"何时需要历史的意义，何时需要非历史的意义"。[54]

第二点是，他假设人性原则是稳定的。当他被推动着为这一假设寻找"证据"时，他就合法地退回理性想象的统合与创造性行为的原理中。我们倘若要问，在其自身的理论中（包括他对稳定人性原则的设定中），那种行为是否富有说服力地发挥了其功能

---

[53] 参见休谟在 Enquiry Concerning Human Understanding（p. 83）中的评论："在一切民族和时代里，人的行为存在着巨大的统一性，人性也在其原则和行为中维持统一，这得到了普遍的承认……在所有时期、所有地方，人类是如此相同，以至于在这一具体问题上，历史并未告诉我们任何新奇的东西。其主要用途只是发现持久、普遍的人性原则。"

[54] 引用的短语（再一次）借取自尼采的《历史的用途与滥用》（Nietzsche, "History in the Service and Disservice of Life," p. 90）："在一个人身上，就像在一个民族身上一样，欢快、好良心、愉悦的行为，对未来的信念——所有这些都依赖一条区分光明、清晰与不可照亮之黑暗的界线；依赖我们知道如何在正确的时间遗忘，以及如何在正确的时间记住；依赖我们在需要历史与非历史的感受时鲜活且直观的感知。"

呢？我们只能回答说，那是他写作的要点与实质。如果总体论述富有说服力地向我们表明：在设定某些稳定性原则后，我们可以怎样把现象带进来，满足一种解释性体系；然后我们当然就有了好的理由去接受那些原则。只要我们记住，想象是一切此类理论化的源头；这就仍然忠实于他的理论框架。甚至当斯密在思考他所构想的宏大体系所能触及的边界时，他似乎渴望做得更多。然而，渴望做得更多便会堕入我们已经评论过的混乱。

与《道德情感论》普遍的非历史要旨相反，在其作品的"自然法理学"分支中，历史含义是非常明显的。在《法理学讲义》与《国富论》中，历史都扮演了一个重要角色。鉴于斯密在原则上从事的计划——论述在"社会的不同时代和时期"，由"法律与政府之普遍原则"经历的"不同的革命"（这些词出现在《道德情感论》的结论性段落）——这看起来完全自然。关于历史语境、制度资源与实践扮演角色的考虑指向如下可能性：相比起我的总结，历史在其哲学中可能拥有一个更大，甚至更具辩护性的功能。比如，引人注目的是，在《国富论》第三卷，斯密通过对历史起源的论述引入了"自然自由体系"。斯密清晰地意识到，复杂的社会、法律和政治实践组成了这一体系（后来，黑格尔认为这些实践构成了"市民社会"），它们是一种现代的发展（*WN* Ⅲ.iii 及其语境）。斯密提供了一种演化论述。根据这种近乎具有史诗品质的引人入胜的叙事，那种结果从失败和愚蠢中浮现，看起来"合理地"或"受到激发地"与这些失败和愚蠢关联起来。同样引人关注的是，斯密强调了内在于"自然自由体系"中的悖论（例如工人的非人性化），所以提出如下可能性：它也可能因为产生了问题，但却缺乏解决这些问题的资源，从而屈服于历史辩证法。如果它因此自我破坏（self-undermine），它难道不会展示一种根深蒂固的非理性？

　　如果自我破坏源于问题与解决方案之间具体的不一致，好像是在公民宗教的"柏拉图传统"中一样，那么斯密将会同意：历史——或许也只有历史——在某些时候能够教给我们关于既有实践或制度的"非理性"。斯密当然会怀疑任何直接的进步的历史（包括其思想探究的历史）。历史不仅常常"在逻辑上"含糊，而且其结果在道德上也颇为复杂；因为缺少知情的无偏旁观者的反应，其"道德"不能被决定。关于自然自由体系的起源，关于其衰落，或许我们都可以讲出一个引人入胜、富有教益的故事。对那一体系之德性的评价可以通过那种故事展示出来，但绝不能因它而耗尽精力。作为一个拥有良好判断力与品格的人，我们合宜地扎根在普通生活相对非历史的"自然"景观中；为了做出那种评价，我们也必须收集那些对我们来说可行的资源。在所有这一切之外，斯密最终不能提供给我们更多的东西；并且，在他看来，他也无须给我们提供更多。总体而言，它在事实上意义重大。但是，这就足够了吗？

后 记

> （一个人）绝不能让自己暴露在据说由阿维迪乌斯·卡西乌斯（Avidius Cassius）提出的对马可·安东尼（马可·奥勒留）的（或许是非正义的）指控中；即，当他进行哲学思考，沉思宇宙之合宜时，他忽视了罗马帝国。玄思哲人最高贵的沉思也难以弥补对最细微积极义务的忽视。
>
> 亚当·斯密，*TMS* VI.ii.3.6

通过概要性地讨论启蒙、关于启蒙前景广泛蔓延的不安，以及它的德性，我开启了这本书的论述。我表明：斯密既是启蒙党人，也是启蒙的批评者。他的目的是，通过运用古今资源保存此运动最好的部分，也分析其意料之外的缺点。我已经从始至终地论证了，在他关于启蒙对人类生活之意义的反思中，哲学与日常经验之关系的古老问题便被富有成效地视为最重要的论题。在几个关节点上，我都质疑了斯密著作中处理特定主题与论证之方式的说服力——例如，在伦理评价问题上旁观者超过行为人的优先性；针对避免同情之乐可能堕落为自私与虚荣的保护性措施；宗教信仰自由的法规，及其所蕴藏的让充满活力之宗教得以生存的含义。在每种情况下，对于可以合理地向斯密提出的问题，我都试图阐释清楚他可能做出的回应。在这一后记里，我评论了斯密计划中的许多优点,以及一些关键性的困难;然后表明,后者可以怎样得到缓解。

I

《道德情感论》与《国富论》包含了许多关于理性和哲学限度的评论。在坚持引言中引入的解释原则时,我已经按照对其最有利且可行的方式分析了斯密的怀疑主义,把它当作皮洛主义者和休谟观点的综合。我推测,斯密的怀疑主义乃是由如下因素激发:他认为,某些陈旧的哲学论证和争论毫无成效;他担心,狂热主义与对神学和形而上学体系的激情相伴;他赞赏,对于那些真正值得关注、可以真实地获得进步的问题,我们的重新聚焦将会产生有益结果。我要表明,斯密的怀疑论框架形成了自足、自尊,以及人类自由的广义启蒙伦理视野的一部分;因为它认为,我们在自身内拥有道德引领的资源,它们允许我们指导我们的生活,并相应地活着。他的观点也由维持日常人类生活稳定富裕的伦理目的激发。

我要表明,根据斯密提出的观点,关于事物"真正"是如何存在的古老争辩能被大举放弃,以便使更具建构性的哲学工作得以前进。斯密的道德情感理论,包括关于人类生活中想象之说服力的休谟式理论(在其理论化和伦理维度上),是其怀疑主义的对立面。这一建设性的哲学工作发生在"表象"之内,在人类理性能够触及的范围内,并且包括了表象或现象受到误解的方式。尽管我们受到"表象"引导,并也在"表象"当中,但可以正确地说:我们犯了关于它们的错误。比如,斯密论证说,人们通常误解了幸福的本性。哲学的建构性计划也将包括与语言方面有关的

357

工作（比如语言的"起源"与形成，以及将修辞编织进日常生活与探研的方式）。斯密清晰地想要更深入发掘这些问题。根据我的解释，斯密赞同休谟，认为怀疑论者的生活是不可忍受的，因此认可理论与实践之间的关键区分。这一区分也与理论相关（亦即，理论与其实践）。相比起作为怀疑论者活着，作为一个自觉怀疑论者的理论化并不会更加具有持续性。尤其是在伦理学理论中，斯密尽可能地将其维持在折叠起来的日常生活里。这样理解的话，他的基础框架表明，他着手处理了长期存在的形而上学问题。

斯密的道德哲学与政治经济学在此框架内发展起来。对激情、同情、想象和实践理性的分析——简言之，道德心理学——受到富有技巧地得出的伦理经验现象学的支持。一如他对自私问题的分析，他对内在道德生活的情感描绘和分析（尤其是同情）也令人印象深刻。这本我倾注大量关注的书在此当然是一种道德情感哲学。它有助于解释，它们如何交流、怎样得到理解，又怎样得以被认为是道德的，以及如何把不偏不倚和旁观者作为道德容纳进来，却不破坏语境和细节的优先性。斯密把德性主题当作伦理学的核心，并为道德理性视野提供了那种着重强调的判断，同时又为道德法则和各种伦理理性形式保留了一个重要位置。无偏旁观者理论表明，日常生活拥有实质性道德批评的能力：我们的确拥有非理论的道德知识，也不会因为关于古代形而上学谜团的怀疑主义或不可知论而被谴责为相对主义。所有这些都与一种视幸福为宁静的论述相配，这一论述也将其道德心理学和德性理论中的诸方面放置在一起。

道德教育主题弥漫在斯密的作品之中，并为富有成效地把文学引入道德哲学视野提供了契机。通过道德教育，我们成为自我决断的行为人。他对行为人的论述并非简单地依赖抽象层面的哲学心理学，而是表明，我们如何可以把行为人理解为嵌入在复杂的社会与道德关系中（从家庭到现代商业社会的经济与司法条件）。此论述似乎表明，为了理解行为人，我们需要咨询经验。这一理解需要我们具有"有教养的"同情，以及理论化的理性。

作为一个有德性的理论家，斯密用品格、判断、幸福、情感，以及想象的语汇言说。关于友谊与爱情，他有许多内容可谈。他分析了诸种个人德性；他描绘了拥有友爱的品格类型；他认识到，德性不能彼此化约；他也构想出它们之间的差异——尤其是正义与其他德性之间的差异。这些都颇具洞察力。斯密区分了对合宜与功的判断，这一区分是敏锐的；正如他同样敏锐地强调了合宜与适合的潜在观念。他把"相称"（proportion）的理念发掘到令人惊讶的程度，结果，对美与和谐的期待弥漫到人类生活的所有方面：从对财富的获取到伦理共识的愉悦，再到我们在创造有力的解释体系中寻求的宁静。这一论述阐明了内在于世界剧场的满足与悲怆（pathos）。进而言之，美与好并非完美地相配，因为某些和谐遭到了腐败，有些则没有。把自然当成价值标准，以及因此把它当作人类生活行为的标准并不能在哲学上得到辩护。这又促使我提出许多其他问题，其中之一便是：对于沉思"整全"的无差异之美的哲人来说，宁静是否可以获得？

斯密著作的读者皆惊叹其写作的优雅与力量。从第一章开始，我就追寻其修辞的关键因素，并考察它们如何奠基于伦理学观点，以及如何支持伦理学观点。这些因素包括他对例子的使用，对代词"我们"的使用，以及他令多重"声音"，令批评与剧场的比喻相互作用。这些因素也包括，他将德性与道德心理学问题，以及《道德情感论》的结构性辩证法编织在一起。人们如何"做"伦理学，以及伦理学能够关注什么，这两个问题密切地联系在一起。当代许多道德哲人都会同意他的总体立场，即，只有当人们参与伦理实践中，并通过伦理反思开发伦理实践时，人们才能够富有成效地实现伦理学的理论化。针对修正主义者或哲人的体系化冲动，斯密对此立场的辩护引人注目。他做伦理学的路径认为，人类生活停泊在它自身的道德整全与德性之中，也停泊在以激情、理解、同情与判断为形式的丰富资源里。他认识到，部分因为激情与理解彼此交织的方式，普通生活有其自身的理性（rationality），或理解（Verstehen）。他没有迫使它忍受被谴责为偏见的痛苦，在哲学理性的法庭上做出回答。我们确实拥有共同的知识储备；对生活行为而言，它大体上（尽管并非总是）足够了。或许，它不能按其方式回答苏格拉底的问题——但是，苏格拉底亦不能回答它们。[1]

斯密写作的辩证风格使得一种颇值得继续的探究方法具体化了。它表明，斯密敏锐地发现了所调查现象的迂回曲折，并坚持认为人们应当受主题引导，而非由与之相关的方法论的先入之见引导。他的反思方法允许他按照适合于主题与目的的方式，自由地采用历史、文学、修辞、经济、哲学及其他学科。他的方法也破坏了所有类型的教条主义，包括任何与"自由市场自治"有关的自信的教义。他从未幻想，自由市场能够解决所有问题；也不认为自由市场是一种能够遵循自身法律的机器，并不犯错地产生

---

[1] 正如我在引言中所说的，当我提及"苏格拉底"时，我不过意指柏拉图对话中的人物，也没有区分柏拉图与其对话中的苏格拉底。我认识到，关于苏格拉底的形而上学思想与普通生活之现实主义之间具有的深度连续性，我（简短提供）的论断认为，作为一个解释柏拉图的问题，它是富有争议的。的确，无论苏格拉底的哲学是否保存了普通生活的相关方面——比如，它或许比某种智者观点更好——这是一个在柏拉图对话中得到争论的问题，就像《普罗塔哥拉》（Protagoras）表明的那般。

最好的结果。他生动描绘了工人的非人化，仅这一项就能够摧毁任何此类信条。甚至，当自由市场有效且正当地运转起来，劳动者的辛苦工作和节俭只赚取了我们"冰冷的尊敬"。

与此同时，他也表明：我们不能认为商业社会的前提是受贪婪驱动、自私效用最大化的一元个人主义原则。现代商业社会不能简化为单纯的经济社团。斯密揭示了德性与制度（社会、政治与经济）的相互依赖。一个繁荣的商业社会需要，也能够支持"道德资本"，亦即德性。斯密批评了长期存在的选项（比如关于公民宗教的"柏拉图传统"）。斯密赞同自由市场与自由的平衡论证便受这一批评的支持。他解决宗教冲突问题的反直觉方案正是这样一种论证。

斯密关于常规政治学以及经济行为人动机完全可靠的怀疑主义提醒我们不要错放了设计和期待。他对著名的"无形之手"的强调、他对人类生活与历史之反讽的强调，以及他对持续地不可期待、不可控制的事件之流的强调限制了掌握命运的欲望。简而言之，人类生活不是可被随意操纵的资源，不是一架能够或应该由算计理性控制的机器。但是，选项并非不加批判地接受。尤其当我们考虑我们这个世纪的事件，我们通过重新学习斯密的智慧获得利益——获得与诸多被误导的"社会工程"尝试有关的智慧，以及与一个不完美的自由"乌托邦"中生活的道德限制和周期性失败有关的智慧。他的见解包括富有激情地执行交互正义，以及改善普通人的命运。他的计划是调和主义，但并非寂静主义或被动的。

这一节制或审慎的赞赏并未在政治上受到促动；也不是源于保守的对改变的恐惧；或源于对人们的不信任；或源自一种历史主义观点（这种观点使我们不可能批评其时代）；或源于"资产阶级"的意识形态。不如说，它源自一种对"理想主义"或"乌托邦主义"复杂的评估，一种认为日常经验的确拥有自我批评与德性的资源的观点，以及对各类狂热主义根深蒂固的警戒。平衡感和判断力从对各选项的细致权衡中，从对现象不能自我决断之潜能的理解中成长起来。斯密的著述通过其形式与内容传达了平衡感。平衡感与判断力反对任何此类狂热主义，并提供了对我们讨论的赞扬的大力支持。他是一个"体系性的"思想家，他看到：道德与政治哲学中合宜的"体系"更像是一首"精心写作的协奏曲"，而非一种"牛顿式的"安排。

斯密的人类视角处在我所谓的启蒙德性之核心。按理说，它是内在于自由启蒙的观点，因此也是内在于现代性承诺中的观点。让我们把它当作一个整体来考虑，相比起古人根深蒂固的贵族观点，这种人类观点要更具吸引力；它也比任何一种迫使社会和政治生活被塑造为一种僵硬的理论或系统模式的观点（无论古今）更具吸引力。尽管在这本书中，我的首要目的是解释斯密哲学中的主要论题；但是，我现在要重申如下建议：在我们努力维系启蒙运动中最好的东西，使之得到持续时，他的著作是富有价值的资源。对于广为人知的启蒙运动之批评，他为一种富有说服力的回应提供了材料。例如，有人论证说，这段时期使道德堕落为激情主义（emotivism）（没有为合理的道德批评保留空间），使德性堕落为粗俗激情可能因之得到解放的法则，使社会生活堕落为冰冷、自利的市场交换，使最好之人的统治堕落为群氓的平等主义，使理性堕落为手段导向的精明理性，或者说最终使理性堕落为按照科学塑造的霸权式的"合理性"（rationality）。

II

这些概括性评论在任何方面都未耗尽斯密贡献的丰富性，反而意图把握住他的一些贡献。无疑,每一项归纳都有待进一步发展;其文集处在未完成状态,这也为我们留下了其他有待拓展的路径,为其思路辩护。自然,他的观点并非没有自身的困难。在后记这一节里,我会进一步讨论其中的一些难点,它们因其特别的迫切性给我以震惊。在这一节,我也计划对其思路做些修改,发展他对古人的赞誉,以及他对德性与道德心理学问题的理解。

我从"创育"(poiesis)的意象开始。我要提醒我们自己,那一观念是在什么背景下推荐了自己。注意到这一点颇为有用。简单说来,斯密认为,我们既不能依赖自然,也不能依赖神来提供道德规范。自然(理解为整全,或全体)在根本上对我们的目的漠不关心;神(如果神是存在的)则是个人启示的源头,却并非理性政府的源头。在这一老旧的表达里,自然"觉醒了"。甚至,如果自然得到仁慈的"设计",我们也不能根据其非人格化或"客观"视角来生活,不能"遵照自然"生活(就像斯密让斯多葛派说的那样)。这最终意味着,我们必须在我们自身中找到道德启蒙的源头,并因此认为,在某种或其他意义上,道德出自我们的制造。我们很难找到一种否认这一普遍结论的重要的现代道德哲学。尽管"制造"是以众多不同的方式进行分析的,但造成这一观念之核心地位的原因却强大有力。[2]

---

[2] 参见第八章注〔41〕,以及 D. Wiggins, "Truth, Invention, and the Meaning of Life," in Wiggins, *Needs, Value, Truth: Essays in the Philosophy of Value*, Oxford: Blackwell Publisher, 1987, pp. 126-127. 正如皮平在归纳黑格尔的观点时所说,"直接的'自然'或'神圣'规范不存在也不可能存在;没有任何与自然世界有关的事实、与神的意志有关的启示,或非自然财产的制度仅仅因为这种事实或启示就可以限制或指导我的行为"。参见"Hegel's Ethical Rationalism," in *Idealism as Modernism*, Cambridge: Cambridge University Press, 1997, p. 428. 斯密将会同意,只要代词"我的"指向一个哲人的观点。

在这里，要求拓展斯密思想的问题出现在理论和实践两个层面。在理论层面，与其部分道德哲学有关的主要困难依赖于它想要解释的现象。我已经论证了，他提供了一种道德心理学，但在一个关键方面，这种道德心理学与日常经验没有保持连续性。因为它暗示说，与行为人的视野相反，道德术语最终不能回应外在的、独立于心灵的事实，而是表达我们的情感与判断（我进一步注意到，甚至在他被迫重新定义"同情"这一普通词语的时候，对日常经验的偏离都颇为明显）。在表面上，这看起来像是一位哲人在重新阐释道德经验的"真实基础"。尽管在任何道德哲学中，在某种程度上，此类重新阐释都不可避免；但是，在当前的事例中，其道德情感理论与诸理论严重依赖经验的需要之间存在张力，并且这种张力留给了我们。普通行为人将事实"柏拉图化"，并且假设道德镜照出世界的持久结构。从斯密的理论立场来看，他们正在放大可被认为是案例的东西。对斯密而言（就像对休谟而言），在理解道德"事实"与客观的"世界构造"时，我们最好认为它们受到自我的决定性塑造，尤其是受到想象的决定性塑造。[3]

从对激情的塑造与引导，到创造体系化的概念综合体，我们在所

---

[3] 请再一次回顾斯密在Ⅶ.iii.2.7中的论述："但是，如果即刻的感受与情感不能告诉人们，某些事物是适意的或不适意的，那么这些事物不可能因其自身就是适意或不适意的"，以及他在Ⅲ.5.5中的论述："关于色彩的美，我们不能诉诸眼睛；关于声音之和谐，我们也不能诉诸耳朵；关于味道的适意，我们也不能诉诸舌头……这每一品质的实质在于它是否合适与之相应的感觉。依据同样的方式，我们的道德官能决定耳朵在什么时候应当得到慰藉，眼睛在什么时候应当被纵容，味觉何时应当被满足，其他自然原则应当在什么时候，以什么样的方式被纵容或受到限制。令我们的道德官能适意的是适当、正确，以及合宜的行为；相反，令其感到不适的则为错误、不适当、不合宜。它们认同的情感就是与优雅相配的，反之则是可耻不配称的。正确、错误、适当、不合宜、优雅、不配称只不过意味着让那些官能感到愉悦或不适的品质。"参见我在第四章注释[21][31]对休谟的引用。

有方面都能感受到想象的力量。尽管谈到价值源头问题，这种想象的构造性力量观点是其怀疑论观点的对立面；但是，生活在日常生活之叠层中的行动者也能识别出来，就此而言，它没有"保护表象"。

在现象学与道德心理学不能在基础和普遍层面实现完全和谐的地方，斯密将自己向他对休谟提出的批评敞开（关于休谟对"效用"的使用）。道德哲学如何植根于前哲学生活呢，亦即如何植根于道德行为人的自我理解？要对此做出决断，很难说并不必然破坏他在许多层面上对想象工作的分析，例如想象在同情中的影响，或想象在我们错误地将幸福与财富联系起来时所发挥的作用。当道德起源的问题遭遇危机，普通理解与哲学理解之间与之相关的张力就会产生。[4] 我论证说，对斯密而言，无偏旁观者定义了正确与错误；无偏旁观者在根本上构成了道德见解。但是，无偏旁观者可能将自己解释为做出了一个确实表达客观性的决定。

切勿夸大困难，切勿离弃困难，两者同样至关重要。请回顾第四章第二节的结尾，斯密的理论的确认为：规范（norms）在世界中（在品格、制度、传统、实践中）变得客观化（在"成为客观的"意义上），就此而言，规范是"真实的"。规范引导行为，并且我们遵照规范生活；它们不是虚构的或"仅存在于思想中"。"心灵依赖"与"主观的"大为不同（在与"个体或社会相关"的

---

[4] 在第一章中，我讨论了 TMS 中的如下段落："一种自然哲学体系可能会表现得貌似真实，并在很长时间里为世界普遍接受，但是，它在自然中却没有任何基础，或与真理具有任何类型的相似……但是，道德哲学体系则是两样，假装论述我们道德情感起源的作者不能在如此大的程度上欺骗我们，也不能离所有真理的相似性如此遥远。"因为，我们在那里认可"在我们邻人身上发生的事情，以及我们居住的教区里的事务"（Ⅶ.ii.4.14）。

意义上)。然而，在将这种客观性源头追溯至"我们"的时候，理论视野就剥除了普通情感自身所假设，及其自身繁荣所要求的"真实性"或"客观性"。对价值纯粹的"呈现"(presentedness)反对价值是在主体间建立的观点。这一切都使斯密向如下批评敞开：他未能完全忠实于他用来评价休谟和其他人的方法论原则。

一个斯密立场的辩护者可以得到对这一批评的各种各样的回应。首先，我们共同处境的根本特征——作为规范之源的自然或神圣的不可获得性——是无法否认的。我们可以从中推论，就像任何一种哲学论述设定的那般，无论如何阐释道德，"我们"都必须被认为是道德的作者。任何人都可以说，自然之书中并无"道德情感"，或道德教诲；没有任何一种直觉官能可以发现不可变易的诸形式，"在那里"(out there)也没什么不可言说之物有待我们认识或不能为我们认知。(所以，我们可以继续答复说)由于我们错置的期待，由于我们没有吸收如下怀疑主义观点，即整全需要某种更为根本、更加柏拉图式的真实，无论我们在这一点上有什么不满，我们都应该把这些不满和任何认为真实具有一种变动规模的观念一起丢弃。当我们做完那件事情，与非同一般的真实(extraordinary reality)相反的东西就变得真实，一如任何人能够期待的那般真实。斯密努力为这样一种真实提供一种理论。并且，那种道德情感理论也包括了一种想象和情感的观念，认为它们复杂地构成、塑造了道德世界，或把道德世界带入生活。

第二个回应重申，尽管从理论视角来看，规范的确被认为是"由我们制作的"，但在其他一切方面，我都已经归纳说，它们被正确地认为是"真实的"，并且"就在那里"。我们不能因为它们是"制作的"，就推测说它们不是"真实的"。这些"制作的"价值如此彻底地嵌入社会生活、个人品格、传统当中，以至于我们可以称其为"自然的"。进而言之,如"主体间性"一般,它们是外在的,在我们任何一个人之外。这并不是说,价值由诸个体制造,与一种浪漫派自我观的粗糙版本相反。其过程是一个受旁观者立场统治的社会和"同情式"的过程。所以,关于手边的事务,归根结底,理论与普通生活的常见现象之间具有完美的一致性。某种其他意义上的"柏拉图式""真实"的反面并不就是错的,但缺乏实践意义。从道德行为人的立场来看,哲人关于"制造"与"发现"进行的对照就离题了。

第三种回应将表达对如下指控的困惑:理论与日常经验之间以一种不同寻常的方式缺乏连续性。每一种道德理论(只要它是一种理论)都在某种程度上与经验之间是不连续的。这一特殊理论对经验尤为敏感和关注,远远超过它在当代的许多竞争者。任何一种道德情感理论都需回答两个问题("何为德性"以及"道德心理学"问题),这两大问题之彼此缠绕本身就表明,斯密决心关注经验。分析并未从魔术师的帽子中凭空变化出来。进一步说,根据对日常生活更好的理解,它是可以修改的(让我们回顾第一章中对 *TMS* 标题页的讨论)。斯密的理论不是那种"总结性"理论意义上的理论。其分析包含了(继续回复)一种富有说服力的道德心理学,以解释道德如何对我们产生影响,其论述也与该理论中其他关于想象力构成的理论例证一致(比如,想象对于真实幸福诸特征的欺骗)。仅仅注意到它与日常生活之间的不连续性并不会破坏分析,除非那种中断造成了解释的失败,或不能维持在解释提供的证据范围内。

第四,斯密的辩护者可能答复:他的哲学在实践与理论两个层面调和了我们与世界;以及,通过其怀疑主义与伦理承诺,他的哲学使我们能够确证这篇后记一开始归纳的人类道德视野。让我们回顾第五章和第七章中更早的例证。通过看到"改善我们的境况"的普遍行为既与德性相配，也受想象之"欺骗"驱动，调和就可以实现。进而，当我们表明，我们是自足的，能够关爱自己，不用完全依赖自然或神来提供价值，这时候，怀疑论见解就支持了人类的道德视野。

最后，我们可以回复说，关于哲学视野与伦理视野之间的关系，无论存在怎样的理论困难，其困难都只不过是理论上的，不会在任何重要方面扰乱实践。这最后一个回复指向实践层面的困难。我已经反复讨论过这一困难了。并且，这一困难关注的是，如果斯密的道德心理学与怀疑主义被普通行为者信以为真，它们可能产生的有害影响。针对这一担忧，斯密可以回复说：其怀疑主义的一个关键特征尚未得到领会，亦即其道德心理学关于价值源头的那一方面是纯粹理论性的。行为人并不需要遵照怀疑主义来生活，就好像我们只有在十足的哲学维度上理解道德原因，它们才对我们有意义一样。亦即，系统性的道德心理学问题是**受哲人关注的**，然而，**对反思性的道德行动者而言**，与这些问题相配的伦理、政治义务完全切实可行。理论与实践的分离走向了自我拯救，只要那种错误的需要（亦即，某些哲学需要）并非由此构成，它就会这样做。它们产生的道德情感和规范"真实"而且"客观"，因为它们是生活行为所必需的。

此处的辩证法是复杂的，我们可以对其加以充分追问。当然，刚才勾勒的诸种回复确实具有重大价值，触及了当代道德哲学中密集讨论的问题。然而，我不认为，这些回复令人完全满意。让我继续自己对实践的关注，在我回到在理论层面调和现实主义和创育观念之前，为其满足提供一项建议。理论与实践层面共同的核心构成了真正的"亚当·斯密问题"。这样理解的话，它仍然是我们的问题。[5]首先是因为斯密坚持日常生活的优越性，并且相应地成功打造了自己的观点，在其思想中呈现出来的困难就尤其富有教益。

正如我对斯密做出的诠释，其"规劝性"目的之一就是要警告哲人，不要将某些种类的问题强加于日常生活。对哲学的这种规劝性态度在《道德情感论》整本书中都很明显，甚至在这本书的结构中也颇为明显。斯密试图挫败哲人制造体系化解释的自然驱动力。这种体系化解释压榨日常生活，使之进入优雅体系的模式当中。他有时强调那种驱动力可能产生的破坏，并在其他地方指出人类生活中诸多愚行的效用和优美。就像我们已经评述过的那样，他限制哲人野心的努力部分源于一种人道感受。

然而，如果那种哲学不能像宗教一般，对普通生活造成颠覆性影响，那么，他的关注就没有必要。所以，就像我在第四章（第三节）论证的那般，他对道德心理学讨论效果的声明"不过是一个哲学好奇的问题"，不具有任何"实践上"的重要性（VII.iii.intro.3）；更概括地说，哲学见解中的差异"都应当是我们漠不关心的问题"，它们应当被理解为其规劝性修辞的一部分。实践并非必然要与理论分离，甚至无须与价值源头的理论分离。

一方面，斯密清楚意识到，借助哲人的援手，意料之外的

---

[5] 参见尼采切中肯綮的观察："如果我们没有对一种对立产生怀疑——这两个世界之间的对立：迄今为止，在一个世界中，我们对敬重的东西非常熟悉，它们使我们能够忍受生活；另一个世界则是由我们构成的世界——一种关于我们自身无情、根本且最深刻的怀疑，它越来越多地且越来越坏地控制了我们欧洲人，它也令后来的时代面临着可怕的非此即彼选择（Either/Or）：'要么放弃你敬重的东西，要么放弃你自己！'后者是虚无主义；但是前者难道不也是虚无主义吗？——这就是我们的问号。" *The Gay Science*, trans. W. Kaufman, New York: Random House, 1974, sec. 346, p. 287.

结果很可能获得释放。这种可能的意外结果包括了一种更不稳定、派系对立的普通生活。他也意识到，哲人具有一种根深蒂固的倾向，对日常经验采取轻蔑或还原论的观点。然而，在另一方面，平和的实践、日常生活与理性习俗都不是自存的（self-subsistent），比如，就像宗教狂热主义问题表明的那般。所以，我们需要哲人——例如斯密。实践或日常经验呼唤哲学和哲人。斯密理解，没有人类理性的干预和发明，世界就不能很好地运转。他的人文与哲学启蒙努力没有宣称一种解放性的革命，但依赖于把日常生活从苏格拉底哲学与怀疑主义中孤立开来，并同时用干预主义或调和主义的模式将哲学注入人类生活。[6]

所以，斯密面对着复杂的问题：干预普通生活——比如，通过出版著作——却不会产生那些不可欲的后果，或者也不误导那些会带来此类后果的追随者。他必须干预，有时候又看似没有干预；并且，在这么做的同时，他也要为道德概念打造一个具有说服力的案例，使之成功地诉诸"我们的"日常道德直觉，将之视为得体且普通的代理人。这为老柏拉图问题打造了一个复杂的解决方案，其复杂性在斯密的写作修辞中体现出来。这个老柏拉图问题就是，哲人在日常生活中应当如何自处。所以，我在他的修辞上花费了许多精力。它的节制、审慎和平衡感引人注目。甚至当他进行批判与揭露时（尤其是在《国富论》当中），他的修辞也是如此。甚至，其著作中醒目的复调辩证法也意在鼓舞节制一类德性，使读者参与到由

---

[6] 在第五章（第三节），我表明：斯密渴望成为"那些光辉夺目之人物"中的一员，"他们在制度和人类观点上都带来了最大的改革"，他们是"最伟大的政治家和立法者，是人数最多、最成功的派别或党派的高贵的奠基人与领袖"（Ⅵ.iii.28）；斯密渴望成为这样一个拥有适度审慎或明智的人物实例——简言之，成为堪比梭伦的哲人立法者（请回顾Ⅵ.ii.2.16，以及我们在第七章第四节的讨论）。

人道感引导的深思熟虑的——"同情式的"——对话中。[7]

我们注意到这个计划的复杂性,这并不是要拒绝它。在我看来,为了帮助计划获得成功,我们就需要保证斯密的"对话"观念在一个更富进取心的"苏格拉底"方向上拓展。其目的就是要缓和哲学在人类生活引领中具有何种建构作用这一"实践"或伦理问题。尽管方法的辩证特征带领读者进入并且穿越整本《道德情感论》,但是,真正的苏格拉底式对话(至少就像柏拉图呈现出来的那样)还是被系统性地避免了。相反,斯密鼓励对话、理解、好的判断、同情,以及道德想象。把"对话"拓展到超越这一点的需要并非铭刻在星球之上,而是由我们继承自斯密的文化赋予。在一个观念的,尤其是宗教观念的自由市场中,建立起一个有意义的道德共同体——代词"我们"努力唤起并鼓励的道德共同体,这是一场远远超出斯密期待的斗争。斯密当然理解,破碎的日常生活已是现代世纪的典型特征,也是其哲学要回应的问题。日常生活已经破裂到如此程度,我们必须有规律地提出苏格拉底向同邦公民直接提出的那些问题,以给正直、礼貌、公共人道与理性的反对者施加压力。因为那些反对者——与其说是克里托,不如说是特拉叙马库斯和卡利克勒斯——自己就颇为常见。政治、伦理与修辞的境况已经发生了变化,如果斯密在今天写作,他自己

---

[7] 确实,斯密文学命运中的一个反讽是:在他死后不久,他几乎从哲学经典中消失了,他的政治经济学也以一种高度不确切的方式被阅读,尽管受到了与自然自由体系相关的某些更加引人入胜之论述的鼓舞。世纪性的"亚当·斯密问题"的出现本身就是一种误读,这一误读标志着,他难以将其计划当作一个整体表达出来。关于误读史的讨论,参见 G. Muller, "Some Unanticipated Consequences of Smith's Rhetoric," chapter 15 of *Adam Smith*, pp. 185-193。关于哲学在公共生活中的作用,有一些困难众所周知;斯密的"接受"问题便将这些困难传达了出来。

也可能会同意那些对公共陈述模式提出的要求，以及哲学要求的参与。苏格拉底辩证法的率直、直接与坚持都使之在晚期现代的文化处境中变得尤其有价值。

为了在一个苏格拉底式的方向上扩展"对话"，一个相关原因来自于斯密关于道德批评和教育的丰满观点。根据那种观点，我们参照具体语境，在自己所处状况的层面运用道德批评，并寻求以配得上贤德之士的方式来行动。我们学着仿效"无偏旁观者"。那个做出评价的观察者并非哲人。然而，在《国富论》中（Ⅴ.i.8.14），斯密表明，"所有具有中等以上阶层与财富的人"都需要学习"科学与哲学"，这样，宗教狂热主义和迷信就能成功地受到全体国民的抵制。在此处，哲学的含义不是很清楚。它似乎并非由苏格拉底对话构成。哲学与自由教育总体上协助公民看穿对权威的欺骗性主张，但很明显，它们不能把社会或政治体系当成一个整体来评价。很清楚，教育并不会倾向于引导我们拒绝"阶层"或社会"分化"的权威，或质疑严肃政治事务中的"自然原理"（I.iii.2.3）。然而，斯密也承认，我们不能总是逃避这一精细任务，不去判断体系在何时必须作为整体予以更张（Ⅵ.ii.2.12）。哲学会让我们在这样的时刻做出明智的判断吗，除非我们按照一种更为激进的苏格拉底模式来理解它？

当然，斯密的确做出了判断，"体系作为整体"在什么时候要求改变。他也的确质疑了"阶层"或"分化"的权威，并且也连带着质疑了其他每一件事情。他不仅对**其**哲学化的范围发问，也对他想要或应该广泛扩散的内容发问。他用这样的方式把哲学与日常生活分开，就好像在把我们由一端带到另一端，复又带回来的过程中，令苏格拉底对话的影响黯然无声；从而，他使得我们并不必然难以看到人们如何变成斯密式的哲人，亦即成为"无偏旁观者"——他能够进行广泛、系统的伦理评价,也能够进行斯密擅长的哲学对话。正如我们已经注意到的,他同时令哲学激进的探研、质疑性声音(亦即,苏格拉底式提问,与结果开放的)静默,要求通过某种形式来广泛传布哲学,并且认为科学可以自由创造知识;由此,问题变得更为严重了。哲学将会得到传播(通过成为一种大众的"生活哲学",它将在这个过程中变得琐碎),又将走向收缩;这似乎是不可避免的了。通过将哲人转型为知识分子,或转变为学术研究产业某个专业角落中的劳工(请回顾 WN I.i.9),哲学的收缩就会发生。如此,它将会鼓励对每一样事物的考察,不过,所考察的对象或许也少有真正的重要问题。这一古怪但至今又颇为常见的伸展与压缩的结合看起来将会带来危机:哲学与日常生活若要对自身或他者的繁荣做出富有成就的贡献,它们就需要一些资源,但这些资源会因此而有枯竭的危机。如其关于学术界与心智劳动分工所做的尖刻评论表明的那样,斯密最先对此类现象做出评价与质疑。在他的著述、教书以及生活之中,他都站在那一结果的反面。[8]

---

[8] 让我们将此与平卡德论黑格尔的观点进行对照。"只有在晚期现代'绝对精神'看似超越而疏远的境地里——在某种程度上受到孤立的技艺中;在现代宗教般的制度中(他们以明显边缘的方式参与日常政治生活),并且在其哲学中(现在,它被安全地职业化了,变成为大学中具有各自预算限额的独立部门)——现代生活的参与者能够假定客观的观点吗?无论他们是否真正确立了自己的目标,客观的观点对批评性评价而言都是必要的。"现代哲学、艺术和宗教的任务"将会是建构并评价那些我们是谁的论述,并将继续以怀疑论方式提问……我们是否再也不会愚弄自我"。Hegel's Phenomenology, Cambridge: Cambridge University Press, 1996, pp. 342, 343. 斯密想问的是:如此理解的哲人,在如此理解的制度下工作,他们如何可能建构并评价真正的"我们"是谁的论述,而非简单反映他们因专业化和孤立劳动成为的自我呢?我怀疑,斯密推断,我们需要反思制度的哲学语境,并重新思考做哲学意味着什么。在这一普遍精神中,请参看 A. Baier, "Doing without Moral Theory," in *Antitheory in Ethics and Moral Conservatism*, ed. S. G. Clarke and E. Simpson, New York: State University of New York Press, 1989, pp. 29-48.

关于哲学在公共生活中扮演的角色，人们有许多担忧。为了加深这些担忧，人们将会注意到，斯密某些理论的本性正是引发特殊关注的原因。不只是任何一种"哲学好奇心"，"斯密伦理学怀疑方法"的复杂视野，以及关于想象的相关观点都会有变成流行意见的危险。在此过程中，它们可能受到错误的解释，并堕落为粗俗的怀疑主义、主观化的美学，以及粗糙的表现主义。正如我已经表明的那样，他的道德心理学提供了一种对道德和政治判断的解释，以及对理论探究的解释；那种解释与判断和探究假定的道德真实感受并不完全一致。人们能够理解，他为何想要论断，那种与道德心理学有关的辩论——与人性有关的辩论——不会在实践上产生任何结果。但是，既然那并非完全正确，他就可以按照一条激情与想象的原理，努力使道德实践获得自我满足，同时又使之与其他一切人类行为变得卑贱。想象的创育必须要隐藏自己的工作，从而支持对日常道德生活与理智探研习以为常的柏拉图式承诺。

这一计划在实践上的不稳定性受到如下事实的强调：想象能够破坏也能够创造，以及实践的"过时"基础会遭遇危机，变成公开的秘密。对于"囚牢之家"（prison home）的居民来说，他们可能会认识到：他们在一种规范意义上视作自然的东西实际上是人为产品，或是一种建构；以及那里也没有向自然的回归或上升。如果人们认识了洞穴的"诗歌"，以及逃离洞穴之不可能；如果斯密的修辞不能软化其理论计划的这个方面；那么当他的主要论题作为现代自由商业社会的公共哲学广泛传播时，论题就会遭到颠转，遇到危机。可以说，这就是启蒙的历史命运，无论斯密自己的著述可以作为原因发挥何种影响。

斯密将想象的关键运动称为"同情"。在我对"同情"的考察中，我论证说：尽管斯密的理论深深地依赖于同情过程中旁观者立场的优先性，但是，只要对认知上的强调做出细微的改变，人们也能够（错误地）使诚实——就像许多人已经做的那样——成为行动者的立场。这一改变摧毁了无偏旁观者观念、反对自私的论证、自我控制与仁慈这类德性的重要性，以及公共、共同体与共享的整体的合宜。然而，就像那种在认识中的改变将会受到如下思想的鼓励：道德判断不是建立在无偏旁观者对真理与真实的卓越掌握上，而是建立在自我的表达上（或者，这一观点可能会遭到误解）。如果与任何由习俗和历史产生的有益幻想相反，正确判断的尺度存在于我们的"道德官能"中；那么，为什么行为人的想象与激情（或处在类似情况中的行动者的想象与激情）不应该获得优先性呢？如果实践自身是一种复杂的制造品，是一种历史与文化的人造物；那么请让我们把自己从压制这一怀疑论真相的束缚中解放出来，并在我们新建立的自由中获得快乐吧。为何精英会自觉地保护对时尚的认可呢？

无疑，斯密将会发现，任何这类见解都面目可憎并且危险。因为，在其他事物当中，它将会遭遇危机：所有围绕着无偏旁观者视野得以构建的同情和情感共鸣将会被以行为者为中心的表现主义和自恋主义取代。正如我在此前章节中的讨论，对任何这类转变，他都有颇富说服力的理论和道德回应。然而，在我们当下的环境中，为了有效扩散那些回应，保存启蒙德性，我们需要更直接地攻击非理性、相对主义，以及庸俗化的怀疑主义。斯密自己令启蒙德性得到了很好的发展。为何斯密在其道德哲学中（尽管他经常在政治经济学中散布其道德哲学）普遍表现出来的内敛应当被苏格拉底式探研的直接性取代，这就是原因了。通过这样做，我们就可以缓解斯密的修辞立场自身存在的困难，帮助实现斯密自己的伦理计划。它将会缓解其话语和写作行为之间的张力，缓解其哲学论述与他作为哲人的行为之间的张力。

看起来，与此任务相适应的苏格拉底式对话最好被理解为一种手段，使我们从某种受误导的先入之见中醒悟过来。亦即，在这里，我们最好首先将苏格拉底式对话理解为对障碍的清理；即便因为回答"它是什么"（What is it？）问题的需要，障碍清理得以完成。这可能听起来平淡无味，它会允许这种对话来满足我已经勾勒出来的伦理与政治影响。斯密的无偏旁观者进行的伦理反思对身边的具体问题做出判断，这种苏格拉底式对话观有助于实现它与上述伦理反思的和解。对合宜与功的判断（以及，按照斯密的论述，对相称与适当的判断）可以极为复杂。与偏见和无知对质，以及苏格拉底式的评述论证、各类论述能够帮助我们清理出一片空间，以识别判断。在有些时候，明智的评估也需要系统性地了解一个研究领域（比如斯密的政治经济学），或对人类生活的不完美性持有一种综合的视野（例如，《道德情感论》中描述的那类不完美）。当斯密推荐说，受过自由教育的人需要哲学时，无偏旁观者应当加以哲学化的这些情形可能包括斯密此时想到的那些。在其他情形中，对系统性原则的追求不应当取代判断，而是应当使之变得活跃和敏锐。[9]

我清楚表明了对苏格拉底主义的借用，这让我在使用柏拉图的苏格拉底时颇为仔细地加以甄别选择。我们当然可以认为，通

---

[9] 吉巴德评论说，"苏格拉底向随行的雅典人提出一个又一个问题，使之不堪其扰。他迫使他们为其尚未受到理性思考的习俗给出理性化的分析。在迫使他们给出一致的、原则性的答案时，他给出极为冗长的论述。他的目标知道他们所想为何，其习俗也帮助他们理解世界并生活在一起。我们所有人都部分地是刚正、困惑的雅典人，部分是苏格拉底——并且我们需要这两个方面的素养。我们想要一种值得拥有的道德视野。苏格拉底一方校准道德视野，但也能颠覆它。在理想情况下，我们将会找到一个体系，使我们天性中的两个部分都能得到满足；但是为了使之平衡，我们不得不满足于一种部分地清晰表达的技巧"。

过坚持"它是什么"问题，苏格拉底志在针对讨论中的问题，制造出一个具有永恒实质的"定义"。然而，我并不主张，我们应当复活柏拉图形而上学的标准图景，用他的"两个世界"理论、灵魂不朽等原理来拓展斯密的观点。我也不主张，我们应当从某种自然真相，或神的意志来解读道德。无疑，我们应当放弃任何像柏拉图社会工程之类的事物，放弃哲人王或夜间议事会的统治。或许，对于我所建议的事物，尤其是，如果考虑到我在这本书中频繁论及斯密与苏格拉底或柏拉图之间的对照；我们可以为之找到一个比"苏格拉底主义"更好的标签。

然而，在这一阶段，苏格拉底的形象是有用的。首先，这个名字的确象征了一种探研方法，其直接性与有效性都是我们现在所需要的。更进一步说，回到在理论层面调和现实主义与创育观念的问题上来，苏格拉底主义保留了我们对"真实"即知识原则的信任；并且尽管这可能导致潜在的误解，但也使之在此颇为有用。它的确颠覆了我们的日常假设，即如果最终建立在事实为何（不只是"主体间"或"依据被接受的社会实践"的事实）的基础上，道德判断和历史探研就是正确的。尽管苏格拉底事业具有干扰的天性，尽管我们可以理解苏格拉底的事业会激起恐惧，但在某个方面，相比起斯密的事业，它更少具有修正主义者的特点；因为它以我们刚刚提及的方式，更好地保持了与日常生活间的连续性。即使是伦理形式（尤其是"好本身"）的假设也可以捕捉到一种非常普通的信念，即道德品质的持续和超越，以一种众所周知难以言说的方式，作为自我与世界和谐的基础。[10]

---

[10] 尽管这里几乎不是发展一种柏拉图解读的地方，但仍请考虑麦克道威尔的评论："看似有理的是，柏拉图的伦理形式是对可修改性（uncodifiability）的一种回应：当人们喜欢某种实践，即一种对概念的运用，如果我［转下页］

374 　　在无知之知以外，苏格拉底没有做出任何承诺。但是，为了这样做，他也把我们放到一个"原则上"的真理立场，把我们的怀疑导向真正的事实。我们可以指控这个立场扩散了那些怀疑。但是，部分地通过阻止陷入以行为人为中心的表现主义，鼓励上升到一种对真伪的理性发现，以及受此理性发现统治的生活，这个立场也可以得到辩护，因为它占有了资源，能够对那些怀疑做出建设性回应。甚至，在其自我宣称的边界，苏格拉底的立场准备直接面对错误的偶像崇拜，通过爱来支撑一种超越的意象，邀请我们参与一场对话——相比起我们在实践中最常相信的东西，这场对话的假设与目的具有连续性。我们需要这个苏格拉底计划的两端——对话，以及发现真理的承诺。斯密不会反对谈论一种"原则上"的真理立场。辩论关注的是如何诠释观念，以及如何化解观念与普通无偏旁观者的自我理解之间的张力。

　　挑战是要发展一种压缩版的柏拉图主义，能够囊括苏格拉底对话在教育和政治上的益处，并涵盖如下观点：哲学应当给出对客观与真实的论述，在理论层面保存与这些观念意涵有关的普遍存在的信念——这些观念在现象学层面颇为明显。斯密的喜好支撑起了一个"理想法官"框架，我们难以拒绝其关于价值起源的普遍性假设。上述论述应当如何从"道德情感"及此"理想法官"

[接上页]们不能构想出他所知道的内容，那我们就可以很自然地说：他看到了某些东西……好的形式之遥不可及是如下论题的形而上学版本，即价值并不存在于世界中，它与困扰当下道德哲学的枯燥的文献版本大为不同。比喻的重点在于获取清晰处理伦理真实（ethical reality）的极大困难，而伦理真实正是我们世界的一部分。不同于对可修改性的其他哲学的回应，这一回应能真正导致道德改良；以消极的方式，它通过引起谦逊来实现；以积极方式，它则通过一种类似宗教皈依的激励效果来实现。"参见 "Virtue and Reason," in *Antitheory in Ethics and Moral Conservatism*, ed. S. G. Clark and E. Simpson, New York: State University of New York Press, 1989, p. 105。

框架内部开始呢?

回答这个问题很难。对任何一种可能的答案(比如,与道德现实主义有关的问题)来说,它的诸多方面都在当代伦理学中得到了激烈的辩论。甚至,当我们聚焦斯密的道德哲学,我除了建议说,人们应当从美、相称、合宜、优雅、适当、适合这些引导性词汇开始,也无法做到更多了。答案将会很快揭示这一点,以及他的音乐比喻。他的著作中弥漫着"美学"术语,因为正如他坚定地表明的那般,美学现象编织进了生活中的每个层面。甚至当他陈述说,我们需要依据道德品质与道德情感之间的关系来理解其"实质",这些观念也再次出现了(参见前文的注释〔3〕)。"道德官能"认为合适的诸"品质"的确适合"道德官能"。品质与情感,或价值与理性能够彼此相配或相适合。这就是它在普通论述和经验层面呈现出来的模样(包括像斯密描述那般的伦理理性过程层面);甚至,在与之相对的最为抽象的理论层面,对潜在"游叙弗伦问题"的解决之道向创育原理倾斜(亦即这样的观点:那些事物有价值是因为我们看重它们)。[11] 某种类似于实践层面经历的双向性的东西应当在理论论述的层面得到更好的保存。

斯密的现象学忠实且富有技巧地阐明了价值与评价的相互性,此相互性则在实践层面表现了自我。斯密的柏拉图式"适合"观念暗示了道德品质与人类情感之间的循环。为了向现象保持真实,我们应当努力把这种循环的比喻打造出来。有可能,他的对话观念(他的想象同情观念与此共鸣)本身就能够解释这种相互性。这种普遍类型的理论内含了一种紧张。只有在"被赋予"的意义

---

[11] 正如柏拉图的《游叙弗伦》(10a)所说,这个问题关注的是:某样东西因为被诸神喜爱,所以它是好的;还是说,因为它是好的,所以诸神才爱它。

上，我们讨论的道德"品质"才大部分是"自然的"（请回顾第八章，这是我们第四种意义上的"自然"）；这个事实或许能够削弱那种张力。如果这种论述能与斯密道德情感理论和政治经济学的主体部分保持一致，它将有助于"保护表象"，正如他如此富有洞见地描述它们一般。其原因部分在于，它将会更加忠实地住在它们当中。从整体来看，它将是对斯密自身计划的拓展（或许我们可以说，是一种完成），它被设计出来，通过发展其资源来保存多重贡献。[12]

因为柏拉图，在传统上，一种特定的哲学行为被理解为苏格拉底式对话。斯密自己则认为，有教养者需要一种"哲学"。对前者做出的调整应当充实后一种"哲学"观念。这不仅能够以刚才描述的方式，帮助完成他的理论计划，也能够提升晚期现代自由教育迫切需要的文明化育功能。斯密告诉我们，那种健康的教育某种程度上是一个仿效"完美原型"的问题。[13] 在这篇后记的开头，我引用了一段斯密的论述，而在这段论述中，斯密提到了"沉思性哲人的高贵思考"。我们希望理解"沉思性哲人的高贵思考"如何更为充分地实现与人类日常生活德性之和谐。我们应该在上述道德理想中，以及在此种希望中，进一步打造爱智慧的空间。

---

[12] 在追求这一探研道德品质的思路中，人们想要考虑是否再一次依赖光的比喻，从 D. 卫金斯（D. Wiggins）在 "Truth, Invention, and the Meaning of Life" 一文的结论性评论中获得一条线索，来削弱创育的力量。他在那里表达了一种现象学论述，即他看到，"在对财产进行估价时，财产不被认为是由人创造的，而被认为是由生活中的人带到世界的焦点点燃的"（p. 137）。关于我针对评价与价值之"相互性"比喻采取的态度，卫金斯的文章是启发我的一个源头。

[13] 在 TMS Ⅵ.iii.25，斯密描述了高度"确切的合宜与完美观念"，并评论说，明智之士"比其他人更多地研究了这一观念，对此有更好的理解；他也对之形成了更正确的意象，更深刻地迷恋于它的精致与神圣的美。他尽其所能地把自己的品格类比于完美原型"。柏拉图在《法律篇》中提到我们模仿"最美好的生活方式"的重要性，并且"最美好的生活方式"是"最真实的悲剧"。

文献目录

这份文献目录包括了本书引用的所有作品,以及我在准备写作这本书时找到的与亚当·斯密研究有关的作品,它们特别有帮助,但我在注释中未加引注。我无意汇编一份关于亚当·斯密或关于亚当·斯密研究的完备无遗的文献目录。至于更为深入的参考文献目录,读者可以参看阿曼诺(K. Amano)、科达斯科(F. Cordasco)、富兰克林(R. S. Franklin)及莱特伍德(M. B. Lightwood)的著作,以及罗斯(I. Ross)的《亚当·斯密传》(我在下面的文献中引用了这部作品)中的文献目录。关于斯密的著述,参见本书的"文本与致谢"部分。

Abel, G. *Stoizismus und Frühe Neuzeit*. Berlin: de Gruyter, 1978.
Addison, J., and R. Steele. *The Spectator*. 5 vols. Ed. D. F. Bond. Oxford: Clarendon Press, 1965.
Adiseshiah, M. S. *Some Thoughts on Adam Smith's Theory of Division of Labour*. Trivandrum, India: University of Kerala, 1977.
Adorno, T. W. *Negative Dialectics*. Trans. E. B. Ashton. New York: Continuum, 1973.
Agnew, J.-C. *Worlds Apart: The Market and the Theater in Anglo-American Thought, 1550–1750*. Cambridge: Cambridge University Press, 1986.
Amano, K. *Bibliography of the Classical Economics*. Science Council of Japan, Economic Series, no. 27. Tokyo: Science Council of Japan, 1961.
Anderson, G. M. "Mr. Smith and the Preachers: The Economics of Religion in the *Wealth of Nations*." *Journal of Political Economy* 96 (1988): 1066–88.
Annas, J. "Doing without Objective Values: Ancient and Modern Strategies." In

The Norms of Nature: Studies in Hellenistic Ethics, ed. M. Schofield and G. Striker. Cambridge: Cambridge University Press, 1986. Pp. 3–29.
The Morality of Happiness. Oxford: Oxford University Press, 1993.
Anscombe, G. E. M. "Modern Moral Philosophy." *Philosophy* 33 (1958): 1–19.
Anspach, R. "The Implications of the *Theory of Moral Sentiments* for Adam Smith's Economic Thought." *History of Political Economy* 4 (1972): 176–206.
Appleby, J. O. *Economic Thought and Ideology in Seventeenth-Century England.* Princeton: Princeton University Press, 1978.
Arac, J., ed. *Postmodernism and Politics.* Minneapolis: University of Minnesota Press, 1986.
Aristotle. *Nicomachean Ethics.* Trans. T. Irwin. Indianapolis: Hackett, 1985.
Audi, R. "The Separation of Church and State and the Obligations of Citizenship." *Philosophy and Public Affairs* 18 (1989): 259–96.
Bagolini, L. *David Hume e Adam Smith.* Bologna: Pàtron, 1976.
"The Topicality of Adam Smith's Notion of Sympathy and Judicial Evaluations." In *Essays on Adam Smith,* ed. A. S. Skinner and E. T. Wilson. Oxford: Clarendon Press, 1975. Pp. 100–113.
Baier, A. C. "Doing without Moral Theory." In *Anti-theory in Ethics and Moral Conservatism,* ed. S. G. Clarke and E. Simpson. New York: State University of New York Press, 1989. Pp. 29–48.
A Progress of Sentiments: Reflections on Hume's "Treatise." Cambridge, Mass.: Harvard University Press, 1991.
Bailiff, J. D. "Some Comments on the 'Ideal Observer.'" *Philosophy and Phenomenological Research* 24 (1963-4): 423–8.
Barish, J. A. *The Antitheatrical Prejudice.* Berkeley and Los Angeles: University of California Press, 1981.
Barnes, J. "Aristotle and the Methods of Ethics." *Revue Internationale de Philosophie* 34 (1980): 490–511.
Bayle, P. *The Dictionary Historical and Critical.* 5 vols. Ed. B. Feldman and R. Richardson, Jr. New York: Garland, 1984.
Beck, L. W. *The Actor and the Spectator.* New Haven: Yale University Press, 1977.
Becker, C. L. *The Heavenly City of the Eighteenth-Century Philosophers.* New Haven: Yale University Press, 1966.
Becker, L. C. *Reciprocity.* London: Routledge & Kegan Paul, 1986.
Berger, P. L. *Facing Up to Modernity: Excursions in Society, Politics, and Religion.* New York: Basic Books, 1977.
Berkeley, G. *Works on Vision.* Ed. C. M. Turbayne. Indianapolis: Bobbs-Merrill, 1963.
Berlin, I. *Four Essays on Liberty.* Oxford: Oxford University Press, 1969.
Berns, L. "Aristotle and Adam Smith on Justice: Cooperation between Ancients and Moderns?" *Review of Metaphysics* 48 (1994): 71–90.
Berry, C. J. "Adam Smith: Commerce, Liberty and Modernity." In *Philosophers of the Enlightenment,* ed. P. Gilmour. Edinburgh: Edinburgh University Press, 1989. Pp. 113–32.
"Adam Smith and the Virtues of Commerce." In *Virtue,* vol. 34 of *Nomos,* ed. J. W. Chapman and W. A. Galston. New York: New York University Press, 1992. Pp. 69–88.

"Adam Smith's *Considerations* on Language." *Journal of the History of Ideas* 35 (1974): 130–8.
Bevilacqua, V. M. "Adam Smith and Some Philosophical Origins of Eighteenth-Century Rhetorical Theory." *Modern Language Review* 43 (1968): 559–68.
"Adam Smith's Lectures on Rhetoric and Belles Lettres." *Studies in Scottish Literature* 3–4 (1965–67): 41–60.
Billet, L. "The Just Economy: The Moral Basis of the *Wealth of Nations*." *Review of Social Economy* 34 (1976): 295–315.
Bittermann, H. J. "Adam Smith's Empiricism and the Law of Nature." Pts. 1–2. *Journal of Political Economy* 48 (1940): 487–520, 703–34.
Black, R. D. "Smith's Contribution in Historical Perspective." In *The Market and the State: Essays in Honour of Adam Smith*, ed. T. Wilson and A. S. Skinner. Oxford: Clarendon Press, 1976. Pp. 42–71.
Blackburn, S. "Errors in the Phenomenology of Value." Rpt. in *Morality and the Good Life*, ed. T. Carson and P. Moser. Oxford: Oxford University Press, 1997. Pp. 324–337.
"How to Be an Ethical Antirealist." Rpt. in *Moral Discourse and Practice: Some Philosophical Approaches*, ed. S. Darwall, A. Gibbard, and P. Railton. New York: Oxford University Press, 1997. Pp. 167–78.
Blum, L. A. *Friendship, Altruism and Morality*. London: Routledge & Kegan Paul, 1980.
Bonar, J. *A Catalogue of the Library of Adam Smith*. 2nd ed. 1894. Rpt. New York: Kelley, 1966.
Moral Sense. London: New York: Macmillan, 1930.
Bowman, J. R. "Competition and the Microfoundations of the Capitalist Economy: Towards the Redefinition of *Homo economicus*." *Politics and Society* 18 (1990): 233–42.
Brague, R. *Aristote et la question du monde*. Paris: PUF, 1988.
Brandt, R. B. *Ethical Theory: The Problems of Normative and Critical Ethics*. Englewood Cliffs, N.J.: Prentice-Hall, 1959.
"Traits of Character: A Conceptual Analysis." *American Philosophical Quarterly* 7 (1970): 23–37.
Broad, C. D. "Some Reflections on Moral-Sense Theories in Ethics." *Proceedings of the Aristotelian Society* 45 (1944–5): 131–66.
Broadie, A. *The Tradition of Scottish Philosophy*. Edinburgh: Polygon, 1990.
Brown, K. L. "Dating Adam Smith's Essay 'Of the External Senses.'" *Journal of the History of Ideas* 53 (1992): 333–7.
Brown, M. *Adam Smith's Economics*. London: Croom Helm, 1988.
Brown, V. *Adam Smith's Discourse: Canonicity, Commerce and Conscience*. London: Routledge, 1994.
Brown, W. H. *The Power of Sympathy*. Columbus: Ohio State University Press, 1969.
Brühlmeier, D. *Die Rechts- und Staatslehre von Adam Smith und die Interessentheorie der Verfassung*. Berlin: Duncker & Humblot, 1988.
Bryson, G. *Man and Society: The Scottish Inquiry of the Eighteenth Century*. 1945. Rpt. New York: Kelley, 1968.
Buchanan, A. *Ethics, Efficiency, and the Market*. Totowa, N.J.: Rowman & Allanheld, 1985.

Buchanan, J. M. "Public Goods and Natural Liberty." In *The Market and the State: Essays in Honour of Adam Smith*, ed. T. Wilson and A. S. Skinner. Oxford: Clarendon Press, 1976. Pp. 272–95.
Burnyeat, M. "Can the Skeptic Live his Skepticism?" In *The Skeptical Tradition*, ed. M. Burnyeat. Berkeley and Los Angeles: University of California Press, 1983. Pp. 117–48.
"The Sceptic in His Place and Time." In *Philosophy in History*, ed. R. Rorty, J. B. Schneewind, and Q. Skinner. Cambridge: Cambridge University Press, 1990. Pp. 225–54.
Butchvarov, P. *Skepticism in Ethics*. Bloomington: Indiana University Press, 1989.
Butler, J. *Sermons*. 1726. Ed. W. E. Gladstone. Oxford: Clarendon Press, 1896.
Cairncross, A. "The Market and the State." In *The Market and the State: Essays in Honour of Adam Smith*, ed. T. Wilson and A. S. Skinner. Oxford: Clarendon Press, 1976. Pp. 113–34.
Campbell, R. H., and A. S. Skinner, eds. *The Origins and Nature of the Scottish Enlightenment*. Edinburgh: Donald, 1982.
Campbell, T. D. "Adam Smith and Natural Liberty." *Political Studies* 25 (1978): 523–34.
Adam Smith's Science of Morals. Totowa, N.J.: Rowman & Littlefield, 1971.
"Scientific Explanation and Ethical Justification in the *Moral Sentiments*." In *Essays on Adam Smith*, ed. A. S. Skinner and E. T. Wilson. Oxford: Clarendon Press, 1975.
Campbell, T. D., and I. Ross. "The Theory and Practice of the Wise and Virtuous Man: Reflections on Adam Smith's Response to Hume's Deathbed Wish." *Studies in Eighteenth-Century Culture* 11 (1982): 65–75.
Campbell, T. D., and A. S. Skinner. *Adam Smith*. London: Croom Helm, 1985.
Carson, T. L. "Could Ideal Observers Disagree? A Reply to Taliaferro." *Philosophy and Phenomenological Research* 50 (1989): 115–24.
The Status of Morality. Dordrecht: Reidel, 1984.
Casey, J. *Pagan Virtue: An Essay in Ethics*. Oxford: Clarendon Press, 1990.
Cassirer, E. *The Philosophy of the Enlightenment*. Trans. F. C. A. Koelln and J. P. Pettegrove. Princeton: Princeton University Press, 1968.
The Platonic Renaissance in England. Trans. J. P. Pettegrove. New York: Gordian, 1970.
Caton, H. "Adam Smith's Legacy." In *The Politics of Progress: The Origins and Development of the Commercial Republic, 1600–1835*. Gainesville: University of Florida Press, 1988. Pp. 348–56.
Cavell, S. *The Claim of Reason: Wittgenstein, Skepticism, Morality, and Tragedy*. Oxford: Oxford University Press, 1979.
Chapman, J. W., and W. A. Galston, eds. *Virtue*, vol. 34 of *Nomos*. New York: New York University Press, 1992.
Clark, H. C. "Women and Humanity in Scottish Enlightenment Social Thought: The Case of Adam Smith." *Historical Reflections* 19 (1993): 335–61.
Clarke, M. L. *Greek Studies in England, 1700–1830*. Cambridge: Cambridge University Press, 1945.
Clarke, T. "The Legacy of Skepticism." *Journal of Philosophy* 69 (1972): 754–69.

Coase, R. H. "Adam Smith's View of Man." *Journal of Law and Economics* 19 (1976): 529–46.
Coats, A. W. "Adam Smith: The Modern Re-appraisal." *Renaissance and Modern Studies* 6 (1962): 25–48.
Cole, A. H. "Puzzles of the *Wealth of Nations.*" *Canadian Journal of Economics and Political Science* 24 (1958): 1–8.
Condorcet, S. Grouchy Ve. *Théorie des sentimens moraux ou essai analytique*; Sur les Principes des Jugemens que portent naturellement les Hommes, d'abord sur les Actions des autres, et ensuite sur leurs propres Actions: Suivi d'une Dissertation sur l'Origine des Langues; Par Adam Smith; Traduit de l'Anglais, sur la septième et dernière Édition, par S. Grouchy Ve. Condorcet. Elle y a joint huit Lettres sur la Sympathie. Tome Second. Paris: F. Buisson, 1798.
Cooper, J. "Review of M. Nussbaum's *The Fragility of Goodness: Luck and Ethics in Greek Tragedy and Philosophy.*" *Philosophical Review* 97 (1988): 543–64.
Copley, S., and K. Sutherland, eds. *Adam Smith's "Wealth of Nations": New Interdisciplinary Essays.* Manchester, UK: Manchester University Press, 1995.
Cordasco, F., and B. Franklin. *Adam Smith: A Bibliographical Checklist.* New York: Franklin, 1950.
Cremaschi, S. "Adam Smith: Skeptical Newtonianism, Disenchanted Republicanism, and the Birth of Social Science." In *Knowledge and Politics: Case Studies in the Relationship between Epistemology and Political Philosophy*, ed. M. Dascal and O. Gruengard. Boulder, Col.: Westview, 1989. Pp. 83–110.
Cropsey, J. "Adam Smith and Political Philosophy." In *Essays on Adam Smith*, ed. A. S. Skinner and T. Wilson. Oxford: Clarendon Press, 1975. Pp. 132–153.
———"The Invisible Hand: Moral and Political Considerations." In *Adam Smith and Modern Political Economy: Bicentennial Essays on "The Wealth of Nations,"* ed. G. P. O'Driscoll, Jr., Ames: Iowa State University Press, 1979. Pp. 165–76.
———*Polity and Economy: An Interpretation of the Principles of Adam Smith.* 1957. Rpt. Westport, Conn.: Greenwood, 1977.
Cumming, R. D. *Human Nature and History: A Study of the Development of Liberal Political Thought.* 2 vols. Chicago: University of Chicago Press, 1969.
Curtius, E. R. *European Literature and the Latin Middle Ages.* Trans. W. R. Trask. New York: Harper & Row, 1953.
D'Alembert, Jean le Rond. *Essai sur les éléments de philosophie.* 1759. Vol. 2 of D'Alembert, *Oeuvres philosophiques, historiques et littéraires*, ed. R. N. Schwab. Hildesheim: Olms, 1965.
Dancy, J. *Moral Reasons.* Oxford: Blackwell Publisher, 1994.
Danner, P. L. "Sympathy and Exchangeable Value: Keys to Adam Smith's Social Philosophy." *Review of Social Economy* 34 (1976): 317–31.
Danto, A. s.v. "Naturalism." In *The Encyclopedia of Philosophy*, ed. P. Edwards. New York: Macmillan, 1967.
Darwall, S. L. *The British Moralists and the Internal "Ought": 1640–1740.* Cambridge: Cambridge University Press, 1995.
Darwall, S. L., A. Gibbard, and P. Railton. "Toward *Fin de siècle* Ethics: Some Trends." In *Moral Discourse and Practice*, ed. Darwall, Gibbard, and Railton. New York: Oxford University Press, 1997. Pp. 3–47.

Darwall, S. L., A. Gibbard, and P. Railton, eds. *Moral Discourse and Practice: Some Philosophical Approaches.* New York: Oxford University Press, 1997.
Darwin, C. *"The Descent of Man" and "Selection in Relation to Sex."* 2 vols. London: J. Murray, 1871.
Davenport, H. J. "The Ethics of the *Wealth of Nations.*" A discussion of G. R. Morrow's *Ethical and Economic Theories of Adam Smith,* with reply. *Philosophical Review* 34 (1925): 599–609.
Davis, D. B. *The Problem of Slavery in the Age of Revolution: 1770–1823.* Ithaca: Cornell University Press, 1975.
——— *The Problem of Slavery in Western Culture.* Ithaca: Cornell University Press, 1967.
Dawson, D. "Is Sympathy So Surprising? Adam Smith and French Fictions of Sympathy." *Eighteenth-Century Life* 15 (1991): 147–62.
Deigh, J. "Empathy and Universalizability." *Ethics* 105 (1995): 743–63.
Deleuze, G. *Empiricism and Subjectivity: An Essay on Hume's Theory of Human Nature.* Trans. C. V. Boundas. New York: Columbia University Press, 1991.
Dent, N. J. H. *The Moral Psychology of the Virtues.* Cambridge: Cambridge University Press, 1984.
Den Uyl, D. J. "Power, Politics, and Religion in Spinoza's Political Thought." *Jewish Political Studies Review* 7 (1995): 77–106.
——— "Self-Love and Benevolence." *Reason Papers* 9 (1983): 57–60.
——— "Shaftesbury and the Modern Problem of Virtue." *Social Philosophy and Policy* 15 (1998): 275–316.
——— *The Virtue of Prudence.* New York: Lang, 1991.
Den Uyl, D. J., and C. L., Griswold, Jr. "Adam Smith on Friendship and Love." *Review of Metaphysics* 49 (1996): 609–37.
Descartes, R. *The Philosophical Works of Descartes.* 2 vols. Trans. E. S. Haldane and G. R. T. Ross. Cambridge: Cambridge University Press, 1972.
Dickey, L. "Historicizing the 'Adam Smith Problem': Conceptual, Historiographical, and Textual Issues." *Journal of Modern History* 58 (1986): 579–609.
Dionysius of Halicarnassus. *On Literary Composition.* Ed. and trans. W. R. Roberts. London: Macmillan, 1910.
Du Bos, M. l'Abbé. *Critical Reflections on Poetry and Painting.* Trans. T. Nugent. 1748. Rpt. New York: AMS, 1978.
Dumont, L. *From Mandeville to Marx.* Chicago: University of Chicago Press, 1977.
Dunn, J. "From Applied Theology to Social Analysis: The Break between John Locke and the Scottish Enlightenment." In *Wealth and Virtue: the Shaping of Political Economy in the Scottish Enlightenment,* ed. I. Hont and M. Ignatieff. Cambridge: Cambridge University Press, 1985. Pp. 119–35.
Dwyer, J. *Virtuous Discourse: Sensibility and Community in Late Eighteenth-Century Scotland.* Edinburgh: Donald, 1987.
Edelstein, L. *The Meaning of Stoicism.* Cambridge, Mass.: Harvard University Press, 1966.
Eisenberg, N., and J. Strayer, eds. *Empathy and Its Development.* Cambridge: Cambridge University Press, 1987.
Eliot, T. D. "The Relations between Adam Smith and Benjamin Franklin before 1776." *Political Science Quarterly* 39 (1924): 67–96.

Epictetus. *Discourses.* 2 vols. Trans. W. A. Oldfather. Cambridge, Mass.: Harvard University Press, 1979.
Erasmus, D. *The Praise of Folly.* 1511. Trans. C. H. Miller. New Haven: Yale University Press, 1979.
Evensky, J. "Adam Smith on the Human Foundation of a Successful Liberal Society." *History of Political Economy* 25 (1993): 395–412.
Evensky, J., and R. P. Malloy, eds. *Adam Smith and The Philosophy of Law and Economics.* Dordrecht: Kluwer, 1994.
Fay, C. *Adam Smith and the Scotland of His Day.* Cambridge: Cambridge University Press, 1956.
The World of Adam Smith. Cambridge: Heffer, 1960.
Federalist Papers, The. Ed. C. Rossiter. New York: New American Library, 1961.
Ferguson, A. *An Essay on the History of Civil Society.* 1767. Rpt. New York: Garland, 1971.
Ferreira, M. J. "Hume and Imagination: Sympathy and 'The Other.'" *International Philosophical Quarterly* 34 (1994): 39–57.
Scepticism and Reasonable Doubt. Oxford: Clarendon Press, 1986.
Finnis, J. *Natural Law and Natural Rights.* Oxford: Oxford University Press, 1980.
Firth, R. "Comments on Professor Postow's Paper." Discussion. *Philosophy and Phenomenological Research* 12 (1978): 122–3.
"Ethical Absolutism and the Ideal Observer." *Philosophy and Phenomenological Research* 12 (1951–2): 317–45.
Fleischacker, S. "Philosophy in Moral Practice: Kant and Adam Smith." *Kant-Studien* 82 (1991): 249–69.
A Third Concept of Liberty: Judgment and Freedom in Aristotle, Adam Smith, and Kant. Princeton: Princeton University Press, in press.
Fleischmann, W. B. "The Debt of the Enlightenment to Lucretius." *Studies on Voltaire and the Eighteenth Century* 25 (1963): 631–42.
Fogelin, R. *Hume's Skepticism in the "Treatise of Human Nature."* London: Routledge & Kegan Paul, 1985.
"The Tendency of Hume's Skepticism." In *The Skeptical Tradition*, ed. M. Burnyeat. Berkeley and Los Angeles: University of California Press, 1983. Pp. 397–412.
Foley, V. "The Division of Labor in Plato and Smith." *History of Political Economy* 6 (1974): 220–41.
"Smith and the Greeks: A Reply to Professor McNulty's Comments." *History of Political Economy* 7 (1975): 379–89.
The Social Physics of Adam Smith. West Lafayette, Ind.: Purdue University Press, 1976.
Forbes, D. "Sceptical Whiggism, Commerce and Liberty." In *Essays on Adam Smith*, ed. A. S. Skinner and T. Wilson. Oxford: Oxford University Press, 1976. Pp. 179–201.
Foucault, M. *The Foucault Reader.* Ed. P. Rabinow. New York: Pantheon, 1984.
The Order of Things: An Archaeology of the Human Sciences. London: Tavistock, 1970.
Frank, R. *Passions within Reason.* New York: Norton, 1988.
Frankfurt, H. G. "Freedom of the Will and the Concept of a Person." *Journal of Philosophy* 68 (1971): 5–20.

Franklin, R. S. "Smithian Economics and Its Pernicious Legacy." In *Adam Smith: Critical Assessments*, ed. J. C. Wood, vol. 3. London: Croon Helm, 1984. Pp. 470–8.

Frede, M. *Essays in Ancient Philosophy*. Minneapolis: University of Minnesota Press, 1987.

——— "The Sceptic's Two Kinds of Assent." In *Philosophy in History*, ed. R. Rorty, J. B. Schneewind, and Q. Skinner. Cambridge: Cambridge University Press, 1990. Pp. 255–278.

French, P. A., T. E. Uehling, and H. K. Wettstein, eds. *Ethical Theory: Character and Virtue*. Midwest Studies in Philosophy, no. 13. Notre Dame, Ind.: University of Notre Dame Press, 1988.

Fry, M., ed. *Adam Smith's Legacy*. New York: Routledge, Chapman, & Hall, 1992.

Gadamer, H.-G. *Truth and Method*. 2nd rev. ed. Trans. J. Weinsheimer and D. G. Marshall. New York: Continuum, 1994.

Galston, W. A. "Practical Philosophy and the Bill of Rights: Perspectives on Some Contemporary Issues." In *A Culture of Rights*, ed. M. Lacey and K. Haakonssen. Cambridge: Cambridge University Press, 1991. Pp. 215–65.

——— "Tocqueville on Liberalism and Religion." *Social Research* 54 (1987): 499–18.

Gerber, J. C. "Emerson and the Political Economists." *New England Quarterly* 22 (1940): 336–57.

Gibbard, A. *Wise Choices, Apt Feelings*. Cambridge, Mass.: Harvard University Press, 1990.

Gill, E. R. "Justice in Adam Smith: The Right and the Good." *Review of Social Economy* 34 (1976): 275–94.

Glahe, F. R., ed. *Adam Smith and the Wealth of Nations*. Boulder: Colorado Associated University Press, 1978.

Goffman, E. *The Presentation of Self in Everyday Life*. New York: Anchor, 1959.

Goldman, A. I. "Empathy, Mind, and Morals." *Proceedings and Addresses of the American Philosophical Association* 66 (1992): 17–41.

Goldstein, L. J. "The Two Theses of Methodological Individualism." *British Journal for the Philosophy of Science* 9 (1958): 1–11.

Gramm, W. S. "The Selective Interpretation of Adam Smith." *Journal of Economic Issues* 14 (1980): 119–42.

Grampp, W. D. "Adam Smith and the Economic Man." *Journal of Political Economy* 56 (1948): 315–36.

Grave, S. A. *The Scottish Philosophy of Common Sense*. Oxford: Clarendon Press, 1960.

Gray, A. *Adam Smith*. London: Historical Association, 1948.

Gray, J. *Enlightenment's Wake: Politics and Culture at the Close of the Modern Age*. New York: Routledge, 1995.

Griswold, C. L., Jr. "Happiness, Tranquillity, and Philosophy." In *In Pursuit of Happiness*, ed. L. Rouner. Boston University Studies in Philosophy and Religion, no. 16. Notre Dame, Ind.: University of Notre Dame Press, 1995. Pp. 13–37. Rpt. (with significant emendations) in *Critical Review* 10 (1996): 1–32.

——— "Nature and Philosophy: Adam Smith on Stoicism, Aesthetic Reconciliation, and Imagination." *Man and World* 29 (1996): 187–213.

"Plato's Metaphilosophy: Why Plato Wrote Dialogues." In *Platonic Writings, Platonic Readings*, ed. C. L. Griswold, Jr. New York: Routledge & Kegan Paul, 1988. Pp. 143–67.

"Religion and Community: Adam Smith on the Virtues of Liberty." *Journal of the History of Philosophy* 35 (1997): 395–419.

Review of V. Brown, *Adam Smith's Discourse: Canonicity, Commerce, and Conscience*; P. Minowitz, *Profits, Priests, and Princes: Adam Smith's Emancipation of Economics from Politics and Religion*; M. J. Shapiro, *Reading "Adam Smith": Desire, History, and Value*; and P. Werhane, *Adam Smith and His Legacy for Modern Capitalism*. All in *Times Literary Supplement*, July 14, 1995, p. 30.

Review of J. Muller, *Adam Smith in His Time and Ours*; S. Justman, *The Autonomous Male of Adam Smith*; and H. Mizuta and C. Sugiyama, eds., *Adam Smith: International Perspectives*. All in *Journal of the History of Philosophy* 35 (1997): 629–32.

"Rhetoric and Ethics: Adam Smith on Theorizing about the Moral Sentiments." *Philosophy and Rhetoric* 24 (1991): 213–37. Rpt. (with emendations) in *Science, Politics, and Social Practice* (Festschrift for Robert S. Cohen), ed. K. Gavroglu, J. Stachel, and M. W. Wartofsky (Dordrecht: Kluwer, 1995). Pp. 293–318.

Self-knowledge in Plato's "Phaedrus." New Haven: Yale University Press, 1986. Rpt. with new preface and bibliography. University Park: Pennsylvania State University Press, 1996.

Groenewegen, P. D. "Adam Smith and the Division of Labour: A Bicentenary Estimate." *Australian Economic Papers* 16 (1977): 161–74.

"A New Catalogue of Adam Smith's Library." In *Adam Smith: Critical Assessments*, ed. J. C. Wood, vol. 3. London: Croon Helm, 1984. Pp. 98–105.

Grotius, H. *On the Law of War and Peace*. 1625. Trans. F. W. Kelsey. Oxford: Clarendon Press, 1925.

Gutmann, A., ed. *Multiculturalism: Examining the Politics of Recognition*. Princeton: Princeton University Press, 1994.

Guttridge, G. H. "Adam Smith on the American Revolution: An Unpublished Memorial." *American Historical Review* 38 (1932-3): 714–20.

Haakonssen, K. *s.v.* "Adam Smith." *Routledge Encyclopedia of Philosophy*, ed. E. Craig. London: Routledge, in press.

"Hume: Realist and Sceptic." Review of P. Jones, D. Miller, D. F. Norton, J. P. Wright. *Australasian Journal of Philosophy* 62 (1984): 410–419.

"Jurisprudence and Politics in Adam Smith." In *Traditions of Liberalism*, ed. K. Haakonssen. St. Leonards, Australia: Centre for Independent Studies, 1988. Pp. 107–115.

"Moral Philosophy and Natural Law: From the Cambridge Platonists to the Scottish Enlightenment." *Political Science* 40 (1988): 97–110.

Natural Law and Moral Philosophy: From Grotius to the Scottish Enlightenment. Cambridge: Cambridge University Press, 1996.

"Natural Law and the Scottish Enlightenment." In *Man and Nature*, ed. D. H. Jory and C. Stewart-Robertson. Proceedings of the Canadian Society for Eighteenth-Century Studies, vol. 4. Edmonton: Canadian Society for Eighteenth-Century Studies, 1985. Pp. 47–79.

The Science of a Legislator: The Natural Jurisprudence of David Hume and Adam Smith. Cambridge: Cambridge University Press, 1981.

"What Might Properly Be Called Natural Jurisprudence?" In *The Origins and Nature of the Scottish Enlightenment*, ed. R. H. Campbell and A. S. Skinner. Edinburgh: J. Donald, 1982. Pp. 205–225.

Habermas, J. *Communication and the Evolution of Society.* Trans. T. McCarthy. Boston: Beacon, 1979.

The Philosophical Discourse of Modernity: Twelve Lectures. Trans. F. Lawrence. Cambridge, Mass.: MIT Press, 1995.

Halévy, E. *The Growth of Philosophic Radicalism.* Trans. M. Morris. London: Faber & Gwyer, 1928.

Hamowy, R. *The Scottish Enlightenment and the Theory of Spontaneous Order. Journal of the History of Philosophy* Monograph Series. Carbondale: Southern Illinois University Press, 1987.

Hampshire, S. *Innocence and Experience.* Cambridge, Mass.: Harvard University Press, 1989.

Two Theories of Morality. Oxford: Oxford University Press, 1977.

Hardie, W. F. R. "The Final Good in Aristotle's Ethics." *The Journal of the Royal Institute of Philosophy* 40 (1965): 277–95.

Hare, R. M. *Moral Thinking: Its Levels, Method, and Point.* Oxford: Clarendon Press, 1981.

Harman, G. "Moral Agent and Impartial Spectator." The 1986 Lindley Lecture, published by the Philosophy Department, University of Kansas, 1986.

"Moral Relativism Defended." *Philosophical Review* 84 (1975): 3–22.

The Nature of Morality. New York: Oxford University Press, 1977.

Harpham, E. J. "Liberalism, Civic Humanism, and the Case of Adam Smith." *American Political Science Review* 78 (1984): 764–74.

Harrison, J. "Some Comments on Professor Firth's Ideal Observer Theory." *Philosophy and Phenomenological Research* 17 (1956): 256–62.

Hayek, F. A. *New Studies in Philosophy, Politics, Economics and the History of Ideas.* Chicago: University of Chicago Press, 1978.

Heath, E. "The Commerce of Sympathy: Adam Smith on the Emergence of Morals." *Journal of the History of Philosophy* 33 (1995): 447–66.

Hegel, G. W. F. *Elements of the Philosophy of Right.* Ed. A. W. Wood, trans. H. B. Nisbet. Cambridge: Cambridge University Press, 1995.

Faith and Knowledge. Trans. W. Cerf and H. S. Harris. Albany: State University of New York Press, 1977.

Heilbroner, R. L. "The Paradox of Progress: Decline and Decay in *The Wealth of Nations.*" *Journal of the History of Ideas* 34 (1973): 243–62.

Heise, P. A. "Stoicism in the *EPS*: The Foundation of Adam Smith's Moral Philosophy." In *The Classical Tradition in Economic Thought*, ed. I. H. Rima, vol. 11 of *Perspectives on the History of Economic Thought.* Hants, UK: Elgar, 1995. Pp. 17–30.

Herman, B. *The Practice of Moral Judgment.* Cambridge, Mass.: Harvard University Press, 1993.

Hetherington, N. S. "Isaac Newton's Influence on Adam Smith's Natural Laws in Economics." *Journal of the History of Ideas* 44 (1983): 497–505.

Hildebrand, B. *Die Nationalökonomie der Gegenwart und Zukunft, und andere gesammelte Schriften*, with introduction by H. Gehrig. In vol. 22 of *Sammlung Sozialwissenschaftlicher Meister* (Jena: 1922).
Hindson, P., and T. Gray. *Burke's Dramatic Theory of Politics*. Aldershot, UK: Avebury, 1988.
Hirschman, A. O. *The Passions and the Interests: Political Arguments for Capitalism before Its Triumph*. Princeton: Princeton University Press, 1977.
Hobbes. *Leviathan*. 1651. Ed. E. Curley. Indianapolis: Hackett, 1994.
Hogan, J. M. "Historiography and Ethics in Adam Smith's Lectures on Rhetoric, 1762–1763." *Rhetorica* 2 (1984): 75–91.
Hollander, S. *The Economics of Adam Smith*. London: Heinemann, 1973.
"The Founder of a School." In J. M. Clark et al., *Adam Smith, 1776–1926*. 1928. Rpt. New York: Kelley, 1966. Pp. 22–52.
Hont, I., and M. Ignatieff, eds. *Wealth and Virtue: The Shaping of Political Economy in the Scottish Enlightenment*. Cambridge: Cambridge University Press, 1985.
Hook, A., and R. B. Sher, eds. *The Glasgow Enlightenment*. East Lothian, UK: Tuckwell, 1995.
Hope, V., ed. *Philosophers of the Scottish Enlightenment*. Edinburgh: Edinburgh University Press, 1984.
Virtue by Consensus: The Moral Philosophy of Hutcheson, Hume, and Adam Smith. Oxford: Oxford University Press, 1989.
Horkheimer, M., and T. W. Adorno. *Dialectic of Enlightenment*. Trans. J. Cumming. New York: Continuum, 1995.
Howell, W. S. "Adam Smith's Lectures on Rhetoric: An Historical Assessment." In *Essays on Adam Smith*, ed. A. S. Skinner and T. Wilson. Oxford: Clarendon Press, 1975. Pp. 11–43.
Hoy, D. C. "Nietzsche, Hume, and the Genealogical Method." In *Nietzsche as Affirmative Thinker*, ed. Y. Yovel. Dordrecht: Nijhoff, 1986. Pp. 20–38.
Hudson, W. D., ed. *The Is–Ought Question: A Collection of Papers on the Central Problem in Moral Philosophy*. London: Macmillan, 1969.
Hume, D. *Enquiries Concerning Human Understanding and Concerning the Principles of Morals*. Ed. L. A. Selby-Bigge; 3rd rev. ed., ed. P. H. Nidditch. Oxford: Clarendon Press, 1989.
Essays Moral, Political, and Literary. Rev. ed. Ed. E. F. Miller. Indianapolis: Liberty, 1987.
The Letters of David Hume. 2 vols. Ed. J. Y. T. Greig. Oxford: Clarendon Press, 1932.
The Natural History of Religion. Ed. H. E. Root. Stanford: Stanford University Press, 1957.
A Treatise of Human Nature. Ed. L. A. Selby-Bigge; 2nd rev. ed., ed. P. H. Nidditch. Oxford: Clarendon Press, 1978.
Hundert, E. J. *The Enlightenment's Fable: Bernard Mandeville and the Discovery of Society*. Cambridge: Cambridge University Press, 1994.
"Performing the Passions in Commercial Society: Bernard Mandeville and the Theatricality of Eighteenth-Century Thought." In *Refiguring Revolutions: British Politics and Aesthetics, 1642–1789*, ed. K. Sharpe and S. N. Zwicker. Berkeley and Los Angeles: University of California Press. 1998. Pp. 141–72.

"A Satire of Self-Disclosure: From Hegel through Rameau to the Augustans." *Journal of the History of Ideas* 47 (1986): 235–48.

Hundert, E. J., and P. Nelles. "Liberty and Theatrical Space in Montesquieu's Political Theory." *Political Theory* 17 (1989): 223–46.

Hutcheson, F. *An Essay on the Nature and Conduct of the Passions and Affections with Illustrations on the Moral Sense.* Gainesville, Fla.: Scholars' Facsimiles and Reprints, 1969. Facsimile of the third edition (1742), with an introduction by P. McReynolds.

A System of Moral Philosophy. 1755. Rpt. New York: Kelley, 1968.

Huxley, T. H., and J. Huxley. *Evolution and Ethics, 1893–1943.* London: Pilot, 1947.

Ignatieff, M. "Smith and Rousseau." In Ignatieff, *The Needs of Strangers.* New York: Viking Penguin, 1985. Pp. 105–31.

Jefferson, T. *Thomas Jefferson: Writings.* Ed. M. D. Peterson. New York: Viking [Library of America], 1984.

Jones, C. "Adam Smith's Library – Some Additions." *Economic History* 4 (1940): 326–8.

Jones, H. *The Epicurean Tradition.* London: Routledge, 1989.

Johnson, M. *Moral Imagination.* Chicago: University of Chicago Press, 1993.

Johnston, M. See Smith, M.

Justman, S. *The Autonomous Male of Adam Smith.* Norman: University of Oklahoma Press, 1993.

Kant, I. *Critique of Practical Reason.* Trans. L. W. Beck, 3rd ed. New York: Macmillan 1993.

Critique of Pure Reason. Trans. N. K. Smith. New York: St. Martin's, 1965.

Grounding for the Metaphysics of Morals. Trans. J. W. Ellington, 3rd ed. Indianapolis: Hackett, 1993.

On History. Ed. L. W. Beck, trans. Beck, R. E. Anchor, and E. L. Fackenheim. Indianapolis: Bobbs-Merrill, 1963.

Kittsteiner, H.-D. *Naturabsicht und unsichtbare Hand: Zur Kritik des geschichtsphilosophischen Denkens.* Frankfurt: Ullstein, 1980.

Kleer, R. A. "Final Causes in Adam Smith's *Theory of Moral Sentiments.*" *Journal of the History of Philosophy* 33 (1995): 275–300.

Knight, F. H. *The Ethics of Competition and Other Essays.* 1935. Rpt. Freeport, N.Y.: Books for Libraries, 1969.

Kosman, L. A. "The Naive Narrator: Meditation in Descartes' *Meditations.*" In *Essays on Descartes' Meditations*, ed. A. O. Rorty. Berkeley and Los Angeles: University of California Press, 1986. Pp. 21–43.

Kruschwitz, R. B., and R. C. Roberts, eds. *The Virtues: Contemporary Essays on Moral Character.* Belmont: Wadsworth, 1987.

Lacey, M., and K. Haakonssen, eds. *A Culture of Rights: The Bill of Rights in Philosophy, Politics, and Law – 1791–1991.* Cambridge: Cambridge University Press, 1991.

Lachterman, D. R. *The Ethics of Geometry: A Genealogy of Modernity.* New York: Routledge, 1989.

"The Ontology of Production in Marx: The Paradox of Labor and the Enigma of Praxis." *Graduate Faculty Philosophy Journal* 19 (1996): 3–23.

Lamb, R. B. "Adam Smith's Concept of Alienation." *Oxford Economic Papers* 25 (1973): 275–85.
———. "Adam Smith's System: Sympathy Not Self-Interest." *Journal of the History of Ideas* 35 (1974): 671–82.
Lang, B. "Descartes between Method and Style." In Lang, *The Anatomy of Philosophical Style*. Oxford: Blackwell Publisher, 1990. Pp. 45–85.
Larmore, C. E. *The Morals of Modernity*. Cambridge: Cambridge University Press, 1996.
———. *Patterns of Moral Complexity*. Cambridge: Cambridge University Press, 1987.
Lasch, C. *The True and Only Heaven: Progress and Its Critics*. New York: Norton, 1991.
Leacock, S. "What Is Left of Adam Smith?" *Canadian Journal of Economics and Political Science* 1 (1935): 41–51.
Lear, J. *Aristotle: The Desire to Understand*. Cambridge: Cambridge University Press, 1988.
———. "The Disappearing 'We.'" *Proceedings of the Aristotelian Society*, suppl. vol. 58 (1984): 219–42.
Leathers, C. G., and J. P. Raines. "Adam Smith on Competitive Religious Markets." *History of Political Economy* 24 (1992): 499–513.
Lee, A. *An Essay in Vindication of the Continental Colonies of America, from A Censure of Mr. Adam Smith, in his Theory of Moral Sentiments; with some Reflections on Slavery in general*. London: 1764.
Lefebvre, H. *Introduction à la Modernité*. Paris: Minuit, 1962.
Levy, D. "Adam Smith's 'Natural Law' and Contractual Society." *Journal of the History of Ideas* 39 (1978): 665–74.
———. *The Economic Ideas of Ordinary People: From Preferences to Trade*. New York: Routledge, 1992.
———. "The Partial Spectator Theory in the *Wealth of Nations*: A Robust Utilitarianism." *European Journal of the History of Economic Thought* 2 (1995): 229–326.
Lewis, D. See Smith, M.
Lewis, T. J. "Adam Smith: The Labor Market as the Basis of Natural Right." *Journal of Economic Issues* 11 (1977): 21–50.
Lightwood, M. B. *A Selected Bibliography of Significant Works about Adam Smith*. Philadelphia: University of Pennsylvania Press, 1984.
Lindgren, J. R. "Adam Smith's Theory of Inquiry." *Journal of Political Economy* 77 (1969): 897–915.
———. *The Social Philosophy of Adam Smith*. The Hague: Nijhoff, 1973.
Locke, J. *An Essay Concerning Human Understanding*. 1690. Ed. P. H. Nidditch. Oxford: Clarendon, 1990.
———. *A Letter Concerning Toleration*. 1689. Ed. P. Romanell. Indianapolis: Bobbs-Merrill, 1985.
———. *The Reasonableness of Christianity*. 1695. Ed. I. T. Ramsey. Stanford: Stanford University Press, 1958.
Long, A. A. "Aristotle and the History of Greek Scepticism." In *Studies in Aristotle*, ed. D. J. O'Meara. Washington, D.C.: Catholic University of America Press, 1981. Pp. 79–106.
Lovibond, S. *Realism and Imagination in Ethics*. Minneapolis: University of Minnesota Press, 1983.

Löwith, K. *Nature, History, and Existentialism.* Ed. A. Levison. Evanston, Ill.: Northwestern University Press, 1966.
Lucretius. *De rerum natura.* Ed. and trans. C. Bailey. 3 vols. Oxford: Clarendon Press, 1947.
Lyotard, J.-F. *The Postmodern Condition: A Report on Knowledge.* Trans. G. Bennington and B. Massumi. Minneapolis: University of Minnesota Press, 1984.
Mabbott, J. D. "Reason and Desire." *Philosophy* 28 (1953): 113–23.
Macfie, A. L. "Adam Smith's *Moral Sentiments* as Foundation for his *Wealth of Nations*." *Oxford Economic Papers* 2 (1959): 209–28.
The Individual in Society. London: George Allen & Unwin, 1967.
"The Scottish Tradition in Economic Thought." *Scottish Journal of Political Economy* 2 (1955): 81–103.
MacIntyre, A. *After Virtue: A Study in Moral Theory.* 2nd ed. Notre Dame, Ind.: University of Notre Dame Press, 1984.
Three Rival Versions of Moral Enquiry: Encyclopaedia, Genealogy, and Tradition. Notre Dame, Ind.: University of Notre Dame Press, 1990.
Whose Justice? Which Rationality? Notre Dame, Ind.: University of Notre Dame Press, 1988.
Mackie, J. L. *Ethics: Inventing Right and Wrong.* London: Penguin, 1977.
Makkreel, R. A. "How Is Empathy Related to Understanding?" In *Issues in Husserl's Ideas II*, ed. T. Nenon and L. Embree. Dordrecht: Kluwer, 1996. Pp. 199–212.
Marcus Aurelius. *The Meditations of the Emperor Marcus Aurelius Antoninus. Newly translated from the Greek: with Notes, and an Account of his Life.* [Trans. by F. Hutcheson and J. Moor.] Glasgow: R. Foulis, 1742.
Marshall, D. *The Figure of Theater: Shaftesbury, Defoe, Adam Smith, and George Eliot.* New York: Columbia University Press, 1986.
The Surprising Effects of Sympathy: Marivaux, Diderot, Rousseau, and Mary Shelley. Chicago: The University of Chicago Press, 1988.
Martin, M. A. "Utility and Morality: Adam Smith's Critique of Hume." *Hume Studies* 16 (1990): 107–20.
Marx, K. *Karl Marx: Early Writings.* Ed. and trans. T. B. Bottomore. New York: McGraw-Hill, 1964.
McCloskey, D. *The Rhetoric of Economics.* Madison: University of Wisconsin Press, 1985.
McDowell, J. "Aesthetic Value, Objectivity, and the Fabric of the World." In *Pleasure, Preference and Value: Studies in Philosophical Aesthetics*, ed. E. Schaper. Cambridge: Cambridge University Press, 1983. Pp. 1–16.
Mind and World. Cambridge, Mass.: Harvard University Press, 1994.
"Virtue and Reason." In *Anti-theory in Ethics and Moral Conservatism*, ed. S. G. Clark and E. Simpson. New York: State University of New York Press, 1989. Pp. 87–109.
Meek, R. L. *Economics and Ideology and Other Essays: Studies in the Development of Economic Thought.* London: Chapman & Hall, 1967.
Smith, Marx, and After: Ten Essays in the Development of Economic Thought. London: Chapman & Hall, 1977.
Meek, R. L., and A. S. Skinner. "The Development of Adam Smith's Ideas on the Division of Labour." *Economic Journal* 83 (1973): 1094–1116.

Megill, A. D. "Theory and Experience in Adam Smith." *Journal of the History of Ideas* 36 (1975): 79–94.
Meikle, H. W. *Scotland and the French Revolution*. 1912. Rpt. New York: Kelley, 1969.
Mercer, P. *Sympathy and Ethics: A Study of the Relationship between Sympathy and Morality with Special Reference to Hume's "Treatise."* Oxford: Clarendon Press, 1972.
Mercier-Josa, S. "Après Aristote et Adam Smith que dit Hegel de l'agir?" *Études Philosophiques* 3 (1976): 331–50.
Mill, J. S. "Nature." In *John Stuart Mill: Nature and Utility of Religion*, ed. G. Nakhnikian. Indianapolis: Bobbs-Merrill, 1958. Pp. 3–44.
Millar, J. *The Origin of the Distinction of Ranks*. 4th ed. Edinburgh: W. Blackwood, 1806.
Miller, F. D., Jr., and J. Paul. "Communitarian and Liberal Theories of the Good." *Review of Metaphysics* 43 (1990): 803–30.
Miller, R. D. *An Interpretation of Adam Smith's "Theory of Moral Sentiments."* Harrogate, UK: Duchy, 1990.
Minowitz, P. *Profits, Priests, and Princes: Adam Smith's Emancipation of Economics from Politics and Religion*. Stanford: Stanford University Press, 1993.
Mizuta, H. *Adam Smith's Library: A Supplement to Bonar's Catalogue*. Cambridge: Cambridge University Press for the Royal Economic Society, 1967.
——— "Moral Philosophy and Civil Society." In *Essays on Adam Smith*, ed. A. S. Skinner and T. Wilson. Oxford: Clarendon Press, 1975. Pp. 114–31.
Mizuta, H., and C. Sugiyama, eds. *Adam Smith: International Perspectives*. New York: St. Martin's, 1993.
Moor, J. *An Essay on the End of Tragedy According to Aristotle*. Glasgow: A. Foulis, 1794. *Essays, Read to a Literary Society at Their Weekly Meetings within the College at Glasgow*. 1759. Rpt. New York: Garland, 1971.
Morrow, G. R. *The Ethical and Economic Theories of Adam Smith*. 1923. Rpt. New York: Kelley, 1969.
——— "The Ethics of the *Wealth of Nations*." *Philosophical Review* 34 (1925): 599–611.
——— "The Significance of the Doctrine of Sympathy in Hume and Adam Smith." *Philosophical Review* 32 (1923): 60–78.
Mossner, E. C. *Adam Smith: The Biographical Approach*. Glasgow: George Outram, 1969.
Muller, J. Z. *Adam Smith in His Time and Ours*. Princeton: Princeton University Press, 1993.
Musgrave, R. A. "Adam Smith on Public Finance and Distribution." In *The Market and the State: Essays in Honour of Adam Smith*, ed. T. Wilson and A. S. Skinner. Oxford: Clarendon Press, 1976. Pp. 296–329.
Myers, M. L. "Adam Smith as Critic of Ideas." *Journal of the History of Ideas* 36 (1975): 281–96.
Nagel, T. "Moral Conflict and Political Legitimacy." *Philosophy and Public Affairs* 16 (1987): 215–40.
——— *Mortal Questions*. Cambridge: Cambridge University Press, 1988.
——— *The View from Nowhere*. Oxford: Oxford University Press, 1986.
Nehamas, A. *Nietzsche: Life as Literature*. Cambridge, Mass.: Harvard University Press, 1985.

Nieli, R. "Spheres of Intimacy and the Adam Smith Problem." *Journal of the History of Ideas* 47 (1986): 611–24.
Nietzsche, F. *Beyond Good and Evil.* Trans. W. Kaufmann. New York: Vintage, 1966.
The Gay Science. Trans. W. Kaufmann. New York: Random House, 1974.
"History in the Service and Disservice of Life." Trans. G. Brown. In *Unmodern Observations*, ed. W. Arrowsmith. New Haven: Yale University Press, 1990. Pp. 73–145.
Norton, D. F. *David Hume: Common-Sense Moralist, Sceptical Metaphysician.* Princeton: Princeton University Press, 1982.
"How a Sceptic May Live Scepticism." In *Faith, Scepticism, and Personal Identity*, ed. J. J. MacIntosh and H. A. Meynell. Calgary: University of Calgary Press, 1994. Pp. 119–39.
Nozick, R. *Anarchy, State, and Utopia.* New York: Basic Books, 1968.
Nussbaum, M. "Compassion: The Basic Social Emotion." *Social Philosophy and Policy* 13 (1996): 27–58.
" 'Finely Aware and Richly Responsible': Literature and the Moral Imagination." In *Literature and the Question of Philosophy*, ed. A. J. Cascardi. Baltimore: Johns Hopkins University Press, 1987. Pp. 167–91.
The Fragility of Goodness. Cambridge: Cambridge University Press, 1986.
Love's Knowledge: Essays on Philosophy and Literature. Oxford: Oxford University Press, 1990.
Poetic Justice: The Literary Imagination and Public Life. Boston: Beacon, 1995.
O'Connor, D. K. "Aristotelian Justice as a Personal Virtue." In *Ethical Theory: Character and Virtue*, ed. P. A. French, T. E. Uehling, and H. K. Wettstein. Midwest Studies in Philosophy, no. 13. Notre Dame, Ind.: University of Notre Dame Press, 1988. Pp. 417–27.
O'Driscoll, G. P., Jr., ed. *Adam Smith and Modern Political Economy: Bicentennial Essays on "The Wealth of Nations."* Ames: Iowa State University Press, 1979.
O'Neill, O. "Duties and Virtues." In *Ethics*, ed. A. P. Griffiths. Royal Institute of Philosophy Supplements, no. 35. Cambridge: Cambridge University Press, 1993. Pp. 107–20.
Oneken, A. "The Consistency of Adam Smith." In *Adam Smith: Critical Assessments*, ed. J. C. Wood, vol. 1. London: Croon Helm, 1984. Pp. 1–6.
Oswald, D. J. "Metaphysical Beliefs and the Foundations of Smithian Political Economy." *History of Political Economy* 27 (1995): 449–76.
Pack, S. J. "Adam Smith on the Limits to Human Reason." In *Selected Papers from the History of Economics Thought Conference, 1991*, ed. R. F. Hébert, vol. 9 of *Perspectives on the History of Economic Thought.* Hants, UK: Elgar, 1993. Pp. 53–62.
"Adam Smith's Unnaturally Natural (yet Naturally Unnatural) Use of the Word 'Natura.' " In *The Classical Tradition in Economic Thought*, ed. I. H. Rima, vol. 11 of *Perspectives on the History of Economic Thought.* Hants, UK: Elgar, 1995. Pp. 31–42.
"Theological (and Hence Economic) Implications of Adam Smith's 'Principles which Lead and Direct Philosophical Enquiries.' " *History of Political Economy* 27 (1995): 27–307.
Pakaluk, M., ed. *Other Selves: Philosophers on Friendship.* Indianapolis: Hackett, 1991.

Palyi, M. "The Introduction of Adam Smith on the Continent." In J. M. Clark et al., *Adam Smith, 1776–1926.* 1928. Rpt. New York: Kelley, 1966. Pp. 180–233.
Parker, H. T. *The Cult of Antiquity and the French Revolutionaries.* New York: Octagon, 1965.
Paul, E. F. "Adam Smith: The Greater Founder." In Paul, *Moral Revolution and Economic Science.* Westport, Conn.: Greenwood, 1979. Pp. 9–44.
Peacock, A. "The Treatment of the Principles of Public Finance in the "Wealth of Nations." In *Essays on Adam Smith,* ed. A. S. Skinner and T. Wilson. Oxford: Clarendon Press, 1975. Pp. 553–67.
Petrella, F. "Individual, Group, or Government? Smith, Mill, and Sidgwick." *History of Political Economy* 1–2 (1969–70): 152–76.
Pike, E. R. *Adam Smith.* London: Weidenfeld & Nicolson, 1965.
Pincoffs, E. L. *Quandaries and Virtues: Against Reductivism in Ethics.* Lawrence: University Press of Kansas, 1986.
Pinkard, T. *Hegel's Phenomenology: The Sociality of Reason.* Cambridge: Cambridge University Press, 1996.
Piper, A. M. S. "Impartiality, Compassion and Modal Imagination." *Ethics* 101 (1991): 726–57.
Pippin, R. "Hegel's Ethical Rationalism." In Pippin, *Idealism as Modernism.* Cambridge: Cambridge University Press, 1997. Pp. 417–450.
——— *Modernism as a Philosophical Problem.* Oxford: Blackwell, 1991.
Plato, *Laws.* Trans. T. Pangle. New York: Basic Books, 1980.
——— *Republic.* Trans. A. Bloom. New York: Basic Books, 1968.
——— *Symposium.* Trans. A. Nehamas and P. Woodruff. Indianapolis: Hackett, 1989.
Pocock, J. G. A. "Cambridge Paradigms and Scotch Philosophers: A Study of the Relations between the Civic Humanist and the Civil Jurisprudential Interpretation of Eighteenth-Century Social Thought." In *Wealth and Virtue: The Shaping of Political Economy in the Scottish Enlightenment,* ed. I. Hont and M. Ignatieff. Cambridge: Cambridge University Press, 1985. Pp. 235–52.
Pope, A. *Essay on Man.* 1733–4. Ed. F. Brady. Indianapolis: Bobbs-Merrill, 1981.
Popkin, R. *The History of Scepticism from Erasmus to Spinoza.* Berkeley and Los Angeles: University of California Press, 1979.
Postow, B. C. "Ethical Relativism and the Ideal Observer." *Philosophy and Phenomenology Research* 12 (1978): 120–1.
Price, L. L. "Adam Smith and His Relations to Recent Economics." In *Adam Smith: Critical Assessments,* ed. J. C. Wood, vol. 2. London: Croon Helm, 1984. Pp. 9–19.
Prichard, H. A. "Does Moral Philosophy Rest on a Mistake?" In Prichard, *Moral Obligation and Duty and Interest.* Oxford: Oxford University Press, 1968. Pp. 1–17.
Prince, M. *Philosophical Dialogue in the British Enlightenment: Theology, Aesthetics, and the Novel.* Cambridge: Cambridge University Press, 1996.
Prior, A. N. *Logic and the Basis of Ethics.* Oxford: Clarendon Press, 1949.
Putnam, R. A. "Reciprocity and Virtue Ethics." *Ethics* 98 (1988): 379–89.
Quinton, A., ed. *Political Philosophy.* Oxford: Oxford University Press, 1967.
Rae, J. *Life of Adam Smith.* Bristol, UK: Thoemmes, 1990.

Raphael, D. D. *Adam Smith*. Oxford: Oxford University Press, 1985.
"Hume and Adam Smith on Justice and Utility." *Proceedings of the Aristotelian Society* 73 (1973): 87–103.
"The Impartial Spectator." In *Essays on Adam Smith*, ed. A. S. Skinner and T. Wilson. Oxford: Clarendon Press, 1975. Pp. 83–99.
The Moral Sense. Oxford: Clarendon Press, 1947.
"'The True Old Humean Philosophy' and Its Influence on Adam Smith." In *David Hume: Bicentenary Papers*, ed. G. P. Morice. Edinburgh: Edinburgh University Press, 1977. Pp. 23–38.
Raphael, D. D., ed. *British Moralists, 1650–1800*. 2 vols. Oxford: Clarendon Press, 1969.
Raphael, D. D., and T. Sakamoto. "Anonymous Writings of David Hume." *Journal of the History of Philosophy* 28 (1990): 271–81.
Rashid, S. "Adam Smith's Rise to Fame: A Reexamination of the Evidence." *Eighteenth Century: Theory and Interpretation* 23 (1982): 64–85.
Rawls, J. *Political Liberalism*. New York: Columbia University Press, 1993.
A Theory of Justice. Cambridge, Mass.: Harvard University Press, 1980.
Raynor, D. "Hume's Abstract of Adam Smith's *Theory of Moral Sentiments*." *Journal of the History of Philosophy* 22 (1984): 51–79.
Recktenwald, H. *Ordnungstheorie und Ökonomische Wissenschaft: Drei Beiträge*. Erlangen: Universitätsbund Erlangen-Nürnberg, 1985.
Reid, T. *Essays on the Active Powers of Man*. 1788. Rpt. New York: Garland, 1977.
Rorty, R. *Contingency, Irony, and Solidarity*. Cambridge: Cambridge University Press, 1989.
Rorty, R., J. B. Schneewind, and Q. Skinner, eds. *Philosophy in History*. Cambridge: Cambridge University Press, 1990.
Rosen, S. *Hermeneutics as Politics*. Oxford: Oxford University Press, 1987.
Rosenberg, N. "Adam Smith and the Stock of Moral Capital." *History of Political Economy* 22 (1990): 1–17.
"Adam Smith on the Division of Labour: Two Views or One?" *Economica* 32 (1965): 127–39.
"Some Institutional Aspects of the *Wealth of Nations*." *Journal of Political Economy* 68 (1960): 361–74.
Ross, I. "Adam Smith as Rhetorician." In *Man and Nature*, ed. R. L. Emerson, W. Kinsley, and W. Moser. Proceedings of the Canadian Society for Eighteenth-Century Studies, vol. 2. Montreal: The Canadian Society for Eighteenth-Century Studies, 1984. Pp. 61–74.
The Life of Adam Smith. Oxford: Clarendon Press, 1995.
Rousseau, J.-J. *The Reveries of the Solitary Walker*. Trans. C. Butterworth. New York: New York University Press, 1979.
Rousseau: "The Discourses" and Other Early Political Writings. Trans. V. Gourevitch. Cambridge: Cambridge University Press, 1997.
Rutherford, R. B. *The Meditations of Marcus Aurelius: A Study*. Oxford: Clarendon Press, 1989.
Salkever, S. *Finding the Mean: Theory and Practice in Aristotelian Political Philosophy*. Princeton: Princeton University Press, 1990.

Samuels, W. J. "Adam Smith and the Economy as a System of Power." *Review of Social Economy* 31 (1973): 123–37.
"The Political Economy of Adam Smith." *Ethics* 87 (1977): 189–207.
Scheler, M. F. *The Nature of Sympathy*. Trans. P. Heath. New Haven: Yale University Press, 1954.
Schmidt, J., ed. *What Is Enlightenment? Eighteenth-Century Answers and Twentieth-Century Questions*. Berkeley and Los Angeles: University of California Press, 1996.
Schmitt, C. B. "The Rediscovery of Ancient Skepticism in Modern Times." In *The Skeptical Tradition*, ed. M. Burnyeat. Berkeley and Los Angeles: University of California Press, 1983. Pp. 225–51.
Schneewind, J. B. "The Misfortunes of Virtue." *Ethics* 101 (1991): 42–63.
"Modern Moral Philosophy: From Beginning to End?" In *Philosophical Imagination and Cultural Memory*, ed. P. Cook. Durham, N.C.: Duke University Press, 1993. Pp. 83–103.
"Natural Law, Skepticism, and Methods of Ethics." *Journal of the History of Ideas* 52 (1991): 289–308.
Schneider, H. W. *Adam Smith's Moral and Political Philosophy*. New York: Hafner, 1948.
Schofield, M. *The Stoic Idea of the City*. Cambridge: Cambridge University Press, 1991.
Scott, W. R. *Adam Smith as Student and Professor*. 1937. Rpt. New York: Kelley, 1965.
Scruton, R. "Emotion, Practical Knowledge, and Common Culture." In *Explaining Emotions*, ed. A. O. Rorty. Berkeley and Los Angeles: University of California Press, 1980. Pp. 519–36.
Sen, A. "Adam Smith's Prudence." In *Theory and Reality in Development: Essays in Honour of Paul Streeten*, ed. S. Lall and F. Stewart. New York: St. Martin's, 1986. Pp. 28–37.
Sextus Empiricus. Trans. R. G. Bury. 4 vols. Cambridge, Mass.: Harvard University Press, 1968–83.
Shaftesbury, 3rd Earl of (Anthony Ashley Cooper). *Characteristics of Men, Manners, Opinions, Times, Etc.* 1714. 2 vols. Ed. J. M. Robertson. Bristol, UK: Thoemmes, 1995.
Shapiro, M. J. *Reading "Adam Smith": Desire, History, and Value*. Newbury Park, Calif.: Sage, 1993.
Shearmur, J. "Adam Smith's Second Thoughts: Economic Liberalism and its Unintended Consequences." In *Adam Smith*, ed. K. Haakonssen. Aldershot, UK: Dartmouth, in press.
Sher, R. B. *Church and University in the Scottish Enlightenment*. Princeton: Princeton University Press, 1985.
Sher, R. B., and J. R. Smitten, eds. *Scotland and America in the Age of the Enlightenment*. Edinburgh: Edinburgh University Press, 1990.
Sherman, N. *The Fabric of Character: Aristotle's Theory of Virtue*. Oxford: Clarendon Press, 1989.
Sidgwick, H. *The Methods of Ethics*. 7th ed. Indianapolis: Hackett, 1981.
Silver, A. " 'Two Different Sorts of Commerce': Friendship and Strangership in Civil Society." In *Public and Private in Thought and Practice*, ed. J. Weintraub and K. Kumar. Chicago: University of Chicago Press, 1997. Pp. 43–74.

Simpson, P. "Contemporary Virtue Ethics and Aristotle." *Review of Metaphysics* 45 (1992): 503-24.
Skinner, A. S. "Adam Smith: Rhetoric and the Communication of Ideas." In *Methodological Controversy in Economics: Historical Essays in Honor of T. W. Hutchison*, ed. A. W. Coats. Greenwich, Conn.: Jai, 1983. Pp. 71–88.
——— *Adam Smith and the Role of the State*. Glasgow: University of Glasgow Press, 1974.
——— "Science and the Role of the Imagination." In Skinner, *A System of Social Science: Papers Relating to Adam Smith*. Pp. 14–41.
——— "The Shaping of Political Economy in the Enlightenment." *Scottish Journal of Political Economy* 37 (1990): 145–65.
——— *A System of Social Science: Papers Relating to Adam Smith*. Oxford: Clarendon Press, 1979.
Skinner, A. S., and P. Jones, eds. *Adam Smith Reviewed*. Edinburgh: Edinburgh University Press, 1992.
Skinner, A. S., and T. Wilson, eds. *Essays on Adam Smith*. Oxford: Clarendon Press, 1975.
Skinner, Q. *Reason and Rhetoric in the Philosophy of Hobbes*. Cambridge: Cambridge University Press, 1996.
Smith, M. "Dispositional Theories of Value." In *Proceedings of the Aristotelian Society*, suppl. vol. 61 (1989): 89–111. See also the further discussion of the same topic by D. Lewis and M. Johnston in the same journal. Pp. 113–37 and 139–73.
Smith, S. G. "The Ideal Observer." In Smith, *The Concept of the Spiritual: An Essay in First Philosophy*. Philadelphia: Temple University Press, 1988. Pp. 217–21.
Sobel, I. "Adam Smith: What Kind of Institutionalist Was He?" *Journal of Economic Issues* 13 (1979): 347–68.
Spence, P. "Sympathy and Propriety in Adam Smith's Rhetoric." *Quarterly Journal of Speech* 60 (1974): 92–9.
Spengler, J. J. "Smith versus Hobbes: Economy versus Polity." In *Adam Smith and the Wealth of Nations: 1776–1976, Bicentennial Essays*, ed. F. R. Glahe. Boulder: Colorado Associated University Press, 1978. Pp. 35–59.
Stack, G. J. "Self-Interest and Social Value." *Journal of Value Inquiry* 18 (1984): 123–37.
Stein, E. *On the Problem of Empathy*. Trans. W. Stein. The Hague: Nijhoff, 1964.
Stein, P. "Adam Smith's Jurisprudence: Between Morality and Economics." *Cornell Law Review* 64 (1979): 621–38.
Steuart, J. *An Inquiry into the Principles of Political Oeconomy*, 2 vols. Ed. A. S. Skinner. Chicago: University of Chicago Press, 1966.
Stevens, W. *Collected Poems*. New York: Knopf, 1989.
Stewart, D. *Biographical Memoirs of Adam Smith, William Robertson, Thomas Reid*, ed. W. Hamilton. 1858. Rpt. New York: Kelley, 1966.
——— "Of the Speculation Concerning Final Causes." 1814. Rpt. in *The Scottish Moralists: On Human Nature and Society*, ed. L. Schneider. Chicago: University of Chicago Press, 1967. Pp. 143–65.
Stewart, M. A. "The Stoic Legacy in the Early Scottish Enlightenment." In *Atoms, Pneuma, and Tranquillity: Epicurean and Stoic Themes in European Thought*, ed. M. J. Osler. Cambridge: Cambridge University Press, 1991. Pp. 273–96.

Stewart-Robertson, J. C., and D. F. Norton. "Thomas Reid on Adam Smith's Theory of Morals." *Journal of the History of Ideas* 41 (1980): 381–98.
——— "Thomas Reid on Adam Smith's Theory of Morals." *Journal of the History of Ideas* 45 (1984): 309–21.
Stocker, M. "The Schizophrenia of Modern Ethical Theories." *Journal of Philosophy* 73 (1976): 453–466.
Stokes, A. P., and L. Pfeffer. *Church and State in the United States.* New York: Harper & Row, 1950.
Strauss, L. *Philosophy and Law: Contributions to the Understanding of Maimonides and His Predecessors.* Trans. E. Adler. Albany: State University of New York Press, 1985.
——— "The Three Waves of Modernity." In *Political Philosophy: Six Essays by Leo Strauss*, ed. H. Gildin. Indianapolis: Bobbs Merrill, 1975. Pp. 81–98.
Streminger, G. *Adam Smith: Mit Selbstzeugnissen und Bilddokumenten.* Reinbek: Rowohlt, 1989.
——— "Hume's Theory of Imagination." *Hume Studies* 6 (1980): 91–118.
Stroumsa, G. G. "Le radicalisme religieux du premier christianisme: Contexte et implications." In *Les retours aux Ecritures: Fondamentalismes présents et passés*, ed. E. Patlagean and A. Le Boulluec. Louvain: Peeters, 1993. Pp. 357–82.
Swingewood, A. "Origins of Sociology: The Case of the Scottish Enlightenment." *British Journal of Sociology* 21 (1970): 164–80.
Sypher, W. "Hutcheson and the 'Classical' Theory of Slavery." *Journal of Negro History* 24 (1939): 263–80.
Taylor, C. *The Ethics of Authenticity.* Cambridge, Mass.: Harvard University Press, 1991.
——— *Sources of the Self: The Making of the Modern Identity.* Cambridge, Mass.: Harvard University Press, 1989.
Taylor, W. L. *Francis Hutcheson and David Hume as Predecessors of Adam Smith.* Durham, N.C.: Duke University Press, 1965.
Teichgraeber, R. F., III. *"Free Trade" and Moral Philosophy: Rethinking the Sources of Adam Smith's "Wealth of Nations."* Durham, N.C.: Duke University Press, 1986.
——— "Rethinking das Adam Smith Problem." *Journal of British Studies* 20 (1981): 106–23.
Thal, P., V. S. Afanasev, A. V. Anikin. *Adam Smith Gestern und Heute: 200 Jahre "Reichtum der Nationen."* Berlin: Akademie, 1976.
Theophrastus. *The Characters of Theophrastus.* Ed. J. E. Sandys, trans. R. C. Jebb. Salem: Ayer, 1992.
Thoreau, H. D. *The Portable Thoreau.* Ed. C. Bode. New York: Penguin, 1981.
Trapp, M. *Adam Smith – Politische Philosophie und politische Ökonomie.* Göttingen: Vandenhoeck & Ruprecht, 1987.
Trilling, L. *Sincerity and Authenticity.* Cambridge, Mass.: Harvard University Press, 1971.
Tucker, S. I. *Enthusiasm: A Study in Semantic Change.* Cambridge: Cambridge University Press, 1972.
Vetlesen, A. J. *Perception, Empathy, and Judgment: An Inquiry into the Preconditions of Moral Performance.* University Park: Pennsylvania State University Press, 1994.
Viner, J. s.v. "Adam Smith." *International Encyclopedia of the Social Sciences*, ed. D. L. Sills. Vol. 14. New York: Macmillan Free Press, 1968.

"Adam Smith and Laissez Faire." In J. M. Clark et al., *Adam Smith, 1776–1926*. 1928. Rpt. New York: Kelley, 1966. Pp. 116–55.

The Role of Providence in the Social Order. Princeton: Princeton University Press, 1972.

Vivenza, G. "Adam Smith e la fisica antica." *Economia e Storia* 1 (1982): 65–72.

La presenza della tradizione classica nell'opera di Adam Smith. In *Aspetti della formazione culturale di Adam Smith*. Verona: Università degli Studi di Padova, 1980.

"Platone e Adam Smith sulla divisione del lavoro." *Studi in Onore di Gino Barbieri* 3 (1983): 1573–95.

Voltaire. *Philosophical Letters*. Trans. E. Dilworth. New York: Macmillan, 1961.

Warnock, M. *Imagination*. London: Faber & Faber, 1976.

Waszek, N. "Bibliography of the Scottish Enlightenment in Germany." *Studies on Voltaire and the Eighteenth Century* 230 (1985): 283–303.

"The Division of Labor: From the Scottish Enlightenment to Hegel." *Owl of Minerva* 15 (1983): 51–75.

Man's Social Nature: A Topic of the Scottish Enlightenment in its Historical Setting. 2nd ed. Frankfurt: Lang, 1988.

"Miscellanea: Adam Smith and Hegel on the Pin Factory." *Owl of Minerva* 16 (1985): 229–33.

The Scottish Enlightenment and Hegel's Account of "Civil Society." Dordrecht: Kluwer, 1988.

"Two Concepts of Morality: A Distinction of Adam Smith's Ethics and Its Stoic Origin." *Journal of the History of Ideas* 45 (1984): 591–606.

Weber, M. *The Protestant Ethic and the Spirit of Capitalism*. New York: Scribners, 1958.

Wenley, R. M. *Stoicism and Its Influence*. Boston: Marshall Jones, 1924.

Werhane, P. H. *Adam Smith and His Legacy for Modern Capitalism*. Oxford: Oxford University Press, 1991.

West, E. G. *Adam Smith*. Indianapolis: Liberty, 1976.

"Adam Smith and Alienation: Wealth Increases, Men Decay?" In *Essays on Adam Smith*, ed. A. S. Skinner and T. Wilson. Oxford: Clarendon Press, 1975. Pp. 540–51.

"Adam Smith's Philosophy of Riches." In *Philosophy* 44 (1969): 101–15.

Westermarck, E. *Ethical Relativity*. New York: Harcourt, Brace, 1932.

Wiggins, D. "Truth, Invention, and the Meaning of Life." In Wiggins, *Needs, Values, Truth: Essays in the Philosophy of Value*. Aristotelian Society Series, no. 6. Oxford: Blackwell, 1987. Pp. 87–137.

Willey, B. *The Eighteenth Century Background: Studies on the Idea of Nature in the Thought of the Period*. London: Chatto & Windus, 1940.

The Seventeenth Century Background: Studies in the Thought of the Age in Relation to Poetry and Religion. New York: Columbia University Press, 1950.

Williams, B. *Ethics and the Limits of Philosophy*. Cambridge, Mass.: Harvard University Press, 1985.

Making Sense of Humanity, and Other Philosophical Papers. Cambridge: Cambridge University Press, 1995.

Moral Luck. Cambridge: Cambridge University Press, 1988.

Problems of the Self: Philosophical Papers, 1956–1972. Cambridge: Cambridge University Press, 1973.
Wilson, J. Q. *The Moral Sense.* New York: Free Press, 1993.
Wilson, T. "Sympathy and Self-Interest." In *The Market and the State: Essays in Honour of Adam Smith,* ed. T. Wilson and A. S. Skinner. Oxford: Clarendon Press, 1976. Pp. 74–112.
Wilson, T., and A. S. Skinner. *The Market and the State: Essays in Honour of Adam Smith.* Oxford: Clarendon Press, 1976.
Winch, D. "Adam Smith: Scottish Moral Philosopher as Political Economist." *Historical Journal* 35 (1992): 91–113.
"Adam Smith's 'Enduring Particular Result': A Political and Cosmopolitan Perspective." In *Wealth and Virtue,* ed. I. Hont and M. Ignatieff. Cambridge: Cambridge University Press, 1985. Pp. 253–69.
Adam Smith's Politics. Cambridge: Cambridge University Press, 1978.
Riches and Poverty: An Intellectual History of Political Economy in Britain, 1750–1834. Cambridge: Cambridge University Press, 1996.
Wispé, L. *The Psychology of Sympathy.* New York: Plenum, 1991.
Wittgenstein, L. *Philosophical Investigations.* Trans. G. E. M. Anscombe. New York: Macmillan, 1968.
Wood, J. C., ed. *Adam Smith: Critical Assessments.* 4 vols. London: Croon Helm, 1983–4.
Woodruff, P. "Engaging Emotion in Theater: A Brechtian Model in Theater History." *Monist* 71 (1988): 235–57.
Worland, S. T. "Mechanistic Analogy and Smith on Exchange." *Review of Social Economy* 34 (1976): 245–57.
Young, J. T. "The Impartial Spectator and Natural Jurisprudence: An Interpretation of Adam Smith's Theory of the Natural Price." *History of Political Economy* 18 (1986): 365–82.

索 引

（索引标注的数字为原书页码，即本书边码）

Abbé du Bos 杜波神父，66n.50
actor or agent 行动者或行为者，51，63，65-68，77，81-83，87n.15，92，111n.40，119-123，197，203，211，236，319-320，330，342；另请参见道德心理学（psychology, moral）、旁观者（spectator）、相互同情（sympathy, mutual）、德性（virtue[s]）、行动者的与旁观者的（actor's and spectator's）
"Adam Smith problem" "亚当·斯密问题"，29-37，85n.13，204n.27，210，217n.40，225-226，260-266，296-299，310，330n.23，366，368n.7；亦请参见政治经济（economy, political），作为道德哲学分支的《国富论》（*Wealth of Nations*, as branch of moral philosophy）
Addison, J. 约瑟夫·爱迪生，66
Adorno, T. W. 阿多诺，2n.3
aesthetics 美学，参见美（beauty），想象（imagination）
agency 行为人，67n.52，87n.15，115，211，214，240-244，270n.18，358；亦请参见行动者或行为者（actor or agent）
Alembert, J. d' 达朗贝，12
alienation 异化，293，299-301；亦请参见非人化（dehumanization）
anamnesis（"recollection"）回忆，153
ancients and moderns, quarrel of, 古今之争，4，25
Anderson, G. 安德森，287n.51
Annas, J. 安纳斯，50n.25，158n.16，162n.22，167nn.32-33，312n.2，313n.7
antifoundationalism 非根本主义，165
apatheia（"passionless"）淡漠，219，226，319，322
apraxia（"inaction"）失用症，166，167n.32
Aristophanes 阿里斯托芬，151
Aristotle 亚里士多德，41，48n.17，50，71n.62，150n.5，153-155，197，293，301；对亚里士多德的批评（criticisms of），4-5，34，48n.17，200，202，238n.16；以及方法论（methodology），参见方法（method）；以及自然目的论（naturalistic teleology），4-5，57nn.35-36，58，111，314n.8；《尼各马可伦理学》（*Nicomachean Ethics*），34，49，50，59，79-81，105n.28，135，153，155-156，182，192，210，218，231，238n.16；《政治学》（*Politics*），266，287，312；以及德性理论

（virtue theory），50，64，83，130，154，179-180，182，183n.5，191-192，205，210，213，217-219，224，229n.3，231，232n.7，265-266，287，312；亦请参见明智（endoxa）；人文主义（humanism），公民的（civic）；德性（virtue[s]），以及"中道"（mean）

artifice 技巧，参见 poiesis

ataraxia（"tranquillity"）宁静，参见幸福（happiness）

atheism 无神论，269n.17，270，271n.22，280n.40，291-292

Audi，R. 奥蒂，267n.12

Augustine，Sain 圣奥古斯丁，41，312

Austen，J. 奥斯丁，134

authenticity 可靠性，95-99，111

autonomy 自治，11-12，13n.24，91，115，196，210；亦可参见自由（freedom；liberty），自足（self-sufficiency）

Bacon，F. 培根，3，156n.12

Baier，A. 拜尔，42n.5，180n.1，341n.40，370n.8

Bailiff，J. D. 白立夫，145n.28

Bakhtin，M. 巴赫金，27-28

Barish，J. A. 百瑞西，67n.50

Barnes，J. 巴恩斯，57n.35

Bayle，P. 拜尔，156，266n.10，271n.21

Beattie，J. 比蒂，156

beauty 美，106，111-112，127，176，250，351，374-374；美的含糊性（ambiguity of），334-335；作为和谐与合比例（as harmony and proportion），24，121，330-335；以及想象（imagination），208-209，316，336-337，342-345，爱美（love of），24，148，152，221-224，330-335，347，358；道德美（moral），46，67，106，183，193，211，213，215n.37，330，335；（美）在人类生活中弥漫（pervasiveness of，in human life），24，330，美与财富，331-332，358；亦请参见效用，与美（utility，and beauty）

Beck，L. W. 贝克，87n.15，107n.32

Becker，C. L. 贝克尔，23n.34

benevolence 仁慈，118，124，149，180，185，200，206，225，260，279，371；以及善行（beneficence），207；作为主德（as cardinal virtue），202，207-210；不会简化为（仁慈）的道德情感（moral sentiments not reducible to），45-46，204，208，260，322；不可强迫的（not compellable），228，234；亦请参见感激（gratitude）；与仁慈相比较的正义（justice，compared to benevolence）

Bentham，J. 边沁，7，8n.12

Berkeley，G. 贝克莱，41，47，138，156

Berry，C. J. 贝瑞，265n.9，298n.68

"bettering our condition" 改善我们的境况，13，17，83，118，127-128，136，203-204，221-226，230，262-264，285，292，302，306，342，365；亦请参见自由主义德性（virtue[s]，of liberalism）

Black，J. 布莱克，37n.62

Blackburn，S. 布莱克伯恩，167n.34，175n.48，349n.49

Blair，H. 布莱尔，8

blame and blameworthiness 谴责与值得谴责，参见赞美与值得赞美（praise and praiseworthiness）

body 身体，83-84，107，123-124，149，234；亦请参见身体性激情（passions，

bodily）
Boethius 波爱修斯，41，312
Boswell, S. 博斯韦尔，8
Brague, R. 布哈格，224n.54
Brown, K. L. K. L. 布朗，8n.15，38n.64
Brown, V. V. 布朗，27n.40，36n.59，226n.56，229n.3，237n.12，261n.2
Burke, E. 伯克，7，60n.41，67n.50，177
Burnyeat, M. 伯恩伊特，164n.25，169n.37
Butchvarov, P. 布奇瓦罗夫，167n.24
Butler, J. 巴特勒，117n.6

Campbell, T. D. 坎贝尔，43n.8，53n.30，72n.63，143n.25，144n.27，326n.18，327n.20，334n.26
capitalism 资本主义，9n.16
Casey, J. 凯西，4n.7，65n.47
casuistry 决疑论，64，189，195，216-217，250
causality 因果性，72，245，312，316，333，340；亦请参见亚里士多德及自然主义目的论（Aristotle and naturalistic teleology）；方法（method），目的论（teleology）
charity 慈善，209，231，279n.39；亦请参见仁慈（benevolence）
Christ Jesus 基督耶稣，48n.17
Christianity 基督教，5，13n.24，79，83，149，195n.19，270n.18，276n.32；亦请参见狂热主义（fanaticism）；宗教（religion［s］）
Chrysippus 克律西波斯，53，216n.39
Church, Roman Catholic 罗马天主教会，64，274-275，276n.32，292；亦请参见狂热主义（fanaticism）；宗教（religion［s］）
Cicero 西塞罗，34，41，48n.17，64，183，187n.12，317n.12
Clark, H. H. 克拉克，143n.25
Clarke, T. T. 克拉克，171n.40
Clermont, Bishop of 克莱蒙特主教，319n.13，325-327，334
cognitivisim and emotions 认知与情感，137n.21；亦请参见判断与情感（judgment, and emotions）；情感的认知本性（sentiments, cognitive nature of）
Collingwood, R. G. 柯林伍德，77
colonies in America 美洲殖民地，33，59n.39，198n.21
commerce 商业，13，115，259，264-265，296，298-300，305-307，331，359-360
commercial society 商业社会，16-17，206，210，239，247，251，254-256，261，263-264，266，292，299-301，358，359-360，371；亦请参见自由市场（free market）；自然自由体系（liberty, "system of natural"）；德性与商业（virtue［s］, and commerce）
competition 竞争，参见诸宗教间的竞争（religion［s］, competition between）；德性与商业的竞争（virtue［s］, and commerce）
conflict 冲突，参见派系与冲突（faction and conflict）；宗教冲突（religion［s］, conflicts of）
conscience 良心，19，91，130-134，194-196，214-215；"错误良心"（"erroneous"），185，194-196，283n.44，285nn.49-50；另请参见狂热主义（fanaticism）
convention 习俗，参见 custom
conversation 交谈，17，43，112，189，

191，193，196-198，201，207，215，249，330，347，375-377；以及斯密作品的交谈特征（and conversational character of Smith's works），47，52，61-62，73-74，197，350，368-369；另请参见苏格拉底式方法（method, Socratic）；修辞的（rhetoric）

Cooper，J. 库珀，57n.36

Corn Laws 谷物法，254n.32

corruption 腐败，参见道德情感的腐败（sentiments, corruption of moral）

Cremaschi，S. 格雷曼，31n.48；69n.56

critic 批评，51，63-70，135-136，162，183n.5，302，315，343，358，369；批评的标准与法则（standards and rules of），64-65，189-193；另请参见批评与语法法则（rules, of critic and grammarian）

Cropsey，J. 克罗普西，32n.51，114n.5，229n.3，284n.46，288n.54，298n.68，302n.71，306n.74，329n.22，339n.36

Cudworth，R. 卡德沃斯，180-181

Curtius，E. R. 库尔修斯，66n.50

custom 习俗，11，31，62，65，130，199n.23，201，297n.66，312-314，340，349-354，367

Dancy，J. 丹西，61n.43

Darwall，S. 达沃尔，5n.8，10n.19，24n.36，25n.37，313n.8，341n.41

Darwin，C. 达尔文，8n.15

Davis，D. B. 戴维斯，198n.21

death 死亡，89-91，101，233-234，281，284，311；对死亡的恐惧（fear of），90，101，119，203，207，219-220，280，284，285；亦请参见自我保存（self-preservation）

deception 欺骗；参见想象（imagination）；自我欺骗（self-deception）

decorum（"propriety"）合宜性，183

dehumanization 非人化，262，292，295，299-301，359；以及商品化（commodification），299-300；亦参见异化（alienation）；道德情感的腐败（sentiments, corruption of moral）

Deigh，J. 戴格，77n.3，88n.17

Deleuze，G. 德勒兹，343n.44

demerit, sense of 过错感，参见功劳感（merit, sense of）

Den Uyl，D. J. 邓·乌尔，205 n.29，271n.22，279n.39

Descartes，R. 笛卡尔，3，13n.25，42，105，114，206

dialogue form 对话形式，参见修辞（rhetoric）

Dickey，L. 狄其，28n.41

Dilthey，W. 狄尔泰，77n.3

Diogenes Laertius 第欧根尼·拉尔修，219n.46

Dionysius of Halicarnassus 哈利卡那苏斯的迪奥尼索斯，29

division of labor 劳动分工，17，70，251，261，262，296-297，301n.70，310；劳动分工的有害效果（deleterious effects of），17，292-294

Duun，J. 约翰·杜恩，280n.18

duty 义务，20，62，91，130，151，181，184-187，194-195，212，214-215，234，283，321，323，327

economy, political 政治经济学，9，21，25n.37，34-37，51，72，112，163，172，181，256，260，293，301，

302，305-307，319，325-328，348，352，357，368n.7，372，375；政治经济学与人类的改善（and human betterment），13，175n.48，250；以及政治经济学与伦理学的关系（and relation to ethics），9，21，30，32，301-302，308，325；亦请参见"亚当·斯密问题"（Adam Smith problem）；政治哲学（philosophy, political）；政府规制（regulation, government）；主权义务（sovereign, duties of）；乌托邦主义（utopianism）

education 教育，36，134，199，229，265，300-301，305；自由教育（liberal），9，283，369，376；道德教育（moral），19，86，104，108，128-129，131，181，191，196，210-217，225，241，251，260，265，272-274，296-298，320n.14，331，357-358，369；公共教育（public），18，212n.33，217n.40，254，293-294；亦请参见家庭（family）；文学（literature），对教育的使用（use of）；科学教育（science）

egoism 自我主义，20，78，93-94，129，182n.4

Elliot，G. 埃利奥特，47n.16

Emerson，D. W. 爱默生，8n.13

emotions 情感，76n.2，113；亦请参见激情（passions）；情感（sentiments）

emotivism 情感主义，129-130，157，361

empathy 移情，78，88，322，336；亦请参见同情（sympathy）

endoxa（"reputable opinions"）富有声誉的观点，57

Enlightenment 启蒙运动，9-10，14，25-26，83，156n.12，258，330n.23，345，361，371；对启蒙的批评（critiques of），2-7，23-24，130n.16，259-260，289，355，361；启蒙运动的道德计划（moral project of），3，20-21，127，222，345；启蒙运动与宗教（and religion），10-11，18-19，22-23，248-249，266-268，279，289；对启蒙运动的自我削弱（self-undermining of），16-21，96，128；亦请参见亚当·斯密在启蒙运动中的作用（Smith, Adam, role of, in Enlightenment）；启蒙（enlightenment）；现代性启蒙（modernity）；自由主义德性（virtue [s], of liberalism）

englightenment 启蒙，10n.18，14，21，74，195，258，309，334，341-344，355，375n.12；以及哲学（philosophy），265；启蒙德性（virtues of），142，155，174，177，236-238，245，247-248，360，372；亦请参见Enlightenment

enthusiasm 狂热，参见迷信（superstition）

envy 嫉妒，46，136，185

Epictetus 艾比克泰德，47n.17，66n.50，216n.39，219n.45，317n.12，320-321；亦请参见斯多葛主义（Stoicism）

Epicureanism 伊壁鸠鲁主义，8，52-53，125-127，156n.12，180，204，312

equality, human 人类平等，12-13，131n.17，174，199，239，251，310；亦请参见奴役（slavery）

equity 公平，250-251，253-254；亦请参见正义（justice）

Erasmus 伊拉斯莫，109，311，317

eros 爱欲，参见爱（love）

ethics：as branch of philosophy 作为哲

学分支的伦理学，参见亚当·斯密计划的文集（Smith Adam, projected *corpus*）；伦理学与修辞学（and rhetoric）；参见道德理论中对例证的运用（examples, use of, in moral theory）；修辞学（rhetoric）；亦请参见道德心理学（psychology, moral）；德性理论（virtue[s], theory of）

evil, problem of 邪恶问题，324-329

examples, use of, in moral theory 道德理论中对例证的运用，59-61，81-82，86，165，174，191，211-212，215，241，358；亦请参见对文学的使用（literature, use of）；修辞学（rhetoric）

faction and conflict 派系与冲突，10，80-81，96，123，189，207，215，305，326，329；亦请参见宗教冲突（religion[s], conflict of）

fair play, justice as 作为公平游戏的正义，230-236，252-253

family 家庭，95n.22，141，149，205，208，211-213，251，296，320n.14，357；亦请参见同情圈（sympathy, circles of）

fanaticism 狂热主义，174，185，216，303，305，328，333n.25，356；政治狂热主义（political），151，195n.18，206-209，285n.49，334；宗教狂热主义（religious），62，151-153，194-196，248-249，266，273-280，281-286，287，292，334-335，367，369；亦请参见哲学的道德批判（philosophy, moral critique of）；迷信（superstition）

Fay, C. R. 法伊，8n.13

Federalist Papers《联邦党人文集》，10，278

Ferguson, A. 弗格森，8，44n.12

Ferreira, M. J. 费雷拉，114n.2

Fichte, G. 费西特，341n.41

Finnis, J. 菲尼斯，313n.8

Firth, R. 费斯，144n.27

Fleischacker, S. 弗莱什艾克，25n.37，94n.21，143n.25，191n.15，241n.19，297n.67

Fogelin, R. J. 弗格林，170n.38，340n.39

Fontenelle, B. de, 丰特奈尔，67n.51

Foot, P. 富特，349n.49

Forbes, D. 福布斯，255n.33，302n.71

Foucault, M. 福柯，49n.22

Frankfurt, H. 法兰克福，105n.30

Fraser, A. C. 弗雷泽，272n.23

Frede, M. 弗雷德，160n.26，164n.26，165n.30，172n.42

free market 自由市场，9，254，259，264，276，278，283，286，289，298-301，307，359，368；亦请参见商业（commerce）；自然自由体系（liberty, "system of natural"）；政府管制（regulation, government）；诸宗教之间的竞争（religion[s], competition between）

free will 自由意志，115，234，251

freedom 自由，11-12，139，159，174，196，227，255n.33，294，306，342，344；亦请参见自治（autonomy）；自由（liberty）；自足（self-sufficiency）

French Revolution 法国革命，152n.6

friendship 友谊，118，124，148，150，153-155，185，193，205，207，211-212，236，250，277，288，358；亦请参见爱（love）

frugality 节俭，185，203，205，298

Gadamer, H.-G. 伽达默尔, 23n.35
Galston, W. 加尔斯顿, 6n.10
Gerber, J. C. 盖博, 8n.13
Gibbard, A. 吉巴德, 5n.8, 24n.36, 137n.21, 313n.8, 341n.41, 372n.9
Gibbon, E. 吉本, 7-8
Goffman, E. 戈夫曼, 82n.11
Goldman, A. 戈德曼, 77n.3
Gordon, R. M. 戈登, 77n.3
gratitude 感激, 116, 124, 184, 193, 232, 233n.9, 235, 240, 245; 亦请参见仁慈（benevolence）
Gray, J. J. 格雷, 5n.9
Gray, T. T. 格雷, 67n.50
Gray, Th. 格雷, 176
greed 贪婪, 17, 209, 264, 281, 359; 作为 pleonexia（"greediness"）, 238n.16, 269, 287; 亦请参见自私（selfishness）
Griswold, C. 格瑞斯沃德, 27n.39, 28n.40, 42n.5, 44n.11, 143n.25
Grtotius, H. 格老秀斯, 34, 79-80, 231, 232n.7

Haakonssen, K. 哈康森, 25n.37, 26n.38, 29n.45, 36n.61, 80n.6, 94n.21, 102n.26, 159n.17, 169n.36, 183n.6, 201n.25, 235nn.10-11, 249n.23, 257n.34, 261n.3, 262n.5, 280n.40, 307n.75
Hampshire, S. 汉普谢尔, 4n.7, 313n.8
happiness 幸福, 20, 83, 110, 134, 141-142, 148n.2, 180, 200, 213, 217-227, 236, 247, 262, 303, 331, 356; 幸福与快乐（and felicity）, 219-221, 224; 个人幸福是神圣的（of individual is sacred）, 237-238, 242; 作为宁静的幸福（as tranquility）, 16, 125-126, 134, 147, 205, 218-227, 288, 321-322, 338, 344-348, 357
Harman, G. 哈曼, 9n.17
harmony 和谐, 74-75, 111-112, 120-123, 127, 183, 197, 207, 211, 213, 221-222, 234, 298, 304, 316, 327-333, 336, 338-342, 344-345, 358, 373-375; 亦请参见美（beauty）; 作为比喻的音乐（music as metaphor）; 和谐与情感的合奏（sentiments, harmony and concordance of）
Heath, E. 希斯, 120n.10, 284n.47
hedonism 享乐主义, 8, 125-129; 亦请参见快乐与痛苦（pleasure and pain）
Hegel, G. W. F. 黑格尔, 7, 8n.12, 10n.19, 12, 23n.34, 25n.37, 303-304, 337, 349, 353, 362n.2, 370n.8
Heidegger, M. 海德格尔, 2, 5-6, 30
Herman, B. 赫尔曼, 191n.14
Hindson, P. 海因森, 67n.50
history 历史, 77, 303-304, 316, 360; 理智探究的历史（of intellectual inquiries）, 257n.34, 332, 343; 历史与历史分析的需要（and need for historical analysis）, 24n.36, 27, 35-36, 255-256, 265, 268, 274-275, 288; 历史与法理学的非历史原则（and nonhistorical principles of jurisprudence）, 35, 256-258; 历史与历史主义问题（and problem of historicism）, 1, 4, 23, 65, 314-315, 349-354; 亦请参见自然这一术语的历史（nature, history of term）; 道德哲学史（philosophy, history of moral）
Hobbes, T. 霍布斯, 9, 42, 47, 53,

80, 119, 176, 180, 219-221, 224, 266n.10, 312

Hogan, J. M. 霍根, 61n.42

Hollander, J. H. 霍兰德, 8n.12

Home, H. 霍姆, 参见凯姆斯勋爵 (Kames, Lord)

Hont, I. 洪特, 232n.7, 309n.80

Horkheimer, M. 霍克海默, 2n.3

humanism, civic 公民人文主义, 229n.3, 265, 293; 亦请参见亚里士多德与德性理论 (Aristotle, and virtue theory)

Hume, D. 休谟, 12, 30n.47, 33, 44n.10, n.12, 180, 215n.37, 244, 273n.26, 311n.1, 312, 315, 335, 336, 341n.41, 344, 349n.49, 352n.53, 363n.3; 作为斯密所挪用的 (as appropriated by Smith), 12, 19, 41, 60n.41, 67n.51, 70, 80, 105n.28, 106n.31, 114, 120n.9, 159n.17, 165-167, 170, 171, 180n.1, 253n.30, 278n.36, 289n.55, 297n.67, 304, 314, 317, 333, 339-340, 343n.44, 348, 356-357, 362-363; 对休谟的批评 (criticisms of), 47, 54-55, 58, 92n.20, 140n.23, 240, 274-275, 363-364; 休谟与斯密的友谊 (and friendship with Smith), 7, 9, 24n.36, 157, 291n.56; 休谟与想象 (and imagination), 16, 173, 178, 340nn.38-39, 343n.43; 休谟与宗教 (and religion), 291n.56; 休谟与同情 (and sympathy), 66n.50, 77, 116, 120-121; 亦请参见休谟式怀疑主义 (skepticism, Humean)

Hundert, E. G. 亨德特, 67n.50, 270n.20

Husserl, E. 胡塞尔, 2, 77

Hutcheson, F. 哈奇森, 9, 25n.37, 44n.12, 47, 177, 315, 324n.16; 作为斯密所挪用的 (as appropriated by Smith), 66n.50, 159n.18, 169; 对哈奇森的批评 (criticisms of), 53, 55, 94n.21, 141, 192, 312, 341n.41; 哈奇森的仁慈学说 (doctrine of benevolence of), 149, 180; 哈奇森与宗教 (and religion), 269, 271n.20, 291

Huxley, T. H. 胡克斯雷, 8n.15

idealism, rejection of 对理想主义的拒绝, 参见乌托邦主义 (utopianism)

identification: with others 与他人同一, 19-20, 88n.16, 122, 145, 192, 211, 214, 227, 369; 与环境, 而非情感的同一 (with situation, not sentiment) 51, 87-89; 亦请参见同情, 与同一理想 (sympathy, and ideal of unity)

Ignatieff, M. 叶礼庭, 232n.7, 309n.80

imagination 想象, 15-16, 64, 71, 132, 192, 258, 315, 335n.27, 345-347, 356, 370-371; 具有创造性的想象 (as creative), 15, 23-24, 82, 114, 178, 337-338, 341n.41, 348, 351, 362-364; 想象的欺骗与虚构 (deceptions and illusions of), 16, 85, 89-91, 110, 134, 161, 168-169, 222-225, 236, 262-266, 284, 289n.55, 302, 326-328, 333-335, 337-341, 347, 365; 亦可参见无形之手与想象 (invisible hand, and imagination); 自欺 (self-deception); 对财富的崇拜与追求 (wealth, admiration and pursuit of); 移情 (empathetic), 65-66, 77n.3, 137n.20, 336; 道德想象 (moral), 60, 86, 139, 174,

213n.35, 214-215, 255, 368; 想象与激情(and passions), 15, 114-119, 124, 132, 149-150; 想象与怀疑主义(and skepticism), 162-165; 想象与同情(and sympathy), 15, 60-61, 82, 85-87, 89-91, 100-102, 108, 116, 125, 133-134, 148, 166, 222, 229, 232-235, 277, 283, 300, 336-337, 342, 363, 371, 375; 理论想象(theoretical), 69, 71n.62, 85, 125, 161-162, 168-169, 336-340, 343, 352

impartial spectator 无偏旁观者, 12, 51, 58, 62, 67, 82, 130, 135-146, 172, 210, 230n.5, 246, 277, 339, 341-342, 349-350, 353, 357, 369, 371-372; 道德立场的构成(constitutive of moral standpoint), 82, 103-104, 129, 132-134, 144-146, 160, 182, 189-190, 213-214, 224, 255, 281-284, 302, 307-308, 314, 342, 351, 363-364; 无偏旁观者与性别(and gender), 143n.25; 无偏旁观者与道德嘉许和谴责(and moral approval and disapproval), 57, 91, 108-109, 124, 158, 187, 194-195, 203-205, 226, 229, 231-232, 234-236, 241, 248, 256, 264, 295, 320-322; 无偏旁观者与哲学(and philosophy), 51, 74, 136, 176-177, 202, 342-343, 369; 亦请参见旁观者(spectator)

impartiality 不偏不倚, 20, 42n.6, 61n.43, 67-68, 103-104, 135-143, 182n.4, 197, 204, 208, 211n.31, 231, 252n.27, 269-272, 276-277, 286, 288, 294, 302, 306, 323, 357; 亦请参见无偏旁观者(impartial spectator); 教区制度(parochialism); 偏颇(partiality); 旁观者(spectator)

imperfection, human 人的不完美, 13, 21, 187, 226-227, 245-246, 261, 302-305, 307n.77, 309-310, 345, 346, 372; 亦请参见日常生活(ordinary life); 与日常生活有关的哲学(philosohpy, in relation to ordinary life); 乌托邦主义(utopianism)

industry, virtue of 勤劳的德性, 185, 203, 225

infanticide 杀婴, 48n.17, 58, 62, 185, 201-202, 249, 350

interpretation, principles of 解释原则, 26-29, 263n.7, 356

intuition 直觉, 参见判断, 道德认知; 道德感(judgment, and moral perception; moral sense)

invisible hand 无形之手, 3, 62, 67n.51, 95, 159, 176, 295, 331, 360; 无形之手与自由市场(and free market), 255; 无形之手与想象(and imagination), 67, 225, 263, 303-304, 326-328, 333-335; 无形之手与正义(and justice), 90, 127; 无形之手与自然(and nature), 123, 319; 无形之手与宗教(and religion), 291, 316

Jefferson, T. 杰弗逊, 8n.14, 267, 279n.37, 291, 314
Johnson, M. M. 约翰逊, 77n.3
Johnson, S. S. 约翰逊, 43
judgment 判断, 20, 88, 104, 162, 180, 185-193, 228, 315, 343, 357, 371; 判断与激情(and emotions),

56-57，129-130，137-138，141，158，166，192，200，211，215-216；判断与道德批判（and moral criticism），64-65，131，157，191，195n.19，198-202，208，214-215，256，351；判断与道德认知（and moral perception），138-139，144，185，188-193，201，319；判断的两个方面（two aspect of），182-185，232，358，372；亦请参见功劳感（merit, sense of）；合宜感（propriety, sense of）；道德法则（rules, moral）

jurisprudence 法理学，9，189，301；法理学分支（division of），31-35；自然法理学（natural），29n.49，31-37，64，70n.59，181，230，256-258，260-261，301，306-308，342，353；法理学原理（principles of），34-35，186，234，239，256-258；斯密的不完全法理学体系（Smith's incomplete system of），参见亚当·斯密计划中的文集（Smith, Adam, projected corpus）

justice 正义，87，98，117，124，127，185，201，206，215，264，279，286，295n.63，305-307，318，327，345；作为主德的正义（as cardinal virtue），202；政治正义 vs. 作为品格特征的正义（civic, vs. justice as character trait），232，236-238；正义与商业（and commerce），52n.28，199，205，230，294，298；交互正义（commutative），225-226，229-231，234-239，250-252，254-256，261，300，302，360；与仁慈相比的正义（compared to benevolence），208-210，228-229，231-235，250，252-253；不同于其他德性的正义（distinguished from other virtues），10，20，50n.25，64，81，143，189-190，228-229，235，300，358；分配正义（distributive），229-232，250-256，304；自然正义（natural），300，314；正义与哲学（and philosophy），244-249；正义与法则（and rules），34-35，64，189-190，228-229，230，234，237-238，242，250-251；正义的神圣品质（sacred quality of），209，231，237-238，239n.17；正义感（sense of），231-232；亦请参见仁慈（benevolence）；公平游戏（fair play）；愤怒（rensentment）；虚假同情（sympathy, illusive）

Justman, S. 扎什曼，143n.25，264n.8

Kames, Lord 凯姆斯勋爵，8，156
Kant, I. 康德，7，10n.19，30，217-218，292；康德与斯密的亲密关系（and affinities with Smith），14，19，25n.37，94，112，138-139，159n.18，196，223-224，238n.15，258n.35，269，314；《实践理性批判》（*Critique of Practical Reason*），40，45，79，94n.21，131n.17，224n.53，312-313，343n.43；康德与斯密的不同之处（dissimilarities to Smith），94，130-131，141，172，191nn.14-15，204-205，295；《什么是启蒙》（"Was ist Aufklärung?"），11-12，266n.10

Kleer, R. A. 克里尔，280n.40，333n.25
Kosman, A. 科斯曼，42n.5

Lachterman, D. 拉奇特曼，15n.27，338n.34，339n.37

laissez-faire 自由放任，参见政治经济学（economy, political）；自由市场（free market）；自由（liberty）；政府管理（regulation, government）；君主的义务（sovereign, duties of）；乌托邦主义（utopianism）

Lang, B. 朗，42n.5

language 语言，43，108，110，162-163，171，297-299，357

Larmore, C. 拉莫，5n.8，10n.19，42n.6，180n.1，214n.36，349n.49

law 法律，参见法理学（jurisprudence）

Lear, J. 李尔，50n.24

Leathers, C. G. 雷瑟，273n.25

Lee, A. 李，198n.21

Leibniz G. W. 莱布尼茨，312

Leo XIII, Pope 教皇利奥十三世，268n.13

Levy, D. 列维，119n.8

liberalism 自由主义，2n.2，267n.10，268n.13，345；自由主义德性（virtues of），参见自由主义德性（virtue [s], of liberalism）

liberty 自由，151，159，174，181，227，231，235，238n.14，239，244-245，250，260，294，298，299-301，305-307，342，344，359；政治自由（political），1，268n.14，274，286，287，307n.75；宗教信仰自由（of religious belief），10-11，18-19，260，262，267，269-270，274n.29，277-278，283，289，303，306，307n.75，356；"自然自由体系"（system of natural），12，52n.28，226，254-256，255n.33，263，290，292-293，300，302，307-309，345-346，353，368n.7；亦请参见自治（autonomy）；

自由市场（free market）；自由（freedom）；个人幸福是神圣的（happiness, of individual is sacred）；自足（self-sufficiency）

Lindgren, J. R. 林德格林，73n.64，163n.23，169n.36，294n.62，342n.42

literature, use of 对文学的运用，150；道德教育中对文学的运用（in moral education），86，124，200，214，215-217，222-223，283，357；道德哲学中对文学的运用（in moral philosophy），47，59-60，65-67，116，183，190n.13，236，249，257；亦请参见道德理论中对例证的使用（example, use of, in moral theory），修辞（rhetoric）；生命的悲喜剧（tragedy and comedy of life）

Locke, J. 洛克，10n.19，33，44n.12，47，217

Long, A. A. 郎，57n.35

love 爱，85，148-155，174，185，193n.16，207，211-212，216-217，337，358，374；爱的古典观点（classical views of），153-155；性爱（sexual），102，110，149-151，243；对智慧的爱（of wisdom），147-155，376；亦请参见友谊（friendship）；对体系之爱（system, love of）；对德性之爱（virtue [s], love of）

Lovibond, S. 拉维邦德，175n.47，342n.41

Lucian 卢西恩，41

luck, moral 道德运气，16，143，215，224-226，230，240-245，251，327n.19，329，345；构成性运气（constitutive luck），241-242；亦请参见无形之手（invisible hand）；意料之

外的后果（unintended consequences）

Lucretius 卢克莱修, 125

Lyotard, J.-F. 利奥塔, 3n.4

Macfie, A. L. 麦克斐, 44-45, 47n.15, 152n.6

machine, metaphor of 机械比喻, 53, 67n.51, 69, 152-153, 222n.49, 271n.21, 332, 338, 359, 360; 亦请参见作为"机器"的自然（nature, as "machine"）

MacIntyre, A. 麦金泰尔, 4, 5nn.8-9, 6nn.10-11, 19, 47n.16, 58, 129n.16, 287n.52, 297

Mackie, J. L. 麦凯, 172n.44, 174n.47, 175n.48

Madison, J. 麦迪逊, 参见《联邦党人文集》（*Federalist Papers*）

Makkreel, R. A. 玛卡瑞尔, 77n.3

Malebranche, N. 马勒伯朗士, 136, 187

Mandeville, B. 曼德维尔, 53-54, 56, 77, 80, 126, 176, 180, 309n.80

Marcus Aurelius 马可·奥勒留, 66n.50, 154, 172n.42, 317n.12, 323

Marivaux, P. 马里沃, 216n.39

Marshall, D. 马歇尔, 66nn.49-50, 82n.11, 110n.37

Marx, K. 马克思, 2, 8, 10n.19, 250n.24, 293, 298n.68, 338n.34

McDowell, J. 麦克道威尔, 197n.20, 373n.10

mean 中道, 参见德性与中道（virtue[s], and "mean"）

Meek, R. L. 米克, 293n.59

mercantilism 重商主义, 48n.19, 255-256, 263-264; 亦请参见商业社会（commercial society）

merit, sense of 功劳感, 62, 131, 182-185, 186n.9, 215, 232-233, 236, 240-242, 245, 284, 358, 372; 亦请参见合宜感（propriety, sense of）

method: Aristotelian 方法：亚里士多德式, 57-58, 71-73; 牛顿式方法（Newtonian）, 22n.33, 71-73, 258, 360; 苏格拉底式方法（Socratic）, 73-74, 172, 198, 201, 246-247, 359, 368-370, 372-377

militia 军事, 301n.70; 亦请参见军事德性（virtue[s], martial）

Mill, J. S. 密尔, 313, 328

Millar, J. 米拉, 7, 32n.50, 41n.2

Miller, F. 米勒, 288n.52

Minowitz, P. 米诺维茨, 80n.8, 229n.3, 280n.40, 302n.71

mirroring 镜照, 5, 74n.66, 105n.28, 132, 154, 158, 362; 自我镜照（of self）, 50, 104-109, 134, 211, 337, 342

moderation 节制, 20, 52, 154-155, 174, 183, 185, 196, 209, 219, 265, 279, 286-288, 291, 360, 367-368; 亦请参见自我控制（self-command）

modernity 现代性, 15n.18, 20, 24-26, 128, 222, 227, 234, 239, 297, 368, 370n.8, 376; 亦请参见启蒙（enlightenment）

monopoly 垄断, 231, 264, 294-295, 298; 宗教垄断（of religion）, 253, 267-268, 275, 287

Montaigne, M. de 蒙田, 150n.5, 156, 341n.41

Montesquieu, C. L. 孟德斯鸠, 32n.50, 198n.21, 301

Moor, J. 莫尔, 324n.16

Moore, G. E. 摩尔, 170, 171n.40

moral perception 道德认知, 参见判断（judgment）

moral sense 道德感, 55, 94n.21, 131, 180, 192; 亦请参见哈奇森（Hutcheson, F.）

moral sentiment 道德情感, 参见情感（sentiments）

morality 道德, 参见行动者或行为者（actor or agent）; 行为人（agency）; 义务（duty）; 无偏旁观者（impartial spectator）; 道德哲学史（philosophy, history of moral）; 道德心理学（psychology, moral）; 旁观者（spectator）; 德性（virtue [s]）

Muller, J. 穆勒, 277n.33, 368n.7

music as metaphor 作为隐喻的音乐, 183, 196, 213, 330-332, 334, 344-347; 亦请参见和谐（harmony）; 情感的和谐一致（sentiments, harmony and concordance of）

Nagel, T. 内格尔, 55n.33, 267n.12, 313, 322n.15, 349n.49

nature 自然, 73, 199n.23, 212n.33, 263, 311-317, 343-344; 被视为整体或体系的自然（considered as whole or system）, 136, 316, 318-319, 321, 323, 341, 345-346; 自然与习俗（and convention）, 参见习俗（custom）; 历史（history）; 自然的不同含义（different senses of）, 170, 314-317, 347-349, 375; 自然与神圣（and divine）, 244, 315, 324-328; 术语的历史（history of term）, 18, 314, 317; 人性（human）, 11, 13n.25, 55, 57n.35, 58n.38, 79, 104, 110n.37, 115, 117, 120, 163, 181, 183, 258, 284, 285, 291, 296, 297n.66, 312, 315, 323, 326, 329-331, 343, 352-353, 370; 自然的非理性与冲突（irrationality and conflict of）, 10, 222, 304; 作为机械的自然（as "machine"）, 315, 322, 332, 337-338, 342-343, 亦请参见机械隐喻（machine, metaphor of）; 自然的主人（mastery of）, 3, 11, 328, 335, 342; 自然与自然冲突（and natural conflict）, 参见派系与冲突（faction and conflict）; 自然与规范（and normativity）, 21, 115, 161, 172-173, 208, 241, 248, 256, 269, 272, 281, 313, 321, 328-330, 329n.22, 341-342, 348, 349, 358, 361-362, 366n.5, 369, 371, 373; 自然的经济（oeconomy of）, 112, 245; 与自然的和谐问题（problem of reconciliation with）, 316, 324-329, 345-348, 358, 361, 364; 自然状态（state of）, 105-106, 244; 自然剧场（theater of）, 69-70, 147, 162; 亦请参见亚里士多德与自然目的论（Aristotle, and naturalistic teleology）; 无形的手（invisible hand）; 自然法理学（jurisprudence, natural）; 自然正义（justice, natural）; 哲学与自然（philosophy, and nature）; 自然或理性宗教（religion, natural or rational）

Nehamas, A. 尼哈马斯, 42n.5

neutrality 中性, 289, 亦请参见公平游戏（fairy play）; 不偏不倚（impartiality）

Newton, I. 牛顿, 11, 168-169, 349n.48, 352

Newtonian method 牛顿式方法, 参见方

法（method）

Nietzsche, F. 尼采, 1, 2-6, 42, 228, 291, 317, 349n.49, 351, 352n.54, 366n.5

noncognitivism 非认知主义, 349n.49; 亦请参见创育（poiesis）；道德现实主义（realism, moral）

Norton, D. F. 诺顿, 149n.2, 158n.15, 160n.19, 171n.41

Nussbaum, M. 努斯鲍姆, 9n.17, 42n.6, 57n.35, 68n.52, 145n.29, 150n.4, 229n.4

Oedipus 俄狄浦斯, 242n.20, 247, 327

oikeiosis ("affinity," "belonging," "taking something as one's own") 相类、相属、把某物当成自己的, 322

O'Neill, O. 奥尼尔, 20n.32

ordinary life: appeal to and defense of 日常生活: 诉诸并辩护, 13-15, 22, 44-45, 56, 63, 83, 92, 99, 127, 131, 141-146, 162, 166, 170, 173-178, 184, 197-198, 239-244, 309, 311, 345-348, 355-356, 360, 362-363, 373, 376; 校正日常生活的需要（need for emendation of）, 57-58, 74, 79, 173, 244-245, 328-329, 348; 亦请参见人的不完美（imperfection, human）；与日常生活有关的哲学（philosophy, in relation to ordinary life）；道德现实主义（realism, moral）

Oswald, D. J. 奥斯瓦尔德, 156

Paine, T. 潘恩, 12, 296n.65

Palyi, M. 帕依, 8n.12

parochialism: problem of 地方主义问题, 3, 57-58, 65, 77; 地方主义问题与普世主义（and universalism）, 28, 94-99, 140-143, 197, 208, 319-320; 亦请参见有所偏好的同情圈（sympathy, circles of partiality）, 94, 128, 138, 199, 200, 208, 214, 236, 253, 271, 287; 亦请参见不偏不倚（impartiality）；地方主义（parochialism）

passions 激情, 14, 71, 76, 105, 114-119, 147, 315, 322, 326, 329; 身体性激情（bodily）, 83-84, 114-119, 149, 182, 184-185, 203n.26, 221; 激情的认知本性（cognitive nature of）, 参见情感的认知本性（sentiments, cognitive nature of）；源于想象的情感（derived from imagination）, 114-119, 149, 184-185, 203n.26, 233; 激情的分化（divisions of）, 113-119, 149-150, 184-185; 激情与情感（passions and emotions）, 76n.2; 反思性激情（reflected）, 103, 135; 自私的激情（selfish）, 85, 108, 117-119, 126, 182, 185, 193n.16, 203, 208, 212; 社会性激情（social）, 117-119, 149, 185, 193n.16, 207; 非社会性激情（unsocial）, 98, 117-119, 182, 185, 189, 193n.16, 318; 亦请参见评价与情感（judgment, and emotions）；情感（sentiments）

Paul, J. 保罗, 288n.52

Perelman, C. 裴里曼, 145n.28

perfection 完善, 参见自我完善（self, perfection of）

philosophy 哲学, 7, 217, 218n.43, 224, 265, 282-283, 300, 309-310, 332, 334, 345, 356-357, 369, 375-376; 道德哲学史（history of moral）,

27，47，155-157，162，317-318；哲学的道德批判（moral critique of），52-56，150-155，159，202，216n.39，244-249，309-310，319-324；哲学与自然（and nature），57，141，310，316，324-329，亦请参见与自然的和谐问题（nature, problem of reconciliation with）；政治哲学（political），301-310；自然的公共角色（public role of），207，282-283，293，300，369；自然与日常生活的关系（in relation to ordinary life），22-24，47，53，55-56，62-63，73，127，141，146，172，222n.49，226-227，230，244-249，320，345-348，362-363，366-367；哲学诸含义（senses of），22，69；斯密对哲学的限制（Smith's restriction of），148，153-155，162-165，368-370；哲学的结构（structure of），参见亚当·斯密计划中的文集（Adam Smith, projected *corpus*）；哲学与宁静（and tranquility），337n.31，339n.35，342，344-348；亦请参见对智慧的爱（love, of wisdom）；科学（science）；自我认知（self-knowledge）；怀疑主义（skepticism）；斯多葛主义（Stoicism）

phronesis（"practical wisdom"）实践问题，183n.5，190，205；亦请参见判断（judgment）

piety 虔敬，248，275-276

Pinkard, T. 平卡德，25n.37，370n.8

Piper, A. 派珀，136n.20

Pippin, R. 皮平，12n.22，25n.37，362n.2

Plato 柏拉图，14n.26，172，180，310n.81，347，368，373-376；作为斯密所挪用的（as appropriated by Smith），25，41-42，52，82，104，112，121，226，232，279-280，286-289，293；柏拉图与洞穴喻（and cave metaphor），14-15，21，74，155，247，309，371；柏拉图的公民宗教（civic religion of），268-280，291，360；受到批评的柏拉图（criticized），14-15，24，48n.17，74，163，173，202，246-247，273，276，287-289，334-335，337，373；柏拉图对话：《阿尔西比亚德》（dialogues by: *Alcibiades*），105n.28；《申辩》（*Apology*），309；《克里托》（*Crito*），70n.57，246-247；《游叙弗伦》（*Euthyphro*），375；《高尔吉亚》（*Gorgias*），80，309，312；《法律篇》（*Laws*），12n.23，18，34，66n.50，256，268-273，279，312，376n.13；《斐多》（*Phaedo*），291n.56；《斐德若》（*Phaedrus*），41，66n.50，105n.28，148，153；《普罗塔哥拉》（*Protagoras*），312，359n.1；《理想国》（*Republic*），14-15，63，155，182，232，246-247，272，303，310；《智者》（*Sophist*），310；《政治家》（*Statesman*），80，183n.5；《会饮》（*Symposium*），147-148，151，153，311n.1；《泰阿泰德》（*Theaetetus*），170；《帝迈欧》（*Timaeus*），271n.21；戏剧人格：阿德曼托斯（dramatis personae: Adeimantus），246；阿里斯托芬（Aristophanes），151；雅典陌生人（Athenian Stranger），268-270，278n.35；卡利克勒斯（Callicles），80，312，368；克里托（Crito），246，368；埃利亚陌生人（Eleatic Stranger），183n.5；格老孔（Glaucon），

246；西庇阿斯（Hippias），312；特拉叙马库斯（Thrasymachuses），368；柏拉图与爱欲之爱（and erotic love），153-155，176，258；亦请参见苏格拉底（Socrates）

pleasure and pain 快乐与痛苦，83-84，109，116，119-125，210，235，240-243，315；无关利益的（disinterested），78，111-112，122，126，221，330-331；亦请参见享乐主义（hedonism）

pleonexia（"greediness"）贪婪，参见贪心（greed）

Plutarch 普鲁塔克，41n.3

Pocock, J. G. A. 波考克，229n.3

poiesis（"making," "fabrication," "creation," "production"）制作、构造、创造、生产、创育，15，106，116，146，263，310，338-340，348，351，361-366，370，373-376；创育和哲学与诗歌之争（and quarrel of philosophy and poetry），24；亦请参见无偏旁观者（impartial spectator），道德立场之构成（constitutive of moral standpoint），道德现实主义（realism, moral）；价值（value）

political economy 政治经济学，参见政治经济（economy, political）

political philosophy 政治哲学，参见政治的哲学（philosophy, political）

political science 政治科学，参见政治的经济（economy, political）

polygamy 多偶制，201n.25，251，296

Pope, A. 蒲柏，176，324

Popkin, R. 波普金，156n.12

postmodernism 后现代主义，2-7；亦请参见现代性（modernity）

Pouilly, L. 珀依利，45n.13

praise and praiseworthiness 赞美与值得赞美，15，49，77，107，119，130-134，148，152，194，211，213，232

prepon（"fittingness"）合宜，183；亦请参见合宜感（propriety, sense of）

Price, R. 布莱斯，296n.65

Prince, M. 普林斯，42n.4

production 生产，参见 poiesis

projectivism 计划主义，168n.34，349n.49

property 财产，200n.24，231，234，236，238n.14，251n.26，299，306

propriety, sense of 合宜感，62，111n.40，112，131，146，180-185，186n.9，192-193，204，205，322-323，330，358，372，374；合宜感与两种判断（and two kinds of judgment），175-176；亦请参见判断的两个方面（judgment, two aspects of）；功劳感（merit, sense of）

protrepticism 规劝主义，33n.54，49-52，58n.39，104，162，177，190，247，329，333，352，366-367；亦请参见修辞（rhetoric）

prudence 审慎，20，52-53，117，118，180，185，208-210，225，280，307-308，360，367；作为主德的审慎（as cardinal virtue），202-207；三种审慎（three kinds of），203-207，226，239n.17，263-264，308

psychology, moral 道德心理学，9，20，58，62，80，168n.24，180n.2，210，229，244，256，268，276，281-286，304；作为纯理论探究的道德心理学（as purely theoretical inquiry），50，158-159，166-167，170，175-178，370；作为伦理学分支的道德心理学（as subdivision of ethics），31，33，

49-50，72，76-77，180-181，357；道德心理学与德性理论（and theory of virtue），60，123，128-129，161-162，176，234，239，248-249，288，298，358，361-366

Ptolemy 托勒密，346n.47

Pufendorf, S. 普芬多夫，80，232n.7

purposiveness 目的性，79，112，316，331；亦请参见目的论（teleology）

Putnam, R. A. 帕特南，10n.19

Pyrrhonism 皮洛主义，参见怀疑主义（skepticism）

quasi realism 半现实主义，参见布莱克伯恩（Blackburn, S.）；道德现实主义（realism, moral）

quietism 寂静主义，175n.48，209，227，262，304，307，309，360

Racine, J. 莱辛，176，216

Rae, J. 雷 31n.49

Railton, P. 雷尔顿，5n.8，24n.36，313n.8，341n.41

Raines, J. P. 瑞恩，273n.25

Raphael, D. D. 拉斐尔，44-45，47n.15，114n.2，140n.23，144n.27，152n.6，333n.24，339n.36

rationalism, ethical 伦理理性主义，参见道德现实主义（realism, moral）

Rawls, J. 罗尔斯，10n.19，139，229n.2，230n.5，313

realism, moral 道德现实主义，54，146，157-158，165-166，167n.34，172-175，340-341，347-349，362-366，373-376

recognition 认同，96-99，106，111，132，155，223

reconciliation 调和，217，227，245，261，360；亦请参见与自然的调和问题（nature, problem of reconciliation with）

reductionism 简化论，53，55n.33，152，216n.39，323，366；亦请参见日常生活（ordinary life）

regulation, government 政府规范，10-11，21，159，250-254，262，267，273，282-283，293-295，305-307，329；亦请参见政治的经济（economy, political）；自由市场（free market）；主权义务（sovereign, duties of）；乌托邦主义（utopianism）

Reid, T. 里德，25n.37，55n.34，148n.2，156

religion(s) 宗教，142-143，194-196，210，248，267-268，292，316；公民宗教（civic），249，268-270，287，353，360；诸宗教之间的竞争（competition between），231，273-283，287，289，300，305；宗教冲突（conflicts of），10-11，28-29，265-266，273-280，360；作为与神学相区分的宗教（as distinguished from theology），22-23，194，273，278n.35，279-280，283-284，287，289n.55；制度性宗教（institutional religion），10-11，253，262，273-274，277；自然或理性宗教（natural or rational），18-19，194，268n.13，279-281，284，287，289n.55，291，314-315，322-323，326-328；宗教与德性（and virtue），195n.19，206，212，216-217，229n.4，265-266，268n.13，271-272，284，292-293；亦请参见启蒙运动（Enlightenment）；宗教狂热主

义（fanaticism, religious）；宗教信仰自由（liberty, of religious belief）；垄断（monopoly）

remorse 悔恨，11nn.39-40，132-134，194，214，216，220，238

resentment 愤怒，46，48n.18，61，98-99，117n.6，137，144，185，200，207，253，281，291；愤怒与正义（and justice），98，124，127，229，232-236，238-242，244-246，255，286；作为非社会性激情愤怒（as unsocial passion），98，118，193n.16，248，318；亦请参见正义（justice）；非社会性激情（passions, unsocial）

retaliation 报复，参见相互正义（justice, commutative）

rhetoric 修辞，9，196，296-299，347-348，357，366-368；对话的修辞（dialogical），27-28，41n.4，48n.18，73-74，194，317，350，358-359，368，372-375；修辞及形式与内容的关系（and relation of form and content），25，40-41，49，59-62，360；斯密对修辞的使用（Smith's use of），24-25，41，49-52，54-56，61，64，73-75，162，173-178，191，207，223，244-247，317，329，333n.24，358-359，372；亦请参见对话（conversation）；道德理论中对事例的运用（examples, use of, in moral theory）；解释原则（interpretation, principles of）；规劝主义（protrepticism）

Ricconboni, M.-J. 瑞珂博尼，216n.39

rights 权利，6，229-230，236-237，239，305n.72，306，342；自然权利（natural），37，201，314

Robertson, W. 罗伯森 8

Rochefoucauld, duc de la 杜·德·拉·罗什富科，35，37

Rorty, R. 罗蒂，5-6

Rosen, S. 罗森，5n.8

Rosenberg, N. 罗森伯格，254n.31

Ross, I. 罗斯，8n.13，31n.49，41n.4

Rousseau, J.-J. 卢梭，17，25n.37，47，77，95n.23，106，110n.37，210，218n.44，259

rules 法则，20；批评与语法法则（of critic and grammarian），64，189-193，228-229，250；普遍法则（general），140，157，162，185-186，200，211，215，281，286，301，361；道德法则（moral），61n.43，109，136，181-182，185-193，214，225-226，256，284，315，357；亦请参见批评（critic）；判断（judegement）；正义（justice）

Salkever, S. 萨尔克弗，4n.7

Scheler, M. 舍勒，77

Schelling, F. W. J. 谢林，341n.41

Schmit, J. 施米特，2n.3

Schmitt, C. B. 施密特，156n.12

Schneewind, J. 施尼温德，34n.55，80n.8，156-157，159，160n.20，341n.41

Schopenhauer, A. 叔本华，77

science 科学，69，282-283，293，300，315，332，340，342，350，361，369；不同于"哲学"的科学（as distinguished from "philosophy"），22，283n.43，332；科学与"立法者的科学"（and "science of a legislator"），31，36n.59，258，307n.77，308-309；亦请参见政治的经济（economy, political); 政府规范 (regulation, government); 乌托邦主义 (utopianism); 科学理论 (theory of), 32, 161-164, 168-169, 337-341; 亦请参见理智情感 (sentiments, intellectual)

Scruton, R. 斯克如顿, 216n.38

sects, religious 宗教派别, 参见宗教狂热主义 (fanaticism, religious)

self, perfection of 自我完善, 64, 147, 153, 179, 205, 206, 213, 214n.36, 219, 225, 264, 286, 314-316, 320, 330, 338, 376

self-approbation 自我嘉许, 133-134, 151-152, 196, 203, 205, 209, 213, 242, 344-345

self-command 自我控制, 88, 94, 108, 110, 123, 134, 183-185, 204-207, 211-212, 272, 285, 298, 317, 322, 331, 347, 371; 作为主德的自我控制 (as cardinal virtue), 202-203; 亦请参见节制 (moderation)

self-consciousness 自我意识, 参见自我镜照 (mirroring of self)

self-deception 自我欺骗, 128, 134, 138, 153, 187, 195, 199, 219, 222-225, 262-266, 285; 亦请参见想象 (imagination); 道德情感的腐败 (sentiments, corruption of moral); 对财富的崇拜与追求 (wealth, admiration, and pursuit of)

self-interest 自我利益, 78, 109, 126, 153, 193n.16, 204, 208, 216, 232, 252, 260, 264-265, 275, 281, 294-295, 297, 303, 322

self-knowledge 自我知识, 56, 98, 107-109, 108n.34, 128, 199, 219, 223-224, 248, 337, 348

self-love 自爱, 92, 130, 144, 148, 152-153, 180, 187, 195, 203, 204, 209, 238, 260, 269, 297, 303, 312, 329; 自爱与教育 (and education), 133-134, 138-139, 216n.39, 322; 拒绝自爱作为唯一动力源 (rejected as sole source of motivation), 53-54, 126; 亦请参见曼德维尔 (Mandeville, B.); 虚荣 (vanity)

self-preservation, desire for 自我保存的欲望, 119; 亦请参见对死亡的恐惧 (death, fear of)

self-sufficiency 自足, 11, 329, 344-345, 356, 365; 亦请参见自治 (autonomy); 自由 (freedom); 自由 (liberty)

selfishness 自私, 20, 53, 111, 118, 182n.4, 209, 246, 260, 321, 350, 356, 357, 359, 371; 自私的规范与心理意义 (normative and psychological senses of), 78, 80, 93, 101-102, 109; 自私与同情 (and sympathy), 77-81, 89-93, 96, 99-104, 109, 151-152, 216, 345; 亦请参见自我主义 (egoism); 激情 (passions); 自私的 (selfish); 自爱 (self-love); 同情的不稳定性 (sympathy, instability of)

Sen, A. 森, 19n.31

Seneca 塞涅卡, 187n.5, 317n.12

sentiments 情感, 45-46, 76n.2, 180-181, 258, 284, 315, 319, 322, 324, 329, 362; 情感的认知本性 (cognitive nature of), 115, 137n.21, 215, 240; "复合情感" (compounded), 233n.9; 道德语境 (contextuality of moral），54，61，191-193，233，295，318，322，326，345，357；道德情感的腐败（corruption of moral），17，61，103，127-129，181，187，194，224-225，262-266，273，292，298，328-329，334；亦请参见非人化（dehumanization）；区别于行动的情感（distinct from action），235；和谐与情感的一致（harmony and concordance of），112，120，122，126-127，213，221-222，330-333，338，342，345，348；理智情感（intellectual），32，38，46，54，69-70，108，114n.3，162-163，167，176，204，205，215，218，257n.34，293，332，343；情感的失规（irregularity of），62，142-143，230，240-248，304，316，327；（情感）并非内在地富有德性或邪恶（not intrinsically virtuous or vicious），46，115-116，182，329；情感与理性（and reason），13-14，56-57，139，157-159，167，300，303，319，334

Sextus Empiricus 塞克斯都·恩披里柯，155，156n.12，164-165，170，174n.46；亦请参见皮洛式怀疑主义（skepticism，Pyrrhonian）

Shaftesbury, A. A. C., 3rd Earl of 沙夫茨伯里伯爵三世，40-41，47，68，71，74，108n.34，112，113，156，159n.18，165n.29，269，271-272，291，330n.23，341n.41

Shakespeare, W. 莎士比亚，83n.12

Sidgwick, H. 西季威克，141n.24，313

Silver, A. 西尔弗，288n.53

Simpson, P. 辛普森，4n.7

sincerity 真诚，参见真实性（authenticity）

Singer, M. 辛格，158n.15

skepticism 怀疑主义，24；笛卡尔派怀疑主义（Cartesian），172n.43；怀疑主义危险（dangers of），165，168n.34，175n.48，177，290-291，349n.49，367，370；休谟式怀疑主义（Humean）73n.65，156-157，159nn.18-19，160，161n.21，163n.24，165nn.30-31，171-172，294，356-357；皮洛派（Pyrrhonian），156-157，159-160，163-165，171，312，356；斯密式怀疑主义（Smithean），23-25，57，73，94，148，155-178，198，237n.13，244，251-253，258，289n.55，290-291，296，303，307n.75，308-310，314-315，337，343，345-346，348，353，356-357，360，363-366，370-371

Skinner, A. S. A. S. 斯金纳，340n.38

Skinner, Q. Q. 斯金纳，41n.4

slavery 奴役，9，12，149n.3，185，198-202，214，249，256，289-289，303，306，350

Smith, Adam："Dissertation on the Origin of Languages"亚当·斯密的《论语言的起源》，156n.11，163；计划中的文集（projected *corpus*），28-29，62，72，74-75，156，162，169，171，230，249n.23，256-258，260-262，301-302，348，352-353，361；亚当·斯密与其著作的接受（and reception of works），7-9，39，176，368n.7；亚当·斯密在启蒙运动中的角色（role of, in Enlightenment），7-14，23，259，355

Socrates 苏格拉底，14n.26，73-74，79，123，172，207，309-310，311n.1，359n.1，368，372-374

Socratic method 苏格拉底式方法，参见

方法，苏格拉底（method，Socratic）
Solomon，R. 所罗门，137n.21
Solon 梭伦，209，266，304，367
sovereign, duties of 主权君主的职责，229-231，234-235，250-251，305；亦请参见政治经济学（economy, political）；自由市场（free market）；政治哲学（philosophy, political）；政府管理（rgulation, government）；乌托邦主义（utopianism）
spectator: history of term 旁观者：术语的历史，66-67；旁观者与旁观的水平，50，53-58，323-324；旁观者对行动者的优先性（privileging of, over actor），77，82，95-96，98-104，107-109，115-117，121-122，126，135，150-152，192，203，236，243，253，323-324，341，356，371；旁观者与同情（and sympathy），90-91，94，120-121，132，135，140，151，188，197，200，253，337，342；亦请参见行动者或行为者（actor or agent）；无偏旁观者（impartial spectator）；德性（virtue[s]），行动者与旁观者的（actor's and spectator's）
Spengler，J. J. 斯宾格勒，67n.51
Spinoza，B. de 斯宾诺莎，40，266n.10，279n.39，312
Steele，R. 斯蒂勒，66
Stein，E. 斯坦恩，77n.3
Steuart，J. J. 斯图亚特，36n.58
Stewart，D. D. 司徒尔特，8，10n.18，28n.42，31n.49，32n.50，41n.2，66n.48，67n.50，176n.50
Stewart-Robertson，J. C. 斯图尔特－罗宾逊，55n.34，149n.2
Stoicism 斯多葛主义，4，155，156n.12，271n.21，312，328-329，339，344，347，361；作为斯密所挪用的斯多葛主义（as appropriated by Smith），12，16，66n.50，84，172n.42，180，223n.51，317，344；对斯多葛主义的批判（criticisms of），21，52-53，140-142，176-177，216n.39，224-227，243-244，309，316-324，335；斯多葛主义与义务观念（and notion of *official*["virtues, duties"]），187n.12，208，226n.39；斯多葛主义与圣人学说（and sage, doctrine of），123，177，225-227，317，321
Strauss，L. 施特劳斯，4-5，23n.34
Streminger，G. 斯特林格，340n.38
Stroumsa，C. G. 施特劳萨，276n.32
suicide 自杀，321-322
superstition 迷信，10，18，273-274，282-283，287，333，369；亦请参见狂热主义（fantaticism）；宗教（religion[s]）
Swingewood，A. 斯文格伍德，8n.15
sympathy 同情，13，19-20，53，68，71，93，107，109-112，144，160，180，216，262，298，300，315，319，330，349n.49，350，357，362，368；对行为人境况而非感受的同情（with agent's situation, not feeling），87-89，92，136；同情之美（beauty of），112，331；同情圈（circles of），19，77，94，119，141-142，155，208，210，212，229n.4，277，278n.36，296，亦请参见教区制度（parochialism）；直接与间接的同情（direct and indirect），184；有别于嘉许的同情（distinguished from approval），85，87；有别于仁慈的同

情（distinguished from benevolence），85n.13，260；分裂的同情（divided），87，118，129，246；同情与统一性理想（and ideal of unity），87，101-104，144-145，148，243，326-327，333-335，338-339，343-344，346-347；虚假的同情（illusive），91，98，101，184，233-234；同情的不稳定性（instability of），20，77，96，99，265，356，亦可参见自私与同情（selfishness, and sympathy）；同情与道德法则（and moral rules），186-194，211，244；相互同情（mutual），100，102-103，108，120-123，126-128，212，303；同情与快乐（and pleasure），48n.18，78，98，108-109，120-123，126；双重同情（redoubled），118，149；同情的两重意义（two senses of），55-56，78-79，83，85，148，207-208；亦请参见想象与同情（imagination, and sympathy）

synopticism 概要主义，21，53，74，246，258，318-322，328，335，348

system 体系，22，30-31，70-75，257-258，261，308-310，336，339-340，342，346，356，360；对体系的爱（love of），73，151-153，176，208-209，258，285n.49，331-333，335，345；体系之人（man of），159，176，253，304，334；自然自由体系（of natural liberty），参见"自然体系"的自由（liberty, "system of natural"）；亦请参见被认作整体或体系的自然（nature, considered as whole or system）

Taylor, C. 泰勒，13n.24，18n.29，99
techne（"art," "artifice"）技艺，314-315，326

teleology 目的论，11，245，312，314-316，332-333；亦请参见亚里士多德（Aristotle），以及自然主义目的论（naturalistic teleology）

theater: metaphor of 剧场隐喻，16，51-52，65-70，121-122，162，197，247-249，303，346；剧场与戏剧风格（theatricality），67，77，82-83，108，109，110n.37；世界剧院（*theatrum mundi*["theater of the world"]），66，70，146，154，170，173，174，226，337，350，358

theism 有神论，269-272

Theophrastus 泰奥弗拉斯托斯，59，205

theoria（"seeing," "contemplation," "spectating"）观看，45，69-70，82，104，154-155

theory and practice 理论与实践，51，67，83，104，125，202，338-339，345，357，362，375；理论与实践的分离（separation between），14，63，125-126，148，158-159，165-168，173-178，287-289，309，319-320，336，366-368，370；亦请参见哲学的道德批评（philosophy, moral critique of）

Theory of Moral Sentiments（*TMS*）: editions and revisions of《道德情感论》（*TMS*）：版本与修订，7n.12，28-30，35，43，45n.13，46n.14，47n.16，49n.23，117，257，318，320；《道德情感论》与《国富论》的关系，参见"亚当·斯密问题"（"Adam Smith problem"）；《道德情感论》的标题页，44-47，365；《道德情感论》的两大主要问题（two main questions of），参见道德心理学（psychology, moral）；德

性理论（virtue [s], theory of）；亦请参见修辞（rhetoric）

Thomas Aquinas, Saint 圣托马斯·阿奎那，312

Thoreau, H. D. 梭罗，63

Thucydides 修昔底德，61n.42，80

toleration 宽容，参见宗教信仰自由（liberty, of religious belief）

生活的悲剧与喜剧（tragedy and comedy of life），63，67，247，248，327，376n.13；亦请参见文学（literature）

tranquility 宁静，参见幸福（happiness）

Trilling, L. 特里林，95n.23

trust 信任，298-299，326，341n.40，374

Tucker, S. 塔克，273n.26

unintended consequences 意外后果，16，19，21，111，159，163n.23，240，275，287，292，294，367；亦请参见无形之手（invisible hand）；道德运气（luck, moral）

Unitarianism 上帝一位论，291

utilitarianism 功利主义，53，139n.23，141，188，326n.18，336n.29；亦请参见功劳感（merit, sense of）

utility 效用，53，54n.32，136，180，199-201，221-222，239，359，363；效用与美（and beauty），54，62，152，245，316，331-332，334n.26，336n.29，339，366；社会效用（social），53，245-246，254，294-295，303；效用与德性（and virtue），125-126，315，318，350

utopianism 乌托邦主义，13，21，176，247，255，261-262，264，302-310，334-345，346，360；亦请参见经济，政治的（economy, political）；人的不完美（imperfection, human）；政府管理（regulation, government）；主权权力（sovereign, duties of）

value 价值，180-181，240，243-244，299，322n.15，340-341，375-376；德性的构成性本性（constructed nature of），146，160，172-173，348，349n.49，363；亦请参见无偏旁观者（impartial spectator），道德观点的构成（constitutive of moral standpoint）；创育（poiesis）；道德现实主义（realism, moral）

vanity 虚荣，67，97，127-128，130，134，195，199，200，202，213，216，254，285-286；虚荣与良心（and conscience）91，285-286；虚荣与道德情感的腐败（and corruption of moral sentiments），17，85，276，281-282，303，334，356；亦请参见自爱（self-love）

Vetlesen, A. J. 维特莱森，77n.3

Viner, J. 瓦伊纳，272n.23

virtue (s) 德性，20，162，219，224，295，319，350，351；德性之获取（acquisition of），参见道德教育（education, moral）；行动者与旁观者的德性（actor's and spectator's）（或者和蔼可亲的与伟大的德性 [or "amiable and great virtues"]），123-125，179，185；德性与美（and beauty），331；主德（cardinal），202-210；公民德性（civic），20，210，228，273，278，293，300，305，359，亦请参见公民正义（justice, civic）vs. 作为品格特征的正义（justice as character trait）；德性与商业（and commerce），16-18，20，203-207，209-210，236-238，256，261，263-266，294-301，305；德性的定义（definitions of），181-185；德性与伦理的分化（and division of ethics），31，33，49-50，72，76，180-181；德性之分化（divisions of），184-185；德性与启蒙运动（and Enlightenment），参见启蒙运动的道德计划（Enlightenment, moral project of）；高与低（high and low），181，225-226，263-264；德性与机制（and institutions），19-20，103，128-129，134，154，181，196，217，225，229n.4，265，273，281-283，287，293-297，300-301，306-309，357，359；理智德性（intellectual），参见理智情感（sentiments, intellectual）；自由主义德性（of liberalism），13-14，174，196，209-210，225，237，265-266，273-279，286-288，290-301，345，亦请参见"改善自身的境况"（bettering our condition）；对德性之爱（love of），130，133，190，213；军事德性（martial），265-266，293，301n.70；德性与"中道"（and "mean"），124，182，183n.5，209，264；"中间"德性（middling），13，263-264，294，302；僧侣德性（"monkish"），57，202，289n.55；完美的与不完美的德性（perfect and imperfect），187n.12，225-226；德性理论（theory of），33-34，49-50，57-58，60，94，123，158-159，172，175-178，180-181，357；亦请参见亚里士多德（Aristotle）；仁慈（benevolence）；慈善（charity）；义务（duty）；启蒙（enlightenment）；节俭（frugality）；勤劳（industry）；正义（justice）；审慎（prudence）；道德心理学（psychology, moral）；自我控制（self-command）

Voltaire 伏尔泰，8，47n.17，151，176，216，266n.10，279n.37，283n.44

Warnock，M. 沃诺克，341n.41，343n.43
Waszek，N. 瓦赛克，8n.12
wealth，admiration and pursuit of 对财富的崇拜与追求，16-17，59，127-128，181，206，225-226，259，264-266，303，316，326，331-332，347，363；与对富人的同情（and sympathy with rich），85，97，221-222，285-286，334；亦请参见美，与财富（beauty, and wealth）；想象（imagination）；自我欺骗（self-deception）

Wealth of Nations（*WN*）：as branch of moral philosophy《国富论》：作为道德哲学的分支，32，260-261，264-265，308；《国富论》的版本与修订（editions and revisions of），7n.12，28-29；《国富论》与《道德情感论》的关系（and relation to *TMS*），参见"亚当·斯密问题"（"Adam Smith problem"）；《国富论》的修辞（rhetoric of），48n.19，51n.28，58n.39，70，73n.64，222，260-261，319，329

Wedderburn，A. 韦德博恩，33n.53
Werhane，P. H. 沃涵，300n.69
Wiggins，D. 卫金斯 349n.49
Willey，B. 威利，312n.3
Williams，B. 威廉姆斯，4n.7，42n.6，141n.24，175n.47，238n.16，242n.20，

313，349n.49
Wilson，J. Q. 威尔逊，77n.30
Winch，D. 温奇，30n.48，36n.58，48n.19，59n.39，159n.17，206n.30，254n.32，296n.65，302n.71，307n.77，308n.79
Wipsé，L. 威普赛，77n.30
Wittergenstein，L. 维特根斯坦，76，170

women 妇女，95，143n.25；妇女与对分娩中的女人的同情（and sympathy with woman in childbirth），91-92，97
Woodruff，P. 伍德卢夫，68n.53
Worland，S. T. 沃兰德，72n.63

Zeno of Citium 基蒂翁的芝诺，216n.39